张亚新 著

曹操传

人民文学出版社

图书在版编目(CIP)数据

曹操传 / 张亚新著. —北京：人民文学出版社,2022 (2025.9重印)
ISBN 978-7-02-017509-3

I. ①曹… II. ①张… III. ①曹操(155—220)—传记 IV. ①K827=342

中国版本图书馆 CIP 数据核字(2022)第 171960 号

责任编辑　李　俊　葛云波
装帧设计　陶　雷
责任校对　刘晓强
责任印制　王重艺

出版发行　人民文学出版社
社　　址　北京市朝内大街 166 号
邮政编码　100705

印　　刷　三河市龙林印务有限公司
经　　销　全国新华书店等

字　　数　546 千字
开　　本　890 毫米×1290 毫米　1/32
印　　张　22.625　插页 3
印　　数　14001—17000
版　　次　2022 年 10 月北京第 1 版
印　　次　2025 年 9 月第 4 次印刷

书　　号　978-7-02-017509-3
定　　价　78.00 元

如有印装质量问题，请与本社图书销售中心调换。电话：010-59905336

目　录

序　　　　　　　　　　　　　　　　　刘文忠　1

导言　东汉社会面貌　　　　　　　　　　　　　1
第一章　少年行止　　　　　　　　　　　　　　12
　　一　亳州寻踪　　　　　　　　　　　　　　12
　　二　"莫能审其生出本末"　　　　　　　　　17
　　三　"治世之能臣,乱世之奸雄"　　　　　　22
第二章　仕途初试　　　　　　　　　　　　　　29
　　一　"京师敛迹,莫敢犯者"　　　　　　　　29
　　二　议郎任上　　　　　　　　　　　　　　31
　　三　一个敢作敢为的济南相　　　　　　　　35
　　四　以曲求伸的策略　　　　　　　　　　　37
第三章　讨伐董卓　　　　　　　　　　　　　　41
　　一　"何必纷纷召外将乎?"　　　　　　　　41
　　二　首举义兵　　　　　　　　　　　　　　45
　　三　汴水失利　　　　　　　　　　　　　　48
　　四　"诸君北面,我自西向"　　　　　　　　52

第四章　争夺兖州　　58
　　一　收编青州军　　58
　　二　东征陶谦　　64
　　三　回击吕布　　69
　　四　平定兖州　　76

第五章　挟天子以令诸侯　　80
　　一　遣使长安　　80
　　二　洛阳朝见　　83
　　三　迎献帝都许　　88
　　四　"汝颍固多奇士,谁可以继之?"　　95

第六章　"修耕植以蓄军资"　　104
　　一　"自遭荒乱,率乏粮谷"　　104
　　二　许下屯田　　108
　　三　"克定天下"之业　　113

第七章　南征张绣　　121
　　一　淯水之难　　121
　　二　奇兵破敌　　126
　　三　"使我信重于天下者,子也"　　131

第八章　荡平徐淮　　135
　　一　离间之计　　135
　　二　进围下邳　　140
　　三　擒杀吕布　　144
　　四　败亡袁术　　153
　　五　击走刘备　　156

第九章　官渡之战　　163
　　一　强敌压境　　163

二　调兵遣将　　168
　　三　首战告捷　　175
　　四　两军对峙　　181
　　五　乌巢烧粮　　187
　　六　全线出击　　191
　　七　"非惟天时,抑亦人谋"　　195

第十章　克平四州　　203
　　一　攻占黎阳　　203
　　二　挥师北还　　208
　　三　捣平邺城　　212
　　四　收定河北　　220
　　五　西征高幹　　223
　　六　还定东土　　228

第十一章　远征乌桓　　233
　　一　不除此患,将为后忧　　233
　　二　潜师出塞　　237
　　三　"东临碣石有遗篇"　　241

第十二章　"不咸年往,忧世不治"　　250
　　一　抑制兼并　　250
　　二　整齐风俗　　258
　　三　以法治军　　263

第十三章　兵败赤壁　　274
　　一　"破浮华交会之徒"　　274
　　二　袭占荆州　　283
　　三　"方与将军会猎于吴"　　289
　　四　火烧乌林　　295

五　退保襄樊　　　　　　　　　　　　299

第十四章　坚守淮南　　　　　　　　　　　309
　　　一　巩固淮南防线　　　　　　　　　309
　　　二　激战濡须口　　　　　　　　　　313
　　　三　一次劳而无功的行动　　　　　　316
　　　四　"贼至乃发"　　　　　　　　　　320

第十五章　平定关陇　　　　　　　　　　　324
　　　一　师出有名　　　　　　　　　　　324
　　　二　巧渡河渭　　　　　　　　　　　328
　　　三　渭南大捷　　　　　　　　　　　331
　　　四　陇上破马超　　　　　　　　　　336
　　　五　捣平"国中之国"　　　　　　　　341

第十六章　争夺汉中　　　　　　　　　　　345
　　　一　一块必争之地　　　　　　　　　345
　　　二　进取汉中　　　　　　　　　　　350
　　　三　"既得陇,复望蜀邪?"　　　　　　355
　　　四　定军山失利　　　　　　　　　　360
　　　五　"鸡肋"　　　　　　　　　　　　365

第十七章　激战襄樊　　　　　　　　　　　370
　　　一　水淹七军　　　　　　　　　　　370
　　　二　遣使联吴　　　　　　　　　　　373
　　　三　大败关羽　　　　　　　　　　　377

第十八章　"周公吐哺,天下归心"　　　　　383
　　　一　"吾任天下之智力"　　　　　　　383
　　　二　"唯才是举,吾得而用之"　　　　391
　　　三　"何以省东曹?"　　　　　　　　398

四 "我有嘉宾,鼓瑟吹笙" 404

第十九章 邺下文人集团 412
一 "彬彬之盛,大备于时" 412
二 邺下之游 416
三 文学史上的一个黄金时代 421

第二十章 立嗣 428
一 "此我之不幸,而汝曹之幸也" 428
二 一场或明或暗的激烈争斗 432
三 "密访群司" 436
四 《立太子令》 440

第二十一章 "若天命在吾,吾为周文王矣" 444
一 通向帝王之路 444
二 与刘氏王室势力的较量 450
三 荀彧、崔琰之死 454
四 力平武装叛乱 459
五 "吾为周文王矣" 463

第二十二章 大星陨落 473
一 "烈士暮年,壮心不已" 473
二 《遗令》 480
三 病逝洛阳 485

第二十三章 曹操的世界观 489
一 政治思想 489
二 军事思想 503
三 哲学思想 517

第二十四章 曹操的性格作风 530
一 坦诚与权诈 530

二　宽厚与忌刻　　　　　　　　　　540
　　三　"佻易无威重"　　　　　　　　553
　　四　崇尚节俭　　　　　　　　　　557
　　五　喜好女色　　　　　　　　　　564

第二十五章　一个多才多艺的人　　　　571
　　一　一代诗史　　　　　　　　　　571
　　二　文章祖师　　　　　　　　　　581
　　三　兼该众艺　　　　　　　　　　590

第二十六章　曹操的家庭　　　　　　　605
　　一　曹操的妻妾　　　　　　　　　605
　　二　曹操诸子　　　　　　　　　　610
　　三　曹操的女儿和女婿　　　　　　623

第二十七章　身后褒贬　　　　　　　　628
　　一　千秋功罪，任人评说　　　　　628
　　二　"至少是一个英雄"　　　　　 649
　　三　不朽的业绩　　　　　　　　　657

附录一　生平大事年表　　　　　　　　673
附录二　主要职官简释　　　　　　　　686
附录三　主要地名简释　　　　　　　　691
附录四　主要参考文献　　　　　　　　704

后　记　　　　　　　　　　　　　　　707
二版后记　　　　　　　　　　　　　　710
三版后记　　　　　　　　　　　　　　712

序

刘文忠

1983年,我在安徽亳州召开的全国第一次建安文学讨论会上,认识了文质彬彬的亚新同志。当时他已在古典文学界崭露头角,此前我已看到过他发表的学术论文。从那次会议之后,我们曾多次联系,在这十几年时间内,我不断读到他发表的大作。他先后在中州古籍出版社和贵州人民出版社出版了数种专著,一直在勤勤恳恳地进行笔耕。他的夫人王筠同志曾经告诉我:"亚新十分刻苦,每天规定早上和晚上必须几点几分坐在书桌上,一点不能拖延。"亚新的硕果累累,首先来源于他的勤奋。

1993年,亚新调来北京工作。我深知他是位难得的人才,曾向我的工作单位人民文学出版社推荐。亚新调到北京教育学院执教后,有一天带着《曹操大传》的提纲到我家来,我看了提纲,觉得这是一部很有价值的书,洋洋五十万言《曹操大传》的出现,应当说是空前的创举。亚新告诉我中国文学出版社同仁的慧眼与魄力。众所周知,现在是出书难,出学术著作尤难。改革大潮中,各行各业不能不顾及经济效益,而目前学术研究著作,畅销者未之有也,即便有,也是凤毛麟角。这是学术著作出版困难的一个原因。

曹操是个家喻户晓的人物，但人们对他的了解，大多是靠"三国戏"与罗贯中的《三国演义》。由于种种历史原因，《三国演义》以蜀汉为正统，有明显的尊刘反曹倾向，使曹操变成了一个奸臣白脸。人们所了解的曹操实际上是两个人：一个是历史人物的曹操，一个是艺术形象即小说、戏曲中的曹操，这两个曹操有着很大的区别。对于历史人物的曹操，史学界的评价也存在分歧，三十多年前，郭沫若先生写过为曹操翻案的文章就证明了这一点。曹操的有关史料是很多的，有正史，也有野史和别传（如《曹瞒传》）。一件事情，不同的书往往记载有异。如杀吕伯奢一事，《三国志·武帝纪》裴松之注引用了三种不同的说法，这三种说法，哪一说更接近事实，很难断定，本书对此进行了谨慎的处理和比较恰当的评价。举此一例，说明对于史料有个去伪存真的问题，而去伪存真，也诚非易事，更何况还有些传说与逸闻需要做处理，头绪是很纷繁的。

有关曹操的史料很多，《三国志·武帝纪》仅仅是个梗概，更多的史料散见于《三国志》的各篇及其他典籍中。亚新写《曹操大传》，引用、参考的书目达四十多种，千万字以上。把这些材料梳理清楚，并加以准确的系年，工程量是相当大的，为此，作者付出了巨大的劳动。

纵观本书，我感到有以下几个特点：

一、作者首先把曹操放置于汉末大动乱的历史背景中，各章之中，把人物活动的历史背景勾勒得十分清楚，与曹操有关的人物，来龙去脉也叙述得比较完整。

二、作者多层次、多侧面地剖析曹操，不遗漏一个环节，使传主的一生活动，历历如在目前。鲁迅先生说过：倘要论文，要顾及全人。《曹操大传》提供给读者的是曹操的"全人"：他的家世，少年时代，出仕后的政治活动和军事活动，无不一一备载。在《邺下文人集团》和《一个多才多艺的人》两章中，还分析评价了曹操的文学活动及创作情况。

曹操的性格特点,兴趣爱好,家庭私生活,妻妾、诸子及女儿、女婿,也一一予以评述。进而通过曹操的一生行事及政治思想、军事思想和哲学思想,探讨了曹操复杂的世界观。每章之中有叙有议,有作者自己的见解,从某种意义上说,《曹操大传》也就是"曹操评传"。

三、《曹操大传》是一部学术研究著作,但它没有"八股气"和"经院气",作者在学术著作通俗化与可读性方面做了大量工作,能不引用史籍原文的,则不引原文,而把原文译成现代白话。作者的目的是要扩大读者面,力图做到雅俗共赏,这是学术研究著作的一个新的尝试。作者处处为读者着想,估计中等文化程度的读者阅读有困难的地方,就随手做些解释与说明。这是多年来学术研究著作没有注意到的一点,也是研究著作读者面窄、印数少的一个原因。凡是能看《三国演义》的人,阅读《曹操大传》是不会有困难的。我认为这是一个新路子,这个新路子有可能给古典文学与史学的研究带来新的命运和转机。如果研究著作不仅仅是专家看,一般读者也能看,普及与提高相结合,不是很好么?学术著作没有读者,是不会有学术著作出版的繁荣的。

今年八十四集的电视连续剧《三国演义》将要播放,广大的电视观众如果想知道《三国演义》所写的哪些是实事,哪些是艺术虚构,不妨一读《曹操大传》。曹操是《三国演义》的第二号人物,但却是写得最为精彩的人物,看了《曹操大传》,至少可以对历史人物的曹操与艺术形象的曹操加以区别了。

亚新刚调北京,便带来了他的大作《曹操大传》,这是奉献给首都出版界和广大读者的一份厚礼。他嘱我写序,我勉为其难地写了以上意见,希望能对读者了解本书有所帮助。

1994年春节于朝外八里庄寓所

导言　东汉社会面貌

　　历史车轮隆隆驶进东汉末年,中国又进入了一个大动荡、大破坏、大分裂的历史时期。
　　东汉王朝是一个由豪强大地主建立起来的政权。其开国皇帝刘秀,本人就是南阳的大豪强。追随刘秀的开国"功臣"们,不少也都出身于豪强地主家庭。刘秀开国后,大封功臣三百六十五人,加上外戚四十五人,这些人与刘姓宗室王族合在一起,形成了一个以南阳豪强为基干的豪强集团。这个集团中有不少家族享有世袭特权,往往一门数侯,累世尊显。如邓禹家族先后有二十一人被封侯,二人称公,大将军以下十三人,中二千石十四人,列校二十二人,州牧、郡守四十八人,其余担任侍中、将、大夫、郎、谒者等一般官职的,更是多不胜数。这个集团几乎垄断了东汉王朝的所有重要官职,甚至集团中男女的嫁娶也大体上不超出这个范围。此外,还有部分富商大贾和地主,凭借资财交通官府和王侯,逐渐成为地方豪强。
　　豪强地主由于享有政治特权,因此无不疯狂地兼并土地,拼命扩充自己的经济实力。如伏波将军马援之子马防、马光,各有奴婢一千多人,资产巨亿,购进京城附近大量膏田沃土。济南王刘康则有奴婢一千四百多人，私田八百顷。其余豪强也大都占有大片肥沃的土地，居住着连片富丽堂皇的宅院，役使着成千的奴婢和上万的徒附（类似农奴的依附农民）。他们的奇物宝货堆满了巨室，马牛猪羊布满了山野，妖童美妾充满了内庭，女乐倡优排列于深堂。有的兼营商业，车船周游全国各地，货物堆满了都城的仓库。豪强地主还大都拥有自己的武装，有的多达二三万人，平时负责警卫田庄，准备镇压可能发生的农民暴动，必要时则拉出去打仗。豪强地主中有官职的自然可以作威作福，没有官职的也足可武断乡曲，其荣耀逸乐不亚于王侯，其势力的显赫则足可与郡守、县令相匹敌。

豪强地主势力的发展，意味着劳动人民灾难的加深。土地不断被兼并的结果，使越来越多的自耕农沦为佃农、雇农，沦为豪强地主的徒附。徒附身份低下，全凭豪强地主摆布，不但自身生活悲惨，平时食不果腹、衣不蔽体，一遇小灾小荒就得流离沟壑、鬻妻卖子，而且其依附地位还得世代相袭，被迫"父子低首，奴事富人"。这样，随着岁月的推移，阶级矛盾便越来越尖锐了。

豪强地主对土地和徒附的疯狂掠夺，使得广大农民创造的物质财富大部分以地租形式流进了他们的腰包，但却影响了政府的赋税收入。与豪强地主的兼并性孪生的割据性，也极易转化为统一国家的对立物，成为一个不稳定的政治因素。这样，在封建政权和豪强地主之间，也就产生了一定的矛盾。刘秀为此曾下诏度田，企图掌握确实的垦田数目和户口名籍，以增加政府的赋税收入，并控制和解散豪强地主的武装，但由于遭到豪强地主的反对，收效不大。以后的皇帝，在这方面更加无所作为，豪强地主的势力仍照样发展着，东汉王朝的贫弱和政治的不稳，也就更加成为问题了。

豪强地主之间也存在着矛盾，具体表现为不同政治集团的冲突，和帝以后，则主要表现为外戚与宦官之间频繁的争斗。外戚是皇帝的母族或妻族,当年幼的皇帝即位后,母后临朝时,照例总要委托自己的父兄处理政事,让他们担任大将军并参录尚书事等重要官职,把持军政大权。皇帝长大以后,要亲自执政,必然与专权的外戚发生矛盾,于是又往往利用服侍自己的亲近——宦官的力量来发动宫廷政变,清除外戚势力,这样宦官就又攫取了大权。如此循环往复,形成了外戚与宦官交替执政、彼此对立、互相倾轧的局面,造成了东汉后期社会的长期动乱。

章和二年(88)二月,汉章帝死,年仅十岁的和帝即位,窦太后临朝,以其兄窦宪为侍中,执掌朝政。窦氏父子兄弟充满朝廷,并居列位,刺史、守令多出其门。窦宪以老臣邓彪为太傅,与自己呼应,凡事只须指令邓彪启奏,对内再通报太后一声,便达到了"事无不从"的目的。外戚如此总揽大权,东汉以来尚属首见。几年后,和帝稍大,对这种情况感到不满,于是与宦官郑众密谋,在永元四年(92)逼窦宪兄弟自杀,窦氏党徒全被免官治罪。郑众因功迁大长秋,复封鄛乡侯,宦官从此开始直接参与政事。

元兴元年(105),和帝死,才出生一百多天的殇帝即位,邓太后临朝。殇帝二岁夭折,邓太后又与其兄邓骘定策,迎立十三岁的安帝即位。邓骘兄弟全部封侯,邓骘为大将军,执掌朝政,但也不废宦官,并启用了名士杨震等人,以争取士大夫的支持。建光元年(121),邓太后死,安帝乳母王圣与宦官李闰等合谋,清除了邓氏势力。此后,李闰、江京等人大权在握,但同时皇后的哥哥阎显等人也居卿校之位,形成了外戚、宦官同掌朝政的局面。

延光四年(125),安帝死于巡游途中,皇后、阎显秘不发丧,赶回京城,策立幼童北乡侯为帝。阎太后临朝,阎显掌大权,杀逐安帝宠信的宦官及王圣等人。但没过几个月,北乡侯病死。宦官孙程等十九人杀阎显,拥立十一岁的济阴王为帝(顺帝)。孙程等十九人都被封为列侯,并可兼做朝官,可传爵给养子,宦官势力得到了进一步发展。后来,顺帝也扶植外戚势力,相继拜后父梁商和后兄梁冀为大将军。

建康元年(144),顺帝死,只有两岁的冲帝即位。梁太后临朝,梁冀执掌朝政。一年后,冲帝死,梁太后与梁冀主谋,迎立八岁的质帝即位。梁冀侈暴骄横,少而聪慧的质帝当着群臣说了一句"这是一个跋扈将军",结果他被毒死,梁冀另立十五岁的桓帝即位。从此,梁冀威权日甚,朝中事无巨细,都由他专断。官吏升迁调动,都须先到梁家谢恩,然后才敢到尚书台办理手续。四方贡献,须把最好的送给梁冀,皇帝只能得到其次的。皇帝周围安插的都是梁冀的亲信,皇帝的一言一行都在梁冀的掌握之中。在梁冀专权的二十多年中,梁家一门,前后有七人封侯,三人做皇后,六人做贵人,二人做大将军,三人娶公主为妻;女眷中有七人食邑称君;其余做卿、将、尹、校的还有五十七人。外戚势力,至此可以说发展到了顶峰。

延熹二年(159),梁皇后死。对梁冀的专权早已心怀不满的桓帝趁机与宦官单超、徐璜、具瑗、左悺、唐衡五人合谋,发兵攻围梁冀,梁冀被迫自杀。梁氏中外宗亲一律被杀头示众,连及公卿、列校、刺史、二千石死者数十人,故吏、宾客免黜者三百余人,一时朝廷为之一空。单超等五人因除梁有功,被同日封侯。宦官侯览借口除梁时曾参与意见,也被封侯。连小黄门刘普、赵忠等八人,也被破例封为乡侯。他们都可兼做朝官,可娶姬妾,可蓄养子,并可以养子传爵袭封。其"兄弟姻戚,皆宰州临郡"。宦官专政,至此达到了高潮。

永康元年(167),桓帝死。窦太后临朝,与其父窦武定策,迎十二岁的灵帝即位,窦武以大将军执掌朝政。窦武和太傅陈蕃谋诛宦官,还未来得及发动,密谋泄漏。宦官曹节、王甫等先发制人,劫太后,挟灵帝,矫诏发兵攻杀窦武、陈蕃。双方在阙下对阵,乱砍乱杀,宫内宫外，一片混乱。事后，曹节被封侯，父兄子弟皆为公卿列校、牧守令长；其心腹也有十二人被封侯。曹节死后，张让、赵忠等十二名宦官继掌朝政，个个封侯贵宠，父兄子弟满布州郡。灵帝变成了宦官手中的傀儡，甚至不知羞耻地声称："张常侍（张让）是我父亲，赵常侍（赵忠）是我母亲。"连主奴关系也被颠倒了。

中平六年（189），灵帝死，十七岁的皇子刘辩即位，何太后临朝，其弟大将军何进执掌朝政。何进密谋召边将董卓进京诛宦官，不料宦官首先发动，矫太后诏杀何进。士族豪强袁绍起兵杀宦官二千余人，宦官一时全被杀尽。董卓引兵来到洛阳，又赶走袁绍，废除刘辩，杀何太后，另立献帝。外戚和宦官同时瓦解，但从此地方军阀控制局势，东汉朝廷只剩下一个有名无实的躯壳。

外戚、宦官不论何方得势，老百姓都不可能从他们那里得到任何好处，他们在任意侵夺土地、盘剥人民这一点上是完全一致的，这是他们所代表的不同豪强地主集团所共有的本性。外戚窦宪早在独揽大权前就曾以低价强买明帝女儿沁水公主园田，连章帝也不得不责骂他说："今贵主（公主）尚见枉夺，何况小人（百姓）哉？"外戚梁冀侵占了京城周围近千里的地方作为林苑，供自己游玩；又修了一个兔苑，方圆几十里，禁止外人擅入。有一个"胡商"不知禁忌，在园中误杀一兔，结果有十多人牵连被杀。梁冀强迫几千民女充任奴婢，还诡称这些奴婢是"自卖人"。掠夺的钱财更多得惊人，后来事败被抄家，资产拍卖竟得钱三十多亿，相当于全国一年赋税收入的一半。宦官集团是以暴发户的姿态出现的，他们的贪残比起外戚来毫不逊色。单超等五人执掌朝政后，越来越横暴，民间称左悺、具瑗、徐璜、唐衡四人为"左回天（谓权势极大，有回天之力），具独坐（谓其骄贵无偶），徐卧虎，唐两堕（谓其办事在两可之间，任意而行，没有一定准则）"。他们竞起第宅，楼观壮丽，穷奢极侈。其兄弟姻戚充任地方官，横行乡里，恣意搜括，与盗贼无异。侯览公开霸占农田一百一十八顷，民宅三百八十一所，仿照皇宫修建了豪华住宅十六区。他还指使人拦路抢劫，破人房屋，发掘坟墓，掳人妻女，到了无恶不作的地步。其兄侯参做益州刺史，搜括的钱财以亿计，金银、锦帛、珍玩装满了三百多车。张让、赵忠等人对民脂民膏的搜括也十分贪残。在外戚、宦官的轮番掠夺之下，老百姓饱受磨难，日子越来越难过了。

外戚、宦官的交替擅权，还打破了统治阶级内部的相对平衡，引起了新的矛盾和斗争。特别是宦官势力的发展，阻碍了一些官僚士大夫的升迁，堵塞了一些作为官僚后备军的太学生的仕进之路，更在这些人中激起了不满。宦官的黑暗统治加剧了社会矛盾，加深了东汉统治的危机，也使不少官僚（主要是其中的硬直派）和太学生忧心如焚。于是，在士大夫中颇为流行的清议由品题人物转为公开抨击朝政，特别是抨击当权的宦官，造成强大的舆论声势。顺帝时，太学生已多至三万余人，太学自然地成了清议的中心。太学生们的活动又得到了朝野上下官僚、士人的全力支持。宦官集团对此恨之入骨，于是凭借皇帝权力实施打击，先后导演了两次"党锢之祸"。

第一次发生在桓帝延熹九年（166）。当时，司隶校尉李膺是反对宦官的核心人物，太学生们对他极为推重，在他们中流行着"天下楷模李元礼"的赞语。李膺曾利用手中权力无情打击宦官党羽。如张让的弟弟张朔做野王县令，贪残无道，甚至虐杀孕妇。后慑于李膺威名，逃还京城，藏在张让家中的活动柱子里面。李膺得知消息后，亲率部下，破柱取朔，下狱处死。"自此诸黄门常侍皆鞠躬屏气，休沐不敢复出宫省。"不久，李膺又将教唆儿子杀人的宦官党羽张成逮捕处死。宦官疯狂反扑，指使人上书诬告李膺等"共为部党，诽讪朝廷，疑乱风俗"。桓帝便将李膺等二百多个"党人"下狱治罪。第二年,这些党人被赦免回家,但禁锢终身,不准做官。

这次事件发生后,士大夫并没有屈服。他们把那些不畏惧宦官势力、被认为正直的士大夫,分别加上了"三君""八俊""八顾""八及""八厨"等美称,以为效法的榜样。清议的浪潮有增无减,这样就发生了第二次"党锢之祸"。灵帝建宁二年(169),山阳督邮张俭上书告发侯览家族的罪恶,请杀侯览,被侯览阻拦,张俭便将侯览资产就地没收。侯览恼羞成怒,唆使人诬告张俭与同郡二十四人连结为党,图危社稷。朝廷于是大捕党人,李膺、杜密、范滂等百余人入狱,后相继死于狱中,被牵连而死、徙、废、禁的又达六七百人。熹平元年(172),宦官再次逐捕太学生千余人。熹平五年(176),宦官又怂恿灵帝下诏,禁锢党人的门生、故吏和父子兄弟。这一次党锢事件,延续了十余年之久,直到黄巾起义爆发后,党人才被赦免。

官僚士大夫和太学生反对宦官的斗争,在某些方面是符合人民的利益和愿望的,在当时具有一定的正义性。但归根结底这是统治阶级内部争夺权利的斗争,它使政局变得更加错综复杂。而党人的被杀或禁锢终身,表明东汉政治越来越黑暗,政治危机更加深重了。

桓帝、灵帝时,东汉统治集团已腐朽到极点。桓帝后宫宫女多至五六千人,服侍这些宫女的奴役又二倍于此。为维持庞大的消费,桓帝将加在人民头上的口赋(人头税的一种)从过去七岁才开始缴纳改为从一岁起即开始缴纳,田税也一亩加了十钱。灵帝开西邸公开卖官,二千石官二千万,四百石官四百万,关内侯五百万,县令长按县土丰瘠各有定价,富者缴纳现钱,贫者可予赊欠,到官后加倍缴纳。又私令左右卖公卿,公千万,卿五百万。在西园内造了一个万金堂,将卖官所得聚为私藏,还在小黄门、常侍家中各藏寄了数千万,并在河间买田宅,起第观。灵帝曾想让羊续做太尉,太尉属三公,当出钱千万,谁知羊续拿出一件旧棉袄说:"我家中只有这个!"灵帝得知后很不高兴,羊续的太尉也就没有做成。灵帝为修宫室、铸造铜人,特下诏每亩加税十钱。还变着法儿寻欢作乐,曾在后宫仿建了一个市场,让宫女摆摊卖货,互相盗窃争斗,灵帝自己也穿上商人服装,与之饮宴作乐。又在西园玩狗,给狗戴上文官的帽子;驾上四头白驴,亲自拿着缰绳操纵,驱驰周旋,以为大乐,公卿贵戚转相仿效。其庸俗无聊,沉迷堕落,到了无以复加的地步。

汉王朝前期与边境各族建立的密切的政治关系或通商关系,到这一时期遭到了严重破坏。一方面,由于统治者对边境各族的压迫剥削,迫使各族人民不断起来反抗或逃亡;另一方面,由于东汉王朝的积贫积弱,鲜卑、乌桓、匈奴等族不断骚扰边郡,甚至侵入腹地。东汉朝廷要么出兵镇压各族人民的反抗,要么出兵抵御边境各族的侵扰,在长期的战争中,消耗了大量的兵力和军费,农民负担的赋税和徭役因而更加沉重了。

由于政治腐败,各级官吏不注意水利设施的兴修和维护,桓帝、灵帝时期水旱灾害也不断发生。据统计,东汉时期大的水灾共发生二十七次,桓、灵时就有十三次;大的旱灾共发生十七次,桓、灵时就有六次。蝗灾、风灾、雹灾、大疫也接踵而至,地震也时有发生。据统计,桓帝、灵帝时共发生大蝗灾七次,大风灾二次,大雹灾七次,大疫八次,地震十八次。灾害的不断发生,给人民增添了更多的灾难。

越来越黑暗的政治,越来越沉重的赋役,加上灾荒、饥馑的肆虐,逼得广大农民倾家荡产,冻馁而死的人数急剧增加,甚至出现了人吃人的现象。破产农民到处流亡,颠沛流离,在走投无路的情况下,不得不多次起来造反。据不完全统计,从安帝到灵帝的八十余年中,各地发生大小农民起义近百次,规模及活动区域总的趋向是越来越大,人数从几百人、几千人扩展到几万人、十几万人。这些起义虽然都先后失败了，但却显示了农民阶级的力量，激发了广大人民继续反抗的斗志。当时民间流传着这样一首豪迈的歌谣：

  发如韭，剪复生；
  头如鸡，割复鸣。
  吏不必可畏，
  民不必可轻。

在风起云涌的起义浪潮的推动之下，终于在灵帝中平元年（184）爆发了全国性的黄巾起义。起义前，钜鹿人张角利用在流民中广泛传布的"太平道"这一宗教组织形式，以传道治病做掩护，进行了十多年的艰苦准备，在青、徐、兖、豫、幽、冀、荆、扬八州（包括今山东、河北、河南、湖北、湖南、江西、安徽、江苏、浙江等省的广大地区）发展了信徒几十万人。张角将信徒部署为三十六方，大方万余人，小方六七千人，各方首领，由他统一指挥，并在群众中广泛传播"苍天已死，黄天当立，岁在甲子，天下大吉"的口号。张角本来计划在甲子年（即中平元年）三月五日同时发动起义，但由于叛徒告密，计划泄露，便决定提前在二月起义。张角称天公将军，他的弟弟张宝称地公将军，张梁称人公将军。义旗一举，旬日之间，天下响应，京都震动，形势发展很快。起义军所到之处，焚烧官府，镇压官僚，攻打地主庄园，沉重打击了封建统治者。

  东汉王朝急忙采取对策，首先加强了京城洛阳的防守力量，然后"发天下精兵，博选将帅"，派皇甫嵩、朱俊、卢植等带兵开赴各地镇压。各地豪强地主也纷纷组织武装，协同东汉政府军全力向起义军进攻。起义军在开始几个月，顽强抵抗，英勇进攻，不断取得胜利。但由于双方力量对比悬殊，起义军力量分散，缺乏作战经验，在英勇奋战九个月后，几支主力被分别击破。此后，分散在各地的起义军仍继续坚持战斗，大者二三万，小者六七千，前仆后继，此伏彼起，坚持了很长时间，才被最后扑灭。

黄巾起义军主力被镇压后，曾一度缓和的统治阶级内部矛盾又激化起来。以何进为代表的外戚集团同以张让、段珪等为代表的宦官集团进行了最后一场较量，最后在火并中同归于尽。在镇压黄巾起义军的过程中趁机发展了个人势力的各地豪强、军阀纷纷割据争雄，各霸一方，形成了数十个大大小小的独立王国，中央政权土崩瓦解，名存实亡。军阀间展开了疯狂的掠夺地盘和人口的兼并战争，整个中国特别是黄河流域一带变成了一个大屠场。战争及由战争所引起的大饥荒和严重的瘟疫给中华民族带来了深重的灾难，人民的死亡达到了"鸡犬亦尽，墟邑无复行人"的地步，饥饿使"吏士大小自相啖食"，瘟疫的流行则使"家家有僵尸之痛，室室有号泣之哀。或阖门而殪，或覆族而丧"。仲长统《昌言·理乱篇》对此做了更高度的概括：

> 昔春秋之时，周氏之乱世也。逮乎战国，则又甚矣。秦政乘并兼之势，放虎狼之心，屠裂天下，吞食生人，暴虐不已，以招楚、汉用兵之苦，甚于战国之时也。汉二百年而遭王莽之乱，计其残夷灭亡之数，又复倍于秦、项矣。以及今日，名都空而不居，百里绝而无民者，不可胜数。此则又甚于亡新之时也。

人民群众迫切希望重新出现安定统一的局面，这种意志虽然艰难但却是顽强地推动着社会不断向着统一的方向前进。一些有识之士顺应历史发展的潮流，企图采取有效的政治、军事、经济手段来完成全国的统一。他们有的失败了，有的成功了，有的获得了小的成功，有的获得了大的成功。其中最大的成功者，是杰出的政治家、军事家和文学家曹操。曹操本来也是一个割据者，但由于他具有很高的政治才能和军事才能，能够在政治、经济等方面实施比较进步的、开明的、客观上符合人民愿望和统一趋势的措施，最后终于在逐鹿中原的战争中脱颖而出，先后消灭了北方割据的群雄，完成了统一北方的大业。这不仅为当时中原地区社会经济的恢复创造了条件，还为后来西晋的统一全国打下了基础。曹操为结束大动荡、大破坏、大分裂的历史做出了不朽的贡献，是在风云际会、人才辈出的时代腾涌出来的一颗最为灿烂夺目的明星。曹操一生所走过的道路是曲折、复杂、富于传奇色彩的，值得我们很好地去回顾，去探索，去总结。这对我们更好地认识汉末三国时期的历史，吸取历史的经验、智慧和教训，弘扬民族文化和民族精神，无疑具有不可忽视的作用。

第一章　少年行止

一　亳州寻踪

曹操字孟德，一名吉利，小字阿瞒。桓帝永寿元年（155）出生于沛国谯县，即今位于安徽省北部的亳州市。

谯是一块古老的土地。《史记·殷本纪》载："汤始居亳。"即商汤最初曾经在此建都，其时今亳州北境为商汤"南亳"之地。在曹操家族墓出土的字砖上，有草书"谒汤都"三字，这应是亳州曾为商都的最早的物证。今亳州尚有汤王陵，在谯城区涡河北岸。墓高约五米，墓前立"商成汤王陵"石碑，前有两通清代重修汤陵碑记，一为清康熙二十年（1681）亳州知州唐翰弼撰文，一为乾隆三十六年（1771）亳州知州郑交泰撰文，著名书法家梁巘书写。

周初，属焦国。春秋时为陈国焦邑。周景王十七年（前528），改焦邑为谯邑。秦灭六国，实行郡县制，设谯县。西汉末，改谯县为延成亭，后仍恢复为谯。东汉隶属豫州刺史所部之沛国，豫州刺史治于谯，谯始为重镇。建安后期，分沛国置谯郡，谯县为其属县并为郡治。三国魏黄初二年（221），曹丕以谯乃先人本国，改为陪都，与长安、许昌、洛阳和邺并称"五都"。晋，谯郡改称谯国，治谯县。南朝宋，侨置陈留郡，改谯县为小黄县。北魏正始四年（507），置南兖州，兼置陈留郡，治小黄县。北周大象元年（579），因其地古为商汤南亳故地，改南兖州为亳州，亳州之名始显于世；兼置陈留郡，治小黄县。隋大业三年（607），改小黄县为谯县，改亳州为谯郡，谯县为其属县。唐武德四年（621），改谯郡为亳州。开元元年（713），把全国地位重要、经济繁荣的州定为"望"，亳州为全国"十望"之一。天宝元年（742），改亳州为谯郡。乾元元年（758），又改谯郡为亳州。明洪武初年，降亳州为亳县。弘治九年（1496），又改亳县为亳州。清雍正二年（1724），亳州升为直隶州。民国元年（1912），改亳州为亳县，直至1949年以后。1986年3月，经国务院批准，改亳县为亳州市，隶属阜阳地区。

谯地理位置十分重要，乾隆《亳州通志》谓其为"南北之冲，亦古今用武之地也"。陈胜、吴广起义，谯是首先被攻占的地方之一。两汉、魏、晋、南北朝时期，曹操、曹丕、祖逖、桓温等政治家、军事家在南征北伐的过程中都将此倚为重地。唐末黄巢起义，曾一度攻占亳州。金、元时期皆为节镇重地。元末刘福通起义，拥立韩林儿，曾建都于此。明末李自成起义军、清末捻军及太平天国起义军都曾在这一带纵横驰骋。所以，亳州自古以来是无数叱咤风云的历史人物的用武之地。

谯县境内有一条涡河，流向自西北而东南，最后在今安徽怀远流入淮河。曹操的家，就坐落在谯县城东的涡河南岸。郦道元《水经注》卷二十三《阴沟水注》载："城东有曹太祖旧宅，所在负郭对廛，侧隍临水。"这个地方今属亳州市谯城区，建筑物早已荡然无存，但遗址处还留有高原，当地群众称为庙台子，不时可从土中发现、发掘出汉瓦片子。现遗址处尚保存有两棵千年银杏树，立有一块"魏武故里"的标志,以供游人怀古凭吊。据郦道元的记载,旧宅的背后是城郭,旁边是城壕,前面是人来人往的市集和川流不息的涡河,也算得上是一个交通便利、视野开阔、风光秀丽的所在。

曹操的童年和少年时代是在家乡度过的。踏上仕途和南北转战的征途后,又多次回到谯县。谯县与曹操一生的活动紧密关联,至今在亳州仍保留有不少当年的遗址或遗迹。主要有:

义门寺。为曹操少年时读书的地方,在今谯城区沙土镇西约四里,现还有高约一米的台地。

谯令寺。又称谯陵寺、谯令谷,在老城东五十里处。寺前原树有石碑,称"谯陵"。汉灵帝中平二年(185),曹操遭权贵排挤,从洛阳回到谯县,在城东五十里筑精舍,秋夏读书,冬春射猎,传说就在这个地方。现尚存高台,高约七米。

观稼台。在老城东北一里处和西北一里处各有一座,分别称为东台和西台,现还保留有高大的土台子。为曹操在郡国推行屯田时所筑,曹操曾在这里观察瞭望、督促耕种。曹操所推行的屯田,分军屯和民屯两种,当时谯县同时有军屯和民屯,从县城向西到武平(现离城三十里的安溜集以西)一带为军屯,从县城向东到谯令寺一带为民屯。当时谯县积蓄颇富,为曹操转战南北时的后方供给基地之一。

南曹寺、北曹寺。南曹寺在老城北三十二里处,北曹寺在南曹寺以北二里处,为当年曹操的屯兵重地。南曹寺已毁,北曹寺现为一台地。

八角台。在城区东南徐园村。建安七年(202)正月,曹操在击败袁绍、刘备后率军返谯,建立大飨堂,大飨六军将士及家乡父老,此处即为大飨堂旧址。台上原有八角亭,后人遂称为八角台。现为一台地,高约四点五米,面积约三千平方米。

谯望楼。传为曹操所筑,大概为当年曹操登临游览、宴飨宾客和与文士聚会的场所。

曹操练水军处。在涡河与洪河交汇处。这里水面宽阔,曹操为东征孙吴,曾在此训练水军。

拦马墙、饮水坑。在城区马场北头,离曹操练水军处不远。拦马墙为一矮墙,长数丈,传说曹操在这里训练军马时用以拦马。饮水坑传为当年曹操饮马的所在。

斗武营、五营院、饮马池。均在城内,传说也是当年曹操屯兵、练兵的场所。

兵工厂、粮仓。在涡阳县高炉镇有曹操所建兵工厂和粮仓的遗迹。

曹操家族墓群。在城区南十多平方公里的范围内,分布有二十余座曹操家族墓葬。在城西南涡河北,还有同时期的大型砖石墓,已知墓葬达三十座。《水经注·阴沟水注》对此有较详记载:"城南有曹嵩冢,冢北有碑,碑北有庙堂,余基尚存,柱础仍在……有兄腾冢,冢东有碑……坟北有其元子炽冢,冢东有碑……炽弟胤冢,冢东有碑。"此外,尚有曹腾之兄曹褒及曹鼎、曹水、曹勋、曹鸾、曹宪等人的墓葬。从1971年秋开始,陆续对一些墓葬进行了发掘。其中的董园二号墓,据考证为曹腾墓,全为石结构,墓内长十五点三米,宽十点三米,高三米,由甬道、前室、中室、后室、南北耳室、东西偏室组成,具有相当的规模。从墓葬中出土了大量字砖,字砖上刻有"曹腾字季兴""为曹侯作壁"等字样。董园一号墓,墓内长十三米,宽十点四米,高三点九米,规模也不小,据考证为曹嵩墓。从发掘情况看,墓葬在历史上曾多次被盗,但仍出土文物达上千件,计有银缕玉衣、字砖、画像砖、玉刚卯、玉猪、铜猪、金饰、铜刀、铁戟、铁币等,有数百件器物被定为国家珍贵文物。

此外，还有后人修筑的魏武帝庙、古地下道、花戏楼、华祖庵等古迹。

魏武帝庙。清道光《亳州志》载："魏武帝庙在城东七里，宋真宗敕修，乾兴元年复修。"宋颍州文学掾穆修于天圣元年（1023）所撰《魏武帝帐殿记》称曹操有"雄伟不世之量"，在"皇纲紊绝，海内震扰，群雄并争"的时代"乘机奋策，啸咤驰骛乎其间"，是一位"挟持汉室，抗力三方"，"卒灭袁而沮权、备之强"的英雄。曹操建安七年（202）正月驻军谯县时，曾下了一道《军谯令》，要求当地"为存者立庙，使祀其先人"，曹操死后，家乡人又为他立庙，也算是对其遗志的一种继承吧。

古地下道。在老城古街道两侧地下二至五米处，高低、宽窄不等，一般高近二米，宽约一米左右，全长约六千米，在1938年被发现，约建于宋元时期。有砖结构、砖木结构、砖土结构和土木结构等多种结构，有单行道、并行双道、上下双层道等，内部设施有障碍墙、猫儿洞、传话孔、绊腿板、通气孔、陷阱、水井、指挥室等。三国时期，作为攻打城池、防护阵地的一种手段，地道战时有应用。曹操用兵强调出奇制胜，或有意暴露兵力以显示强大，或有意隐匿兵力以显示弱小，因此这个地道被一些人认为是当年曹操开掘，是曹操用来练兵和研究灵活机动战术的。

花戏楼。原名大关帝庙，又称山陕会馆，是一座清代初期的建筑。在门楼和庙内的一座舞台上，分布有砖雕和彩绘的花草、禽兽等透雕。最引人注目的是舞台藻井四围的悬枋上彩绘有十八出三国戏剧，有一些是有曹操登场的，如孟德献刀、击鼓骂曹、割须弃袍、战濮阳、华容道、蒋干盗书、阳平关等，多数是以出曹操洋相为主题的。不难看出故事都出自《三国演义》，但在曹操的故乡也出现了对曹操看似"不敬"的艺术作品，也算是一个有趣而值得玩味的社会和文化现象。

华祖庵。又称华佗庙、华佗祠，始建年代不详。华佗是东汉名医，与曹操同乡，他却又被曹操杀掉的，为他建立庙祠以供祭祀，反映出亳州人对家乡历史人物实事求是、不偏不倚的态度。

曹操在亳州及其他地方留下的遗迹，为无数后人缅怀曹操业绩、研究曹操的生平和思想留下了极可宝贵的第一手资料。亳州人民对这些遗迹极为珍视，细心地加以维护，以供人们观览和研究。相信这些遗迹将与曹操的声名和业绩永存，在传布历史知识、弘扬传统民族文化方面发挥历久不衰的作用。

二 "莫能审其生出本末"

关于曹操的家世，其说不一，特别是对曹操远古祖先的说法很不一致，就连曹操家人的说法也是互相抵牾的。其说主要有三种：

一说为黄帝之后。相传黄帝有个曾孙叫颛顼，颛顼有个孙子叫吴回。吴回的儿子陆终娶鬼方氏的女儿女嬇为妻，女嬇怀孕三年，孩子总生不下来。陆终最后只好用刀子剖开女嬇左边腋窝下，生下三个儿子；又剖开右边腋窝下，也生下三个儿子。其中的五儿子名安，赐曹姓，封在曹国。西周初，周武王将其弟振铎封在曹国，称为曹叔振铎（周天子称同姓诸侯为叔父），改封曹安的后裔曹挟在邾国。战国时，邾国被楚灭掉，子孙分散，其中有的在沛定居下来。秦末曹参曾为沛县狱吏，后佐刘邦灭项羽，封平阳侯，惠帝时，继萧何为相国。曹操即为曹参之后。持此说者除《三国志·魏书·武帝纪》裴松之注引王沈《魏书》外，《三国志·魏书·蒋济传》注也说："臣松之案蒋济《立郊议》称《曹腾碑文》云'曹氏族出自邾'。"曹腾是曹操的祖父，其碑文称曹氏出自邾国，很可能代表了曹腾自己的看法。

一说为姬姓之后。曹叔振铎被封在曹国后数百年,即周敬王三十三年(前487),曹国被宋国灭掉,曹国国君的后人被称为曹氏,曹操即为这些后人之一。持此说者为曹操本人。《三国志·魏书·蒋济传》注:"魏武作《家传》,自云曹叔振铎之后。"曹操的儿子曹植赞同这一说法,曹操死后,他在《武帝诔》中说:"於穆我王,胄稷胤周。"稷,即后稷,名弃,相传为周的祖先,舜时为农官,别姓姬氏。

一说为虞舜之后。魏明帝曹睿时,侍中高堂隆论郊祀事,认为魏为舜后,推舜配天。太尉蒋济反对这一说法,认为舜本姓妫,其后代姓田,不是曹氏的祖先,并专门写了一篇文章诘责高堂隆,指出"魏非舜后而横礼非族,降黜太祖,不配正天,皆为谬妄"。但曹睿却赞同高堂隆的说法,景初元年(237)在洛阳南面修筑了祭天的圆形高坛即圜丘后,曾专门下了一道诏书,明确声称:"曹氏系世,出自有虞氏,今祀圜丘,以始祖帝舜配。"到魏元帝曹奂被司马炎废掉时,《禅晋文》也说"昔我皇祖有虞",同他的叔伯兄弟曹睿(曹奂也是曹操孙子)站到了同一立场。

推测起来,曹操在世时其祖先可能就已经无考了。诸种说法大抵都为附会之谈,其目的不过是为了借此抬高曹氏的地位而已。

比较而言,曹操的曾祖、祖父和父亲的情况是明确的,当然还有个别疑点和歧点。

曹操的曾祖名节,字元伟,在地方上有仁厚礼让的名声。一次有位邻居丢了猪,这头猪与曹节家的猪有些相似,这位邻居便上门将曹节的猪认走了。曹节明知邻居弄错了,却并不解释和争辩。谁知邻居的猪后来又跑了回来,邻居于是感到非常惭愧,赶紧将曹节的猪送了回来,并向曹节道歉,曹节仍不多说什么,只是笑着把猪收下了。这件事博得了乡人的普遍赞赏。曹节共有四个儿子:长子伯兴,次子仲兴,三子叔兴。最小的一个儿子名腾,字季兴,即曹操的祖父。

曹节的"节"有人疑当作"萌"。侯康《三国志补注续》："案《后汉书·皇后纪》曰：'献穆曹皇后讳节，魏公曹操之中女也。'此书《三少帝纪》曰：'景元元年六月故汉献帝夫人节薨。'若腾父名节，操不应复以名其女。"《艺文类聚》卷九十四引《续汉书》："曹腾父萌。"卢弼《三国志集解》卷一引梁章钜曰："'节''萌'字形相近，或本作'萌'而误作'节'欤？"按照常理，曹操确实不大可能让自己的女儿与其曾祖父同名。"节"繁写作"節"，与"萌"字形相近，发生错讹的可能性确也是存在的。

曹腾早年就进宫当了宦官，历事安帝、顺帝、冲帝、质帝和桓帝五个帝王，时间长达三十余年。安帝时为黄门从官。其时顺帝在东宫，邓太后下诏让从黄门从官中挑选年纪幼小而又温和顺从、办事谨慎的人陪侍太子，曹腾被选上，深得太子喜爱，饮食赏赐都与众不同。顺帝即位后，为小黄门，迁中常侍。质帝死后，太尉李固欲立"年长有德"的清河王蒜为帝，大将军梁冀则欲立蠡吾侯志，正相持不下时，曹腾等人连夜去见梁冀，说："将军总摄朝政，手下宾客众多，过失不小。清河王严明，如果当了皇帝，将军很快就会大祸临头的。不如立蠡吾侯，可以长保富贵。"这话正合梁冀心意，梁冀当即表示同意。第二天，梁冀上朝，气势汹汹，言辞激切，用高压手段慑服了众人，并罢免了李固，终于将蠡吾侯推上了皇帝的宝座，这就是桓帝。桓帝即位后，曹腾因参与定策有功，被封为费亭侯，迁大长秋，加位特进。

李固是硬直派官僚的代表，他是反对宦官专权的，在朝中对黄门宦者一概斥遣，曹腾反对李固的主张，显然是为了维护宦官集团的利益。不过，曹腾同一般宦官相比还是有所不同，他对官僚士人并不采取一概排斥的态度，相反还比较注意推荐其中的贤能之士，如陈留虞放、边韶、南阳延固、张温、弘农张奂、颍川堂谿典等人,都是经他推荐而位至公卿的。他帮了别人的忙,却并不以此自诩。对有些事情的处理,也显得颇有肚量。如蜀郡太守想同他拉关系,利用本郡官吏进京的机会,给他送去了一封表示推崇之意的信。益州刺史种暠得知这一消息,派人在函谷关将这封信搜出,上书奏了太守一本,并连及曹腾,说曹腾内臣外交,很不应当,请求皇帝免官治罪。皇帝以"书自外来,非腾之过"为由,保了曹腾。种暠将了曹腾的军,曹腾却并不记仇,相反常常称赞种暠,说他是一位"能吏",颇得"事上之节"。曹腾这样做,也为自己赢得了声誉。后来,种暠做了司徒,不忘曹腾的好处,曾对人说:"我今天能够做到三公,全靠了曹常侍的恩惠啊!"

曹腾生活在一个宦官可以娶妾养子并可用养子袭爵传封的时代,因此他也收了一个养子,名曹嵩,字巨高,这就是曹操的父亲。既是养子,其亲生父母为谁必然会成为人们探究的对象,而探究下来竟没有什么结果,这就有了"莫能审其生出本末"的说法。吴人作的《曹瞒传》及郭颁《世语》俱说曹嵩是夏侯氏之子、夏侯惇的叔父,曹操同夏侯惇是叔伯兄弟。有人据此认为,亳州城内的夏侯巷(据《亳州志》,夏侯巷是夏侯惇等曹魏名将的故里)就是曹操的故宅。清人何焯不同意这一说法,他认为,夏侯惇之子夏侯楙娶的是曹操的女儿清河公主,夏侯渊的儿子夏侯衡娶的也是曹氏的女儿,如果曹操同夏侯惇是叔伯兄弟,这种事情是决不可能发生的。况且吴是魏的敌国,吴人有意诋毁曹操,所以说他是夏侯氏之子,这是不可轻信的。但赵一清又不同意何焯的看法,他认为曹操把女儿嫁给夏侯楙,是想掩盖他是夏侯氏之子的真相,这正是他奸雄的本色。真是各执一端,莫衷一是。现在看来,曹操与夏侯氏关系密切,不同一般,在曹魏时代夏侯氏"一门侈盛于时",吴人的传说恐怕也是有些根据的。

　　由于有曹腾这么一个大宦官的养父，曹嵩仕途一帆风顺，很容易就做到了司隶校尉的官职。灵帝时，又转为大司农、大鸿胪。适逢灵帝开西园卖官，曹嵩又通过贿赂当权的宦官，并出钱一亿，在中平四年(187)十一月买到了太尉的官职(次年四月被罢免)。曹腾死后，又袭费亭侯。曹操起兵后，曹嵩不肯相随，放弃京官回谯县闲居。初平四年(193)，为避董卓之乱，在琅玡被徐州刺史陶谦的部属杀死。

　　曹嵩能够出钱一亿来买官做，足见其家财的殷富。这一时期，曹氏家族在中央和地方做大官的不止一个，如曹腾弟曹褒(曹仁祖父)官至颍川太守，褒子炽(曹仁父)官至侍中、长水校尉，曹腾侄儿曹鼎(曹洪伯父)官至尚书令，另一个堂侄儿(曹休祖父)官吴郡太守。家财殷富的也不止一人，如曹炽之子曹纯(曹仁弟)"富于财"，家中的僮仆有上百人；曹洪的家财甚至超过曹操，所豢养的家兵达到千余之多，可见曹氏当时在政治上和经济上都是颇有势力的。20世纪70年代考古工作者从亳州曹氏宗族墓葬中发掘出大批文物，其中元宝坑一号墓中有字砖一百四十五块，第十号字砖上刻有"曹腾字季兴"的字样，十二、十三号字砖上刻有"曹炽"的字样，十六号字砖上刻有"曹鼎"的字样，二十号字砖上刻有"曹鸾"的字样，可见这些人在当时确都是曹氏家族中显赫一时的人物。在董园一号墓出土的银缕玉衣，也说明墓主在当时是跻身于封建统治阶级上层的人物。

　　曹操出身于这样一个家庭，对他一生所走的道路，对他执政后所采取的方针政策产生了复杂而微妙的影响。祖父是个大宦官，为此父亲沾了光，他也沾了光，不然他是不大可能顺利踏上仕途，并在二十岁时即出任京城洛阳北部尉的要职的。但宦官不过是供帝王役使的家奴，大都出身微贱，与名门世族不同，往往被人瞧不起，因此曹操也不免有些自卑之感。而曹腾虽为大宦官，却又与那些一味专横跋扈、逞暴肆虐、与名士势不两立的宦官有所不同，大约他也看不惯有些宦官的胡作非为，因而能够反其道而行之，倾心推引、交接一些名士，这对曹操后来对豪强、对宦官、对名士所采取的立场和态度，无疑也会产生潜移默化的作用。

三 "治世之能臣，乱世之奸雄"

由于曹操出身在一个虽然有钱有势，但却并非名儒宿宦的家庭，因此从小所接受的传统儒家教育相对说来是比较薄弱的。他后来在《善哉行》(其二)诗中追忆说：

自惜身薄祜，夙贱罹孤苦。既无三徙教，不闻过庭语。

"薄祜"，即福薄。"三徙教"，指母教。据《列女传》载，孟轲的母亲为了教育孟轲，曾三次搬家选择邻居，最后定居在学宫附近，使陈设祭器，学习礼仪。"过庭语"指父教。《论语·季氏》载，孔子的儿子鲤从庭院走过，孔子喊住他，要他学习《诗》和《礼》。曹操对其父母是颇讲究一个"孝"字的，这里说他从小既没有得到过慈母的关怀，也没有听到过严父的训导，不大可能是子虚乌有的虚构。说自己出身微贱，也反映了曹操对自己这样一个宦官家庭的真实想法，这种想法同当时士族清流对宦官的看法是一致的。

这样的家庭教育，使曹操小时很少受到礼法观念的束缚，养成了颖悟机警，善于出谋划策、随机应变的个性。平时行为放荡不羁，喜欢恶作剧，但也常常路见不平，拔刀相助。与之相好的伙伴，如袁绍、张邈等人，大都也是些喜欢游侠的人物。有几则传说，颇能反映曹操当时的行止性格。

一则说，曹操的叔父十分看不惯曹操成天飞鹰走狗、游荡无度的行径，屡次到他的哥哥曹嵩那里告状。曹操知道后，又恨又怕，于是想了个法子来整治他的叔父。一天，他远远地看见叔父来了，便故意把嘴扯歪到一边，一张脸顿时扭曲得十分难看。叔父感到十分奇怪，忙问："你这是怎么了？"

曹操回答说："我刚才突然中风了。"

叔父信以为真，赶忙跑去告诉曹嵩。曹嵩听了，大为惊愕，忙将曹操叫去，却见曹操的面貌同平常完全一样。曹嵩问："叔父说你中风了，已经好了吗？"

曹操用不满的口吻回答说："我哪里会中什么风！只因叔父不喜欢我，就故意这么诬告我。"

曹嵩听了，果然怀疑起他好心的弟弟来。从此以后，弟弟再来反映曹操的什么情况，曹嵩再也不相信，曹操于是可以高枕无忧，更加肆无忌惮地过他的放荡生活了。

一则说，曹操有一次同袁绍一起去观看别人的婚礼，打算乘机将新娘子抢走。他们先溜到主人的花园中藏起来，等天黑尽了，便使出一个调虎离山之计，猛然放声大喊："有小偷！"参加婚礼的人们纷纷从房内涌出来，曹操乘乱钻进房内，手持钢刀威逼新娘，将新娘劫持出来，同袁绍汇合，循原路逃回。匆忙间路没有走好，袁绍一下掉进了带刺的灌木丛中，怎么也动弹不了。曹操情急智生，又大喊一声："小偷在这里！"袁绍一急，也不知从哪里来的力气，一下就从灌木丛中蹦了出来，两人得以一起逃脱。

一则说，一次袁绍同曹操翻了脸，派人乘着夜黑去刺杀曹操。

刺客来到曹操住处，隔着窗户用短剑向曹操掷去，稍微低了点，没刺着。曹操估计，下次再掷，一定会高一些，于是紧贴着床席躺下。当短剑再次飞来时，果然高了，又没刺着。

一则说，曹操十岁时，独自在涡河中游泳，突然间有头蛟龙向他逼来。曹操不仅没有惊退，相反奋力进击，蛟无隙可乘，只得悄悄地游走了。曹操事后没对任何人提起这事。后来有人看见一条大蛇，吓得往后狂奔，曹操见了，不由得笑道："我碰上蛟龙都没有害怕，你这个人看见一条蛇怎么就怕成这个样子呢？"众人听了，赶忙连声追问，方才得知底细，无不对曹操的勇敢感到惊异。

总的说来，曹操少年时代即已显示出诡谲奸诈的性格，同时也显示出了果决不怕死的精神。诡谲奸诈，游荡无度，自不免有闯祸的时候。他甚至还触犯过刑律，被县官追究，准备以重罪惩处。但县官还不知道祸是曹操闯的，曹操的伙伴夏侯渊便钻了这个空子，出面替曹操承担了罪责。事后，曹操又设法将夏侯渊营救了出来，双双逃脱了惩罚。

曹操不务正业，不注重品德操行的修养和经典的学习，因此在当时不被一般人看重，觉得他不过是一个顽皮的没有多大出息的孩子。但也有些人觉得他与众不同，将来必成大器，并对此大加褒肯。

汝南王俊，字子文，年轻时得到过著名党人范滂等的赏识。曹操特别喜欢王俊，王俊也称赞曹操有治世的才能。袁绍、袁术的母亲去世后，归葬汝南，有三万人参加了吊唁活动，曹操、王俊也参加了。曹操看了袁绍兄弟在治丧活动中的表现，十分不满，悄悄对王俊说："天下就要大乱，大乱的罪魁祸首肯定是袁绍兄弟二人。想要安定天下，为百姓解除痛苦，首先应当除掉这两个人。"

王俊表示赞同曹操的看法，并进一步对曹操说："能够安定天下的人，除了您还有谁呢？"

曹操听了,十分得意,看着王俊,两人不禁相视大笑。

南阳何颙,字伯求,年轻时游学洛阳,与郭泰、贾彪等人交好,显名太学,著名党人陈蕃、李膺等都与之深相结纳。党锢事起,何颙也在被捕之列,于是变易姓名,逃到汝南躲了起来。大约就在这时,何颙见到了曹操,不禁感叹道:"汉家就要灭亡,能够安定天下的,必定是这个人了。"曹操听了,非常感激。

颍川李瓒,为李膺之子,曾做过东平相。李瓒十分赞赏曹操的才能,临终时对儿子李宣等说:"国家即将大乱,天下英雄没有一个人是能够超过曹操的。张孟卓(张邈)是我的朋友,袁本初(袁绍)是你们的外亲,虽然如此,今后你们也不要去投靠他们,一定要去投靠曹操。"几个儿子照此办理,后来都在乱世中保全了性命。

汉代取士用人,主要来自公府的征辟和地方的察举。其取用的标准,主要是依据地方上的评议亦即所谓清议,实际上就是一种舆论方面的鉴定。经过舆论的鉴定得到称誉的士人,才有可能成为征辟察举的对象。舆论的鉴定往往采用"风谣"和"题目"的形式。"风谣"有七字一句的,如"五经无双许叔重"(评许慎)、"关西夫子杨伯起"(评杨震)。有四言两句的,如"天下无双,江夏黄童"(评黄香)、"贾氏三虎,伟节最怒"(评贾彪)。"题目"主要称述人物的品德、识度、才能等,如李膺评论荀淑、钟皓:"荀君清识难尚,钟君至德可师。"郭泰评论王允:"王生一日千里,王佐才也。"由于品评人物的风气很盛,有些人就成了清议权威和鉴定人才的专家,被目为天下名士,他们对人物的褒贬,在很大程度上能够左右地方上的舆论,因而影响到士人的仕途进退。士子们为了取得清议的赞誉,就不能不进行广泛的社交活动,寻师访友,以展示并提高自己的才学和声名,博取人们的注意和好感。特别注意博取清议权威的赞誉,以致有些清议权威终日宾客盈门,甚至还出现了求名者不远千里而至的情况。

曹操对于这种形势,有着极为清醒的认识,因此他除了广交朋友,从他们那里获取赞誉外,还特别注意结交名士,竭力争取他们的支持。他所结交的名士,除前面提到的何颙等人外,还有桥玄、许劭等。

桥玄,字公祖,梁国睢阳人。历任县功曹、国相、太守、司徒长史、将作大匠、少府、大鸿胪、司空、司徒、尚书令等职。光和元年(178),升任太尉。以刚毅果断著称,敢于打击豪强贪官。自己则廉洁自守,虽身居要职,子弟宗亲却没有一个凭借关系做上大官的。家贫乏产业,去世后,竟难以殡葬,当时人称之为名臣。桥玄谦恭下士,善于观察和品评人物,在清议界也享有很高的声望。曹操慕名前往,桥玄与之接谈后,感到曹操很不平常,说:"现在天下将要变乱,不是经邦济世的人才是不可能使天下安定下来的。能够安定天下的,大概就是你了。"

停了一下,又说:"我见过的天下名士多了,没有一个是像你这样的。你要好好努力。我已经老了,愿意把妻子儿女托付给你。"

曹操听了,非常感激,把这位老前辈引为知己。桥玄觉得曹操还没有什么名气,又劝他去结交许劭。

许劭,字子将,汝南平舆人。以名节自我尊崇,不肯应召出来做官。善于辨别、评述人物的流品,当时人们推举清议的权威,无不把他和太原郭泰作为代表。谁要是能够得到许劭的赞誉,谁就能够身价倍增。许劭常在每月的初一,把本乡的人物重新评议一番,叫做"月旦评"。曹操由于桥玄的推荐,也由于自己对许劭慕名已久,因此不止一次带着厚礼、赔着笑脸去拜访许劭,请求许劭对自己称誉一番。许劭一方面感到曹操与众不同,另一方面大概对曹操那些飞鹰走狗的行径有所了解,不大看得起他,因此拒不作答。曹操却是决不放弃,坚持着自己的要求,最后甚至找了个机会对许劭进行胁迫。许劭没有办法，只好说："你是一个太平时代的能臣，动乱时代的奸雄。"（即所谓"治世之能臣，乱世之奸雄"。）

曹操听了这个评语，感到非常开心，哈哈大笑着离去了。

可见，曹操为了达到自己的目的，有时甚至是有些不择手段的。不过，他在寻觅"知音"的过程中，也有碰钉子的时候。南阳宗世林，十分看不起曹操的为人。曹操二十岁时，多次登门，想同宗世林交个朋友，因宾客满座，没有说话的机会。后来，宗世林起身外出，曹操乘机上前将他拦住，握住他的手，表达了自己的愿望。谁知宗世林一点情面也不给，毫不犹豫地拒绝了曹操的要求。后来，曹操当了司空，总揽朝政，大权在握，又把宗世林请来，得意地问道："现在我们可以交个朋友了吧？"

宗世林却不动声色地回答："松柏之志犹存！"

可见，宗世林对曹操是始终抱有成见的。

曹操能够得到众多名士的推挹，并不是偶然的。汉代清议的标准，大体上以名教为依归，即一个人必须读经习礼，砥砺品行，随时注意修饰自己的言谈风度，才有可能得到清议的好评。但一个人才能突出，也能得到清议的重视，特别是在经学日渐衰微的汉末，才能显示出越来越多的价值。曹操在品行方面是没有太多的东西值得称道的，但他的才能在当时一定已经显得非常突出。他的观察力和随机应变的能力，他的机警、智慧和谋略，他的干练和果敢精神，都是一笔令人羡慕的财富，在乱世非常有用。他肯定不是一点书不读，而是不读那些于世无补的书，特别不愿走成千上万的汉儒曾经走过的那条皓首穷经的道路。他不是不读儒家的书，而是不专读儒家的书，诸子百家的书他都要浏览一番，把有用的东西加以吸取。特别喜欢兵法，当时在军事方面一定已经发表过不少独到的见解。这些，都是他获得清议好评的原因。此外，当然还跟他个人不懈的努力有关。曹操虽然出生于宦官家庭，但他清醒地认识到，宦官集团遭到广大士人的反对，是不可能有远大前程的，他不能顽固地站在宦官集团的立场上，同这股腐朽势力同流合污、同归于尽。他力图改变自己的形象和社会地位，打进在统治集团中虽然一时还未占据优势但潜力却很大的士大夫集团中去，千方百计寻求同名士交往的机会，竭力争取他们的理解和支持，最后终于达到了自己的目的。

由于争取到了众多名士替自己激扬名誉，曹操引起了士大夫集团越来越广泛的注意，这对他跻身士林、步入仕途起了很大作用。曹操对于桥玄等人是深铭谢意的，建安七年（202）曹操驻军谯县，特地派人到睢阳桥玄的墓地去祭扫，并亲自写了祭文。文中说：

吾以幼年逮升堂室，特以顽鄙之姿，为大君子所纳。增荣益观，皆由奖助，犹仲尼称不如颜渊，李生之厚叹贾复。士死知己，怀此无忘。

这段话反映了当时的真实情况和曹操的真实心情。

第二章 仕途初试

一 "京师敛迹,莫敢犯者"

经过一番积极的准备和活动,曹操在灵帝熹平三年(174),亦即他二十岁的那一年被乡里推举为孝廉。孝、廉本是汉代选举官吏的两种科目,孝指孝子,廉指廉洁之士,后来合称为孝廉。西汉武帝元光元年(前134)初,令郡、国人口满二十万的每年推荐一人,不满二十万的两年推荐一人,从此形成制度。士人被举为孝廉后,就可以入朝为郎,内转可以做卿大夫,外转可以补郡国守相,是一条做官的终南捷径。曹操被举为孝廉,表明他在仕途上迈出了坚实的第一步。

不久,曹操即被朝廷任命为郎。接着,经尚书右丞司马防(司马懿父亲)推荐,出任洛阳北部尉,开始走上仕途。尉是县令的副手,负责察禁盗贼,维持治安。汉制,尉大县二人,小县一人,洛阳是东汉的都城,属大县,依例设尉二人,称孝廉左尉、孝廉右尉,俸禄都是四百石。曹操以孝廉为郎,所以得被推荐为洛阳北部尉,负责洛阳北部地区的治安工作。但曹操开始的志向并不在此,而是想做洛阳令，但因尉的职务以孝廉为郎者充任已成定例，所以主管这件事情的选部尚书梁鹄还是根据司马防的推荐，让曹操去做了北部尉。尉的官职虽不算高，但因洛阳在皇帝脚下，权贵不少，很不好治理，所以也不是一份容易对付的差事。

曹操是憋足了劲踏上他这仕途的第一站的。他先将官署的四门修缮一新，做了不少五色大棒，在大门左右各悬挂了十多根，申明禁令，凡是违反治安条例的，不管是平民百姓还是豪强权贵，一律用五色棒打死。几个月后，曹操碰到了一件棘手事。宦官蹇硕的叔父依仗侄子的权势，不把曹操放在眼里，违禁夜行。蹇硕其人壮健而有武略，这时虽不过是一个六百石的小黄门，职位不算高，但因随侍皇帝左右，负责沟通内外和上下之间的联系，手中握有一定权力。其人又深得灵帝宠信，是一个前途未可限量的人物（十余年后，蹇硕被灵帝任命为上军校尉，居统领禁军的西园八校尉之首）。整个宦官集团这时正处于炙手可热的时期。熹平四年（175），宦者得以为令，列于内署，从此诸署都以宦官为丞、令。次年，永昌太守曹鸾上书请求赦宥党人，不仅本人被杀，散在各州郡的党人门生、故吏、父子兄弟也都受到牵连，其在位者都被免官禁锢。气候险恶如此，曹操却全然不顾，依照禁令毫不留情地立即将蹇硕的叔父棒杀。这一招起了杀一儆百的作用，从此"京师敛迹，莫敢犯者"，治安情况大为好转。

曹操这一举动，鲜明地体现了他反对宦官专政的立场，同硬直派官僚敢于不避艰险、果断打击那些横行不法的宦官及其宗亲爪牙的行动是完全一致的。看来曹操虽然出身于宦官家庭，他的顺利出仕除乡里推举外，同这个家庭的影响也不无关系，但他同当时的宦官集团实在并无什么直接的牵连，所以一开始就站在这个集团的对立面去了。

曹操在洛阳北部尉任上所表现出来的才干、勇气和秉公执法、不避权贵、雷厉风行的作风，在政治上掀起了一股冲击波，对他后来所走的人生道路也产生了深刻的影响。曹操对这一段不平凡的生活一直没有忘怀，后来，在他当了魏王后，还特地把推荐他做北部尉的司马防请到邺城来，设宴款待，开玩笑说："我现在还可以再去做尉吗？"

司马防回答得很巧妙："过去我推举大王时，大王正适合做尉。"

曹操听了，哈哈大笑。

曹操为维护洛阳北部的社会治安做了一件好事，但却招来了灵帝身边那帮近侍的忌恨。不过他们抓不到什么中伤曹操的把柄，只得采取以退为进的策略，反过来称赞曹操的才干，怂恿有关部门把曹操提升为顿丘令，在熹平六年（177）将曹操调离了洛阳。

曹操任顿丘令的时间不长，但看来也有不俗的表现。建安十九年（214）七月，曹操已经六十岁，带兵南征孙权，派他的儿子曹植留守邺城，行前勉励曹植说："吾昔为顿丘令，年二十三。思此时所行，无悔于今。"说明曹操对自己在顿丘令任上的表现，是非常满意并引以为自豪的。

二　议郎任上

曹操出任顿丘令不久，即被召入朝廷任为议郎。议郎是郎官的一种，属光禄勋，一般由贤良方正、敦朴有道的人充任，负责顾问应对，俸禄六百石。曹操来到皇帝身边，有利于扩大自己的影响，但因议郎属冗官，没有一定职务，没有固定工作，倒反而清闲了。

第二年，即光和元年（178），曹操因堂妹夫𣵀强侯宋奇被宦官诛杀，受到牵连，被免去官职。这一年，灵帝宋皇后被废，忧死，其父不其乡侯宋酆及兄弟全被杀掉，宋奇很有可能是宋皇后的一个兄弟。曹操被免官后，在洛阳无事可做，便回到家乡谯县闲居下来。

光和三年（180）六月，灵帝诏令公卿每人推荐一个能通晓《尚书》《毛诗》《左传》和《穀梁春秋》的士人，任为议郎。曹操因通晓古文经学，又被征召，回到议郎任上。这次任职时间较长，曹操不甘寂寞，做了两件事情。

一是上书为窦武、陈蕃申冤鸣不平。

窦武，字游平，扶风平陵人。延熹八年（165），其长女被选送入宫，桓帝封为贵人，窦武被任为郎中。这年冬，贵人立为皇后，窦武升为越骑校尉，封槐里侯。第二年冬天，调任城门校尉。窦武利用职务之便，征召了不少名士。自己廉洁奉公，疾恶如仇，不受贿赂，家人衣食仅保充足而已。所得赏赐，全部用来接济太学诸生，还经常接济贫民粮食。其时宦官专权，李膺、杜密等被逮捕拷问，窦武特地在永康元年（167）上书要求惩办宦官，释放党人，对李膺等人的获释起了很大作用。这年冬，桓帝死，窦皇后为皇太后，临朝听政，与窦武定策，迎立解渎亭侯刘宏为帝（即灵帝），窦武被任为大将军，改封闻喜侯，成为外戚集团的首领。

陈蕃，字仲举，汝南平舆人，著名党人，与李膺、王畅享有同等声望，太学生中流行着这样的评语："天下楷模李元礼（膺），不畏强御陈仲举，天下俊秀王叔茂（畅）。"又与窦武、刘淑一起被人们誉为"三君"，所谓"君"，即可为一代人所尊奉、所效法的意思。桓帝时，曾历任太守、尚书令、大鸿胪、光禄勋、太尉等职。为人刚正不阿，不畏权贵。大将军梁冀曾有事相求，派人送来一封信，陈蕃拒不接待。使者玩弄花招见到了陈蕃，陈蕃怒而将其打死。李膺等党人被宦官陷害，陈蕃一再为之申辩，言辞激切，宦官恨之入骨，本欲将其置于死地,但因陈蕃是名臣,终究不敢加害,最后只好免官了事。窦太后临朝,陈蕃重新得到重用。当初,桓帝曾打算立田贵人为皇后,陈蕃以田氏出身卑微、窦氏出身良家为由,竭力主张立窦氏,桓帝最后只得立了窦氏。窦太后因此很感激陈蕃,临朝后即任命陈蕃为太傅,与大将军窦武共同执掌朝政。

窦武、陈蕃都有剪除宦官的打算,两人一拍即合,于是安插亲信,重新起用李膺、杜密等人,共谋起事。但因宦官曹节、王甫等人谄事太后,骗取了太后的信任,计划一再受到阻挠。建宁元年(168)八月,窦武使人上奏,打算逮捕曹节等人。曹节等先发制人,挟持灵帝,劫夺太后,矫诏逮捕窦武等人。窦武拒不受诏,射杀使者,发兵数千人对抗。曹节、王甫调兵与窦武对阵,窦武最后失败自杀,宗亲、宾客、姻属同时被害。陈蕃亲率部属八十余人拔刀响应窦武,被王甫调兵围困,最后逮送监狱遇害,宗族、门生、故吏被免官禁锢。

窦武虽身为外戚首领,但同时又是著名党人,他同陈蕃都能在一定程度上廉政洁行,不满宦官集团的胡作非为,其反对宦官集团的行动自然是深得党人和名士的肯定与激赏的。曹操也是在这样的思想支配下,上书为窦武、陈蕃鸣冤的:

武等正直,而见陷害。奸邪盈朝,善人壅塞。

一方面肯定了窦武等人品德行为的正直,另一方面斥责了奸人的擅权,一针见血,义形于辞,再一次显示了曹操反对宦官专政的立场,同时也显示了曹操勇于革新政治的精神。但由于其矛头不仅仅是指向宦官集团,还隐约地指向了灵帝,不仅仅是在翻历史旧案,还分明有些针砭现实,因而其意见未能被灵帝所采纳。

窦武被害后,全家受到牵连,只有一个两岁的孙子窦辅脱逃。

曹节等人得知后，搜捕甚急。窦辅在窦武门生胡腾等人的掩护下，逃到零陵地界，胡腾谎称窦辅已死，把窦辅留在家中当做儿子抚养，并改为胡姓。窦辅后被举为桂阳孝廉。建安年间，荆州牧刘表辟为从事。曹操袭占荆州后，让窦辅及其家人徙居邺城，把窦辅安排在丞相府工作。窦辅后来从征马超，中流矢而死。

二是上书谴责公卿举奏不当。

光和五年（182）正月，灵帝诏令三公举奏州县官员中没有政绩、相反蠹害百姓而被百姓编成歌谣传唱者，一一予以罢免。太尉许馘、司空张济秉承宦官旨意，接受贿赂，阿从世俗，对那些民愤很大的贪赃枉法的宦官家属、亲戚、宾客不予查处，反而纠劾了边远小郡清廉自守、有惠民表现的官吏二十六人。这些被诬陷的官吏，纷纷向朝廷陈诉冤枉。司徒陈耽不同许馘、张济同流合污，上书灵帝切谏，说："公卿所举，率党其私，所谓放鸱枭而囚鸾凤。"但灵帝是非不分，对陈耽的上书置之不理，结果不仅许馘、张济依然逍遥法外，而且由于宦官的忌恨和诬陷，陈耽反而在三月被罢官，两年后冤死狱中。

就在陈耽上书的上半年，灾害频频发生：二月瘟疫流行，四月大旱，五月太后住的永乐宫失火。相信天人感应的灵帝于是下诏，向臣下广为征询政事的得失。曹操对许馘、张济的所作所为早已心怀不满，于是利用这次机会，不避自身安危，不顾官职卑微，继陈耽之后再次上书切谏，谴责公卿举奏专门回避贵戚。灵帝这次大概因迫于灾祸频仍，有所畏惧，于是将曹操的奏章发给三府，责备许馘、张济失职，被错纠的官员得到平反，许馘还在稍后的十月被免职。曹操由于抓准了时机，在这一个回合取得了胜利。

此后，朝政越来越混乱，不法之徒越来越猖狂。曹操知道很难改变这种状况，就不再上书，慢慢沉默下来。

三　一个敢作敢为的济南相

中平元年(184)二月,黄巾大起义爆发。起义军的主力集中在冀州、颍川和南阳三个地区,冀州地区由张角兄弟直接指挥,颍川地区由波才指挥,南阳地区由张曼成指挥,将矛头指向东汉的都城洛阳。东汉朝廷急忙调兵遣将,加强洛阳周围的防卫,并派北中郎将卢植去冀州镇压张角,左中郎将皇甫嵩、右中郎将朱俊去颍川镇压波才。为调动统治阶级内部各方面的力量共同对付起义军,在党锢事件中遭受禁锢的党人被宣布赦免,曹操也在这个时候得到重用,由六百石的议郎升任为比二千石的骑都尉,同皇甫嵩、朱俊一起带兵前往颍川镇压黄巾军。

各地起义军顽强奋战,先后将卢植、朱俊和皇甫嵩打败,并把皇甫嵩包围在长社城内,但起义军缺乏作战经验,包围长社的部队竟依草结营,结果在一个刮风的夜里被皇甫嵩放火突袭,造成惊乱。这时曹操恰好赶到,皇甫嵩、朱俊乘势与曹操合兵夹击,起义军大败,几万人被杀。颍川地近洛阳,这一路起义军对东汉朝廷威胁最大,结果最先被镇压,对全局影响很大。此后,形势开始逆转,南阳、冀州的黄巾军在敌人优势兵力的围剿下,越来越被动,最后被各个击破。

黄巾军主力被镇压后,其他各地的黄巾军继续坚持战斗了很长时间,曹操后来还曾多次与黄巾军对垒。

由于镇压黄巾起义有功,皇甫嵩被封为都乡侯,朱俊被封为西乡侯,曹操也被提升为济南国相。汉代沿袭秦朝的郡县制,但同时以一部分郡县分封王侯,当时人称为"郡国"。东汉时,王国封地相当于一个郡。按制度，被分封的王只能享受封区内的赋税收入，没有行政权力。国相就是中央政府派到王国处理政事的官吏，职位与二千石的郡太守相等。曹操由于出身在地位不高的宦官家庭，又不是隐居岩穴、可以自高身价以吸引当政者前来礼聘的名士，因此他在被举为孝廉后常常担心被人们看成是平庸无能的人，非常渴望得到郡太守的职位，以便以振兴政治和教化的实绩来树立起个人的声誉。他在洛阳北部尉、顿丘令以及议郎任上之所以力图有所作为，这种心理不能说没有起相当作用。如今，他真正得到了相当于郡太守的职位，于是便大刀阔斧地干了起来，以图实现心中的夙愿。

济南国所属十县，令、长大都对上交通朝廷贵戚或宦官，对下勾结地方豪强，依仗权势，狼狈为奸，贪赃枉法，鱼肉百姓，弄得声名狼藉，而历任国相却都不敢加以干涉。曹操到任不久，即上奏朝廷一鼓作气罢免了其中的八个。这样一来，上下无不为之震恐，犯法作乱的人纷纷逃往外郡，辖境内一时间变得异常平静，社会治安大为好转。

西汉初年，齐悼惠王之子刘章因同周勃、陈平诛除诸吕有功，在文帝前元二年（前178）被封为城阳王，死后城阳国为其立庙祭扫。青州诸郡转相仿效，祠庙越来越多，其中以济南国为最，达到六百余所，淫祀之风为此越刮越烈。一些有钱的商人在祭祀时，排场搞得很大，坐上二千石官员才能乘坐的车子，穿上二千石官员才能穿的衣服，有歌舞艺人唱唱跳跳、吹吹打打，就像后世的迎神赛会一般。他们利用淫祀标榜祖宗的所谓"功德"，抬高自己的社会地位，同时欺诈人民，骗取钱财，因而祭祖之风越奢侈，老百姓也就变得越贫穷，而历来的官员却没有人敢加以禁绝。曹操到任后，一举将祠庙全部摧毁，并严禁官民再搞祭祀活动，一时间没有人敢再提奸邪鬼神之事。

此外，曹操还比较公平地选用官吏，力图使政治变得清明。这些，都表现了曹操决心廓清吏治的精神，同时进一步显示了他不同凡响的政治才干和胆识魄力。

但是，曹操的行动却得罪了朝中当权的宦官，地方豪强也对他恨之入骨。曹操一方面不愿意违背自己的志向去迎合权贵，一方面又考虑到已经多次触犯权贵，再这样干下去，担心会使全家受到连累。为了避免发生不测之祸，曹操在当年辞去了济南相的职务，请求回到宫中值宿，担任警卫，实际是要求赋闲。朝廷再次任命他为议郎，曹操表面上虽然接受了，但却常常装病，不去上班。第二年，即中平二年(185)，朝廷让曹操去做东郡太守，曹操不仅没有答应，相反连议郎也不肯再做，推托有病，辞官回到家乡谯县去了。

四　以曲求伸的策略

曹操托病辞官，固然由于他在担任济南相时的所作所为得罪了当权的宦官，怕遭到打击报复，但这还不是唯一的原因。曹操早在做洛阳北部尉时就敢于棒杀小黄门蹇硕的叔父，这时虽有遭受打击报复的危险，但毕竟还没有遭到打击报复，如果就急急忙忙地退却，那是不大说得过去的。何况，这时他的父亲曹嵩还大权在握，中平四年(187)甚至还花一亿钱买了个太尉的官做，算得是一个有钱有势、有头有脑的人物，朝中有这样的人撑腰，曹操自然也不必有太多的顾忌。他之所以托病辞官，还有另一层更重要的考虑。

东汉末年，岩穴隐居在名士中是十分盛行的风尚。由于隐居被人们认为是有才能而又清高的人干的事情，因此隐居可以抬高身价，成为当政者注目和礼聘的对象，不失为一条做官的捷径。曹操常为自己不曾是岩穴隐居之士而感到遗憾,他正可以利用这一机会来弥补这一遗憾。他还做了一个横向比较:和他一同被推为孝廉的人中,有的人已经五十岁了还不称作年老,他现在不过才三十岁,即使隐居二十年再出来做官,也才同这些人刚被举为孝廉时的年纪相同,有什么可怕的呢? 于是,他毅然回到了家乡,在谯县以东五十里的地方盖了一座幽雅的书房,打算一年中秋夏读书,冬春射猎,文武并进,积蓄力量,以图将来的发展。这个地方比较低洼,曹操打算利用沼泽中的泥水把自己同外界隔绝开来,断绝宾客的来往。

但曹操并未能在谯县赋闲多久,就因形势的需要而被征召出山了。中平元年(184)黄巾主力被镇压后不久,金城人边章、韩遂起兵反叛。第二年春天,率军数万进攻长安附近地区,侵逼刘氏皇陵。朝廷派车骑将军皇甫嵩征讨,无功而还。复以司空张温为车骑将军,董卓为破虏将军,与荡寇将军周慎等率步骑十余万进讨,先败后胜,边章、韩遂败回金城。中平三年(186)冬,韩遂杀边章等人,拥兵十余万,进围陇西。太守李相如反,与韩遂联合,共杀凉州刺史耿鄙。耿鄙的司马扶风人马腾也拥兵反叛,汉阳王国则自号"合众将军",起兵响应韩遂。一时间天下骚动,朝廷震恐,于是赶忙网罗人才,企图加固根基。曹操便在这时被召为都尉,成为带兵的武官。

曹操手中有了兵权,成为一些人瞩目、拉拢的对象。中平五年(188)五月,术士襄楷对冀州刺史王芬说:"天象的变化不利于宦官,黄门、常侍真是到了灭族的时候了。"王芬信以为真,于是勾结南阳许攸、沛国周旌等人,同时联络了一些地方豪强,以黄巾余部黑山义军攻掠郡县需要起兵镇压为借口,给灵帝上书,请求灵帝北巡河间,企图利用灵帝北巡的机会发动政变,废除灵帝,诛杀宦官,另立合肥侯为帝。他们也来约结曹操,曹操冷静地分析了形势和条件,认为这个计划必然失败而加以拒绝。其辞云:

夫废立之事，天下之至不祥也。古人有权成败、计轻重而行之者，伊尹、霍光是也。伊尹怀至忠之诚，据宰臣之势，处官司之上，故进退废置，计从事立。及至霍光受托国之任，藉宗臣之位，内因太后秉政之重，外有群卿同欲之势，昌邑即位日浅，未有贵宠，朝乏谠臣，议出密近，故计行如转圜，事成如摧朽。今诸君徒见曩者之易，未睹当今之难。诸君自度，结众连党，何若七国？合肥之贵，孰若吴、楚？而造作非常，欲望必克，不亦危乎！(《拒王芬辞》)

从语意看，曹操似乎并不反对废掉灵帝，只是觉得时机还不成熟。他认为伊尹、霍光行废立帝王之事之所以能够成功，是因为伊尹怀着对国家最大的忠诚，有辅相的权势和在百官之上的地位；霍光也是凭借了有声望的地位，同时利用了一些有利的客观条件。这些，似乎反映了曹操内心的一些朦胧的追求和向往，他后来正是沿着伊尹、霍光的道路一步一步地走下去的。文章从古今形势和欲行废立者的主客观条件两方面条分缕析，言之凿凿，头脑清醒，谋虑深远。不久，王芬等的阴谋果然败露，王芬畏罪，弃官逃走，在途中自杀。

黄巾起义之后，灵帝认识到军队的重要，日益留心军事。在动乱四起、天下扰攘的情况下，决定组织西园新军，来加强拱卫首都的力量。中平五年(188)八月，在西园成立统帅部，即所谓"西园八校尉"。宦官蹇硕最得灵帝宠信，被任命为上军校尉，连大将军何进也得听他指挥，成为实际的全国最高统帅。虎贲中郎将袁绍因是"四世三公"之后，他家又曾和宦官袁赦攀过本家，被任命为中军校尉，也就是副统帅。此外，鲍鸿为下军校尉，曹操为典军校尉，赵融为助军左校尉，冯芳为助军右校尉，夏牟为左校尉，淳于琼为右校尉。曹操能够打进新军并任要职，弄得蹇硕也不得不与这位十四年前曾经棒杀其叔父的仇人共事，除了曹操本人的才干和已经建立起的名声外，其父、祖的余荫显然也在这里发挥了一定作用。

曹操成为东汉皇室核心武装的将领，使他在仕途上又迈出了重要的一步，在一定程度上也可以说是以曲求伸策略的胜利。曹操个人的欲望也随之膨胀起来，当初只打算做一个郡太守，现在却想凭借手中兵权，为国家"讨贼立功"，以便获得封侯做征西将军，死后在墓道前的石碑上刻上"汉故征西将军曹侯之墓"的报偿。志向的升级，预示着曹操在政治舞台上将会有更为出色的表演。

第三章　讨伐董卓

一　"何必纷纷召外将乎？"

中平六年(189)四月,灵帝死,以上军校尉蹇硕为代表的宦官集团同以大将军何进为代表的外戚集团之间的矛盾陡然尖锐起来。

灵帝生前,几个皇子先后夭折,留下何皇后所生皇子辩,王贵人所生皇子协。群臣请立太子,灵帝认为刘辩轻佻无威仪,不能充任人主,有意立刘协。但因何皇后有宠,何皇后兄何进自中平元年(184)起又一直担任大将军之职,手中握有重权,所以久久决定不下来。直到中平六年病重,才将刘协托付给蹇硕。蹇硕既受遗诏,加之一向轻视忌恨何进,因此灵帝一死,便想杀掉何进后再立刘协。不料阴谋泄露,计划失败。何进立其外甥刘辩为帝(少帝),时年十七岁。何太后临朝,何进与太傅袁隗参录尚书事,控制朝政。刘协被封为渤海王,不久徙封陈留王。

何进深恨蹇硕阴谋图己,又知道官僚士大夫无不对宦官心怀不满,因此执掌朝政后,便依靠袁隗的侄子袁绍、袁术等人,共同谋诛宦官。蹇硕疑虑不安,写信给宦官赵忠、宋典,建议赶快动手,将何进等人捕杀。不料宦官郭胜是亲近何太后的,他同赵忠商议后,到何进处告了密。何进先发制人,立即将蹇硕捕杀。

袁绍劝何进乘机把宦官全都杀掉,何进去向太后请示。太后因当初王美人生下刘协后被她毒死,灵帝大怒,要废掉她,全靠众宦官求情才过了关,因此对宦官抱有感激之情,不肯答应何进的请求。何进的弟弟何苗因受宦官贿赂,也来加以劝阻,此事便搁置了下来。袁绍又劝何进多召四方猛将,特别是召并州牧董卓领兵入京,以威逼太后,何进接受了这一建议。

何进的主簿陈琳、侍御史郑泰、尚书卢植等人反对袁绍的建议。曹操得知这一消息后,也找到何进,微笑着发表了自己的意见,说:"宦官从来都是有的,只不过君王不应当把大权交给他们,过分优宠,以致弄到这步田地。现在要治他们的罪,应当除掉首恶,一个狱卒就完全可以把这件事情办好,何必纷纷把外地的将领都召来京城呢?想要杀尽宦官,计划必定泄露,我看这件事是要失败的。"

在这里,曹操表现了与袁绍等人不同的主张和见识。袁绍主张把宦官杀得一个不留,曹操则主张保留多数,打击少数,只将宦官中罪大恶极的魁首除掉就行了。这虽然和曹操的出身不无关系,但从政策和策略的角度说却是不无可取之处的,特别是对稳定当时局势、避免外戚集团与宦官集团的矛盾进一步激化有着积极的意义。如果只须惩办几个首恶,确乎也不需要大动干戈,何进现有的力量就足可胜任了。如果想要一网打尽,就必然兴师动众,事情也就不容易做得机密。后来的事实证明,曹操的分析是完全有道理的。

对这件事情的处理,袁绍的态度过激,何进则缺乏决断,都不合曹操的口味。曹操本来也是反对宦官专政的,这时又身在洛阳,据说还曾私自潜入宦官张让宅院,企图行刺,被张让发觉,曹操一边在庭院中挥舞长戟,使追捕的人无法近身,一边从容后撤,翻墙而出,反对宦官的态度不可谓不坚决。但他始终不曾与何进、袁绍共谋，这决不是偶然的。

曹操反对召外将进京，也包含着他对董卓其人的认识。

董卓，字仲颖，陇西临洮人。其人粗猛有谋，体力过人，能左右驰射。少年时喜欢游侠，曾到羌人居住的地区游历，交结羌族上层"豪帅"，在陇西有些名望，被地方官看中，做了凉州的兵马掾，领兵巡守边塞。桓帝末年，跟随中郎将张奂镇压羌族人民的反抗，屡立战功，做到并州刺史、河东太守。中平元年(184)，升任中郎将，接替卢植领兵镇压黄巾起义，被打败。不久，跟随车骑将军张温攻打反叛朝廷的边章、韩遂，取得一些胜利，升为前将军，封斄(tái)乡侯。随着实力的增强和地位声望的提高，董卓的政治野心越来越大。朝廷对此有所察觉，想要解除他的兵权，召他到朝廷担任少府之职，他以所部羌胡兵不听命令为借口，拒不从命。灵帝快死时，又召他为并州牧，要他把军队交给皇甫嵩，他再次拒绝，驻兵河东，等待局势的变化。当得知何进要他带兵进京时，他认为时机已到，二话没说，立即上路，并上书请求惩治宦官张让等人。

董卓还未到达洛阳，何进想要尽杀宦官的图谋泄露，宦官惧而思变。八月，宦官张让、段珪等乘何进入宫见何太后的机会，埋伏在宫门外，当何进事毕出来时，突然袭击，将他杀死。何进部将吴匡、张璋及袁术等闻讯，领兵攻打宫门，放火焚烧东西两宫。张让、段珪等连忙劫持太后、少帝及陈留王刘协等逃往北宫。袁绍等引兵将北宫门关闭，搜捕宦官，不论老少，一律杀死，一共杀死宦官二千多人，连有些没长胡须的人也被误杀了。张让、段珪等数十人困迫无计，只得劫持少帝及陈留王等逃出洛阳北门。当逃到黄河边的渡口小平津时，被尚书卢植带兵追上，数人被杀，其余被逼投入黄河，自溺身亡。

这时,董卓已经抵近洛阳,遥见洛阳火起,引兵急进,迎上了被劫持出城的少帝和陈留王,一同回到洛阳。董卓凭借兵威,自任司空,专断朝政,废少帝刘辩为弘农王,立陈留王刘协为帝,这就是献帝,并在永安宫将何太后毒杀。接着,董卓自任太尉、相国,进一步控制了朝政。长期以来外戚与宦官两个集团交替执政、互相火并的局面至此结束,东汉王朝也在这场火并中,名存而实亡。此后,统治阶级内部的矛盾斗争,便主要表现为各个官僚地主武装集团之间的冲突,即所谓军阀混战了。

董卓是个非常残暴的家伙,掌权后,采取高压政策,以严刑服众,稍不遂意就开杀戒,弄得朝中人人自危。他的凉州兵,除了汉人外,还杂有羌人和胡人(匈奴),纪律性很差,破坏性很大,经常四处抢劫财物,掳掠妇女,甚至在朝中奸乱公主和宫女。一次董卓派兵到阳城,把正在祭土神的民众包围起来,男子全被杀死,头颅被砍下来挂在车辕上,将妇女和财物弄上战车,歌呼而归,说是"攻贼大获"。回到洛阳,将男子的头颅聚拢焚烧,妇女则被赏给士兵作婢妾。洛阳一带陷于一片恐怖之中。

另一方面,董卓为了笼络人心,巩固地位,又特别对官僚士大夫做出了一些姿态。他为窦武、陈蕃申冤,重用周珌、伍琼、郑泰、荀爽、何颙等名士,恢复陈纪、韩融等党人的官爵,以韩馥为冀州牧,刘岱为兖州刺史,孔伷为豫州刺史,张咨为南阳太守,张邈为陈留太守。大儒蔡邕过去遭受宦官打击,逃亡在外,董卓召他进京,三天之中三次升官,一直做到侍中。但这些措施,并没能起多大作用,官僚士大夫多对董卓心怀不满,只是迫于董卓的高压政策,暂时隐忍;一些人则公开表示不同董卓合作,如袁绍在为废立之事同董卓发生冲突后逃奔冀州,其堂弟袁术逃到了南阳。

董卓当初阴怀野心,积极发展个人势力,拒绝朝廷征召,曹操肯定是有所了解的,因此他反对召外将,特别是召董卓进京,是有着阻遏董卓野心、维护政局稳定的考虑的。董卓来到洛阳后的所作所为,曹操更是耳闻目睹,并抱有自己的想法。曹操本来也是董卓拉拢的对象,董卓上表朝廷荐举他为骁骑校尉,并想把他引为心腹,共同商议大事。但董卓的所作所为不得人心,曹操料定董卓虽然得势一时,但必然很快归于失败,因此不肯同董卓同流合污,于是毅然改名换姓,逃出洛阳,走上了同董卓公开决裂的道路。

二 首举义兵

曹操只带了几个亲随骑兵,溜出洛阳城来,抄小路朝东边家乡谯县方向急驰。出了虎牢关,路过成皋时,到故友吕伯奢家借宿,发生了杀吕伯奢一家数口的事情。对这件事,史籍记载各有不同。

王沈《魏书》说,曹操到吕伯奢家时,伯奢不在,他儿子和几个同伴抢劫曹操的马匹和财物,曹操发觉后,亲手将这几个人杀死。

比王沈《魏书》稍为晚出的郭颁《世语》,所记则大不相同。说曹操到吕伯奢家时,伯奢外出了,在家的五个儿子热情接待曹操,礼节很周到,但曹操因为是违抗董卓命令偷逃出来的,疑心主人要害他,于是趁着天黑用剑杀死了八个人逃走了。

比《世语》还要晚出的孙盛《杂记》,在《世语》记载的基础上,增加了一个产生误会的细节。说曹操到吕伯奢家后,听到食器相碰发出的声响,以为是兵器相击发出的声响,进一步以为是吕伯奢的儿子要杀害自己,于是决定抢先下手,趁着天黑将其杀死。事后还凄怆地说了一句:"宁我负人,毋人负我!"然后出门逃走。

上引三说,哪一说更接近事实,已难断定。如果第一说是事实,曹操属于自卫,是锄奸除害,其行为是无可非议的。如果第二、三说是事实,曹操的行为属误杀,有可理解的地方。因为曹操是在极为严峻的形势下逃离洛阳的,随时有被捕杀的危险,心情极度惶迫,神经高度紧张,加之食器相碰的声音确实很像兵器相碰的声音,在那种瞬间就可能丧命的情况下,又来不及做冷静的思考和调查,于是就发生了不幸。可能曹操杀人后马上就发觉是杀错了,而错杀的又是故人之子,不免有些后悔,有些悲伤,于是产生了"凄怆"的感情,这种感情很难说是装出来的,是虚伪。"宁我负人,毋人负我"云云,则是曹操发觉杀错人后一种强词夺理的自白和强自慰解,暴露了曹操自私残忍的性格,成为后来一些独夫民贼信奉的格言,是不足为法的。曹操多疑的性格,也在这里得到了初步的展示。

曹操继续东逃,经过中牟时,遇到了一次真正的危险。大概由于行色匆忙,一个亭长怀疑曹操是逃犯(这时曹操本来也是个"逃犯"),把他逮捕,送到县里关押。这时县里已经得到董卓通缉曹操的文书,只是还不知道被捉的这个人就是曹操。只有一个功曹认出了曹操,但他认为世道正乱,不应当拘捕天下英雄,实际上恐怕也是对董卓的倒行逆施心怀不满,因此不仅没有揭发曹操,相反去找县令说情,把曹操放走了。

经过一番周折,曹操来到距谯县不远的陈留、襄邑一带,就在这里停留下来,散布家财,募集义兵,准备讨伐董卓。

曹操还未回到谯县,就在陈留停留下来,原因是多方面的。陈留郡太守张邈是曹操少年时代的朋友,又是反对董卓的,在这里招募军队能够得到张邈的多方支持。陈留郡属兖州,兖州刺史刘岱也是反对董卓的,有一个比较良好的外部环境。此外,曹操在襄邑还得到了孝廉卫兹的全力支持。卫兹字子许,其人颇有谋略,讲究节操,曾为车骑将军何苗征召,司徒杨彪再加旌命。卫兹对曹操的才能十分了解。曹操刚到陈留,他就对人说:"平定天下的,肯定是这个人。"曹操也很看重卫兹,多次登门拜访,共商大事。卫兹说:"动乱延续很长时间了,不用武力是平定不了的。"又说:"要起兵,现在就得开始!"于是拿出家财来帮助曹操,对曹操尽快起兵起了重要的推动作用。

曹操在谯县的宗族、宾客、部曲也纷纷赶来,其中的代表人物有曹仁、曹洪、夏侯惇、夏侯渊等人。曹仁字子孝,是曹操的堂弟,从小就喜欢练武打猎。曹洪字子廉,也是曹操的堂弟。夏侯惇字元让,是西汉名将夏侯婴的后代。十四岁时,从师学习,有人侮辱老师,他把这人给杀了,从此以有烈气闻名当地。夏侯渊字妙才,是夏侯惇的族弟。他们都成了曹操的心腹将领,后来跟随曹操南征北战,立下了赫赫战功。

曹操积极准备起兵,甚至亲自参加做一些具体工作。一次,曹操正同工匠师傅一起做卑手刀(一种军用短刀),被来看望他的做过豫州刺史的孙宾硕看到了,讥笑他说:"你应当考虑大事,怎么竟跟工匠一起做刀呢?"曹操回答说:"既能做小事又能做大事,有什么不好呢?"反映了曹操的实干精神和既抓大事,也抓小事,正确处理大事小事之间关系的工作态度和工作方法。

经过几个月的努力,曹操共招募到士兵五千(一说三千)人,这是他建立自己武装力量的开始。当时本来还有可能招募得更多一些,但曹操自我限制,不想多招,原因是怕兵多了,目标大,意气盛,与强敌相争,可能成为祸根。这是曹操在当时非常复杂的环境中所产生出来的一种考虑,反映了他的明智、冷静和不急于求成的个性。

中平六年(189)十二月,曹操在己吾正式起兵。当时各地州牧郡守有的还在积极筹备,有的甚至还在犹豫观望,只有陈留太守张邈大概一直在与曹操互通信息,共同筹划,与他同时起兵,互为呼应。曹操虽然兵少，主观上也不想多招兵，但他没有被动地等待机会，没有消极地保存自己的力量，而是毅然首举义兵，为天下倡，表现了非凡的胆识、气魄和勇气，这对迅速掀起反董斗争的高潮起了十分关键的作用。

三　汴水失利

初平元年(190)正月，继曹操、张邈之后，函谷关以东各州郡纷纷起兵讨伐董卓，主要有后将军袁术、冀州牧韩馥、豫州刺史孔伷、兖州刺史刘岱、河东太守王匡、勃海太守袁绍、东郡太守桥瑁、广陵太守张超(张邈之弟)、山阳太守袁遗及骑都尉鲍信等人。荆州刺史刘表得知消息，也聚兵屯驻襄阳，与义兵遥相呼应。长沙太守孙坚则率兵北上，准备直接投身讨董战争。

关东诸军分驻各地，袁绍同王匡驻河内，韩馥驻邺城，孔伷驻颍川，袁术驻南阳，曹操与刘岱、张邈、张超、桥瑁、袁遗、鲍信等人驻酸枣。驻扎酸枣的诸军，设坛盟誓，由张超手下的功曹臧洪登坛宣读誓词。臧洪声讨董卓暴行，辞气慷慨，涕泪交流，在场的将士无不深受感动。由于袁绍是"四世三公"之后，在消灭宦官的行动中又出过大力，同董卓闹翻后又率先逃到冀州反对董卓，因此在盟会上大家遥推袁绍为盟主。袁绍得知消息，欣然领受，自号车骑将军，领司隶校尉。

由于曹操当时没有地盘，在准备起义的过程中须争取陈留太守张邈的帮助，起兵后在给养等方面也须仰仗张邈的接济，因此起兵之初在行军作战的指挥上也不得不接受张邈的节制。曹操就是带兵随着张邈来到酸枣前线的，到达后被命代理奋武将军的职务。

曹操前往酸枣途经中牟时，该县主簿任峻率众前来投附。任峻字伯达，中牟人。董卓之乱发生后，该县县令杨原忧愁恐惧，打算弃官逃跑。任峻劝他权且代理河南尹的职务，起兵讨伐董卓。杨原听从了任峻的意见，即命各县坚守城池，讨伐董卓。正在这时，曹操率兵进入中牟县境，在大家不知所从时，任峻独自与同郡张奋商议，将全郡献出归附曹操，并集合自己的宗族、宾客及家兵数百人加入了曹操的军队。曹操非常高兴，任命他为骑都尉，并将自己的堂妹嫁给了他。

骑都尉鲍信和他的弟弟鲍韬也在这时起兵响应曹操。鲍信是个颇有识见的人，董卓刚到洛阳时，他就劝袁绍说："董卓拥有强兵，心怀不轨，如不早想办法对付，将会被他控制。应当乘他新到疲劳的机会，发兵袭击，可一举将其擒获。"但袁绍畏惧董卓，不敢发兵。鲍信见袁绍不能成事，便回到家乡泰山，招募了步兵二万，骑兵七百，辎重五千乘。曹操刚在己吾起兵，鲍信便起兵响应，同时来到酸枣前线。曹操和袁绍推荐鲍信为破虏将军，鲍韬为裨将军。当时袁绍的势力最大，不少人趋奉他，独鲍信对曹操说："谋略在世上找不到第二个，能统率大家拨乱反正的，只有您一个人。不是那么个人，即使一时强大，最后也是要失败的。"于是同曹操倾心交往，曹操从此也把他当做知己看待。

董卓针对讨卓联军所采取的第一个行动，是把弘农王刘辩毒死。接着，为了摆脱关东诸军从东到南摆开的夹攻态势对洛阳造成的威胁，也为了解除由郭太领导的正转战太原、河东等地的黄巾余部十万余人南渡黄河截断同西北联系的潜在危险，董卓动议迁都长安，并将坚决反对迁都的伍琼、周珌杀死。此外，还杀害了袁绍在洛阳的亲属，自太傅袁隗以下共五十余人。二月，挟持献帝西迁。董卓将洛阳的豪富一一逮捕，随意安上个罪名杀掉，然后将其财物没收。并把洛阳的宫殿、官府和二百里内的房屋全部烧毁，洗劫一空，鸡犬不留。又强迫洛阳周围数百万人西迁，一路上在军队的驱赶践踏和抢掠之下，死伤不计其数，还有不少人因缺粮而饿死，尸体铺满西行的道路。董卓还派他的部将吕布挖掘皇帝及公卿百官的陵墓，盗取墓中的珍宝。董卓的暴行给广大人民带来了深重的灾难，使洛阳地区的社会经济和文化遗产遭受到严重的破坏。对于这场灾难，曹操特地写了《薤露》一诗加以反映：

> 惟汉二十二世，所任诚不良。沐猴而冠带，知小而谋强。犹豫不敢断，因狩执君王。白虹为贯日，己亦先受殃。贼臣持国柄，杀主灭宇京。荡覆帝基业，宗庙以燔丧。播越西迁移，号泣而且行。瞻彼洛城郭，微子为哀伤。

"二十二世"，汉从高祖刘邦到灵帝刘宏共二十二代。"所任"指外戚何进。曹操说何进"诚不良"，说他像穿戴跟人一样但却没有人的智慧和本事的猕猴。智虑短浅却要谋划大事，这是曹操对何进的基本评价。曹操反对横行不法的宦官，但像何进这样的外戚他也不感兴趣，无论宦官还是外戚，他都不一概肯定或一概否定。所以他反对宦官专政但又不同意尽诛宦官，愿为窦武、陈蕃申冤却不肯替何进说上一句好话。在尽诛宦官的行动中始终不与何进同商共谋，从这里不难找到一些答案。"贼臣"指董卓，一个"贼"字，也反映了曹操对董卓的基本评价。"微子"，相传是殷纣王的哥哥。据《史记·宋微子世家》，周武王灭殷以后，一次微子路过殷朝的故都，看到宫室毁坏，到处长满了禾黍，心中十分悲痛，就作了一首《麦秀歌》，来抒发自己对于故国的哀思。这里曹操以微子自比，感叹故都洛阳的残破，表达了对于暴国殄物的董卓及招致董卓之乱的何进的痛恨之情。

董卓迁都长安后,自己带兵留守洛阳,住在毕圭苑中,派部将徐荣到洛阳东面的荥阳一带抵御关东诸军。这时讨卓联军的声势越来越大,一来因董卓的倒行逆施激起了越来越多的人的愤恨,讨伐董卓已是大势所趋、人心所向;二来因袁绍在洛阳的亲属被董卓杀害后,激起了人们的同情,不少人就是以为袁家报仇的名义起兵的。但关东诸军大都是新招募的队伍,论起战斗力来远不及董卓的西北军。更重要的是,关东诸军虽然打的是讨伐董卓、解除国难的旗号,但却各有各的打算,都想拥兵自重,保存实力,因而等待观望,不肯率先与董卓的军队对阵交锋。曹操对这种状况很不满意,他对诸将说:"我们发动义兵诛除暴乱,现在各路大军已经会合在一起了,还有什么可犹疑的呢?如果我们在起兵之初,董卓倚仗王室,占据洛阳、长安附近的险要,东向以临天下,尽管他残暴无道,但还是足可成为祸患。可现在他居然焚烧宫室,劫迁天子,弄得举国震动,人心惶惶,天怒人怨,这正是消灭他的最好时机。一战就可以使天下归于安定,这个时机可千万不能失去啊!"

但关东诸将对曹操的意见不感兴趣。曹操决定单独采取行动,希望以此影响和带动关东诸将。但结果并不理想,除鲍信兄弟积极响应外,其他诸将仍然无动于衷,连张邈也按兵不动,只派一个卫兹带了部分士兵随同前往。

曹操率领部属从酸枣出发,准备攻占成皋,董卓部下的大将徐荣率兵迎战。双方在荥阳汴水岸边相遇,旋即展开激战。由于徐荣率领的是久经战阵的凉州骑兵,曹操军队多由新兵和宗族宾客组成,缺乏训练,数量又少,因此在激战一天之后被打败,士兵死伤很多,鲍信受伤,卫兹和鲍韬战死。曹操自己也被乱箭射中,坐骑受了重伤,再也跑不动了。在追兵将至、万分危急的情况下,曹洪将自己的战马让给曹操,曹操不同意,曹洪说:"天下可以没有我曹洪,但却不能没有您！"曹操也就不再推辞，赶紧跳上了马。相传这匹马名叫"白鹄"，是一匹骏马，跑起来飞快，马蹄好像不着地，只听见耳边呼呼风响，当时人称为乘风而行，有"凭空虚跃，曹家白鹄"的谚语。当下曹操、曹洪乘着夜色来到汴水岸边，见水深不能涉过，曹洪又沿着河岸上下寻找，终于找到一只小船，两人乘船渡河回到酸枣。徐荣见曹操兵少，加之激战一天后部属已很疲惫，同时估计酸枣也不可能在短时间内轻易攻下，也就未再挥师穷追，带兵回到防地去了。

四 "诸君北面，我自西向"

曹操回到酸枣后，见各路义军十余万人，每日只是宴饮作乐，不思进取，感到非常愤慨，忍不住加以指责，并就诸军如何调动安排谈了自己的建议，说："勃海太守袁绍率领河内的军队驻守孟津，酸枣诸将驻守成皋、敖仓、镮辕、太谷，袁术率领南阳的军队驻守丹水和析县，并开进武关以震慑三辅地区。大家深沟高垒，不同敌兵交战，多虚设疑兵，以显示天下群起而攻之的形势。以正义之师讨伐叛逆之敌，天下很快就可以平定。现在大家以讨伐董卓的名义起兵，如果心怀疑虑不敢进兵，会使天下的人感到失望。我实在为大家的行为感到羞耻！"

孟津、成皋、敖仓、镮辕、太谷、丹水、析县、武关大都是形势险要、历来兵家必争之地。在这些地方驻兵，不仅可以对洛阳形成半包围的态势，而且还可以震慑三辅，动摇驻守长安的西北军的军心。这是一个可以遏制敌人、进而寻找战机、打败敌人的方略。而且，这个方略只要求布为疑兵，并不马上出击，在一定程度上也照顾到了关东诸军企图按兵不动、保存实力的心理。因此，在当时的条件下施行这个方略应当说是切实可行的。但是，曹操虽然晓之以理，动之以情，甚至到了言辞激切、义形于色的地步，张邈等人还是我行我素，对曹操的建议置若罔闻，不予理睬。

曹操感到，要想达到讨伐董卓的目的，光指望别人是不行的，还得依靠自己独立的武装力量。但汴水失利后，自己兵员减少，不敷调度，于是便决定同曹洪、夏侯惇等人到扬州募兵。扬州刺史陈温、丹阳太守周昕给了曹操很大支持，曹操一共招募到新兵四千多人。往回走到龙亢，新兵突然反叛，乘着天黑放火焚烧曹操的营帐，曹操亲手杀死数十人，其余的人望风而逃，这才算解除了危险。事后清点，不叛的士兵只剩下五百多人。恰在这时，曹洪带着家兵千余人来到了龙亢。不久，曹操自己又在铚、建平等地招募到新兵千余人。周昕继续支持曹操，陆续给曹操送来士兵万余人。宗族曹邵也招募到部分新兵，前来追随曹操。曹操的侄子曹休在吴郡听说曹操起兵，也改名换姓取道荆州前来投附，曹操见了很高兴，对众人说："这是我家的千里驹啊！"经过一番周折，曹操重新建立起了自己的武装队伍，其中家兵千余人是这支队伍的骨干。

曹操北归后，不再返回酸枣，而是渡过黄河，赶到河内，同驻扎在那里的联军盟主袁绍接触，企图对袁绍施加影响，使局面改观。但结果仍令人失望，他在许多问题上常常不能同袁绍取得一致，甚至完全针锋相对。

袁绍为了有利于发展自己的势力，以献帝年幼，又被董卓所困，关山阻塞，不知是否还活着为由，同冀州牧韩馥一起谋立幽州牧刘虞为帝，并私刻了皇帝的金印，派毕瑜去见刘虞，劝他称帝，称说这是上天的意旨。同时前来征求曹操的意见，企图获得曹操的支持。曹操问明来意，明确表示反对，说："董卓的罪行，国人尽知。我们会合大众，兴举义兵，远近无不响应，这是因为我们的行动是正义的。

现在皇帝年纪幼小,被奸臣董卓控制着,还没有像昌邑王那样的破坏汉家制度的过错,如果一旦加以废除,天下有谁能够心安呢?诸君北面,我自西向!"

古代皇帝南面而坐,臣僚面北朝见皇帝。刘虞是幽州牧,幽州又刚好在北方,因此这里的"北面"语含双关。"西向",指向西讨伐董卓,迎回献帝。诸君自去向刘虞称臣,我自去西讨董卓,表现了曹操同袁绍等人分道扬镳的决心。董卓暴行令人发指,国人共愤,讨伐董卓确实是人心所向,确实是当时国内矛盾的焦点,应当全力以赴。献帝虽然毫无建树,但他毕竟是国家的象征,又被董卓挟持着,实际上也是个受害者,同正义力量是有共同利益和共同语言的,如果一旦废掉,另行易人,必然造成更大的混乱,局面将更加难于收拾。所以曹操的意见,不仅表现了他的胆识,也是从大局着眼的。

东汉时谶纬迷信盛行,一些人利用谶纬大造符瑞,妄测吉凶,甚至以此证明某某得到天命,应当即位登基。袁绍、韩馥也玩弄了这套把戏。当时刚好有四颗星星在属二十八宿的箕宿和尾宿之间汇聚。古代星象家把天象和地面上的一些地方相配合,叫分野,箕、尾的分野刚好是燕地,即幽州,于是韩馥称神人将在燕地产生,实际是说刘虞应当称帝。又说济阴有一个男子叫王定的得到一块玉印,印上刻着"虞为天子"四个字。一次,袁绍得到一块玉印,因当时只有皇帝的印才能用玉制作,袁绍认为奇货可居,就故意拿到曹操面前炫耀。谁知曹操不以为然,大笑着说:"我不相信你这一套!"

袁绍感到大煞风景。袁绍见曹操不听自己摆布,很不满意,于是私下派人去见曹操,企图说服曹操归附自己。来人见了曹操,说:"现在袁公势力正盛,兵力最强,两个儿子也已经长大成人。天下英雄，有谁能够超过袁公呢？"

曹操听了，没有吭声，但从此对袁绍更加心怀不满，并产生了伺机消灭袁绍的想法。

袁绍还给袁术写信，希望得到他的支持。这时袁术已有自己登基称帝的想法，也不同意让刘虞称帝。更重要的是刘虞自己也不同意称帝，他认为在天下崩乱、皇帝蒙难的情况下，大家应当同心协力维护王室，不应当造出种种逆谋来坑人，因此不仅不同意称帝，还想跑到匈奴去躲避。袁绍被弄得毫无办法，最后只得作罢。

关东诸将不能一致对付董卓，内部关系很难协调，很快产生了矛盾。开始，兖州刺史刘岱和东郡太守桥瑁发生摩擦，刘岱火并了桥瑁，派王肱去兼任东郡太守。接着，袁绍胁迫冀州牧韩馥让出冀州，自己做了冀州牧，韩馥不久自杀。屯驻酸枣的诸军在粮食吃完后，连形式上的联合也维持不下去了，于是立即散伙，回到了各自的辖区，发展自己的势力。此后，中国成了拥兵割据者的天下，在东汉王朝的版图上，出现了大大小小数十个独立王国。此后一段时间内，各地区的主要割据势力是：

公孙度占据辽东。刘虞、公孙瓒占据幽州。袁绍占据冀州、青州和并州。曹操占据兖州。董卓、李傕、郭汜等占据司州。马腾、韩遂占据凉州。张鲁占据汉中。刘焉占据益州。刘表占据荆州。陶谦、刘备、吕布先后占据徐州。袁术先占据南阳，后占据扬州。孙策占据江东。

这些割据势力为了保持并不断扩大自己的地盘，相互间展开了旷日持久的兼并战争，造成了社会经济的严重破坏和人民的大量死亡。对于这一幕惨剧，曹操后来写了《蒿里行》一诗加以反映：

关东有义士，兴兵讨群凶。初期会盟津，乃心在咸阳。军合力不齐,踌躇而雁行。势利使人争,嗣还自相戕。淮南弟称号,刻玺于北方。铠甲生虮虱,万姓以死亡。白骨露于野,千里无鸡鸣。生民百遗一,念之断人肠。

诗篇描写了关东诸将从一同起兵到发生内讧、各据一方、自相残杀、给百姓造成深重灾难的全过程,被称为"汉末实录"。"义士"指关东诸将,"群凶"指董卓及其婿牛辅,其部将李傕、郭汜等。"盟津",即孟津,相传周武王起兵伐纣时,中途曾同联盟反纣的八百诸侯会合于此,这里用"会盟津"代指关东诸将联合起兵讨伐董卓的义举。"咸阳",秦朝都城,这里代指长安,当时献帝被董卓软禁在长安。"淮南弟"指割据淮南地区的袁绍的堂弟袁术,袁术于建安二年(197)在淮南寿春称帝。"刻玺于北方",则指初平二年(191)袁绍等在河内私刻皇帝印玺,图谋废掉献帝,拥立刘虞为帝的事。诗的头四句写起兵,于客观叙述中微露欣慰、赞美之意。中六句写内讧和争权夺利,于客观叙述中透出厌恶痛恨之情。后六句写军阀混战造成的恶果,抒发了对人民苦难的深切同情。这是曹操这一时期思想感受的真实再现,委婉地表达了他要削平战乱、建立一个统一国家的决心和愿望。

关东诸将散伙后,曹操独力难支,孤掌难鸣,想要再去西讨董卓已经不可能了。这时鲍信向曹操提了一个建议,说:"现在袁绍以盟主的身份乘机发展个人势力,必将造成新的祸乱,成为第二个董卓。如果现在除掉他,我们的力量还不够,不仅达不到目的,自己还有可能陷于危险。不如先向黄河以南发展势力,以等待形势的变化。"

曹操觉得这个建议很好,当即予以采纳,付诸实施。这样,曹操同其他关东诸将一样,也走上了发展个人势力的道路。不过,曹操这样做与其他人相比还是有所不同。一是他确为客观情势所迫，不得不这样做，不这样做就不仅不可能消灭董卓，相反连自身的生存也将成为问题。二是不难看出，曹操这样做的目的，仍是为了在站稳脚跟、积蓄足够的力量之后去消灭董卓，并消灭可能成为第二个董卓的其他割据者。这是曹操比其他关东诸将要高出一筹的地方。

第四章　争夺兖州

一　收编青州军

曹操确定向黄河以南发展势力的战略,一方面由于有这样的必要性,另一方面也由于有这样的可能性,当时的客观形势给他提供了实施这一战略的机会。鲍信的建议是重要的,但如果鲍信不提出这一建议,曹操通过对当时客观形势的分析,很可能自己也会走上实施这一战略的道路。

当关东州郡起兵讨伐董卓,双方胶着在荥阳和河内一带,对人民的反抗斗争暂时无暇旁顾时,青州、冀州一带本来就已发展到百万之众的青州黄巾军和河北黑山军,便以燎原之势发展起来。黑山军是与黄巾军同时起义的一支农民军,以今河北、山西、河南三省交界处的太行山区为根据地,黑山即在今河南浚县西北的太行山脉中。领导人原为张牛角,张牛角战死后,褚燕继任,改姓张,因其轻勇剽悍,捷速过人,军中称为飞燕。张燕很能团结部众,争取人心,将分散在常山、赵郡、中山、上党、河内等地的小股农民起义军联合了起来,人数发展到百万,成为一支可与官僚地主的割据势力相抗衡的重要力量。

初平二年(191)秋,以于毒、白绕、眭固为首的十余万黑山军进攻冀州的心脏邺城。接着南渡黄河,进攻与魏郡毗邻的东郡,东郡太守王肱无法抵御。这时,青州的百万黄巾军因受到袁绍委派的青州刺史臧洪的威逼,也正分两路向河北移动,有与黑山军会合的趋势。两支大军如果会师,或者如果黑山军的势力从河北扩展到河南,黄河中下游地区的力量对比将会发生巨大变化。关东诸将尽管充满了矛盾,但却都不愿看到这一局面出现。身为冀州牧的袁绍,尤其害怕农民军会师后会威胁到他在冀州的统治。曹操一来有在黄河以南发展势力的想法,二来也不愿看到农民军势力的发展,三来东郡太守王肱刚好又抵挡不住黑山军的进攻,于是毫不犹豫地利用了这一时机,将部队从酸枣开进东郡,并在东郡的首府濮阳打败了黑山军的白绕部,取得了首战的胜利。

对于曹操这一举动,袁绍感到非常高兴。他不了解曹操此举怀着双重目的,一是为了镇压农民起义,二是为了获取一块地盘,以图今后的发展,只是看到了此举对自己有利的一面。袁绍认为有对曹操进行拉拢的必要,于是任命曹操为东郡太守,认为这样不仅可以借重曹操守住冀州的南大门,而且还可以用东郡作跳板,将自己的势力扩展到黄河以南,使冀、青、兖三州连成一片,这样黄河中下游地区就可以完全置于自己的掌握之中了。曹操自然是不会轻易被袁绍所利用的,不管袁绍打着怎样如意的算盘,他自有他的主意。反过来,曹操也有必要对袁绍加以利用。由于当时袁绍力量强大,最好能够与之相安无事,因此不能随便违抗袁绍的旨意;加之自己正无立足之地,因此曹操便顺水推舟,非常乐意地接受了袁绍的任命,做起了东郡太守。曹操将东郡的治所从濮阳迁到了东武阳,并乘机推荐鲍信做了济北相,作为自己的羽翼。

初平三年(192)春,于毒趁曹军主力驻扎在顿丘,东武阳防备空虚的机会,率部进攻东武阳。曹操得到报告,却不带兵往东回救东武阳,而是决定前往西山攻击于毒的大本营。诸将不理解这一部署,曹操解释说:"以前孙膑想要援救被魏攻打的赵国,却不带兵前往赵国,而是先去攻打魏国;耿弇想要赶走驻守西安(今山东淄博西北)的张蓝,却不先去攻打西安,而是先去攻打与西安互为掎角的临淄:结果两人都达到了自己的目的。我现在先去攻打于毒的大本营,于毒知道后,必然带兵回救,东武阳的危险不就自然而然地解除了吗?如果于毒不回救,我就可以乘机将他的大本营摧毁,于毒照样不可能把东武阳打下来。"

诸将听了,顿时明白了其中的道理。曹操领兵扑向于毒大本营,于毒得知后,果然立即带兵回救,东武阳之围不战自解。接着,曹操寻找战机,中途拦击黑山军眭固部,大获全胜。至此,黄河以南的黑山军基本上被曹操消灭了。

东汉时,匈奴分为南北二部,北匈奴留居漠北,南匈奴移居塞内,归附汉朝。中平年间,有一支由南匈奴单于的儿子于夫罗率领的匈奴兵,到中原地区由东汉政府调遣。后因南匈奴发生内乱,单于被杀,于夫罗就留在了中原。由于中原地区群雄纷争,东汉政府名存实亡,于夫罗无所依附,就同白波黄巾军联合起来,先后攻破太原、河内等地,并对东郡构成威胁。曹操在内黄对这股匈奴兵展开攻击,也获得了全胜。

这年夏天,青州的百万黄巾军因向河北进击受阻,转而向兖州推进。进入兖州后,首先攻下任城,杀死任城相郑遂,接着向东平进击。兖州刺史刘岱不听鲍信劝告,带领兖州主力匆忙截击,结果被黄巾军打得大败,刘岱自己在阵上被杀。刘岱死后,州中无主。消息传来,东郡人陈宫建议曹操说:"兖州现在无主,王命无法贯彻,请让我到州里做做工作，由您来接任兖州牧的职务。您如果有了兖州，也就有了夺取天下的资本了。"

曹操本来就想以东郡为基地，逐步扩展势力，陈宫的建议正中下怀，没有不同意。陈宫来到州中，对别驾、治中等大小官员说："曹东郡有治世的才能，如果由他来出任州牧，一定能够担负起阻击黄巾的任务，使地方得到安定。"

鲍信也出面对大家进行说服，得到了大家的赞同。鲍信和兖州治中万潜等人立即赶到东郡，把曹操迎到兖州，做了兖州牧。

这时黄巾军正继续向寿张方向推进，曹操于是与鲍信联军，在寿张东面进行堵截。黄巾军骁勇善战，但有恃胜而骄的毛病，曹操抓住这一弱点，打算奇兵取胜。他带上步骑千余人，同鲍信一起先去巡视阵地，观察地形。骑兵速度快，走在前面，后面的步兵没能及时跟上。不料突然遇上黄巾军，双方展开激战，曹操猝不及防，被打得大败，几百人战死，自己靠了鲍信的拼死保护，才勉强逃出重围，而鲍信则被黄巾军杀死，死后连尸体也没有找到。曹操对鲍信的死非常伤心，悬赏寻找他的尸体，没有达到目的，最后只得让人用木头刻了鲍信的形象，亲往哭祭一番才算完事。

黄巾军获胜后，乘势向曹军压过来。当时曹操老兵不多，新兵缺乏训练，刚刚打了败仗，全军上下弥漫着极度恐慌的情绪。曹操为了稳定军心，亲自穿上铠甲，戴上头盔，四处巡视，抚慰将士，并明确了奖惩条例，士气才又重新振作起来。接着，曹操找到有利战机，向黄巾军发起猛攻，黄巾军不能抵御，渐渐后撤。黄巾军想要争取曹操，给曹操写信说："你过去在济南时，曾经毁坏神坛，其精神和我们黄巾军信奉中黄太乙的道理是相通的。你似乎是个懂得中黄太乙之道的人，但现在反而迷惑了。汉朝的气数已尽，黄家当立。新的天下就要出现，不是你的才力能够加以阻止的。你还是赶快撤军吧!"

但曹操代表的是地主阶级的利益,不可能放弃对于农民起义军的镇压,看到这封信后,不仅不为心动,相反大骂黄巾军,要黄巾军赶快投降。黄巾军不予理会,曹操于是设下奇伏,昼夜接战,黄巾军抵御无方,损失惨重,不得不向济北方向撤退。曹操乘胜追到济北,黄巾军被逼投降。这年冬,曹操共接受黄巾降军三十余万人,同时得到了跟随黄巾军一起行动的男女百余万口。曹操从中挑选部分精锐组成了一支战斗力很强的队伍,号为"青州兵"。

这期间,在长安的东汉朝廷由于兖州刺史刘岱战死,就任命一个叫金尚的前来继任兖州刺史。曹操得到消息,预先派兵到兖州边界迎击,金尚无法入境,只得跑到南阳投奔了袁术。

曹操采用武装镇压和诱降相结合的手段对付黄巾军,用心也不可谓不阴狠。但比起皇甫嵩一味对黄巾军进行大量屠杀的行径来,曹操所采用的受降改编的办法毕竟还是带有一些人道色彩的。

这是曹操带兵以来所打的第二个大仗。在这一战中,曹操临危不乱,善于鼓舞士气,善于抓住敌方弱点出奇制胜,显示了卓越的军事指挥才能,说明他在战争的海洋中游泳,显得越来越得心应手了。

这一时期,曹操的武装力量有了很大发展,不少谋臣武将投奔到了他的麾下,其中著名的有荀彧、满宠、毛玠、程昱、乐进、于禁、李典、吕虔、典韦等。

荀彧字文若,颍川颍阴人。祖父荀淑、父亲荀绲、叔父荀爽都是东汉名士,荀淑曾做过王畅、李膺的老师,荀爽曾做过司空。荀彧少时,曾得到名士何颙的赏识,被称为"王佐之才"。永汉元年(189),被举为孝廉,出任县令,董卓乱后弃官归家。为逃避战祸,接受冀州牧韩馥的邀请,带领宗族移居冀州,但到冀州时,韩馥已被袁绍吞并。荀彧由于弟弟荀谌及同郡的辛评、郭图等人都在袁绍麾下,便也投附了袁绍,袁绍待以上宾之礼。经过一番观察,荀彧料定袁绍成不了大事。恰好曹操来到东郡,荀彧听说曹操有雄才大略,便在初平二年(191)离开袁绍投奔了曹操。曹操与之接谈,发现荀彧很有才能,非常高兴,说:"您就是我的张子房啊!"立即任命荀彧为司马,参与军机大事,这时荀彧才二十九岁。

满宠,字伯宁,山阳昌邑人。十八岁时,为郡督邮,后任高平县令,在处置贪赃不法方面态度坚决,很有魄力。曹操做兖州牧后,召为从事。

毛玠,字孝先,陈留平丘人。年轻时做县吏,以清廉公正著称。董卓乱起,避乱荆州,途中听说刘表政令不明,改去鲁阳。曹操做兖州牧后,召为治中从事。

程昱,字仲德,东郡东阿人。身长八尺三寸,美须髯,有谋断。兖州刺史刘岱曾推荐他为骑都尉,他以有病推辞。曹操做兖州牧后,召见他,与之接谈,大为高兴,于是任命他为寿张令。

乐进,字文谦,阳平卫国人。身材矮小,却有胆烈。原为曹操的帐下吏,后回本郡募兵,得千余人,回来后被提升为军假司马、陷阵都尉,很快成为曹操的重要将领。

于禁,字文则,泰山钜平人。原为鲍信手下的普通兵士,前来投奔曹操。曹操根据他的才能,提拔他为军司马,也很快成了曹操的重要将领。

李典,字曼成,山阳钜野人。其叔父李乾,在曹操出任东郡太守后,纠合宾客数千人跟随曹操,在寿张参加了击破青州黄巾的战斗。李乾及其子李整死后,这一支部队即由李典率领。

吕虔,字子恪,任城人。因有胆略,曹操任命他为从事。

典韦,陈留己吾人。形貌魁梧,体力过人。曾负气替人杀人,后面几百人追赶,但没有一个人敢上前同他接触。原跟随张邈,曾用一只手将高大的牙门旗举了起来。后投到曹操所部夏侯惇帐下,被任为司马。

这样,曹操手下不仅有了亲信的家兵,还有了精锐的"青州兵",谋臣战将也与日俱增,武装力量日益壮大,成为他在兖州建立根据地的重要凭借。

二 东征陶谦

初平三年(192)冬,曹操击降青州黄巾军不久,就遭到了袁术的进攻。

袁术,字公路,是司空袁逢的儿子,官至河南尹、虎贲中郎将。董卓进京,任命他为后将军,他畏祸逃到南阳。适逢长沙太守孙坚杀掉南阳太守张咨,带兵依附他,他便占据了南阳。袁术是袁绍的弟弟,是嫡出,袁绍却是庶出,以后其父袁逢又把他出继给二兄袁成。当袁术占据南阳时,袁绍也占据了青、冀二州,仍在积极扩展势力。袁绍乘孙坚进讨董卓未回的机会,派遣部将周昕袭夺孙坚占据的豫州,袁术为此十分生气,带兵击退了周昕。袁绍谋立刘虞为帝,袁术不赞成,兄弟之间从此产生了裂痕,结下了仇怨。

为了泄愤,也为了发展自己的势力,袁术远交幽州的公孙瓒,企图借助公孙瓒的力量颠覆袁绍在河北的统治。袁绍针锋相对,也远交荆州的刘表,企图借助刘表的力量来牵制袁术。公孙瓒发兵攻打袁绍,并私自任命严纲为冀州刺史,田楷为青州刺史,单经为兖州刺史,派刘备驻守高唐,单经驻守平原,陶谦驻守发干,共同威逼袁绍。在南边,袁术则派出孙坚攻打驻守襄阳的刘表,孙坚战死。由于兖州在南阳和冀州之间,成为袁术向北发展势力的障碍,因此兖州也成为袁术攻击的对象。这时曹操表面上还保持着对袁绍的依附关系,加之公孙瓒另派兖州刺史,而袁术更构成了对他的直接威胁,因此曹操便与袁绍联合起来,共同对付公孙瓒和袁术的挑战。

初平四年(193)春,曹操驻兵鄄城。鄄城是当时黄河边上的一个军事重地,曹操任兖州牧后,将治所从昌邑迁到这里。适逢刘表进逼南阳,并切断了袁术的粮道,袁术便率军进入兖州陈留,驻兵封丘。黑山军和匈奴于夫罗的残部见袁术势盛,前往依附。袁术派部将刘详驻守封丘东北的匡亭,以为掎角之势。曹操立即做出反应,带兵从鄄城南下,攻打刘详。匡亭有失,封丘难保,袁术于是率兵援救刘详。两军接战,袁术不是对手,被打得大败,只得放弃匡亭,退保封丘。曹军马不停蹄,进围封丘。袁术见难以立足,还未等到合围,即连忙放弃封丘,逃往襄邑。曹操尾追不舍,到了太寿,决开河渠,用水灌城,袁术只得又逃往宁陵。曹操仍然穷追不舍,袁术无法,只得继续朝东南方向逃跑,一直逃到九江郡才算歇下脚来。这一仗,曹操抓住有利战机,连续作战,不怕疲劳,不断扩大战果,将袁术赶到远离兖州的地方,解除了兖州南面的一大威胁。到了夏天,曹操率军回到定陶。

接着,曹操发动了攻击徐州牧陶谦的战役。陶谦,字恭祖,丹阳人。历任卢县令、幽州刺史、议郎等职。后因参与镇压徐州黄巾军有功,被任命为徐州刺史。董卓擅权,他未参加关东联军的行动,被董卓任命为徐州牧。曹操进攻陶谦,主要出于下列目的:

一是在公孙瓒和袁术两人同袁绍的矛盾中,陶谦站在公孙瓒和袁术一边,并曾派兵配合公孙瓒攻打袁绍。曹操既然和袁绍联盟,并刚率军打败了共同的敌人袁术,再把矛头对准另一个共同敌人陶谦,也就成了顺理成章的事情。同时,这一时期河北地区的黑山农民起义军又活跃起来,于毒曾率兵数万人攻占冀州的心脏邺城,杀死魏郡太守,左髭丈八、刘石等人率领的起义军及张燕率领的黑山军也活动频繁,匈奴、乌桓又一度进犯,袁绍忙于应付,无暇南顾,因此攻打陶谦的责任,也就自然地落到了曹操一人肩上。

二是曹操有着个人的利害关系必须考虑。徐州紧靠兖州,与青州一起从东面、东北面对兖州形成了半包围的态势。陶谦、田楷、刘备等人不仅是在威胁着袁绍,同时也是在威胁着曹操。到后来,这种威胁还变成了直接的进犯和掠夺。初平四年(193)五月,下邳人阙宣聚众数千人造反,自称天子。陶谦曾与阙宣联合,发兵攻击兖州,攻占了华县和费(音密)县,掠夺了任城。为了维护自己在兖州的利益,曹操必然要向陶谦发起反击。

三是曹操一心要向陶谦索报杀父之仇。据史籍记载,曹操的父亲曹嵩是被陶谦杀害的。史书上有这样几种说法:

《三国志·魏书·武帝纪》兴平元年(194)说,曹嵩本在家乡谯县闲居,为逃避董卓之乱,来到琅玡,被陶谦杀害。《后汉书·曹腾传》所载与此略同。

同书裴松之注引《世语》说,曹操想把曹嵩接来兖州任所,派泰山太守应劭带兵前往迎接。曹嵩来到泰山郡的华县,陶谦乘应劭还没有到达的时候,秘密派遣数千骑兵突袭。曹嵩家人以为是应劭带兵赶到,一点也没有防备。陶谦兵到,即在室内将曹操的弟弟曹德杀死。曹嵩听到动静,赶忙朝后院逃跑,打算从后墙的墙缝中逃出去。他先让其爱妾往外钻,但这个妾长得太胖,怎么也钻不出去。曹嵩见状,只得掉头逃到厕所躲藏起来,但很快就被发现,同妾一起被杀死。其余家人没有一个活下来。应劭赶到后,看到眼前的一幕,非常害怕,结果弃官逃到袁绍那里去了。

同书裴松之注又引韦曜《吴书》说,曹嵩来投曹操,有辎重一百多辆。陶谦派部将张闿率骑兵二百护送。来到华县、费县之间时,张闿见财起意,将曹嵩杀死,抢夺了财物,然后逃到淮南去了。曹操归罪陶谦,于是兴兵讨伐。

《后汉书·陶谦传》说,曹嵩来到琅玡避乱,陶谦有一个部将驻守在阴平,其手下的士兵为了抢夺曹嵩的财物,就把曹嵩杀害了。

《后汉书·应劭传》说,曹嵩和他的儿子曹德从琅玡进入泰山郡,应劭带兵前去迎接。陶谦因怨恨曹操多次带兵攻打他,就在应劭到达前派轻骑前往袭击,将曹嵩父子在两郡交界处杀死。

以上诸说,在谁杀死了曹嵩,在什么时间、地点及为什么要杀死曹嵩等问题上,存在着一些分歧。分析起来,当以陶谦有意加以杀害的说法为是,时间则以初平四年(193)五月陶谦攻取华县、费县时的可能性为最大。曹嵩到徐州所属的琅玡避难,当在曹操和陶谦还没有成为对头的时候。初平二年(191)后,袁绍与袁术、公孙瓒交恶,曹操站在袁绍一边,陶谦站在公孙瓒一边,两人就成了对头,曹操为配合袁绍的行动,很可能在初平四年(193)五月以前就已不止一次同陶谦交手,在这样的情势下,曹嵩自然得赶快离开琅玡往兖州转移,曹操自然也得派兵去做保护性的迎接,而陶谦怨恨曹操与其为敌,自然也不肯轻易放弃这个实施报复的机会。而在实施报复的过程中,陶谦的部属见财起意,同时进行了抢劫是完全可能的。这样曹操就同陶谦结下了深仇大恨,这成了曹操东征陶谦的更为直接、更为重要的动因,同时也决定了这次军事行动的非同寻常的残酷性。

初平四年(193)秋,曹操第一次大规模进攻陶谦,一鼓作气攻下了十多座城池,进抵彭城。陶谦带兵前来会战,被曹操打得大败,有上万士兵被杀。曹操带着强烈的复仇之心,疯狂杀戮,连平民百姓也不放过,有男女数万人(一说数十万人)被无辜杀害,尸体倒伏在流经彭城的泗水之中,河水为之不流。当初洛阳、长安一带遭遇董卓之乱,有不少人跑来徐州避难,结果在这场战乱中惨遭杀害。

陶谦退保郯县，并在郯县西南的武原派兵驻守。武原是彭城到郯县的必经之地，陶谦拼死守护，曹操进攻一度受阻。好不容易攻到郯县城下，陶谦坚守不出，曹操无计可施，只得暂时放弃攻城，改变进攻方向，往泗水以南推进，攻占了取虑、睢陵、夏丘等县。所到之处，仍然大肆屠杀，弄得城乡一片凄凉，不仅路上看不到行人，连鸡犬的影子也难以见到了。

与此同时，曹操派遣曹仁进攻费县、华县、开阳等地，陶谦派出部将援救各县，都被曹仁击败。陶谦见势不妙，急忙向公孙瓒委派的青州刺史田楷求救，田楷同刘备一起带兵前来支援。刘备这时担任平原相，手下有兵数千人，到徐州后，陶谦又给他增拨了丹阳兵四千人，刘备便离开田楷，投归了陶谦。陶谦表荐刘备为豫州刺史，让他屯兵小沛。小沛地处徐州西部边境，与兖州邻近，陶谦这样做的目的，显然是要刘备成为他的西部屏障，在抵御曹操、保卫徐州方面发挥作用。

不久，曹操因军粮吃完，一时无法接济，只得暂时停止进击，领兵退回了兖州。

曹操这次东征，得到了袁绍的支持。袁绍派出部队前来协同曹操作战，其中朱灵率兵三营，力战有功。战斗结束，诸将北返，只有朱灵留了下来，说："我见过的人多了，没有一个能够比得上曹公，曹公真是一个明主啊！现在我好不容易遇上了，哪还能轻易离开呢？"

他所部的将士也都跟着留了下来。后来朱灵成为曹操的重要将领，名位仅次于徐晃等人，官至后将军，封高唐亭侯。

曹操回到兖州，经过一番准备，又于兴平元年（194）夏第二次率领大军东征陶谦。大军进入徐州后，接连攻下五座城池，一直进逼到琅玡、东海两郡。曹操想要拿下徐州治所郯县，陶谦派部将曹豹同刘备合军在郯县东郊堵截，被曹操打败，曹操乘势攻下了襄贲。

曹军所到之处,仍然肆行杀戮,不少平民百姓无辜被害。

陶谦被曹操的攻势所震慑,一度打算南逃丹阳。恰在这时,兖州境内发生了反对曹操的叛乱。曹操唯恐后方有失,只得急忙撤军,赶回了兖州。

曹操两征陶谦,在徐州中部的核心地带攻城略地,来回奔突,粉碎了陶谦一次又一次的拦截进攻,可谓势不可挡,说明曹军这一时期已经有了相当强的战斗力,曹操的指挥艺术更趋成熟。但是,部队的纪律性还很差,在管理上不仅是粗疏,简直是放纵。曹操狭隘的报复心理在这当中起了很大的作用。报复陶谦,殃及成千上万的无辜民众,这不仅是一个扩大化的问题,而是曹操对人民犯下的罪行。这时曹操的所作所为,可以说同一般军阀是毫无区别的。为了报复陶谦,曹操严重忽略了在夺取地盘的同时安抚人民、争取人心的重要性,这是他在政治上的一个很大的失策。

三　回击吕布

曹操第二次东征陶谦期间,兖州境内发生的反对曹操的叛乱,是由陈留太守张邈发动的。张邈字孟卓,东平寿张人,本来和曹操的关系不错。张邈年轻时以仗义行侠闻名,喜欢赈穷救急,颇得曹操看重,两人从那时起就开始了交往。董卓乱起,曹操从洛阳逃到陈留,张邈曾支持曹操起兵。起兵后的一段时间,曹操曾受张邈节制,实际等于张邈的部将。袁绍出任关东联军盟主后,狂妄自大,张邈看不惯,曾义正辞严地加以谴责。袁绍很气恼,暗中让曹操杀掉张邈,曹操不同意,说:"孟卓是我的朋友,你对他应当宽容一些。现在天下大乱,我们应当一致对外,不要闹内讧。"

后来张邈知道了这件事，很感激曹操。曹操第一次东征陶谦时，两人的关系都还不错，曹操甚至将自己的家属托付给了张邈，临出发时对家属说："我万一战死了，你们就去投靠孟卓。"结果曹操平安返回，两人重逢时，都激动得流下了眼泪。

　　但实际上，自从曹操出任兖州牧后，两人的地位发生了颠倒，张邈从曹操的上级变成了下属，内心便开始失去平衡。曹操虽仍对张邈表示友好和信任，但张邈毕竟不是曹操的心腹嫡系，这对张邈的心理也会产生微妙的影响。曹操虽然善于识人，但对张邈心态情绪的这些变化却未能及时觉察，因此也就未能及时采取相应的对策，这样也就埋下了祸根。更重要的是，曹操做兖州牧后，由于思想上重视不够，没有能够多交朋友，广收人心，相反由于心胸狭隘，在这方面还犯过不可饶恕的错误，造成了严重后果。对于广大人民，曹操更没有给他们带来任何实际利益。因此，曹操虽然做了兖州牧，却未能得到社会各阶层的广泛支持，根基不稳。这种潜在的不稳，后来终因吕布的出现，酿成了一场大动乱。

　　吕布，字奉先，五原九原人。弓马娴熟，体力过人，号为飞将。原为并州刺史丁原的部将，随丁原到洛阳驻防。董卓到洛阳后，收买吕布杀死了丁原，吕布投靠董卓，初任骑都尉，后来升任中郎将，封都亭侯。董卓因杀人太多，怕别人报复，就让吕布做了他的保镖，二人发誓以父子关系相处。但董卓性情暴戾怪僻，一次为了一点小事，竟用戟掷杀吕布，吕布从此对董卓心怀不满。吕布与董卓的侍婢私通，怕事情败露，内心也常觉不安。恰在这时，司徒王允密谋杀掉董卓，就收买吕布做了内应。这天，他们乘献帝生病刚好，在未央殿大会群臣的机会，派亲信士兵十余人扮成卫士，守卫在宫殿旁门两侧。董卓刚走进门内，士兵一拥而上行刺。董卓被戟刺伤，滚下车来，急呼："吕布在哪里？快来救我！"

吕布闪出身来,应声喝道:"有诏令讨伐贼臣!"

说完一矛刺去,当即将董卓刺死。董卓死后,王允掌权,吕布又投靠王允,被任为奋武将军,封温侯。董卓部将李傕、郭汜起兵反叛,打败吕布,杀死王允,吕布无法在关中立足,带着数百骑兵东逃,准备到南阳投靠袁术。袁术的父亲袁逢是被董卓杀害的,吕布杀死了董卓,原以为袁术会感激他,谁知袁术讨厌他反复无常,拒不接纳。吕布无奈,只得北依袁绍,帮助袁绍打败了张燕的黑山军,但后来因要求增加兵力,又放纵将士抢掠,引起了袁绍的猜忌。吕布察觉后,要求离去,袁绍担心吕布终会成为自己的祸患,派人前去行刺,没有成功。吕布赶忙前往河内投奔张杨,袁绍派出士兵追赶,因吕布勇猛,众士兵不敢上前,吕布这才得以脱身。途经陈留时,张邈认为吕布将来可以加以利用,特地派人前往迎接,相待甚厚,临分手时,两人还手拉手起誓,表示永远友好。袁绍知道了这件事,对张邈非常不满。这时曹操同袁绍保持着友邻关系,张邈心里就产生了疑虑,担心曹操终有一天会替袁绍灭掉自己。于是,乘曹操第二次东征陶谦的机会,同曹操的部属陈宫、从事中郎许汜、王楷等人共谋反叛曹操。

陈宫字公台,东郡人。性情刚直,喜与各地知名人士交往,曹操到东郡后追随曹操。曹操任兖州牧后,前九江太守陈留人边让因看不惯曹操的一些做法,在背后讥刺曹操,曹操知道后,就把边让及其家人杀掉了。边让素有才名,他的被杀在兖州士大夫中引起了强烈反响,许多人为此感到恐惧,担心有一天曹操会杀到自己头上。陈宫既为边让抱不平,也为自己的前途担忧,因此知道张邈的打算后,便极力加以怂恿,说:"您拥有十万兵众,处在一个地势平坦可以四面出击的冲要之地,抚剑四顾,足可成为人中豪杰,如今却受制于人,不是很窝囊吗?现在曹操大军东征,州里空虚,吕布是个壮士,英勇善战，如果把他请来一起管理兖州，等到时机有利时，不是可以纵横一时吗？"

张邈立即采纳了陈宫的建议。当时曹操让陈宫率兵留守东郡，张邈便派这支部队到河内把吕布请来，推吕布做了兖州牧。

曹操自从出任兖州牧后，东郡太守的职务已由夏侯惇接任。大军东征时，又把留守兖州的任务交给了司马荀彧。吕布来到兖州后，张邈派人来见荀彧，谎称吕布是来帮助曹操攻打陶谦的，要荀彧赶快给吕布提供军用物资。大家感到这件事十分蹊跷，荀彧料定张邈要反叛，于是一面派人赶紧去通知曹操，一面率领驻军加强防备。当时兖州非常空虚，而且鄄城城内还有不少将士同张邈通谋，形势确实非常严峻。为了加强鄄城的防务，荀彧决定收缩兵力，将驻扎濮阳的夏侯惇调来鄄城。夏侯惇得到通知，急率轻军往赴，在途中与吕布遭遇接战。吕布见袭占鄄城已不可能，于是引兵占据了濮阳，夏侯惇的辎重全被缴获。夏侯惇来到鄄城，连夜杀掉了与张邈通谋的将吏数十人，军心才算稳定下来。

这时，豫州刺史郭贡率兵数万来到鄄城城下，有人说他与吕布同谋，众人无不感到恐慌。郭贡求见荀彧，荀彧准备前往。夏侯惇等不同意，认为这样做很危险。荀彧认为，郭贡同张邈并非素有交情，他来得这么急，何去何从肯定还没有最后确定下来。如果趁他还在犹豫的时候去加以劝说，即使不肯为我所用，也可让他保持中立。如果先就怀疑起来，他一怒之下，倒会真的同张邈联合起来了。众人见荀彧说得有理，也就不再拦阻。荀彧见了郭贡，分析形势，晓以利害，郭贡见状，知道无隙可乘，便率兵退走了。

这时还发生了另一个插曲：吕布派来几名下级军官，假装投降夏侯惇，突然在营帐中将夏侯惇劫持，军中顿时一片慌乱。夏侯惇的部将韩浩立即派兵将营门封锁，自己大步上前，对劫持者猛喝道：

"你们几个人好大胆,竟敢劫持大将军,还想不想活命了?我奉命讨贼,岂能为一个将军的生命放过你们!"

说完立即发兵攻击劫持者,劫持者全部毙命,而夏侯惇安然无恙。事后曹操非常赞赏韩浩的做法,对韩浩说:"你这种做法是值得万世效法的。"并特地为此发布了一道命令,要求今后如有劫持事件发生,大家应当共同攻击劫持者,不要考虑被劫持者的安全。这样一来,劫持事件反而绝迹了。

由于张邈和陈宫在陈留、东郡等地担任地方官多年,拥有深厚的潜在势力,因此他们一起来反对曹操,立即得到了不少郡县的响应,只有兖州治所鄄城和东郡的两个属县范和东阿还在曹军的掌握之中。这时从吕布军中投降过来的人带来消息,说陈宫将亲自带兵攻打东阿,同时派出氾嶷去进攻范县。程昱本是东阿人,荀彧对他说:"现在兖州只剩下鄄城、范县、东阿三座城池了。陈宫派出重兵攻打,如果不深结民心,这三座城池是难以守住的。你在当地颇得民心,回去做做工作,也许能够达到目的。"

程昱遵命前往,经过范县时,说服县令靳允杀掉了已到范县的氾嶷,并派骑兵防守黄河岸边的渡口仓亭津,以致陈宫率军来到河边,却无法过河。到东阿时,东阿县令枣祗已激励官民据城坚守。这样,经过荀彧、程昱等人的努力,终于保住了三座城池,等着曹操回来。曹操回来后,十分感激程昱,拉着程昱的手说:"要不是你,我回来恐怕就没有立足之地了!"当即任命程昱为东平相,让他驻守范县。

曹操率领大军从徐州前线日夜兼程赶回兖州,到后一面派李乾到各县慰问,安抚人心,一面准备围攻吕布占据的濮阳。曹操对胜利充满信心,分析形势说:"吕布一下子得到一个州,但却不去占据东平,切断亢父、泰山的通道,凭借险要地形来阻击我们,反而驻守濮阳,从这我看出他是不会有多大作为的。"

东平、泰山都在兖州东部,泰山郡与徐州接界,是曹操从徐州赶回兖州的必经之地。亢父故城在今山东济宁市南,地势极其险要,战国时苏秦曾说亢父之险,两车不能并排行驶,两骑不能并排行进,一百人在险要之处扼守,一千人也无法冲过去。这样的地理位置和险要地形,吕布不能加以利用,恰如将大门洞开,让曹操从徐州长驱直入,确实是失策的。吕布的粗猛无谋与曹操的精于策划,于此不难见出一斑。

吕布虽然粗猛无策,但其战斗力却是不可小看的。曹操一针见血地指出吕布的弱点,但同时又不免有些看轻了吕布,因此一开始就吃了败仗。曹操围困濮阳后,濮阳大姓田氏在城内响应曹操,曹操得以亲率部队从东门比较顺利地攻入城内。进城后旋即将东门烧掉,表示有进无退,志在必得。但接下来的巷战却进展不利。吕布先以骑兵冲击青州兵,青州兵奔退,曹军阵势被打乱。吕布乘势大举进攻,曹军抵挡不住,纷纷后撤,局面一发不可收拾。曹操自己也被冲散,在后撤时被吕布的骑兵截住。但这些人不认识曹操,反而问曹操:"曹操在哪里?"

曹操情急智生,赶紧朝前面一指:"那个骑着黄马逃跑的就是!"

吕布的骑兵信以为真,撇下曹操,自去追赶骑黄马的人去了,曹操赶忙沿着原路朝东门冲去。这时东门的火烧得正旺,曹操不顾一切,突火而出,左手掌被烧伤,由于跑得太急,又一头从马背上摔了下来。部将司马楼异正好赶到,忙将曹操扶上马背,两人一阵狂奔,总算回到了大营。

诸将不见了曹操,无不感到恐慌,等到见了曹操,这才放下心来。为了鼓舞士气,曹操不顾伤痛,亲自到各营抚慰,表彰有功的将士。并命部队抓紧时间制作攻城器械,准备再次攻打吕布。

吕布有一支军队驻守在濮阳西面四五十里的地方，曹操决定采用夜袭的方式消灭这股敌人。经过一番周密的准备，曹操亲自率军前往，在天快亮时将敌人打垮。正准备回撤，不料吕布亲率援兵赶到，从三面接近曹军，双方展开了激战。从早晨一直到太阳西斜，双方你来我往，战斗了数十个来回，仍然相持不下，情势十分危急。曹操决定选拔一批勇士抵敌，司马典韦等数十人被选上。这批人全都披上两层铠甲，不用盾牌，只以长矛接战。这时西面告急，典韦带着众人前去抵挡，敌方弓弩齐发，矢至如雨，典韦却不屑一顾，只对众人说："敌人离我只有十步远了，你们再告诉我。"

转眼之间，众人就高喊起来："只有十步了！"

典韦连头都不抬，只是说："只有五步了，再告诉我。"

众人无不惊恐，旋即高声呼喊："已到跟前了！"

典韦这才大呼而起，两手拿着十余支戟，将戟随手掷出，敌人碰上无不应声而倒。经过一阵激战，敌军慢慢退却，天色也渐渐暗下来，曹操这才率军回营。回营后，即任命典韦为都尉，让他带领亲兵数十人，在大帐周围执行警卫任务。

从五月到八月，双方共相持了一百多天，曹军多次出战不利。夏侯惇在战斗中左眼被乱箭射中，受伤失明。夏侯惇与夏侯渊同为将军，军中为示区别，常在背后称呼夏侯惇为盲夏侯，夏侯惇很讨厌这一称呼。每次一照镜子，总要发怒将镜子摔在地上。

这年夏天，兖州一带发生了旱灾，同时闹起了蝗灾。粮食没收成，旋即发生了饥荒，一些地方甚至出现了人吃人的现象。吕布军粮用尽，无法再战，只得退兵。先退到乘氏，因遭到当地人李进的袭击，再退到山阳。曹操同样面临着缺粮的威胁，因此也没有力量再追赶吕布，于九月间率军回到了鄄城。

四　平定兖州

曹操回到鄄城后，袁绍派来说客，表示愿继续同曹操保持联盟关系，但须曹操将家属送到冀州治所邺城居住，实际是要曹操将家属送去做人质。在我国古代，敌对势力之间及非敌对势力的同盟者和上下级之间，出于某种政治需要，较强的一方常要求较弱的一方以亲属做抵押品，称为"质"或"质任"，目的是为了更好地控制对方。袁绍本来是十分痛恨吕布和张邈，必欲除之而后快的，但当曹操同吕布、张邈打了起来，战斗进行得异常艰苦激烈，相持数月不能决出胜负时，他却并不出兵前来支援曹操，而是坐山观虎斗，目的无非是要使两败俱伤，自己坐收渔人之利。现在又来要求曹操以送家属做人质的代价换取所谓的联盟关系，实际上就是想乘人之危，以友好之名行吞并之实。这说明，这一时期曹操和袁绍之间的关系虽然表面看来还算和睦，但潜在的矛盾还是存在的，随着时间的推移，形势的发展，这种潜在的矛盾逐渐接近表面化了。

曹操当时的处境确实相当艰难。虽然同吕布的战争大体上打了个平手，谁也没有消灭谁，但却没有达到赶走吕布、从吕布手中夺回兖州失地的目的。由于战事不顺，加上灾荒严重，粮食难于筹措，军队面临断炊的危险，士气大受影响，一些士兵甚至逃离了部队。鉴于这种情况，曹操觉得目前继续保持同袁绍的联盟关系是必要的，即使是名义上的也好，这样至少可以使袁绍保持中立，以便自己保存力量，渡过难关，徐图发展。因此，曹操准备答应袁绍提出的条件。恰在这时，程昱从外办事归来，知道这件事后，表示不赞成，劝阻曹操说："将军这样做，别人会觉得是在向困难低头，不然的话，考虑问题怎么会这样片面呢？袁绍有吞并天下的野心，但他的智谋才能却并不怎么样，将军自己估量一下，能甘心在他手下过日子吗？现在兖州虽然残破，但还有三座县城在我们手中，能战之士，不下万人。将军这样神武，又有文若、昱等人辅佐，霸王之业是不难实现的。希望将军能再仔细考虑考虑！"

话虽说得激切，但却入情入理，曹操想了想，便采纳了程昱的意见，拒绝了袁绍的要求。

十月，曹操率军移驻东阿。这一年，粮价暴涨，米谷一斛卖到五十多万钱，不少地方出现了人吃人的现象。为了减轻军队和百姓的负担，曹操采取了一些精兵简政的措施，将新招募的士兵和差役遣散回乡。

年底，徐州牧陶谦病死。死前对别驾糜竺说："我死后，除了刘备，没有人能够安定徐州了。"要将徐州牧的职务交给刘备。刘备开始不敢贸然应承，后在典农校尉陈登、北海相孔融等人的规劝下，接管了徐州，做了徐州刺史。

经过一番艰苦的准备，兴平二年（195）春，曹操重振旗鼓，开始了收复兖州失地的战斗。他首先发兵袭击济阴郡治所定陶，太守吴资集中兵力坚守南城，未能攻下。恰逢吕布前来支援，曹军转而以吕布为主要进攻对象，一举将吕布击败。

这年夏，曹操驻军乘氏。吕布部将薛兰、李封驻守钜野，曹操发兵攻击，吕布前来援救。曹操将薛兰打败，吕布见援救无效，只得逃去，曹操乘势杀死了薛兰等人。

正在这时，传来了陶谦病死的消息。曹操极想利用这个机会，先去攻取徐州，然后再回来攻打吕布。荀彧不同意这样做，劝阻说："高祖与项羽争夺天下，命萧何镇守关中，光武帝经营河北，令寇恂据守河内，都是先深根固本，然后再进而夺取天下，这样进可以战胜敌人,退可以保守根本,所以虽然他们也有困难和失败的时候,但最终还是完成了大业。将军本来是在兖州起兵的,兖州是天下的冲要之地,现在虽然有些残破,但还可以据以自保,这里就是将军的关中、河内,不能不首先加以平定。现在我们已经打败了李封和薛兰,如果再分兵向东攻打陈宫,使陈宫无法西顾,就可以利用时机抢收小麦,积储军粮,一举打败吕布就不成问题了。打败吕布后,就可以南结刘繇,一起讨伐袁术,把势力发展到淮河、泗水一带。如果放弃吕布不打,东攻徐州,留守兵力多了,则前方兵力不足,留守兵力少了,则后方无法巩固。如果吕布乘我空虚,攻伐抢掠,兖州就有失掉的危险。如果徐州又拿不下来,将军将到哪里去立足呢?"

接着,荀彧又分析了徐州也不可能轻易拿下的形势,希望曹操深思熟虑。曹操认真考虑了荀彧的建议,觉得很有道理,于是放弃了东击徐州的打算。

不久,吕布从东缗与陈宫一起率兵万余人前来进攻曹操。当时曹操为了解决紧迫的军粮问题,将绝大部分士兵派去抢收小麦,守城的士兵不到一千人。曹操为了应急,让妇女也拿起了武器,走上城楼,加强防卫。

曹操决定巧妙地利用地形,出奇兵打败吕布。曹军大营的西面有一座大堤,大堤南面有一片树林,林深树密,幽深莫测。吕布怀疑林中有曹操的伏兵,告诫部下说:"曹操多诈,千万不要闯到他的埋伏圈中去。"于是小心翼翼地在大树林以南十多里的地方安下营寨。第二天,吕布前来攻城。曹操利用大堤做文章,把一半兵力隐蔽在大堤里面,另一半暴露在大堤外面。吕布见堤外兵力不多,率兵前进,两军刚一交手,埋伏在堤内的士兵突然一拥而出,步兵骑兵齐头并进,将吕布打得大败,一直追到吕布的大营才停了下来。

吕布吃了败仗,不敢久留,连夜撤军,逃向定陶。曹操率军追赶,经过激战,将定陶攻下。吕布见大势已去,带着残兵败将向徐州逃去,投奔刘备。曹操分兵收复了兖州的郡县。

张邈跟着吕布逃向徐州,让他的弟弟张超带着家属据守雍丘。八月,曹操进围雍丘。十月,朝廷见曹操实际上已完全控制了兖州,正式任命他为兖州牧,这时距曹操代理兖州牧的职务已经三年多了。十二月,曹操将雍丘拿下,张超自杀,张邈的父母、兄弟、妻子及亲朋全被曹操杀掉。张邈得知雍丘被围的消息,到淮南袁术那里去搬救兵,还未到寿春,就被部下杀死。至此,兖州全境平定。曹操接着向东边的陈郡用兵,继续扩大战果。

经过一年多的艰苦搏战,曹操终于巩固了自己在兖州的地位,并得到了朝廷的正式承认,有了一块进可攻、退可守的名副其实的根据地。这为他以后不断向周边发展,奠定了一个良好的基础。

第五章　挟天子以令诸侯

一　遣使长安

　　献帝刘协从他登基即位的那一天起,就是一个被人玩弄于股掌之中的人物,有皇帝之名而无皇帝之实。但是,献帝又毕竟是国家最高权力的象征,谁有机会充当他的保护人,谁就有在政治上发号施令的主动权。因此,尽管献帝是一个废物,却谁都不肯抛弃他,而且还都千方百计地想得到他,并为此展开了一系列冲突。曹操也参与了这一场争夺战,凭借他的智谋和实力,最终取得了胜利。

　　初平元年(190)二月,董卓将献帝西迁长安,安置在未央宫中。董卓自己则在长安城东修筑了一座堡垒居住,取名郿坞。郿坞城墙高厚各达七丈,高度与长安城墙相等,称为"万岁坞"。董卓将从洛阳等地掠夺的大量金银财宝和粮食藏在坞中,单粮食就可供三十年食用。董卓不无得意地说:"如果大事成功了,我可以雄踞天下;如果不成,我守着这些东西也可以过一辈子了。"周初时,周文王立吕尚为太师,武王即位,尊为师尚父,意谓太师吕尚是可尊崇的父辈。董卓以吕尚自居,自为太师,号曰"尚父"。他擅自乘坐只有皇太子才能乘坐的青盖车,对亲戚大加封赏,以弟董旻为左将军,封鄠侯,兄子董璜为侍中、中军校尉，执掌兵权。其子孙即使还是幼童，也都一概授官，男的封侯，女的做邑君。宗族内外，并列朝廷，声势煊赫。

另一方面，董卓却又严刑酷法，滥施淫威，仅被他诬陷冤死的就达上千人。杀人时或先断舌凿眼，或砍去手脚，放到大锅中烹煮，手段极其残酷。原为董卓上司的张温，也被下令笞杀。在如此淫威下，人人敢怒而不敢言，个个有朝不保夕之感，即使是献帝，生命也时时处在危险之中。

董卓被杀后，一时人心大快，士兵齐呼万岁，百姓歌舞于道，不少人卖掉珠玉衣裳买来酒肉举杯庆贺。董卓被暴尸于市，继而又被焚尸扬灰于路。

董卓死后，司徒王允执掌大权，献帝仍是一个傀儡。王允刚愎自用，不讲策略，曾经依附董卓的公卿大臣被他处死不少。著名学者蔡邕为董卓之死叹息了几声，就被他杀害。董卓部将李傕、郭汜等要求赦罪，王允不准，结果李傕、郭汜采纳谋士贾诩的建议，带兵十余万向长安进攻，围城十天，将城攻破，同吕布在城中展开巷战。吕布不敌，战败出关，王允被杀，献帝又落入了李傕等一伙人的手中。李傕自为车骑将军、池阳侯，领司隶校尉、假节；郭汜自为后将军、美阳侯；樊稠自为右将军、万年侯。三人共掌朝政。又命张济为骠骑将军，封平阳侯，带兵出屯弘农。这时是初平三年(192)九月。

献帝处在这样的环境中，度日如年，很想东归洛阳。初平二年(191)，他曾派侍中刘和逃出长安，去找他的父亲幽州牧刘虞，让刘虞带兵来迎。刘和途中遇到袁术，转达了献帝的想法。谁知袁术想北联刘虞对抗袁绍，正好让刘和留在自己身边做个人质，不放刘和走，献帝托付的事就这样被搁置了起来。

关东州牧郡守怀着各种各样的目的，也都想让献帝东归。如徐州牧陶谦、北海相孔融就曾准备将献帝迎回洛阳，后因曹操进攻徐州才放弃了这个打算。曹操更是不放过任何一个同献帝拉关系的机会。初平二年(191),曹操做东郡太守不久,皇室刘邈到长安奉表贡献,在献帝面前极力称赞曹操忠诚,曹操为此感到非常高兴,十分感激刘邈。初平三年(192),曹操做兖州牧不久,太傅马日䃅、太仆赵岐奉诏抚慰关东,曹操同袁绍听说后,都亲自带兵到数百里外去迎接,临别时还相约在洛阳会合,共同将献帝迎接回来。不久,兖州治中从事毛玠向曹操提了一条重要建议:

"现在国家分崩离析,皇帝被迫西迁长安,百姓不能从事生产,忍饥挨饿,四处流亡。国家没有一年的粮食储备,老百姓没有安居固守的思想,这样的局面是难以长期维持下去的。现在袁绍、刘表虽然拥有众多的人口,看起来强大,但却没有长远的考虑,没有树立根本、打好基础的打算。打仗要正义的军队才能获胜,巩固政权则须凭借财力。我们应当奉天子以令不臣,修耕植以蓄军资,这样,霸业与王道才能取得成功。"

这段话包含两层意思:一是要尊奉天子,获得正义的名分,以便利用天子的名义去讨伐四方;二是要发展农业生产,增强财力,增加粮食储备,以保证霸王大业的成功。这些颇具战略眼光的建议正对曹操的心思,曹操当即表示同意采纳,并提升毛玠为幕府功曹。但当时曹操在兖州的统治还没有稳定下来,只能从实际出发,循序渐进,量力而行。就尊奉天子而言,曹操当时还不可能将献帝从长安接到身边来,但他却努力创造条件接近朝廷,尽力寻找机会表达自己忠于皇帝的心意。

初平三年(192)底,曹操派从事王必出使长安,途中被河内太守张杨拦阻,不让过境。这时在张杨处的骑都尉董昭劝张杨说:"袁绍、曹操虽是同盟关系,但看情况,是不可能长期联合下去的。曹操眼下虽然弱小,但却不愧是一个英雄,应当找机会同他结交。何况现在机会就摆在眼前,应当加以利用,帮助曹操同朝廷接上关系,并上表推荐他。如果事情办好了,曹操是不会忘记您的好处的。"

张杨听后,觉得有理,就立即照办了。董昭还以曹操的名义给长安的李傕、郭汜等人写信,并根据这些人地位的高低分别赠送了礼物。曹操得知情况后,对张杨果然十分感谢,特地给张杨送去犬马金帛。从此从兖州到长安的道路畅通无阻,曹操同朝廷之间的联系增强了。

王必初到长安时,李傕、郭汜等认为关东州郡想要自立天子,现在曹操虽然派来了使者,但决不会是出于诚意,想把王必扣留下来。黄门侍郎钟繇劝阻说:"现在群雄并起,各搞一套,只有曹操心里还想着王室。如果不接受他的忠心,恐怕会有失众望。"

李傕、郭汜只好改变态度,用礼物厚加答报,算是接受了曹操的好意。

董昭、钟繇这时还不是曹操手下的人,曹操并无可能支配他们,但在关键时刻却都得到了他们的帮助,说明这时曹操的雄略和声名已为不少人所了解、所佩服。董昭、钟繇的相助,也是为了结交曹操,为日后见面效力打下一个良好的基础。

曹操遣使长安,李傕、郭汜等人虽未给他加官晋爵,对其兖州牧的地位也没有给予正式承认,但却达到了向献帝表示效忠的目的,取得了献帝和他周围的一班公卿大臣的好感,为最终取得献帝对他兖州牧地位的承认、并进而西迎献帝、总揽朝政创造了有利条件。

二　洛阳朝见

兴平二年(195)二月,凉州军将领发生火并。李傕先杀死右将军樊稠，接着又同郭汜互相攻杀。郭汜想把献帝从宫中转移到自己兵营中来，李傕得知消息，抢先动手，劫走献帝，烧毁宫殿。献帝让太尉杨彪、司空张喜等公卿大臣到郭汜营中为二人调解，又被郭汜扣作人质。双方在长安城内外，混战了好几个月，造成上万人死亡，混战中有时乱箭直飞到献帝面前。

六月间，李傕部将杨奉叛变，带走不少兵力，李傕力量有所削弱。另一个凉州军将领张济从陕县前来为二人调解，双方同意讲和，被劫持的献帝和公卿大臣得以获释。

献帝获释后，郭汜想让他住在长安东北的高陵，以便就近控制，公卿大臣及张济则主张前往弘农，双方争执不下。献帝自己想东归洛阳，也同意先去弘农，多次派遣使者去对李傕、郭汜提出这一要求。结果双方达成妥协，献帝先到附近县城屯住。

八月，献帝来到新丰。十月，郭汜又想胁迫献帝西迁郿县，乘夜放火焚烧献帝住处，献帝逃到杨奉营中。杨奉带兵击败郭汜，郭汜逃往终南山。

献帝继续东行，来到华阴，在路边露宿。十二月，到弘农。张济、李傕、郭汜又联合起来，追截献帝，在弘农境内与杨奉和董承展开激战，杨奉、董承战败，百官士兵死伤甚众。杨奉、董承表面上同李傕等讲和，暗中招来河东白波军将领胡才、李乐和韩暹等助战，又把李傕等打败，继续护卫献帝东行。李傕等前来追击，再次将杨奉等打得大败。献帝来到陕县，结营自守。

这时献帝的御林军已不足百人，李傕、郭汜的士兵绕营呼叫，官吏兵士无不惊恐失色，都有离散而去之意。杨奉等连夜商议北渡黄河。献帝来到河边，岸高十余丈，无法下去，只得用绢拴在腰上慢慢放下，其余的人或匍匐而行，或纵身下跳，死亡伤残，难以数计。临上船时，士兵争先恐后。董承、李乐怕船超载，以戈相击，船中断指不计其数。跟着献帝一起渡过黄河的,只有伏皇后、宋贵人、杨彪、董承等数十人。

渡河来到大阳,住在百姓家中。百官饥饿不堪,幸好河内太守张杨送来了粮食,才算解了燃眉之急。接着,献帝乘上牛车,来到安邑,河东太守王邑送来衣物。献帝住在用荆棘围成的篱笆内,门户无法关闭,与群臣会见时,士兵伏在篱笆上观看,互相打闹嬉笑。将领往往自己带来酒菜求见献帝,如果侍中不给通报,就大声呼喝詈骂。皇帝威仪,扫地以尽。

建安元年(196)六月,因粮食发生恐慌,献帝在杨奉等人的护送下,来到闻喜。接着渡河南下,在七月间回到故都洛阳。

献帝从长安动身东迁时,曹操已经击走吕布,正忙于围攻固守雍丘的张超,但胜负大局已定,因此献帝在兴平二年(195)十月正式任命曹操为兖州牧。十二月,曹操拿下雍丘,兖州全境平定。建安元年(196)正月,曹军进抵武平,袁术所任命的陈国相袁嗣投降。由于在汝南、颍川两郡活动的黄巾军余部何义、刘辟、黄邵、何曼等人各拥兵数万,开始追随袁术,后又依附孙坚,对曹操造成一定威胁,因此曹操又在二月对他们展开攻击,杀死了黄邵,收降了刘辟、何义,顺利地攻占了许县,势力又有了新的发展。

献帝来到洛阳后,曹操即打算将献帝迎来许县。一些人对此有疑虑,认为关东尚未平定,韩暹、杨奉刚护送献帝来到洛阳,正北连河内张杨,一时难以将其制服。荀彧则坚决支持曹操的想法,鼓励曹操说:"从前晋文公接纳了周襄王,因而诸侯纷纷前来追随;汉高祖为义帝穿上白衣服发丧,因而天下的人都来归附。现在皇帝流徙不定,东都洛阳又那样残破,忠义之士都有怀恋王室的心意,老百姓都有感旧的哀痛。如果能够利用这个机会迎奉皇帝,是符合大家的愿望的。用忠于帝室的行动来镇服各据一方的豪杰,这是一个重要的策略。如不及时做出决策，其他豪杰必然会产生非分之想，那时再来考虑这个问题，就来不及了。"

沛郡人丁冲过去曾与曹操交好，这时也给曹操来信说："您平时常常表露出匡济天下、辅佐皇帝的志向，现在到了实现志向的时候了。"程昱也表达了类似的看法。这些意见正合曹操心意，曹操于是立即采取行动，派曹洪带兵西迎献帝。由于卫将军董承和袁术部将苌奴凭险抗拒，曹洪无法前进，计划一时未能实现。曹操为此感到十分愁苦，曾写作《善哉行》（其二）一诗抒写当时的心境：

> 我愿于天穹，琅邪倾侧左。虽欲竭忠诚，欣公归其楚。
> 快人由为叹，抱情不得叙。显行天教人，谁知莫不绪。
> 我愿何时随？此叹亦难处。今我将何照于光曜？释衔不如雨。

"天穹"当作"天穹"，即苍天。"琅邪"，山名，在今山东诸城东南。"左"，地理上以东为左。这里以琅邪山在东方倾倒比喻其父在琅邪被陶谦杀死。《春秋》襄公二十九年："公至自楚。""欣公归其楚"即用此典，表示喜献帝还洛之意。"抱情不得叙"，谓不得抒其情于献帝。"显行"，指建立功业。"天教人"，谓用天子的政令教化万民。"绪"，残，引申为失败。两句说自己的政治抱负未能实现。最后两句，说自己将难于在日月之下做人，内心包含的忧愁难以消除，还不如雨，因为雨总还有个停的时候。从字里行间不难看出，曹操虽然已经在事业上取得了很大成就，但还是怀着壮志难酬的深沉感慨，以致为此感到苦闷和忧惧。正是这种不满足感和危机感，驱使着曹操去为生存和发展不断奋斗。

当时，在献帝周围的将领主要有韩暹、杨奉、董承和张杨等人。

韩暹和董承驻京师宿卫,杨奉驻守梁县,张杨驻守野王。这四人虽然表面上有联合关系,但彼此矛盾很大。曹操决定利用这一矛盾。四人中以杨奉兵力较强,又驻守在洛阳以南,与许县临近,曹操决定先拉拢杨奉,通过早已与自己友好、这时在朝任议郎的董昭给杨奉写信。信中说:"将军护卫皇帝,经过千难万险,终于回到了故都洛阳,辅佐之功,举世无匹。现在天下不宁,皇位至重,必须群贤协力加以维护,不是单靠一个人的力量所能支撑的。将军可在朝内作主,我作为外援。现在我有粮,将军有兵,正好有无相通,取长补短,生死与共。"

杨奉虽然兵力较强,但孤立少援。加之献帝到洛阳后,宫室早被董卓烧尽,百官只能找些柴草,靠着断壁残垣搭帐篷居住;粮食更是紧张,州郡各拥强兵,不肯接济,群臣饥乏,尚书郎以下官员都得自己出去挖野菜充饥,有的就饿死在墙垣之间,有的则被士兵杀死,情况已到十分严重的地步。因此,曹操表示愿与杨奉合作,并拿出粮食来,自然使杨奉喜出望外。杨奉即与诸将一同上表,请献帝任命曹操为建德将军,不久又升迁为镇东将军,袭父爵为费亭侯。曹操先后写了《上书让封》《上书让费亭侯》表示推辞,献帝不允,才又上了《谢袭费亭侯表》表示接受。三份奏章言辞均颇谦卑恭顺,虽然这是这类表文的基本特色,在很大程度上只是一种虚伪的姿态,但就曹操而言,这一时期处事比较谦恭谨慎,这时又怀着尽力博取朝廷欢心和信任的目的,极有可能还是发自内心的。

这时,在洛阳的董承因韩暹自恃有功,专横跋扈,内心十分不满,但又无力对付,于是暗中召曹操进京。曹操得到这样的机会,自然十分高兴,于是立即亲率部队赶到洛阳,朝见献帝。曹操上表请治韩暹、张杨的罪,韩暹自料敌不过曹操,急忙单骑逃出洛阳,到梁县投奔杨奉。献帝因韩暹、张杨在东迁途中"护驾"有功,下令不再追究。曹操于是担负起了保卫京都和献帝的重任。献帝授给曹操节钺,录尚书事,任司隶校尉。"节"即符节,是古代帝王派遣将相委以重任时,用作凭证的一种信物,有了它就有了斩杀违犯军令者的权力。"钺"是古代一种像斧的兵器,这里指帝王所专有的、代表征伐之权的一种斧钺,多以金银为饰,有了它就有了总统内外诸军的大权。"录"即总领诸事之意,"录尚书事"实即总揽朝政。东汉以来,中央政府中号称三公的太尉、司徒、司空只是名义上的首脑,实际权力在尚书台,皇帝总是挑选亲信大臣"录尚书事"。献帝授予曹操节钺,录尚书事,则军政大权都集中到了曹操一人身上。这说明曹操在事业上往前迈出了一大步,他亲近献帝的策略及为此所做的努力结出了硕果。在与其他割据势力的角逐中,曹操已占有了比较明显的优势。

三　迎献帝都许

曹操总揽朝政后,即以献帝名义,杀掉了侍中台崇、尚书冯硕等人,而封卫将军董承、辅国将军伏完等十三人为列侯。但曹操深知,要巩固自己在朝廷的地位,真正做到"奉天子以令不臣",还有许多事情要做。一次,曹操请董昭坐到自己身边,问他:"现在我来到洛阳了,你看下一步应该怎么办?"

董昭回答说:"将军起义兵以除暴乱,现在来到朝中辅佐天子,这是相当于春秋五霸所建立的功业。但朝中将领各怀异心,未必都能倾心服从,留在洛阳匡辅朝政,必有许多不便。最好的办法,是将天子迁到许县去。但朝廷已经多次迁徙,现在刚刚迁回洛阳,远远近近的人们都希望能够安定下来,再迁徙恐怕会出现麻烦。希望将军权衡利弊，采取合适的对策。"

曹操表示同意董昭的看法，但担心驻守在梁县的杨奉阻挠。董昭又献计说："杨奉势孤少援，是愿意同将军合作的。将军升为镇东将军，袭费亭侯，都是杨奉起的作用，应该尽快派遣使者带着厚礼去答谢他。我们可以对他说：'洛阳没有粮食，想暂时把献帝迁到鲁阳去。鲁阳离许县很近，运输粮食就比较容易了。'杨奉为人勇而无谋，必然不会怀疑。"曹操觉得董昭的主意很好，立即派遣使者到杨奉那里去，杨奉果然信以为真。曹操途经𫘧辕顺利地将献帝转移到了许县。

到这时，杨奉才知道自己上了当，大为恼火，立即同韩暹一起带兵追击，企图将献帝抢夺回来。曹操料定杨奉会前来追击，预先在阳城境内的山谷中设伏，将杨奉和韩暹的追兵打得大败。

十月，曹操为了彻底解除杨奉的威胁，亲自率军征讨杨奉，杨奉再次被打败，只得同韩暹一起带着余部南逃，投奔袁术去了。杨奉的大将河东人徐晃，字公明，颇有胆识。当初在长安时，曾劝说杨奉护卫献帝东归洛阳；到洛阳后，当韩暹、董承闹矛盾时，又曾劝说杨奉归附曹操；这时见杨奉大势已去，便乘机脱离杨奉，投归了曹操。

许县在今河南许昌市东，秦汉时为颍川郡地。曹操将献帝迎来许县后，即将这里定为都城，直到建安二十五年（220）曹操去世、曹丕取代献帝建魏、将都城迁到洛阳为止，共在这里建都二十五年。黄初二年（221），曹丕将许县更名许昌，仍为五都（长安、谯县、许昌、邺城、洛阳）之一。献帝刚来许县时，由于尚无宫殿，因此暂住曹操军营中。待宫殿、宗庙建好之后，献帝才从军营搬出，住进了许都。

九月，曹操被献帝任为大将军，封武平侯。大将军是将军的最高称号，为中央政府的执政者，自武帝以来，只有少数皇帝最为信用、最有权势的大臣才有资格充任，权位常在三公之上。武平侯是县侯。汉代侯爵承秦制共分二十个等级，功大者封一个县，功小者封一个乡或一个亭。曹操最初袭费亭侯，只有一个乡亭的封地，在侯爵中等级最低，现在升为县侯，连升了若干级。曹操因循旧例，接连上表表示谦让。其中《上书让增封》说：

> 无非常之功，而受非常之福，是用忧结。比章归闻，天慈无已，未即听许。臣虽不敏，犹知让不过三。所以仍布腹心，至于四五，上欲陛下爵不失实，下为臣身免于苟取。

"比章归闻"，谓接连递上奏章表述自己的心情。"天慈"指皇帝的恩惠。从"让不过三""至于四五"等语来看，曹操在很大程度上只是为了做做谦让的样子。文辞虽仍极恭谨，但已了无谦卑之色，流露出一种自信矜持的口吻，与上书让费亭侯时已有不同，表明曹操大权在握，已今非昔比了。

曹操左右的部属也得到了封赏。荀彧被进升为侍中，代理尚书令。尚书令为尚书台的长官。尚书台本是皇帝私府中掌管收发文书的小机关，自武帝以后地位日渐重要，成为朝廷行政事务的总管，颇有实权。尚书台常由地位比尚书令更高的官员加上"录尚书事""领尚书事"的头衔来加以总管，曹操这时实际上是将自己"录尚书事"的职权部分地移交给了荀彧。从此，曹操外出征伐时，朝廷中枢的大政就交由荀彧来调度处理。献帝从这时起，就成为曹操手中的傀儡了。

自献帝西迁长安后，朝廷的典章制度荡然无存，都许后才又慢慢重建起来。原泰山太守、因未完成接应曹操父亲曹嵩的任务而逃到袁绍那里去的应劭，在这方面发挥了重要作用。建安元年（196），他删定律令为《汉仪》上奏。当年曹嵩被杀，严格说来应劭并无责任，他只不过到得晚了一点，看来曹操对这件事采取了实事求是的态度，并无追究责任的意思，因此在建安二年（197）通过献帝任命应劭为袁绍的军谋校尉。应劭又缀集所闻，著《汉官礼仪故事》上奏。凡朝廷制度、百官典式，大都是依据应劭的建议建立的。

献帝东迁后，因几经波折，宫中食用困乏，曹操经常向献帝进献食品和器物。献帝还在洛阳时，曹操就曾向他进献过缝帐二顶，丝线十斤，山阳郡所产的甜梨二箱，椑枣（一种青黑色的枣）二箱。献帝都许后，曹操更是经常进献，其中有顺帝时赐给他祖父曹腾的家藏器物，也有属下陆续搜寻到的一些宫中流失的器物。仅《太平御览》《艺文类聚》等书极不完全的记载，曹操进献的器物就有：

盛四石的铜器四只，盛五石的铜器一只；

皇帝用的纯银粉铫（取粉的用具）一只，药杵臼一具；

铜熨斗二枚；

皇帝用的物件三十种，其中有用纯银雕刻三条带子镶在上面并漆上图案的书桌一张，用纯银做成三条带子镶在上面的台砚一个，圆砚大小各一个；

皇帝用的漆上图案的皮枕头二个，贵人、公主用的黑漆皮枕头三十个；

皇帝用的物件三十种，其中有纯金香炉一个；贵人、公主用的纯银香炉四个，皇太子用的纯银香炉四个，西园贵人用的铜香炉三十个；

皇帝用的杂物，有纯金痰盂一个，油漆的圆痰盂四个，贵人用的用纯银做成三条带子镶在上面的痰盂三十个；

皇帝用的物件三十种，其中有供上车踏蹬用的漆绘图案的两重几大小各一个；

皇帝用的在金属刻纹上嵌上金线的一尺二寸铁镜一个，皇后和皇太子用的在金属刻纹中嵌上银线的七寸铁镜各四个，贵人、公主用的九寸铁镜四十个；

皇后、贵人、公主及皇子用的纯银漆带镜一个，西园贵人用的镶有三条纯银带子的镜子五个，皇子用的银匣一个、杂物十六种，上面加有三条纯金带子的方形妆奁匣四个；

上面镶有三条纯银带子的镜台一个，纯银镜台七个；

纯银的盛去污粉的匣子，纯银的雕花匣子，又银子雕花漆匣四个；

油漆绘画的妆具一个，镶有三条纯金带子并有绘画的方形妆奁匣一个；

容五石水的铜澡盆一个；

镶银并有绘画的象牙杯盘五套；

皇后用的画有各种花纹的象牙尺一个，贵人、公主用的象牙尺一百五十个，骨尺五十个；

皇后用的画有各种花纹的象牙藏针管一个。

……

开列一份这样的清单是有意思的，从中不仅可以看到东汉末年宫廷生活的一斑，看到地主阶级上层生活的奢侈腐化和当时工艺所达到的高度水平，还可以从中看到曹操当时在朝廷中的实际地位和作用。曹操不仅是政治上的决策者，军事上的拱卫者，在后勤、生活方面也在某种程度上充当了主管的角色。献帝都许的初期，百废待兴，在建立朝廷正常的政治秩序和生活秩序方面，曹操是做了不少工作的。曹操在谯县时，跟县令郭芝学得一种酿酒法，他特地为此上奏，向献帝详细介绍这种酿酒法，从这件事也不难体会到曹操想办好这类事情的心情。

当初献帝东迁来到河东时，袁绍的谋士沮授曾劝袁绍将献帝迎来邺城，认为这样做可以挟天子以令诸侯，蓄士马以讨伐叛逆，处于谁也无法抵御的地位。袁绍最初听了很高兴，打算采纳这一意见，但遭到另一谋士郭图及部将淳于琼的反对，认为在当时英雄并起、谁都想夺得天下、所谓"秦失其鹿，先得者王"的情况下，如果把献帝弄到身边来，有事情动不动就得向他请示，听从他的意见显得自己权轻，不听从又是抗命，不是什么好办法。沮授仍然坚持自己的意见，认为迎来献帝既合道义，又合时宜，不能迟疑，否则会被别人抢先。但袁绍因当初献帝是董卓拥立的，并不合自己的心意，加之郭图等人反对，因此不再理会沮授的意见。

不出沮授所料，曹操果真抢先动手了，并因此而得到了不少实惠。曹操迎献帝都许后，得到了黄河以南的大片土地，关中地区也纷纷归附，这下袁绍后悔了。袁绍很快想出了一个补救的办法，他以许县低湿、洛阳残破为由，要求曹操迁都鄄城，企图将献帝迁到离自己近一点的地方，以便就近施加影响。鄄城离冀州很近，但还是曹操的地盘，袁绍满以为曹操不会不同意。谁知曹操立即看透了袁绍的用意，拒绝了袁绍的要求，并以攻为守，以献帝名义给袁绍下了一道诏书，责备他地广兵多却只顾树立自己势力，没见他出师勤王，只见他没完没了地同别人互相攻伐。袁绍白讨了一场没趣，没有办法，只得上书为自己表白申辩一番。

曹操被献帝任为大将军后，又以献帝名义任命袁绍为太尉，封邺侯。太尉虽是全国最高军事长官，三公之一，地位却在大将军之下。袁绍见自己成了曹操的下级，深以为耻，大为不满，发牢骚说："曹操几次打仗失败，连命都差不多丢了，都是我把他救下来的。现在却忘恩负义，挟持天子命令起我来了！"

于是上表推辞，不肯接受太尉的任命。当时袁绍的实力远远超过曹操，曹操心里明白，决不能在这个时候同袁绍翻脸，因此决定暂对袁绍做些让步，上表固辞大将军的职务，而将大将军一职让给袁绍。建安二年（197）三月，正式以献帝名义派将作大匠孔融持节到冀州策命袁绍为大将军，并赐给弓矢节钺、虎贲（武士）百人，兼督冀、青、幽、并四州。袁绍得到甜头，这才安下心来。

建安元年（196）十一月，献帝在曹操辞让大将军一职后，改任曹操为司空，代理车骑将军。司空是掌管国家土木营建和水利工程的官职，三公之一，车骑将军是将军中略次于大将军和骠骑将军的一种名号。曹操虽然把大将军的职位让出去了，但袁绍不在许都，曹操仍然处在总揽朝政的地位。袁绍虽然得到了大将军一职，并得到了弓矢、虎贲等礼遇性的赏赐和总统诸军的权力，但他实际上还是只能在自己原有的辖区内发号施令。在如何对待献帝、利用献帝这个问题上，袁绍缺乏眼光和决断，大大地输给了曹操一着棋，从此逐渐走向被动。

将窘困流徙中的献帝迁到许都，由自己来充当献帝的保护人，是曹操政治生涯中的得意之作。曹操这样做，不仅使自己获取了高于所有文臣武将的地位，而且把献帝变成了自己进行统一战争的工具，从此无论是征伐异己还是任命人事，都可利用献帝名义，名正言顺，置对手于被动地位，而给自己创造了极大的政治优势。另一方面，这样做在客观上对国家、对人民也有好处。当时群雄割据，谁都想吞灭对方，独霸天下。曹操迎帝都许，将献帝置于自己有力的保护之下，虽然使献帝变成了一个傀儡，但却也使献帝在局势极为混乱的时期免除了被废黜、被杀害的危险，保留了这样一个国家最高权力的象征，使得不少割据者的野心、行为受到遏制，从而在一定程度上维护了中央集权，对控制割据、分裂局面的恶性发展，加速国家统一的进程发挥了一定作用。

四 "汝颍固多奇士,谁可以继之?"

曹操总揽朝政后,力图通过兴利除弊使朝政出现一个新的面貌。他特地为此给献帝上了一封《陈损益表》:

> 陛下即祚,复蒙试用,遂受上将之任,统领二州,内参机事,实所不堪。昔韩非闵韩之削弱,不务富国强兵,用贤任能。臣以区区之质,而当钟鼎之任;以暗钝之才,而奉明明之政。顾恩念责,亦臣竭节投命之秋也。谨条遵奉旧训权时之宜十四事,奏如左,庶以蒸萤,增明太阳,言不足采。

"损益",指政治上可革除和可兴办的事情。"二州",指兖州和司隶,曹操原领兖州牧,又领司隶校尉。按东汉初年置司隶校尉,掌纠劾京师百官及附近各郡,并领一州,治洛阳。"遵奉旧训",谓遵照执行过去的制度章程;"权时之宜",谓权衡当时的实际需要。曹操不是恪守旧章陈典一成不变,也不是将旧章陈典完全抛弃,另搞一套,而是有所继承,有所创新,采取了切合时宜、实事求是的态度。曹操所提出的十四条建议今已不存,但究其内容,当都是围绕着"富国强兵,用贤任能"八个字来展开的。"富国强兵,用贤任能"这在当时确实是实现由大乱到大治的根本途径,做好了不仅可以拯救国家,而且还可以造福人民。曹操大权在握后,不是尸位素餐,而是亟思进取,不仅仅是考虑军事上如何攻守,还力图在政治上有所建树,这是他同其他割据者的不同之处。

曹操提出的十四条建议肯定是会得到献帝首肯的,曹操自己在贯彻执行这十四条建议时自然也会不遗余力。具体到用贤任能，曹操在这一时期确实做了大量工作。

首先，曹操对都许以前就跟随自己的一些有才能有贡献的僚属给予了重用。除荀彧被委以侍中、尚书令的重任，军国大事常与之谋划外，程昱、董昭、满宠等人也得到了重用。程昱开始被任命为尚书，因兖州尚未完全安定下来，又被改任东中郎将，兼任济阴太守，担当起了治理兖州一方的职责。董昭在通使长安、迎帝都许等问题上曾给予曹操很大帮助，这时被任命为洛阳令，留守故都。满宠开始被任命为西曹属，后改任许令。这些人在各自的岗位上，都做出了新的贡献。

其次，曹操还注意大力罗致新的人才，由此而出现了一个人才来归的热潮。其中一些人是抱着效忠献帝的目的来的，但因献帝已被曹操控制，所以这些人也直接或间接地为曹操所用。有些人是奔着曹操来的，认为曹操有胆有识，重贤用能，事业蒸蒸日上，来这里可以大有作为。还有一些人则可能两种目的兼而有之，因为曹操拥戴献帝，觉得为曹操效力也就是效忠献帝。献帝在许，众望所归，这确实为曹操大力罗致人才创造了一个极为有利的条件，这是其他任何割据势力都无法与之比拟的。

献帝都许不久，名士孔融即接受征召，到许都做了地位较高的将作大匠。孔融字文举，鲁国人，孔子二十世孙。小时颇聪明。十岁时，随父到洛阳。当时河南尹李膺以简重自居，不是当世名人及世交挚友一概不肯会见。孔融很想一睹李膺丰采，于是来到李膺家门前，对看门人谎称与李膺是世交。李膺把孔融请进屋，问："你家祖辈同我家有过来往吗？"孔融回答说："是的。先辈孔子与您先人李老君同德同义而相师友，因此我与您是世交。"

李老君，即老子，为周朝守藏史。据《史记·老子韩非列传》，孔子到周时,曾向老子问礼,算是有过交往。在座的宾客听了孔融的回答,都觉得机敏得宜,无不为之叹息称赏。只有太中大夫陈炜不服气,吹冷风说:"小时聪明,大了不一定就能干。"

孔融应声回答:"照您所说,您小时候一定很聪明吧?"

李膺听了,哈哈大笑,夸奖孔融说:"长大以后,你一定是个人才!"

孔融崇尚儒学,博涉多览。十六岁时,因掩护被官府搜捕的著名党人张俭,事情败露后又与兄长争死,名震远近,成为不少人推重、景仰的偶像。开始做司徒杨赐的属官,后为虎贲中郎将,因触忤董卓,出为北海相。参与镇压黄巾起义,被击败。后任青州刺史,又被袁绍之子袁谭击败,兵士只剩下百人,箭飞如雨,孔融却仍安坐读书,谈笑自若。城破后独自逃走,妻子儿女都当了俘虏。

孔融自以为智慧超群,才能卓异,当世豪俊都不如他,常以安邦定国为己任,但志大才疏,华而不实,从未办成过什么大事。来到许都后,每逢朝会,引经据典,议论纵横,满朝公卿大夫都成了陪衬,但不识时务,所提建议往往脱离实际。不过孔融在当时士大夫中确实享有很大名声,他来到许都,投入曹操阵营,对感召和影响人才来归起了一定积极作用。

颍川阳翟人赵俨,避乱荆州,得知曹操迎帝都许的消息后,便在建安二年(197)扶老携弱前来投归曹操,被曹操任命为郎陵长。

河内温人司马朗,字伯达,司马懿之兄,聪敏多识见。原为董卓所留,朗料定董卓必然败亡,用财物买通了董卓身边的人,请求回到乡里。曹操都许后,征召他为司空掾属。

故太尉杨彪之子杨修,字德祖,博学能文,才思敏捷,在建安中被举为孝廉,接着被任命为郎中。

武将则有李通等人前来归附。李通字文达,江夏平春人,以侠义闻名于江、汝之间。投归曹操后，被任命为振威中郎将，率部驻守汝南西界。

曹操虽有献帝在许的有利条件，但他并不是消极地等待人才上门，而是千方百计主动寻求，并发动部属积极推荐。荀彧在这方面发挥了很大作用。有一次曹操问荀彧："你看，有谁还能代替你为我出谋划策呢？"

荀彧听了，便向曹操推荐了荀攸、郭嘉两个足智多谋的年轻人。

荀攸字公达，荀彧的侄子。何进当权时，被任命为黄门侍郎。董卓乱起，曾谋刺董卓，事败下狱。董卓死后获释，弃官归家。后被任命为任城相，辞不就。由于蜀汉险固，人物殷盛，请求担任蜀郡太守，却因道路阻隔，一时无法赴任，羁留在荆州。荀彧向曹操推荐后，曹操立即给荀攸写了一封信：

> 方今天下大乱，智士劳心之时也。而顾观变蜀汉，不已久乎！（《遗荀攸书》）

"顾"，却，反而。"蜀汉"，蜀郡和汉中，不是指刘备后来所建立的蜀汉。这里即指蜀郡。"变"，指交通情况的变化。曹操对荀攸说：当今天下大乱，正是才智之士发挥作用的时候，而你却在那里坐等蜀汉的变化，时间不是要拖得太久了吗？荀攸接信后，觉得曹操说得有理，于是立即动身赶赴许都，曹操任命他为汝南太守，后又调来朝中任尚书。曹操与之接谈，感到他确实很有才能，非常高兴，对荀彧等人说："公达确实是一个不平凡的人。我能有机会同他商议大事，治理天下还有什么可忧虑的呢？"于是改任荀攸为军师，留在身边随时请益。

郭嘉字奉孝，颍川阳翟人。最初追随袁绍，见袁绍不知用人，做事抓不住要领,喜欢谋划却又下不了决断,很难办成大事,于是便离开了袁绍。在此之前,颍川人戏志才很有才能,荀彧推荐他给曹操当谋士,曹操很器重他,但不幸早死,于是曹操给荀彧写了一封信:

> 自志才亡后,莫可与计事者,汝颍固多奇士,谁可以继之?
> (《与荀彧书》)

"汝颍",指汝南、颍川两郡,均属豫州。荀彧得信后,便推荐了郭嘉。曹操召见郭嘉,同他纵论天下大事,发现他见解不凡,非常高兴,事后便对人称赞说:"能够帮助我成就大业的,必定是这个人!"

郭嘉见过曹操,也很高兴,事后对人感叹说:"曹公真是值得我侍奉的主人啊!"

曹操当即任命郭嘉为司空军谋祭酒,留在身边参谋军事。

此外,荀彧还向曹操推荐了钟繇、杜袭等人。钟繇字元常,颍川长社人。原在朝任黄门侍郎,曹操通使长安时,曾为曹操出过力。后随献帝东迁许都。此前荀彧就曾多次对曹操提起过钟繇,钟繇到许都后,曹操即任命他为御史中丞。不久,改任侍中、尚书仆射,做了尚书令荀彧的副手。杜袭字子绪,颍川定陵人。避乱荆州,刘表待以宾客之礼,但杜袭认为刘表不是能够拨乱的人物,因而南去长沙,不久逃归乡里,曹操得知后,征召他为西鄂长。这些人对曹操战胜对手、统一中原的事业,都做出了各自的贡献。

但前来许都的人中,有的人也给曹操带来了一些麻烦,其中最突出的要数祢衡。

祢衡字正平,平原般县人。颇有才气,但恃才傲物,喜随意褒贬人物,觉得谁不如自己就不理睬谁,人际关系搞得很糟。兴平年间(194—195)避乱荆州,建安初年来到许都。当时许都虽属新建,但士大夫四方来集，也算得人才济济，祢衡却大都看不上。有人问祢衡："你怎么不去投靠陈长文（陈群）和司马伯达（司马朗）呢？"

祢衡露出一脸不屑的样子，反问说："你是想让我去跟随屠户和卖酒郎吗？"

又有人问他："曹公、荀令君（荀彧）和赵荡寇（即赵稚长，当时任荡寇将军）算得上是盖世之才了吧？"

祢衡对曹操勉强称赞了几句，但对荀彧和赵稚长却一点也看不上。荀彧有仪表，而赵稚长肚腹大，祢衡因此回答说："文若可以借他的脸面去吊丧，稚长可以让他去监厨请客！"

祢衡只看得起孔融和杨修两人，但也并不尊重，戏称孔融为"大儿"，杨修为"小儿"，认为这两个人还可以上得台面，其余的人全都是庸庸碌碌之辈。其狂妄傲世的情态，也就可想而知了。

但孔融对祢衡却很器重，特地上表推荐，说祢衡"淑质贞亮，英才卓砾。初涉文艺，升堂睹奥"。又说他"忠果正直，志怀霜雪。见善若惊，疾恶如仇"。还一再在曹操面前称赞祢衡。曹操听了，动了心思，想见见祢衡，谁知祢衡却称病不肯前往，而且还在背后不断讥讽曹操。曹操得知后很不高兴，但考虑到祢衡有才名，不便发作，于是想了个羞辱祢衡的办法，挫挫祢衡锐气，一泄心中怨气。祢衡善击鼓，曹操便将他召为鼓吏，利用一次大宴宾客的机会，让他当众击鼓。按规定，鼓吏击完一通鼓后，应脱下旧衣换上特制的新衣。祢衡最初没有换衣，被有关官员呵责后，走到曹操面前，将旧衣一件一件脱下，直到脱得一丝不挂，裸身而立，然后才又慢慢穿上新衣，而脸上竟毫无羞愧的表情。曹操反被弄得下不来台，自我解嘲地大笑一阵之后，对众宾客说："我本来想羞辱一下祢衡，不料反而被他羞辱了！"

事后孔融责备祢衡，并向他说曹操仍想见见他，这回祢衡答应了。孔融又去见曹操，说祢衡狂妄失礼，想见见曹操当面表示歉意。曹操很高兴,吩咐守门人,如祢衡来了立即通报。谁知一直等到下午,祢衡才来,但却不是向曹操道歉来的。只见他身穿布单衣,头顶粗葛巾,手持一根三尺木棒,往大营门口一站,以杖击地,大骂曹操。曹操大为生气,对孔融说:"祢衡这小子,太不识抬举!我要杀他,不过像杀一只麻雀,一只老鼠。只是想到他有些虚名,不肯杀他,怕远近的人们会以为我曹操没有容人的肚量。现在我把他送到刘表那里去,看看会怎么样!"

立即命令准备好马三匹,派两个人将祢衡送到南阳去。祢衡知道自己得罪了不少人,也早想南还荆州,这时也就听之自然,不再表示异议。临行时,有几个人到城南为祢衡饯行,但祢衡未能如约按时赶到。大家商定祢衡来时,都不要起立迎他,报复他一下。祢衡到后,见大家或躺或坐,都不起立,突然坐下大哭起来。众人不解其意,只得相问。祢衡回答说:"坐着的是坟堆,躺着的是尸体,我夹在坟堆尸体之间,能不悲痛吗?"众人听了,无可奈何,只得都站了起来。

祢衡到荆州后,刘表开始很看重他,案牍文章都要经由祢衡审定。但祢衡同刘表左右的人处不好,这些人在刘表面前告祢衡的状,说祢衡一面说刘表仁义,即使是周文王也不过如此;一面又说刘表遇事不能决断,最终成不了气候。刘表听后,感到耻辱,不能相容,于是将祢衡送到性情急躁的江夏太守黄祖那里去。黄祖最初也很看重祢衡,黄祖之子黄射尤与祢衡相好。但后来,祢衡有一次在黄祖大会宾客时当众出言不逊,黄祖呵责他,他反以骂言相对。黄祖大怒,命拖出杖责,祢衡仍大骂不止,终于被黄祖在一怒之下杀死,死时年仅二十六岁。

祢衡有才而终不为社会所容,应当说这是一个悲剧。但祢衡自身的性格弱点应当说也是突出的。其人狂傲自大,目空一切,刻薄不饶人，得罪他不行，不得罪他也未必就行，比他差不行，不比他差也不行，名士脾气大发作，这是他同谁都难以处好，到谁那儿都待不长的重要原因。他到许都来，曹操最初并没有要怎么样他，他对曹操的政治军事举措及个人品德、为人处事等似乎也并没有什么不满意，他自己似乎并不代表什么正义力量，看来很大程度上是因为曹操地位比他高，别人趋之若鹜，他就偏不买这个账，因而才发生起冲突来的。曹操对祢衡的敌对情绪和行为应当说是采取了一再忍让的态度的，祢衡总是处于攻势，而曹操总是处于守势。实在忍无可忍了，曹操的反应应当说也还是比较克制的。将祢衡遣送出境，是处置这件事情的最好办法，如将祢衡继续留在许都，只能成事不足，败事有余，对稳定当时局势和建立曹操个人的权威都是极不利的。曹操不想杀死祢衡，不是说他就很宽容，或者说他就很看重祢衡，在他心目中，祢衡的生命不过与麻雀、老鼠等值。他之所以这样做，主要是从策略和影响上考虑，当时正当用人之际，如果杀掉祢衡必然产生使有用之才望而却步的副作用。从大处着眼，不因私怨小忿而造成恶劣政治影响，给事业带来损失，对于一个政治家来说，这也是一种应当具备、值得加以肯定的品质。曹操在兖州时，因杀掉名士边让而招致一场叛乱的教训，看来他在一定程度上是记取了。

如果将曹操同刘表、黄祖比较一下，曹操较为克制和宽容的态度就更容易看出。祢衡对刘表既没有当众羞辱，更没有当众大骂，但他却不能为刘表所容。祢衡被告发的几句话，并不一定就是祢衡说的，就算真是祢衡说的，也是赞扬（而且是非同寻常的赞扬）和贬损（何况遇事缺乏决断也确实是刘表的弱点）一半对一半。刘表素有宽和爱士的名声，曹操将祢衡往他那里送，是想对他的宽和做一次考验，用意虽然狡黠，但还说不上恶毒，何况祢衡自己也有南回荆州的打算。刘表明知黄祖性急，却要将祢衡往他那里推，让干柴去碰烈火，是存心要让祢衡难堪了。两相比较，高下之别是显然的。至于黄祖，则更是无法与曹操相提并论的。

因此，曹操对祢衡的处理，虽然也在一定程度上暴露了他不能容人的个性，特别是将祢衡召为鼓吏企图加以折辱的做法是十分愚蠢的，但从总体上说，与他贯彻重贤用能的方针是并不抵牾的，虽然后人对此事颇有訾议，但从当时的实际情形来看，倒是并没有因此而造成多少不良影响的。

第六章 "修耕植以蓄军资"

一 "自遭荒乱,率乏粮谷"

早在初平三年(192)曹操刚做兖州牧时,治中从事毛玠就提出了两条重要建议:一是要奉天子以令不臣,二是要修耕植以蓄军资。对这两条建议,曹操当时就极表赞赏,并积极创造条件施行。经过努力,曹操首先做到了第一条,将献帝迎到了许都。接着,曹操开始做第二条。

修耕植以蓄军资,其中心任务就是要通过发展农业生产,增加粮食收成,解决十分紧迫的军粮问题。民以食为天,军队自然也不可能例外。军队缺乏粮食,不仅要削弱战斗力,连自身的生存都将成为问题。因此,解决好军粮问题,就可以不断增强自身的战斗力,在群雄角逐中站稳脚跟,进而消灭对手,实现统一大业。

早在黄巾起义前,东汉的社会经济就已面临崩溃的危险,延熹六年(163)陈蕃在给桓帝的上疏中,就指出当时有"田野空,朝廷空,仓库空"的"三空之厄"。董卓之乱后,社会经济更遭到毁灭性的打击,中原地区所遭受的破坏尤为严重,原来经济繁荣的河南和关中地区变得万象凋零,残破不堪。在这场劫难中,首当其冲的自然是农业,而农业是当时社会经济的支柱,农业遭受严重破坏,工商业也就随之凋敝下来。农业遭受严重破坏的标志,是农业劳动力锐减,大量土地荒芜,无人耕种。造成这种局面的原因主要是:

战争造成了人民的大量死亡。在镇压黄巾起义的过程中,东汉政府大肆屠杀百姓。董卓乱起后,董卓及继之而起的关东州牧郡守也肆无忌惮地屠杀。董卓占据洛阳后,放纵军队四出掠杀,其部下在阳城将正在祭祀土神的无辜百姓包围起来残酷杀害,便是一个突出的例子。董卓西迁时,将洛阳城周围百里以内的房屋全部烧光,强迫数百万人西迁长安,途中又有大量人民死亡。董卓部将李傕、郭汜、张济率领步骑数万在中牟击败河南尹朱俊后,席卷陈留、颍川诸县,杀掠男女,所经之处人物两空。董卓死后,李傕、郭汜、樊稠等人在长安城内外互相争战,死者积尸相枕。献帝东归后,长安城空四十余日,此后二三年间,关中不少地方断了人迹。关东州郡起兵讨董卓,在荥阳及河内一带聚兵数十万,互不买账,纪律松散,有将近一半的人民被杀。军阀大的占据郡国,其次的占据县城,最小的占据乡村,不断攻伐,你吞我灭,经年累月,又有不少百姓遭殃。曹操东征陶谦,陶谦士兵死亡数万,还有数万平民被无辜杀害,一些地方被弄到鸡犬不留的地步。

战争造成了人民的大量流亡。当战祸降临头上时,人民必然要尽力逃避,因而发生了人口的大量流移。黄巾起义爆发后,青州、徐州一带有百多万人逃到幽州避难。李傕、郭汜乱起,关中一带有十多万户流入荆州,有数万户流入益州,还有不少流入徐州。河南一带也有不少人迁流到蜀、荆、江淮一带,还有远避至辽东、交州的。不仅普通民众被迫离乡背井,不少地主也因在战乱中不能自保,不得不丢下土地四散流亡。此后,在整个建安年间,这种人口的流徙一直没有停止过,只不过随着三分局面的逐步形成,规模有所缩小罢了。

　　与战争结伴而行的瘟疫,也是造成人民大量死亡和流徙的重要原因。从安帝元初六年(119)以来,瘟疫不断,董卓乱后,更加流行,甚至出现了家家有死人,室室有哭声,或一家尽皆丧命,或一族全部死亡的惨景。大医学家张仲景在《伤寒论序》中就曾说,他的家族原有二百多人,后来在不到十年间死了三分之二,其中患伤寒病死去的占到十分之七。瘟疫无情的侵袭,又给人民增添了无穷的灾难。

　　大量的死亡和流徙,使得中原地区户口锐减。越是原来最富庶、最繁华的地方,大抵就是后来战争进行得最为激烈的地方,因而也就是户口减耗最为突出的地方。东都洛阳,西都长安,原来人烟稠密,后来都被战争破坏得荒凉不堪,甚至到了路断行人的地步。颍川郡的鄢陵,原有民户五六万家,后来只剩下数百家;青州原有万户的城邑,后来在册户数不满数百;汲郡原有民户十万、人口六十三万,后来只剩下民户三万。冀州原有人口近五百万,等到曹操打败袁绍、占据冀州时,只剩下三十多万,但还被曹操认为是一个大州。当时中原户口,据估计只剩下原来的十分之一。到曹操统一北方、曹丕称帝、曹魏已经占有十二州土地之后,陈群还在上疏中说,当时全国人口不过相当于汉文帝、汉景帝时一个大郡的人口。杜恕也在上疏中说:"今大魏占有十州之地,但因丧乱造成破坏,计其户口,不如往昔一州之民。"曹魏建国时,已经过一段时间的休养生息,情况尚且如此,曹操刚定都许时的情形,就不难想见了。

　　劳动者是生产力中起主导作用的因素,人民的大量死亡,直接导致了社会生产力的严重破坏。加之百姓流落四方,大批脱离土地,使得劳动力缺乏的问题变得更加突出,大量土地无人耕种,出现了地广人稀、地无常主甚至无主的局面。由于战乱连年,水利失修,旱灾、蝗灾等自然灾害频仍,一些已经耕种的土地,也往往颗粒无收,或者收之不多。这样,就发生了全局性的缺粮问题,粮价飞涨,长安在李傕、郭汜混战期间谷一斛卖到五十万钱,豆、麦卖到二十万钱;幽州谷一石,钱十万;邺中大饥,芋一亩,也要钱三万。在更多的情况下,甚至是无粮可卖,无粮可买,形势到了十分严峻的地步。

面对严重的粮荒,身受其害的自然首先是贫苦的百姓。在不少情况下,老百姓甚至连野菜也难以找到,只有饿死。在河南、河北、关中、江淮等地,还一再发生人吃人的现象,死者白骨堆积,恶臭满路。老百姓因无粮而饿死,劳动力锐减,反过来又加重了土地荒芜、粮食无收的现象,形成了一种恶性循环。

统治者及其军队也深受粮荒的威胁。献帝在东迁洛阳途中,多次面临断炊的危险,随从的官员有时不得不以枣菜代粮。到洛阳后,算是安顿下来了,但下级官员还得跑到荒野中去采摘野菜。那些大大小小的军阀们,平时过着"饥则寇掠,饱则弃余"的生活,等到百姓自己都饿得要死、实在无粮可抢的时候,他们的日子也就变得非常难过。袁绍的军队在河北,一度不得不靠采摘桑果过日子。袁术的军队在江淮,有一段时间仅靠捕食蛤螺充饥。公孙瓒的部将田楷在青州,因与袁绍连战两年,粮食吃尽,互掠百姓,弄得野无青草。刘备的军队在广陵,因饥饿难忍,大小官吏和士兵竟自相啖食。有的武装势力,因缺粮而混不下去,还没等到同对手打仗,就自动瓦解离散了。

曹操也曾多次遭到粮荒的困扰。他第一次东征陶谦,就因粮食困难,不得不中途退兵。他同吕布争夺兖州,在濮阳一带同吕布相持百多天后,也因粮食接济不上,不得不暂时罢兵自守。一次程昱在自己的辖县东阿为曹操筹措军粮,想尽办法,只勉强筹得可供三天食用的粮食,其中还杂有人肉干,为此程昱后来颇遭非议,虽然曹操一直对他信用,但他终未能做到三公的高位。曹操前往洛阳迎接献帝时,途中所带的一千多人全部断粮,幸得新郑长杨沛把储存的桑果干拿了出来,才算渡过了难关。曹操为此很感激杨沛,迎献帝都许后,即将杨沛调去做了长社令。

粮食问题已严重到如此地步,到了非解决不可的时候了。然而,单靠一般的手段,或采用通常的一套发展农业生产的办法,是不可能解决燃眉之急的。必须采用行之有效的非常手段,将劳动力和土地结合起来,以尽快获得大的效益。曹操从当时的实际情况出发,采纳部下建议,在建安元年(196)迎献帝都许不久,宣布实行屯田,将"修耕植以蓄军资"的方针落到实处,解决紧迫的军粮问题。

二 许下屯田

曹操实行屯田,在当时既有其必要性,也有其可能性,他掌握了实行屯田的一些必要条件。

一是曹操有了比较稳定的辖区。曹操自将吕布从兖州赶走后,兖州成了自己可靠的根据地。迎献帝都许后,又将势力范围扩大到豫州,许都成为政治中心,许都周围地区被曹操牢牢控制,为在这一地区实行屯田创造了良好的外部环境。

二是土地不成问题。人民大量死亡和流徙使大量土地荒芜,这些荒芜无主的土地成为国家的公田,谁有力量就可随意屯垦种植。

三是劳动力有一定保障。初平三年(192)曹操击败青州黄巾军,接受降卒三十余万,同时得到了跟黄巾军一起行动的百余万人口。这些人多是黄巾军的家属,不论男女老少,都是掌握有相当生产经验和劳动技能的劳动力。建安元年(196),曹操又击败了汝南、颍川黄巾何仪、刘辟、黄邵、何曼等部,迫使其中不少人投降,进一步增加了劳动力。此外,屯田兴办起来后,还可以进一步招募流亡的农民。

四是由于曹操先后镇压招抚了青州、汝南、颍川的黄巾军,因而也就同时从他们手中掠夺到不少农具和耕牛。

这样,土地、劳动力、耕牛都有了,生产力的基本要素大体上齐备了,屯田也就可以水到渠成了。曹操后来在表扬枣祗的令文中说:"及破黄巾,定许,得贼资业,当兴立屯田。"很清楚地表明了兴办屯田和所谓"贼"之间的关系。没有黄巾军提供的劳动力和劳动资料,兴办屯田很可能会成为一句空话。

兴办屯田的建议是由颍人枣祗先提出来的。枣祗本姓棘,因其先人避难,改姓枣。早年随曹操起兵讨董卓,东征西讨,屡建奇功。袁绍发现他是个人才,曾想把他拉过去,没能办到。曹操初到兖州,任命他为东阿令,陈宫、张邈叛乱时,他坚守东阿,抗击吕布,后又接济曹操军粮,为收复和巩固兖州根据地发挥了重要作用。到许都后,担任拱卫京师、侍卫曹操的羽林监一职。枣祗提出兴办屯田的建议后,曹操极为重视,立即召集部下开会讨论,大议损益,权衡利弊。在兖州濮阳附近与吕布对垒时曾果断处理过劫持夏侯惇事件的韩浩,这时响应枣祗的建议,认为"当急田",也就是应当把粮食生产放在首位。枣祗、韩浩的意见完全符合曹操的心愿,也增强了他办好此事的决心和信心。在基本统一认识之后,曹操正式公布了《置屯田令》:

> 夫定国之术,在于强兵足食。秦人以急农兼天下,孝武以屯田定西域,此先代之良式也。

"良式",良好的榜样。秦孝公时,用商鞅变法,厉行耕战,加紧发展农业生产,实现了强兵足食,最后终于统一天下。汉武帝时,为了巩固西北边防,抗击匈奴侵扰,曾在东起朔方、西至令居的大片地区设置屯田,调动大量戍卒屯垦。平定西域后,又在西域屯田,就地解决军粮问题,省却了许多转运之劳,对平定西域发挥了重要作用。曹操认为这些做法都很值得借鉴,这样做可以使兵力强盛,粮食充足,达到安定天下的目的。曹操正是在充分吸取历史经验的基础上,做出推行屯田这一重要战略决策的。不同的是,汉武帝是在西北边疆地区实行屯田,曹操则是在中原地区实行屯田;汉武帝实行的是军屯,曹操最初主要实行民屯,后来才又逐步扩展到军屯。这些都是从实际情况出发做出的变通。如果不知变通,墨守成规,是不可能在中原地区蓬勃发展起屯田事业来的。

屯田首先在许都周围地区推行,以期取得经验后再逐步推广。曹操把原黄巾军的一些人及从各地招募来的流民,用军队形式加以编制,组织成屯田民(或称田客)。屯田的基层组织为屯,民屯每屯有五六十人,配给一定数量的土地、耕牛和农具等。为了加强对屯田农民的管理,自下而上建立了堪称严密的组织系统。管理一屯的屯田官称屯田司马,管理一县屯田事宜的屯田官称屯田都尉(地位相当于县令、长),管理一郡屯田事宜的屯田官称典农中郎将或典农校尉(地位相当于郡太守)。在中央,屯田事宜则由司空掾属(后来是丞相掾属)权管,建安十八年(213)置大司农后,则由大司农全权负责。此外,后来还有典农丞(可能是典农中郎将或典农校尉的助手)、绥集都尉(可能相当于屯田都尉)、典农功曹、典农纲纪等名目。"中郎将""校尉""都尉"等本来都是军官职名,由于曹操所实行的民屯是承袭武帝时的军屯制度而来,屯田民又都是按军队形式组织起来的,因此屯田官也套用了军职名称,使民屯涂上了浓厚的军事色彩。

屯田官管理所辖屯田区内的农业生产、民政和田租等有关事宜，直接对上一级屯田官负责，和当地的郡守、县令等不相统属，郡守、县令无权过问有关屯田的事宜。这一点，一直坚持了多年没有改变。建安十六年(211)曹操西征马超途经弘农时，认为这里是通往关中的必经之路，位置很重要，让贾逵兼任弘农太守。曹操召见贾逵，与之共商大事，觉得贾逵很有才能，大为高兴，对左右说："要是天下二千石的官员都能像贾逵这样，我还有什么可发愁的事情呢？"但后来贾逵却因与屯田官发生摩擦，差点翻了船。贾逵因怀疑郡内一个屯田都尉藏匿逃亡人口，前去询问，这个屯田都尉自以为不属郡守管辖，出言不逊，冲撞贾逵。贾逵一怒之下，将他抓起来打断了腿。这个都尉的上级典农校尉知道后出面干涉，并告发了贾逵，结果贾逵遭到了免官的处罚。曹操赏识贾逵，后来又任命他做了丞相主簿。从这件事不难看出，贾逵虽然有理，曹操也知道他是一片忠心，但对他介入屯田事务这件事本身，却没有从正面表示丝毫支持，可见各级地方官员不能过问屯田事务的制度是执行得十分严格的。从这个角度说，曹操赋予了各级屯田官处理屯田事务的绝对权力，其目的是要他们尽心尽责，不受任何干扰，把屯田的事情办好。

羽林监枣祗是屯田的首倡者，被曹操任命为屯田都尉，具体负责屯田事宜。附议枣祗的韩浩，也被提升为护军，仍留在军中。曹操的堂妹夫任峻被任命为典农中郎将。屯田最初只在许都附近地区推行，规模远不如后来那么大，曹操将相当于郡太守的职务交给任峻，实际上是让任峻担当起了屯田的最高领导工作。这样做，一因任峻早在曹操首起义兵、西讨董卓时即已加入曹操阵营，曹操对他非常信任，平时任峻有什么建议，曹操总是乐于接受；二因任峻投入曹操阵营后，一直负责后勤方面的工作，曹操每次出兵征伐，任峻常在后方留守供给粮草,有这方面的工作经验;三因任峻为人宽厚,富于同情心,平时每当饥荒发生时,他常收抚朋友遗孤,对亲戚宗族中的贫寒者也常给予周济,因此对解决粮荒问题自然比别人更多一分切肤之痛、紧迫之感。曹操重用任峻等人,既表明了他对这些人的信任,也表明了他对屯田事业的重视。

在如何收取地租的问题上,曾经历过一番争论。最初不少人主张采用"计牛输谷"的办法,即按屯田民使用国家耕牛的多少,来确定不同的租额。这个办法已经定了下来,并开始付诸实行。但枣祗经过反复考虑,觉得这个办法不妥,认为如按这个办法,收成好的年份也只能按原来的定额收租,国家并不能增加收入,而收成坏的年份,国家还不得不减免,对国家太不利。主张实行"分田之术",根据每年的实际收成,按一定比例收取租谷,丰收多收,歉收少收。枣祗向曹操反映这一意见,建议重新考虑,但曹操认为已经做出决定,丰收年成也用不着再改变了。枣祗仍坚持自己的意见,一次又一次地去找曹操,曹操终于犹豫起来,于是就让枣祗去同尚书令荀彧商议决定。

荀彧为此专门召开讨论会。在会上,军师祭酒侯声说:"按照租用官牛的头数收租,是为扩大官田着想。如果按枣祗的意见去办,对官家有好处,对屯田民却没有好处。"荀彧一听,也犹豫起来,觉得两种办法都有道理。因为按牛收租的办法,由于规定的租额是不变的,屯田民为增加收获,就会扩大种植面积,开垦荒地,增加官田;如实行按产量分成收租的办法,收成增加了地租也要跟着增加,对增加国家收入又确实有利,但屯田民不能完全占有自己的增产所得,就会失去扩大种植面积的积极性。荀彧一时难以做出最后决定,会议只好不了了之。

于是,枣祗又去找曹操,非常自信地坚持自己的意见。曹操终于被他说动,最后采纳了按产量分成收租的办法。按照这个办法,屯田民用官牛耕种的,要将收成的百分之六十交给国家,自己只得百分之四十;如果用自己的牛耕种,收成则各得百分之五十。

就这样,经过一番紧锣密鼓的准备之后,屯田制度正式推行。广漠荒凉的原野上,出现了一簇簇农耕的人群,在兵荒马乱的岁月中,掀起了一个农业生产的热潮。

三 "克定天下"之业

曹操在许下屯田的初期,并不强求扩大耕地面积,而是强调精耕细作,务求多有收获。各屯以种植黍、粟、麦为主,但因当时正值连年荒歉之际,为了救急,曹操也曾下令种植稗子。稗子是一种叶子像稻、果实像黍米的一年生草本植物,产量较高,每顷可收二十斛,每斛可磨米三四斗。粮荒缓解之后,屯田土地上间或有种植桑、麻的。

功夫不负有心人。许下屯田的第一年,即获得收谷百万斛的好收成。初战告捷,振奋人心,曹操立即下令推广屯田,在各郡、国中都设置了屯田官,不几年这些地区都积贮了粮食,不少粮仓被装得满满的。曹操征伐四方,一般情况下不用再为缺粮发愁,也不用再为转运粮食操心。

几年后,曹操让司空掾属国渊主管全国的屯田事宜,国渊多次陈述利弊,选择合适的土地安顿屯田农民,根据人口的多少设置屯田官,宣布对屯田官的考核办法,调动了屯田农民的积极性,只用短短的五年,就使粮食产量大增,将屯田事业又向前推进了一步。

建安二十三年(218),曹操根据司马懿的建议,在建立民屯的基础上，又在一些军事驻地建立军屯，组织士兵生产，建立了"且耕且守"即一面戍守、一面务农的体制。兵屯保持着原有的军事体制，以营为生产单位，其屯田事务最初可能由典农中郎将或典农都尉代管，后来由大司农委派的司农度支校尉和度支都尉专管。军屯的建立，对于开垦荒地，减轻农民养兵运粮的负担，起了积极的作用。

许下屯田成功之后，随着曹操统治区域的不断扩大，屯田的规模也越来越大，到曹魏建国后，北方有不少地方成了屯田区。先后实行屯田的地方除许昌外，还有颍川、襄城、荥阳、洛阳、野王、河内、原武、汲县、弘农、南阳、汝南、梁国、谯郡、沛国、芍陂、皖县、魏郡、钜鹿、河东、上党、长安、上邽等地。内地多为民屯，边地多为军屯，最大的军屯区在淮河南北，即今皖北、苏北一带，最多时军屯官兵达十余万人，每年生产的粮食除自己食用外，还有大量积余。

除大力推行屯田外，曹操对非屯田区域的农业生产也抓得很紧，采取了一些鼓励措施。当时地广民稀，未垦植的荒地很多，曹操竭力督促荒地的开垦，按照各州郡的户口数目比较垦田的多少，以此作为赏罚地方官的标准。对长期以来水利失修，以致闹得水旱蝗灾不断的情形，曹操也给予了关注，他和他的后继者在这方面做了大量工作，兴修了不少渠堰堤塘。其中有在今河南商丘境内修筑的睢阳渠，有在淮南地区修筑的芍陂、茹陂、七门、吴塘等水渠，有在今河南南部开通的贾侯渠，有在今安徽宿县一带兴建的郑陂，有在今河南陈留境内修筑的太寿陂，有在今河南北部修筑的沁水石门，有在今河北境内修筑的戾陵陂、车箱渠，有在今河南淮阳一带修筑的淮阳、百尺二渠，有在今陕西南部修筑的成国渠、临晋陂，等等。这些水利工程遍及整个中原地区，西至关、陕，北至幽、冀，规模不算小，大都发挥了良好的效益。如淮南芍陂，周围一百二十里，可溉田万顷；七门三堰，可溉田二万顷；车箱渠浸润四五百里，溉田万余顷；

淮阳、百尺等渠穿渠三百余里,溉田二万顷。水利是农业的命脉,与农业生产的关系非常密切,搞好了水利,也就保障了收成。郑陂修成后,连年丰收,产量大增,国家收取的租谷比平常增加了一倍。这些水利工程,很多是在广开屯田的要求下兴修的,可以说没有屯田事业的发展,也就不会有水利事业的繁荣。而这些水利工程的建成,又不仅仅是屯田区获益,同时也有利于周围非屯田地区农业的恢复和发展。

此外,建安九年(204)至十一年(206)间,曹操为便利军事运输,还开凿了白沟、利漕渠、平虏渠、泉州渠等工程,把整个河北平原的各大水系连在一起。这些工程在水利灌溉方面也发挥了一定作用。

曹操推行屯田政策的成功,在政治、经济和军事等方面所显示出来的意义是不同寻常的。它使北方的农业经济在一个较短时期内得到了比较好、比较快的恢复和发展,使"白骨露于野,千里无鸡鸣"(曹操《蒿里行》)、"出门无所见,白骨蔽平原"(王粲《七哀诗》其一)的景象在一定程度上得到了改观。王粲在《从军诗》其五中说:"朝入谯郡界,旷然消人忧。鸡鸣达四境,黍稷盈原畴。"曹丕在《于玄武陂作》诗中说:"野田广开辟,川渠互相经。黍稷何郁郁,流波激悲声。"反映的虽只是局部的景象,但应当说是有一定代表性的。把在长期战乱中弄得凋敝不堪的农业经济重新振作起来,这不能不说是一个很大的功劳。

农业的发展,带动了手工业的发展。由于战争对兵器的需要,也由于农业生产的恢复需要大批铁制农具,冶铸业获得了很大生机。冶铸业在战乱中也曾遭到严重破坏,铁非常缺乏,以致出现了斫棺取钉、用木制刑具代替铁制刑具的事情。曹操攻占冀州后,开始恢复冶铸业,设置官营冶铸机构,任王修为司金中郎将,韩暨为监冶谒者,主管冶铸事宜。王修在司金中郎将的岗位上一干七年,有一次给曹操写信提出工作上的建议,同时流露出盐铁工作平凡、影响建功立业的情绪。曹操给他回信,说当初任他为司金中郎将,是因为没有别的人可以胜任,认为司金中郎将的职位虽没有军师祭酒高,但谈到建功立业,却比军师祭酒更为重要。韩暨在职七年,也做出了很大成绩,扭转了当时铁制用具匮乏的局面。韩暨特别注意采用新技术。东汉初年,杜诗做南阳太守,制造了"水排",用水力鼓动风箱铸造农具,比原来用人力或畜力带动风箱大大提高了工效。韩暨将这种"水排"推广到河北等地区,并在技术上加以改进,用结构较为复杂的卧轮式取代原来水排所用的立轮式,进一步提高了工效,如与马排相比,可多得三倍的利益。曹操对韩暨的政绩非常满意,特去信表彰,并将韩暨提升为司金都尉。

在当时的冶铸业中,已经大量使用了煤。曹操攻占邺城后,曾在那里修筑了一座冰井台,台下有冰室,冰室内有井数口,每口井深十五丈,里面储藏着冰和石炭(煤)。西晋人陆云在写给他哥哥陆机的信中,提到冰井台下还藏着石炭(煤)数十万斤,并对此感到惊奇。邺城的冶铸业大量使用煤,这对铁制用具数量的增长,质量的提高,无疑都是大有益处的。此外,丝织业、制盐业以及商业都在这一时期得到了一定程度的恢复和发展。

屯田使在长期战乱中被迫离开土地或被剥夺了土地的农民,重新和土地结合了起来,从事农业生产,既解决了流民无家可归、无业可从的问题,也解决了大量荒地闲置的问题。流民生计无着,最终必然走上反抗道路,从曹操来说,这自然也是他缓和阶级矛盾、调整生产关系的一种手段,但在客观上,确也对解决流民生计问题、恢复发展社会经济发挥了积极作用。在招募流民屯田这一措施的带动影响下,后来在非屯田区也开展了大规模招回流亡人口、分给无主荒地、并贷给犁牛以帮助恢复生产的工作。关中在李傕、郭汜之乱后,人民流入荆州的有十多万家,后来听说家乡恢复了秩序,都希望回来,但回来后却因没有牛、犁等生产资料,仍然无法自立。尚书郎卫觊给荀彧写信,建议实行食盐专卖,以其收入购买牛、犁,贷给归民,帮助他们恢复生产,以使关中富裕起来。荀彧请示曹操,曹操采纳了卫觊的建议,实行后收到很好效果。

屯田制度的施行,还在一定程度上遏制了豪强地主势力的发展。董卓之乱后,各地有不少豪强搞武装割据,在风暴过去之后,他们竞相侵占土地,招纳流民,以不断扩展自己的实力。流入荆州的关中人民回乡后,地方豪强就曾争相招纳,使为部曲,而属于官府系统的郡县由于财力贫弱,却无力与之竞争,眼睁睁地看着他们日益强大起来。如果放任自流,让土地和劳动力无限制地流到那些私家手中,就会影响到官军的兵源和粮食供应,最终还会发展到尾大不掉、难以控制的地步。曹操自然是绝不愿意看到这种情形出现的。因此,他推行屯田,就是要利用自己的势力和地位,将流散的劳动力和荒废的甚至还有人耕种的土地收归政府所有,使豪强势力不能无限制地占夺土地,招纳流民,成为他统一国家的障碍。曹操在很大程度上达到了自己的目的。

而实行屯田给曹操带来的直接和最大的收获,则是解决了长期为之担忧的十分紧迫的军粮问题。实行屯田后不过几年,各地收获到的谷物每年总量即达数千万斛之多,基本上满足了曹操进行统一战争的需要。而且这些谷物分储各地,军队开到哪里大体上能做到就地或就近供应,既免除了转运之劳,又能保证及时,有力地支持曹操对其他割据势力的战争。曹操最初为解决军粮问题而实行屯田,从这个角度说,他基本上达到了自己的目的,"修耕植以蓄军资"的战略方针取得了预想的胜利。

屯田事业的成功,同枣祗、任峻等人的努力有很大关系。枣祗首倡屯田,并在许地取得了宝贵的经验,给人们增强了信心,为大兴屯田奠定了坚实的基础。但他不幸早逝,任峻在他死后承担起了大力推广的工作,使屯田事业取得了圆满的成功。曹操对他们的功绩给予了充分的肯定。建安六年(201)曹操打败袁绍,在追思枣祗的功绩时明确指出:

>　　使(枣祗)为屯田都尉,施设田业。其时岁则大收,后遂因此大田,丰足军用,摧灭群逆,克定天下,以隆王室。(《加枣祗子处中封爵并祀祗令》)

曹操此前已经追赠枣祗为陈留太守,但觉得这还不能与枣祗的功劳相称,应当再给他封赏。曹操还觉得这件事情早该办了,拖到现在才办,是他的过错。于是下令给枣祗的儿子处中封爵,使对枣祗的祭祀永远继续下去。任峻则在官渡之战后被封为都亭侯,赠给食邑三百户,并升调为长水校尉。平常任峻有什么建议,曹操也总是乐于接受,大加赞赏。建安九年(204)任峻去世,曹操为之悲痛流泪,不能自已,立即让任峻的儿子任先继承了其父的封爵。

曹操屯田的成功,在天下三分之后也曾影响到吴、蜀两国,他们都曾相继实行屯田,不过其规模和功效都不能同中原地区相比。

当然,屯田制也并非曹操赠给农民的一块"乐土",农民的地位从根本上说并没有得到多少改变。政府同屯田农民的关系,还是剥削者、压迫者和被剥削者、被压迫者之间的关系,政府成了最大的地主,屯田农民则成了国家直接控制的带有农奴性质的佃农,他们的地位同过去相比变化不大;而有一部分原来是独立的小土地所有者,耕种自己的土地,身份是比较自由的,而现在却成了被束缚在指定土地上的隶属农民,生产要受各级屯田官的管理和支配,地位则是大大地降低了。他们耕种的土地是国家的，自己只有使用权，没有所有权，还有可能随时被移往他处，身不由己。军屯是用士兵进行生产，其隶属性更强。再就剥削量而言，他们须将收获物的十分之六（使用官牛者）或十分之五（使用私牛者）交给政府。这个剥削量同汉代耕种豪强地主土地的佃农的地租负担（十分之五）差不多，但却远比自耕农的赋税负担（除人口税外，三十税一或十五税一）为高。因此，在曹操屯田初期，主动应募的流民并不太多，很多虽名为招募，实际上是被强征来的。这样，逃亡的事情也就不断发生。后来，沛郡南部都尉袁涣对曹操说："老百姓安土重迁，这个习惯不能一下子加以改变。应当顺其心意，愿意的加以招募，不愿意的不必勉强。"

曹操采纳这个建议，将强征改为自愿应募，同时免除了屯田农民的兵役，让他们安心种地，多打粮食，得到了屯田农民的拥护。当然，根本问题不可能得到解决，逃亡的事情也就不可能完全杜绝，建安二十年（215），还曾发生屯田农民吕并自称将军，率众在陈仓起义的事情。

不过，屯田可以使农民在战乱的年月免于流离死亡；屯田农民直属国家，不负担兵役和徭役，比起过去的佃农要受地主、官府层层额外盘剥来，负担还是要轻一些。他们虽然要受交租十分之五六的剥削，但能够得到农具和耕牛，能够保障农时，能够集中力量兴修水利、改进农业耕作技术，这就保证了正常生产活动的进行。因此，屯田制度能在一个相当长的时期内顺利推行，并取得了很大的成功。

屯田制实行了七十年左右，在魏末晋初走向衰亡。由于迫切需要解决的军粮问题已经逐步得到解决，统治者对屯田已经不如最初那么重视。由于豪强地主势力的发展，一部分屯田逐渐被侵占，一部分屯田农民重新变成了豪强地主的佃客。屯田的剥削量越来越高,后来竟发展到用官牛者,要将收成的百分之八十交给政府,使用自己耕牛的,也须将收成的百分之七十交给政府。屯田农民的生产积极性日益低落,大批逃亡的事件不断发生,不少人流入世家大族庄园内,有些人则被屯田官驱使去从事其他劳役或经商牟利,使屯田逐渐荒废。屯田制受到如此破坏,它自然不可能再给国家带来多少好处。于是,执政的司马昭在魏元帝咸熙元年(264)下令废除了民屯制度,将屯田官转为郡县长官。晋武帝泰始二年(266),司马炎又重申前令,"罢农官为郡县"。风行一时的屯田制度,至此宣告结束。

第七章　南征张绣

一　淯水之难

兴平二年(195),曹操在兖州将吕布打败后,吕布东逃,投靠了徐州牧刘备。袁术来攻刘备,刘备在盱眙、淮阴一带率部抵抗。正当双方相持不下时,吕布乘虚袭夺了徐州治所下邳,俘虏了刘备的妻儿。刘备被迫向吕布请和,吕布将其妻儿归还,让刘备出守小沛。刘备来到小沛,重新集结了一万余人,引起了吕布的疑忌,于是又亲自带兵来攻,刘备不敌,带兵西投了曹操。吕布自己做起了徐州刺史。

这样,在曹操周围的异己势力,北面是冀州牧袁绍,东面是吕布,西面是马腾、韩遂,南面是荆州牧刘表,对曹操形成了一种四面包围的态势。在曹操同刘表之间,还横亘着一个同刘表连结的张绣。

张绣,武威祖厉人,骠骑将军张济的侄子。张济原为董卓部将,董卓被杀后,曾与李傕、郭汜联兵攻打吕布。献帝东归途中,又曾与李傕、郭汜联兵追截。后经议和,李傕、郭汜回到关西,张济留屯弘农。献帝都许后,于建安二年(197)派谒者仆射裴茂率关西诸将杀死李傕,灭其三族(父族、母族、妻族)。郭汜则被其部将五习所袭,死于郿县。张济在弘农,因缺粮,率部向南到荆州就食。到南阳后,四出抢掠,在攻打穰城时被乱箭射中致死。张绣跟随张济转战,由于作战英勇,这时已被提为建忠将军,封宣威侯,于是接替张济统领部队。

张济死后,荆州属官都来向刘表表示祝贺,刘表却说:"张济因为穷乏,来到荆州,我们作为主人没有以礼相待,却让他争战而死,这实在不是我的本意。今天我只接受吊唁,不接受庆贺!"于是,派人去招纳张绣,让他驻守宛城。张绣正无立足之地,立即爽快地答应了。

刘表当初被任为荆州牧,与李傕、郭汜有些关系。李傕、郭汜入据长安后,想联络刘表作为外援,于是利用挟持献帝的机会,让刘表做了镇南将军、荆州牧,封成武侯,假节。刘表对此大约多少怀有一些感遇之情,因此对李傕、郭汜的同伙张济来奔,争战而死,多少有些不忍,不愿与之兵戎相见。更重要的是,他想对这支军队加以利用。他让张绣驻守宛城,就是想让张绣替他防守荆州的北大门,对付曹操的威胁。

张绣驻守宛城不久,即派人去华阴请来了谋士贾诩。贾诩字文和,武威姑臧人。年轻时即被汉阳阎忠看重,认为他有张良、陈平的才能。董卓入据洛阳,任命贾诩为讨虏校尉。董卓被杀后,李傕、郭汜、张济等人打算散伙回乡,贾诩劝阻说:"听说长安城内有人要杀尽凉州人。如果各位弃众单行,就是一个亭长也能把你们抓起来。不如率众向西,一路召集部队,攻打长安,为董卓报仇。事情成功了,可以奉国家以讨天下;如果不能成功,再各自逃走不迟。"

众人认为有理,于是西攻长安,果然杀死了王允,赶走了吕布。

李傕等人认为贾诩有功,想封他为侯,贾诩坚决不接受,说:"这不过是一个救命的计策。何功之有!"李傕等又想让他做尚书仆射,他仍推辞,最后被任为尚书。

李傕、郭汜内讧,贾诩为之调解,为保护献帝和公卿大臣发挥了重要作用。献帝被李傕放还后,贾诩上还印绶,离开李傕,前往华阴依附将军段煨。段煨对他表面上客气,而骨子里疑忌。贾诩于是暗中同张绣联系,最后脱离段煨来归张绣。

张绣一向敬重贾诩,请来贾诩后,对贾诩执子孙之礼。贾诩劝张绣归附刘表,并亲自到襄阳去见刘表。回来后对张绣说:"如果是天下太平时,刘表倒是一个做三公的人才,但他看不清当前形势的变化,多疑而无决断,不可能有大的作为。"

当时,袁绍势力强盛,而且还没有同曹操彻底闹翻,曹操不可能首先对他用兵。关中马腾、韩遂各拥强兵相争,一时无力对东边用兵,对曹操暂不构成威胁。东边的吕布是宿敌,力量不弱,对曹操的威胁也最大。曹操有意解除这一威胁,但南边的张绣虎视眈眈,如果一旦对吕布用兵,张绣乘虚袭击后方,后果不堪设想。为了除去后顾之忧,曹操决定采取由近及远、先弱后强的方针,乘张绣立足未久、根基不牢、力量还不算很强大时对他加以征伐。

建安二年(197)正月,曹操亲率大军直扑宛城。曹军来势汹汹,双方力量悬殊,张绣自料难以抵敌,便在曹军进抵离宛城不远的淯水时,率众向曹操投降。

曹操兵不血刃,就取得了南征张绣的胜利,这意外的成功,不免使他志得意满起来。曹操设宴款待张绣及其部属,挨个劝酒时,猛将典韦手持大斧跟在后面,大斧刃长尺许,寒光闪闪,令人不寒而栗。曹操每走到一个人跟前,典韦就举起大斧,以眼逼视,一副凛然不可冒犯的神态。直到散席,张绣及其部属竟没有一个人敢抬起头来看曹操一眼。

由于头脑发热，不免举措失当。曹操见张绣的婶母（张济之妻）貌美，竟不顾后果，将其掳去作妾。张绣果然觉得受了侮辱，为此很不高兴。曹操得到举报，顿时产生了杀掉张绣的想法。

张绣有一个部将叫胡车儿，勇猛异常，颇得张绣信用。曹操爱胡车儿的骁健，意欲拉拢，亲自赏以重金。张绣得知消息，更不高兴，认为曹操是要利用他的身边人来对他行刺。恰在这时，曹操企图杀掉张绣的密谋泄漏了出来。张绣决定先发制人，对曹操发动突然袭击。这时距他投降曹操还不过十来天。

张绣采用贾诩的计策，对曹操谎称须调动部队，而且须由曹操的军营经过。还谎称说，由于运输车辆不多，都已超载，铠甲希望让士兵自己穿上。曹操这时又犯了一个致命的麻痹轻敌的错误，对张绣的要求竟毫不怀疑，一概予以满足。

张绣依计而行，率领全副武装的士兵进入曹营，一声令下，突然动手。曹操措手不及，一时竟无法抵敌，靠了典韦掩护，带着少数随从仓皇逃走。逃跑途中，曹操的名叫绝影的坐骑被流箭射中，面颊和腿两处受伤，倒在地上再也爬不起来，曹操自己的右臂也受了箭伤。长子曹昂见状，连忙将自己的坐骑让给曹操，曹操才得逃脱，而曹昂却被追兵赶上，乱刀砍死。曹操的侄子安民同时遇害。另一个儿子曹丕，侥幸乘马逃脱。

典韦坚守营帐大门，掩护曹操脱逃，张绣的士兵一时竟无法攻入，只得散开寻找其他通道。典韦身边有亲兵十余人，个个拼死战斗，无不以一当十。前后敌兵越来越多，典韦用长戟左击右刺，一戟刺去，总要将对方十多支长矛折断。左右亲兵或死或伤，典韦自己也受伤数十处，仍然奋力战斗。敌人越冲越近，长戟不能用了，就用短兵接战，最后发展到肉搏。典韦连杀数人，最后因伤势转重，在大骂中倒地身亡。

曹操一直退到舞阴才停下脚来。得知典韦战死的消息,曹操为之泪流不止。自濮阳战役后,典韦即被曹操看重,被任为都尉,率兵数百侍卫曹操左右。所率亲兵均经精心挑选,每次战斗,总是带头冲锋陷阵。典韦又颇谨慎持重,忠于职守,白天常立侍终日,夜里常住在曹操营帐旁边,很少回到自己帐中休息。其人食量大,喜豪饮,吃喝时,常要数人负责端酒送菜,才能供应得上。喜用大双戟和大刀,军中流传着这样的谚语:"帐下壮士有典韦,提一双戟八十斤。"如此忠心勇猛的爱将战死,曹操自然悲痛万分,特地派人抄近路到宛城找回了典韦的遗体,亲自哭祭了一番,然后送回典韦的家乡陈留己吾安葬。

曹操这次败得很惨,部队被打得七零八落,失去了统一指挥,只得各自设法归队。只有平虏校尉于禁带着数百部属且战且退,虽有死伤,却始终不曾离散。敌人攻势减弱后,于禁进一步整理了队形,然后鸣鼓而还。行进间,见有十余个受伤的士兵光身行走,前去询问,得知是被青州兵抢劫所致。于禁大怒,即进围青州兵,并宣布了他们的罪行。青州兵逃脱,找到曹操告了于禁一状。于禁到舞阴后,并不立即去见曹操,而是首先安营扎寨。有人建议于禁:"青州兵已经告了您一状,您应当赶快到曹公那里分辩一下。"

于禁回答说:"现在追兵还在后面,随时都有可能追上来,如不事先做好准备,到时怎么对付敌人?何况曹公明断,哪里会轻信别人的谗言呢?"

等到一切安顿完毕,于禁这才去见曹操,详细汇报了情况。曹操听后很高兴,对于禁的举措做了高度评价,说:"淯水之难,我被搞得非常被动。将军在混乱的情况下能够保持队伍的齐整,以坚不可摧的壁垒对付敌人,即使是古代的名将,也不过如此啊!"

果然不出于禁所料,张绣率领骑兵包抄了上来,曹操立即命令于禁等迎击。这次由于有了准备,张绣很快被击退。曹军乘胜反击,攻占了南阳、章陵等地。张绣退守穰城,并再次派人去荆州与刘表连和。

事后曹操总结淯水之难的教训,对诸将说:"我接受张绣投降,由于没有及时获取他们的人质,以致弄到这种地步。我已明白了失败的原因。大家看着吧,今后我不会再打败仗了!"

很显然,曹操未能找到导致失败的根本原因。这次失败,完全是由于曹操骄傲自大、麻痹轻敌造成的。其直接导火线,则是由于曹操作风不检点,因而激怒了张绣;举措不适宜,因而进一步使张绣产生了疑虑,最后终于将其逼上了造反的道路。如果曹操能够待人以诚,谦虚谨慎,不去做伤害对方感情和使对方感到威压的事情,是完全不致于发生如此严重的后果的。其实曹操未必不懂得这番道理,他在不少情况下也正是这么去做的,问题在于不能持之以恒,贯彻始终。曹操为此付出了沉重的代价,不仅伤亡了不少将士,失去了长子、侄儿,连自己也差点丢了性命。更可悲的是,曹操未能正确总结经验教训,没有从思想根源上去寻求失败的原因,这就决定了他今后将会为此付出更为惨重的代价,后来兵败赤壁便是其中的典型一例。

二 奇兵破敌

曹操从舞阴回到许都后,根据于禁前后所建立的功勋,封他为益寿亭侯。任命典韦的儿子典满为郎中。后因思念典韦,又提升典满为司马,把他留在自己身边。每当经过陈留己吾时,总要到典韦的坟头用中牢(猪、羊二牲)祭奠一番。曹丕后来即帝位后,又提升典满为都尉,赐爵关内侯。

建安二年(197)九月,袁术侵犯陈地,曹操率军东讨,袁术败走。曹操在巡视淮、汝一带时,得到了猛将许褚。许褚字仲康,曹操的同乡。身长八尺余,腰大十围,相貌雄毅,勇力过人。曹操一见许褚,就对其雄毅气概大为赞赏,说:"这真是我的樊哙啊!"

樊哙是汉高祖刘邦手下的一员猛将,鸿门宴上,项羽想要杀掉刘邦,樊哙当面予以斥责,保护刘邦,使之得以安然脱险。曹操爱赏许褚,当即任命他为都尉,接替典韦做了自己的亲随侍卫。跟着许褚前来的人,武艺也都很高强,曹操全部任为虎士,让他们做了自己的警卫。

曹操第一次南征张绣时,曾经攻下的南阳、章陵等县,在其北返后又反叛成为张绣的属地。曹操派曹洪前去攻打,未能获胜,只得退守叶县。张绣、刘表得势,多次带兵前来骚扰。为了解除张绣的威胁,曹操在这年十一月再次率兵南征。

大军来到淯水岸边,曹操隆重祭奠了头次南征时在这里阵亡的将士,为之感叹流泪,不能自已,部下见了,无不深受感动。曹操这样做,一方面由于他内心确实深深怀念着阵亡的将士,需要用这种方式来加以表达、宣泄;另一方面,也是为了激起将士们的同仇敌忾之情,提高部队的战斗力。曹操在很大程度上达到了自己的目的,战斗一开始就进行得相当顺利。曹操对占据湖阳的刘表部将邓济发起攻击,许褚率领一批壮士首先攻进城内,杀死敌人上万,并活捉了邓济。曹操表彰有功将士,提升许褚为校尉。接着,曹操又顺利地攻下了舞阴。在局势大体稳定后,曹操于第二年即建安三年(198)正月回到了许都。

三月间,曹操准备三征张绣。军师荀攸劝阻说:"张绣同刘表互为依靠,形成了一股比较强大的势力。但张绣是外来户,缺乏根基,军粮全靠刘表供应。一旦刘表停止军粮供应,两人必然就要发生摩擦。不如暂缓攻击,等待时机。时机合适时对张绣进行利诱,就可以把他争取过来。反之如果加紧攻打,两人势必就要互相救援,我们反而难以达到目的。"

但曹操急于解决问题,没有采纳荀攸的意见。

曹操率军南下,包围了张绣据守的穰城。果然不出荀攸所料,曹操围困穰城后,张绣立即向刘表告急,而刘表也立即做出了派兵北上援救张绣的决定。

就在这时,从许都传来了一个令人不安的消息。原来有袁绍的部属反叛过来,对荀彧告密说:"袁绍的谋士田丰劝袁绍趁早袭击许都,认为这样就可以挟天子以令诸侯,平定天下就很容易了。"

荀彧立即派人将这一消息报告了曹操。曹操一听,不免大吃一惊,认为不可不加防范,于是下令解围撤军。张绣尾随追击,曹军只能摆开连营阵势缓慢后撤,每天只能走几里路。而这时刘表派来的援军也赶了上来,预先部署在穰城东北面曹操回军的必经之地安众,据险防守,切断了曹操的退路。这样一来,曹操被置于腹背受敌的境地,而张绣得知援军赶到的消息,则士气大振,曹军与战不利。直到这时,曹操才感到不该不听荀攸的劝告,对荀攸说:"我不听您的劝告,以致弄成了这个样子!"

曹操冥思苦想,终于想出了摆脱困境、克敌制胜的办法。他给荀彧写信说:

　　贼来追吾,虽日行数里,吾策之,到安众,破绣必矣。

到安众后,张绣和刘表的军队合在一起据守险要。曹操前进受阻,于是按照事先制订好的作战方案,连夜在险要处开凿地下通道,将军械粮草等辎重全部运送过去,并布下奇兵。天明后,敌军以为曹操逃跑了,全军来追。张绣临出发前,贾诩劝他说:"不要去追,去追一定会吃败仗。"

张绣不听,仍发兵追击。曹操突出奇兵与步骑夹攻,把张绣打得大败,完全实现了预定的作战方案。

张绣败回大营,不一会儿,贾诩又对他说:"赶快再追上去,这一去准能获胜。"

张绣不解,犹疑说:"刚才我不听您的劝,以致吃了败仗,怎么还要去追呢?"

贾诩胸有成竹地说:"战场上的形势千变万化,你赶快去,去了总会有好处。"

张绣平常十分信任贾诩,听了贾诩的话也就不再犹豫,立即召集部队再次追上去。没有费多大的力气,果然取得了胜利。

张绣回营后,请教贾诩说:"我开始用精兵追击败军,而您说肯定会失败;后来我用败兵追击得胜之兵,而您说肯定会取得胜利。后来的结果又都和您说的完全一样,这是怎么回事呢?"

贾诩解释说:"这是很容易明白的。将军虽善用兵,但毕竟不是曹操的对手。曹军开始撤退,曹公必然亲自断后,周密部署;追兵虽精,但将既不及对方,对方断后的士兵也必然都是精锐之士,所以知道前往追击必然失败。曹操攻打将军并没有发生了什么失误,力未尽而退兵,肯定是后方发生了什么事情,因此在打败将军后,必然会率领轻军先往回赶,即使留有部将断后,部将虽勇,却又不是将军的对手了。所以将军虽以败兵去追,也是肯定会取得胜利的。"

张绣听了这番分析,非常叹服。

七月间,曹操回到许都。荀彧问曹操:"到安众前您就料定到安众后会把张绣打败,这是为什么呢?"

曹操回答说:"敌人阻挡我们撤军,把我们逼到死地进行决战,所以我料定我们会取得胜利。"

《孙子·军争篇》中有"归师勿遏"的话,意思是返回驻地的军队不要去阻挡。《孙子·九地篇》中还有这样的话:"投之亡地而后存,陷之死地而后生。""疾战则存,不疾战则亡者为死地。"意思是说,将部队置于没有退路的死地,士兵就会拼死决战,去夺取胜利。曹操的安众之战便是对这一军事思想的成功运用。当然,曹操在战术上也做了巧妙安排,如果在具体指挥上发生失误,置之死地也不一定就能生存下来。曹操连夜凿地道将辎重和一部分兵员转移,给对手造成已经逃跑的错觉;而在后面却留下了一支精锐的伏兵,自己留下亲自断后。当敌人来追击时,自然就能打他一个措手不及,取胜也就是必然的了。将士英勇战斗也是取得胜利的一个关键。在这场战斗中,曹仁、李通等人都出了大力。曹仁开始未随主力行动,而是带着所属部队别攻他处,配合主力攻势,共俘获敌方男女三千多人。当曹操撤军,被张绣追击,作战不利,士气下降时,曹仁激励将士,振作精神,从而一鼓作气击败了张绣,曹操对此十分赞赏。李通本来率部驻守汝南西界,当刘表派兵援救张绣,曹军处于不利时,他率部连夜赶到,带头冲锋陷阵。战斗结束,回到许都后,曹操任命李通为裨将军,封建功侯。

当然,曹操在这次战斗中也有疏忽,被贾诩钻了空子。如果在自己亲自断后、击败张绣后仍妥善地安排好断后问题,使张绣无隙可乘,那就更为完美了。

三 "使我信重于天下者,子也"

曹操迎献帝都许后,袁绍每次得到献帝诏书,总担心有对自己不利的地方。以许县地处低湿为由、想把献帝迁到鄄城、以便自己就近控制的图谋,又因曹操拒绝迁都而化成了泡影。在这种情况下,袁绍的谋士田丰确曾劝过袁绍,说:"迁都的计划既然不可能实现,那我们就应当尽快进攻许都,奉迎天子,然后以献帝的名义号令天下,这是上策。不然的话,我们总有一天会成为曹操的俘虏,到时后悔就来不及了。"

田丰字元皓,钜鹿人(一说勃海人),颇多谋略。原为冀州牧韩馥的谋士,但不被信用。袁绍兼并韩馥后,投到袁绍麾下,袁绍任他为别驾,十分信任,但在关键时刻往往不能采纳他的建议,这一次也不例外。为保万无一失,曹操得知袁绍将要袭击许都的消息后立即撤军,但赶回许都后才知道这不过是一场虚惊。

曹操三次南征张绣,第一次失败,第二次获胜,第三次互有胜负,基本上打了个平手。曹操未能消灭张绣,但张绣也没有足够的能力进攻许都,南边的局势暂时平稳下来。在这种情势下,曹操接受荀彧的建议,先东征吕布,平定了徐州,并打败了袁术。

建安四年(199),曹操与袁绍在官渡一线对峙。袁绍为了拉拢张绣一起对付曹操,派使者来到穰城,约张绣出兵进攻许都,同时给贾诩写了一封亲笔信联络感情。当时袁绍势力强大,张绣打算答应袁绍。不料贾诩当着众人对袁绍的使者说:"你回去告诉袁本初,他们兄弟之间尚且不能相容,怎么能容得下天下国士呢!"

兄弟不能相容,指袁绍、袁术反目为仇、互相攻伐的事。贾诩冷不丁这么一说，毫无思想准备的张绣不由得大惊失色，脱口而出："您怎么这样说呢？"

但贾诩胸有成竹，话已说出，使者只得动身回冀州复命去了。

事后，张绣私下惶恐不安地问贾诩："您这样处理，我们今后怎么办呢？"

贾诩的回答又出乎张绣意料："不如投靠曹公。"

张绣为难地说："袁强曹弱，我们又同曹操结下了冤仇，去投靠他怎么行呢？"

贾诩不慌不忙说出一番理由："将军所说的恰好就是我们应当投靠曹公的原因。第一，曹公奉天子以号令天下，名正言顺，从公义出发，我们应当归附他。第二，袁绍强盛，我们以不多的一点兵力去归附他，他肯定不会看重；而曹公还比较弱小，得到我们这支队伍，肯定会感到很高兴。第三，凡有志于建立王霸之业的人，肯定不会斤斤计较个人的恩怨，目的是要以此向天下人表明他胸怀的博大，我看曹公就是这样的人。这件事请将军不必再疑虑。"

张绣见贾诩说得入情入理，也就不再说什么了。这年十一月，张绣率部到许都投归曹操。曹操果然十分高兴，亲热地拉着张绣的手，为之设宴款待，并立即任命张绣为扬武将军。曹操还为其子曹均娶了张绣的女儿，两人做了儿女亲家。

曹操对贾诩自然也是亲热异常，拉着贾诩的手说："使我取信于天下的，就是您啊！"

意思是说，他同张绣争战多次，并曾被张绣打得大败，儿子、侄儿及爱将典韦都死在张绣手下，但现在张绣却对他这样表示信任，率兵前来投归他，他也要信用张绣，既往不咎，为天下人做出一个不计私怨、宽宏大量的榜样，以取信于天下。曹操热情地接待张绣，并立即委以重任，还与之结为儿女亲家，不仅是为张绣带来了一支生力军而论功行赏,更重要的是为取信于天下而安排的一个具有战略意义的步骤。曹操可算是找到了一个宣传自己、展示自己博大胸怀的绝好机会,找到了一个化敌为友的绝好典型,没有张绣和曹操之间类似交往与恩怨的人是很难充当这样的典型的。

曹操这样做,我们有理由相信他是真诚的,他确实是冰释了恩怨,打算一切从头开始。当然,这种真诚是同他的策略联系在一起的。他的势力还不够强,而他的志向却又非常远大,要发展事业,还需要大量人才,不管是一开始就投到他这儿来的人才,还是从敌方营垒中跑过来的人才,他都一概欢迎。为了招徕人才,特别是从敌方营垒中招徕人才,就必须要有一个宽宏大量、既往不咎的政策,曹操就是想要实施这样的政策,并让天下人都知道他有这样的政策。有了向天下人展示这种政策的绝好机会,他自然不会轻易放过。

曹操不会忘记给他提供了这个机会的贾诩,因此他对贾诩所表示的不仅是欢迎,更多的是感激。他给予贾诩的封赏,也是很够意思的:开始就上表举荐贾诩为执金吾,封都亭侯,很快又提升贾诩为冀州牧。因冀州还在袁绍手里,因此留参司空军事。从此,贾诩同荀彧、荀攸、郭嘉等人一起,成为曹操身边的重要谋士。

张绣内心十分感激曹操对他的信任,后来每次作战都异常英勇。官渡之战,他因力战有功,被提升为破羌将军。在南皮参加击破袁谭的战斗后,封邑被增加到二千户。曹操对张绣的信用也是始终如一的,给予张绣的封赏总是超过其他将领。当时因战乱连年,户口减耗严重,十户人家不过还剩一户在,因此诸将的封邑没有能够满千户的,而张绣的封邑达到二千户,大大超过了其他将领。曹操这样做,其实质还是要保住这个"样板",让他继续发挥作用。

建安十二年(207),张绣跟随曹操北征乌桓,死于途中。其子张泉继承了封爵,后因参与魏讽谋反,被杀,封邑随之削除。

据说,张绣之死是由曹操次子、后来当了皇帝的曹丕一手造成的。曹丕因张绣多次请他聚会,竟发怒说:"你杀了我的哥哥曹昂,怎么还好意思见人呢?"

张绣听了,内心不安,于是自杀。这个传说如果属实,至少可说明两个问题。一是曹丕的器量比起他的父亲来差得很远,淯水战败、曹昂被杀时他才十岁,但却未对此事淡忘,一直耿耿于怀,终于爆发出来,酿成严重后果。二是张绣虽然得到曹操信用,褒赏异于诸将,但看来他内心还是怀着一种负罪感,平时小心翼翼是不难想见的(即使是贾诩,后来也因自己不是曹操旧臣,而又谋虑深远,怕被别人猜疑,因此闭门自守,退无私交,子女嫁娶不结高门),而在战场上英勇作战大概也包含着某种戴罪立功的目的。不然的话,他就不会如此多心,在曹操还健在时就为曹丕的一句话去寻短见了。可见,曹操的安抚优待政策远未深入人心,就连张绣这个"样板"内心的鸿沟也还未能完全抚平,这不能不说是一个悲剧。

第八章 荡平徐淮

一 离间之计

初平四年(193)春,袁术被曹操连败,从南阳逃到九江后,从扬州刺史陈瑀手中夺取了扬州,占据了寿春,自任扬州刺史,兼称徐州伯。李傕攻入长安后,想联络袁术作为外援,又以朝廷名义任他为左将军,假节,封阳翟侯。四年后,即建安二年(197)春,曹操第一次南征张绣败回许都不久,袁术在寿春登基即位,公然当起了皇帝。

袁术想当皇帝由来已久。早在初平元年(190),袁绍同韩馥谋立幽州牧刘虞为帝时,他就有了自己登基的想法。袁术因见谶书中有"代汉者当涂(同'途')高"的话,而袁术字公路,"术"和"路"都是"涂"的意思,自以为名字应了谶书中的话。又袁氏传说出于陈地,为舜后。按当时五德即五行(水、火、木、金、土)相生的说法,汉为火德(即赤德),舜主土德(即黄德),火德之后该土德(火生土),袁氏既是舜的后代,也属土德,在袁术看来,就理应以黄代赤,代汉自立了。由于有了这些所谓"顺天意"的荒唐想法,也就不免要做出一些荒唐事情来。

初平二年（191），受袁术节制的孙坚率军进入已被董卓焚烧的洛阳，维修诸帝陵墓，在城南的废井中得到一块刻有"受命于天，既寿永昌"字样的汉朝"传国玺"，据说是中平六年（189）宦官张让等作乱，挟持天子慌忙出逃时掌玺者扔在井中的。袁术得知后，竟将孙坚夫人扣作人质，强将"传国玺"夺了过来。为了日后好"名正言顺"地做皇帝，袁术已经到了利令智昏、不择手段的地步。

兴平二年（195）冬，献帝在东迁途中，其护卫的队伍被李傕、郭汜大败。袁术以为时机已到，便召集部属商议，表示要做皇帝。事关重大，大家都不敢作声。只有主簿阎象发言，说周文王"三分天下有其二，犹服事殷"，而"汉室虽微，未若殷纣之暴也"，实际是说不应当称帝。袁术听后，心里不高兴，但也无可奈何，只得暂时作罢。

初平四年（193），袁术败退到淮南以后，考虑到西面和北面盘踞着刘表、曹操、陶谦等割据势力，自己不大可能向这些地区发展，因此派江东籍的将领孙策渡过长江，经营江东。孙策经过数年努力，平定了江东，为后来的东吴政权奠定了基础。孙策得知袁术想要称帝的消息，也从江东来信表示反对。袁术本来以为自己会得到孙策的支持，谁知结果大出所料，气得生了一场病。

曹操迎献帝都许后，袁术越来越坐不住了。经过几个月策划，终于在建安二年（197）春正式称帝。袁术自称"仲家"，以九江太守为淮南尹，置公卿百官，郊祀天地。袁术想让曹操占据兖州后前来投奔他的兖州刺史金尚做太尉，金尚不同意，还打算逃走，袁术竟然把他杀了。

袁术称帝前，曾拉拢吕布对付刘备，并表示要娶吕布的女儿做儿媳，吕布同意了。袁术称帝后，想进一步拉拢吕布，以便使徐、扬二州联合起来，共同对付曹操。他派韩胤出使徐州，把他称帝的消息告知吕布，同时把吕布的女儿迎娶过来。韩胤见过吕布，吕布答应了袁术的要求,并派兵送其女儿上路。这事很快被吕布所属的沛相陈珪知道了。陈珪同袁术少年时相好,袁术称帝后曾写信给他,并把他的儿子陈应劫为人质要挟,想把他请来为自己效力。但陈珪早已倾心曹操,接信后不仅没有来,还回信把袁术教训了一通。陈珪担心袁术、吕布联姻后所造成的徐、扬二州联合的局面会给国家带来一场新的灾难,于是赶忙去见吕布,说:"曹公奉迎天子,辅佐国政,将军应当同他协同谋划,共商大计。要是同袁术联姻,必然落得一个不义的名声,结局将会非常危险。"

吕布一听,不免犹豫起来。加之想起当初从关中逃出来投奔袁术时,袁术不肯收留他,心里来了气,于是改变主意,立即派人把已经上路的女儿追了回来,还把韩胤戴上刑具,送到许都交由曹操发落。陈珪还想让他的儿子陈登到许都去见曹操,吕布却怎么也不肯同意。

建安元年(196),献帝东迁途经河东安邑时,曾下诏让吕布去迎,吕布上书说因无军粮,不能前往。献帝任命吕布为平东将军,封平陶侯,但诏书却被使者在途经山阳屯时丢失。献帝都许后,曹操为了稳住吕布,并利用吕布来对付其他异己力量,亲自给吕布写了一封信,对吕布进行慰抚,并以献帝名义下了一封诏书,悬赏捕杀袁术、韩暹和杨奉等人。吕布得到信和诏书后,大喜,立即派遣使者上书献帝,同时给曹操写了一封回信,信中说:"布获罪之人,本当杀头,而您却亲自来信慰劳,厚加褒奖。已见到购捕袁术等人的诏书,布当以命为效。"

曹操也非常担心吕布同袁术联合起来,因此当吕布把韩胤送来后,立即将其斩首示众。为了进一步拉拢吕布,充分利用吕布同袁术之间的矛盾,曹操抓住有利时机,又以献帝名义再次任命吕布为平东将军,派奉车都尉王则持诏书、印绶去见吕布,同时带去自己的

一封亲笔信,信中说:

> 山阳屯送将军所失大封。国家无好金,孤自取家好金更相为作印。国家无紫绶,自取所带紫绶以籍心。将军所使不良。袁术称天子,将军止之,而使不通章。朝廷信将军,使复重上,以相明忠诚。(《手书与吕布》)

曹操说,由于皇家没有好金子,他用自己家中的好金子重新为吕布铸了一颗金印;由于皇家没有紫绶,他把自己所带的紫绶送给吕布以表示慰抚。可以说是体贴入微,关怀备至,从中不难看出曹操用心的良苦。曹操接着又说,吕布所派遣的使者不好,吕布向朝廷报告袁术阴谋称帝的事,可是使者没有把奏章上报。最后表示朝廷相信吕布,要求吕布再上个奏章以表示忠诚。实际上是要吕布再次明确表示同袁术决裂和对抗的决心,用自己的誓言来约束自己的行动,以便彻底孤立袁术。

吕布接到诏书、印绶和曹操来信后,大为高兴,立即同意让陈登到许都去向献帝谢恩,同时带去一段好绶带酬谢曹操,并为自己谋求徐州牧的职位。

谁知陈登见到曹操后,却反戈一击,对曹操称吕布勇而无谋,轻于去就,反复无常,应当早些设法把他除掉。这意见同曹操的想法不谋而合,曹操于是也对陈登亮出了知心话:"吕布狼子野心,确实很难长期豢养下去。除了您,别人是很难把他看透的。"

曹操欣赏陈珪父子,于是将陈珪的俸禄从二千石增为中二千石,同时任命陈登为广陵太守,让他暗中集合部众作为内应,等到时机成熟时消灭吕布。临别时,曹操拉着陈登的手深情地说:"东边的事情,我就托付给你们父子了!"

陈登回到徐州后,吕布见没有满足他做徐州牧的要求,大怒,把戟拔出砍在桌上,指着陈登气势汹汹地说:

"你父亲劝我同曹操合作,与袁术断绝婚姻,而现在我的要求没有着落,你们父子却都显重了。我这岂不是被你们出卖了吗?"

陈登不动声色,等吕布发作完后,慢慢解释说:"我见曹公后,对曹公说:'对待吕将军就像是养虎,要用肉把他喂饱才行,不然他就会吃人。'而曹公却说:'不是像你说的那样。我看倒好像是养鹰,饿了就能加以利用,饱了它就飞走了。'曹公就是这么说的。"

吕布听后,似乎明白了其中的意思,慢慢地消了气。

袁术见吕布杀使断交,出尔反尔,十分愤怒,立即派了大将张勋、桥蕤等人,联合脱离献帝后来依附自己的杨奉、韩暹等部,出动步骑数万,分七路进击吕布,直趋下邳。当时吕布只有兵三千,马四百匹,担心敌不过袁术,不由得埋怨起陈珪来,说:"现在袁术进攻,都是你们父子造成的,你看该怎么办?"

陈珪回答说:"韩暹、杨奉和袁术的兵马,都是临时拼凑起来的乌合之众。我儿子陈登把他们比作连鸡,其势不可能同栖一处。我们可以设法离间他们。"

于是给吕布献了一计。吕布根据陈珪的计策,给韩暹、杨奉送去一封信,信中说:"二位将军曾为皇帝保驾,而我也曾杀死董卓,都为国家立过功劳。现在袁术叛逆,我们应当联合起来,共同讨伐,你们怎么反而同这个老贼联合起来攻打我呢?"

信中还许诺说,打败袁术之后,将所得军资全部送给韩暹、杨奉。韩、杨本来就是鼠目寸光、缺乏头脑的人,得信后大喜,立即同意依计而行。吕布进击,在离袁军大营只有百余步时,韩暹、杨奉突然倒戈,同吕布合兵将袁军打得大败。袁军十个将领被杀,被杀死杀伤及掉进泗水中淹死的士兵不计其数。吕布又同韩暹、杨奉一起追击，一直追到钟离才停了下来。袁术只带着五千残兵逃回了寿春。

吕布与袁术火并，说明曹操离间、分化二人的策略取得了很大成功。在此同时，曹操还对袁术从前的部属孙策进行拉拢。袁术称帝后，孙策去信谴责，并宣布与之断绝关系。曹操得知消息，即在建安二年(197)夏派议郎王诵去江东，以朝廷名义任命孙策为骑都尉，袭父爵为乌程侯，兼任会稽太守，命他同吕布及吴郡太守陈瑀一起讨伐袁术。孙策觉得以骑都尉的职位兼任郡太守低了一点，很想得到将军的称号，于是王诵便承制非正式地任命孙策为明汉将军。孙策达到目的后，立即起兵，但行进到钱塘时，与陈瑀发生内讧，未能进一步展开军事行动。

袁术败回寿春后，打算重振旗鼓再与吕布决战。他派人到陈国筹集军粮，陈相骆俊不给，袁术恼羞成怒，派人杀死了骆俊和陈王刘宠。陈地靠近许都，为了解除袁术的威胁，曹操于建安二年(197)九月亲自率军东讨。袁术早就领教过曹操的厉害，知道自己不是对手，赶紧弃军逃走，只留下部将桥蕤、李丰、梁纲、乐就带兵抵挡。曹操大破袁术军，将桥蕤等四人全部杀死。袁术逃到淮水以南，从此一蹶不振。

二　进围下邳

兴平二年(195)，刘备在小沛被吕布打败后，前来投奔曹操。曹操热情地接待了刘备，并表荐刘备为豫州牧，负责给他供应军粮和补充兵员，让他仍然屯驻小沛，对付吕布。

刘备到小沛后，积极发展个人势力。建安二年(197)冬，江、淮间闹饥荒,粮食匮乏。已经归附吕布的韩暹、杨奉在徐、扬二州间大肆抢掠,仍不能解决军粮问题,于是打算到荆州去另找出路。去向吕布辞行时,吕布却不同意,杨奉为此感到不满。杨奉知道刘备同吕布早有仇隙,就暗中同刘备联系,商量一起进攻吕布。刘备深知韩暹、杨奉为人,表面上答应了他们要求,内心里却另有打算。杨奉率部来到小沛,刘备设宴款待,酒席吃到一半时,武士突然一拥而出,就在座上将杨奉绑住,推出斩首。杨奉一死,韩暹顿感孤立,不敢久留,只带着十余骑向并州方向逃跑,在途中被杼秋令张宣杀死。刘备兼并了杨奉、韩暹的部众,力量大为增强。

　　吕布对刘备这一做法极为不满。不久,又发生了一件令吕布不快的事情。建安三年(198)春,吕布派人到河内买马,途中银两被刘备部下抢走。吕布再也忍耐不住,于是乘曹操第二次南征张绣的机会,重新同袁术拉上关系,背叛曹操,派遣中郎将高顺和鲁相张辽进攻刘备。曹操得知消息,也立即做出反应,派遣大将夏侯惇支援刘备。

　　曹操自兴平二年(195)将吕布赶出兖州后,一直将吕布视为心腹之患。但因忙于迎献帝都许、巩固根基、南征张绣等事情,一直腾不出手来收拾吕布,对吕布主要采取了以防御为主的方针。曹操对来归的刘备盛情款待,予以重用,就是要让刘备在东部前线为自己设置一道屏障,防御吕布。为了防止袁术同吕布联合起来,又采取了拉拢吕布、在两人之间制造矛盾、使其互相攻杀、自己从中渔利的策略。事实证明,曹操对这些方针、策略的运用是适宜、有成效的,一方面为自己赢得了宝贵的时间,以便更好地发展自己,同时也得以使对手两败俱伤,尤其是严重削弱了袁术的力量,使自己在袁术变成强弩之末时轻而易举地打败了袁术。这次吕布反叛,曹操由于考虑到要对付北方的劲敌袁绍以及其他异己力量,一度也曾打算只派出有限的兵力去对付,不想大动干戈。后因接受了荀彧、郭嘉和荀攸等人的建议,才又改变了主意。

曹操这年七月从安众回到许都后,虽没有碰上袁绍偷袭许都的事情,但却接到袁绍一封令人极不愉快的信。袁绍因曹操在宛城被张绣打得大败,东边又有吕布之忧,而自己吞并了河北,地广兵强,谁都惧怕,因此态度十分傲慢,言辞颇为无礼。曹操读信后,不觉大怒,举动反常。众人不知底里,以为是同张绣作战不利所致。钟繇去问荀彧,荀彧回答说:"曹公这样明智,决不会为已经过去了的事情上心,大概是忧虑上了别的事情。"

荀彧于是去见曹操,询问到底发生了什么事情。曹操这才将袁绍的信拿出来让荀彧和同时在场的郭嘉看,并问道:"袁绍不仁不义,我们本来应该起兵讨伐他,但力量恐怕敌不过,这如何是好?"

荀彧不同意先打袁绍。他一方面认为与曹操争夺天下的人只有袁绍,另一方面在对敌我双方情况做了具体分析比较之后,又认为袁绍虽强,但终究不会有大的作为,最终必然被曹操所制伏,因此建议曹操先把吕布打败,然后再来考虑攻打袁绍,认为如不先打败吕布,黄河以北的地方也不容易拿下。郭嘉支持荀彧的意见,认为如不打败吕布,以后袁绍来攻时,吕布必然支援袁绍,那将会造成十分严重的后果,建议乘袁绍正北击公孙瓒的机会,赶快发兵东征吕布。

荀彧、郭嘉的意见都是十分可取的,其目的在于为以后曹操同袁绍决战铺平道路,避免到时腹背受敌,两线作战。同时,也体现了先弱后强、各个击破的原则。从时机上说,袁绍正忙于远征公孙瓒,一时无暇南顾,而吕布却已经挑起了进攻刘备的战火,及时做出反应也是必要的。曹操经过慎重考虑,采纳了荀彧和郭嘉的意见。

但同时曹操又产生了另外一层顾虑,说:"我很担心袁绍侵扰关中,挑动羌、胡叛乱,向南同盘踞蜀、汉的刘璋勾结,把这些地方都变成他的势力范围,这样就会形成我单独以只占全国六分之一地盘的兖、豫二州,去抗衡全国六分之五的局面。这又如何是好呢?"

荀彧回答说:"关中各部的将领有十来个,互不统属,其中只有韩遂、马腾的力量最强。他们见中原地区正在争战,必然各自拥兵自保。如果我们抚以恩德,遣使连和,虽不能长久保持安宁,但在平定中原以前,却是完全可以把他们稳住的。侍中、尚书仆射钟繇有智谋,可以把关中的事情托付给他,这样您就可以放心了。"

曹操又及时采纳了荀彧的意见,表荐钟繇以侍中守司隶校尉,持节督关中诸军,特许他可以不受有关法令条例限制,根据实际情况便宜行事。后来钟繇到长安后,给马腾、韩遂等人去信,讲明利害关系,马腾、韩遂等果然按兵不动,两人还将自己的儿子送到许都,侍奉献帝,实际上是充做了人质。这一步骤收到了预期的效果。

曹操将东征吕布的方案交给大家讨论,还有不少人表示反对。他们认为,袁绍虽一时无暇南顾,但刘表、张绣还在南面虎视眈眈,如果远征吕布,他们乘机袭击许都,后果不堪设想。荀攸力排众议,认为刘表、张绣刚在安众被打败,势必不敢再动。而吕布骁猛,又仗恃袁术相助,如果让他纵横于淮、泗之间,一些豪杰必然起而响应。现在乘他刚刚反叛、众心不一的机会,前去攻打,必然成功。至此,曹操三个主要谋士荀彧、郭嘉、荀攸的意见不谋而合,完全取得了一致,曹操不由得高兴地说了一声"好!"决定立即发兵东征吕布。

九月,曹操亲率大军向东进发。这时,从前线传来消息,说吕布已经拿下小沛,刘备单身逃走,家属都当了俘虏。而且,果然不出荀攸所料,原来在泰山郡一带活动的地方军阀臧霸、孙观、吴敦、尹礼、昌豨等人都在这时归附了吕布。曹操加快了前进的步伐,行进到梁国地面时,同刘备相遇,于是会同东进。

这时吕布已将兵力从小沛收缩到彭城,打算在此固守。十月,曹操进抵彭城。陈宫向吕布献计说:"我们应乘敌军远来疲惫的机会,迎头痛击,这样以逸待劳,准能取得胜利。"

可是吕布不同意,说:"不如等他们前来进攻,当他们横渡泗水时,我们突然发起袭击,把他们消灭在泗水中。"

但吕布的如意算盘落了空,曹军攻势凌厉,还没等他反应过来,已经渡过泗水,接着势如破竹地将彭城攻下,俘获了彭城相侯谐。吕布仓皇逃走,退守位于彭城东南的下邳。

曹操攻下彭城后,下令屠城,就像当年东征陶谦时一样,不少无辜百姓惨遭杀害。然后,曹军马不停蹄,向下邳推进。广陵太守陈登起兵配合,曹操让他做了前锋。快到下邳时,吕布亲率骑兵迎战,又被曹操打得大败,勇将成廉做了俘虏。曹军一直攻到下邳城下,从四面将城团团围住,打响了最后解决吕布的战斗。

三　擒杀吕布

曹操围困下邳后,吕布为争取主动,多次带兵出城冲杀,都被打得大败。几个回合下来,锐气丧失,只好据城固守,再也不敢出战了。

下邳为徐州治所,城防坚固,一时不易攻下。曹操于是改变策略,给吕布写去一封信,讲明利害关系,示意要他投降。吕布看了信,打算投降,而陈宫等人自在兖州叛迎吕布以来,一直与曹操为敌,自以为罪孽深重,不会为曹操所容,因此竭力反对投降。陈宫想出一个拒敌之计,对吕布说:"曹操远来,军粮补给肯定会有困难,其攻势不可能维持很久。如果将军带一部分兵力到城外驻扎,我带其余的兵力在城内防守,这样,如果敌人进攻将军,我就可以从背后去进攻敌人;如果敌人来攻城,将军又可以在城外策应。不出十天,敌军粮尽,我们乘机进攻,肯定可以大获全胜。"

吕布采纳了陈宫的意见,准备让陈宫和高顺留下守城,自己率领部分精骑出城去切断曹军粮道。

可就在这时,吕布的妻子出来阻挠,对吕布说:"陈宫、高顺素来不和,将军一走,他们肯定不会同心共守,万一有个差错,将军自己将如何立足呢?何况过去曹操待陈宫就像亲骨肉一般,他还要离开曹操来投奔我们,而现在将军待他并没有超过曹操,你却要把城池和妻儿都交给他,自己孤军远出。如万一发生变故,我还能再做将军的妻子吗?"

吕布一听,犹豫了一阵,终于改变了主意。

这时,吕布倒是想起了袁术,暗中派许汜、王楷去向袁术求救,自己亲带骑兵千余出战,掩护许、王出城。许、王出了城,而吕布却被打得大败,只得赶紧逃回城中固守。

许汜、王楷到寿春见了袁术,将来意说明,袁术气愤地说:"吕布不肯将女儿嫁给我儿子,理当失败,今天怎么还来求我呢?"

许汜、王楷说:"明上现在不救吕布,等于是自取失败。因为吕布一破,明上也就朝不保夕了。"

当时,袁术称帝,故特称之为"明上"。袁术一听,也觉得有道理,于是答应用自己仅有的一点兵力为吕布作声援。

吕布见袁术的救兵不来,以为是自己没有将女儿送去的缘故,于是用锦缎将女儿绑在马上,由自己趁着天黑亲自将女儿送出城去。曹军将城围得水泄不通,吕布刚一出城,就被刀枪逼住,箭矢也像飞蝗般飞来,吕布无隙可乘,只得退回城内。女儿送不出去,而袁术自身难保,也实在拿不出多少兵力来支援吕布,这着棋又算是落了空。

这期间，大司马张杨因与吕布有过交情，打算派兵来救，但鞭长莫及，只得出兵东市，与吕布遥相呼应。但张杨部将杨丑倾心曹操，反在十月将张杨杀掉，以呼应曹操。后来，张杨的另一个部将睢固又把杨丑杀掉，率部投靠了袁绍。

曹操因下邳久攻不下，士卒极度疲劳，不由得动了撤军的念头。荀攸、郭嘉劝阻说："吕布勇而无谋，现在屡战屡败，锐气已经丧失。三军以将为主，主衰则全军无斗志。陈宫有智谋，但脑子来得慢，现在我们应该趁吕布元气还没有恢复过来，陈宫的计谋也还没有出台的机会，加紧进攻，吕布是不难打败的。"

曹操听了，觉得有理，于是激励士气，继续攻城，并根据荀攸、郭嘉的建议，采取了新的攻城步骤。下邳城西有两条河流：一条是东南流向的泗水，一条是泗水的支流、北南流向的沂水。曹操决开两水堤岸，引水灌城，弄得下邳城里城外一片汪洋，给吕布造成了很大压力。

吕布又坚守了月余，越来越感到难以支持，于是登上城楼，向曹军士兵说："你们不要再围城了，我去向明公自首。"

陈宫站在一旁，气得高喊道："逆贼曹操，算什么明公！现在去投降他，就好比是以卵击石，哪还能保全性命！"吕布听了，无可奈何。

这时吕布斗志动摇，部下除陈宫、高顺决心与曹操对抗到底外，其余的也都彼此猜疑，上下离心，斗志丧失。部将侯成曾被人拐走了十五匹好马，被全部追回后，诸将送来礼物表示祝贺，侯成自备了酒菜，准备招待一下大家。他先拿了一些酒菜给吕布送去，不料吕布发怒道："我下令禁酒，你却在那里私自酿酒；你们在一块儿吃吃喝喝，称兄道弟，岂不是想谋杀我吗？"

侯成听了,又气又怕,回去赶紧把所酿酒倒了,把大家送的礼物也退了回去,然后同宋宪、魏续一起,乘陈宫、高顺不备,将二人捆绑起来,押着出城投降了曹操。吕布带着部分将士退守下邳南门的城楼白门楼。城外围攻甚急,吕布见大势已去,让左右把自己的头割下来献给曹操,左右不忍,于是自己走下城楼,开城出降,束手就擒。

曹操召集文武官员来到白门楼上,当众处置吕布。吕布被押下来,想同曹操套近乎,就问曹操:"明公怎么这么瘦呢?"

曹操虽同吕布打过多次交道,却从来没有见过面,于是反问道:"你怎么认得我呢?"

吕布说:"以前在洛阳时,在温氏园见过面。"

曹操点点头,然后说:"我忘了。我之所以这么瘦,是因为没有能够把你早日捉住。"

吕布听了,不由得一阵惭愧,讷讷地说:"我待诸将是不错的,谁知诸将到紧要关头都背叛了我。"

曹操嘲讽道:"你背着自己的妻子,去爱诸将的妻子,这叫待诸将不错吗?"

吕布听了,低下头去,沉默不语。

吕布活命心切,过了一会儿,又抬起头来对曹操说:"从今以后,天下可以平定了。"

曹操问:"为什么呢?"

吕布说:"明公所忧虑的主要是吕布,而现在我降服了。如果让我带领骑兵,而明公自己统率步兵,横扫天下,天下是不会不平定的。"

吕布还提起齐桓公即位前曾被管仲射过一箭、即位后还任管仲为相的历史故事,恳求曹操让他充任前驱,效犬马之力。曹操最爱猛将,听了这番言语,不免犹豫起来。

这时吕布感到绳索捆绑得太紧，看见刘备坐在曹操旁边，掉头对刘备说："玄德，您是座上客，我是阶下囚，绳子把我捆得太紧了，您就不能为我说句好话吗？"

曹操听了，不由得笑起来，一面说："捆绑猛虎不能不捆得紧一点啊！"一面又说："你怎么不直接对我说，而要去求刘使君呢？"

说着就想让人给吕布松绑。主簿王必见状，赶紧上前，劝阻曹操说："吕布是强虏。其部众就在附近不远，不能随便松绑。"

曹操听了，把手一摊，对吕布说："我本来想给你松绑，主簿不同意，你看怎么办？"

刘备坐在一旁，一直静观事态，一言不发。但当他看到曹操的态度越来越缓和，有让吕布活下来的意思时，终于坐不住了，于是接着王必的话头说道："是不能够松绑。明公您难道忘了吕布是怎样跟随丁原、董卓的了吗？"

一句话提醒了曹操，使他立即想起了吕布卖主求荣、反复无常的一幕幕往事，感到吕布不仅可憎可厌，而且十分可怕，他可不愿在自己身边埋下这颗定时炸弹，于是点了点头，气氛顿时急转直下。吕布看到情形不对，气愤地瞪着刘备说："大耳儿最不可相信！"

刘备耳大，据说斜过眼去就能自己看到自己的耳朵，所以吕布这么骂他。但急也好，恨也好，骂也好，这时都已无济于事。曹操杀吕布的决心已定，再也不肯理睬吕布。

曹操转过头去，问陈宫道："公台平常自以为智计有余，今天怎么弄到了这个地步呢？"

陈宫用眼睛瞪着吕布说："只因他不听我的话，以致弄到这个地步。如果他能按我的想法去办，是不会被你活捉的。"

曹操笑着问："你看今天这事该怎么办呢？"

陈宫平静地回答说："我作为人臣却不忠，作为人子却不孝，理应奔赴刑场就死。"

曹操惋惜道:"你去死了,你老母怎么办呢?"

陈宫长叹一声,说:"我听说打算以孝治天下的人,是不会害死人的父母的。我老母是死是活,只能由你来定夺,不是我能决定的!"

曹操又问:"那么你的妻子、孩子该怎么办呢?"

陈宫回答说:"我听说打算施仁政于天下的人,是不会杀绝别人的后代的。我妻子、孩子是死是活,也只能由你来定夺。"

曹操听了,不再说话。过了一会儿,陈宫要求道:"请把我拉出去处死,以彰明军法。"

说完自己往外就走,军士怎么也阻拦不住。曹操见了,无计可施,只得流着眼泪在后面送行,陈宫竟然头也不回。曹操下令将吕布、高顺同时推出,一起缢杀。

曹操为人,有时很残忍,有时又颇具人情味,因爱将才,差点让吕布活了下来;因爱人才,同时也因爱那种不屈不挠、视死如归的骨气,特别是曹操还十分顾念他在十分困难的情况下陈宫迎他为兖州牧那段旧情,陈宫更是完全有可能活下来。在经历了数月你死我活的刀兵相见之后,不计较旧恨新仇,瞬息间产生出化干戈为玉帛的诚意,是很不容易的,这说明曹操有时确有包容那些曾坚决反对过自己的人的肚量。吕布是想自己活命,但刘备反对他,曹操也因突然想起了他过去的那些劣迹而不能再容忍他,终于被杀,也算得是咎由自取。临难苟免,摇尾乞怜,全无半点骨气,也确实令人作呕。虽有伟岸身躯,万般武艺,令人觉得不过是徒有其表。陈宫则是自己要求去死,表现了一种士大夫临危不惧、慷慨赴死的气概。当初他自己投入了曹操营垒,后又从曹操营垒中反叛出来,现在不愿再回到曹操营垒中去,大概有保全自身名节方面的考虑,不愿像吕布那样反复无常，落得万人唾骂。当时名士讲求名节蔚然成风，陈宫有这样的想法可以说是必然的。更重要的是，他大概固执地认为他已经将曹操其人看穿，因此宁死不愿再同曹操这样的人合作。不过，他最后同曹操关于老母、妻儿的一段对话，虽在那样的情况下也只好那么说，但也不无将后事托付曹操之意，说明他对曹操的为人倒也并未完全绝望。

曹操缢杀吕布等人后，将他们首级送到许都示众，然后将他们埋葬。他没有忘记陈宫的临终之言，特地将其老母迎来奉养，直到去世。其女儿长大后，又为其操办了出嫁事宜。对其家人的关心、照顾，比当初陈宫在世时还要周到。

东征吕布之役就这样以曹操的大获全胜而告结束。曹操之所以能够大获全胜，原因很多，最重要的是由于他能认真听取部下意见，做出正确的决策。东征吕布的决定，是曹操听取了荀彧、郭嘉和荀攸的建议做出的；战斗进行到关键时刻，曹操因士卒疲惫而想撤军时，又是他接受了荀攸、郭嘉的劝阻，才避免了半途而废的结局。吕布的覆灭，原因也很多，最重要的却是他听不进部下正确的意见。曹军刚进抵彭城时，陈宫建议趁曹军远来疲惫时出战，吕布不听；曹军围困下邳后，陈宫又建议吕布出屯在外，他自己驻守在内，以形成内外呼应、相互支援的格局，吕布还是不听。在关键时刻，吕布宁可听妻子的话，而不愿听谋士的意见，从而一再错过良机，最后铸成大错。曹操的善用人，吕布的不善用人，在这里形成了强烈的对比。善用人者昌，不善用人者亡，这条朴素的真理在这里得到了验证。曹操善于用人，因而也就调动了部下的积极性，团结了部属，上下同心，去夺取胜利；而吕布不善用人，就挫伤了部下的积极性，加之暴戾专横，对某些具体问题处理不当，更弄得部属不和，上下离心，最后导致失败。曹操的胜利，由于主观指导的正确，但吕布的勇而无谋、狭隘自信、暴戾浅薄也帮了他的忙。战争不仅是军力的较量,也是智慧和人格的较量,在这场较量中,曹操无疑也是一个胜利者。

曹操消灭了吕布,使他减少了一个强劲的对手,在统一北方的大业中向前跨进了一大步。从此,曹操的势力范围扩大到徐州。战争结束,曹操还得到不少有用之才,重要的有以下几人:

陈纪、陈群父子。陈纪字元方,许都人。与父陈寔、弟陈湛俱为著名党人,当时号称"三君"。历任平原相、侍中等职。为避董卓之乱,逃到徐州。献帝都许后,曹操以献帝的名义任袁绍为太尉,袁绍曾想把太尉让给陈纪,陈纪没有接受。投归曹操后,到朝中被任为大鸿胪。陈群字长文,年轻时就颇有才能,孔融恃才倨傲,但却倾心与之交接。刘备做豫州刺史时,曾被征召为别驾,被推举为茂才(秀才),任为柘令,未到任,随父陈纪避难徐州。吕布败亡后,经荀彧推荐,被曹操召为司空西曹掾属,后来成为魏国名臣。陈群向曹操推荐了广陵陈矫和丹阳戴乾,曹操一一予以录用,后来两人都为曹操的统一大业做出了重要贡献。

陈珪、陈登父子。两人早已归心曹操,暗中为曹操做了不少工作,尤其是在离间吕布同袁术的关系方面发挥了重要作用。这次曹操东征吕布,陈登公开起兵响应,进军下邳时充任前锋,接着参加了围困下邳的战斗。当时陈登的三个弟弟都在下邳城中,吕布把他们抓起来,想以此作为要挟,通过陈登同曹操讲和。陈登毫不动摇,仍然加紧攻城。后因吕布的部下张弘想为自己留条后路,才趁天黑将他的弟弟全都放了出来。吕布被杀后,陈登因功被曹操加封为伏波将军。陈登字元龙,在广陵颇有威名,在抵御孙策、孙权势力的扩张方面发挥了重要作用,并曾就此向曹操提出过重要建议。孙权占有江东后,曹操每临大江就要叹息,后悔没有早日采用陈登的计策,以致让封豕(大猪)养成了爪牙。陈登在当时的士大夫中也享有威望，后来许汜与刘备在荆州牧刘表处，刘表与刘备纵论天下人士，许汜评论陈登说："陈元龙湖海之士，豪气不除。"刘表也说陈登："元龙名重天下。"

张辽，字文远，雁门马邑人。少年时做过郡吏。并州刺史丁原因其勇猛过人，召为兵曹从事。何进被杀后归附董卓，董卓被杀后归附吕布，被吕布任为骑都尉。随吕布东逃徐州后，任鲁相，当时年仅二十八岁。吕布被杀后，带领部众投降了曹操，被曹操任命为中郎将，后来立下不少战功，成为曹操的重要战将。

臧霸等人。臧霸、孙观、吴敦、尹礼、昌豨原为陶谦部将，陶谦死后成为泰山郡一带的地方割据势力，吕布打败刘备后归附吕布。吕布败亡后，臧霸逃往他处躲藏起来。曹操把他找到，给予款待，让他去招降吴敦、尹礼、孙观等人。然后，曹操将这些人全都任为郡守、国相，划出青州、徐州靠海的一些地方，委托他们管理，从琅玡郡、东海郡和北海国中分出部分地方，设立了城阳郡、利城郡和昌虑郡，让臧霸做了琅玡相，吴敦做了利城太守，尹礼做了东海太守，孙观做了北海国相，孙康做了城阳太守。

此外，曹操还通过臧霸收降了徐翕和毛晖。徐翕、毛晖原为曹操部将，后来背叛曹操投奔了臧霸。曹操让刘备给臧霸传话，让他把这两个人的头颅割下送来。臧霸不同意，对刘备说："我之所以能够自立，就因为我不肯去做这一类不义的事情。我受曹公生全之恩，不敢违命，但建立王霸之业的人是可以义动之的，希望将军能够替我去说明一下。"

刘备将臧霸的话转告了曹操，曹操大为感叹，立即召见臧霸，对他说："这是古人才能做到的事情，而您却做到了，这正是我所希望的啊！"

于是不仅不再追究徐翕、毛晖的罪过,还任命他们为郡守,加以重用。

曹操将有关善后事宜大体处理完毕后,任命车胄为徐州刺史,镇守徐州,自己带着大军同刘备一起回到了许都。

四　败亡袁术

吕布在徐州的势力被消灭以后,袁术在淮南的日子也就更加难以维持。由于北方的袁绍需要花大力气对付,而袁术已是日薄西山,气息奄奄,因此曹操对袁术采取了保持威压、静观其变的策略。对势力日渐壮大的江东孙策,曹操则进一步加以笼络。建安三年(198),孙策派正议校尉张纮到许都进献地方特产,其数量比头年所献多了一倍。曹操便利用这个机会,表荐孙策为讨逆将军,由乌程侯进封为吴侯;并将自己弟弟的女儿许配给孙策的弟弟孙匡,为自己的儿子曹彰娶了孙策堂兄孙贲的女儿;还以礼征召孙策的弟弟孙权、孙翊,又命扬州刺史严象举荐孙权为茂才。对出使许都的张纮,曹操也委以侍御史的职务。曹操这样做的目的,自然是为了利用孙策和控制孙策,以礼征召孙权、孙翊,实际上是想把他们弄到许都来当做人质。孙策当然不会轻易为曹操所用,孙权、孙翊也不会跑到许都来,但曹操这样做至少阻止了孙策同袁术任何可能的重新联合,使袁术完全处于孤立无援的境地,成为一只瓮中之鳖,只能一步步走向灭亡。

袁术其人,既无美德懿行,也无雄才大略,只因仗着是"四世三公"之后,骄纵放肆,野心膨胀,只知满足一己私欲,不管百姓疾苦死活。早在南阳时,就不修法度,以抢掠百姓来满足自己挥霍无度的生活，弄得百姓怨声载道。称帝后，为了撑持门面，更加荒淫奢侈。建安二年(197)九月在陈国被曹操打败后，正值江、淮一带大旱，粮食颗粒无收，百姓士卒又冷又饿，到处有人吃人的现象发生。而袁术却在宫中养了妃嫔数百，个个穿罗着缎，吃鱼吃肉。仅有的一点积蓄花光后，袁术再也混不下去了，于是在建安四年(199)夏放火将宫室烧掉，厚着脸皮，带着一大帮人到灊(音潜)山去投奔他的部属陈简、雷薄。陈简、雷薄不肯接受这个大包袱，袁术在那里住了才不过三天，粮食就被吃光，士兵四散逃亡，到了走投无路的地步。袁术知道皇帝是再也做不下去了，这才考虑把皇帝的称号取消。但那块"传国玺"他还舍不得扔掉，更舍不得随便送人，考虑来考虑去，最后决定把它送给袁绍，觉得兄弟俩虽然不和，但毕竟还是兄弟，这样不仅可以保证袁家人继续当皇帝，自己也好有个安身去处。于是，他派人给袁绍送去一封信，信中说：

"汉朝失去天下已经很久了。献帝被人控制，政权掌握在权臣手里，豪雄角逐，疆土分裂，这和周朝末年七国争雄的形势没有什么两样，谁实力强谁就可以兼并天下。袁家接受天命，应当做皇帝，符瑞表现得很清楚。现在你拥有四州之地，民户百万，论强没有谁可以同你比大，论德没有谁能够同你比高。曹操想要扶衰拯弱，怎么可能把汉朝已经断绝了的天命重新挽回呢？"

这时袁绍已经打败公孙瓒，占据冀、青、幽、并四州，拥众数十万，野心越来越大，对献帝的进献越来越少。既然控制献帝的企图无法实现，袁绍打算干脆自己来做皇帝，因此接到袁术来信后，感到很对脾胃。他手下的主簿耿苞迎合其心思，悄悄对他说："赤德衰尽，袁为黄胤，宜顺天意，以从民心。"

"赤德"即火德，指汉朝；"黄胤"，黄帝的后代。这里杜撰了袁氏是黄帝后代的说法，而黄帝是主土德的。既然按五行相生的说法，火德之后该土德(火生土),那么土德的袁氏来替代火德的汉朝,也就是"顺乎天意"的事了。袁绍听了这一通谬论,竟然非常高兴,立即将耿苞所讲的这一番话讲给僚属们听,企图得到他们的支持。但僚属们不仅不表示支持,相反认为耿苞所讲的纯属妖妄,应当将他杀掉。袁绍知道大家的意见还不一致,在无可奈何之余,只得把耿苞杀掉了。

尽管如此,袁绍还是产生了将袁术接来冀州的想法。他一面派人去通知袁术,一面让他的长子、青州刺史袁谭从青州派人前往迎接。走投无路的袁术接到通知,自然求之不得,打算途经下邳北上青州。曹操得到消息,就让刘备会同朱灵、路招到下邳截击。袁术知道难以通过,只得掉头仍回淮南。逃到离寿春八十里的江亭时,终于一病不起。身边已无粮食可吃,询问厨房,回说只剩有麦屑三十斛。将麦屑做好端来,袁术却怎么也咽不下去。其时正当六月,烈日当空,天气酷热,袁术想喝一口蜜浆,却怎么也找不到。袁术坐在床上,独自叹息了许久,突然一声惊呼:"我袁术怎么落到了这个地步啊!"喊完倒伏床下,在吐血一斗多之后死去。

袁术死后,其堂弟袁胤、女婿黄猗畏惧曹操,不敢再在寿春待下去,率领部众同袁术的妻儿一起扶着灵柩去投奔袁术的老部下、庐江太守刘勋。不久,孙策击败刘勋,刘勋率领部众数百人北上投归曹操,被封为列侯,袁术的妻儿及部众三万余人落入孙策手中。后来,袁术的女儿被孙权选入后宫,儿子袁耀被任为郎中,袁耀的女儿后来又嫁给了孙权的儿子孙奋。

广陵海西人徐璆,在袁术死后的混乱中得到了那颗"传国玺"。徐璆为名士中人,曾历任荆州刺史、汝南太守和东海相等职。献帝都许后,征他为廷尉,在去许都途中被袁术拦下,想让他担任三公之职,他抵死不从,袁术也不敢过分强迫。徐璆到许都后,将"传国玺"

献给了朝廷，先后被任为卫尉、太常。建安十三年（208）六月，朝廷罢三公官，置丞相、御史大夫。曹操被任命为丞相，徐璆代表朝廷授给曹操印绶，曹操假意谦让了一下，表示要把相位让给徐璆，徐璆自然不敢接受。

就这样，曹操由于采取了一系列正确的策略，并没有花多大的力气，就把妄自尊大、胡作非为的袁术解决了。从此，曹操的势力范围扩展到淮水以南，进一步增强了自己的实力。

五　击走刘备

曹操在与吕布、袁术争夺徐、扬二州的过程中，同刘备也经历了一个由合而分、由友而敌的过程。

刘备字玄德，涿郡涿县人，西汉景帝之子中山靖王刘胜的后代。到刘备这一代时，家道已经衰落，刘备少年时曾与母亲靠织席贩鞋为生。十五岁时，曾与公孙瓒等人一起向同郡学者卢植学习儒家经典。但刘备并不怎么喜欢学习，而喜欢玩狗骑马、欣赏音乐和穿漂亮的衣服。成人后，身高七尺五寸，手臂很长，垂下来可以摸到自己的膝盖，耳朵很大，自己可以看到自己的耳朵。平常话语不多，谨慎谦虚，喜怒不形于色。爱与豪侠结交，郡中不少年轻人都同他要好。

灵帝末年，刘备得到中山大商人张世平和苏双等人的资助，拉起了武装，河东解人关羽（字云长）和同郡人张飞（字翼德）就在这时投归了他。因参与镇压黄巾有功，被任为安喜县尉，因鞭打督邮，弃官逃走。此后还曾历任县丞、县令等职。被黄巾余部打败后，投奔幽州公孙瓒，公孙瓒命他协助青州刺史田楷防备袁绍，不久被任为平原相。曹操东征徐州,同田楷一起前往救援,被陶谦表举为豫州刺史。陶谦死后,接替陶谦为徐州牧。

占据淮南想往北面扩展势力的袁术,对刘备据有徐州自然是不满的,曾多次对他发兵攻击。曹操为了稳定兖州东部边境的局势,也为了利用刘备来对付袁术和吕布,对刘备采取了笼络的策略。建安元年(196),曹操表荐刘备为镇东将军,封宜城亭侯。对刘备的部属也进行了拉拢,想借此对刘备集团逐步进行分化瓦解。献帝都许后,曹操特地写了《表麋竺领嬴郡》一文:

泰山郡界广远,旧多轻悍。权时之宜,可分五县为嬴郡,拣选清廉以为守将。偏将军麋竺,素履忠贞,文武昭烈。请以竺领嬴郡太守,抚慰吏民。

麋竺字子仲,东海朐人,家中颇饶资财。原为陶谦别驾从事,后奉陶谦遗命迎刘备为州牧。建安元年(196),刘备败于吕布,妻儿被俘,麋竺不仅在人力、物力和财力上大力支持刘备,使之得以复振,而且还将自己的妹妹嫁给了刘备。曹操表荐麋竺为嬴郡太守,自是具有其深意在的。嬴郡,郡治在嬴县。从泰山郡划出的五县,是嬴、武阳、南城、牟和平阳。但麋竺没有接受曹操的表荐,仍然跟着刘备。曹操还同时举荐了麋竺的弟弟麋芳,让他去做彭城相,麋芳也没有到任。

袁术虽曾多次兴兵攻击刘备,但一直未能奏效。最后勾结已投奔刘备的吕布,由吕布出兵打败了刘备。刘备在不得已的情况下,率部投归了曹操。程昱见刘备来奔,立即建议曹操说:"刘备是一个有雄才大略的人,而且很得人心,终究不会甘居人下。不如趁早把他杀掉。"见曹操沉默不语,程昱又说:"刘备颇有英雄志向,现在不趁早杀掉他,将来肯定会成为一个祸害。"

曹操一时拿不定主意,于是去征求郭嘉的意见。郭嘉沉思了一下,说:"程昱的意见是对的。不过,您起义兵,除暴乱,就是诚心诚意地招揽四方俊杰,也还怕人家不肯前来。刘备有英雄的名声,因走投无路而来投奔我们,如果把他杀了,肯定会落下一个害贤的名声,智谋之士从此将会产生疑虑,本来打算前来的都会另打主意了。这样,您将依靠谁去平定天下呢?杀掉一个人,却使天下人失望,其中的得失,是不可不加详察的。"

郭嘉所见,显然要比程昱深远,曹操听后,不由得高兴地说:"您说的确实很有道理!"

回过头来,曹操又去做程昱的工作,对他解释说:"现在我们正是需要收揽英雄的时候,如果因杀掉一个人而失去天下的人心,那就太不划算了!"于是对刘备加以厚待,不仅表荐他为豫州牧,还给他补充兵员,调拨军粮,让他仍然驻屯小沛,对付吕布。

曹操擒杀吕布后,刘备随曹操回到许都,曹操表荐他为左将军,任命关羽、张飞为中郎将。刘备原为徐州牧,徐州既已收复,按理应把徐州归还给他,但曹操却让他的心腹车胄做了徐州刺史,镇守徐州,而把刘备带回许都,目的是为了便于就近控制,以免放虎归山,可见曹操虽然表面礼遇刘备,但实际上是怀着很重的戒心的。

刘备对曹操的用心自然也很清楚,因此到许都后,一方面为寄人篱下的境遇苦恼,随时都在考虑如何脱离曹操,另图大业,一方面又深知自己处境的危险,因此处处小心,不露锋芒。为了表示对政治漠不关心,刘备甚至闭门谢客,把自己关在后院种菜。关羽、张飞对此表示不满,他解释说:"我哪里是个种菜的人呢!只不过是为了消除曹操对我的怀疑罢了。这不是一个可以久留的地方。"

曹操自然也不会被表面现象所迷惑,他深知刘备颇具才能,善于笼络人心，又是汉皇帝的同族，在士族中颇具号召力，决不可对他掉以轻心。刘备在许都期间，曹操经常派人到刘备住处去窥测监视。一次，曹操宴请刘备，酒喝到半酣时，突然看着刘备说："当今天下英雄，只有您和我了。袁本初一类人，是算不上数的！"

刘备以为曹操看破了自己的伪装，听后猛吃一惊，手中拿着的筷子掉到地上。曹操感到奇怪，刘备赶紧掩饰。恰巧这时天边滚过一个响雷，刘备急中生智，说："圣人说'迅雷风烈必变'，看来确实是这样。一个响雷的威力，竟会如此厉害！"

曹操听了，将信将疑，但也不便再说什么。

刘备知道曹操防着自己，从此更加提高了警惕。一次，刘备陪同曹操到郊外打猎，有一阵曹操周围的人跑散了，关羽劝刘备乘机杀了曹操，刘备没有照办。后来刘备南依荆州刘表，曹操挥师南征，刘备败退夏口，关羽还为此责怪刘备，说："当初打猎时，要是听我的话，把曹操杀了，就不会有今天这种倒霉事了！"

刘备解释说："当时也是为了国家爱惜人才。如果天道辅正，怎能知道我们今天这样就不是福气呢？"

刘备这样解释，当然只不过是为了把话说得冠冕堂皇些罢了。他当时不杀曹操，倒不是想要为国家爱惜曹操这个人才，而是因为曹操耳目众多，在事先毫无准备的情况下贸然行事，纵然行刺成功，自己也绝难脱身，所以只得权且隐忍，以待良机。

建安四年（199）春，献帝的丈人、车骑将军董承接受了献帝写在衣带上的密诏，要刘备除掉曹操，刘备参与了这一密谋。还未等到采取行动，恰好碰上袁术想从下邳北上青州的事情。曹操准备派兵阻截，刘备乘机要求承担这一任务，曹操便派朱灵等人同他一起带兵东进。

刘备离开许都以后，程昱、郭嘉等人才得知消息，赶紧跑来劝阻曹操说："您上次不肯杀掉刘备,考虑得确实要比我们深远。但今天您把兵权交给刘备,他肯定会产生异心!"停了一下,又明确表示说,"千万不要把刘备放走!现在放走刘备,变乱很快就会产生了!"

董昭也跑来劝阻曹操,说:"刘备勇悍而又志向远大,关羽、张飞做他的羽翼,其野心恐怕是难以预测的。"

曹操听了这些意见,有些后悔,但一来已有令在先,不便更改,二来刘备已经走远,追也追不上了,只好作罢。

刘备到达下邳后,袁术南逃,不久病死,曹操命刘备率军回许都。刘备让朱灵等人先行返回,以减少下邳的曹军力量,然后发动突然袭击,杀死徐州刺史车胄,公开背叛了曹操。之后,派关羽驻守下邳,行使太守的职责,自己率军回到小沛驻守。

刘备打起反叛大旗,顿时引起连锁反应。原来追随吕布、吕布被杀后又归附曹操的昌豨,这时乘机脱离了曹操。由于曹操根基不牢,还有不少郡县脱离曹操,归附刘备,使刘备的军队增加到几万人。刘备派孙乾前往冀州,与袁绍连和,共同对付曹操。

曹操得到刘备反叛的消息,立即派司空长史刘岱、中郎将王忠前去讨伐,未能取胜。刘备对刘岱等说:"像你们这样的角色,就是来上一百个,又能把我怎么样?就是曹操亲自前来,结果如何也说不定呢!"

建安五年(200)正月,董承等人谋杀曹操的事情败露,参与者全被曹操处死。这时,曹操同袁绍的关系已经非常紧张,双方陈兵官渡一线,战争大有一触即发之势。为了在同袁绍决战之前解除后顾之忧,曹操决定发兵东征刘备。诸将担心部队出发后,袁绍从后面发动袭击,纷纷前来劝阻曹操,说:"同您争夺天下的人是袁绍。现袁绍正率兵向南集结,而您却撇开他东征刘备,要是袁绍来抄我们的后路,怎么办?"

曹操回答说:"刘备是一个豪杰,现在不打垮他,将来肯定会成为我们的后患。袁绍虽有大志,但反应迟钝,肯定还不会立即采取什么行动。"

郭嘉支持曹操的意见,说:"袁绍迟钝而且多疑,即使发兵前来攻打,也不会那么快。而刘备刚起兵反叛,人心还未完全归附,尽快发兵攻打,一定能够将他打败。这是一个事关成败的时刻,不能错失良机!"

曹操听了,不由得高兴地说了声:"对!"于是安排诸将留守官渡,自己亲自带着一支精兵东征刘备。

曹操由于担心袁绍起兵南下,因此这次军事行动采取了迅雷不及掩耳的攻势。而刘备以为曹操正忙于对付袁绍,决不可能抽出身来率兵东讨,因而放松了戒备。当侦察兵突然前来报告,说曹操已经亲自带兵前来,刘备不禁大吃一惊,但紧跟着又有些不大相信。他带着几十名骑兵亲自前去探看,当看到曹操的帅旗时,已经来不及组织抵抗。刘备见情势危急,只得丢下部众,独自逃往青州投奔袁谭去了。曹操活捉了刘备的部将夏侯博等人,到小沛全数收编了刘备的军队,并俘虏了刘备的妻子儿女。接着,曹操乘势围攻关羽驻防的下邳,关羽孤立无援,难于抵敌,只得向曹操投降。

就这样,曹操很快将刘备击败,重新夺回徐州。他派董昭做徐州牧,自己率军回到官渡。不出曹操所料,袁绍在这段时间未对南边采取任何行动。

曹操在不同时期、不同情势下对刘备采取的对策,大体说来都是适时对路的。刘备第一次来投奔他,他听从郭嘉意见,不杀刘备,这使他保持甚至是进一步宣传了自己爱惜人才、广纳英雄的形象。他表荐刘备为豫州牧,让刘备出守小沛,有效地利用刘备的力量来对付吕布,在包围下邳、擒杀吕布的战斗中还直接借助了刘备的力量。将刘备置于对抗吕布的第一线，面对强敌，客观上也有利于遏制刘备势力的发展。擒杀吕布后将刘备带回许都，更是为了控制刘备而走出的一着好棋。已将刘备稳在许都却又将他放走，是曹操不慎走出的一步臭棋，是明显的失误，实践也证明他走出的这步棋产生了严重的后果。曹操的可贵之处在于，他很快从失误中清醒过来，并立即采取行动，利用袁绍见事迟疑、举棋不定的机会和刘备错误估计形势、放松戒备的时机，果断出击，击败刘备，不仅化险为夷，消弭了因放走刘备而产生的严重后果，还进一步巩固和加强了自己对徐州的统治，消除了刘备这个心腹之患，避免了以后和袁绍决战时可能出现的腹背受敌、两线作战的局面，为官渡之战的胜利进一步创造了条件。

第九章　官渡之战

一　强敌压境

当曹操在黄河以南地区忙于镇压青州黄巾军,东征南讨袁术、陶谦、张绣、吕布等人的时候,袁绍也在黄河以北地区忙于镇压以黑山军为首的农民起义军,同公孙瓒等人争夺地盘。当他们在一个个局部地区不断取得胜利,扫平了身边的一个个障碍之后,他们之间的矛盾也逐渐激化和公开化,最后终于发展到兵戎相见。

袁绍字本初,汝南汝阳人。出身于一个世代官僚地主家庭。其高祖父袁安,章帝时曾任司空、司徒;叔伯曾祖父袁敞,安帝时曾任司空;祖父袁汤,桓帝时曾任司空、司徒、太尉;叔父袁逢,灵帝时曾任司空。由于袁家连续四代有人担任三公要职,因此人称"四世三公",一时势倾天下,贵宠无比。由于官大名望高,门生、属吏也就特别多,有"门生故吏遍天下"一说。这些门生、故吏仰仗袁氏势力入仕升迁,因此对袁氏怀着一种感恩图报心理,彼此关系密切,形成了一个庞大的私人团体。

袁绍本为袁逢之妾所生,后过继给伯父袁成,因此后来同袁术

（袁逢之子）闹矛盾时，袁术说他是"婢使"之子，看不起他。但袁绍凭借显赫的家世，也由于他自己颇具姿貌威仪，能同士人广为交接，因此很快在仕途上打开局面，由大将军何进的属吏做到中军校尉、司隶校尉。何进谋诛宦官时，他是何进主要的依靠对象。董卓进京后，他反对擅兴废立，逃出洛阳，侍中周毖、城门校尉伍琼和议郎何颙等名士都暗中为他帮忙，董卓也不敢悬赏捕捉他，相反还任命他为渤海太守，封邟乡侯。关东州郡起兵讨董卓，他被推为"盟主"。

关东联军散伙后，袁绍开始积极发展个人势力。当时他只是一个勃海太守，军需得仰仗冀州牧韩馥供给。谋士逢纪对他说，要办大事，不占据一个州是不行的，劝他利用韩馥同盘踞幽州的公孙瓒之间的矛盾，从中渔利。袁绍依计而行，写信给公孙瓒，要他出兵攻打韩馥。公孙瓒率军进入冀州后，袁绍又乘韩馥惊慌失措之际，派外甥高幹及荀谌等人去见韩馥，对他陈说利害，劝他把冀州让给自己。韩馥平素怯懦胆小，缺乏谋略，很快同意了袁绍的意见，部下反对也无济于事。袁绍就这样不费一兵一卒得了冀州，做起了冀州牧。

此后，归附袁绍的人越来越多。韩馥感到不安，要求离开袁绍，前去投奔张邈。到张邈处后，还是怀疑袁绍要害他，最后一个人跑到厕所自杀了。

这时是初平二年(191)七月。这年冬，公孙瓒大败青州黄巾军，威震河北，冀州郡县纷纷背叛袁绍，响应公孙瓒。袁绍率兵进讨，大败公孙瓒，杀了公孙瓒所任命的冀州刺史严纲。第二年，袁绍又在龙凑打败公孙瓒。公孙瓒退回幽州，擒杀了幽州刺史刘虞，但无力再发兵进攻袁绍。

初平四年(193)春，活动在冀州一带的黑山农民起义军的一支数万人，在于毒率领下，乘袁绍攻打公孙瓒——内部空虚的机会，一举攻下了冀州的首府邺城,杀死郡守。六月,袁绍在打败公孙瓒后率军反扑,在朝歌鹿肠山苍岩谷口经过五天激战,打败黑山军,杀死于毒及其部众一万余人。接着,袁绍又相继镇压了左髭丈八、刘石、青牛角、黄龙、左校、郭大贤、李大目、于氐根等农民起义军,屠杀数万人,起义军的营寨壁垒被全部摧毁。袁绍还与黑山军首领张燕战于常山,张燕拥有精兵数万,战骑数千,经十余天激战,双方都受到重创,只得各自撤军。

兴平二年(195),幽州刺史刘虞的旧部鲜于辅等集合州兵,又通过乌桓司马阎柔招来乌桓、鲜卑人,攻打公孙瓒,为刘虞报仇。袁绍乘机出兵与鲜于辅等联合,一同进攻公孙瓒。公孙瓒寡不敌众,连战连败,最后逃到易京固守。袁绍派兵连年进攻,未能攻下。

建安三年(198),袁绍亲率大军大举进攻公孙瓒,公孙瓒派其子公孙续向黑山军求援。次年春,黑山军首领张燕同公孙续率兵十万,分三路赶来救援。公孙瓒派人给援兵送信,约定以起火为号,夹攻袁绍,不料信被袁绍截获。袁绍将计就计,如期举火。公孙瓒领兵出战,被袁绍设伏打得大败。公孙瓒退守城内,自知大势已去,将其姊妹妻子全部缢杀,然后引火自焚。袁军赶到,将其斩杀。

至此,袁绍占据了冀、青、幽、并四州。他以长子袁谭为青州刺史,次子袁熙为幽州刺史,外甥高幹为并州刺史,自己以大将军兼冀州牧,坐镇邺城。四州地广民众,有军队数十万人,粮食也比较充足,这使袁绍成为北方实力最为强大的割据者。

袁绍消灭公孙瓒,去掉后顾之忧后,曹操在他心目中的地位陡然变得重要起来。袁绍已经占领了黄河以北地区,下一步势必要向黄河以南地区发展,而要向黄河以南地区发展,曹操是必须加以扫除的障碍。袁绍决定立即将矛头转向曹操。他以沮授、审配、逢纪、田丰、荀谌、许攸等人为谋士,以颜良、文丑等人为将帅,挑选精兵十万,战马万匹,陈兵黄河北岸,准备伺机渡河,大举进攻许都。

曹操在相当长的一个时期中,同袁绍保持着一种若即若离的关系。为了保存和发展自己,为了对付身边更为直接的敌对势力的威胁,曹操对袁绍采取稳而不打的策略,有时甚至还保持着一种连和关系,必要时还对袁绍做出一点让步。但曹操在内心里从来就没有服气过袁绍,两人的矛盾不绝如缕,有时甚至发展到相当尖锐的程度。早在联盟讨董卓时,曹操就曾产生除掉袁绍的想法。建安三年(198)春,田丰曾劝袁绍袭击许都,差不多同时,曹操也曾想起兵北讨袁绍。只是由于袁绍当时还有公孙瓒之忧,曹操当时还有张绣、吕布之患,一时都还腾不出手来。

曹操的力量不敌袁绍,但他深知同袁绍一战终不可免,因此早就在做战胜袁绍的心理准备。荀彧、郭嘉等谋士在这方面帮助曹操做了不少工作。早在曹操第二次南征张绣回来,为袁绍那封骄横傲慢的信而生气,想要兴师问罪但又担心敌不过袁绍时,荀彧就劝导曹操说:"从古代争夺天下的经验教训看来,如果真有本领,即使开始弱小最后也会变得强大,反之,即使开始强大最后也会衰弱下来。从刘邦、项羽的一存一亡,就不难看出这个道理。现在同您争夺天下的人,只有一个袁绍。袁绍待人表面宽厚而内里猜忌,用人而又不信人,而您遇事通达,不拘一格,人才都能得到合理使用,这是在器量上超过了袁绍。袁绍遇事迟疑不决,往往坐失良机,而您敢于决断大事,善于随机应变、因事制宜,这是在智谋上超过了袁绍。袁绍带兵宽缓不严,没有一套法规制度,士兵虽多,但很难发挥作用,而您法令严明,赏罚必行,士兵虽少,却都能拼死作战,这是在武力上超过了袁绍。袁绍凭借其家世的资望,装得彬彬有礼、足智多谋,很多没有实际才能、喜欢虚名的人都前来归附了他,而您以仁道之心待人,推诚相见,不图虚名,自己谨慎节俭,对有功的人却一点也不吝惜奖赏，所以天下忠诚正直、确实想干一番事业的人都愿为您所用，这是在品德上超过了袁绍。您凭着这四个方面的优越条件辅佐献帝，征讨四方，有谁敢不依从您呢？袁绍一时强大又有什么用呢？"

曹操听了，十分高兴。郭嘉更为细致地把曹操和袁绍做了比较，认为曹操在十个方面胜过袁绍：

第一，袁绍讲究繁文缛节，注重形式，而曹操办事讲求实际。这是在思想方法上超过了袁绍。

第二，袁绍不尊奉朝廷，而曹操拥戴献帝以号令天下。这是在道义上超过了袁绍。

第三，汉末政令失之于宽，袁绍以宽治宽，无法扭转政治混乱的局面；而曹操以猛治宽，上上下下都知道主动约束自己。这是在治理上超过了袁绍。

第四，袁绍外宽内忌，用人而又疑人，所重用的多是亲戚、子弟；而曹操外简易而内精明，用人不疑，任人唯才，不问亲疏。这是在器量上超过了袁绍。

第五，袁绍多谋少决，往往错失良机，而曹操谋略一出便付诸实行，应变无穷。这是在智谋上超过了袁绍。

第六，袁绍凭借家世资望，故作谦让以收取名誉，跟随他的大都是一些好虚名的人；而曹操诚心待人，不图虚名，自己生活俭朴，奖励有功的人却一点也不吝啬，因此忠诚正直、眼光远大而又有真才实学的人都愿为所用。这是在品德上超过了袁绍。

第七，袁绍见人饥寒，怜悯形之于色，但自己没看到的就往往考虑不周，这是所谓妇人之仁；而曹操对眼前小事，时有忽视，至于大事，考虑的却都与天下有关。这是在仁的方面超过了袁绍。

第八，袁绍的部下争权夺利，互相诋毁，而曹操以适宜的办法管理下属,流言蜚语没有市场。这是在明察方面超过了袁绍。

第九,袁绍不分是非,而曹操对正确的以礼待之,对不正确的以法正之。这是在文的方面超过了袁绍。

第十,袁绍喜欢虚张声势,不懂得用兵要领,而曹操能以少敌众,用兵如神。这是在武的方面超过了袁绍。

曹操听了郭嘉这番分析,也很高兴,笑着说道:"我有何德能接受这番褒奖呢?"

荀彧、郭嘉的分析,虽都不免对曹操有过誉之处,但大体说来还是比较符合实际的,透过表面现象抓住了实质和要害。这对帮助曹操及曹操集团的人认清形势、树立信心,无疑会起到良好的作用。

袁绍占据四州后,力量更强,声势更大。而这时曹操虽已打败吕布,占据徐州,但战争行动刚刚结束,还未来得及巩固。他真正能够有效控制的,还是只有兖、豫二州,而兖州比较狭小,豫州在献帝都许前遭受过战争的严重破坏,恢复工作进行的时间还不长。此外,曹操还有后顾之忧,南边的刘表、张绣及西边的韩遂、马腾都须小心提防,就是近在身边、表面归附的刘备也不能让其释然。力量对比的优劣是显而易见的。但由于曹操逐步建立起了战胜袁绍的信心,对双方的优势劣势有了一个比较符合客观情况的估计,因而在强敌压境的情况下没有惊慌失措,更没有畏难退缩,而是调兵遣将,从容应对,为夺取最后胜利奠定了一个良好的基础。

二 调兵遣将

建安四年(199)春,当袁绍点选精兵十万、战马万匹准备大举南攻曹操时,手下一些重要谋士和将领对这件事情的意见是不一致的。沮授不主张马上同曹操决战,他劝袁绍说:"由于讨伐公孙瓒,我军连年征战,百姓疲劳不堪,粮食没有积蓄,赋役异常繁重,这是很值得忧虑的。我们应当发展农业生产,减轻百姓负担,同时派遣使者把消灭公孙瓒的捷报上报献帝。如果上表受阻,再上表谴责曹操,并且兴师问罪。可以首先进兵黎阳,然后逐渐经营河南,多造战船,修缮器械,并派遣精骑骚扰曹操的边境,让他不得安宁,而我们则可以逸待劳。这样不出三年,大局就可以平定下来。"

这个首先发展农业生产,稳定后方,然后进驻黎阳,据河而守,拖垮曹操的主张,从当时条件来看,是有一定道理的。但审配、郭图力主马上出兵,说:"按照兵法,兵力超过敌人十倍以上,就可以包围敌人;超过敌人五倍以上,就可以发动进攻;兵力与敌人相当,就可以同敌人进行决战。现在由明公(指袁绍)带领河北的兵力去攻打曹操,实在是易如反掌。如果现在不赶快动手,以后就难办了。"

这个意见仅从军队的数量看问题,带有明显的片面性,显然是不妥当的。为此,沮授反驳道:"救乱诛暴,被称之为义兵;恃众逞强,被称之为骄兵;义兵是无敌的,而骄兵却会很快灭亡。曹操尊奉天子,用天子的名义号令天下,我们南下攻击许都,从道义上讲起来是违逆的。而且战争的胜负主要取决于方针策略的正确,不在于兵力的强弱。曹操法令严明,士卒精练,不是公孙瓒那样的等着挨打的人。现在放弃万全之策不用而去大兴无名之师,我实在为此感到害怕!"

郭图、审配听了,不由得心头火起,针锋相对地说道:"周武王讨伐商纣王,并不是什么不义;何况我们是对曹操用兵,怎么能说是师出无名呢?而且袁公师徒精勇,将士思奋,不及时定下大业,正是所谓'天给你而你不取,就反而要受害'。你一味求稳,但却不善于把握时机,不善于觉察事物变化的迹象,这是会误大事的!"

郭图、审配的意见虽然缺乏冷静、科学的分析，但却迎合了袁绍希图"早定大业"的心理和平定四州后与日俱增的骄傲情绪，因而最终被袁绍所采纳。这时沮授任监军之职，负责统领监护诸将，郭图、审配担心沮授以后同他们作对，于是又在袁绍面前进谗，说沮授监督统率内外，威震三军，如果将来势力发展起来，将会难以控制；何况带兵在外，就不宜干预内部事务。袁绍又立即采纳了两人的意见，将原来由沮授统率的部队分归三个都督，由沮授和郭图、淳于琼各主管一军。

骑都尉崔琰也曾劝阻袁绍，说献帝在许，老百姓希望辅佐献帝以安定天下，不能对许都发起攻击，但袁绍同样听不进去。

袁绍将要大举南攻的消息传到许都，也在曹操阵营内部掀起了一股强烈的冲击波。不少将领认为无法抵敌，心怀恐惧。但曹操这时已是成竹在胸，信心十足。他开导诸将说："我了解袁绍这个人，志向很大但才智短浅，外表严厉而内心胆怯，妒忌刻薄而缺少威信。士兵虽多，但调度、部署却不得当，将领骄傲而政令不能统一。因此，他土地虽广，粮食虽多，却都只能是为我准备的！"

曹操作为一军之主，他这番冷静客观而又充满自信的话语，对于稳定军心、激励士气无疑会产生十分重要的作用。

孔融在青州时，曾是袁谭手下的败将，这时又被袁绍强大的表象所迷惑，对荀彧表示担忧说："袁绍地广兵强，又有田丰、许攸这些谋士为他出谋划策，有审配、逢纪这些忠诚部属为他处理政事，有颜良、文丑这些勇冠三军的将领为他统率军队，我们要同他较量，恐怕很难取胜吧！"

荀彧很不赞成这种悲观论调，反驳说："袁绍军队虽多但法纪不严整。田丰个性刚强，喜欢触犯袁绍；许攸贪财而不能对自己加以约束；审配专横独断而没有智谋；逢纪果断却又自以为是。如果让审配、逢纪留在后方处理政务，万一许攸的家属犯了法，他们肯定是不会放过的；但如不肯放过，许攸就一定会反叛袁绍。至于颜良、文丑，不过是没有智谋的一勇之夫，一交手就可以把他们擒获！"

曹操着重分析了袁绍的短处，荀彧则着重分析了袁绍手下几个重要谋士和将领的短处，敌方阵营主要的劣势和不足也就显而易见了。当然，袁绍阵营不是没有优势和长处，对这些优势和长处曹操和荀彧等人也不可能视而不见。但在当时着重指出袁绍阵营的劣势和不足却是完全必要的，这对消除在一些将领中弥漫着的畏敌情绪，树立战胜强敌的决心和信念，具有十分重要的意义。而且，这些分析大体说来也是实事求是的，确实抓住了袁绍集团一些带有根本性的弱点，后来战局的发展也证明这些分析和预见是相当准确的。

思想上树立了战胜强敌的信念，但不等于可以粗心大意。恰恰相反，曹操对袁绍这个强敌，在战术上是十分重视的。从建安四年（199）年初起，曹操就采取了一个又一个针对袁绍的步骤，为最后决战不断创造着条件。

二月，曹操在擒杀吕布后从徐州回到昌邑。在曹操围困吕布时，大司马张杨曾陈兵东市声援吕布，被部将杨丑杀掉。后来，张杨的另一个部将眭固又杀掉杨丑，率众投归了袁绍，驻屯在射犬。射犬是黄河北岸的战略要地，曹操不愿让它落入袁绍手中，决心立即夺回。四月，曹操进军到黄河边，派史涣、曹仁、徐晃渡河攻打眭固。眭固知道难以抵敌，于是派原任张杨长史的薛洪及河内太守缪尚留守射犬，自己率军北迎袁绍，谋求救援。史涣等带兵前往截击，在射犬北面的犬城与眭固相遇，双方展开激战，眭固被打得大败，本人被杀死。曹操率军渡过黄河，亲自指挥围攻射犬。薛洪、缪尚无法拒守，率众投降，被曹操封为列侯。曹操回军敖仓，任命颇有才干的魏种为河内太守，把黄河以北的地区全权交付给他管理。曹操夺下射犬，为自己在黄河以北建立了一个前哨阵地，对牵制袁绍的进攻极为有利。

接着，曹操派兵阻截企图取道徐州北上的袁术，迫使袁术退回寿春窘迫而死，既将自己的势力范围扩展到了扬州，又阻止了袁绍力量的进一步增强。

八月，曹操进军黎阳。黎阳地处黄河北岸，离袁绍盘踞的邺城很近，是当时的一个军事重镇。曹操占据黎阳，即可以此与西面的射犬遥相呼应，使之成为防御袁绍的一线阵地。

曹操派臧霸等人率领部分精兵进入青州，攻下齐和北海等地。这对于防止袁绍从青州方面配合主力发动攻势，保证自己集中全力在官渡一线对付袁绍，具有积极的意义。

曹操派遣东郡太守刘延扼守白马。于禁不惧强敌，要求打头阵，曹操很赞赏，派他率领步兵二千驻守白马西面的延津。振威将军程昱则被派去驻守鄄城。程昱手下原来只有七百士兵，曹操觉得太少，派人通知程昱，准备给他增加两千士兵，程昱不同意，说："袁绍拥有十万精兵，自以为所向无敌，看到我兵少，一定不会把我放在眼里，因此轻易不会前来进攻。如果给我增加了兵力，袁绍就肯定会前来进攻，而一攻鄄城肯定会被攻克。这样，你们分兵给我，你们减少了兵力；而我虽然增加了兵力，但比起袁绍来还是少很多，结果还是守不住鄄城，这徒然使我们双方都遭受了损失。不如还是保持现状吧！"

曹操觉得有理，同意了程昱的意见。后来袁绍听说程昱兵少，果然没有前去进攻。曹操对贾诩说："程昱的胆量，真是超过了孟贲和夏育啊！"孟贲和夏育是战国时秦武王的勇士，曹操这么说，表达了对于程昱的高度赞赏之情。

延津、白马和鄄城都在黄河南岸，从西向东一字排开，与射犬、黎阳隔河相望,成为曹操防御袁军南下的第二道防线。

九月,曹操回到许都,分兵守卫官渡。官渡在延津以南,许都以北,是袁绍南下进攻许都的必经之地。曹操在这里设防,从而使这里成为阻挡袁军进攻的第三道防线。

十一月,张绣率众投降曹操。这不仅使曹操去掉了一个后顾之忧,而且增加了一支有生力量。

为了对付刘表的威胁,曹操又派治书侍御史卫觊出使益州,利用益州牧刘璋同刘表之间的矛盾,让刘璋出兵牵制刘表。卫觊到了长安,因道路不通,留在关中。后来,他通过荀彧给曹操提出了恢复食盐官营制度,用食盐官营所得的收入购买耕牛,以供给回到关中的流民进行屯垦的建议。曹操采纳了这一建议,从而不仅解决了流民的实际困难,同时削弱了关中地方豪强的势力,对稳定自己的侧翼发挥了积极作用。

十二月,曹操亲自率军驻守官渡,加强了官渡的防御力量。

建安五年(200)正月,车骑将军董承等人企图杀害曹操的密谋败露,曹操杀死董承等人,除掉了一个心腹之患。参与了密谋的刘备,因此前被派去拦截袁术而离开了许都。到下邳后,刘备即公开打出了反叛曹操的旗帜,与袁绍南北呼应。曹操迅速出击,将其击败,从而避免了同袁绍决战时两面作战的风险。

不难看出,曹操是在一步一步、有条不紊地做着迎战袁绍的准备。这些准备工作大体上可以分为三个方面。一是心理准备,主要是在将领中树立起战胜袁绍的信心。二是正面布防,从北到南一共设下三道防线,形成了一个有层次、有纵深、可以互相支援、彼此呼应的整体防御体系。三是安定后方,稳定两翼,避免出现后顾之忧和两线作战、首尾难顾的局面。这些,都显示了曹操作为一个战略家的老谋深算。

比较而言,袁绍的诸多不足和毛病都在这一时期暴露了出来。袁绍从建安四年(199)三月灭掉公孙瓒、据有四州后即产生了南征曹操的想法,可是迟迟不采取实际步骤,从而使曹操有了比较充裕的时间来完成防御的种种准备。袁绍自己缺乏主见,在战与不战的问题上手下谋士又各执一端,产生矛盾,使团结对敌受到影响。袁绍为了夹击曹操,也曾想在曹操的背后开辟第二战场,派人前去联络荆州的刘表和穰城的张绣。刘表因长沙太守张羡连结长沙、零陵、桂阳三郡起兵与之抗拒,发兵进攻连年不下,因此无暇北顾,只是表面答应了袁绍的要求,并没有派出一兵一卒呼应袁绍,同时也不援助曹操,实际上采取了中立的态度。张绣则不仅不同意出兵,相反听从谋士贾诩的劝告,率部投降了曹操。出现这种局面的原因是复杂的,但在一定程度上也与袁绍自身存在的毛病有关。当袁绍、曹操对峙时,关中诸将多持中立观望态度。凉州牧韦端派从事杨阜到许都察看动静,杨阜回去后,关中诸将问:"你看袁绍、曹操哪一个能最终战胜对手?"

杨阜回答说:"袁绍宽厚但缺乏决断,喜欢谋划却很少下过决心。不能决断就没有威信,不能下决心就会错失良机,眼下虽然强盛,但最终却不可能成就大业。曹操有雄才远略,遇事当机立断,没有疑虑,法令划一,士卒精练,能够破格用人,所任用的人又都能各尽其力,是一定能够办成大事的。"

这番议论,同荀彧、郭嘉的分析是不谋而合的,代表了曹操阵营以外的一些人对袁绍和曹操的看法。对袁绍的评价如此,人们自然就不会轻易地前去投归了。反过来曹操在这方面则会占到便宜,张绣的来归便是一个例子;关中诸将虽在名义上保持中立,却能让曹操派去的钟繇、卫觊在关中立足是又一个例子。

袁绍同曹操这种禀赋才能上的差异,在对待刘备的问题上也充分表现了出来。建安五年(200)正月,曹操在袁绍大军压境的情况下,毅然亲自率军东击刘备。这时,田丰曾劝袁绍说:"与您争夺天下的人是曹操。现在曹操东击刘备,两军打起来后不可能很快脱身,我们应当调动大军前去袭击他的背后,这样可以一战而平定天下。军队讲究待机而动,这正是一个合适的时候!"

但袁绍却以孩子有病为由,拒绝了田丰的要求。田丰气得拿着木杖狠狠地敲击地面,说:"唉!大事算是完了!碰到这样一个难得的机会,却因一个孩童有病就白白地放弃了,实在是可惜呀!"

袁绍听了,不仅没有受到触动,反而很不高兴,从此就与田丰疏远了。刘备被曹操打败后,跑到青州投奔袁谭,袁谭派人报告袁绍,袁绍却又亲自跑到离邺城二百里以外的地方去迎接。如此盛情,与前番的错失良机形成鲜明对比,实属画蛇添足之举。

决战之前的这番较量,主要是决心和谋略的较量。虽然还不是军事力量的直接较量,但往往比军事力量的直接较量还显得重要,它能在相当程度上决定军事力量直接对抗的成败。曹、袁双方的这一番较量,曹操显然是赢了一分,这对后来战局的发展产生了十分重要的影响。

三 首战告捷

建安五年(200)正月,曹操收复徐州、还军官渡后,袁绍却又打算进攻许都了。田丰认为已经错过良机,不宜再轻举妄动,劝阻说:"曹操既然已经打败刘备,那么许都就不再存在空虚的问题了。曹公又善于用兵,变化多端,没有定规,军队虽少,却决不可以轻视。我们不如用持久战的办法去对付他们。可以对外结交英雄豪杰,对内提高农业生产和加强军事力量,然后在此基础上,选拔一支精锐部队,分成若干支分队,抓住对方防守薄弱的环节轮番出击,不断骚扰其边境郡县,他们派兵援助右边,我们就去攻击他的左边,派兵援助左边,我们就去攻击他的右边,让他不得安宁,百姓也不能安居乐业,这样不出两年,我们就可以很容易地取得胜利。现在放弃克敌制胜的谋略不用,而想通过一次决战来解决胜负问题,假如不能如愿以偿,后悔就来不及了!"

田丰的建议与沮授大同小异,有不少合理之处,但袁绍却听不进去。田丰认为事关重大,不肯善罢甘休,仍然再三苦劝,惹得袁绍大为生气,认为田丰是有意涣散军心,挫伤斗志,下令给他戴上刑具,囚禁了起来。这样一来,再也没有人敢站出来说话了。

为了制造舆论,大造声势,袁绍命主簿陈琳写了一篇讨伐曹操的檄文,散发到各州郡去。在檄文中,袁绍一方面以大官僚地主的首领自居,对其讨伐董卓的"壮举"大吹大擂,另一方面则以铺张扬厉的笔墨,历数曹操"乘资跋扈,肆行酷烈,割剥元元,残贤害善","放志专行,威劫省禁,卑侮王僚,败法乱纪,坐召三台,专制朝政,爵赏由心,刑戮在口,所爱光五宗,所怨灭三族,群谈者受显诛,腹议者蒙隐戮"等种种"罪行",最后总结说:"历观古今书籍所载,贪残虐烈无道之臣,于操为甚。"檄文还攻击了曹操的父、祖,说曹腾"与左悺、徐璜并作妖孽,饕餮放横,伤化虐人",说曹嵩"乞匄携养,因臧买位,舆金辇,输货权门,窃盗鼎司,倾覆重器",曹操则是"赘阉遗丑",是不光彩的宦官后代。总之,政治攻击,人身污辱,可以说是无以复加用其极,把曹操说得一无是处。

这年二月,袁绍亲率大军进驻黎阳,在这里设立了自己的前线指挥部。同时,派遣郭图、淳于琼和颜良率军渡过黄河,直扑白马,进攻曹操所置的东郡太守刘延,拉开了袁、曹逐鹿中原的战争帷幕。沮授建议袁绍说:"颜良性情急躁,遇事沉不住气,虽然勇武,但不能让他独当一面。"

袁绍不听,偏让颜良做了进攻白马的主将。沮授见袁绍如此刚愎自用,对战争的前景充满忧虑,特地在临出发前,同宗族中人聚会了一次,把家财散给他们,非常感伤地说:"一个人在有势力时可以八面威风,势力一旦丧失,就连自身都保不住了。细想起来,实在是可悲呀!"

沮授的弟弟沮宗不了解内情,劝慰沮授说:"曹操的兵马敌不过我们,您有什么可担心的呢?"

沮授回答说:"曹操英明而有谋略,又有天子可以依恃。我们虽然打败了公孙瓒,但士兵已经很疲惫了。而上面的将帅又都那样骄纵奢靡,看来军队被彻底击溃的日子已经为期不远了。扬雄说过一句话:'战国时六国扰扰攘攘,表面上是为了姬姓的周朝,实际上是为嬴姓的秦国创造了取代周朝的条件。'说的大概就是今天这种情况了!"

沮授就是这样怀着满腹疑虑和忧愁踏上征程的。袁曹之战谁胜谁败,在他看来似乎已经是不言而喻的事情了。

颜良率军来到白马,即对曹军展开猛攻。刘延忙向曹操告急,但曹操鉴于袁绍大军压境,一时不敢贸然抽出兵力前去救援,以致白马被围月余,士兵死伤不少。到了四月间,曹操见袁军并无大举南渡迹象,这才决定分兵前去救援。荀彧向曹操献计说:"现在我们兵力不多,如果同袁绍正面交锋,恐怕占不到什么便宜,应当设法分散袁绍的兵力才行。您可带领一支队伍扑向延津,摆出一副就要北渡黄河袭击袁绍后方的样子,袁绍必然分兵向西阻截。这样,我们就可以乘机突袭白马,攻其不备,一举将颜良俘获是没有问题的。"

曹操非常赞同这一声东击西的作战方案,立即依计而行。果然，袁绍听说曹军将要北渡黄河，连忙分兵前往阻截。曹操见袁绍中计，立即掉头东向，督率一支轻骑日夜兼程，直趋白马。

这时在徐州被俘的关羽正在曹操军中。曹操因十分钦佩关羽的为人和勇武气概，很想把他留下来，在俘获关羽后立即任他为偏将军，平常礼遇十分优厚。但曹操发现关羽常常心神不定，似乎并没有长期留下的意思，便对张辽说："你同关羽交情不错，你去同他聊聊，探探他的底细。"

张辽遵命去见关羽，说明来意后，关羽感慨地说："我深知曹公待我不错，并想让我留下来。但我受刘将军厚恩，曾发誓同他共生死，我无论如何不能背弃他。我终究不会留在这儿，不过，我要找机会报效曹公一番后再走。"

张辽听了这番话，感到很为难。如实报告曹操吧，恐怕曹操把关羽杀了。不如实报告吧，这又不合于事君之道。考虑了许久，最后感慨说："曹公，是君父；关羽，不过是兄弟罢了。还是如实报告吧！"

谁知曹操听了张辽的报告，不仅没有生关羽的气，反而十分赞赏关羽，说："事君不忘其本，真是一个难得的义士啊！"然后又问张辽："你估计他什么时候才会离去呢？"

张辽将关羽受曹操恩惠，一定会报效一番之后才会离去的话说了。

这次突袭白马，关羽也在军中，因此他很快就找到了一个立功报效的机会。当曹军直趋白马，到离白马只有十多里路时，颜良才发觉，不禁大吃一惊，慌忙摆开阵势准备应战。曹操派张辽、关羽率先出击。关羽远远望见颜良的旗帜和车盖，立即鞭打坐骑飞一般地驰去，转瞬间就来到颜良马前。颜良猝不及防，还未反应过来，就被关羽一矛刺下马来。关羽又下马割下颜良头颅，这才奔回本阵。袁军被关羽的气势所震慑，竟无一人敢上前阻拦。曹军乘势掩杀过去，袁军阵势大乱，纷纷溃逃，曹军大获全胜。

曹操解除了白马之围，但估计白马最终难以守住，决定暂时放弃，于是迁徙城中百姓沿着黄河往西撤退。袁绍惨遭失败，并丧失一员大将，不禁恼羞成怒，下令全军渡河追击曹军。这时沮授又劝袁绍说："军事上胜与负的变化，不能不认真地加以考虑。现在我们最好还是留在黄河北岸，只分出部分兵力去攻官渡，如果能够攻下，再回来迎接大军渡河不迟；如果贸然南下，万一失败，那就有全军覆没的危险。"

但袁绍还是一意孤行，不理睬沮授的意见。沮授十分沮丧，临渡河时，不禁仰天长叹道："上面志骄意满，下面贪图战功。滔滔河水啊，我们还能北渡回来吗？"

沮授知道已经不可能有所作为，就以有病为借口，去向袁绍辞职。袁绍忌恨他，偏不让他辞职，但却裁减了他所统带的兵员，把这一部分兵员交由郭图带领。

袁绍率军渡过黄河追击曹军，一直追到延津以南，派遣刘备、文丑向曹军挑战。曹操心中已有破敌之策，于是停下部队，在白马山的南坡下安下营寨，派人登上高处瞭望袁军情况，随时报告。不一会儿，瞭望的士兵报告说："大概有五六百骑兵追来了。"

曹操没有理睬。不一会儿士兵又报告说："骑兵越来越多，步兵多得数不清！"

曹操听了，吩咐不用再报告了，然后命令骑兵解下马鞍，四散休息，马散放在附近，摆出一副懒散松懈、毫无防备的样子。同时，把刚从白马缴获的粮草、器械散放在路上。诸将不明白曹操的用意，见袁军人多势众，来势汹汹，都感到很恐慌，纷纷要求曹操集合兵马，守护营寨。只有荀攸慢悠悠地说："这正是一个诱敌上钩的好办法,擒杀敌人的好时机,怎么能够往回撤呢?"

曹操知道荀攸明白了自己的用意,不禁与之相视一笑。诸将似乎也有些明白了,也就不再言语。

这时,文丑和刘备带着五六万骑兵先后赶到。诸将要求上马迎敌,曹操认为还不到时候。过了一会儿,敌军骑兵越来越多,看见曹军四处遗弃的辎重马匹,纷纷奔去夺取,队形顿时大乱。曹操见时机已到,立即下令出击,诸将翻身上马。这时曹操的骑兵还不满六百,但趁袁军混乱的当儿果断出击,很快把袁军打得大败,大将文丑在混乱中被杀。

在进行白马、延津之战的同时,曹操还派大将于禁率领部分兵力到袁绍侧翼骚扰,牵制袁绍主力。于禁从延津西南北渡黄河,到汲县和获嘉焚烧袁军堡垒三十多个,杀敌俘敌各数千人,招降袁绍部将何茂、王摩等二十余人。接着,曹操派于禁率部屯驻原武,袭破了袁绍在黄河边杜氏津的兵营。这些行动,有力地配合了曹操在正面战场上所开展的攻势。

曹操解除白马之围后,立即表奏朝廷,封关羽为寿亭侯。曹操因关羽有言在先,预料关羽即将离他而去,因此对关羽厚加赏赐,希望借此稳住关羽。无奈关羽去意已决,他把曹操赏赐给他的东西全部封存起来,留下一封告别信,竟自跑到袁绍军中寻找刘备去了。曹操的部下得知消息,要求前去追击,曹操不同意,宽容地说:"他这也是各为其主,就不用再去追了!"

白马、延津两次战斗,是官渡决战的前哨战。曹、袁双方虽都不过是小试牛刀,但彼此优劣成败的征兆却都得到了比较充分的展示。曹操机智果敢,出奇制胜,先声夺人,从而大大鼓舞了己方的士气,而使敌方的士气大受影响。特别是,颜良、文丑都是袁绍的名将,结果才不过打了两次小仗就都被杀死,这在袁军中引起了强烈的震恐。曹操的兵力从数量上说远不及袁绍,在强敌压境的情况下,特别是在自己阵营内对战胜强敌还存在着许多疑虑、信心十分不足的情况下,不仅仅是从道理上,而且还通过实践来说明敌人只是貌似强大、我们完全可以战而胜之的事实,是非常重要的。从这个意义来说,曹操首战告捷赢得的这一分不仅漂亮,而且关键,其意义远远超过了两次战斗所取得的实际战果本身,而对后来整个战局的发展产生了微妙而深刻的影响。

四　两军对峙

曹操取得白马、延津两次战斗的胜利后,考虑到敌强我弱的形势并未从根本上得到改变,决定诱敌深入,撤退到官渡一线设防,相机打击敌人。当时曹操处在强敌的进攻面前,若不退让一步,仓猝进行决战,就有全军覆没的危险,因此采取这一步骤是适宜的。

袁绍连败两仗、连损两员大将之后,急火攻心,迫不及待地要逼上前去同曹操决一雌雄。这年七月,袁绍把主力推进到官渡北面的阳武。当时的情况是,从曹操这一方来讲,一方面应避免立即决战,这样做有可能危及全军的生存;另一方面又不能拖得太久,因为军中粮草不足,速战速决对自己是有利的。而从袁绍这一方来讲,他兵多粮足,可以持久,而且近期的两次失败使士气受挫,所以他应采取持久战的方针,慢慢拖垮对手。因此,沮授不赞成袁绍立即决战的想法,劝阻袁绍说:"北方的军队人数众多,但果敢强劲比不上南方的军队。南方的军队粮食储存少,军需物资比不上北方。速战对南方有利,而长期坚守对北方有利。我们应当打持久战,用拖延时间的战术把敌人拖垮。"

但袁绍还是不想听从这个意见。这年八月,袁绍采取前后结营、步步推进的方法,将主力逼近官渡。袁军背靠沙堆,安营扎寨,营寨东西相连,长达数十里。曹操分兵防守,双方形成对峙局面。

九月,曹操果如沮授所料,主动率军出击,但未能取得胜利,只好退回营垒固守,等待有利时机。

袁绍见曹军坚壁不出,便命士兵在曹营外面筑起了一座座高高的望敌楼,并堆起土山,居高临下向曹营射箭。袁军箭如雨下,曹军死伤不少,人们来往行走都得举起盾牌护身,或低下身子匍匐前进,一时精神上感到很大压力。曹操采取对策,一面同样筑起土山与袁营相对,一面下了一道赶造发石车的命令。

《左传·桓公五年》曾有"旝动而鼓"的记载,当时周天子攻打郑国,郑庄公命令左右两边的方阵说:"旝动而鼓。""旝"音"快",杜预注认为是大将所用的军旗,手执以为号令。贾逵、许慎则以"旝"为发石,《说文》:"建大木置石其上,发以机,以追敌也。"段玉裁《说文解字注》:"飞石起于范蠡《兵法》。"可见,旝是一种用机械原理将石头抛发出去的砲车,在春秋时即已运用于实战。曹操对这种器械加以改良、革新,用于当前的战斗,收到了很好的效果,袁军的望敌楼一个接着一个被摧毁。由于发石车发动时声响很大,像打雷一般,袁军又把这种发石车叫做"霹雳车"。曹军在发石时同时擂鼓进攻,一时山摇地动,袁军精神感受威胁,形势顿时发生逆转。

袁绍一计不成,又生一计。他命士兵暗中挖掘地道,直通曹营,以便对曹营发动偷袭。曹操针锋相对,命士兵在营内挖掘长长的壕沟截断袁军地道,袁绍的计划又被挫败。

袁绍的十万大军进驻官渡后,后方补给线很长,曹操又抓住这个薄弱环节大做文章。一次,荀攸对曹操说:"袁绍运送军粮的车队早晚就要到了。护送车队的将领叫韩猛,作战很勇敢,但有轻敌的毛病,可利用这个机会去袭击他,一定能够得手。"

曹操问:"派谁去执行这个任务合适呢?"

荀攸说:"可以派徐晃去。"

于是,曹操趁袁绍的几千辆运粮车快到官渡的时候,派徐晃、史涣前去突袭,将担任护卫的袁军打得大败,并放火把全部军粮烧光。

这期间,在幽州的乌桓司马阎柔派人到官渡来见曹操,曹操任命阎柔为乌桓校尉。建忠将军、负责督辖幽州六郡的鲜于辅则亲自来到官渡,曹操任命他为右度辽将军,封亭侯,仍让他回去镇守幽州。当时幽州为袁绍所辖,但阎柔、鲜于辅却已归心曹操。曹操给他们升官封爵,并让他们回镇本土,其目的是显然的,一方面是为了使袁绍后方处于不稳定的状态,另一方面是为了利用阎柔、鲜于辅熟悉乌桓、鲜卑等少数民族事务的有利条件,稳定北部边境局势,可以说是颇具战略眼光的。鲜于辅在官渡停留了一段时间,协助曹军抗击袁绍。

后来袁绍被打败,曹操很高兴,看着鲜于辅笑眯眯地说:"袁本初打败公孙瓒后,把公孙瓒的头送到了许都,当时我感到很突然。而现在我又把袁本初打败了。这既是天意,也是靠了你们的努力啊!"

后来,曹操也很喜欢阎柔,常常对他说:"我看待你就像看待我的亲生儿子,希望你也把我当成你的父亲看待。"

阎柔自然很高兴,于是同曹丕深相交结,两人就像亲兄弟一般。

这些自然是后话了。曹操当时同袁绍你来我往,虽然也取得了一些局部胜利,有效地遏制了袁绍的攻势,但自己的问题和困难也逐渐暴露出来,并且越来越尖锐。这些问题和困难主要是:

一是军需匮乏,特别是军粮供应不足。在这方面曹操可以说是想尽了办法,有些办法别人没有想到,他都想到了。比如还在做战前准备时,各种物资装车后,还剩有几十斛竹片。这些竹片都只有几寸长,大家觉得没有什么用处了,准备烧毁。但曹操还是尽力思索,最后决定把这些竹片做成盾牌,把废物派上了用场。

二是军力不足,士兵过于疲劳。当时袁绍有兵十万,而曹操的军队据《三国志·魏书·武帝纪》的说法还不满一万,其中还有十分之二三是伤兵,这个说法虽不可信,但曹军在数量上处于劣势,这是毋庸置疑的。当时战线拉得很长,袁军营寨长达数十里,曹操要与之对抗,就只能以尽量少的兵力担负起尽量多的任务,这样,士兵必然不堪重负,极易陷于疲劳,而反过来这又进一步影响了战斗力。曹操为此想了一些办法来鼓舞士气,一次,他见运粮的士兵十分辛苦,就对他们说:"再过十五天,我们就可以打败袁绍了。等到那时,就不用再让你们这么劳累了!"

但实际上,这不过是曹操给士兵开出的一张空头支票罢了。

更为严重的是,由于战争加重了百姓的负担,很多人不堪忍受,因而叛离曹操站到了袁绍一边,连一些官吏也跑到袁绍营垒中去了。其中影响最大的,是刘辟等人的叛变。

刘辟原是汝南黄巾军首领,有众数万,曾先后依附袁术和孙坚,建安元年(196)二月被曹操打败后投降曹操。袁绍大军南下,刘辟见袁绍势盛,又乘机叛离曹操,在许都附近地区抢掠骚扰,与袁绍遥相呼应。袁绍见刘辟可以利用,便派刘备前往汝南与其配合,打算在时机合适时进袭许都。刘备攻下瀍强等县,又有一些地方起兵响应,弄得许都以南地区人心惶惶。后院起火,曹操感到十分忧虑。曹仁建议说:"目前大军滞留官渡,许都以南地区有事不可能及时做出反应,而刘备恰在这时以大军压境,因此,军民暂时叛离我们是可以理解的。现在刘备刚刚接手指挥袁绍军队,还不那么得心应手,我们应当乘机率军进击,打败刘备是不成问题的。"

曹操采纳了曹仁的建议,立即派他带兵南击刘备,果然没费多大力气就把刘备打败了。刘备逃走后,刘辟的营寨紧跟着被击破,原来叛离曹操的各县又重新回到曹操麾下。袁绍派部将韩荀去包抄曹仁,又被曹仁打得大败。从此袁绍不敢再轻易分兵外出。

刘备回到袁绍大营后,自知留在袁绍身边不是长久之计,私下打定了离去的主意。一天,他对袁绍说应派人前往荆州说服刘表出兵,并自告奋勇表示愿承担这一任务。这个建议迎合了袁绍在曹操后方开辟第二战场的想法,于是欣然同意,刘备很容易地达到了自己的目的。

刘备率部回到汝南后,与另一支黄巾军龚都部等会合,共有兵数千人,在曹操的后方攻扰。曹操派部将蔡阳进击,没有成功,蔡阳反被刘备杀死。但刘备等人的力量毕竟还较薄弱,不敢轻易对许都发起进攻,因此始终未能造成对曹操南北夹攻的局面,曹操仍得以集中全力在官渡一线对付袁绍。

曹操在武力平叛的同时,为了安定民心,还适当采取了一些减轻百姓负担的措施。有一件事可以说明这个问题。

刘辟叛离曹操后,有不少郡县起而响应,只有阳安不为所动。袁绍派人来到阳安,对都尉李通进行拉拢,特地任命他为征南将军。刘表暗中也派人前来活动。但李通不仅不为所动,还将袁绍派来的使者杀了,派人把征南将军的印绶上交给了曹操。为了表示对曹操的支持,李通还让百姓赶快交纳人头税(绢帛和丝绵),以支援官渡之战。朗陵长赵俨得知这一消息,特地赶来面见李通,说:"现在诸郡反叛,只有阳安还忠于曹公,但人心也不太稳定。你在这个时候急急忙忙地收取人头税,有些不合适吧?"李通回答说:"曹公在官渡同袁绍相持,情势十分危急,左右郡县又都相继反叛,如果我不及时把丝绵绢帛收取上缴,别人还会以为我在徘徊观望,等待形势变化呢!"

赵俨听了,说:"你说得确实有些道理,不过应当比较一下什么更为重要。你先暂缓收缴,我为你来解决这个麻烦。"

赵俨立即给荀彧写了一封信。信中说:"阳安的百姓十分贫困,而邻近各县都已反叛,极易受到影响。在这种情况下,我认为应当对百姓进行抚慰,不应当反过来加紧催缴人头税。不然的话,怎么鼓励百姓朝好的方面发展呢?"

荀彧收到来信,立即报告了曹操。曹操认为赵俨说得有理,立即下令停止收缴,已经收上来的,全部退还回去。曹操这一招果然有效,百姓无不高高兴兴,局面很快稳定下来。

这期间,在江东的孙策听说曹操正在官渡同袁绍对峙,曾企图袭击许都,把献帝抢走。他暗中训练军队,部署诸将,加紧准备。但不久被原吴郡太守许贡的门客刺死,袭取许都的计划自然也就落了空。

总之,曹操在官渡同袁绍对峙不久,便感到这样拖下去不是办法,并进而产生了撤回许都的想法。为此,他特地给留守许都的荀彧写了一封信,征求荀彧对此事的意见。荀彧很快回了信,信中说:"袁绍把主力集中到官渡,要与明公决一胜负。明公如果不能打败袁绍,就必然会给袁绍提供机会,这是一个关系全局成败的关头啊!袁绍不过是一个平庸无能的人,虽然能够团聚人才,但却不能使用人才。凭着明公的神武英明和顺时应势、所向无敌的能力,没有什么事情是办不成功的。现在军粮虽然短缺,但还不像当年楚、汉双方在荥阳、成皋之间相持时那么严重。那时刘邦、项羽没有一个愿意首先撤退,因为谁先撤退谁就会丧失有利的形势。明公以只有敌军十分之一的兵力,划定地域坚壁固守,卡住敌人咽喉使之无法前进,到现在已经有半年了。敌人的弱点已经暴露出来,他们的力量已经耗尽，相持的局面很快就会结束。这正是用奇谋战胜敌人的大好时机，千万不能失去啊！"

荀彧的意见是很有见地的，战争中优劣成败的变化确实往往取决于能否再坚持一下的努力，坚持一下，劣势就有可能逐渐转化为优势，反之，优势也就可能转化为劣势。假如曹操不能坚持下去，主动从官渡撤兵，袁绍必定乘势进攻，士气必然重新振作起来，而曹军的士气必然会大受影响，一些曾经响应袁绍的郡县又有可能重新打起反叛的旗帜，其后果将会是不堪设想的。曹操接读荀彧来信后，不仅茅塞顿开，而且深受鼓舞。但为慎重起见，他又就同一问题征询了贾诩的意见。贾诩对他说："明公的智慧胜过袁绍，勇武胜过袁绍，用人胜过袁绍，果断也胜过袁绍，有这四个方面的优势，但却花了半年时间还不能使局势平定下来，是因为明公想做得万无一失。必须等待有利时机当机立断，到时局面一定会很快改观的。"

曹操听了，进一步增强了信心，于是命令部队继续坚守：一方面积极解决粮食补给问题，稳定军心，平定叛乱；一方面密切注视敌人动静，准备寻找有利战机主动出击，夺取战争的最后胜利。

五 乌巢烧粮

到了十月间，曹操终于抓住了一次主动出击、从而使整个战局发生根本变化的机会。

袁绍部将韩猛督运的数千辆粮车被徐晃、史涣截获烧毁后，袁绍重新从河北装运了万余车粮食，派淳于琼等五个将领率兵万余人护送，然后把这些粮食集中囤聚在袁绍官渡大营北面四十里的故市和乌巢两个地方。沮授建议袁绍说:"可派将军蒋奇另带一支部队驻守在淳于琼的外侧,形成掎角之势,以防止曹操前来夺粮。"

但袁绍未接受上次粮车被截获烧毁的教训,对沮授的建议不予理睬。谋士许攸又向袁绍献计说:"曹操把全军集中起来同我军对峙,许都只留有很少的兵力留守,很空虚。如果我们派遣一支轻骑,昼夜兼程前去袭击,一定能够获得成功。拿下了许都,就可以奉天子以讨曹操,曹操被我们擒获就不成问题了。即使许都拿不下来,也可以造成曹操首尾不能相顾、来回疲于奔命的局面,为我们彻底打败曹操创造条件。"

袁绍的大将张郃赞成许攸的意见,站出来附和说:"袁公虽然连着取得了一些胜利,但还是不宜立即同曹公决战。我们可以秘密地派一支轻骑包抄到曹公的南边去,那他必然不战自败。"

许攸、张郃这一避实就虚、掩袭许都的建议确实是很厉害的一着棋。袁绍当时兵多将广,要做到这一点本来也并不困难。但袁绍自恃军力强盛,根本听不进这些正确意见。他非常自负地说:"我一定要在这里把曹操捉住!"

许攸其人比较贪财,袁绍未能满足他,心里本来就不高兴。提建议又碰了一鼻子灰,更加感到失望。恰在这时,又传来一个火上浇油的消息,说许攸的家属在邺城犯了法,被留守邺城的审配抓起来关进了大牢。许攸一听,不由得勃然大怒,于是连夜离开袁绍大营,前来投奔了曹操。

曹操原来就与许攸相识,年轻时还是朋友,听说许攸前来投奔,一骨碌翻下床来,来不及穿鞋,光着脚就跑出来迎接,一边跑,一边高兴地拍着手,高声笑着说:"子卿老远地跑到我这里来,我的大事肯定可以成功了!"

许攸字子远,曹操称他为"子卿",是表示亲近的意思。两人手拉着手来到营帐中坐定,许攸开门见山就问:"袁绍兵力很强,明公打算怎么对付他呢?"

曹操还没有来得及回答,许攸又提出了一个更为要害的问题:"您军中现在还有多少粮食?"

曹操思忖了一下,回答说:"粮食还可以支持一年。"

许攸立即做出反应:"不对!您再说说看。"

曹操只得改口:"还可以支持半年。"

许攸见曹操还是没有说实话,不由得提高了嗓门:"您是存心不想打败袁绍吧?为什么不肯跟我说实话呢?"

曹操见瞒不过许攸,只得找个台阶下台,同时吐露了实情,说:"刚才不过想同您开个玩笑。说实话,军中的粮食只够维持一个月了。您看这该怎么办呢?"

许攸回答说:"明公孤军坚守,外面没有救援,军粮又即将用尽,情况确实十分危急。我有一个主意:现在袁绍有一万多车军粮屯放在故市和乌巢,防备并不严密。我们可以派一支精兵前去袭击,出其不意地把这些粮草通通烧掉,不出三天,袁绍肯定就会全军溃败。"

许攸的建议,正符合曹操寻找机会、出奇制胜的作战意图,因此听后,大为高兴,立即发布命令,让曹洪、荀攸留守大营,自己亲率步兵、骑兵五千人连夜出发。不少将领心存疑虑,觉得曹操过于相信许攸,万一有诈,后果不堪设想。只有荀攸、贾诩二人相信许攸,劝曹操不必疑虑,尽管放心行动。

曹操命偷袭部队全都打上袁军的旗号,士兵每人背上一捆干柴,为了防止发出声响,口中还横含一根小棍,即所谓"衔枚",马嘴也都用绳子拴上,趁着天黑抄偏僻小路向乌巢进发。路上遇到袁军盘问,曹军就答:"袁将军怕曹操绕到侧后袭击我军粮囤,特派我们到乌巢去加强防守。"

听的人信以为真,也就不再盘问。天色微明时,曹军到达乌巢,立即散开围住粮囤放火。袁军见四处起火,顿时大惊失色,一片混乱。天明后,淳于琼等见曹操带的兵力并不多,就在营外摆开阵势,护住粮囤。曹操命令展开猛攻,淳于琼等抵敌不住,只得退守营中,等待袁绍派兵救援。

袁绍得知曹操袭击乌巢的消息,不仅不派重兵前去增援,反而认为这是一个攻下曹操官渡大营的好机会。他对其子袁谭说:"我们只要把曹操的大营拿下,曹操就会被弄得无处可回了!"

于是派遣大将高览、张郃等人前去进攻曹操的官渡大营。张郃认为这样做很危险,提醒袁绍说:"曹公亲率精兵去攻打乌巢,淳于琼等人是一定抵挡不住的。如果淳于琼等人被打败,乌巢失守,那将军的大势就算完了。我们应当赶快派兵前去援救才是。"

郭图迎合袁绍的心理,不同意张郃的意见,说:"张将军说的不是什么好办法,不如还是攻打曹操的大营。我们攻打曹操大营,曹操势必回师救援,这样乌巢即使不去救援,危险也可以解除了。"

张郃仍然坚持自己的意见,说:"曹公营寨坚固,去攻打短时间内一定拿不下来。如果淳于琼等人战败被俘,那我们这些人就都要当俘虏了!"

但袁绍还是固执己见,只派了几千骑兵去援救乌巢,而让张郃、高览率领重兵去攻打曹操的官渡大营。果然不出张郃所料,曹操的官渡大营一时攻不下来,而曹操得知大营被攻的消息,也并不马上率兵回救,而是对乌巢袁军展开了更加猛烈的攻击。这时援救乌巢的袁军已经赶到,左右向曹操报告说:"敌人的骑兵已经越来越近了,请分出一些兵力去抵挡吧!"

曹操生气地高声喊道:"他们到了我背后再报告!"

在曹操的督率下,将士无不拼死作战,终于在短时间内把袁军打败,袁绍的一万多车粮草被烧个精光,督将眭元进、骑督韩莒子、吕威璜、赵睿等人被杀死,并被割下首级;士兵被杀一千余人,都被割下鼻子;牛马则被割下唇舌。曹操命将这些割下的鼻子和唇舌抛掷给前来救援的袁军,袁军将士看了,无不惊恐失色,纷纷溃散而去。

淳于琼受伤后也被割下鼻子,但没有死,夜间被曹军捉住,送到曹操面前。曹操看了淳于琼的模样,十分得意,故意发问道:"你怎么弄到了这个地步呢?"

淳于琼并不看曹操,只是高声回答:"胜负由天定,这还用得着问吗?"

淳于琼当年是西园八校尉之一,任右校尉,曹操同他有过一段旧情,因此不想杀他。这时许攸在旁边不冷不热地说了一句:"明早一照镜子,他就更不会忘记自己是一个掉了鼻子的人!"

言外之意是,如果不把淳于琼杀掉,他是肯定会记仇、报仇的。曹操觉得有理,于是下令把淳于琼推出杀了。

六 全线出击

张郃、高览被派去攻打曹操的官渡大营,虽然拥有重兵,但因曹军阵地坚固,人人顽强抵抗,因而没有取得进展。这时乌巢粮食被烧、淳于琼等人被杀的消息传来,袁军上下,军心动摇,斗志涣散,攻势越来越显得无力。

原来反对张郃用重兵救援乌巢的郭图,看到形势不妙,内心既惭愧又惶恐,赶紧在袁绍面前说张郃的坏话,说张郃在官渡为袁军的失败而幸灾乐祸,并且出言不逊。张郃得知这一消息,又是愤怒,又是害怕,于是把攻坚用的器械烧掉,同高览一起来到曹操大营请降。这时曹操尚未回营,留守大营的曹洪心存疑虑,不敢接纳。荀攸劝他说:"张郃的意见没有被采纳,一怒之下前来投奔我们,这有什么可怀疑的呢!"曹洪这才打开营门,接纳了二人。

这一来,袁军上下更加惊恐,更加混乱。曹操乘势发动全面进攻,袁军不战自溃,四散奔逃,不少人跪在地上缴械投降。袁绍和他的儿子袁谭丢下部队,往北狂奔,只带了八百骑兵渡过黄河。曹操追之不及,将袁绍遗弃的大量辎重、地图、户口册和珍宝等物尽数缴获。投降过来的袁军士兵,曹操怀疑他们是假投降,加之数量巨大,担心难以控制,被全部活埋。这一仗,曹操前后杀死、活埋袁军将士七万余人。

一再为袁绍出谋献策而不被采纳的沮授,没有来得及跟随袁绍北渡黄河,被曹军擒获。带他去见曹操时,他大声叫喊:"我不投降!我是被你们抓来的!"

曹操同沮授过去有过交情,加之爱惜沮授的才能,便迎上前去,说:"我们住在不同的地方,以致互相隔绝,有很长时间没见面了。没想到今天倒在这里把你捉住了!"

沮授回答说:"袁将军失策,以致造成今天的失败。我的智慧和力量都已穷尽,被活捉自然是必然的了。"

曹操想劝沮授投降,于是说:"袁本初缺乏谋略,不肯用你的计策。现在战乱已经绵延十多年,国家还没有安定下来,这正是我们共商大事、共建大业的时候。你干脆同我一起干吧!"

沮授不同意,推托说:"我叔父、母亲和兄弟都还在冀州,性命捏在袁氏手里,明公如想关照我,最好还是让我快点去死!"

曹操见沮授不仅有才能,而且还很有骨气,不禁叹息道:"我要能够早点得到你,天下大事还有什么可忧虑的呢?"

于是下令给沮授松绑,好好相待。沮授勉强留下来,但不久即打算伺机逃跑。曹操得知后,知道沮授终不肯为自己所用,只得下令把他杀了。

曹操对于张郃来降,十分高兴,对张郃说:"以前伍子胥侍奉吴王夫差,不早些觉悟,结果使自己陷入了危险。你如今弃暗投明,跟微子背弃商纣王而投归周王、韩信离开项楚而投归刘汉,不是一样的吗?"

于是,立即任命张郃为偏将军,封都亭侯。张郃字俊乂,河间鄚人,曾应募镇压黄巾军,为军司马,属韩馥。韩馥兵败后,归袁绍,被袁绍任为校尉,派去攻打公孙瓒。公孙瓒被击破,张郃功劳不少,袁绍提升他为宁国中郎将。自投奔曹操后,屡立战功,很快成为曹操的重要将领之一。

曹操派人清理袁军丢下的图书器物,从中发现了一批书信,有些书信是许都和曹军中的人暗中写给袁绍的。部下有人主张对此严加追查,曹操却说:"袁绍强盛的时候,连我都感到难以自保,何况别人呢?"于是下令把这些书信全部烧毁。那些曾暗中同袁绍有过联络、此刻把心都提到嗓子眼的人,一下子放下心来。从此以后,这些人不再对曹操心怀二心,相反对之感激不尽,工作起来也就更加卖力了。

袁绍、袁谭父子带着八百骑兵一直跑到黎阳,才停留下来。袁绍走进驻军将领蒋义渠的营寨,握着蒋的手说:"我把性命托付给你了!"

蒋义渠赶紧把大帐让出来给袁绍住,自己住到另一地方,替袁绍传布号令。四处溃散的袁军将士听说袁绍在黎阳,又逐渐聚拢来一些人。

官渡大战前,因反对袁绍南征而被关进监狱的田丰,这时又面临着一场生死的考验。事实证明田丰当初的意见是正确的,因此袁绍大败的消息传来后,有人便对田丰说:"这回你一定要被袁公重用了。"

但田丰心中有数,回答说:"袁公表面对人宽和,但内心特别爱嫉恨人。他不了解我的忠心,我几次因进献忠言而触犯了他。如果他得胜回来,心中高兴,可能还会饶我一命;现在战败而回,又气又恼,内心的嫉恨必将朝我发泄,我是没有希望再活命了!"

袁绍回来后,对当初没有听从田丰的意见本来还多少有点感到羞惭,但这时有个谋士在他面前进谗,说田丰得知他大败而回的消息后,在那里拍手大笑,为自己把话说对了高兴。这一下把袁绍心中的嫉恨之火撩拨了起来,于是不加分辨,对身边的僚属说:"我不听田丰的劝告,果然落到被他耻笑的地步!"立即下令将田丰杀了。

当初曹操听说田丰被袁绍关了起来,没有随军南下,就高兴地说:"袁绍一定是会被我打败的!"

等到袁绍大败北逃,曹操又说:"如果当初袁绍能用田别驾的计谋,胜负还很难说啊!"

可见,曹操对袁绍帐下的谋士,实际上要比袁绍更为了解。

曹操大获全胜后,立即向献帝上表告捷。表文说:

　　大将军邺侯袁绍,前与冀州牧韩馥,立故大司马刘虞,刻作金玺,遣故任长毕瑜诣虞,为说命禄之数。又绍与臣书云:"可都鄄城,当有所立。"擅铸金银印,孝廉计吏,皆往诣绍。从弟济阴太守叙与绍书云:"今海内丧败,天意实在我家,神应有征,当在尊兄。南兄,臣下欲使即位,南兄言,以年则北兄长,以位则北兄重。便欲送玺,会曹操断道。"绍宗族累世受国重恩,而凶逆无道,乃至于此。辄勒兵马,与战官渡。乘圣朝之威,得斩绍

大将淳于琼等八人首,遂大破溃。绍与子谭轻身迸走,凡斩首七万余级,辎重财物巨亿。(《上言破袁绍》)

"任长",即任县的长官。当时人口万户以上的县,其行政首长称令,万户以下的县,则称长。"命禄之数",谓天命禄位的定数。袁绍欲立刘虞为帝时,曾派前任任长毕瑜到刘虞那里去,说他称帝是上天的旨意。"擅铸金银印",指袁绍筹划在鄴城建立新朝廷,擅自铸造百官所用的印,准备任用百官。当时百官所用的印,因官爵等级不同,有金质、银质、铜质的区别,大小也不相等。"孝廉",东汉选举官吏的一种科目,郡国满二十万户,每年推举孝廉一人,由朝廷任用官职。"计吏",州郡里的属官,负责每年向朝廷呈报所在州郡的户口、屯田、赋税和盗贼等事务。"从弟",即堂弟。"南兄",指袁术。"北兄"即指袁绍。报告前部历叙袁绍谋立刘虞为帝、谋在鄴城建立新都及袁术图谋拥戴袁绍为帝等事实,言之凿凿,从而有力地展示了袁绍虽"累世受国重恩"而"凶逆无道"的罪恶,为自己"辄勒兵马,与战官渡"的行动大张其本,说明了讨袁的正义性。后部罗列辉煌战果,不言己功而己功自明。"巨亿",指十万以上,言其极多。全文纯用事实说话,无虚报浮夸之弊,也无志满意骄之嫌,是一篇非常实在的文字。

这份表文,算是为曹操的官渡之战画上了一个圆满的句号。

七 "非惟天时,抑亦人谋"

官渡之战是毛泽东在《中国革命战争的战略问题》一文中列举的我国历史上"双方强弱不同,弱者先让一步,后发制人,因而战胜"

的著名战例之一。战争的胜负取决于双方政治、军事、经济等多方面的条件,但首当其冲的是双方军事实力的较量。曹操在官渡之战中,实力明显不如人力物力上都占有绝对优势的袁绍,但他却以少击众、以劣势对优势并最终大获全胜,其取胜之道是值得后人很好地深思的。

从军队人数来讲,曹操的军队要比袁绍少得多。袁绍的兵力,《三国志·魏书·武帝纪》说有"众十余万",同书《袁绍传》说有"众数十万",从中挑选了"精卒十万,骑万匹,将攻许",《后汉书·袁绍传》的说法与此相同。而曹操的兵力,《三国志·魏书·武帝纪》说是"不满万"人,其中还"伤者十二三",同书《荀彧传》载荀彧给曹操的答书也说曹操是"以十分居一之众"抗击袁绍,《后汉书·荀彧传》的说法与此相同。曹操兵力不满一万的说法,恐非事实,南朝宋时的裴松之即已对此说表示怀疑,并在《三国志》注中做了比较详尽的分析。裴松之认为,曹操初起兵时,即已有兵五千,此后百战百胜,败者不过十之二三而已。但一破黄巾,又接受降卒三十余万,此后不断吞并敌对势力,虽然每次征战都有死伤,但至官渡之战时不应少到如此地步。裴松之还进一步就官渡之战时双方对抗的具体情势提出质疑,认为,其时袁绍有兵十余万,曹操再有谋略,也无法以数千之兵与之长期对峙;而且,袁绍屯营东西数十里,曹操能够摆开阵势与之对抗,可见其兵力不会太少,这是其一;其二,如果袁绍有十倍于曹操的兵力,理应尽力固守,断绝内外,而曹操竟能先派徐晃袭击粮车,后又亲自带兵袭击乌巢,往来自如,并无阻隔不通的事情,可见袁绍并不能对曹操加以控制,这也说明曹操的兵力不会太少;其三,史籍称曹操活埋袁绍降卒八万(一说七万),如果八万人奔散起来,八千人是无法控御的,而袁绍的几万士兵竟然束手待毙,是靠什么力量来控御的呢?这也说明曹操的兵力不会太少。最后,裴松之还提出了《三国志》所以这样记载的原因,认为恐怕是"记述者欲以少见奇,非其实录也"。应当说,裴松之的质疑和分析是有道理的。不过,总的说来,不能否认袁强曹弱的事实,双方之间的人数不仅有差距,而且有较大的差距,估计曹操的军队最多不会超过四万人。沮授曾对袁绍说:"北兵虽众而劲果不及南。"也是承认了北兵在人数上比南兵众多的事实的。如果不是在人数上存在较大差距,曹操就不会在粮少利于速决的情况下,去与袁绍坚壁相持,甚至中途产生撤兵的想法了。

从军队的装备来讲,曹操与袁绍有很大差距。曹操后来曾发布过一道《军策令》,其中谈到官渡之战时双方装备的情况:

袁本初铠万领,吾大铠二十领;本初马铠三百具,吾不能有十具。见其少遂不施也,吾遂出奇兵破之。是时士卒精练,不与今时等也。

无论是人穿的铠甲还是马披的铠甲,曹操都比袁绍要少得多。曹操见自己的铠甲少,干脆舍去不用,而以奇兵打败了敌人。一是士卒精练,二是出了奇兵,从而充分发挥了自己的主观能动作用,弥补了物质条件的不足。文字虽短,却已大体总结了官渡之战所以能够取胜的经验。

此外,袁绍有战马万匹,而曹操加上后来司隶校尉钟繇从关中送来的战马二千余匹,也只有三千匹左右。其余攻防所用的武器、器械等袁绍当也比曹操多得多。

从经济力量来讲,曹操占领的兖、豫二州自董卓之乱以来,农业生产遭受了相当严重的破坏,后来虽在许都附近地区实行了屯田,到这时已实行了四五年光景,但由于战争连续不断,粮食消耗惊人,以至曹操在官渡同袁绍相持到许攸来奔时，只剩下能维持一个月的军粮。而袁绍占有幽、冀、青、并四州，人口众多，农业较发达，其中尤以冀州为最，是人力物力补给基地。袁绍第一次从河北运来粮食数千车，被曹操烧毁后，紧接着又运来一万多车，可见其经济实力、军粮储备是远比曹操要充裕的。

从后方的安定来说，兖、豫二州是四战之地，占领后要巩固比较困难，在官渡对峙的最困难的日子，两州的不少郡县起而反叛，就说明了这个问题。同时，曹操虽已先后击败或消灭袁术、吕布和刘备，收降了张绣，可南边还有刘表和孙坚，还不能说完全消除了后顾之忧。而袁绍占领的河北，有山河之固，同北面的乌桓、鲜卑等族保持着和亲关系，后方较为稳定。这种进可攻、退可守的有利条件，也是曹操所不具备的。

以上条件曹操都不如袁绍，但他却干净利落、彻彻底底地把袁绍打败了，这决不是偶然的，这是他长期以来，特别是迎献帝都许以来多方努力的必然结果。这种努力主要有两个方面。一是推行屯田，既解决了流民问题，有利于后方的安定，同时也找到了一条恢复农业生产、解决军粮问题的有效途径。曹操在官渡之战期间军粮不足，但如果不推行屯田，则不仅仅是军粮不足的问题，能否进行这一场大规模的旷日持久的战斗都将成为问题。在官渡之战中，曹操派典农中郎将任峻主管军器供应和粮食运输，所运输的粮食很可能多半是积贮在各地的屯田区域内所收获的粮食。袁绍也想截断曹军粮道，曾多次派兵攻击抢掠，任峻为此想出了一个对付的办法。他以一千辆粮车为一部，分十部并进，每队用两层军队护卫，从而有效地保证了运粮车队的安全。

二是在官渡之战前，当机立断攻取徐州，擒杀吕布，赶走刘备，降伏张绣，稳定关中，从而有效地解决了避免两线作战的问题。刘表、孙坚虽然虎踞南面,还不能说已经完全排除后顾之忧,但刘表胸无大志,坐守成业,孙策后来被刺身亡,都没有对曹操造成任何实质性的威胁。在官渡之战期间,曹操还派遣部将臧霸多次带兵进入青州,稳定了东部局势。镇守关中的司隶校尉钟繇,则不仅招抚流民恢复和发展了农业生产,争取马腾、韩遂暂时归附了朝廷,使曹操免除了西顾之忧,还在曹操兵少粮缺的关键时刻,挑选了两千多匹战马送到官渡,给了曹操以有力支援。曹操为此异常高兴,当即给钟繇写去了一封信:

> 所得送马,甚应其急。关右平定,朝廷无西顾之忧,足下之勋也。昔萧何镇守关中,足食成军,亦适当尔。(《与钟繇书》)

"关右",指函谷关以西之地,亦即关中。萧何是汉高祖刘邦的重要辅佐者,楚汉战争时期留守关中,负责士卒和粮饷的补给,支援前线作战,为刘邦战胜项羽,建立汉朝,做出了重大贡献。曹操将钟繇的"送马"与萧何的"足食成军"相提并论,对其功劳做了高度评价。这件事说明,曹操不仅没有陷入两线作战的被动局面,还在一定程度上得到了周边地区的支持。

相反,袁绍虽然也想开辟第二战场,但却始终未能奏效。官渡会战前,袁绍想拉拢刘表和张绣,未能取得成功。后来,刘辟、龚都及兖、豫二州的一些郡县背叛曹操,这又给袁绍提供了一个开辟第二战场的机会。对这个机会,袁绍本来也想加以利用,但他对部下分兵南下乘虚攻击许都的建议一再加以拒绝,主观上想在官渡把曹军一锅端下,因此下的决心不大,仅派与之存有异心的刘备带了不多的兵力,前去与刘辟等人配合,因此也未能收到多大效果。袁绍在这个问题上的失算,在客观上帮了曹操的忙,使曹操得以在官渡全力以赴,最终夺取了战争的胜利。

由于曹操做了比较充分的政治准备和军事准备,因而为官渡之战的胜利奠定了一个比较坚实的基础。而当战斗正式打响后,曹操杰出的军事指挥才能又为夺取战争的胜利发挥了至为关键的作用。首先,曹操对战争的全局做了通盘考虑,先后派兵攻占了射犬、延津、白马等战略要地,使自己在战争的初期获取了主动。其次,曹操根据敌我双方的情况,审时度势,采取灵活机动的战术,果断捕捉有利于自己的战机,从而节节夺取战争的胜利。他先用声东击西的战术,取得白马大捷;接着用诱敌之术,歼灭了袁绍的追兵。首战的胜利挫伤了敌军的锐气,但自己的力量仍处于劣势,于是曹操又先退一步,固守官渡,以少量的兵力拖住大量敌人,耐心寻求有利的战机。最后,因许攸来奔而深入摸清了敌情,于是及时抓住战机,集中兵力,避实击虚,以轻骑奔袭乌巢;在乌巢面临腹背受敌的危急时刻,又毫不动摇,厉兵奋击,终于抓住袁绍援军将到未到的短暂机会,击败了淳于琼,烧毁了袁军囤粮;接着乘袁军军心动摇、内部分裂的时机,发起全面反攻,最后终于取得了决战的胜利。灵活、机动和果断,这些优秀指挥员必备的素质在这场战争中得到了比较充分的体现。

相比之下,袁绍在指挥上就显得办法不多,十分被动。他自恃兵力众多,企图全线推进,直捣许都,结果十万大军被牵制于官渡。在官渡期间,他又只知正面强攻,一再拒绝部下迂回敌后的建议,使全军进退失据,陷于被动挨打的局面。在决战关头,又缺乏头脑,没有把主力用于具有决定意义的乌巢方向,而是继续攻打已经攻了数月也不见有进展的曹军官渡阵地,结果弄到全军覆没的地步。

曹操的出色指挥,固然和他本人的军事才能有关,但也和他知人善任、注意听取部下正确意见的品质态度有着非常重要的关系。

声东击西解除白马之围是由于他听取了荀攸的意见，坚守官渡是由于他听取了荀彧的意见，出击乌巢是由于他听取了许攸、荀攸和贾诩的意见。可以说，官渡之战的每一个胜利，都有着曹操谋士献计献策的功劳，也有着曹操言听计从、从谏如流的功劳。

相比之下，袁绍在这方面就做得太差。田丰、沮授、许攸和张郃等人都曾向他提出过非常重要、如果加以采纳实施很可能使战局发生重大改观的意见，可他一次也没有听从。袁绍外表宽和闲雅、落落大度，忧喜不形于色，但内心狭隘猜忌，性情刚愎傲慢，自以为是，有才而不能用，闻善而不能纳，好谋无决，迟疑误事，这种种毛病，都在这场关系生死存亡的战争中得到了充分的展示，与曹操的好谋多决、集思广益形成了鲜明对照。后来诸葛亮在隆中对刘备说："曹操比于袁绍，则名微而众寡，然操遂能克绍，以弱为强者，非惟天时，抑亦人谋也。"这可以说是鞭辟入里、一针见血的见解。

曹操的胜利，还跟全体将士同仇敌忾、奋勇杀敌的精神有很大关系，这又跟袁绍内部不团结，特别是几个主要谋士之间意见分歧，甚至彼此拆台，最后导致全军分崩离析的情形形成了鲜明对比。

老百姓的支持自然也是一个重要条件。曹丕即帝位后，曾在黄初二年（221）下过一道《复颍川一年田租诏》，诏中追忆说：

> 官渡之役，四方瓦解，远近顾望，而此郡守义，丁壮荷戈，老弱负粮。

老少一齐出动，参军参战，支援前线，不难想见一时盛况。

官渡之战是曹操统一北方的关键一战。这一战不仅消灭了袁绍主力，使袁绍从此一蹶不振，而且使整个北方受到震动，冀州各郡在袁绍战败后纷纷倒戈，献城投降曹操。曹操对袁绍的劣势转化成了优势，接下来，便是如何进一步消灭袁氏残余势力，实现北方统一的问题了。

第十章　克平四州

一　攻占黎阳

官渡之战一结束,曹操就打算趁孙策新死,出兵江东。两年前被孙策派到许都来贡献土产而被曹操留下做了侍御史的张纮认为不可,劝曹操说:"乘别人办丧事的机会前去攻伐,是不符合道义的。万一不能取得成功,反而会使朋友变成仇人。不如利用这个机会厚待孙氏,好给自己留个后路。"

曹操接受这个意见,立即表举继孙策统领了江东的孙权为讨虏将军,兼会稽太守。同时任命张纮为会稽东部都尉,让他回江东去,目的是要他在影响孙权北附方面发挥作用。

不久,曹操上表征召与孙权友善的豫章太守华歆,其目的一方面是为了罗致人才,另一方面也不无借此削弱孙权之意。孙权不想放走华歆,华歆劝他说:"将军接受朝廷任命,刚同曹公交好,关系还不牢固,我能有机会到朝廷去为将军做做工作,岂不是很好吗?把我白白留在这里,等于养了一个无用之物,并不是一个好办法。"

孙权听了,信以为真,就让华歆走了。看来,华歆实际上是不想在东南一隅长期待下去，所以找了这么一个冠冕堂皇的借口来糊弄孙权。华歆到许都后，被任命为议郎，参司空军事，又入为尚书，转侍中，代荀彧为尚书令。后曹操讨伐孙权，华歆又被表荐为军师，完全成了曹魏的股肱之臣了。

这一阶段，曹操保持了同孙权的睦邻关系。一次，孙权因庐江太守李术不肯听从自己号令，准备发兵攻打，但又怕李术向曹操求救，于是预先给曹操写了一封信，说：

明公居阿衡之任，海内所瞻，愿敕执事，勿复听受。（《三国志》卷四十七《吴主传》注）

"阿衡"即伊尹，是辅佐商汤王的贤相。"执事"指曹操手下的办事人员，实即指曹操自己。写过这封信后，孙权即发兵去皖城攻打李术，李术果然向曹操求救，而曹操也终于没有发兵救援，结果李术战败被杀，手下二万余人被孙权俘虏。

曹操不去救李术，当然不是因为孙权那封信真的起了那么大的作用，而是出于他自己的战略考虑。江东僻远，自然以暂时相安无事为好，这样有利于自己集中力量，解决当前更为紧迫的一些问题。

建安六年（201）三月，也就是官渡之战的第二年，曹操因为军粮短缺，把部队带到尚有存粮的东平安民亭就食。但安民亭的存粮也并不太多，不能满足部队同黄河以北袁军相持的需要，曹操便想乘袁绍新败、无力反扑的机会，先行南讨荆州的刘表。曹操之所以产生这个想法，一因刘表盘踞荆州，终究是一个心腹之患，二因自己还有一个心愿未了。建安三年（198），长沙太守张羡因刘表无礼，策动长沙、零陵和桂阳三郡抗拒刘表，特派使者来见曹操，表示愿为曹操南征充当内应，曹操当时非常高兴。但此后，刘表攻打张羡虽连年不下,而曹操也因忙于对付袁绍,未能派兵南下救援张羡。现在袁绍已被打败,而张羡也已病死。刘表乘张羡新死、其子张怿新任长沙太守之机,率军大举进攻,很快将三郡平定。曹操打算率军南下,认为这样一来可以抑制刘表势力的发展,二来可为张羡报仇。但荀彧不同意曹操这样做,说:"袁绍刚打败仗,我们应当趁他处境困难的时候,彻底将其平定。如果我们离开兖、豫二州把部队开到江、汉流域的荆州去,万一袁绍率其残部乘虚从背后发动袭击,那对我们就太不利了!"

荀彧的担心自然不是多余的。当时刘表势力正盛,如果率部南征,未必能够得到什么好处。而袁绍仍有一定势力,万一死灰复燃,卷土重来,对曹操仍会构成威胁。曹操认为荀彧说得有理,立即放弃了南征的打算,把部队部署在黄河岸边,有意炫耀武力,对袁绍进行威慑。

这年四月,曹操发兵攻击袁绍在仓亭的守军,大获全胜。袁绍逃回冀州,继续收罗被打散的部属,同时平定了一些在官渡之战后反叛的郡县,然后龟缩邺城,休养生息,等待时机。

九月,曹操回到许都。官渡之战中,刘备曾受袁绍指派,到汝南同反叛曹操的黄巾余部龚都会合,袭扰曹操后方,并攻杀曹操的部将蔡阳。曹操回许都不久,即亲自南征刘备。刘备自知不是对手,赶紧投奔刘表去了。刘表待以上宾之礼,给他增拨了一些兵力,让他驻屯新野。龚都等人不愿跟随刘备南去,纷纷逃散。曹操不费一兵一卒,收复了汝南,不久回到许都。

这期间,曹操派张辽率部平定了鲁国各县。又派张辽、夏侯渊到东海攻打曾经依附吕布的地方割据势力昌豨。张辽、夏侯渊把昌豨包围起来,接连攻打数月,均未奏效。正当粮食用尽、准备撤军时,张辽发现昌豨有投降的念头,于是毅然单身登上三公山,来到昌豨家，拜见昌豨家人，劝昌豨归降。昌豨很受感动，答应投降，随后同张辽一起来见曹操。曹操觉得这样做很危险，打发昌豨离开后，责备张辽说："你这不是一个大将应有的做法！"

张辽承认不妥，并解释说："我这样做，是因为您的声威显扬天下，我奉您的命令行事，昌豨一定不敢加害于我。"

第二年，即建安七年（202）正月，曹操率军回到谯县。不久，又到浚仪，下令治理了睢阳渠。这时，他想起故太尉桥玄来了，便立即派人带着太牢（用牛、羊、猪三牲做祭品，有时也专指牛，是古代最隆重的祭品）到睢阳桥玄墓上去祭奠，并亲自写了一篇祭文，表达了自己对于桥玄的一腔追慕感激之情。

接着，曹操进军官渡，准备继续对河北用兵。

袁绍自官渡大败后，积郁成疾。这年五月，突然发病吐血，不治而死。他这一死，袁氏顿时失去中心，各种矛盾立即暴露出来。

袁妻刘氏喜妒残忍，袁绍死后，遗体还没有入棺，她就大开杀戒，将袁绍的五个宠妾全部杀死。又怕这些人死后有知，到阴间后还去同袁绍相会，因此又一一将其头发剃光，脸上刺字涂墨，以达到毁容的目的。刘氏的儿子袁尚还觉不解恨，又将这些宠妾的家属全部杀掉。

更为严重的是袁氏兄弟之间的分崩离析，萁豆相煎。袁绍共有三个儿子：长子袁谭，次子袁熙，幼子袁尚。袁绍还在世时，为了争夺继承权，他们就已开始激烈地明争暗斗。袁尚貌美，其母刘氏得袁绍宠爱，偏爱袁尚，一再在袁绍面前称扬袁尚的好处。袁绍因爱袁尚貌美，也想立他为嗣，虽还没有公开表露出来，但已着手采取一些必要的步骤。打败公孙瓒后，袁绍让袁谭出任青州刺史，镇临淄。沮授不同意这种做法，劝阻说："袁谭是长子，应当立他为嗣。而您却让他驻防外地，这是会留下祸根的。"

袁绍听不进去,掩饰说:"我是想让每个孩子都占有一州,借以考察他们的才能。"

同时让袁熙出任幽州刺史,镇蓟,让外甥高幹出任并州刺史,镇晋阳,而指定袁尚为冀州刺史,镇邺,实际上是让他继承了自己的权位。

袁绍一死,争夺继承权的斗争立即白热化。审配、逢纪与辛评、郭图争权夺利,审配、逢纪因傲慢奢侈为袁谭所不齿,这样就自然地分成了两派,审配、逢纪支持袁尚,而辛评、郭图支持袁谭。不少人认为袁谭年长,应当立他为继承人,审配等人则担心袁谭继位后自己会失宠,就同袁妻刘氏勾结,假托袁绍遗命,在袁绍死后很快立了袁尚。袁谭赶来奔丧,见大局已定,只得自称车骑将军完事。但两人的矛盾并没有就此完结,而是变得越来越尖锐。

袁谭出屯黎阳,袁尚只给他调拨了不多的兵力,还派了逢纪去做监军。其时曹操大军压境,袁谭要求增兵,袁尚经与审配商议,仍不给他增兵。袁谭一气之下,将监军逢纪杀死。

袁绍死后,曹操一来可能想观察一下局势的演变,二来也可能有些顾念他同袁绍多年的交情,因此迟迟未对河北用兵。直到九月间,也就是袁绍死过百日之后,才下令渡河,进攻袁谭。袁谭自知兵力不敌,连忙向袁尚告急。袁尚既担心黎阳有失,想派兵增援袁谭,但又怕袁谭乘机吞并了他的人马。思忖再三,决定留下审配驻守邺城,自己亲自带兵增援黎阳。袁谭、袁尚在黎阳城外与曹操数次交手,均遭失败,只得退回城中固守。曹操率兵将城围住,双方对峙,连月不下。

这期间,袁尚派他所任命的河东太守郭援,与并州刺史高幹一道,联络驻在平阳的南匈奴单于呼厨泉,大举进攻河东,从西边牵制曹操,关中为之震动。郭援等人又派人前去与马腾等关中诸将联络，马腾等暗中同意出兵配合。曹操派司隶校尉钟繇进围南匈奴单于于平阳，钟繇又派人前去说服马腾转变了态度。马腾派长子马超率兵万余人支援钟繇，大败郭援军，郭援被杀，南匈奴随之投降。

刘表乘曹操在黎阳与袁谭、袁尚对峙之机，派了刘备北侵，进抵叶县。曹操派李典和夏侯惇前往抵御，刘备退走。在解决了西边和南面的问题之后，曹操于建安八年（203）二月奋力进攻黎阳。袁谭、袁尚唯恐外城有失，不得不出城迎敌。双方在城外展开激战，袁军节节败退。曹操想乘势将袁军包围起来，袁谭、袁尚见势不妙，只得放弃黎阳，连夜率部逃回邺城去了。

黎阳是冀州的重要门户，曹操占据黎阳后，进可以攻，退可以守，从而获得了很大的战略优势，为他进一步扫平袁氏势力提供了便利。

二　挥师北还

曹操占据黎阳后，乘胜对袁谭、袁尚展开追击。四月间追到邺城，见郊外麦子已熟，便下令抢收，充作军粮，同时派兵攻下了阴安等县城。诸将想要乘胜把邺城拿下来，郭嘉不同意，说："袁绍很喜欢他这两个儿子，不知道让谁嗣位好。这两人各有党羽，互相争斗，不用多久就会分道扬镳的。如果我们逼得紧了，他们就会联合起来，共同对付我们；反之，他们之间就会发生火并。我们不如南向荆州，做出要去攻打刘表的样子，以等待两人的关系发生变化。到时再来收拾他们，平定河北就很容易了。"

这是一个充分利用敌人内部矛盾以坐收渔人之利的建议。曹军自上年九月进兵黎阳以来，大半年的时间过去了，士卒大都感到疲劳，进行适当调整也是必要的。刘表这时已经稳定了长沙、零陵和桂阳三郡的局势，解除了后顾之忧，正虎视眈眈地注视着中原局势的变化，如果这时挥师南下，也可对刘表产生一定的威慑作用，使他不敢贸然对北用兵。曹操经过权衡，爽快地接受了郭嘉的建议，留下贾信驻守黎阳，自己于五月间回到许都。接着，于八月间动身南征，进抵西平。

果然不出郭嘉所料，曹军刚一南撤，袁谭、袁尚就发生了摩擦。袁谭向袁尚提出要求说："我的部队铠甲不好，因此上次被曹操打败了。现在曹军退走，你给我更换一下铠甲，我可以乘曹操还没有渡过黄河的机会，出兵掩袭，准保可以把他打败。这个机会可千万不能失去啊！"

袁尚对袁谭的用意感到怀疑，对他的要求也就不予理睬，既不给他增兵，也不给他更换铠甲。袁谭大怒，在郭图、辛评的唆使下，立即领兵攻打袁尚，双方在邺城外展开激战。袁谭不敌，带着人马退到南皮。

别驾王修从青州赶来，劝袁谭不要听信谗言，断了兄弟之间"左右手"的关系，要他同袁尚重新和好，认为这样就可以无往而不胜，袁谭不听。

不久，袁尚又率军前来攻打袁谭，袁谭仍不敌，从南皮逃到平原。袁尚穷追不舍，率兵赶到平原，将城池团团围住。

刘表见二袁争斗不已，担心曹操从中渔利，最终威胁到自己的利益，便分别给袁谭和袁尚写信，劝他们不要"忘先人之仇，弃亲戚之好，而为万世之戒，遗同盟之耻"，要他们合力对付曹操，等事定之后再来理论是非曲直。但二袁谁也听不进刘表的劝告。

袁尚组织兵力日夜攻打城池，袁谭感到越来越难以招架。郭图建议说："现在将军地盘狭小，兵力不足，粮草匮乏，显甫（袁尚字）前来攻打,时间长了恐怕难以抵挡。我看不如把曹公请来对付显甫。曹公来后,一定会首先攻打邺城,显甫一定会回师救援。这时,我们就可以乘机引兵向西,把邺城以北的地方全部据为己有。如果显甫被曹操打败,我们可以把他的兵马接收过来,以同曹公对抗。曹公远道而来,粮草接济不上,一定会自动撤军。这样,赵地以北的地方就都会落入我们手中。我们有了这些资本,就足可以同曹公抗衡了。不然,事情是很难办的。"

袁谭开始不想采纳这个建议,因为这毕竟是一种引狼入室的做法。但后来想不出更好的办法来,只得采纳郭图的建议,派辛评的弟弟辛毗去向曹操求救,宁可冒冀州被曹操抢去的危险,也不肯让自己的亲兄弟得到好处。

辛毗来到西平,见过曹操,说明来意,曹操立即召集部属商议此事。不少人认为刘表力量强盛,应当首先平定荆州解决刘表,而袁氏兄弟并不值得忧虑。荀攸不赞同这种意见,说:"刘表坐保江、汉之间,我们攻打吕布和袁绍时他都没有做出任何反应,没有四方之志是很显然的,不妨慢慢设法对付他。袁氏拥有四州之地,兵力也还不算小,如果兄弟和睦以守成业,天下是很难平定的。现在兄弟交恶,势不两全,我们应当乘乱而取之,到时天下就不难平定了。这个机会是千万不能失去的!"

荀攸的意见是对原来郭嘉意见的一个发展,曹操认为有理,就高兴地采纳了。

几天后,曹操又动摇起来,仍想先去攻打荆州,让袁氏兄弟继续自相残杀。辛毗察言观色,知道有变,就去告诉了郭嘉。郭嘉去问曹操,曹操便把心中的疑虑说了出来。他问辛毗:"袁谭前来求救可是诚心?袁尚肯定可以被打败吗?"

辛毗回答说:"明公不用问是诚心还是不是诚心,只须看一看当前的形势即可。袁尚把袁谭包围了起来,但却无法把城池攻下,这说明他已经没有多大力量。兄弟相斗,连年争战,旱蝗并起,这真是一个天亡袁尚的时候。现在如带兵去攻打邺城,袁尚肯定回救,不回救邺城就保不住。而要回救,袁谭又肯定会在后面带兵追击。以明公的声威,率兵去打疲敝的敌人,其势就如疾风扫落秋叶一般。当今四方的势力,没有比河北更为强大的,河北平定了,军队的实力就可以大增,天下都会为之震动。这何乐而不为呢?"

辛毗,颍川阳翟人。曹操任司空后,曾下令征召,但辛毗因故未能应命。从这番话看来,辛毗早已倾心曹操,因为这番话不像是在为袁谭请求救援,倒更像是在为曹操出谋划策。曹操听后,顿时消释了疑团,立即下令,挥师北还。

十月间,曹操率军抵达黎阳。袁尚得知曹操将攻邺城的消息,立即解除了对平原的包围,回师保卫邺城。撤围时,部将吕旷、吕翔叛离,先驻军阳平,接着投归了曹操,曹操封二人为列侯。就在这时,袁谭暗中给吕旷、吕翔送来了将军的印绶,企图拉拢二人。吕旷立即报告了曹操,并将印绶上交。曹操听过报告后说:"我早就料定袁谭心中有一把小算盘。他是想让我去攻打袁尚,而他自己好乘机招兵买马。这样,我打败了袁尚,他却扩充了实力,并可乘我疲敝的机会对我进行攻击。现在,袁尚退兵了,我军仍很强大,能有什么空子给他钻呢?"

可见,郭图劝袁谭向曹操求救时用的那番心计,曹操心中是早已有数的。为了不使郭图的企图得逞,曹操不愿立即带兵去同袁尚硬拼,决定再等一等、看一看。但曹操也不想立即同袁谭闹翻,不仅不想闹翻,相反还要对袁谭继续加以利用。于是,曹操派人去见袁谭,表示愿为自己的儿子曹整聘求袁谭的女儿,以达到安定其心的目的。将这一切处理完毕后,曹操便率军回到了河南。

三 捣平邺城

建安九年（204）正月，曹操派兵渡过黄河，用大枋木在淇水流入黄河的地方修筑了一道堰坎，将淇水阻截，使之东流入白沟，以打通粮道，做进击袁尚的准备。白沟本是一条小河，在今河南浚县西南，发源处接近淇水，往东北方向流去，下接内黄县以下的古清河（此后，上起堰坎，下到今河北威县以南的清河均称白沟）。淇水原为黄河支流，由今浚县西南八十里的宿胥对岸流入黄河。曹操上年攻打黎阳时，即派遣李典同程昱等人用船运送军粮。袁尚派魏郡太守高蕃率兵驻守黄河岸边，企图断绝水道。曹操当时交代李典、程昱说："万一水路不能通过，就下船走陆路。"

结果，李典率兵打败了高蕃，保证了水路的畅通。但当时水路仅限于黄河一段。现在曹操打通白沟，粮船就可直接驶进冀州腹地，为进军河北创造了一个良好的条件，同时为两岸的农业提供了灌溉的便利。

二月，袁尚再次率兵攻打平原，留下审配、苏由驻守邺城。审配给袁谭写去一封信，软硬兼施，要袁谭放下武器，接受袁尚指挥，袁谭置之不理。

曹操乘袁氏兄弟相攻的机会，率军直趋邺城，很快来到邺城西南五十里处的洹水岸边。城中的苏由欲作内应，计划不慎泄露，同审配打了起来。苏由不敌，出奔曹操，将城内情况向曹操做了报告。

曹操赶到邺城外，立即指挥将士攻城。曹操采用了官渡之战时用过的战法，一面筑起土山，让士兵在土山上居高临下朝城中射箭，一面朝城内挖掘地道。审配针锋相对，在城中挖掘深沟以阻断曹军地道。双方你来我往，战斗进行得异常激烈。

　　武安县长尹楷驻守毛城，以保证通往邺城的粮道畅通。曹操得知消息，即留下曹洪继续攻打邺城，自己在四月间亲自率兵进击尹楷，很快得胜回营。袁尚部将沮鹄（沮授之子）驻守邯郸，曹操又乘势将其攻克。

　　曹操军威大振，易阳令韩范、涉县长梁岐受到震动，献城投降。韩范最初犹豫不决，投降后仍继续带兵拒守，曹操派徐晃前去攻打。徐晃来到易阳城外，往城中射去一封箭书，向韩范陈说利害，韩范这才开城投降。事后，徐晃对曹操说："二袁还没有被我们打败，各地守将都还在那里徘徊观望。我们如果今天屠灭易阳，明天各城就都会拼死拒守，那河北就不知要到何时才能平定了。希望明公拿易阳做个榜样，各地就会望风归顺了。"

　　曹操觉得非常有理，于是立即赐给韩范、梁岐二人以关内侯的爵位。

　　一直在冀州地区活动，曾使袁绍大伤脑筋的黑山军首领张燕，这时也派人来见曹操，表示愿意协助曹操作战，曹操给了他一个平北将军的称号。

　　但攻打邺城的战斗，仍然进行得相当艰苦。一次，审配的部将冯礼暗中投降曹操，把邺城的一座城门突门打开，放进曹军士兵三百多人，但很快就被审配发觉。审配让士兵从城上用巨石朝突门砸下，打中栅门，栅门关闭，进入突门的曹军士兵全部被杀。

　　五月间，曹操改变作战方式，将土山、地道毁掉，而在城的四周挖了一条总长四十里的壕沟，做出要断绝内外联系以长期围困邺城的样子。开头命挖浅一些，给人以可以越过的假象，审配在城上看了，不由得暗暗发笑，因此未采取任何防范措施。一天，曹操突然下令连夜再挖壕沟，挖到深、宽各有二丈，然后决开漳河，灌水进城。

这一来，城内变成一派汪洋，给审配造成了很大被动。从五月到八月，邺城被整整包围了四个月，城中粮食接济不上，有一半以上的人活活饿死。

袁尚得到邺城危急的消息，于七月间撤除平原之围，率兵一万余人回救邺城。为让审配早有准备，先派李孚进城通报消息。这时邺城已被曹军围得铁桶似的，不可能硬闯进去，李孚便假称是曹军都督，带了三个随从，一路喧呼呵斥，骗开一条通道，来到城下，由城上守兵放下绳子吊进城内。曹军这才发觉上当，赶去报告曹操。曹操笑着说："这个人不仅有办法进城，还有办法出城呢！"

果然，李孚料定不能再用老办法出城，便建议审配把城中数千老弱集中起来，在夜间同时打开城南三座城门出降，一来可为城中节省口粮开销，二来李孚等人也得以跟着混出了城。

曹操召集诸将商议如何抵御袁尚救兵的问题，诸将认为，这是返回大本营的军队，人人都会拼死作战，不如先避开他们。曹操却说："袁尚如果从大路来，就应当避开他；如果他是沿着西山小路来，那他就将要被我们活捉了！"

西山，指邺城以西今山西与河北交界处的太行山脉。一说指太行山脉中的鼓山。《孙子兵法·军争篇》中有"归师勿遏"的话，诸将所依据的就是这一战术思想。但实际上"归师勿遏"的话是有片面性的，因此曹操并不照搬书本，而主张从实际出发，采取对策。如果袁尚从大路来，说明他不计安危，有必死之志；但如从西山小路来，则说明他有依险自全之心，斗志并不坚强，是完全可以打败的。后来的事实证明，曹操的判断是正确的。

为了弄清袁尚到底从哪里来，曹操派了多批侦察兵前去侦察，结果回来都说："肯定从西边来，都已经到了邯郸了。"曹操大为高兴，当下就对诸将说："我已经夺得了冀州，你们知道吗？"

诸将无不感到莫名其妙,都回答说不知道。曹操说:"过不了几天,你们就会知道了!"

袁尚果然是沿着西山小道前来的。走到阳平亭,在距离邺城还有十七里的滏水安下营寨。夜间,一面派兵开始进击围城的曹军,一面举火向城中发出信号。审配知道援兵已到,一面举火同城外呼应,一面出兵城北,打算同袁尚里外配合,击溃曹军。

曹军对此早有防备,审配刚一出城,曹操就纵兵迎击,审配不敌,退回城内。同时,袁尚也被打败,逃至漳水一个拐弯的地方重新设营。曹军尾追而至,将袁尚包围。包围圈还没有合拢,袁尚就害怕起来,慌忙派遣原豫州刺史阴夔以及陈琳来见曹操,请求投降。曹操不答应,相反加紧围攻。袁尚无计可施,只得乘夜逃走,去固守中山。曹操穷追不舍,袁尚再度被围。其部将马延、张顗等见势不妙,临阵投降,袁军纷纷溃逃。袁尚见大势已去,带着少数随从逃奔中山去了。

曹操缴获了袁尚的全部辎重和官印、绶带、符节、斧钺、衣物等物。曹操命人将这些缴获的东西向城中展示,城中袁军看了,莫不情绪颓丧,斗志瓦解。审配对袁氏可谓忠心耿耿,到了这个地步还给部下打气说:"大家要坚守死战,曹军已经疲惫不堪了!幽州刺史袁熙将军的援军就要到了,何愁没有人来率领我们!"

一次,曹操在城外巡视,审配在城楼上望见,瞄准曹操就是一箭,差点射中。

八月间,审配哥哥的孩子审荣暗中投降曹操,趁天黑打开了他负责防守的东城门,放曹军进城。审配率兵与曹军展开巷战,不敌,被活捉。辛评一家被审配关进邺城大牢,辛毗随曹军进城后,急忙朝大牢奔去,想把辛评一家解救出来,到后才知都已被杀害。辛毗返回,见士兵绑着审配正往曹操营帐押送,便迎上前去,一边以马鞭抽打审配的头，一边骂道："奴才，你今天别想活命了！"

审配回过头来，也瞪着辛毗骂道："狗辈，就是你们坏的事，我恨不得一刀把你砍死！"

不一会儿，曹操让把审配带去，注视着审配说："你知道是谁把城门打开的吗？"

审配并不看曹操，回答说："不知道！"

曹操直截了当："就是你侄儿审荣打开的。"

审配仍不看曹操，愤愤地说："就是小儿辈不成器，才把事情弄到这个地步！"

曹操又问："我这两天在城外巡视，城中射出的箭怎么会这么多呢？"

审配直着脖子回答："我还恨太少！"

曹操欣赏审配的骨气，想要把他留下来，于是给他找台阶说："你忠于袁氏，也是没有办法的事情。"

但审配意气壮烈，始终没有一点屈服的意思。加之辛毗等人在旁号哭不已，坚决要求杀掉审配，曹操没有办法，只得命人把审配推出杀了。

接着，曹操亲到袁绍墓前祭奠，为之痛哭流涕。又去慰问袁绍的妻子，将其家里的仆人和珍宝物品送还，还赠送了不少各种颜色的丝绸丝绵，并决定以后由官府负责粮食供应。对曹操的这种做法，前人颇有訾议，如晋人孙盛就认为，袁绍"因世艰危，遂怀逆谋，上议神器，下干国纪"，而曹操竟然"尽哀于逆臣之家，加恩于饕餮之室"，实在是荒谬的行为，是"百虑之一失"。其实，曹操此举并不是不可以理解的。袁绍统治冀州多年，根基很深。加之他外表给人以"为人政宽"的假象，颇有一些人倾心于他。他死时，河北就有不少人痛哭流涕，就像自己死了亲人一样。因此，曹操这样做，实际上是做出一种姿态,其目的是为了感化人心,拉拢人心,以利于下一步的军事行动和今后对河北的统治。此外,其中很可能也包含了一些真情的流露。曹操从少年时代起即与袁绍相交,合合分分,恩恩怨怨,其间总有些触及衷肠的东西,值得回味、留恋和感喟,因此也就有了这一举动。

平定邺城后,曹操即给献帝上了一道表文,报告战胜袁尚的经过:

> 臣前上言逆贼袁尚还,即厉精锐讨之。今尚人徒震荡,部曲丧守,引兵遁亡。臣陈军被坚执锐,朱旗震耀,虎士雷噪。望旗眩精,闻声丧气,投戈解甲,翕然沮坏。尚单骑迸走,捐弃伪节钺铁,大将军、邟乡侯印各一枚,兜鍪万九千六百二十枚,其矛楯弓戟,不可胜数。(《破袁尚上事》)

"袁尚还",指袁尚率兵万余人回救邺城事。"眩精",谓失魂落魄。"翕然沮坏",谓全部崩溃。"钺铁",即钺斧,代表专征专杀之权的大斧。表文写得生动而有气势,一股自信自负之情,沛然流宕于字里行间,可见曹操心态所发生的变化。从缴获的兜鍪(头盔)数看来,袁尚所率领的万余部队,已全军覆没,袁绍的残余势力,至此已所剩无几了。

献帝接到曹操上表后,于九月下诏让曹操兼任冀州牧,曹操辞去了原兖州牧的职务。实际上,曹操总揽朝政,权力无所不及,所谓辞去,不过是一种姿态而已。

不久,袁绍所任命的并州刺史高幹在并州表示归降,曹操仍让他留任原职。

这期间,又有一些士人加入了曹操集团。除许攸、辛毗(破邺后，被曹操表荐为议郎)这时已在曹操军中外，新来的还有崔琰、陈琳和牵招等人。

崔琰，字季珪，清河东武城人。年轻时，性质朴，不善言辞，喜击剑，尚武艺。到了二十三岁，才开始发愤读书，二十九岁时到郑玄门下求学。黄巾起义后，过了几年流浪生活，最后回到家乡，以弹琴、读书打发日子。袁绍闻其名，征召他做了骑都尉。袁绍死后，袁谭、袁尚互相争斗，都想得到崔琰，崔琰以有病为由坚辞，不想得罪袁氏兄弟，却被抓起来关进了监狱，幸得阴夔、陈琳营救，才免一死。曹操平邺后，得知崔琰是个人才，召他做了冀州别驾从事。

陈琳，字孔璋，广陵人。初为何进主簿，何进欲召四方猛将引兵入京诛宦官，陈琳曾劝谏，但何进不听。后避难冀州，依袁绍，袁绍让他主管章表书檄等文件的起草工作。袁绍死后，从袁尚。袁尚败走，即归降曹操，曹操任他为司空军谋祭酒，主管记室。

牵招，字子经，安平观津人。初为袁绍督军从事，兼任乌桓突骑。袁绍死后，从袁尚。曹操围攻邺城，袁尚派牵招到上党督运军粮，未回而袁尚败，便跑去见高幹，要高幹把袁尚迎来等待时机重振旗鼓。高幹这时已有归降曹操的打算，对牵招的建议不但置之不理，相反还有将他杀害的打算。牵招得知消息，便东归投奔了曹操，曹操仍让他做冀州从事。

曹操兼任冀州牧后，有人向他建议说："现在应该恢复古制，设置九州，这样冀州所管辖的地方大，天下就会服从了。"

这么一说，曹操动了心，打算实行。荀彧不同意，劝阻说："现在如果恢复古制，那冀州就应当把河东、冯翊、扶风、西河及幽州、并州的一些地方划进来，那强行划进来的地方就太多了。前些天您打败了袁绍，活捉了审配，天下为之震惊，人人都担心自己的地盘保不住。现在如果让他们把土地划给冀州，一处被侵，势必以为会挨个被侵,人心浮动,如万一发生大的变故,天下就难以平定了。希望您先平定河北,然后把旧京洛阳恢复,再向南进逼荆州。这样,天下就都明白了您的意图,人心就会安定下来。等到大局稳定后,再来考虑恢复古制的问题,就不会影响国家的长治久安了。"

荀彧这个意见,从长远、全局的角度考虑问题,自然不无道理。曹操接受了这个意见,并亲自给荀彧写了一封信表示感谢:

微足下之相难,所失多矣。

曹操攻占邺城,使他在河北得到了一个重要的立足点。邺城是一座古城,始建于春秋齐桓公时,战国时,魏据此地,改称魏,不久仍称邺。汉高祖十二年(前195)置魏郡,治邺。献帝时,为冀州治所。邺城西依太行山,北面和东面是辽阔殷富的大平原,南面是黄河,附近还有白沟、淇水、荡水、洹水、漳水、滏水等河流提供水运水利之便,周围还散布着许多关、径、津、梁、路构成内外交通网络,具有相当优越的地理条件。邺城周围的冀州地区,又是古代农业经济较为发达的地区之一。因此,邺城在经济上、军事上都占据着相当重要的地位。东汉末年,邺城是豪强纷争的一个热点,占据了邺城,就可以进而控御冀州,控制了冀州,就可以虎视天下了。初平二年(191),袁绍自任冀州牧后,从事沮授曾对他说:"将军占据冀州,挥师东进,青州便可平定;回军进讨黑山军,张燕不难消灭;再向北用兵,公孙瓒也肯定败亡;威震戎狄各族,匈奴也会表示服从。横扫大河以北,合并冀、青、幽、并四州,招纳天下英雄,拥兵百万,号令天下,这样有谁能够与您匹敌呢?要不了几年,您就可以建立这样的功业了!"

应当承认,袁绍凭借邺城和冀州,是部分地实现了上述目标的。只是由于主观指导上的失误,才不仅未能扩大战果,相反葬送了前功。因此，曹操攻占邺城和冀州，是他统一北部中国的又一个转折点。从此，他把邺城作为自己财政和军事的一个重要基地，进而将它作为自己的政治中心，苦心经营，以争天下。

四　收定河北

曹操捣平了邺城，但平定河北的任务还没有完成。就在曹操围攻邺城这段时间，袁谭乘机夺取了甘陵、安平、渤海和河间等郡县。袁尚被曹操打败后逃到中山，袁谭又进击中山，袁尚不敌，逃到故安投奔他的二哥袁熙去了。袁尚仅存的一点军队，全部被袁谭吞并。

曹操对袁谭的做法大为不满，特地写去一封信，指责袁谭违背前约，宣布同他断绝联姻关系，然后发兵，前往攻打。袁谭心里害怕，便放弃了平原，退保南皮。他自己率领部分兵力驻守龙凑，想再看看形势的变化。

十二月，曹操进驻平原，同时攻取了附近的几座县城。接着，曹操来到龙凑，在城门外把部队安顿下来，袁谭闭门不出。袁谭料定龙凑不能坚守，晚上乘着夜色的掩护，赶紧拔营撤军，退到了南皮，在城西驻扎下来。

建安十年（205）正月，曹操冒着严寒，率军与袁谭激战于南皮城下。从早晨一直战到下午，双方不分胜负，士兵伤亡很大。曹操觉得这样硬拼不行，想暂时撤兵。曹仁之弟曹纯不赞成，谏阻说："我们孤军远征，其势难以持久，如果进攻不能得手，必然会影响士气。现在敌人占有优势，会逐渐滋生出骄傲情绪。我们再坚持一下，一定能把敌人打败！"

曹操觉得有理，于是下令部队加紧进攻，自己亲自擂鼓督战。

将士无不感到振奋,个个奋勇向前,袁军抵敌不住,开始溃逃。曹军乘势攻到南皮城下,乐进一马当先,攻进东门。接着,其余几座城门也被先后攻破,曹军蜂拥而入,南皮被一举攻克。

袁谭见势不妙,独自纵马奔逃,被曹纯的部将追上,一刀砍死。

攻占邺城前,那个用计进入邺城替袁尚送信的李孚,这时自称冀州主簿,主动前来请降,并求见曹操说:"现在城中人心扰乱,强弱互相欺凌,应当找一个新近投降贵军而又为城中官民所熟识信任的人,前去宣传政策法令。"

曹操即让李孚进城,告谕官民,各安其业,不得互相侵扰,城中秩序渐渐安定下来。

曹操进城后,处死了郭图等人及其家属。自此,冀、青二州全部落入曹操之手。曹操为此大为高兴,特地准备了鼓吹之乐,热热闹闹地庆贺了一番。自己在马上手舞足蹈,高呼万岁,狂热到了有些得意忘形的地步。

袁谭被杀后,各地受到震动,纷纷表示归服曹操。只有东莱太守管统占据乐安,不服号令。曹操让新降的冀州别驾王修去乐安督运军粮,同时让他就便将管统首级取来。王修认为管统是一个亡国的忠臣,将管统绑来南皮后,将他松了绑,然后再让他去见曹操。曹操很赞赏王修的做法,见了管统,不再追究。

曹操攻破邺城后,抄没审配等人的家产,各种财物以万数。及破南皮,到王修家,谷不满十斛,而藏书倒有数百卷。曹操不由得感叹道:"王修不仅仅是徒有虚名啊!"

于是,立即任命王修为司空掾,并代理司金中郎将一职,主管铸造钱币、兵器和农具的事宜。

这时,郭嘉又劝曹操大力征召青、冀、幽、并四州的名士以为掾属,以促使人心归附。曹操听从这个意见,征召了刘放等人。

刘放，字子弃，涿郡人。渔阳王松占据涿郡，曹操攻占邺城后，刘放劝他归附曹操。曹操到南皮攻打袁谭时，给王松去了一封信，希望他归附自己。王松先让刘放代拟了一封回信，接着率领雍奴、泉州和安次三县投归了曹操。曹操看了刘放代拟的回信，认为很有文采，十分赞赏。当得知王松来归是由于听从了刘放的劝告，更加高兴，于是立即去信征召。不久，刘放、王松一起来见曹操，曹操热情接待，对刘放说："过去班彪投靠窦融而有河西之功，现在你的情况同他很相似啊！"

班彪是东汉史学家，二十多岁时，碰上西汉末年的大乱。当时隗嚣在天水拥兵割据，班彪前往相随，著《王命论》，感谕隗嚣复兴汉室，隗嚣不从。后到河西（黄河以西的酒泉、张掖、敦煌等地），任大将军窦融从事，力劝窦融支持光武帝。后来窦融被召回京师。光武帝问他："你所上的章奏，是谁帮着写的？"

窦融回答："都是从事班彪帮着写的。"

光武帝很欣赏班彪的才能，于是召见，荐举他为茂才，并任为徐令。这里曹操以班彪比刘放，同时隐然有自比光武之意。曹操命刘放参司空军事，任主簿记室，后又出为郃阳等县县令。

经过一段时间的休整，曹操准备继续北上，进击幽州的袁熙。袁熙部将焦触、张南眼看袁氏大势已去，乘袁熙不备，突然发动兵变，将袁熙、袁尚赶出幽州，二袁穷迫无计，只得投奔辽西乌桓去了。焦触自称幽州刺史，率领各郡太守、县令和县长，叛袁降曹。曹操很高兴，立即封焦触、张南等人为列侯。

四月间，黑山军首领张燕亲率十余万众前来降归曹操，曹操十分高兴，立刻封张燕为安国亭侯。

不久，故安人赵犊、霍奴等起兵叛乱，杀死了幽州刺史和涿郡太守。住在辽西、上谷和右北平境内的乌桓族，受到逃往辽西的袁熙、袁尚兄弟的挑唆,也发兵来到犷平,攻打曹操所置都督幽州六郡的度辽将军鲜于辅。曹操得知消息,于八月间亲率大军征讨,杀了赵犊等人后,渡过潞河(今河北白河)救援犷平。乌桓首领自知不敌,在大肆掳掠一番之后仓皇逃归。经过这番较量,幽州也落入了曹操手中。

五　西征高幹

曹操赶走乌桓后,于十月间回到邺城。不久,传来了并州刺史高幹反叛的消息。

高幹,字元才,袁绍外甥。文武兼长,一向有些名气,前去依附他的士人不少。曹操攻下邺城后,高幹担心曹操将兵锋转向并州,因此投降了曹操。但高幹自视甚高,加之并州东有恒山之险,西有大河之固,手下有精兵五万,内心并不服气,仍想待机而动。曹操挥师北击袁熙、袁尚时,高幹认为邺城空虚,曾派兵前往偷袭。这时邺城的守将是荀彧的哥哥、监军校尉荀衍。荀衍警惕性很高,及时发现了偷袭意图,将偷袭者一网打尽,全部杀死。事后,荀衍因功被封为刘侯。高幹见阴谋败露,于是乘曹操率兵攻打乌桓的机会,公开起兵反叛。

高幹首先劫持了上党太守,率兵拒守壶关口。壶关口又名壶口关,在今山西长治市东南壶口山下,因山川交错、地形如壶得名。曹操派乐进、李典率兵进讨,李典从正面展开进攻,乐进则从北道进入上党,迂回到高幹后面。高幹受到前后夹击,于是后撤固守壶关城,双方形成对峙状态。

高幹反叛曹操,在并州、关中等地引起连锁反应。河内张晟自以无所归属,率兵万余人在崤山、渑池间大肆寇掠,并与荆州刘表勾结,弘农张琰起兵响应。河东郡掾卫固、中郎将范先等人又暗中与高幹通谋。曹操得知这一情况后,对荀彧说:"关西诸将凭借着有利的地形和手中的武力,各有各的打算,如果发兵征讨,必然发生变乱。现在张晟在崤山、渑池之间寇掠,南通刘表,卫固等人起而响应,我担心这样下去将会产生严重的后果。河东东、北两面靠山,西、南两面有黄河环绕,四面又不安宁,是一个很重要的地方。你能不能替我物色一位像萧何、寇恂那样的能人去镇守?"

萧何辅佐刘邦,寇恂辅佐刘秀,都立有大功,为新王朝的建立做出了卓著贡献。曹操目前所需要的,正是这样的人物。荀彧明白曹操的意思,回答说:"杜畿的勇敢足可抵挡大难,智慧足可应付事变,不妨让他去试试。"

杜畿,字伯侯,京兆杜陵人。二十岁时,为郡功曹。后被举为孝廉,任汉中府丞。董卓乱后南避荆州,建安年间北还。杜畿到许都后找到侍中耿纪,两人畅谈终夜,刚好荀彧住在耿纪的隔壁,听了杜畿的谈论,大为惊异。次日天明后,荀彧派人去找耿纪,说:"你家中有国士,你却不往上推荐,你是怎么当侍中的呢?"

荀彧即向曹操推荐了杜畿,曹操任杜畿为司空司直,不久升任护羌校尉,使持节,兼任西平太守。这次曹操又接受了荀彧的推荐,当即任命杜畿为河东太守。杜畿经过艰难曲折来到河东,先用计稳住了卫固、范先等人,在站稳脚跟后,突然带兵奔入一军营固守。卫固等人与高幹、张晟联兵攻打,不能取胜,只得转而侵掠诸县。不久,曹操派议郎张既到关中征召马腾等人,乘机联兵对卫固等人发起进攻,大获全胜,高幹逃走,卫固、张琰等人被杀。此后,杜畿治理河东,奖励农桑,兴办学校,整饬武备,百姓日渐丰实,社会日趋安定,政绩十分突出,为曹操后来平定关中奠定了良好的基础。

再说攻打壶关城的战斗,进展得并不顺利。为了彻底解决高幹的问题,曹操决定亲自带兵西征。建安十一年(206)正月,曹操让崔琰辅佐长子曹丕留守邺城,自己率军踏上了征程。当时正值天寒,部队须翻越太行山,行军异常艰苦。曹操触景生情,写下了《苦寒行》一诗:

> 北上太行山,艰哉何巍巍!羊肠坂诘屈,车轮为之摧。树木何萧瑟,北风声正悲。熊罴对我蹲,虎豹夹路啼。溪谷少人民,雪落何霏霏。延颈长叹息,远行多所怀。我心何怫郁,思欲一东归。水深桥梁绝,中路正徘徊。迷惑失故路,薄暮无宿栖。行行日已远,人马同时饥。担囊行取薪,斧冰持作糜。悲彼《东山》诗,悠悠令我哀。

诗以"苦寒"为中心,把隆冬时节在太行山区艰苦行军的情景描绘得十分真切形象。先以"北上太行山,艰哉何巍巍"二句总写,接着具体描写险峻的道路、恶劣的环境、严寒的气候,同时插写"我心何怫郁,思欲一东归"的内心感受。最后以"悲彼《东山》诗,悠悠令我哀"作结,从始至终洋溢着一派苍凉悲慨之气。《东山》诗,《诗经·豳风》中的一篇,是写远征军人返乡途中情景的,中有"我徂东山,慆慆不归。……我东曰归,我心西悲"的句子。这里引出《东山》诗,既流露出对广大士兵的关切和同情,同时也把眼前的艰苦行军同当年的周公东征巧妙地联系起来,表达了自己削平群雄、实现统一的愿望和心情。

曹操率军来到壶关城下,稍事休整,即命猛攻,同时传下一道命令:

城破,皆坑之。

曹操大概因攻打壶关旷日持久,不见进展,自己亲率大军前来途中又吃了不少苦,因此心怀愤懑,故下了这道命令。但士兵虽然奋力攻打,壶关还是连月不下。这时曹仁对曹操说:"围城一定要给敌人留下一道活门,以表示他们还有生路。现在明公下令城破后他们一定得死,那他们人人都会拼死防守。壶关城池坚固,城中粮草尚多,不知哪天才能把城攻破,而士兵的伤亡却在一天天增多,这实在不是一个好办法。"

曹操听了,茅塞顿开,立即撤销了原来下达的命令。在曹军的奋力攻打下,城中开始出现动摇。高幹见势不妙,留下部将夏昭、邓升守城,自己逃往平阳向南匈奴求援。曹军加紧攻城,在三月间将壶关城拿下。

高幹见到南匈奴单于后,单于惧怕曹操,不愿与之结怨,拒绝了高幹的请求。高幹此时后无退路,关中原来响应他的那一批人现在又都非死即降,再无指望,只得带着几个卫兵,向南投奔荆州刘表。逃到崤关时,被上洛都尉王琰抓住杀死。王琰将其首级给曹操送去,曹操封他为列侯。

至此,袁绍过去占据的冀、青、幽、并四州全部落入曹操手中,纳入了曹操的直接统治之下。这表明曹操在统一北方的进程中向前跨进了一大步。从此曹操便把河北作为自己的根据地,四向以争夺天下。

曹操占据并州后,任命梁习以别部司马兼并州刺史。梁习字子虞,陈郡柘人,原为郡主簿。曹操任司空时,历任乘氏、海西、下邳县令,所到之处均颇有政声。还朝任司空府的西曹令史,调任西曹属。其时济阳人王思也任西曹令史,因汇报情况不合曹操心意,曹操很生气,竟召来执法人员要处王思重刑。刚好王思外出不在,梁习便代替王思前往回答询问,结果被关押起来。王思得知后骑马赶回,主动承担了这足可判处死刑的罪责。曹操欣赏梁习不为自己辩白,同时欣赏王思不推卸自己应负的责任,因而赞叹道:"哪里想到我军中有两个义士呢!"于是不仅不治两人的罪,不久还同时将两人提拔为刺史,王思兼豫州刺史,梁习兼并州刺史。

梁习到任后,正值并州兵乱饥荒之后,问题一大堆。一方面,匈奴人在边境不断骚扰,骄横跋扈,不少官民叛逃投入其部落;另一方面,地方豪门大族拥兵自保,或四处寇盗,或彼此攻伐。梁习大刀阔斧进行整治,一面用软的一手诱导晓谕,招致接纳,一面用硬的一手进行管制、讨伐,杀了千人左右,投降归附的数以万计,还将数万人迁往邺城居住。这样,不久就收到了显效,不仅境内秩序渐趋安定,连匈奴单于也表示降附,出现了边境安宁、百姓安居乐业的局面。百姓称赞说:自己所知道的刺史中,还没有一个能赶得上梁习的。曹操为此大为高兴,赐给梁习关内侯的爵位,并授予并州刺史的实职。

曹操占据并州后,又网罗了一批人才,主要有仲长统、常林、杨俊、王象、荀纬和王凌等人。

仲长统,字公理,山阳高平人。少好学,博览群书,善文辞。性倜傥敢直言,不拘小节,时人称为"狂生"。二十岁后,游学青、徐、冀、并等地。到并州后,高干因久闻其名,对他很尊重,待以上宾之礼。一次,高干以时事请教,他对高干说:"您有远大的志向,但却没有杰出的才能;喜爱人才,但却不能恰当地选用人才。我觉得这是应当引起您特别注意的。"

但高干很自负,不乐意听仲长统的话,仲长统不愿久留,很快离开了高干。高干死后,仲长统经荀彧推荐做了尚书郎,后参议曹操军事。

常林,字柏槐,河内温人。少好学,家贫,耕田自给,常怀揣经书,边耕边读。高干曾表荐为骑都尉,辞不受。

杨俊,字季才,河内获嘉人。少时曾从陈留边让受学,颇得边让器重。善识人,司马懿十六七岁时,与之相遇,杨俊赞赏说:"这不是一个平常人啊!"又司马朗早有名,而其族兄司马芝却还默默无闻,只有杨俊认为他将来一定会有所作为。

王象,字羲伯,河内人。少孤,卖身为奴,因牧羊时读书而被主人责打。杨俊对其才智十分欣赏,为之赎身并助其娶妻成家。

荀纬,字公高,河内人,从小喜欢文学。

王凌,字彦云,太原祁人。司徒王允侄子。李傕、郭汜杀王允,王凌翻越长安城墙逃归乡里。

常林等人都是先到并州避乱,后由梁习推荐给曹操的。曹操任命他们为各县令、长,颇为看重。这些人后来都成为曹魏集团的重要成员,各有成就,显名当世。

六　还定东土

曹操平定并州后,率军回到邺城。八月间,长广管承率众三千余家起义,曹操率军前去镇压。到了淳于,派乐进、李典率部打败了管承,管承逃入海岛。

东部沿海一带大部属青州,小部属兖、徐二州,汉末是阶级矛盾异常尖锐的地区之一,著名的青州黄巾军即主要活动于这一地区。袁氏控制青州后,放任豪强恣意兼并土地,进一步激化了阶级矛盾。因此,青州黄巾军的主力被曹操击败后,黄巾余部仍有活动,新的农民起义也时有发生。与此同时,地方割据势力的活动也很活跃,当外来势力强盛时,他们往往表示归附,反之,则各行其是,甚至公开打起反叛的旗帜。袁谭就任青州刺史后,对这些割据势力往往采取封官、加官的办法进行拉拢。吕布占据徐州后,这些割据势力大都站到吕布一边反对曹操。吕布败亡后,他们又都纷纷归降曹操。后来刘备背叛曹操,他们又纷纷起来响应刘备。曹操击败刘备后,他们又回过头来,依附曹操。曹操回师官渡,不可能留下重兵驻防东部,他所任命的郡县长官,虽有一些自己所亲信的官员,但也留用了一些归降人员。这些归降人员的状态仍然是很不稳定的,有的一有风吹草动,就又打起了反叛的旗帜。昌豨就是其中一个比较突出的例子。

昌豨本来已在建安六年(201)归附曹操,但在曹操西征高幹期间又起兵反叛。曹操平定并州后,派于禁和臧霸前往征讨,未能奏效,于是增派夏侯渊前往相助。三人合力进攻,一连攻拔昌豨的十余座堡垒,昌豨渐渐支持不住。昌豨过去同于禁有老交情,于是到于禁那里去请降。诸将都以为于禁一定会把昌豨往曹操那儿送,谁知于禁说:"你们难道不知道曹公的军令吗?凡被包围以后才前来投降的人是不能赦免的。遵守法纪,执行命令,这是下级应当做到的事情。我虽然以前同昌豨是朋友,但又怎能违背军令呢?"

说完就去同昌豨诀别,一面流着眼泪,一面命令把昌豨推出斩了。曹操在淳于听说了这件事,感慨地说:"昌豨投降不来找我而去找于禁,这岂不是命不好吗?"

言下有怜惜昌豨之意。围而后降者不赦,这法令本来就够严酷的;在执行这个法令时,本来可以给予通融而不给予通融,也不难看出其用心的残忍。不过,曹操也知道于禁这样做从根本上说来对他是有利的,因此不仅没有加以责备,相反对他更加看重。回军邺城后,于禁被任命为虎威将军,夏侯渊被任命为典军校尉。

总的说来,稳定东部沿海地区的局势,成为曹操在相当长一个时期中所面临的课题。由于曹操任用了何夔、吕虔等得力的地方官,使他比较好地解决了这一课题。

何夔,字叔龙,陈郡阳夏人。建安三年(198)被曹操召为司空掾属。曹操对部下要求很严格,左右掾属事情办得不妥的,往往加以杖责。何夔身上常带毒药,宁可自杀也不肯蒙受杖责的羞辱。曹操大概也了解何夔的脾气,始终不曾对他施加杖责。不久,何夔出为城父令。又不久,担任长广太守。鉴于地方割据势力常常反叛的情况,何夔上任伊始,即主张将安抚作为重点。管承起义时,他就说:"现在如果派兵去镇压,他害怕被剿灭,必然拼死抵抗。即使最后取得了胜利,自身也会付出很大的代价。不如用恩德去慢慢加以感化,这样可以不费一兵一卒将其平定。"

当时曹操制定了一些新的法令下达各州郡执行,同时征收租税绢绵。何夔认为该郡刚建立不久,近来又战争频繁,不能一下子要求过严,于是建议曹操说:"所下达的法令,都有明确的惩罚条款,而我郡所辖六县,都才刚刚安定下来,近来又闹饥荒,如果都按统一的法令去要求,有些人会不乐意服从。以前先王治理国家,按离京都距离的远近确定不同的赋税标准,我认为这个郡应按远域新邦的标准来对待,一些民间小事,可以由地方官权宜处理,这样对上不违背王法,对下可以顺乎民心。两三年后,老百姓安居乐业了,再按统一的法令来要求,就不会碰到什么问题了。"

曹操觉得很有道理,便爽快地同意了。

当然,何夔并不只是使用软的一手,他也是同时使用了硬的一手的。牟平人从钱率众数千起事,他率郡兵同张辽一起前去镇压。东牟人王营率众三千余家起事,他又用计使其离散。由于同时使用了软、硬两手，很快实现了长广这个新占地区的稳定。

吕虔，字子恪，任城人。曹操在兖州时，得知吕虔有胆略，便召为从事，让他率兵驻守湖陆。襄贲校尉杜松的部属炅母等作乱，同昌豨勾结，曹操便让吕虔接替了杜松的职务。吕虔到任后，设宴招待炅母及其同伙数十人，暗中在两侧埋伏下武士。炅母等人喝醉后，伏兵一拥而上，将炅母等人尽数杀掉。然后，安抚余众，迅速稳定了局势。曹操见吕虔能干，任命他为泰山太守。

泰山郡由于长期动乱，百姓不能安居乐业，不少人四处逃窜躲藏。袁氏残余势力郭祖、公孙犊等数十人占山为寇，四处抢掠，百姓深以为苦。吕虔到任后，招降了郭祖等人，百姓纷纷回到家园。徐和、司马俱率领黄巾余部在济南、乐安一带活动，攻城略地，杀了各县的主要官吏，吕虔又同夏侯渊率兵前去镇压，前后数十战，黄巾军大败，徐和被杀，部属被杀俘共数千人。东莱李条等人造反，曹操又让吕虔督率青州诸郡前往征讨。曹操对吕虔的表现很满意，曾特地下令褒奖：

夫有其志，必成其事，盖烈士之所徇也。卿在郡以来，擒奸讨暴，百姓获安，躬蹈矢石，所征辄克。昔寇恂立名于汝、颍，耿弇建策于青、兖，古今一也。（《举泰山太守吕虔茂才令》）

"烈士"即志士。"寇恂"，东汉初将领。刘秀占领河内后，任他为太守，为刘秀输送粮饷，并参与镇压绿林农民起义军，后历任汝南、颍川两郡太守，封雍奴侯。"耿弇"，东汉初将领。跟随刘秀在青州、兖州时，曾多次提出攻取战略要地邯郸的建议，最后说服其父耿况，联合彭宠夺取了邯郸，被封为建德大将军。曹操将吕虔同寇恂、耿弇相提并论，对他的政绩做了充分肯定。吕虔被推举为茂才,并加给一个骑都尉的官衔,仍继续治理泰山郡。吕虔任泰山太守十余年,曹丕即帝位后被封益寿亭侯,升任徐州刺史,加威虏将军。

就这样,曹操逐步巩固了他在青州、兖州的地位,使他得以在官渡之战后以主要精力经营河北地区,并对其他战略方向采取大规模的军事行动。

第十一章　远征乌桓

一　不除此患,将为后忧

曹操收定河北之后,为了彻底消灭袁氏残余势力,统一北方,积极准备远征乌桓。乌桓,也叫乌丸,它和鲜卑原是东胡(东北方诸族)中两个比较大的部落集团。西汉初年,被匈奴击败,逃避到乌桓山,因此号称乌桓。乌桓人遭受匈奴奴隶主贵族的残酷压迫和掠夺,被迫每年定期贡献牛马及兽皮,过时不交,妻子便被没为奴婢。武帝元狩四年(前119),霍去病大败匈奴左贤王兵,将乌桓人迁徙到上谷、渔阳、右北平、辽东和辽西五郡境外居住,设置"护乌桓校尉"一职,持节代表朝廷加以监护和管辖,使乌桓断绝同匈奴的往来,并负责为朝廷侦察匈奴动静,还规定各部大人(首领的称呼)每年朝见汉朝皇帝一次。

乌桓摆脱了匈奴贵族的统治,密切了与中原地区的交往,社会经济得到了恢复发展,逐渐由原始公社制向奴隶制过渡,乌桓各部大人也逐渐贵族化。新兴的乌桓奴隶主贵族开始恃强骄邻,并背叛汉朝,不断发动侵扰边境的战争。东汉初年,乌桓常与匈奴联结,对汉朝沿边各郡多次杀掠，使郡县损坏，人民流亡，其中尤以代郡以东所受损害最大。光武帝放弃武力征伐政策，以币帛招服乌桓，乌桓重新归附汉朝。建武二十五年（49），光武帝封辽西乌桓大人郝旦等大小酋长八十一人为侯王、君长，让他们率部入居塞内，为东汉侦察匈奴、鲜卑的动静。东汉在上谷宁城复置护乌桓校尉，管理乌桓和鲜卑。此后，在相当长一个时期内，乌桓和内地的汉族互通贸易，相安无事。

东汉末年，乌桓的势力逐渐强大起来。灵帝初年，上谷乌桓大人难楼、辽西乌桓大人丘力居自称为王，接着辽东乌桓大人苏仆延自称峭王，右北平乌桓大人乌延自称汗鲁王。其中以辽西乌桓的势力为最强。中平四年（187），中山太守张纯叛入乌桓，自号弥天安定王，为各郡乌桓元帅，联络辽西乌桓丘力居等寇掠青、徐、幽、冀四州。次年，汉朝以刘虞为幽州牧，出赏招募胡人杀死了张纯，北边又暂时安定下来。

献帝初平年间，丘力居死，其子楼班年少，其侄蹋顿因有武力谋略，得到各部拥护，成为辽东、辽西和右北平三郡乌桓的首领。不久，又把势力扩展到上谷乌桓。

建安元年（196）以后，袁绍和公孙瓒连年争战不休，蹋顿派遣使者同袁绍和亲，并派兵帮助袁绍。建安四年（199），袁绍打败公孙瓒后，为了酬答乌桓上层对他的帮助，也为了进一步拉拢乌桓，假托献帝名义，封蹋顿为乌桓单于，封辽东乌桓大人峭王苏仆延为左单于，右北平乌桓大人汗鲁王乌延为右单于。并以宗亲之女当做自己的女儿，嫁给乌桓单于为妻。又因阎柔从小生活在乌桓和鲜卑中，得到乌桓人信任，袁绍又对阎柔加以拉拢，让他为安定北部发挥作用。

不久，由于丘力居的儿子楼班逐渐长大，上谷郡乌桓大人难楼和苏仆延率其部众推奉楼班为单于，以蹋顿为王。但由于蹋顿颇多计谋,仍然掌握着大权。

曹操同袁绍相拒于官渡时,阎柔遣使与曹操通好,曹操仍以阎柔为护乌桓校尉。但三郡乌桓仍继续为袁氏出力,并无归附曹操之意。

曹操占领平原,将进军南皮攻打袁谭时,柳城乌桓曾想派出骑兵援助袁谭。因牵招曾担任过乌桓突骑的职务,比较熟悉乌桓情况,曹操派他去柳城对乌桓做分化瓦解的工作。牵招来到柳城,见峭王苏仆延正准备行装,将派遣五千骑兵去援助袁谭。这时辽东太守公孙康自称平州牧,也派韩忠拿着单于印绶前来,企图拉拢峭王。峭王大会部众,韩忠、牵招均在座。峭王问牵招:"过去袁公说是奉天子之命,让我做了单于;现在曹公又说要重新禀报天子,让我做真单于;辽东这会儿又拿了单于的印绶来。我到底该听谁的呢?"

牵招不慌不忙地回答:"过去袁公秉承皇帝旨意,所以对您有所拜授;后来出现违错,天子命曹公代理,所以曹公说要重新禀报天子,授给您真单于的印绶,这是不错的。至于辽东,不过是一个小郡,怎能擅自拜授呢?"

牵招因原为袁绍部属,投归曹操不久,说起袁绍来用词比较委婉。而对辽东公孙康,牵招可就不客气了。韩忠起来辩解,牵招予以呵斥,说到激烈处,竟起身抓住韩忠头颅,往地上猛磕,并拔刀准备将韩忠杀死。峭王十分惊恐,还没有来得及穿鞋,便跑上前来抱住牵招,让他放手,牵招这才放掉韩忠,回到座上,为峭王详细陈说利害。峭王等人下席跪伏,表示接受劝告,不再援助袁谭。

曹操这一着棋走得很成功,为他比较顺利地解决袁谭创造了条件,但这不等于彻底解决了乌桓的问题。乌桓中蹋顿势力最强,过去也特别受袁绍优待,同袁氏的关系特别深。袁熙被曹操打败后,即与其弟袁尚投奔辽西,依附蹋顿,企图借助蹋顿的力量与曹操抗衡,待机卷土重来。他们逃奔时,同时裹胁走了幽、冀两州的军民十余万户。加上此前乌桓在幽州掳掠的十余万户汉民,总数达到二十余万户。在这些汉人中,既有农民,也有各行各业的手工业工人,他们为乌桓从事各种农业和手工业劳动,这就更加强了乌桓的力量。蹋顿屡次乘势侵扰汉朝边塞,并曾大规模出兵攻击曹操所置的右度辽将军鲜于辅于犷平。

曹操深知,不征服乌桓,不扫除袁氏残余势力,北边的局势就不可能真正稳定下来。但远征乌桓也并不是一件容易的事情,需在人力、物力各方面做好充分的准备。为此,他首先接受董昭的建议,动用大批民工开凿了两条水渠,一条是平虏渠,一条是泉州渠。

平虏渠上起呼沲河,下入泒(音姑)水,即今河北青县至独流镇间一段南运河的前身。泉州渠上承潞河,从沟河口凿入,下入鲍丘水,合口处在今天津宝坻境内,因渠道南起泉州县境,故名。这样,泉州渠、平虏渠通过呼沲河、清河同建安九年(204)开通的白沟连在一起,成为一条贯通南北的水道,不仅解决了远征中紧迫的军粮运输问题,对两岸的农业灌溉也带来了一定的好处。

建安十二年(207)二月,曹操从东征管承的前线指挥所淳于回到邺城,在大封功臣之后,便召集手下文武商讨北征乌桓的问题。不少将领对北征表示担心,说:"袁尚不过是一个逃亡者,乌桓贪婪成性,六亲不认,怎么能被袁尚利用呢?我们出兵深入乌桓,在荆州的刘备必然劝说刘表袭击许都,万一真的发生变故,到时后悔可就来不及了!"

只有郭嘉力排众议,极力主张远征。他分析说:"曹公虽然威震天下,但乌桓仗着离我们很远,必然没有防备,我们可以乘其不备,发动突然袭击,这样肯定可以将其一举歼灭。过去袁绍有恩于乌桓,现在袁尚兄弟又留在那儿,对我们来说这终究是一个隐患。再说,现在青、冀、幽、并四州的人,只是迫于形势归附了我们,并没有得到我们多少好处。如果我们舍北而征南,袁尚就会借助乌桓的力量,招纳旧部,一呼百应,使蹋顿产生入侵的野心,这样一来,恐怕青、冀二州就将不再属于我们了。刘表这个人,不过是一个清谈客罢了。他对刘备所抱的态度是矛盾的:重用刘备吧,怕控制不住刘备;不重用吧,刘备又不肯真心实意为他出力。因此,即使我们动用全部军队远征乌桓,刘表也不会有大的举动。曹公不必为此多虑!"

曾经主张大力屯田的护军韩浩,也赞成远征。本来,领军史涣认为远道深入乌桓不是万全之策,想邀约韩浩一起向曹操进谏,韩浩却说:"现在我们兵力强盛,四方震动,攻防无不得心应手。如果不趁这时远征乌桓,除掉此患,将会留下后忧。何况曹公神勇,一举一动总是考虑得很周到,我们不应该在这个时候去泼冷水!"

郭嘉、韩浩等人的意见,实际上是说到了曹操的心坎上的。曹操听后,也就不再迟疑,决定尽快率军北征。

二 潜师出塞

经过一番准备,曹操统领大军出发,于五月间来到易县。这时郭嘉又建议说:"兵贵神速。现在我军袭击千里之外的敌人,辎重太多,行动迟缓。如果敌人得到消息,必然预做防备。不如留下辎重,轻装快速前进,以出其不意打击敌人。"

曹操觉得这个意见很重要,立即下令留下辎重,轻装疾进。部队很快来到无终。

曹操本来计划从无终沿着渤海,取道今山海关一线前进。但过无终后,时令进入七月,连日大雨不止,滨海地区地势低洼,大水横流,滥泥淤积,给行军造成很大困难。而乌桓兵得知曹军进击的消息,在险要处一一设防扼守,曹军沿途不断遭到阻击。这样一来,曹军几乎陷入了寸步难行的困境。

曹操临从邺城出发时,曾有一个人前来求见,要求为曹操充当向导。这个人名邢颙,字子昂,河间鄚人。曾追随无终人田畴到徐无境内的徐无山避乱五年。曹操平定冀州后,他觉得曹操法令严明,老百姓二十多年来受够了战乱之苦,已经乱够了,现在该太平了,于是告别田畴,回到了故乡。得知曹操北征的消息,前来投附,曹操任命他为冀州从事,随军北上。邢颙又向曹操介绍了田畴的情况,建议征召田畴。曹操感到眼下正需要田畴这样的人物,于是派遣使者前去征召,接着又命田豫前往,向田畴表达了自己的期盼之情。

田畴字子泰,好读书,善击剑。初为幽州牧刘虞从事,刘虞被公孙瓒杀害,他也遭到拘禁。获释后,率领数百宗族家人,避乱徐无山中,远近百姓纷纷前往归附,数年间发展到五千余家。田畴兴建城邑,建立法度,兴办学校,整顿社会风气,影响越来越大,连北边的匈奴也表示敬服。袁绍父子多次派人请他出山,并授给他将军印绶,都被他拒绝。

田畴对乌桓一再侵扰内地、残杀本郡士人的行径非常痛恨,早有起兵讨伐乌桓的想法,只是嫌力量不够。因此,当曹操派人前来相邀时,他不仅非常爽快地答应了,而且吩咐门生赶紧准备行装上路。门生无不感到意外,问他:"过去袁公仰慕先生,多次派人前来邀请,您都一口回绝。今天曹公使者刚来,您就唯恐去得晚了,这是怎么一回事呢?"

田畴微笑着回答说:"这不是你们所能理解的!"

田畴随着使者来到军中。曹操非常高兴,当天就任命他为司空户曹掾。司空户曹掾为司空属吏,曹操所置,比三百石,第七品。可是,曹操在同田畴做了一番交谈,对田畴有了更深入的了解后,第二天又下了一道手令:

田子泰非吾所宜吏者。(《下田畴令》)

意思是,田畴的才能和志向都非常突出,我任用他作属吏是不恰当的,而应当让他担负更为重要的责任,以充分发挥其作用。于是,重新推举田畴为茂才,并任为蓨(tiáo)令,但暂不到任,仍然随军北征,一起来到了无终。

如今军队陷入无法前进的困境,曹操内心很焦急。便把田畴请来,同他商量此事。田畴是无终人,因此十分了解当地的情况,当下建议说:"沿海这条路,夏秋季节经常要被水淹,浅的地方不能通过车马,深的地方又不能通过舟船,这种局面已经持续很长时间了。过去右北平郡治在平冈时,有一条从卢龙塞通向柳城的路。这条路在光武帝建武年间就已毁坏,到现在已快二百年了。不过我知道还有一条小路可以通行。现在乌桓以为大军在无终被阻,不能前进,必然放松戒备。如果我们立即回军,悄悄从卢龙口走小路插过去,乘敌人不备发动突然袭击,蹋顿是完全可以不战而擒的。"

"平冈"也作"平刚",西汉时为右北平郡的治所。当时幽州有一条通向东北塞外的交通要道,路线是经无终、徐无,沿着濡水河谷出塞,再折向东边趋向渝水流域。自东汉初将右北平郡的治所迁到土垠后,这条路也就随之毁坏断绝,不仅不通人烟,连知道的人也很少了。因此,从这条路率轻骑出击,确实可以出敌不意。曹操听罢田畴的意见,喜形于色,当即高喊了一声:"好!"于是立即下令退军,同时派人在路旁立下一块迷惑敌人的大木牌,上面写道:

>方今暑夏,道路不通,且俟秋冬,及复进军。(《三国志》卷十一《田畴传》)

乌桓骑兵见了,立即回去报告了蹋顿,蹋顿信以为真,将一颗悬着的心放了下来。

曹操让田畴带着他的手下人做向导,领着大军上了徐无山,出了卢龙塞。塞外道路不通,下令士兵开山填谷,一共开山填谷五百多里,途经白檀、平冈及鲜卑人所居住的地区,向东直逼蹋顿的大本营柳城。离柳城只有二百多里地了,蹋顿才得知消息,慌忙与袁尚、袁熙兄弟及辽西乌桓单于楼班、右北平乌桓单于乌延等人聚合了数万骑兵迎敌。

八月间,曹军越过白狼堆,到达山下的凡城时,突然同蹋顿的联军相遇。当时蹋顿人马众多,而曹军辎重都在后面,身上穿有铠甲的人很少。面对这种情况,不少人害怕了。曹操命部队先稳住阵脚,暂勿进攻,自己登上高处观察敌军阵势。只见敌军人数虽多,但因是临时凑合,仓猝应战,阵容很不整齐。张辽意气奋发,斗志昂扬,劝曹操立即出击。曹操当即将自己指挥作战的旌旗交给张辽,命他充任先锋,率众出击。

张辽得令,立即组织部队,一马当先,向敌发起冲锋。士兵受到鼓舞,个个奋勇当先,排山倒海般向敌军冲去。蹋顿联军受到猛烈攻击,不能抵挡,顷刻四散。曹军乘胜追击,杀敌伤敌无数。蹋顿在逃跑时,被曹纯的部骑截获,当即斩首。曹军继续扩大战果,等到战斗结束,不仅彻底打垮了敌军,而且使汉族和少数民族的二十余万人投附、归降。二袁兄弟、楼班、乌延、苏仆延及辽西、右北平两郡的许多乌桓酋豪无法再在本郡立足,带着数千骑兵逃往辽东郡,投靠辽东太守公孙康去了。

此前,辽东太守公孙康自恃远离中原,不服从朝廷管辖。其父公孙度在世时,曾自立为辽东侯、平州牧。曹操企图拉拢他,表荐他为武威将军,封永宁侯,谁知公孙度不领情,说:"我要做的是辽东王,封我个永宁侯干什么!"把印绶放到武库中去了。建安九年(204),公孙度死,公孙康即位,把永宁侯的爵位让给了其弟公孙恭。这时,有人劝曹操乘打败乌桓的势头,远征辽东,捉拿袁氏兄弟。曹操回答说:"我要让公孙康把袁尚、袁熙的首级斩了给我送来,用不着再劳动大军前去远征了!"

曹操下令部队在柳城稍事休整。部队情绪高昂,曹操也很高兴,将蹋顿的头颅拴在马鞍上,自己骑在马上鼓掌舞蹈。

九月,曹军从柳城班师南还。南还时,同时把被乌桓掠去和逃亡塞外的十余万汉人带回内地,把辽东、辽西、右北平三郡乌桓一万余落、十余万户乌桓人迁入关内。还挑选了一些壮健的乌桓骑兵编入军中,由他们的侯王大人率领,随同到各地打仗。这些乌桓骑兵后来在战争中做出了很大贡献,赢得了"天下名骑"的称号。后来,随着岁月的流逝,迁入内地的乌桓人,包括乌桓骑兵在内,逐渐与汉族融合。少数留居塞外的乌桓人,不久即被鲜卑人征服。

三 "东临碣石有遗篇"

不出曹操所料,曹军自柳城班师南还不久,公孙康就杀了袁氏兄弟及苏仆延、楼班、乌延等人,并特地派人送来了这几个人的首级。部下不少人对此大感不解,忍不住问曹操:"您刚从柳城撤兵,公孙康就把二袁的头斩了送来,这是什么原因呢?"

曹操微笑着答道："公孙康一向对袁尚等人心怀疑惧，假如我们攻得急了，他们就会联合起来对付我们；如果我们暂时不去进攻，他们就会自相残杀起来，二袁被杀也就势在必然了。"

大家听了，恍然大悟，无不表示佩服。事实确如曹操所分析的那样。当袁氏兄弟逃到辽东时，公孙康担心曹操来攻，就暂时接纳了二人。后见曹操并不来攻，而且在攻占柳城后很快撤军，顿时感到对自己的威胁不是来自曹操，而是来自近在咫尺的袁氏兄弟。他担心袁氏兄弟夺走自己的地盘，决定设计将其除掉。这天，他邀约袁氏兄弟前来赴宴，准备就在席间动手。袁尚自恃手下还有数千骑兵，自己又颇有些勇力，并不把公孙康放在眼里。行前他与袁熙密谋说："今天我们到公孙康那儿，可以在席间当场把他杀掉。然后占据辽东郡，再慢慢发展势力。"

双方可谓"不谋而合"。来到公孙康客厅门前，袁熙有些迟疑，不敢进去，袁尚强拉着一起走了进去。还未落座，公孙康一声断喝，预先埋伏好的武士一拥而上，将两人按住，用绳子紧紧地绑了，扔在地上坐着。袁尚冻得浑身发抖，忍不住对公孙康说："我人还没死，冷得实在受不了，能不能给我们拿张席子垫在地上？"

公孙康冷笑一声："你脑袋都要被割下来送到远处去了，还要席子干什么？"

于是下令将二袁斩首，把首级割下送给曹操，以表示归附。曹操即任公孙康为左将军，封襄平侯。

曹操平定三郡乌桓，消灭袁氏残余势力，又不战而使辽东归附，表明他在中原地区进行的兼并战争已经取得最后胜利，除关陇地区外，北方已处于他的直接控制之下。自董卓之乱以来，中原地区人民饱受战乱之苦，社会生产力遭到严重破坏，曹操统一中原，结束了长期纷争混战的局面，使人民重新过上了较为安定的生活，这对于社会经济的恢复和发展,无疑是有重大意义的。北方经济的恢复和发展,对支援后来曹操所进行的统一战争,也发挥了重要的作用。

曹操从柳城班师,回来走的是南线。归途中,他诗兴大发,写下了组诗《步出夏门行》。全诗共分五个部分,最前是"艳"(序曲),下面依次为《观沧海》《冬十月》《河朔寒》和《神龟虽寿》四章。四章或称四解,均可独立成篇。"艳"云:

  云行雨步,超越九江之皋。临观异同,心意怀游豫,不知当复何从。经过至我碣石,心惆怅我东海。

"云行雨步",意指大雨滂沱,语本《周易·乾·文言》:"云行雨施。""九江",原指洛阳夏门附近的九江。《水经注》:"大夏门,故夏门也。门内东侧际城有魏文帝所起景阳山,山之东旧有九江。"这里泛指各处江河。"皋",水边高地。"临观"二句,谓亲自前往观察水势地形,对于大军或进或退的不同意见,一时难以定夺,心中不免犹豫起来。"碣石",指碣石山,在今河北昌黎县北十五里,秦皇岛市区西南四十五公里,现东距渤海仅约十五公里。主峰仙台顶海拔六百九十五米,登上主峰,犹如身临霄汉,举目环顾,海光山色,尽收眼底,为古今观海胜地。秦始皇于三十二年(前215),汉武帝于元封元年(前110)先后东巡,均曾在此登临。"东海",古代所指不一,这里即指渤海。这个序曲,概括地叙写了北征乌桓途中所遭遇的困境和此时登临观海的心情,为下面进一步展开叙写做了一些必要的铺垫和交代。

第一章《观沧海》:

  东临碣石,以观沧海。水何澹澹,山岛竦峙。树木丛生,百草丰茂。秋风萧瑟,洪波涌起。日月之行,若出其中;星汉灿烂,若出其里。幸甚至哉,歌以咏志。

首二句交代观海的地点,次六句描写登山观海时所见到的自然景物,抓住大海平静时和起风时的状态、海边山岛巍巍耸峙的雄姿及草木繁茂的景象予以大笔勾勒,构成了一幅色调苍茫、气象雄伟的图画,展示了诗人热爱壮阔河山的情怀。"日月之行"四句,通过丰富的想象,极写了大海吞吐日月、含孕群星的壮阔气势,寄寓了诗人的胸襟、抱负和豪情。最后两句,为入乐时所加,与正文内容无关,以下各章都有。本篇是建安诗中通篇写景的唯一作品,也是我国诗史上现存的第一首完整的写景诗(或山水诗)。此前,虽然在我国的第一部诗歌总集《诗经》中,景物描写已随处可见,但涉笔所及,大都止乎一草、一木、一水、一石,钱锺书先生因此曾"窃谓《三百篇》有'物色'而无景色"(《管锥编》第二册,第61页)。到了楚辞,渐有发展。到了建安,"叙景已多,日甚一日"(吴乔《答万季野诗问》),最后终于由曹操站出来完成了"集大成"的历史使命,为开启后世山水诗、写景诗的繁盛局面,起了重要的推动作用。

第二章《冬十月》:

孟冬十月,北风徘徊。天气肃清,繁霜霏霏。鹍鸡晨鸣,鸿雁南飞。鸷鸟潜藏,熊罴窟栖。钱镈停置,农收积场。逆旅整设,以通贾商。幸甚至哉,歌以咏志。

这首诗写于初冬十月,时间比前首稍晚。前八句写初冬的气候和景物。"鹍鸡",鸟名,形状像鹤,羽毛黄白色。北风刮个不停,严霜又厚又密,鹍鸡晨鸣,大雁南飞,猛禽藏身匿迹,熊罴入洞安眠,肃杀严寒中透出一派平和安宁。中四句写人事。钱、镈,两种农具名,这里泛指农具。"逆旅",客店。农具已经闲置起来,收获的庄稼堆满谷场,旅店正在整理布置,以供来往的客商住宿,这是一幅多么美妙的图景!诗篇反映了战后在局部地区人民过上的安居乐业的生活,及诗人企望国家统一、政治安定和经济繁荣的理想。朱乾说:"《冬十月》,叙其征途所经,天时物候,又自秋经冬。虽当军行,而不忘民事也。"(《乐府正义》卷八)在一定程度上触及了本诗的作意。

第三章《河朔寒》:

乡土不同,河朔隆寒。流澌浮漂,舟船行难。锥不入地,蘴薿深奥。水竭不流,冰坚可蹈。士隐者贫,勇侠轻非。心常叹怨,戚戚多悲。幸甚至哉,歌以咏志。

诗篇又题作《土不同》,描写河朔(黄河以北)地区隆冬季节的景象,在写作时间上又比前首要晚。结构与前首大体相同。前八句写景:黄河以北的地区到了深冬,河里漂浮着冰块,舟船难以开行;地冻得锥扎不进,田地荒芜,满地是干枯厚密的蔓菁和蒿草。河水冻结,不再流动,河面上坚冰覆盖,人可以在上面行走。曹操回师进入冀州地区后,天寒且旱,连续行军二百里都没有碰到水,军粮也所剩无几。部队只得杀马充饥,共杀去数千匹马;同时打井取水,结果凿地三十余丈才将水找到。诗中所描写的,正是这一极其艰难的情景。中四句叙事兼抒情:"士隐者贫",有识之士所忧痛的是贫困(一说,"隐"为隐居之意);"勇侠轻非",而勇武好斗的人却不把犯法当成一回事。诗人常常为此叹息怨恨,心中充满了悲伤和忧愁。行军艰苦,诗人只是轻轻带过;而河北地区割据势力虽已被彻底消灭,但民生凋敝的情景却依然如故,民风好斗,社会秩序也还很不安定,却使诗人感到心情沉重,情不自禁形诸笔墨,体现了诗人"忧世不治"的情怀。

第四章《神龟虽寿》：

神龟虽寿，犹有竟时；腾蛇乘雾，终为土灰。老骥伏枥，志在千里；烈士暮年，壮心不已。盈缩之期，不但在天；养怡之福，可得永年。幸甚至哉，歌以咏志。

诗篇具体写作时间不详，但很可能即为组诗的压卷之作。表现手法与前三首很不相同，前三首借景抒情，融情入景，这首诗却是运用传统的托物寄兴手法，通过对具体、特定的客观事物的描述和评价，达到述理、明志和抒怀的目的，使哲理与诗情在具体的艺术形象中实现了完美的结合。前四句连用了两个比喻，说明人生不免一死。"神龟"和"腾蛇"都是传说中的神物，"神龟"以寿命长见称，典出《庄子·秋水》："吾闻楚有神龟，死已三千岁矣。""腾蛇"以本领大著世，典出《韩非子·难势》："飞龙乘云，腾蛇游雾，云罢雾霁，而龙蛇与螾螘（蝇蚁）同矣，则失其所乘也。"连传说中的灵长之物都不免有灰飞烟灭的时候，人的死亡也就更是不可避免的了。次四句，展示自强不息的精神气概。"老骥"，指已衰老的千里马。千里马因衰老而蹲伏在马棚中，但它形衰而志不减，胸中仍然激荡着驰骋千里的壮志豪情，就像努力建功立业的志士，虽然到了老年，但其雄心仍然不会消沉一样。四句莽莽而来，突兀而起，笔力劲健，句挟风雷，使横槊赋诗、激昂慷慨的诗人形象跃然纸上，胸襟、抱负和豪情得到了充分的展露，鼓舞了后代无数英雄志士，引得他们为之击节赞赏不已。最后四句，以娓娓道来、如叙家常的文字，倾吐善自保养以延年益寿之意。"盈缩"，这里指人寿的长短；"养怡"，犹养和。曹操这年五十三岁，已渐渐进入了"暮年"。他虽然在统一北方的战争中已取得了巨大的胜利，但他清醒地认识到，大业未竟，任重道远，应当乘胜前进，不断进取。正是在这种思想支配下,他写出了《龟虽寿》这首诗,抒发了自己老当益壮的襟怀,表达了不信天命、重视人力的积极见解,从而在如何对待人生的问题上,奏出了一曲高亢激越的乐章。

组诗抒发了曹操班师途中的所见所闻、所思所感,内容是丰富的,情感是复杂的。1954年夏,毛泽东在他所写的《浪淘沙·北戴河》词中,曾提到曹操这首诗:

> 大雨落幽燕,白浪滔天,秦皇岛外打鱼船。一片汪洋都不见,知向谁边?往事越千年,魏武挥鞭,东临碣石有遗篇。萧瑟秋风今又是,换了人间。

由于所在的地望,所面对的沧海、秋风都与当年曹操相同,因而很自然地联想到了曹操北征乌桓这件事,以及曹操在归途中留下的这一组诗。不难看出,毛泽东对曹操远征乌桓、完成北方的统一大业,是给予了历史的肯定的。但曹操毕竟是封建时代的人物,时代毕竟不同了,所以又说"换了人间"。

慑于远征乌桓的声威和影响,这年十一月当曹操班师到达易水时,代郡乌桓代理单于普富卢、上郡乌桓代理单于那楼率领手下名王前来拜贺,表示归附。从此,绝大多数乌桓都臣服于曹操,对形成北方边境的安定局面产生了积极作用。

班师途中,也出现了一件使曹操十分伤感的事,这就是他的重要谋士郭嘉病死了,年仅三十八岁。郭嘉病重时,曹操派去看望的人往来不绝,死后,曹操亲临吊唁,十分悲痛。他对荀攸等人说:"你们的年纪都和我差不多,只有郭奉孝的年纪最小。我本来打算等天下平定后,把身后的事情托付给他,却没料到他中年夭折,这难道是命中注定的吗?"

接着,曹操上表献帝,请求给郭嘉增加封赏:

> 臣闻褒忠示宠贤,未必当身,念功惟绩,思隆后嗣。是以楚宗孙叔敖,显封厥子,岑彭既没,爵及枝庶。诚贤君殷勤于清良,圣祖敦笃于明勋也。故军祭酒洧阳亭侯颍川郭嘉,立身著行,称茂乡邦,与臣参事,尽节为国。忠良渊淑,体通性达。每有大议,发言盈廷,执中处理,动无遗策。自在军旅,十有余年,行同骑乘,坐共幄席。东禽吕布,西取眭固;斩袁谭之首,平朔土之众。逾越险塞,荡定乌丸;震威辽东,以枭袁尚。虽假天威,易为指麾;至于临敌,发扬誓命,凶逆克殄,勋实由嘉。臣今日所以免戾,嘉与其功。方将表显,使赏足以报效,薄命夭殒,不终美志。上为陛下悼惜良臣,下自毒恨丧失奇佐。昔霍去病蚤死,孝武为之咨嗟;祭遵不究功业,世祖望枢悲恸。仁恩降下,念发五内。今嘉殒命,诚足怜伤。宜追赠加封,并前千户;褒亡为存,厚往劝来也。(《请追增郭嘉封邑表》)

表文开始说,奖励忠臣,尊崇贤士,不一定限于本人,追念一个人的功绩,恩惠可以加给他的后代,并援引了春秋时楚国令尹孙叔敖死后,楚庄王以寝丘四百户封给其子,东汉时光武帝的大将岑彭死后,光武帝将其长子岑遵和次子岑淮均封为侯的史实为例。接着,褒扬了郭嘉德行的卓异,智慧的渊深,品性的美好,并特别列举了郭嘉随军十余年来在东擒吕布、西灭眭固、平定河北及扫荡乌桓等历次战事中所发挥的作用,对其一生功绩做了高度评价。最后,要求增加郭嘉封邑,在此前封洧阳亭侯、邑二百户的基础上,再追赠八百户,一共一千户,以此鼓励生者、激励后人。郭嘉其人,深谋通变,善于筹划,洞达事理。曹操对他非常信任,视为"奇佐",以至"行同骑乘,坐共幄席",不可须臾离开;并曾说:"只有郭奉孝最了解我的心意!"这篇表文,也算得是曹操对于郭嘉的知人之论。

当初,郭嘉是由荀彧推荐给曹操的,因此,曹操又给在许都的荀彧先后写了两封信,对郭嘉的才干和忠诚给予了热情的赞扬,对其夭亡表示了沉痛的悼念。

建安十三年(208)正月,曹操回到邺城。回顾这大半年来所经历的种种艰难险阻,曹操不禁感到有些后怕。一天,他下令清查北征乌桓前对这次军事行动进行谏阻的人,并将他们集中起来。众人不知曹操要干什么,个个心里都像揣了个小兔子,紧张得不得了。谁知曹操不仅没有责备众人,反而一一予以厚赏,十分动情地说:"我这次远征,实在是一次很冒险的举动,虽然侥幸取得了成功,是老天帮了我的大忙,所以只能偶尔为之,不能经常如此。你们当初劝阻我,所贡献的是万全之策,所以今天我要厚赏你们。从今以后,你们心中有什么想法,不用担心,都可以通通讲出来。"

众人听了,转忧为喜。可以说,曹操从一个独特的角度,对北征乌桓的军事行动做了总结。

第十二章 "不戚年往,忧世不治"

一 抑制兼并

建安九年(204),也就是攻克邺城这一年,曹操过了他的五十岁生日。随着军事上的节节胜利,统治区域的不断扩大,曹操也渐渐步入了老境。但是,曹操深知自己肩头的担子还很重,他无暇忧虑自己渐老的年岁,而却十分忧虑国家的混乱不治。为了扫平大大小小的割据势力,他仍把军事行动放在极为重要的地位;为了稳定占领区,特别是新占地区的统治秩序,提高自己队伍的战斗力,他又在经济、政治和军事等方面进行了一些整顿和改革,特别是在占领冀州后,更加快了这种整顿和改革的步伐,力图拨乱反正,使统治秩序进入一个正常的轨道。

东汉末年,豪强地主大肆兼并土地,农民创造的物质财富大部分作为封建地租被豪强地主攫取,极大地激化了阶级矛盾。袁绍占领冀州后,更对部属及辖区内的豪强地主采取放纵态度,他们肆意凌压百姓,掳掠财物,使广大农民更趋贫困化。曹操攻破邺城后,抄没审配家财以万数,不难看出豪强地主贪婪聚敛之一斑。曹操深知,要稳定统治秩序,须抑制兼并,打击豪强,改变老百姓负担过重的状况。因此,曹操于建安九年(204)八月攻克邺城后,九月便发布了一道《蠲河北租赋令》:

河北罹袁氏之难,其令无出今年租赋!

这道命令,对于恢复河北地区遭到严重破坏的农业生产,争取民心,都是十分及时的举措。命令刚一发布,便博得了广大民众的欢迎。接着,曹操又发布了一道抑兼并的《收田租令》:

"有国有家者,不患寡而患不均,不患贫而患不安。"袁氏之治也,使豪强擅恣,亲戚兼并;下民贫弱,代出租赋,衒鬻家财,不足应命。审配宗族,至乃藏匿罪人,为逋逃主;欲望百姓亲附,甲兵强盛,岂可得邪!其收田租亩四升,户出绢二匹、绵二斤而已,他不得擅兴发。郡国守相明检察之,无令强民有所隐藏,而弱民兼赋也。

开头两句,出自《论语·季氏》:"丘也闻有国有家者,不患贫而患不均,不患寡而患不安。"意思是:无论是诸侯还是大夫,都不必着急财富不多,只须着急财富不均;不必着急人民太少,只须着急境内不安。下面还有"盖均无贫,和无寡,安无倾"的话,意思是:如果财富平均,就无所谓贫穷;境内和平团结,就不会觉得人少;境内平安,就不会有倾危之虞。曹操引述这段话,反映出他的均平治国的思想。为了减轻不和、不均、不安的现象,曹操接着谴责了袁氏父子放任豪强兼并土地、强迫贫苦农民替他们交纳租税、弄得贫苦农民变卖家产都还难以应付的罪行,并特别提到审配家族窝藏罪人的不法行为，表达了自己对豪强大族任意横行的不满和痛恨。最后，曹操公布了今后征收租赋的定额，规定除此之外，别的不得再擅自征收，并要求各郡守国相严格检查，不要让豪强大户对田地等资产有所隐匿，而让贫苦百姓去交双份租赋。令文语气强烈，态度坚决，表明了曹操打击豪强、抑制兼并的决心。

建安时期，曹操虽然在统治区内大兴屯田，但和广大郡县相比，屯田所占的面积是很小的，封建的地主土地所有制和自耕农、半自耕农仍是社会经济的主体，施行适合这一部分人的赋税制度是十分必要的。两汉时期，赋税主要采用地税和人头税的形式。地税是根据收获量按比例征收的，如三十税一、十五税一、十分税一（仲长统《昌言·损益篇》有"令亩收三斛，斛取一斗"之说，也就是亩收三斛中取三斗为税）。人头税是按人口的多少和大小征收的，七至十四岁的小孩每人每年缴纳二十三钱，称为"口赋"，十五以上至五十六岁的成人每人每年缴纳一百二十钱，称为"算赋"。此外，东汉还有征收缣（细绢）、素（白绢）的记载。曹操将地税改为按定额收，将人头税改为按户征收（称为户调），并将收钱改为收手工业产品，是从当时当地的实际情况出发的，在一定程度上照顾了农民的利益。

将地税改为按亩计算，是要使占地多的豪强多尽纳税的义务。曹操所规定的田租户调的数额，只是一个平均数，是交给地方官统计户口征收的标准，在实际征收时，还要按照贫富分等，按等收税，如何分等由地方官斟酌，但每户的平均数必须合于曹操所规定的数额。曹操执行这个制度是以身作则的，每年征收赋税时，他都要让家乡谯县的县令为他评定等级，按等交税。一次，谯县县令将他同曹洪划成一个等级，曹操说："我家的资财哪有子廉（曹洪字）多呢！"

曹操说的大抵是事实。曹洪其人，性好聚敛，甚至不惜采取巧取豪夺的手段。同时非常吝啬，连曹操之子曹丕去向他借贷，他都不给，以致曹丕为此怀恨在心，即帝位后曾以他下人犯法为由企图将其下狱处死。谯令的估算或有不够准确之处，但这件事至少说明他没有特别照顾曹操，去给曹操压等级，这也说明曹操是带头执行了规定的，不然一个小小的谯令就不可能这样无所顾忌了。曹操尚且如此，各地的豪强自然也就不能不有所收敛，不能不尽量按照章程交纳赋税。当然，一些豪门大族勾结官府，在评定家财等级时暗中做手脚，把负担转嫁到贫苦农民身上，这种现象肯定是不可能杜绝的，但至少他们是不敢无所顾忌、大张旗鼓地这样干了。

人头税按户征收，则可以更加便于征调，因汉末战乱以来，人口流动性大，而户相对来说稳定性要大一些。按户征取绢、绵，计算起来也更为方便，特别有利于收取整匹的绢、布，不致因人丁零落而造成上交绢、布的破碎不整，这样也就可以更好地加以利用，不致造成浪费。

将人头税从收钱改为按户收取绢、绵，曹操在建安五年(200)官渡之战期间即已在兖、豫二州施行，这样做也是充分考虑了当时的实际情况的。当时中原一带，家庭纺织业同农业是结合在一起的，几乎家家都有绢、绵手工业产品。而自战乱以来，铸币业已近于废弃，民间，特别是农民拥有的货币极为有限，一般都采用谷、帛进行交易，如果要他们用钱币上税，就必然会给商贾提供乘机压榨农民的机会，加重农民负担。因此，改征农民自己能够生产的实物，对农民是不无好处的。

东汉中叶以来，农民对政府承担的赋税呈逐渐增多之势。质帝本初元年(146)九月，朱穆就曾在奏记中说：

"现在宦官当权，水灾蝗灾接连发生，而朝廷的花费却比以前增加了十倍。河内一郡，过去征调缣、素、绮、縠才八万余匹，现在却增加到了十五万匹。当官的是不会出钱的，这些负担全都摊到了老百姓头上；而老百姓又大都逃亡了，只留下一些空头户口；户口既少，而家中没有资财的又多，因此所受到的盘剥也就更加惨重。二千石官吏碰到老百姓就像是碰到了敌人，要么强迫他们出卖田土房屋，要么拼命拷打他们，弄得老百姓忧心如焚，朝不保夕。"

由此也就不难见出一斑了。因此，曹操规定平均每户交纳绢两匹、绵二斤，明令除此之外不准任意额外多收，特别强调豪强地主对田土资财不得"有所隐藏"，以将赋税转嫁到农民头上，确实是在一定程度上减轻了农民负担的。后来，西晋在灭吴统一全国后征收课田赋，规定每个丁男课田五十亩，要收租四斛，也就是平均每亩要交租八升，剥削量比曹操的规定增加了一倍之多。户调令则规定丁男（十六至六十岁的男子）做户主的，每年平均要交纳绢三匹、绵三斤，丁女（十六至六十岁的女子）或次丁男（十五岁以下至十三岁和六十一至六十五岁的男子）做户主的折半交纳，即纳绢一匹半、绵一斤半，边远郡县只交三分之二或三分之一。这个剥削量，也约比曹操所规定的增加了三分之一。这样一比较，不难看出曹操对农民的剥削确实还算是比较克制的。当然，他这样做，目的还是为了维护自己的利益及地主阶级的整体利益和长远利益，如其令中所说，如果放任豪强兼并，"欲望百姓亲附，甲兵强盛，岂可得邪"，而且执行起来也并不可能那么彻底，但对于改善农民在经济上的处境，稳定社会秩序，恢复和发展农业生产，在客观上还是会有一定作用的。

打击豪强是曹操一贯的主张，还在他担任洛阳北部尉和济南相时就已身体力行。他自己带头打击豪强，同时也特别注意选用干练的官吏来贯彻自己打击豪强的主张，并在这方面涌现出了一批出色人物。如献帝都许后，曹操任命满宠为许令，把治理京城的重任交给了他。曹洪手下有一个宾客，倚权仗势在许县境内多次犯案，被满宠逮捕下狱。曹洪得知后，给满宠写去一封信求情，满宠不予理睬。曹洪无奈,只得去求曹操,曹操于是召见许县主管刑狱的官吏,打算了解一下情况。满宠担心曹操会出面干预此事,于是抢先动手,下令将罪犯立即处死。曹操得知消息,不但没有怪罪满宠,反而高兴地说:"当官管事难道不应当这样吗?"

后来,因袁绍在河北很有势力,而汝南郡是袁绍的故乡,门生宾客满布郡内各县,大都横行不法,有的甚至拥兵拒守,曹操十分担忧,就派满宠去做汝南太守。满宠到任后,在当地招募了五百士兵,带着他们一连攻下了二十余座壁垒,并诱杀了十几个不肯降服的壁帅,共得户二万,兵二千,使汝南的局势很快平定下来。

又如杨沛做长社令时,境内曹洪的宾客不肯依法缴纳赋税,杨沛把他抓来,先把腿打断,然后将其处死。曹操很欣赏杨沛,让他先后担任九江、东平、乐安等郡太守。后因与督军争斗,被判处五年髡刑(一种剃去头发的刑罚)。曹操出征到谯县,听说邺城及其附近地区法令得不到很好施行,社会秩序十分混乱,便要求重新挑选一个邺令,其严肃认真的态度和才能应当同杨沛一样。有关部门遵照曹操的旨意,将杨沛从一个囚徒直接提升为邺令。杨沛上任前,曹操召见他,问道:"你准备怎样去治理邺城呢?"

杨沛回答:"竭尽心力,依法办事!"

曹操听了,高兴地喊了一声:"好!"并回过头去对旁边的人说,"诸君,这个人可是值得敬畏啊!"

曹操当年西迎献帝时,所带的几千人途中断粮,幸好得到了当时任新郑长的杨沛的接济,因此曹操特地赏给杨沛奴仆十人、绢百匹,一方面作为对他就任新职的鼓励,一方面权且作为对他当年进献干桑葚救急的报答。就这样,杨沛满怀信心走马上任。曹洪、刘勋等人畏惧杨沛威名,赶紧派人前往邺城,告诫子弟宾客各自检束,不得再随意为非作歹。杨沛担任邺令数年,邺城的社会治安一直较好。

　　此外,赵俨在朗陵长任上,梁习在并州刺史任上,司马芝在菅长任上,王修在魏郡太守任上,都毫不手软地打击了一些严重破坏法度的豪强地主。如司马芝是在曹操平定荆州后被任命为菅长的,其时豪强地主多不守法,郡主簿刘节,势力很大,有宾客千余家,出则为盗贼,入则乱吏治。一次,司马芝征调刘节的门客王同服兵役,刘节却把王同藏了起来。司马芝即报告郡守,列数刘节的罪行,郡守郝光不敢怠慢,即让刘节去代王同服兵役,青州因此有了司马芝"让郡主簿当兵"的说法。后来,司马芝调任广平令。征房将军刘勋的宾客子弟屡次在境内横行不法,正准备处理时,刘勋给司马芝送来一封信,不具姓名,却多有请托。刘勋同曹操过去是旧友,在担任庐江太守时被孙策击破,前来投奔曹操,被封为列侯,十分贵宠。但司马芝不买账,连信也不给回,其宾客子弟犯法者一一依法处理。后来,刘勋因自恃与曹操有旧,日渐骄横,一再犯法,连自己也被有关部门逮捕正法了。

　　恢复盐铁官营,也是曹操抑制豪强的重要手段之一。盐、铁是关系国计民生的两项重要产品,西汉武帝前,由民间经营,全被地方上的豪强大姓所垄断,他们从中获取暴利,最大的盐铁商财富累积达到万金。一些怀有政治割据阴谋的人,也常私自聚众煮盐冶铁,借此积蓄经济力量和军事力量。武帝元狩四年(前119),桑弘羊被任为理财官,根据他的建议,开始实行盐铁官营政策,办法是在产盐区设置盐官,备置器械,募人煮盐,产品由官家收购经营;在产铁区设置铁官,经营采、冶和铸造,并发卖铁器。这样做,从豪强手中收回了盐铁大利,既增加了国库收入,同时避免了豪强操纵市场,使物价暴涨暴落的局面。一些有割据野心的人,也受到了很大的遏制。昭帝始元六年(前81)时,曾召开过一次盐铁会议,对盐铁官营的利弊及是否仍然坚持这一政策展开了激烈的争论,争论的结果,仍然保留了盐铁官营。东汉章和二年(88),章帝死,年仅十岁的和帝继位,窦太后临朝听政。为了取得豪强大族政治上的支持,窦太后听政伊始,即宣布:"罢盐铁之禁,纵民煮铸。"从此以后,豪强大族(他们又往往兼有大商贾的身份)又重新公开煮盐冶铁,财富大增,政治上的野心也随之增加,一些人还私造兵器,为后来的武装割据创造了条件。曹操逐渐认识到盐铁私营的弊端,因此在平定冀州后,即明确宣布恢复盐铁官营,这样既有力地抑制了豪强势力,同时也为增加政府的财政收入创造了条件。

在抑制兼并的同时,曹操还采取了一些恢复和发展农业生产的措施,特别是在邺城周围及冀州地区抓了一些兴修水利的工作。这一带传统农业生产本来就比较发达,曹操攻占邺城后,又在魏郡、钜鹿、阳平、顿丘等地屯田,并在战国西门豹所修筑的漳水十二渠的基础上,修建了天井堰,在漳水上每隔三百步修一道堤堰,共修筑了十二道,然后从堤堰的一端开渠引水,都安上引水闸门,共凿成十二渠,绵延二十里,给农业生产提供了便利条件。西晋左思《魏都赋》记述当时的灌溉情况说:

　　西门溉其前,史起灌其后。墱流十二,同源异口。畜为屯云,泄为行雨。水澍粳稌,陆莳稷黍。勔勔桑柘,油油麻纻。均田画畴,蕃庐错列。姜芋充茂,桃李荫翳。

描绘了一幅渠道纵横、庄稼繁茂、人烟稠密的富饶景象。虽不免有所夸饰,大抵还是有一定的事实依据的。由于有了渠水灌溉,北方也有了水稻种植,显示了农业生产的进步。此外,曹操在建安九年(204)为进攻邺城修建了白沟,在建安十一年(206)为北征乌桓修建了平虏渠和泉州渠,后来在建安十八年(213)又凿利漕渠引漳水入白沟以通河,虽主要出于军事需求的目的,但通过人工手段把漳水同黄河、海河及其他河流乃至黄海和渤海连接了起来,不仅获得了四通八达的漕运之便,给农业生产带来的好处也是显而易见的。

总之,打击豪强、抑制兼并同减轻农民负担、恢复农业经济和社会秩序的问题是联系在一起的,或者说是一个问题的两个方面。曹操抓这个问题,也就朝"治"的方向迈进了一步,对社会发展的影响是深远的。

二 整齐风俗

长期的战乱,不仅使社会经济、社会秩序遭到严重破坏,也使正常的人际关系和社会风尚发生扭曲变形,出现了结党营私、诽谤攻讦、挟嫌报复等种种社会问题。这些问题不仅影响了社会的安定,而且在曹操集团内部产生了恶劣影响,削弱了内部的团结。为了医治战争的创伤,促使社会风气的逐步好转,实现大乱之后的大治,曹操在用武力逐步统一北方的同时,将整顿社会风气、革除社会弊病的任务提上了议事日程。

建安五年(200),曹操为徐宣议陈矫下了一道命令:

丧乱以来,风教凋薄,谤议之言,难用褒贬。自建安五年以前,一切勿论,其以断前诽议者,以其罪罪之。(《为徐宣议陈矫下令》)

徐宣字宝坚,广陵海西人。陈矫字季弼,广陵东阳人。两人俱见重于广陵太守陈登,同陈登一样倾心于曹操。一次,孙权派兵围广陵,陈登派陈矫求救于曹操,曹操很欣赏陈矫的才能,当时就想把他留下来。后来,徐宣、陈矫都被曹操召为司空掾属,甚见亲用。但徐宣、陈矫却"私好不协",常闹矛盾。陈矫原来姓刘,因过继给舅舅为子而改姓陈,长大后又娶了刘氏本族之女为妻。按照当时的道德规范,这样做是违逆的。徐宣抓住这个辫子不放,经常在大庭广众之中对陈矫进行诋毁和排挤。曹操爱惜陈矫的才干,有心保全他,于是下了这道手令。

曹操认为,像同族结婚这一类错误,是由于战乱以来风俗教化日渐衰败造成的,有其深刻的社会原因,不能过多地追究个人的责任。如果对这类属于风教方面的问题总是抓住不放,势必有存心攻击之嫌,所说也即成为"谤议之言",而谤议之言是难以用来评论一个人的好坏的。为了避免再出现类似问题,曹操果断决定:建安五年(200)以前所发生的问题,一概不再追究。今后如果有谁用断限以前的事情来诽谤别人,就把他加给别人的罪加在他身上。在这里,体现了曹操积极而又稳妥地处理历史遗留问题的胸襟、气度和魄力,体现了一种不纠缠历史旧账、一切"向前看"的精神,确立了宜粗不宜细、宜宽不宜严这一处理历史遗留问题的正确原则,同时也体现了曹操从大处着眼、不怕有"偏短"的用人原则。这不仅是保护了陈矫一个人,制止了徐宣、陈矫之间矛盾的发展,同时也是保护了成百上千像陈矫这样的部属,对加强内部团结有着重要的意义。

对那些无中生有的匿名诽谤者,曹操更是深恶痛绝。一次,有人投书诽谤他人,曹操十分气恼,想要查个水落石出。国渊秉承其意,根据匿名信中较多引用张衡《二京赋》这一线索,费了不少心思,最后终于将作案者查出,给予了应有的处理。

建安十年(205)正月,曹操平定冀州后,还下过一道手令:"其与袁氏同恶者,与之更始。"意思是,凡跟着袁氏一起做过坏事的人,允许他们改过自新。这既是一种瓦解和争取袁氏集团余党的策略,同时也包含着不算历史旧账、一切"向前看"的用意,与"自建安五年以前,一切勿论"的精神是一致的。

建安十年(205)九月,曹操又下过一道《整齐风俗令》:

> 阿党比周,先圣所疾也。闻冀州俗,父子异部,更相毁誉。昔直不疑无兄,世人谓之盗嫂;第五伯鱼三娶孤女,谓之挝妇翁;王凤擅权,谷永比之申伯;王商忠义,张匡谓之左道。此皆以白为黑,欺天罔君者也。吾欲整齐风俗,四者不除,吾以为羞。

这道手令也是在平定冀州之后下的。冀州是袁氏势力的老巢,长期分裂割据的结果,形成了一种很坏的社会风气,人们往往结党营私,排斥异己,颠倒黑白,甚至连父子兄弟也彼此各树党援,互相诋毁。曹操引用了几件汉代的史实,来说明当时"以白为黑,欺天罔君"的恶劣风气。直不疑,西汉文帝时为郎,官至中大夫。朝中有人毁谤他说:"不疑状貌甚美,但无奈他与嫂子私通。"不疑听说后辩解说:"我根本就没有兄长!"既无兄长,哪来的嫂子?第五伦字伯鱼,东汉光武帝时为淮南国医工长。随淮南王入朝,光武帝同他开玩笑说:"听说你做官,动手打岳父。有这回事吗?"第五伦回答说:"我三次娶妻,妻子都是没有父亲的孤女。"王凤字孝卿,西汉成帝的舅父,任大司马、大将军,领尚书事,子弟满朝,专断朝政,遭到不少人的指责。谷永想要依附王凤,上奏章吹捧,把王凤比作周宣王的大臣申伯。王商字子威,西汉成帝时任丞相,为人忠直,但遭到王凤排挤。大中大夫张匡为迎合王凤,上书诬陷王商"执左道(邪道)以乱政"。上述问题,既有社会伦理道德方面的问题,也有政治品质方面的问题,但其共同点都是不实事求是,有的甚至到了荒谬绝伦的地步。这样的诽谤、诬陷,小则可以冤枉好人,搅乱人心,大则可以搞乱朝政,给国家利益造成损失,非同小可。曹操是充分认识到了这个问题的严重性的,因此下定决心整饬,"四者不除,吾以为羞",表现了不达目的决不罢休的精神。这不仅是为了净化社会风气,实际上是还带着清明政治的考虑的。

曹操还下过一道《清时令》:

> 今清时,但当尽忠于国,效力王事,虽私结好于他人,用千匹绢、万石谷,犹无所益。

反对"私结好于他人",实际上就是反对拉帮结伙、结党营私。从"但当尽忠于国,效力王事"两句不难看出,曹操反对"阿党比周""私结好于他人"的目的,不仅仅是为了净化社会风气,稳定社会秩序,更重要的是为了让大家尽心力于国事,树立朝廷的权威,巩固和加强中央集权。曹操这样考虑,是服从于他统一全国的大目标的,对于防止新的分裂割据局面的出现是有积极意义的。

此外,曹操平定冀州后还曾下令不准报私仇,禁止大操大办丧事,违者一概以法律制裁。对于一些关乎民生疾苦的旧俗,曹操也给予了充分的关注。建安十一年(206)三月曹操占据并州后,曾下过一道《明罚令》:

> 闻太原、上党、西河、雁门,冬至后百五日皆绝火寒食,云为介子推。子胥沉江,吴人未有绝水之事,至于子推独为寒食,岂不偏乎?且北方沍寒之地,老少羸弱,将有不堪之患。令到,人不得寒食。若犯者,家长半岁刑,主吏百日刑,令长夺一月俸。

介子推,一作介之推、介推,春秋时人。曾随晋公子重耳长期流亡,艰苦备尝,后返国渡河,见狐偃向重耳邀功,他羞与为伍,不辞而别。重耳即位后,论功封赏随他一起流亡的人,介子推偕同老母隐居绵山,至死不与重耳相见。《新序·节士》说,重耳求之不能得,于是放火烧山,以为这样可以把介子推逼出来,结果介子推被烧死在山上。后来民间为了纪念介子推,在介子推死的这一个月不举火,吃冷食。东汉时,周举改为吃三天冷食。曹操认为,北方气候寒冷,老人、小孩身体瘦弱,这样吃冷食有损健康。并举例说,春秋时有大功于吴的伍子胥被沉尸江中,吴人却并没有因此而不饮江水,纪念介子推为什么偏要吃冷食呢?于是下令,任何人不得再吃冷食,如有违犯,家长要判半年徒刑,主管官吏要判一百天徒刑,县令县长要扣除一个月薪俸。不惜绳之以重罚,不仅表现了曹操移风易俗的决心,更体现了他关注民生疾苦的精神。

为了逐步扭转不良社会风气,曹操除对一些陋习明令禁止外,还采取了正面教育的措施。建安八年(203)七月,曹操下了一道《修学令》:

> 丧乱以来,十有五年,后生者不见仁义礼让之风,吾甚伤之。其令郡国各修文学,县满五百户置校官,选其乡之俊造者而教学之,庶几先王之道不废,而有以益于天下。

"文学",指儒家经学。"修文学",即提倡儒学,其目的是为了树立仁义礼让的风尚。"俊造",俊士与造士。《礼记·王制》:"命乡论秀士,升之司徒,曰选士。司徒论选士之秀者而升之学,曰俊士。升于司徒者不征(服徭役)于乡,升于学者不征于司徒,曰造士。"这里泛指才学优秀者。东汉时,郡县曾普遍设立学校,郡、国称学,县、邑称校,学、校皆置经师,经师通称文学,或称文学掾、文学史。儒学有消极的方面,但它所提倡的仁义礼让等封建道德,在封建社会中对于提高人们的道德水准、改善社会风气确曾发挥过有益的作用,曹操提倡"修文学",在当时是不无积极意义的。汉末自董卓之乱以来,学校被毁,人才四散,要重新加以恢复并不是一件轻而易举的事情。曹操能够在戎马倥偬、百废待兴的时候考虑到恢复和发展文化教育事业,这就很不容易。特别是,这样做很难收到立竿见影的实效,而且在当时战争频繁的情况下,其手令也不大可能在较大区域内得到切实贯彻执行,但曹操仍然未雨绸缪,着眼长远,这表明他的气概和眼光确实是与众不同的。

荀彧曾劝曹操"教化征伐,并时而用",曹操的举措虽出自己手,但也可能跟接受了部属的建议有关。这些在当时是产生了积极作用的,对后世也产生了有益的影响。黄初四年(223)正月,魏文帝曹丕曾下诏说:"丧乱以来,兵革未戢,天下之人,互相残杀。今海内初定,敢有私复仇者皆族之。"因诽谤诬告之风屡禁不绝,又曾下诏说:"敢以诽谤相告者,以所告者罪罪之。"曹睿即位后,也曾在禁绝浮华谮毁方面花过大力气。这些举措,无疑都与曹操的举措有着一脉相承的联系。

三 以法治军

在平定战乱、消除割据的战争中,建立一支纪律严明、战斗力强的军队是至关重要的。没有一支这样的军队,连自身的存在都将成为问题,其他的一切更无从谈起。为了建立一支这样的军队,曹操耗费了大量的心血,其中最重要的措施,就是以法治军。

曹操在其建军之初,就十分重视赏功罚过的问题,每次战斗下来,都不忘记及时进行总结,对有功的将士或表彰或封赏,对有过的将士视情节轻重进行批评惩处。建安十二年(207)二月,曹操在消灭了北方最大的割据势力袁绍集团并完成北征乌桓的准备工作之后,还曾下令大封功臣,其令云:

> 吾起义兵诛暴乱,于今十九年,所征必克,岂吾功哉?乃贤士大夫之力也。天下虽未悉定,吾当要与贤士大夫共定之;而专飨其劳,吾何以安焉!其促定功行封。(《封功臣令》)

曹操从中平六年(189)在陈郡己吾起兵讨伐董卓,到建安十二年(207)一共十九年。这十九年是曹操取得大发展、大成功的十九年。曹操在回顾这一段历史的时候,内心充满欣快、自豪之情,同时也清醒地认识到,他的成功并不是靠了他一个人的力量,而是靠了广大将士谋臣的努力。同时还清醒地认识到,统一大业还远远没有完成,还必须继续依靠广大将士谋臣的努力。正是基于这一认识,曹操感到自己不能独享功劳,而应与大家一起分享。这一次,共有二十多位功臣被封为列侯,其余的人也都按功劳大小分别给予了奖赏。

对功劳特别大的荀彧、荀攸二人,曹操还专门进行了嘉奖,下令说:"忠正密谋,抚宁内外,文若是也。公达其次也。"认为忠诚正直,周密谋划,安定朝廷内外,荀彧就是这样的人,而荀攸则仅次于荀彧。荀彧在建安八年(203)已被曹操表封为万岁亭侯,食邑千户。这次曹操又上了《请增封荀彧表》,为之增加封邑千户,合二千户。荀彧坚决辞让,曹操又写了《报荀彧》,责备荀彧"前后谦冲,欲慕鲁连先生乎？此圣人达节者所不贵也"，认为荀彧反复谦让莫非是想学战国时再三辞封的鲁仲连吗？而这是节操上通达的圣人所不看重的。荀彧推辞不过，这才接受下来。曹操还打算表荐荀彧为三公，荀彧让荀攸出面一再推辞，达十次之多，曹操这才未再坚持。荀攸已在建安十年（205）被曹操表封为陵树亭侯，食邑三百户，这次增邑四百户，转为中军师。

在封赏功臣的同时，曹操还表达了对于死难将士的缅怀之情，特地下令免除死难将士遗孤的徭役赋税，并把自己封地的租税收入，分给他们以及众将、属官和入伍较早的士兵。令文说：

> 昔赵奢、窦婴之为将也，受赐千金，一朝散之，故能济成大功，永世流声；吾读其文，未尝不慕其为人也。与诸将士大夫共从戎事，幸赖贤人不爱其谋，群士不遗其力，是以夷险平乱，而吾得窃大赏，户邑三万。追思窦散金之义，今分所受租与诸将掾属及故戍于陈、蔡者，庶以畴答众劳，不擅大惠也。宜差死事之孤，以租谷及之。若年殷用足，租奉毕入，将大与众人悉共飨之。（《分租与诸将掾属令》）

赵奢为战国时赵国名将，因大破秦军，赵惠文王封他为马服君，并给予赏赐，他将赏赐全部分给了部下。窦婴为汉景帝时大将，因平定吴、楚等七国之乱，得到赏金千斤，他将赏金放在廊檐下，让部下自取。曹操表示要向他们学习，将自己三万户封邑内所收到的租税分给大家，共同享用。对死亡将士的遗孤，要评定等级，分给租谷。在此之前，建安七年（202）正月，曹操在《军谯令》中说：

> 其举义兵已来，将士绝无后者，求其亲戚以后之，授土田，

官给耕牛,置学师以教之。为存者立庙,使祀其先人。魂而有灵,吾百年之后何恨哉!

在此之后,建安十四年(209)七月,曹操又在《存恤从军吏士家室令》中说:

> 自顷以来,军数征行,或遇疫气,吏士死亡不归,家室怨旷,百姓流离,而仁者岂乐之哉?不得已也。其令死者家无基业不能自存者,县官勿绝廪,长吏存恤抚循,以称吾意。

都对死亡将士及其家属表达了悯念之情,甚至对因年纪轻轻战死沙场而"绝无后者"的情况也做了妥善安排。这些措施,不仅体现了曹操的人道主义精神,对激励生者、鼓舞士气尤其有着不可低估的作用,这是曹操采取这些措施的根本目的所在,其作用同直接进行奖励封赏是一致的。

除将自己封邑内的租税分给大家外,平常攻城拔邑所缴获的美丽之物,曹操也用来赏赐给有功之臣,四方贡献来的财物,也常与大家共同分享。当然,曹操并不搞平均主义,勋劳宜赏,不吝千金,无功望施,则分毫不给。建安八年(203),曹操在《论吏士行能令》中说:"未闻无能之人,不斗之士,并受禄赏,而可以立功兴国者也。故明君不官无功之臣,不赏不战之士。"表示一定要以有无功劳作为给予爵禄和奖赏的标准,决不任用没有功劳的臣属,不奖赏不肯作战的士兵。无论亲疏贵贱,都决不滥施奖赏。这对于杜绝弊端,真正激发将士争相立功的热情,无疑具有重要的作用。

另一方面,有了功劳而拒绝封赏也不行,这也从一个侧面反映了曹操明法审令的精神。曹操不准荀彧让封是其中的一个例子,不准田畴让封是其中的一个更为突出的例子。

曹操北征乌桓,田畴做出了很大贡献。从柳城回来后,曹操论功行赏,表封田畴为亭侯,食邑五百户。但田畴认为当初逃到徐无山中是为了避难,没有能替旧主幽州牧刘虞报仇,"志义不立",就不应该再享荣誉了,因而坚决辞谢封爵不受。曹操体谅田畴的至诚之心,也就不再勉强,还特地下了一道《听田畴谢封令》:

> 昔伯成弃国,夏后不夺,将欲使高尚之士,优贤之主,不止于一世也。其听畴所执。

说以前伯成放弃诸侯的职位,夏禹没有强迫他改变志愿,因此自己也不勉强田畴接受封爵。但南征荆州北归后,曹操又意识到这样做不妥,说:"这样做是满足了一个人的志向,但却违反了论功行赏的国家制度。"

于是又下了一道《爵封田畴令》,认为"出入三载,历年未赐,此为成一人之高,甚违王典,失之多矣。宜从表封,无久留吾过",仍要田畴接受原来的封爵。但田畴仍然坚决辞让,甚至表示宁死也不接受。曹操也不肯让步,再三再四要田畴接受,田畴还是不答应。这样一来,引起朝中主管官员的不满,上表弹劾田畴,说他狭隘自守,不明大道,只要小节,不顾大局,应当将其撤职,给予法律制裁。曹操倒还冷静,他考虑了很久,最后让其子曹丕和众大臣去讨论这件事。曹丕认为田畴这样做,同春秋时子文辞让爵禄和申包胥逃避赏赐是一样的行为,不应当强夺其志,相反对其节操还应予以表彰。荀彧、钟繇赞同曹丕的意见。但曹操还是不死心。他知道夏侯惇同田畴要好,于是让夏侯惇去做田畴的工作,嘱咐说:"你去找田畴聊聊,注意用情去感化他,同时也要说清道理。你只说是你的意见,不要说是我让你去的。"

夏侯惇遵命前往，晚上就在田畴那里住了下来。当田畴明白了夏侯惇的来意后，就不再开口说话。夏侯惇临别，拍着田畴的背说："田君，主上情意这么深厚，你就不能考虑一下吗？"

田畴听了，立即正色说道："你怎么能这么说呢？我不过是一个负义逃窜的人而已，能够蒙受朝廷恩典活下来就已经很不错了，难道我能卖掉卢龙塞来换取赏赐爵禄吗？即使国家对我独加恩宠，难道我内心就不感到惭愧吗？将军你是了解我的，尚且如此，如果一定要逼我接受，我就只有死在将军面前了！"

还没说完，眼泪就流了满脸。夏侯惇赶紧去向曹操做了报告。曹操听完报告，知道田畴不可能再改变主意，只得长长地叹息了一声，将田畴任命为议郎了事。

曹操封赏田畴，可以说是表现了锲而不舍的精神。这表明，曹操对论功行赏是抱了极为严肃的态度的，这一制度无疑是得到了认真的贯彻执行的。

奖功与罚过，这是互为联系的两个方面。曹操对此有着十分明确的认识。建安八年（203）五月，曹操下过一道《败军令》：

《司马法》："将军死绥。"故赵括之母，乞不坐括。是古之将者，军破于外，而家受罪于内也。自命将征行，但赏功而不罚罪，非国典也。其令诸将出征，败军者抵罪，失利者免官爵。

《司马法》是一部记载古代军事典礼制度的书，为战国时齐威王诸臣所辑。"绥"，退却。"将军死绥"，即临阵畏缩退却的将军要被处以死刑。古代法律，一人犯法，家属是要被连同治罪的。战国时，赵国名将赵奢之子赵括自幼熟读兵书，好谈兵法，但并无实际军事才能。

秦攻赵，赵王用赵括代名将廉颇御秦，赵母上书劝阻，赵王不听，赵母于是请求今后不要因赵括打了败仗而处罚她，赵王同意了。后来赵括果然打了败仗，赵母因有言在先，倒未受到牵累。曹操沿引这一史实，意在说明只赏功而不罚罪不行，只赏功而不罚罪不符合国家大法，不符合国家的根本利益。基于这一认识，曹操做了原则规定：众将带兵出征，打了败仗要按法律治罪，造成损失的要免去官职和封爵。这对整顿军队，增强将士的责任感，提高部队的战斗力，无疑具有重要的作用。

对日常行军作战，曹操还制定了不少具体法令。如《军令》：

吾将士无张弓弩于军中，其随大军行，其欲试调弓弩者，得张之，不得著箭。犯者鞭二百，没入。

吏不得于营中屠杀卖之，犯令，没所卖，及都督不纠白，杖五十。

始出营，竖矛戟，舒幡旗，鸣鼓，行三里，辟矛戟，结幡旗，止鼓。将至营，舒幡旗，鸣鼓，至营讫，复结幡旗，止鼓。违令者髡翦以徇。

军行，不得斫伐田中五果桑柘棘枣。

又如《船战令》：

雷鼓一通，吏士皆严；再通，什伍皆就船。整持橹棹，战士各持兵器就船，各当其所。幢幡旗鼓，各随将所载船。鼓三通鸣，大小战船以次发，左不得至右，右不得至左，前后不得易。违令者斩。

再如《步战令》：

> 严鼓一通，步骑士悉装；再通，骑上马，步结屯；三通，以次出之，随幡所指。住者结屯幡后，闻急鼓音整陈；斥候者视地形广狭，从四角而立表，制战陈之宜。诸部曲者，各自安部陈兵疏数，兵曹举白。不如令者斩。兵若欲作陈对敌营，先白表，乃引兵就表而陈。临陈皆无谨哗，明听鼓音，旗幡麾前则前，麾后则后，麾左则左，麾右则右。麾不闻令，而擅前后左右者斩。伍中有不进者，伍长杀之；伍长有不进者，什长杀之；什长有不进者，都伯杀之。督战部曲将，拔刃在后，察违令不进者斩之。一部受敌，余部不进救者斩。临战兵弩不可离陈。离陈，伍长什长不举发，与同罪。无将军令，妄行陈间者斩。临战，陈骑皆当在军两头；前陷，陈骑次之，游骑在后。违令髠鞭二百。兵进，退入陈间者斩。若步骑与贼对陈，临时见地势，便欲使骑独进讨贼者，闻三鼓音，骑特从两头进战，视麾所指，闻三金音还。此但谓独进战时也。其步骑大战，进退自如法。吏士向陈骑驰马者斩。吏士有妄呼大声者斩。追贼不得独在前在后，犯令者罚金四两。士将战，皆不得取牛马衣物。犯令者斩。进战，士各随其号。不随号者，虽有功不赏。进战，后兵出前，前兵在后，虽有功不赏。临陈，牙门将骑督明受都令，诸部曲都督将吏士，各战时校督部曲，督住陈后，察凡违令畏懦者。□有急，闻雷鼓音绝后，六音严毕，白辨便出。卒逃归，斩之。一日家人弗捕执，及不言于吏，尽与同罪。

这些规定，也可以说是条例，虽看起来不免琐碎，但总体说来还是必要的。如规定将士在军营中不许拉开弓弩，在大军行进的时候，如想调试弓弩,可以拉开弓,但不准搭上箭,显然是为了避免造成误伤。部队刚开出军营的时候,要举直矛戟,展开旗子,擂鼓,走出三里地后,才可以比较随便地斜扛矛戟卷起旗子,停止擂鼓,无疑是为了保持军容的严整,同时给驻地民众留下一个良好的印象。登上战船前擂第一通鼓作为准备;擂第二通鼓,什长、伍长都登上战船,整理好橹和桨,战士手持武器上船,各就各位;擂第三通鼓,大小战船按规定次序出发,左边的不能到右边,右边的不能到左边,前后的次序也不准更动,这显然是为了保持战斗动作和队形的井然有序。这些,对于保证和提高部队的战斗力都是不可缺少的,因此制定相应的法令予以保证也是完全必要的。当然,今天看来,《步战令》中的某些规定不免有死板之嫌,如果两军突然遭遇,或处于混战状态的时候,是很难一一照章办事的。

法令制定出来后,就必须依法办事,执法者的水平和素质如何就成了一个重要的问题。曹操对这一问题给予了必要的关注,建安十九年(214)十二月还专门为此下过一道手令:

夫刑,百姓之命也。而军中典狱者或非其人,而任以三军死生之事,吾甚惧之。其选明达法理者,使持典刑。(《选军中典狱令》)

特别提到要选用精通法律的人来掌管刑法,可见当时所制定的法律条文已经繁多,不是轻易就能熟练掌握的。曹操为此专门在丞相府设置了主管刑法的机构理曹,对刑法工作加强管理。丞相仓曹属高柔长期从事刑法工作,深明法理,执法公正,狱中没有积压的案件,被曹操任命为理曹掾。其令云:

夫治定之化,以礼为首;拨乱之政,以刑为先。是以舜流四

凶族，皋陶作士；汉祖除秦苛法，萧何定律。掾清识平当，明于宪典，勉恤之哉！(《以高柔为理曹掾令》)

高柔，字文惠，陈留圉人，高幹的堂弟。开始追随高幹，后自动投归曹操。曹操开始并不信任他，想在工作中挑他毛病将其处死，于是让他去做刺奸令史。谁知高柔把本职工作干得非常出色，不仅执法平允，而且工作勤恳，毫不懈怠。一次曹操在夜间悄悄外出，想观察一下下属的情况。来到高柔住处，只见高柔怀抱文书案卷，因过分疲劳，睡过去了。曹操见了，十分心疼，于是将自己穿着的皮衣慢慢脱下来给高柔盖上，并将高柔任为丞相仓曹属。由于理曹重要，于是又让高柔去做理曹掾。曹操认为，平定乱世的政治措施，应把刑罚放在首位，因此舜曾流放四凶(传说舜曾把鲧、共工、驩兜、三苗分别流放或处死)，由皋陶管理刑狱；汉高祖刘邦废除秦朝的苛法，命萧何制定法律。高柔清明公正，明于法理，但曹操还是希望他勉力体察，以把工作搞得好上加好。汉末以来，法令弛坏，无所依循，曹操重振法度，严明法令，在当时具有积极的意义。

曹操对部下实行严刑峻法，对任何人都不例外。甚至连他自己犯了法，也要做一点自惩的表示。一次，曹操率军经过一片麦田，特地下令："士卒无败麦，犯者死。"

命令下达后，骑兵都下了马，一面拉紧了马缰绳，一面用手扶着小麦慢慢通过。没想到曹操自己的坐骑却突然受惊，窜进麦田，践踏了小麦。曹操立即把主簿请来，问自己该当何罪，主簿以"《春秋》之义，罚不加于尊"对答。曹操听了，却十分严肃地说："自己制定了法令却又自己去违犯，这怎么能够统率部下？不过我是一军的主帅，不能去自杀，就让我自己处罚一下自己吧！"

说完举起宝剑，将自己的一绺头发割下来掷在地上，权且算是割了头颅。这虽然有些玩弄权术的意味,但其用意还在于维护法令的严肃性。自春秋以来,历代统治者无不强调"法不加于尊""刑不上大夫",公开宣扬统治者可以超脱法制的管束,而作为一军主帅的曹操,在战马受惊、无意中践踏麦田之后,却能清醒地认识到自己不能执法犯法,否则难以服众,并以割发代首的方式自惩,这种严于律己的精神,还是难能可贵的。

不过,曹操的一些令法对于士兵过于严酷,有的甚至不近情理。如《步战令》规定士兵私逃回家的斩首,超过一天,其家人不把他抓起来,也不向官府报告的,与之同罪,也即同样要遭到斩首的处罚。这里不免要发生一个问题:如果士兵逃跑后并没有回家,"超过一天"后怎么办呢?就把其家属杀掉吗?这显然是不近情理的。这种做法虽并非曹操首创,但在曹操手里却有了某些发展。如按旧法,士兵逃亡后处死其妻子,但曹操却担心这样做仍不能杜绝士兵逃亡,还要进一步加重处罚。有一个叫宋金的士兵逃亡,家中有母亲、妻子及两个弟弟,执法官奏请全部杀掉(父母、妻子、兄弟全部处死,称"夷三族")。后来还是高柔说,士兵逃亡后也有后悔的,如果不杀其家人,他还有可能回来,如果杀了他的家人,他倒要死心逃亡了。曹操这才没有杀宋金的父亲和弟弟,但妻子还是被杀掉了。此外,还有执法不公正及仅凭一时好恶妄杀无辜的情况,这些,反映了曹操性格中残忍好杀的一面。

第十三章 兵败赤壁

一 "破浮华交会之徒"

曹操在平定三郡乌桓、消灭袁氏残余势力之后,完全控制了幽、冀、青、并、兖、豫、徐和司隶一共八州的地方,形成了独占中原的局面。在逐步统一中原的过程中,曹操又施行了一系列拨乱反正的措施,使辖区内的社会秩序逐步趋于稳定,生产得到一定程度的恢复,同时组建了一支能征善战的队伍,兵力达到数十万,实力比以往任何时候都更为强大。在这种情况下,曹操把他的下一个主攻目标转到了南方的割据势力。在此之前,曹操为了集中力量对付袁氏集团,对荆州的刘表、江东的孙权基本上采取维持现状、防而不击的策略,并成功地运用了这一策略。现在,预定的战略目标已经实现,后方基本稳定,曹操自然地把南征刘表,进而征讨孙权的任务提上了日程。这一时期南方局势所发生的变化,也使曹操感到了尽快采取这一战略步骤的重要性。

刘表自初平元年(190)继王睿入主荆州以来,基本上实行的是保土安民、维持现状的政策,对日趋激化的袁、曹之争,采取了中立观望的态度,这在客观上帮助了曹操,使他很容易地就避免了两面作战的风险。刘备投奔刘表后,刘表让他屯驻新野、樊城,防备曹军南下。曹操北征乌桓时,刘备曾劝刘表乘机袭击许都,刘表没有采取行动。在刘表这种坐观成败、不图进取的方针下,刘备有好几年没有大仗可打,心情十分抑郁。一次,刘备去见刘表,中间起身上厕所,发现自己大腿内侧的肌肉又长了出来,不禁十分感慨,伤心得流出眼泪。回到座上,刘表见他神态异常,十分奇怪,问是怎么回事。刘备回答说:"过去我经常打仗,不离马鞍,大腿内侧的肌肉都消失了。现在不再骑马了,大腿内侧的肌肉又都长了出来。时光就像骏马奔驰一样,眼看人就要老了,而功业却还没有建立起来,这怎能不使人感到悲伤呢!"

刘备并不是一个甘心虚耗日月、寄人篱下的人,为了摆脱力单势孤的困境,他利用一切可能的机会积极扩充军队,大力网罗人才,等待机会发展。董卓之乱以来,中原地区扰攘不休,荆州地区相对较为安定,外地士人前来避乱的不少。刘表对这些外来的,乃至本地的士人并不特别信用,而这些士人中不少有识之士,也不满意刘表的庸懦无为,而希望找到一个胸怀大志、礼贤下士的人物,作为自己投靠的对象。正是在这样的情况下,一些才智之士陆续汇聚到了刘备周围,诸葛亮便是其中的一位佼佼者。

诸葛亮,字孔明,琅玡阳都人,光和四年(181)出生在一个官僚地主家庭。父母早逝,由叔父诸葛玄抚养。诸葛玄被袁术任命为豫章太守,于是带着诸葛亮和他的弟弟诸葛均一同赴任,后朝廷改派朱皓为豫章太守,诸葛玄只得离开豫章,前往荆州投靠他的故交刘表。几年后诸葛玄去世,诸葛亮便在襄阳以西二十里的隆中定居下来,一面认真研习经史诸子百家著作,汲取有用的历史知识,一面冷静地观察分析天下大势,总结各割据集团之间势力此消彼长、兴衰成败的经验教训，间或亲自参加一些生产劳动。诸葛亮常以春秋战国时期的名相管仲、良将乐毅自比，表现出要干出一番事业的远大志向。

经司马徽和徐庶的推荐，刘备亲自到隆中拜访诸葛亮，一连去了三次，最后才算见了面。诸葛亮为刘备执着、谦恭、诚恳的态度所感动，热情接待，侃侃而谈，对刘备详尽地分析了当时的天下形势。他首先分析了曹操和孙权的情况，说："自从董卓乱国以来，四方豪杰并起，割据州郡的多不胜数。曹操同袁绍相比，名望低微，兵力也不算多，但他却能打败袁绍，由弱变强，这不仅是由于客观形势对他有利，也是靠了他自己的主观努力。现在曹操已经拥兵百万，又有挟天子以令诸侯的优势，确实无法同他较量。孙权占据江东，已经历了三代，地势险要，民众归附，有德才的人都肯为他效力，因此，可以同他联合，把他作为外援，而不能去打吞并他的主意。"

接着，又对荆州刘表和益州刘璋的情况做了分析："荆州北有汉水和沔水，南面拥有南海郡，东面连接吴郡和会稽郡，西面可通巴郡和蜀郡。这是一块战略要地，但刘表却没有能力守住它，这大概是上天有意要资助将军，不知将军有没有夺取荆州的打算？益州地势险要，沃野万里，号称天府之国，汉高祖就是靠它建成帝业的。而益州牧刘璋昏庸懦弱，北面又有张鲁的威胁，虽然拥有众多的百姓和富饶的资源，却不知道爱惜，那里的才智之士，都希望能得到一个贤明的君主。"

最后，根据上述分析，诸葛亮向刘备提出了发展势力，进而统一天下的战略和策略："将军是皇室的后代，信义闻名天下，又能大力招纳英雄，思贤若渴，如果能够占据荆、益二州，据险防守，那是最好不过的。到时可同西面和南面的各少数民族保持和好，对外结好孙权，对内修明政治。局势一旦发生变化，就可派遣一员上将带领荆州的军队向宛城和洛阳一带进击,将军则亲自率领益州的大军出击秦川,到那时,老百姓有谁能不带着美食好酒来欢迎将军呢？如果真能这样,统一大业就可以得到成功,汉朝也就可以得到振兴了!"

刘备听完诸葛亮这一番后来被称作《隆中对》的见解,不由得高兴地说了一声:"好!"于是立即把诸葛亮请到军中,奉为军师,言听计从,关系越来越亲密。诸葛亮采用清查"无籍"游户的办法,扩充兵源,使刘备的实力在短期内得到了增强。

曹操对刘备其人是深为了解的,对诸葛亮的才干和智谋自然也不可能是毫无所知。曹操明白,如果荆州这样一个物产富饶,地当要冲,既可顺流而下攻击东吴,又可溯流而上夺取西蜀的战略要地被刘备获取,后果是不堪设想的。加之此时又有刘表病重,已将荆州托与刘备的传闻,曹操更加按捺不住,产生了尽快南征的想法。

再说江东孙权,这时已拥有扬州六郡(会稽、丹阳、吴郡、豫章、庐陵、庐江),在张昭、周瑜、鲁肃、诸葛瑾、程普和吕范等人的辅佐下,势力也有了较大发展。鲁肃刚刚见到孙权时,就向孙权建议说:"据我看来,汉室不可能复兴,曹操也不可能一下子除掉。将军只有占据江东,以观察天下形势的变化。当前应趁着北方多事的时候,出兵剿灭黄祖,然后再进一步讨伐刘表,将长江以南的地方全部据为己有。之后,再称帝称王,谋取天下,建立汉高祖刘邦那样的功业!"

孙权虽然表面回答说:"现在我在江南尽力,不过是为了辅佐汉室,您所说的我无法做到。"但后来实际上是按鲁肃拟定的方针去办的。他依托长江天险,整饬内部,扩充实力,做西讨荆州的准备。对曹操则外示顺从,而内怀不服。建安七年(202),曹操因打败袁绍,势力强盛,写信给孙权,要他把儿子送到许都去做人质,孙权召集部下商议,因周瑜反对,未予理会。建安八年(203),孙权开始征讨江夏太守黄祖,将其水军打败,后因越族反叛,只得领兵退回。建安十二年(207),再次西征黄祖,在掳掠了一批民户之后撤兵。建安十三年(208)春,孙权大将甘宁又向孙权建议说:"荆州是一个水陆交通要冲。刘表眼光短浅,但他的儿子还不如他,是不可能守住基业的。将军应当早日夺取荆州,不能落在曹操后面。而要夺取荆州,又应当首先消灭黄祖。消灭了黄祖,就可夺取荆州,再向巴蜀发展了。"这一建议,可谓与鲁肃"英雄所见略同",孙权很快予以采纳,亲率大军西征黄祖。经过一番激战,江夏城池被攻破,黄祖脱身逃跑,被孙权部将追上杀死。城中男女数万人全当了俘虏。这一胜利,不仅震动了荆州,同时必然也震动了曹操,使曹操深深地感到,南征荆州已是刻不容缓的事情了。

曹操北征乌桓回到邺城后,立即着手筹备南征的有关事宜。建安十三年(208)正月,在邺城玄武苑内开凿了玄武池,加紧练习水军。同时,命张辽、于禁和乐进各统一军,加强对步兵和骑兵的操练。张、于、乐三将闹不团结,曹操派司空主簿赵俨前去做工作,消除了摩擦,统一了步调。

为了消除来自侧翼的威胁,曹操派张既前往关中做马腾的工作,让马腾离开其部众到朝中任职。张既费了一番周折,终于将马腾请到朝中。曹操上表献帝,封马腾为卫尉,封其子马超为偏将军,让马超留在关中,统领马腾的部众。同时,将马腾的家属统统迁到了邺城。这样一来,马腾便落在了曹操的控制之中。曹操还想将马超也召到朝中来,但未能达到目的。

为了加强对朝廷的控制,曹操还在南征前做了两件重要工作。一是在建安十三年(203)六月上表献帝,罢除三公之官,重新设置丞相、御史大夫,自己做了丞相,总揽朝政,将朝廷实权完全掌握在自己手中;二是杀了老和自己作对的孔融,以稳定内部,消除后患。

孔融其人，在政治上是忠于东汉王朝的。兴平元年（194）任北海相时，曾打算将献帝从长安迎回洛阳。兴平二年（195），其时袁绍、曹操势力正盛，而孔融还无所依附。有一个叫左承祖的人前去见孔融，希望他能依附袁、曹。孔融料定袁、曹终图汉室，不想同他们搅在一起，因此不仅没有答应左承祖的要求，还一怒之下将左承祖杀死。第二年（即建安元年），孔融却又前往许都投附了曹操。这并非孔融改变了初衷，而是其势不得不如此。一来因他刚被袁谭打败，妻子孩子都当了俘虏，一时难以自立；二来因曹操挟天子以令诸侯，通过献帝任命他为将作大匠，他应命前往，为顺理成章的事情；三来当时他可能对曹操抱有幻想，以为可以借助曹操的力量达到安定汉家天下的目的。因此，孔融到许都后，与曹操曾有一个关系密切的时期，并写下了一些称美曹操的文字，如在《论盛孝章书》中说："惟公匡复汉室，宗社将绝，又能正之。"在《六言诗》中说："郭、李分争为非，迁都长安思归。瞻望关东可哀，梦想曹公归来。"又说："从洛到许巍巍，曹公辅国无私。减去厨膳甘肥，群僚率从祁祁。"这一时期，两人也曾发生过冲突。如建安二年（197）袁术称帝时，曹操决定杀掉袁术的姻亲杨彪，孔融闻讯后，来不及穿上朝服就跑去见曹操，要求赦免杨彪，并说如果杀掉杨彪，"孔融鲁国男子，明天就走，不再上朝了"，态度十分强硬。但曹操采纳孔融意见，当即放出了杨彪，冲突很快得到化解。

随着曹操实力的增强，谋汉的意图逐渐显露，孔融对曹操的态度也跟着发生了变化。约在建安九年（204）后，两人的关系逐渐恶化。孔融多次采用讽刺挖苦甚至故意捣乱的方式，来发泄他对曹操的不满。

建安九年（204）八月，曹操攻克邺城后，其子曹丕闯进袁氏内宅，见袁熙的妻子甄氏长得很美，便动了据为己有的念头。曹操知道后，便为儿子迎娶了甄氏。孔融知道这件事后，便给曹操写去一封信，信中说："武王伐纣，以妲己赐周公。"妲己是商纣王的宠妃，纣王在牧野被武王打败后，奔鹿台自焚，她亦自缢而死，并无武王拿她赐给周公的事情。但曹操因为孔融博学，以为史籍中真有这样的记载。几天后曹操见到了孔融，问究竟出于何书，谁知孔融回答说："用今天的事情去揣度，想来当时也该是这样的！"

不仅讽刺了曹丕私纳甄氏这件事，也大大地戏弄了曹操，曹操知道底里后，心里很不是滋味。

后来曹操讨伐乌桓，孔融又给曹操写信说："大将军远征，萧条海外。昔肃慎不贡楛矢，丁零盗苏武牛羊，可并案也。"意思是乌桓的所作所为，不过像古代肃慎氏不肯好好地向周武王进贡用楛木做杆的箭，像苏武在北海边放牧时丁零国民偷盗他的牛羊那样，不过是草芥小患，不值得大动干戈前去征讨。这则是对曹操的一个重大战略行动表示非议了。

由于粮食歉收，而部队对粮食的需求量越来越大，造成了供需矛盾。为了节约粮食，曹操下令禁酒，孔融却一再上书反对。曹操加以解释，孔融不但不听，相反颇多侮慢的言辞。

孔融又曾上过一篇《宜准古王畿之制》的表文，主张"千里寰内，不以封建诸侯"，即京都周围千里以内的地方，归朝廷直接管辖，其目的是要尊崇献帝，扩大汉室实权，限制曹操势力的膨胀。当时曹操正封着"武平侯"，武平属陈郡，距许都仅三百里左右，如按孔融所说的去办，曹操就得徙封，到边远的地方去享受食邑了。

对于孔融的上述言行，曹操内心是十分反感的，但因孔融名重天下，只得表面上容忍。但曹操终究担心孔融的言行会对自己的统一大业造成妨碍，因此，产生了予以制裁的想法。光禄勋郗虑同孔融有矛盾，这时见机行事，迎合曹操旨意上表奏免了孔融的官职。

曹操利用这一机会,让军谋祭酒路粹代笔,给孔融写去一封信敦促他同郗虑重新和好。但在信的末尾,曹操暴露了自己的本意:

孤为人臣,进不能风化海内,退不能建德和人,然抚养战士,杀身为国,破浮华交会之徒,计有余矣。(《为曹公与孔融书》)

意思是,自己虽进不能对天下人民施行教化,退不能树立恩德让人们和睦团结,但打击那些专以浮华文辞谤议、彼此互相交结的人,办法还是很多的。这实际是对孔融提出了警告,要他今后的言行多加注意。孔融回了曹操一信,表示要同郗虑"修好如初",并说将对曹操的"苦言至意,终身诵之"。孔融降低了调门,事情得以暂时平息。

一年后,孔融重新被任命为太中大夫。但其本性不改,甚至变本加厉地同曹操作对。建安十三年(208),孔融当着孙权使者的面诽谤曹操。曹操正准备以武力南征荆州,孔融却说"文德以来之",要曹操施行礼乐教化以使南方的敌人自动前来归顺。对于这些言论,曹操终于再也不能容忍。他起用郗虑为主管弹劾、纠察的御史大夫,郗虑立即收集了孔融的一些言行以"构成其罪",并让路粹上表启奏,表文中说孔融"招合徒众,欲规不轨","谤讪朝廷","大逆不道,宜极重诛"。表章奏上,曹操立即下令将孔融逮捕处死。

孔融有一男一女两个孩子,男孩九岁,女孩七岁。当孔融被抓时,两人正下棋,竟然端坐不动。旁边有人问道:"父亲被抓而不起身,这是为什么呢?"

回答说:"哪里见过巢毁而卵不破的事情呢?"

意思是父亲死了,他们肯定也是躲不过这一劫的。有人将这事报告了曹操,曹操唯恐留下祸根,于是又下令将两个孩子也杀了。两个孩子临刑时,面不改色,镇定自若,周围的人看了,无不为之感到悲痛。

孔融被杀后，一些人或为之感到惋惜，或为之抱不平，一时间议论纷纭。为缓和社会舆论，曹操又下了一令，宣示孔融罪状：

> 太中大夫孔融既伏其罪矣，然世人多采其虚名，少于核实，见融浮艳，好作变异，眩其诳诈，不复察其乱俗也。此州人说平原祢衡受传融论，以为父母与人无亲，譬若甇器，寄盛其中，又言若遭饥馑，而父不肖，宁赡活余人。融违天反道，败伦乱理，虽肆市朝，犹恨其晚。更以此事列上，宣示诸军将校掾属，皆使闻见。（《宣示孔融罪状令》）

令文不再提孔融"图谋不轨"的事情，而只说他不讲孝道的"败伦乱理"之言。汉末由于黄巾起义的冲击，传统的儒家思想削弱了禁锢人心的力量，孔融又是个喜欢放言高论的人物，说过这样的话是完全可能的。但这并非孔融的独创之意，在此之前，王充在《论衡·物势》中就已说过这样的话："夫天地合气，人偶自生也；犹夫妇合气，子则自生也。夫妇合气，非当时欲得生子，情欲动而合，合而生子矣。"但两汉标榜以孝治天下，其余风犹炽，孔融素来又以孝著称，这里公布其"不孝"的罪状，显然是包含着"以其人之道还治其人之身"的用意的。孔融本来忠于汉室，杀他却以其"图谋不轨"为由，也包含着罗织罪名以击其要害的用意，反映出曹操用心险恶的一面。

曹操杀掉孔融，实际是他"整齐风俗"斗争的一个继续，"破浮华交会之徒"，也就是要"整齐风俗"。孔融其人，颇善于交结士人，他被免职闲居在家时，每天宾客盈门，酒宴不断。他自己常感慨地说："坐上客常满，杯中酒不空，我没有什么可忧愁的了！"孔融有个长处，对人胸怀坦荡，常当面说你的毛病，背地里却称道你的长处，不少人得到过他的奖掖和推荐,因此十分推崇他。但他所交结的人,大都是一些儒学之士及与之气味相投的"清议"人物,这些人大抵都不是什么治世的能人,往往空谈虚论,不仅于世无补,有时甚至对当时正在进行的统一战争产生干扰。孔融反对禁酒和北征乌桓的举措,就是很不得体的。不管曹操干得对与不对,都横加非议,颇有"存心同你过不去"的嫌疑。不仅一个人如此非议,而且还要聚众非议,大有操纵舆论的势头,如果不加制止,任其发展,其结果是难以预料的。因此,曹操杀掉孔融,是他"破浮华交会之徒"的一个重要步骤,是他诛除异己、稳定内部、安定后方的一个果断措施,在当时情况下,这样做是有其可以理解的理由的。

二　袭占荆州

建安十三年(208)七月,曹操亲率大军南征刘表。行前向荀彧问计,荀彧回答说:"现在中原地区已经平定,刘表会知道自己已陷于困境而加强防备。您可率军公开出现在宛县、叶县一带,而暗中从小道轻装疾进,这样就可以打刘表一个措手不及。"

曹操依计而行。但大军刚刚出发,荆州内部的形势就发生了很大的变化。

刘表有两个儿子,长子刘琦,次子刘琮。按照惯例,刘琦应是刘表的继承人。刘表因刘琦长得很像自己,最初也很喜欢他。但是,刘琮娶了刘表后妻蔡氏的侄女为妻,蔡氏便喜欢上了刘琮,常在刘表面前说刘琦的坏话。刘表因宠爱蔡氏,也就听信她的话,逐渐疏远了刘琦。蔡氏的弟弟蔡瑁、刘表的外甥张允都是刘表的心腹,他们也都拥护刘琮。在这种情况下,刘琦心里很不自安,便去向诸葛亮请教，诸葛亮却总是避而不答。一次，刘琦请诸葛亮到后园高楼上饮酒，中途让人搬走了楼梯，然后对诸葛亮说："现在我俩上不挨天，下不着地，话从您口中说出，就钻进我一个人耳里，您总可以开口了吧？"

诸葛亮听后，不慌不忙地说："您没有看到申生留在京城却遇到了灾祸，重耳逃亡在外却获得了安全吗？"

申生是春秋时晋献公的太子，被骊姬迫害，自缢而死。重耳是申生的弟弟，为躲避骊姬的陷害而逃亡在外，后来历尽千难万苦回国即位，即晋文公，后成为春秋五霸之一。刘琦明白了诸葛亮的用意，不久便趁江夏太守黄祖被孙权杀死的机会，要求出任江夏太守，离开襄阳到了夏口。

曹操大军南下不久，刘表便因背上毒疮发作死去。刘表病重时，刘琦回来探视，被蔡瑁、张允拒之门外，只得流泪离去。刘表死后，刘琮继任荆州牧。

这时曹操大军已到新野，谋士蒯越、韩嵩及东曹掾傅巽等都劝刘琮归降曹操，刘琮还想像刘表那样，"据全楚之地，守先君之业，以观天下"，但傅巽劝说道："曹公以天子的名义前来征讨，我们以臣下的身份进行对抗，这是叛逆；公子刚刚继位，内部还不稳定，想要抗拒朝廷大军，这是不现实的；想要利用刘备的力量去抵御曹公，也不可能达到目的。"

傅巽进一步指出，即使刘备能够抵抗得了曹操，荆州也将不为刘琮所有，因为到那时刘备就不可能再听刘琮的调度了。刘琮及其亲信本都是一帮软弱无能的人，听了这番话，自觉没有更好的出路，也就同意投降。刘琮也不通知刘备，径自派人拿着当初皇帝赐给的汉节，前去迎接曹操。

刘琮的使者见过曹操后，诸将疑心这是诈降。曹操征求娄圭的意见，娄圭说："现在天下不安定，谁都想借重王命以保护自己。刘琮的使者手持汉节前来表示归降，肯定是出于诚心。"

曹操觉得有理，于是打消了疑虑，下令继续南进。

这时刘备驻军樊城，与襄阳只一江之隔，但因刘琮封锁消息，刘备并不知情。等到察觉情形不对，派人前去打听，刘琮这才派来宋忠说明情况。曹操大军这时已到了宛城，刘备闻讯大惊，责备宋忠说："你们这些人怎么这么办事呢？等到大祸临头了才来告诉我，这不是太过分了吗？"

不管怎么生气，事情都已经无可挽回了。刘备深知，单凭自己的力量是不可能抗拒曹操的，因此，便同诸葛亮率军离开樊城，向江陵方向撤退。经过襄阳时，诸葛亮劝刘备攻打刘琮，这样便可占有荆州，但刘备回答说："我不忍心这样做啊！"于是停下来呼喊刘琮，邀他一起南撤，刘琮心中害怕，不敢答应。

江陵是位于长江北岸的战略要地，刘表在世时，在这里贮存了大量军用物资。曹操深恐江陵落到刘备手里，于是撇下辎重车辆，亲率轻骑奔赴襄阳。当得知刘备已过襄阳，曹操来不及抚慰荆州降臣，便立刻挑选了五千精锐骑兵，继续向南追击刘备去了。

刘备离开襄阳时，刘琮的部属和不少平民纷纷跟着南撤，沿途又加进来不少士兵和平民，快到当阳时，人数达到十余万，还有辎重几千辆，老弱相扶，道路堵塞，一天只能行进十多里。有人劝刘备说："我们应当快速前进抢占江陵。现在随行的人虽然多，但能打仗的人却很少，万一曹操的军队赶上来，我们怎么抵敌呢？"建议抛下随行的百姓轻军疾进。但刘备不同意这样做，说："成就大事业必须以人为本，现在大家前来归附我，我怎能抛下他们不管呢？"

于是仍同大家一同行进，另派关羽率领水军，乘坐数百艘战船，从汉水前往江陵会合。

曹操率领五千精骑,一天一夜急行军三百多里,终于在当阳县的长坂追上了刘备。刘备无法抵敌,队伍一下子被冲得七零八落。刘备见势不妙,只得丢下众人,带着诸葛亮等数十骑落荒而逃。张飞带着二十余骑断后,来到一条小河边,将桥拆毁,自己横矛立马站在桥头,眼睛瞪得溜圆,对着追来的曹军猛喝:"我就是张翼德,你们谁敢过来同我决一死战?"

曹军早就听说张飞勇猛无比,现在见他果然威风,加之担心张飞身后有埋伏,都不敢贸然近前。这样,刘备等人得以从容撤离。

长坂坡一役,曹操截获刘备的全部辎重,并俘获大量人马,刘备的两个女儿也被曹纯活捉。刘备甘夫人及其子刘禅因赵云奋力抢救,才幸免于难。徐庶母亲被曹操抓走,致使徐庶辞别刘备,投归了曹操。

刘备冲出重围后,只得放弃原定撤往江陵的计划,折向东南往汉水方向撤退,途中刚好与关羽的舰队相遇。渡过沔水后,又碰上江夏太守刘琦率领的军队一万余人,于是一同撤到夏口。

曹操未再追击刘备,而是按照预定计划南进,顺利地拿下了江陵。占领江陵后,立即下了一道命令:"荆州吏民,与之更始。"即允许追随过刘表的官吏百姓重新做人,以收附人心,安定秩序。接着,让主动前来投奔的荆州士人刘巴渡过长江,招纳长沙、零陵和桂阳三郡,同时委派京兆人金旋为武陵太守。这样,荆州八郡全都落入了曹操手中。

曹操占据荆州后,一一论功封赏。刘琮被任为青州刺史,封列侯。刘琮请求留在荆州,曹操于是下令,以"虽封列侯一州之位,犹恨此宠未副其人"为由,同意刘琮辞去青州刺史之职,改任他为谏议大夫参同军事。刘表治理荆州多年,有一定根基,曹操是不可能再让刘琮在荆州任职的。谏议大夫秩禄虽高,但并无实权,曹操对刘琮实际采取了明升暗贬的做法。

刘琮以下，蒯越等十五人被封侯。蒯越字异度，原为大将军何进的东曹掾。劝何进诛宦官，何进犹豫不决，蒯越知其必败，出奔刘表，成为刘表的重要谋士。官渡之战时，刘表持观望态度，蒯越曾劝刘表归附曹操，刘表不听。曹操早想得到蒯越，平定荆州后，即任蒯越为光禄勋，并给荀彧去了一封信，说："不喜得荆州，喜得蒯异度耳。"表达了自己得到蒯越后异常兴奋的心情。

荆州名士韩嵩也得到重用。韩嵩字德高，官渡之战时也曾劝刘表归附曹操。刘表拿不定主意，决定派韩嵩先到曹操那里去探听一下虚实。韩嵩推辞说："将军如打算归附曹公，派我前去可以。如果还在犹豫，就最好不要派我去。因我到许都后，如天子给我一官半职，我推辞不掉，我就成了朝廷的臣子，对将军来说就成了故吏了。到时，就不能再为将军效力了。希望将军慎重考虑才是！"

刘表仍坚持要韩嵩去，韩嵩只得遵命。到许都后，韩嵩果然被任命为侍中、零陵太守。韩嵩回到荆州，对朝廷和曹操赞不绝口，并劝刘表把儿子送到许都去做人质。刘表勃然大怒，认为韩嵩背叛了自己，要将韩嵩斩首。韩嵩镇定自若，对刘表说："是将军辜负了韩嵩，韩嵩没有辜负将军！"

接着将临行时说的一番话复述了一遍。刘表仍然怒气未消，但因韩嵩说得在理，蔡氏又出面替韩嵩说情，只得将韩嵩囚禁起来了事。曹操到荆州后，立即把韩嵩从监狱中释放出来。韩嵩正在生病，曹操就在其住处将大鸿胪的印绶授给他，把他当成至交好友对待。曹操请韩嵩品评荆州士人的优劣，凡韩嵩推举的一律予以任用。

曹操同时重用了大将文聘。文聘字仲业，原为刘表大将，刘表让他北御曹操。刘琮投降时，文聘不肯跟他一起投降，说："我不能保全荆州，只有等着惩罚而已！"曹操渡过汉水后，他才前来投附。曹操问他："您怎么来得这么晚呢？"

文聘回答："早先我不能辅佐刘荆州，以致使荆州丢失。荆州虽已丢失，但我还想据守汉水，这样活着可以不负于孤弱，死了可以无愧于死者。但计划仍然难以实现，以致弄到这个地步。我内心深感悲痛和惭愧，没有脸面早来见您！"

曹操听了，也不禁为之怆然，说："仲业，您真是一个忠臣啊！"

于是仍将兵权交给文聘，让他同曹纯一道去追击刘备。平定荆州后，因江夏与孙吴接壤，民心不安定，又让文聘担任江夏太守，并赐爵关内侯。

此外，傅巽因劝说刘琮归降有功，赐爵关内侯。邓义在刘表外联袁绍时劝阻过刘表，被任命为侍中。刘先曾劝说刘表归附曹操，被任命为尚书令。王粲曾劝说刘琮归降曹操，被任命为丞相掾，赐爵关内侯。桓阶在官渡之战中曾劝长沙太守张羡起兵反叛刘表，被任命为丞相掾主簿。赵戬曾反对董卓，曹操早闻其名，见面时拉着他的手说："我们怎么这么晚才见上面呢？"于是任命他为丞相掾。又任命韩暨为丞相士曹属，裴潜参丞相军事，和洽、刘廙为丞相掾属，隗禧为军谋掾，司马芝为菅长。书法家梁鹄、邯郸淳，音乐家杜夔等人，也都得到曹操礼遇，并安排了一定职务。

汝南王儁，年轻时同曹操交好，后避居武陵。献帝都许后，征为尚书，不就。刘表见袁绍强大，私下与之往来，王儁曾加以劝阻。后死于武陵，曹操得知消息后十分悲伤。平定荆州后，曹操特地将王儁迁葬江陵，亲自到江边迎接灵柩，并表为先贤，表达了对亡友的缅怀之情。

曹操几乎是兵不血刃地夺取了荆州，并获取了荆州本地和外地来荆州避难的大量人才，从而大大增强了实力。这一胜利的取得，固然由于曹操主观指挥的正确,如善于把握时机,行动果敢、迅速,发扬了长途奔袭、不怕疲劳的精神,以致出敌不意、轻而易举地夺得了长坂之役的胜利,而这一胜利对于夺取江陵,进而夺取整个荆州有着十分重要的意义。从另一方面看,则是无能的刘琮和荆州统治集团内部的矛盾帮了曹操的大忙。如果刘琮、刘琦和刘备三人能够团结一致对付曹操,那局面可能会是另外一个样子。当然,刘琮的投降也与曹操自己拥有雄厚的实力有关。如果曹操实力不强,后方不稳定,举措不得人心,别人有隙可乘,刘琮就不会轻易投降,刘琮手下的人也不会纷纷劝刘琮投降。刘琮手下的蒯越、韩嵩、邓义、刘先、桓阶等人,都是早在刘表时代就已倾心曹操了的,他们在刘表集团内部形成了一股势力,在舆论上大大地帮助了曹操,最后终于水到渠成,一举改变了荆州的命运。曹操自讨伐董卓以来逐渐树立起来的巨大声威和影响,大大地帮助了他自己,使他自己成了最大的受益者。

曹操占据荆州,不仅把刘备重新逼入了无立锥之地的困境,就连屯兵柴桑、观望成败的孙权也深切地感受到了现实的危险。远在西蜀的益州牧刘璋,也匆匆派来使者,向曹操表示臣服,并开始接受征兵和纳税的任务,立即派来士兵补充曹操的部队。曹操可以说是威震天下,达到了他事业的一个顶点。

三 "方与将军会猎于吴"

当曹操率军南下不久、刘表刚刚死去时,孙权手下的有识之士便已有了联合刘备以共同对付曹操的打算。当时鲁肃建议孙权说:"荆州同我们接壤,江山险固,沃野万里,百姓富足,如果占有这块地方,可以把它作为创建帝王大业的资本。现在刘表刚死,两个儿子一向不和,军中诸将也都分成了两派。刘备是天下英雄,同曹操结有仇怨,寄住在刘表处,刘表因嫉妒他的才能而不予重用。如果刘备同刘琦、刘琮关系融洽,上下一致,我们就应当安抚他们,同他们结盟和好;如果彼此不合作,那就应当另打主意,以成就我们的大事。"

接着鲁肃提出了行动的具体计划:"现在刘表刚死,请让我去向他的两个儿子表示吊唁,并慰劳其军中将领。同时说服刘备,让他出面安抚刘表部众,大家同心一意,共同对付曹操。刘备一定会高兴地接受我的建议。如果这事办成了,天下就不难平定了。现在如不赶快去,恐怕会被曹操抢先。"

荆州本来是孙权觊觎已久的一块地方,他又何尝不想利用刘表死去、两子不和的机会,从荆州捞到一些好处。但曹操势力正盛,如果荆州不保,江东也将受到严重威胁,因此现在通过刘备来稳定荆州、联合荆州确实不失为明智之举。孙权当即接受了鲁肃的建议,派他前去荆州,以吊唁为名探听虚实。

鲁肃刚到夏口,就得知曹操已大举向荆州进军的消息,于是日夜兼程赶路。到南郡后,又得知刘琮已经投降、刘备已经南撤。鲁肃于是往迎刘备,两人在当阳长坂相遇。鲁肃先向刘备问候了一番,然后问:"现在您准备到哪儿去呢?"

刘备回答说:"苍梧太守吴巨是我的老朋友,我想去投奔他。"

鲁肃听了,立即说:"我们孙将军聪明仁惠,敬贤礼士,江东的英豪都归附他。现在已经据有六郡之地,兵精粮足,足可成就大事。我替刘将军考虑,不如派人前去同孙将军结交,共图大业。吴巨是个平庸之辈,又地处边远,很快就会被别人吞并,哪能够去投奔他呢?"

刘备听了,非常高兴,即同鲁肃一起撤兵来到夏口。接着,又退守长江南岸的樊口。

刘备投奔孙权的消息传到江陵,在曹操军中引起了一番议论。不少人认为孙权必杀刘备,只有程昱持不同意见,说:"孙权即位不久,威信还不高。曹公无敌于天下,刚刚夺得荆州,威震江东,孙权虽有谋略,但独力难以抵御。刘备早有英名,他手下的关羽、张飞又都是可敌万人的英雄,孙权肯定要借助他们的力量来对付我们。在这种情况下,是不可能杀掉刘备的。"

程昱的意见,既看到了孙、刘之间有矛盾的一面,更看到了两者在大敌当前的形势下完全有可能联合起来的一面。事实上,孙权接受鲁肃建议,已有联合刘备的打算;而刘备刚刚战败,损失惨重,弄到几乎没有立身之地的地步,更深感到了联合孙权的必要。为了各自的利益,他们很快地就走到了一起。刘备刚退到夏口,诸葛亮已经意识到了曹操即将顺江东下的危险,当下建议刘备说:"情况已经很危急了,请让我立即去找孙将军求援!"

刘备便让诸葛亮同鲁肃一起到柴桑拜见孙权。当时的情况是,孙权虽已有联刘抗曹的打算,但他坐拥六郡之地,部队还没有遭受任何损失,不像刘备那样有火烧眉毛之感,思想上不免有犹豫反复。因此诸葛亮见到孙权后,首先根据当时的形势,针对孙权的犹疑态度说:"天下大乱之后,将军起兵占据了江东,刘将军也屯兵荆州,与曹操争夺天下。曹操已基本上平定了北方,眼下又攻破了荆州,威震四海。刘将军英雄无用武之地,所以撤退到了夏口。希望将军根据自己的力量,考虑一下该怎么办。如果能以江东之众同曹操抗衡,就应马上同他断绝关系。假如不能这样,何不干脆放下武器,向他投降称臣呢?现在将军外托服从之名,而内里却还犹豫不决,紧要关头还下不了决心,眼看就要大祸临头了!"

孙权听了，马上反唇相讥道："如果真像你说的那样，刘将军为什么不去向曹操投降称臣呢？"

诸葛亮乘机用激将法激孙权说："田横不过是齐国的一个壮士，尚且知道坚守节操，不肯向高祖刘邦投降，何况我们刘将军呢？我们刘将军是王室的后代，英才盖世，天下士人都仰慕他，就像江河流向大海一样。如果事情不能成功，这也是出于天意，哪里能够屈从曹操，拜倒在他脚下呢？"

这一激果然有用，孙权听后，马上激动地说："我不能拿江东这么大块地方和十万兵众去受别人控制。抵抗曹操，我的主意拿定了！"

但过不一会儿孙权又担心地问道："除了刘将军，目前还没有能够同我们一起抵抗曹操的人。但刘将军刚刚打了败仗，哪有力量再打仗呢？"

诸葛亮为此对敌我双方的力量做了一番细致的分析："刘将军虽然在长坂战败，但陆续返回的战士和关羽的水军加起来还有精兵上万人，刘琦集合的江夏战士也不少于万人。曹军远道而来，相当疲劳，已经成为强弩之末。而且，北方人又不习惯水战。此外，荆州民众归附曹操是迫于兵威，并不是心服。现在将军如能派一猛将统兵数万，与刘将军同心协力，是一定能够打败曹操的。曹操兵败后，一定会退回北方，这样荆州和东吴的势力就会大大增强，鼎足的局面就可以形成了。成败的关键，就看您今天如何决定了！"

孙权听了这番入情入理的分析，大为高兴，从而增强了战胜强敌的信心。

曹操方面，在是否立即对孙权用兵的问题意见并不一致。贾诩曾经劝曹操说："明公此前打败了袁氏，现在又夺取了荆州，威名远扬，军势大盛。如果能够利用荆州富饶的条件，奖励吏士，安抚百姓，使之安居乐业，那么不用兴师动众，就可以让孙权前来归服了。"

这是一个从长计议的办法,目的是要在荆州站稳脚跟,获取民心,最后再迫使孙权不战而降。但曹操轻而易举地夺取了荆州,眼下兵威正盛,雄心勃勃,恨不得立即就将孙权拿下,哪里听得进贾诩的劝告。再说关中还有马超、韩遂的威胁,后方的巩固还存在问题,他也不能安坐荆州静待孙权前来归附。因此,在稍事准备之后,曹操就派人给孙权送去了一封信:

>近者奉辞伐罪,旄麾南指,刘琮束手。今治水军八十万众,方与将军会猎于吴。(《与孙权书》)

这实际上是向孙权下的一封战书。"奉辞伐罪"谓奉天子之命讨伐有罪,说得义正辞严,理直气壮。"旄麾南指,刘琮束手"将大军南下、席卷荆州、守军望风披靡、刘琮不战而降的情景描绘得活灵活现。"水军八十万众"乃夸饰之辞,目的是要对孙权进行恫吓,如果孙权能像刘琮那样,慑于兵威,不战而降,那是最好不过的事情。全文语气踌躇,措辞委婉,特别是将一场恶战说成是一次轻松的会猎,表现了曹操非凡的气度,但同时也反映了他过高估计自己力量、盲目骄傲轻敌的心理。

这封信送到柴桑后,果然产生了不小的威慑效果。孙权将信拿给众人看,竟然将不少人吓得变了脸色,纷纷劝孙权迎降曹操。长史张昭的意见很有代表性,他说:"曹操就像豺狼猛虎一样,假借丞相的名义,挟天子以征四方,什么事都说成是朝廷的命令,今天如果加以抗拒,对我们将会很不利。而且将军抗拒曹操的条件,只不过是长江天险;而现在曹操占据了荆州,将从刘表那里接收过来的水军和上千艘艨艟斗舰沿江摆开,兼有步兵,水陆俱下,这样长江天险曹操已经同我们共有了,而兵力的大小又是不能相提并论的。依我看,最好的办法还是前去迎降曹操。"

鲁肃却在一旁一言不发。当孙权起身上厕所时,他立即跟上去说:"我刚才观察众人的议论,都是想误将军的大事。我鲁肃可以去迎降曹操,而将军却不可以。为什么这么说呢?我鲁肃迎降曹操,曹操会把我送回乡里,评定我的名位,少不了还可以做一个太守、县令属下的小官,还可以乘着牛车,带着随从,和士大夫们交游,弄好了还可以得到州、郡长官的位子。而将军迎降曹操,能得到一个什么结局呢?希望能早把抗敌大计定下来,不要理睬众人的议论!"

孙权听了,深受触动,不由得长叹了一声,说:"这些人的议论,实在是让人失望!您刚才所发表的意见,正与我的想法相同,这是老天把您送来辅佐我啊!"

当时周瑜已被派往鄱阳,鲁肃劝孙权将周瑜召回,共商抗敌大计。周瑜回来后,先激励了孙权一番,然后分析曹操的弱点说:"假定曹操的后方已经稳定,曹操没有了后顾之忧,能够旷日持久地同我们在陆地上争个输赢,但他是否就能在水面上同我们争个胜负呢?何况现在曹操的后方并不稳定,马超、韩遂还在关西威胁着他。曹操舍弃鞍马、凭借舟楫来同我们较量,这是放弃了他的长处,而突出了他的短处。目前又正当严寒季节,马无草料。曹操的士兵又多是北方人,让北方的士兵远涉江湖之间,水土不服,必生疾病。以上所说的四个方面,都是用兵的大忌,而曹操却都违犯了。将军要活捉曹操,应当抓住这个机会。我请求给我精兵三万人,进驻夏口,保证为将军把敌人打败!"

孙权听了周瑜这一番有理有据的分析和慷慨激昂的请求,心情异常激动,当即拔出宝剑,砍去奏案的一角,厉声说:"曹操老贼想要废掉汉室自己当皇帝,蓄谋已经很久了,只是碍着二袁、吕布、刘表和我而已。现在二袁等人都被消灭了,只有我还在,我同老贼誓不两立！文武官员谁还敢再在我面前提投降的事，就同这奏案一样！"

当天晚上，周瑜又来见孙权，针对所谓曹操兵力强大的说法，发表了自己的见解，说："大家只看到曹操书信中说有水步兵八十万，就害怕起来，不去弄清虚实，便主张投降，这太没有道理了。从实际情况看，曹操从北方带来的军队不过十五六万，而且已经疲惫不堪；所得刘表的军队，最多也不过七八万，而且对曹操还抱有疑惧心理。曹操带着疲惫不堪的军队，指挥心存狐疑的降兵，人数虽多，有什么可怕的呢？将军给我精兵五万，我就完全可以把曹操打败，请将军尽管放心！"

周瑜和诸葛亮对曹军情况的分析，大体是一致的，概括说来有以下几点：第一，曹操的兵力并不像他信中所说那样有水步兵八十万，最多也不过二十三四万人。第二，曹操从北方带来的十五六万军队，经长途奔袭作战，已经相当疲劳；北方兵习惯于骑马陆战，而现在要进行水上作战，并不是他们的特长；又因水土不服，必生疾病，丧失战斗力。第三，新归降的刘表军队七八万，对曹操还心怀疑惧，不会卖力替曹操作战。第四，时值寒冬，缺乏马草，给养不足。第五，曹操后方尚不稳定，有后顾之忧。以上各点确实都抓住了要害，后来形势的发展，证明了这些分析和判断的正确性。

经过鲁肃、诸葛亮和周瑜反复做工作，孙权终于下定了抗击曹操的决心，当即任命周瑜为左监，程普为右监，鲁肃为赞军校尉，率领精兵三万人溯江西上，和驻军樊口的刘备会合，准备迎击曹操的挑战。

四　火烧乌林

曹操自建安十三年（208）九月攻占江陵后，一面休整、操练部队,做顺江东下的准备,一面对孙权进行恫吓,希望收到不战而屈敌之兵的效果。当军事上已做好一定准备、而对孙权的讹诈却并未收到预期的效果时,便开始从江陵挥师东下,打算一举平定江东。

驻军樊口的刘备,得知曹军日益逼近,心中非常焦急,天天派人到江边巡逻,打探孙权军队的消息。这天,他得知孙权水军已经开到,立即派人前去慰劳,并亲自乘着小船前去拜见周瑜。接着,两军一起西上迎敌。

孙、刘联军在长江南岸的赤壁与曹军相遇,刚一接战,曹军就吃了亏,于是退守北岸的乌林,与孙、刘联军隔江对峙。正如诸葛亮和周瑜所预料的那样,这时曹军因水土不服,不少人染上了疾病,大大地影响了战斗力。北方人不习惯乘船的问题这时也充分暴露了出来,不少人在船上站立不稳,眩晕呕吐,别说作战,连正常生活都发生了困难。曹操看到这个情况,非常忧虑。为了解决晕船的问题,他不知是听了谁的建议,也可能是自己想出来的办法,下令将战船用铁链互相连接起来,以减轻船身的摇晃。这样一来,士兵在船上有了如履平地之感,精神又都振作起来。

这一情况,很快被周瑜的部将黄盖发现,他向周瑜建议说:"现在敌人众多,而我军人少,很难同他们长期相持下去。如今曹军用铁链把战船连接起来,首尾相接,我们可以用火攻的办法把他们打败。"

周瑜立即接受了黄盖的建议。为了麻痹曹操,以便在展开火攻时尽量接近曹营,周瑜决定让黄盖诈降,由黄盖写了一封降书,派人送到江北曹营。降书写道:

盖受孙氏厚恩,常为将帅,见遇不薄。然顾天下事有大势,用江东六郡山越之人,以当中国百万之众,众寡不敌,海内所共

见也。东方将吏，无有愚智，皆知其不可，惟周瑜、鲁肃偏怀浅
戆，意未解耳。今日归命，是其实计。瑜所督领，自易摧破。交
锋之日，盖为前部，当因事变化，效命在近。(《三国志》卷五十四
《周瑜传》)

曹操细细读了降书，没有发现什么问题。上次送书孙权之后，在江东引起很大震动，不少人主张投降，对这曹操已有所闻，因此感到降书中所说的都是事实。在这种情况下，黄盖愿意前来投降，也属情理中事。但曹操仍担心其中有诈，于是又把送信的人叫来，仔细盘问了一番，仍没有发现什么破绽。这下，曹操高兴了，对送信的人说："黄将军如果真照所说的办，我一定要重重地赏给他爵禄，超过此前此后所有前来投顺的人！"

曹操与送信人约定了黄盖前来投降时双方联络的信号。然后，命士兵每日注意观察江面上的动静。

周瑜这边，加紧准备主动出击的工作。他调来几十艘战船，船上装满干草枯柴，把油脂浇到中间，外面用红色的帷幕遮盖起来，再插上旌旗。同时，还准备了快艇多艘，分别系在大船后面，以便大船点燃后士兵撤离。

一切准备就绪，周瑜选择一个有东南风的日子向曹操发起进攻。黄盖指挥几十艘战船，依次向北岸急驶而去。船到江心后，东南风刮得越来越大，黄盖下令让十艘战船驶在最前面，并挂起了风帆。眼看离曹营不远了，黄盖便命士兵按预定的联络信号举火，并齐声呼喊："黄盖来投降了！"

曹军信以为真，一点不加防备，还纷纷走出船舱伸长了脖子观望。两军相距不过二里地时，黄盖命令解开快艇，同时在各船点起火来。曹军这才发觉上当，但要避让已经来不及了。

火烈风猛,船驶如飞,转眼之间便冲进了曹军水寨,将一艘艘战船点燃,曹军水寨顿时淹没在一片烟山火海之中。这时风势正猛,大火很快蔓延到岸上的营寨,一时间火光冲天,把南岸的赤壁映照得一片火红。周瑜和刘备率领精锐跟在黄盖后面,擂鼓声震耳欲聋,将士个个奋勇冲杀。曹军本来多为陆战士兵,不少人又有病在身,特别是对突如其来的攻击毫无防备,顿时陷入一片混乱,完全丧失了抵抗力,被烧死、淹死和杀死的人不计其数。

在一片混乱和弥漫的烟火中,曹操被众将保护着弃船上马,带着残兵败将从陆路经华容向江陵方向逃去。逃走前,又下令将还没有烧着的战船和带不走的军用物资烧掉,以免落到孙、刘联军手里。

华容道既狭窄又泥泞,战马在淤泥中行进,十分艰难。偏偏天又大风,一行人又冷又饿,十分狼狈。后面仍有追兵,不能耽误太久,曹操于是命士兵四处寻找枯枝败草铺填道路,战马才勉强得以通过。衰疲不堪的士兵争先恐后,挤成一团,人马践踏,又有不少人死伤。

经过一番艰苦的跋涉,好不容易脱离了险境。曹操突然仰起头来,哈哈哈地一阵大笑。诸将莫名其妙,问曹操为何发笑。曹操回答说:"刘备是一个能同我相匹敌的人物,但他遇事主意拿得慢。如果他早点派人到这华容道来放火,我们就要死得一个不剩了!"

不久,刘备果然派了人来华容道放火,但这时曹操一行已经逃远了。

曹操在逃跑中,想到这次失败得这样惨,不由得悲从中来,想起了曾经屡建奇策、使他屡战屡胜的郭嘉,十分感慨地说:"要是郭奉孝还在,我是决不会落到这个地步的!"

停了一停,又万分悲痛地喊道:"悲哀啊奉孝!痛苦啊奉孝!可惜啊奉孝!"

郭嘉死后，曹操曾在给荀彧的一封信中，回忆郭嘉生前曾同他谈过有关南征荆州的事：

> 追惜奉孝，不能去心。其人见时事兵事，过绝于人；又人多畏病，南方有疫，常言"吾往南方，则不生还"。然与共论计，云当先定荆。此为不但见计之忠厚，必欲立功，分弃命定。事人心乃尔，何得使人忘之！(《与荀彧书追伤郭嘉》)

也许正因郭嘉生前曾同他提起过南征荆州的事情，所以现在他又想起了郭嘉，哀痛如果郭嘉还在，他就不至于遭到如此惨败了。这里既有缅怀和重视人才的用意，但由于是说给周围的部下听的，似乎也还包含着一层"委过于下"的用意，让他们也为这一次的惨败，分担一点未能尽职的责任。

曹操败退后，刘备、周瑜水陆并进，乘胜追击，一直追到南郡。曹操在战斗中损兵折将，加上饥饿和疾病的侵袭，这时兵力已损失了大半，剩下来的也士气低落，再也无力对孙、刘联军展开反击。恰在这时，又传来了孙权率军围攻合肥的消息，必须派兵驰援。曹操只得留下征南将军曹仁、横野将军徐晃驻守江陵，折冲将军乐进驻守襄阳，自己率领其余的部众踏上了北归的路途。

五　退保襄樊

曹操北撤后，周瑜率兵数万攻打据守江陵的曹仁。江陵城池坚固，粮食充足，曹仁又骁勇善战，周瑜碰到的是一个强劲的对手。周瑜先派兵攻下了江陵北面的夷陵，企图迫使曹仁退兵，未能达到目的。接着，双方在江陵城下展开激战。周瑜前锋数千人刚到城下时，曹仁派部将牛金率兵三百出城迎战，被包围，曹仁亲率麾下壮士数十骑冲出城外，杀入重围，救出牛金，部属无不佩服其英勇。后来曹操得知此事，也十分赞赏，特转封曹仁为安平亭侯。一次，周瑜亲自骑马督战，被乱箭射中右胁，伤势很重，伏鞍回营。曹仁得知周瑜卧床不起的消息，乘机率兵叫阵。周瑜为了稳定军心，只得强忍伤痛，骑马巡视各营。曹仁见了，知道无隙可乘，这才收兵回城。

经过一年多的激烈战斗，曹仁伤亡不少，渐觉孤军难以坚守。曹操此时正忙于在东线江淮一带同孙权周旋，难以派兵增援，只得命曹仁放弃江陵，退保襄樊。从此以后，襄阳、樊城一直掌握在曹操的手中，成为他南面重要的战略屏障。

曹仁北撤后，孙权取得了江陵及其以东的大片土地，于是任命周瑜为南郡太守，驻守江陵；程普为江夏太守，驻守沙羡；吕范为彭泽太守，吕蒙为寻阳令。这几人在从江陵到九江的沿江一线布防，从而稳定了孙权在江东的统治。

在此同时，刘备乘机扩展自己的势力。他先推举刘琦为荆州刺史，利用刘琦在荆州潜在的势力和影响，巩固自己在荆州的地位。接着派兵攻打长江以南的武陵、长沙、桂阳、零陵四郡，四郡太守先后投降。刘备以诸葛亮为军师中郎将，使督零陵、桂阳、长沙三郡，征收其赋税以供军政费用；以偏将军赵云为桂阳太守。不久，刘琦病死，刘备自己做起了荆州牧，治所设在公安。

刘备有了实力和地盘，这使孙权感到了威胁。但孙权须在东边江淮一线顶住曹操的压力，荆州防务不得不倚重刘备，因此也只能认可刘备的既得利益。为了拉拢刘备，孙权还主动把自己的妹妹嫁给了刘备。后来在鲁肃的建议下，还答应刘备的请求，将南郡借给了刘备，以巩固双方的联盟关系。

赤壁之战,终以曹操空前规模的惨败而告结束。此后,曹操的势力大体局限在北部中国,再也无力南下。刘备通过这次战争,占据了荆州的大部分地方,获取了立足之地,得以向刘璋的益州扩展。孙权则通过这一次战争,巩固了自己在长江中下游一带的势力,并继续向岭南方向发展,实力有了进一步增强。曹、刘、孙三股势力各有长短,相互觊觎,彼此争夺,但谁也吃不掉谁,从而初步形成了三国鼎立的局面。

曹操对自己在赤壁的战败,并不怎么服气,回到北方后,曾给孙权写去一封信,掩饰自己的失败。留存下来的文字已不完整,只有互不联系的两段话。其一云:

赤壁之役,值有疾病,孤烧船自退,横使周瑜虚获此名。

其二云:

赤壁之困,过云梦泽中,有大雾,遂便失道。(《太平寰宇记》引《魏武帝与吴主书》)

在赤壁之战中,曹军碰上疾病、自烧战船及在沼泽中行军因雾大而迷了路,这些事都可能确实发生过,但决不可能是造成失败的根本原因,曹操对自己失败的掩饰实在是有些笨拙的。当然,从另一角度看,曹操的失败确实不是由于他的力量特别弱小而周瑜的力量特别强大。曹操的兵力自称八十万,这显然是夸张不实之词,其实际兵力据周瑜估计是二十二三万或二十三四万人,这则可能是一个被有意缩小的数字。但即使是这个数字,仍然超出孙、刘联军的五万兵力若干倍,曹操占有绝对优势。更重要的是,曹操刚刚势如破竹地拿下了荆州,战胜了刘备,一时四方震动,在气势上、心理上也占有绝对优势。以张昭为首的一批人为其所慑,主张投降,不是偶然的。为《三国志》作注的裴松之认为张昭劝孙权投降是由于他眼光远大,是想抓住这个机会,让匡扶汉室的曹操实现天下的统一,这样做虽无功于孙氏,却有功于国家,实未见其必然。此外,曹操还有其他的一些优势,如挟天子以令诸侯,可以师出有名;占据了荆州上游,可以水陆俱下,长江天险不再为孙权所独有,等等。但是,曹操虽然拥有这些优势,但还是打了败仗。这是为什么呢?

诚然,曹操也有他的一些劣势,诸葛亮和周瑜所分析的那几条,都并非无中生有之谈。比如荆州新附,人心不稳,军心不稳,就是一个大问题。刘琮投降之后,他的部将王威还曾劝他说:"曹操得知将军已经投降,刘备已经南逃,一定会懈弛无备,轻行单进。将军如果能给我奇兵数千,在险要之地拦击他,一定可以将他活捉。活捉了曹操,就可以威震四海,不只是保守荆州的问题了!"

王威真是有胆有识,如果真照他所说的去办,后果是很难设想的。但懦弱无能的刘琮不可能接受这样的建议。像王威这样的人留在降军之中,随时都在想着如何反戈一击,哪里会真心实意地替曹操打仗呢?刘表治理荆州多年,虽没有雄才大略,但他保土安民还是有一套办法的。刘备在荆州数年,有意收揽人心,在他周围更是团聚了一大批人,影响所及,以至在南撤时,有不少人主动前来投奔,其中还包括一些刘琮手下的人。相比之下,曹操初来乍到,没有根基,兵力虽多,但实际上处于孤立无援的境地,要想把仗打赢,也就难乎其难了。

曹操还碰到另外一个难题,就是孙、刘(刘备及与孙氏有世仇的刘琦)两家在大敌当前的情况下,结成了虽是暂时的,但却是牢固的联盟。堡垒最容易从内部来攻破,此前曹操所取得的胜利,不少都同敌人内部的不团结有关，如吕布反复无常，把自己变成了孤家寡人；袁术同袁绍反目成仇；袁绍同公孙瓒互相攻伐；袁尚兄弟彼此火并等。内部不团结，就给进攻的一方提供了利用矛盾、各个击破的便利。刘备在当阳一役损失已很惨重，孙权虽据有江东六郡，但毕竟偏在一隅，兵力也很有限。如果他们单独与曹操对抗，都将很难成为曹操的对手。如果孙权想吃掉刘备，双方在火并一番之后再来对抗曹操，那无疑更是自取灭亡。因此，他们都深感到了联合抗曹的必要性。他们首先统一了内部的认识，认识一经统一，就不再犹疑，全力以赴，有破釜沉舟的决心。即使是原来主张投降的一批人，在抗敌方针定下后，也不再固执己见，而是服从大局，各尽其力。其次，以鲁肃、诸葛亮和周瑜为首的一些人，不为曹军的一时强大所吓倒，能对敌我双方的情况做冷静认真的分析，既知己又知彼，不仅因此而增强了克敌制胜的信心，同时也为正确地制定发扬我之所长、攻击敌之所短的作战方针奠定了可靠的基础。最后，他们能够把握有利战机，利用有利条件，出奇制胜，从而一举赢得了战争的胜利。所谓有利条件，包括了利用东南风这个有利条件。一般来说，冬天只刮西北风，不刮东南风。如刮西北风，显然对战船北进不利，反之，则是大大的有利。孙、刘联军大举进攻之时，恰恰刮起了东南风，而且越刮越大，结果船借风力，火借风势，顷刻大火蔓延，敌人土崩瓦解。裴松之认为这是"盖有运数""天实为之"，也就是老天帮了孙、刘的大忙。确实，东南风不是人能够"借"或"煽"起来的，只是一种纯粹的自然现象，不以人的主观意志为转移的。但人却可以发挥自己的主观能动性，对自然规律加以认识、把握和利用。冬天一般只刮西北风，这是一般规律。但一般当中有时会有特殊，冬天有时也会刮起东南风来。孙、刘联军中的不少人久居江南，其中还会有对气象学颇有研究的人，对长江上的气候、风向和风力是比较了解的。因此,他们为此巧妙地选定了进攻的时间,这是完全可能的。

曹操在天时、地利、人和方面存在着许多问题,他的失败似乎就不是偶然的了。但是,这是否就是不可避免的呢?曹操是否就一定不能取得胜利呢?不是的,外因只是事物变化的一个条件,内因才是事物变化的依据,外因要通过内因才能发挥作用。曹操失败的根本原因,还得从他自己身上去找。概括地说来,就是曹操被战役初期来得太快、太突然、太容易的巨大胜利冲昏了头脑,产生了骄傲轻敌的情绪,因而对己对敌都缺乏冷静分析,在战略战术上接连发生失误,终于导致了最后的惨败。

曹操在胜利后产生了骄傲轻敌情绪,从他在战前写给孙权的那封信中已可略见端倪,诸葛亮后来在给后主刘禅的上言中说:"昔先帝败军于楚,当此时,曹操拊手谓:天下已定。"可见与曹操同时的人也认为他产生了严重的骄傲情绪。既然拊着手说"天下已定",可见已经到了得意忘形的地步,哪里还会把孙、刘放在眼里而予以认真对待呢?此外,还有一件事足可说明曹操当时确实产生了严重的骄傲情绪。曹操攻占荆州后,益州牧刘璋派遣别驾张松来向曹操表示问候,实际是打算联络曹操。张松个子矮小,貌不惊人,性情放荡,不拘小节,但很有见识,人是非常聪明的。当时曹操写了一部兵书,杨修拿给张松看,张松在宴席上边吃边看,不一会儿就把内容全都背了下来。杨修由于非常欣赏张松的才能,就竭力向曹操推荐,曹操正在志满意得之时,竟以貌取人,不把张松放在眼里,不肯录用。张松前来荆州,本因刘璋无能,想要投靠曹操做一番事业,不料碰到这样无理的待遇,十分气愤。不久曹操兵败,张松回到益州,便在刘璋面前大说曹操的坏话,劝刘璋断绝同曹操的来往,转而同刘备结好。刘璋听从了张松的劝告,派兵支援刘备,后来又请刘备西进,最终导致了三国鼎立的局面。曹操一向礼遇前来投奔他的才智之士，哪怕在道德品质上有些毛病也并不计较，更不会去计较其人的长相如何，如今却因战胜而骄，一反常态，不仅放弃了一个获得人才的机会，更放弃了一个联络刘璋、进取益州的机会，铸成了大错。

头脑发热，忘乎所以，就既不可能正确地看待自己，也不可能正确地看待敌人，不可能正确地分析形势，采取恰当的对策。曹操攻占荆州后，贾诩劝他先安抚百姓，获取人心，站稳脚跟，现在看来，这不失为一个稳妥的办法，这样做可以解决民心不服、军心不稳、远来疲惫、不服水土、不习水战种种问题，变自己的劣势为优势，最后再东取孙权、西取益州（或先取益州、后取孙权），水到渠成地完成统一大业。但曹操对这个带有战略性的问题，未能很好地加以考虑。对孙、刘联合的可能性，程昱已经说得很清楚，曹操如能予以重视，尽快采取必要的措施（如先将刘备击溃，使之结不成强有力的联盟），那结局就会是另外一个样子。

至于战术指挥上的失误，也是显而易见的。最大的问题是不应轻信黄盖的投降，即使相信他会真的投降，也应采取必要的防范措施。曹操本性多疑，但这一次，由于深信是自己吓坏了敌人，竟全信而不稍疑，结果上了大当。其次，把战船连接起来以解决士兵晕船的问题，只考虑到了有利的一面，没有顾及不利的一面。当时即使考虑不到有被火攻危险这样的问题，但战船连接起来就会行动不便，既不便于应急，也不便于进攻，士兵也不能因此得到锻炼而从根本上解决晕船的问题，却是显而易见的。此外，水寨与陆寨靠得太近，以致大火延烧，殃及全营，溃及全军，这也是考虑不周的问题。如能确立水陆俱下的作战方针，在岸上适当距离外驻屯一支有相当实力的步骑兵，既可保持和发挥北方兵善于陆战的特长，也可同水寨形成掎角之势，相互呼应和支援，这样就不易因一处失利而牵动全局了。总之,如果曹操头脑冷静,就一定会想出许多高明的点子来,避免许多漏洞的出现,即使不能打一个漂亮仗,至少也不致于溃不成军了。

骄傲轻敌不仅使曹操输掉了一场战争,而且使他统一全国的理想化成了泡影。当时曹操自己也许并没有意识到这一点,但后来的历史却无情地证明了这一点。对于曹操来说,这不能不是一件非常遗憾的事情。东晋史学家习凿齿说:"昔齐桓一矜其功而判(同'叛')者九国,曹操暂自骄伐而天下三分。皆勤之于数十年之内而弃之于俯仰之顷,岂不惜乎!"代表了不少人的看法。

值得注意的是,天下三分的局面,在孙、刘一方却是早有过估计的。鲁肃曾对孙权说:"据我看来,汉室不可能复兴,曹操不可能一下子除掉。为将军打算,只有占据江东,以观天下之变。"就包含了这一层意思。诸葛亮的《隆中对》,也预言过曹、孙、刘的鼎立,而在说服孙权联刘抗曹时,又说:"曹操兵败后一定会退回北方,这样荆州和东吴的势力就会增强,鼎足的局面就可以形成了。"这些估计或预言,比较切合当时的形势,因而为后来的历史发展所证明。相比之下,曹操在这个关系前途命运的问题上却比较短视,缺乏预见性,以致不能及时采取有效措施,促使形势朝着有利于自己的方面发展,这不能不是他人生的一大悲剧。

当然,三分天下的局面出现后,战争虽然仍在继续进行,但由于曹、孙、刘三方都比较注意各自统治区域内社会秩序的稳定和社会生产的发展,都分别扫除了各自统治区域内的分裂割据势力,在很大程度上扭转了东汉末年以来分裂混乱的状态,为后来的统一准备了一定条件,这也是应当看到的。

曹操退回北方后,虽在给孙权的信中表示了对赤壁之败的不服气,但实际上他还是认真总结了经验教训。特别是从战略角度说,他对孙、刘联盟的厉害有了相当深刻的认识,以至后来当孙权听从鲁肃劝告,将南郡借给刘备的消息传来时,正在写信的他,竟震惊得把笔落到了地上,可见其反应之强烈。在曹操看来,此举必然进一步加强孙、刘之间的联盟,这两个对手将来就会更加不好对付了。为了拆散这个联盟,曹操在以武力防御、军事进攻的同时,做了一些个别拉拢、分化瓦解的工作。

建安十四年(209),也即赤壁之战的第二年,曹操派九江人蒋幹前往江陵,想说服周瑜归附自己。蒋幹字子翼,其人一表人才,能言善辩,在江、淮间称得上是一个有头有脸的人物。蒋幹接到指令后,布衣葛巾,假托有私事前往江陵。周瑜知道他的来意,一见面就说:"子翼,您太辛苦了,远涉江湖,是来替曹操做说客的吧?"

蒋幹猝不及防,只得辩解说:"我同足下是同乡,分别了这么长的时间,听说足下建了大功,所以特来叙旧,并学习一下治军的良规,怎能怀疑我是说客呢?"

周瑜笑着说:"我虽然不像夔和师旷那样聪灵,但听弦赏音,还是能够知道雅意的。"

接着设宴款待蒋幹。三天后,又请蒋幹参观军营、仓库、军资、器仗等。参观完毕,仍设宴款待,席间让侍者拿出服饰珍玩之类的东西欣赏,但就是闭口不谈军事方面的问题。最后,周瑜明确表态说:"大丈夫处世,遇到知己之主,外托君臣之义,内结骨肉之恩,言听计从,祸福与共,在这种情况下,即使苏秦、张仪再生,郦食其复出,也不可能说动我,这又哪是足下所能做得到的呢?"

蒋幹听了,无言以对,只得回去报告,说周瑜气度恢宏,品质高尚,不是言辞所能离间的。曹操听了,只得作罢。

又过了两年,即建安十六年(211)冬或建安十七年(212)春,曹操又让阮瑀代笔,给孙权写了一封信。信中说:

> 离绝以来,于今三年,无一日而忘前好,亦犹姻媾之义,恩情已深,违异之恨,中间尚浅也。(阮瑀《为曹公作书与孙权》)

"姻媾之义",指曹操把自己弟弟的女儿许配给孙策的小弟孙匡,又为儿子曹彰娶了孙权的堂弟孙贲的女儿为妻的事。接着,指责孙权抛弃了两人从前的交情,并认为这是小人挑拨、刘备煽动的结果。最后表示希望孙权内去张昭,外击刘备,恢复彼此的友好关系,这样就可以把统治江南的重任长期交给孙权,使其安然享受高官显爵。软硬兼施,目的只有一个,就是企图拉拢孙权,分化孙、刘联盟。

在此期间,曹操还曾让阮瑀代笔,给刘备写过一封信,今尚存两句:"被怀解带,投分托意。"意谓开怀相见,表达自己的心意。全信内容,可能与给孙权的信大同小异。此外,还给诸葛亮写过一封信,今也仅存两句:"今奉鸡舌香五斤,以表微意。"鸡舌香,即丁香,能治口臭。给刘备写信,给诸葛亮送东西,目的也都是进行拉拢,促使孙、刘两家散伙。

曹操做的这些工作,所起的作用可能是非常有限的,但至少说明他充分认识到了孙、刘联盟对于自己的严重性,这对他避免重犯赤壁之战中那样的错误,无疑很有好处。

第十四章 坚守淮南

一 巩固淮南防线

赤壁战后,孙权一面在西线同刘备联盟,共同对付曹操,一面在东线伺机向北扩展势力,同曹操在淮南地区展开了长期反复的争夺。

建安十三年(208)冬,曹操刚撤回北方,孙权就亲率十万大军围攻合肥。合肥守军人数不多,但团结一致,进行了顽强抵抗。当时连连下雨,城墙被水浸泡,有崩塌的危险,城中军民便用茅草加以覆盖。晚上则在城上点燃油脂,城外敌军的动静看得一清二楚,根据敌情的变化预做准备。孙权见久攻不下,想亲率一支轻骑往前冲杀,被长史张纮劝止。

曹操得知消息,深恐合肥有失,连忙派兵支援。但赤壁之役,损失惨重,曹仁还在江陵同周瑜激战,也得支援,他手边实在没有多少援兵可派。最后,只派了大将张喜率一千骑兵前往,嘱咐他在经过汝南时把汝南驻军也带上。曹操没有料到的是,汝南兵不仅人数有限,这时也染上了疾病,谈不上有多少战斗力了。

这时有一个人站出来,用奇谋摆脱了这一困境。扬州别驾蒋济得知援兵不多的消息,深恐这样不能解决问题,于是向刺史献了一个密计,谎称得到了张喜一封信,信中说曹操派步骑四万前去解合肥之围,已到雩娄,请州里派主簿前去迎接。同时分别派出三批使者带着书信前去通知合肥守军,使之增强信心,顽强坚守。第一批使者冲进了城中,第二批使者被孙权捉住。孙权看了从使者身上搜出的书信,信以为真。加之攻城月余,并无进展,只得下令烧掉围城的营寨退兵,合肥城得到了保全。

建安十四年(209)三月,曹操亲率大军来到谯县。得知孙权已经退兵,便下令部队停留下来,制造轻便快捷的战船训练水军。这时蒋济来见他,曹操向他征询意见:"以前我在官渡同袁绍对垒时,把百姓先迁往南边,这样他们既不会逃散,也不会被敌人掳走。现在同孙权对垒,我想把淮南的百姓迁往淮北,你看怎么样?"

蒋济不赞成,认为以前处于敌强我弱的情况,那样做是对的,而现在形势比较稳定,老百姓有留恋故土的心理,是不愿迁徙的。曹操坚持己见,付诸实施,结果引起江、淮间老百姓的惊慌,有十多万人渡江逃到孙权那里去了。曹操十分后悔,后来见到蒋济,赶忙上前,大笑着说:"我本来想让老百姓避开敌人,没想到却反而把他们都赶到敌人那里去了!"

这年七月,曹操率军从涡水进入淮河,经肥水进驻合肥。曹操深知合肥战略地位的重要,如果合肥、庐江一线失守,他就只能退到淮水以北,中原地区就要受到威胁了。因此,他在加强防务、积极为水上作战做准备的同时,从长远考虑,还采取了一系列巩固淮南防线的措施。

首先,他下了一道《存恤吏士家室令》,凡将士没有产业,死后家属不能养活自己的,县官不要停止口粮供应,部队长官要对他们抚恤、慰问。赤壁战中,曹军战死和因疾病而死亡的人不少,他们的家属失去依靠,不少人的生活也因此发生了困难,如不及时解决,势必影响今后的扩军和部队的士气。曹操说:"自顷以来,军数征行,或遇疫气,吏士死亡不归,家室怨旷,百姓流离,而仁者岂乐之哉?不得已也。"说他这个讲仁爱的人是并不愿意看到这样的情况出现的,出现这样的情况是不得已的,以求得人们的理解。这样做,对于安定军心,鼓舞士气,尽快摆脱严重受挫的阴影,走出低谷,开拓新的局面,无疑具有重要意义。

其次,重新设置了扬州各郡县的长官,加强了各级领导力量。自消灭吕布、袁术以来,扬州有不少人士投归曹操,曹操也主动罗致了不少人才,其中有不少人得到曹操信用,为稳定扬州的局势发挥了积极作用。如陈登为广陵太守,在江、淮间甚得民心,曾经大败孙策,使孙策势力无从向江北发展。又如刘晔,曾说服曹操平定庐江境内以陈策为首的农民起义,曹操任他为司空仓曹掾,十分信任。每当碰上疑难问题,曹操就写信向刘晔请教,有时一个晚上竟达到数十次之多。特别是刘馥,为安定扬州的局势立下了汗马功劳。

刘馥字元颖,沛国相人。避乱扬州,建安初年劝说袁术部将戚寄、秦翊投归曹操,曹操很高兴,任命他为司徒掾。后来,孙策所任命的庐江太守攻杀了扬州刺史严象,庐江境内又有梅乾、雷绪、陈兰等人聚众数万起义,形势一时非常紧张。曹操这时正忙于对付袁绍,脱不开身,于是表荐刘馥为扬州刺史,将东南的事情托付给他。刘馥接受任命后,单马来到合肥空城,建立州治。他安抚了梅乾、雷绪等人,稳定了社会秩序,数年间有上万流民返回了家园。同时推广屯田,修复了芍陂、茹陂、七门、吴塘等水利工程,保证了农田的灌溉。在官民有所积蓄后,还汇聚诸生,办起了学校。特别是,刘馥将合肥城修筑得又高又厚,准备了不少木头石块和茅草油脂等物,加强了守备。孙权亲率十万大军围攻合肥,结果无功而返,这些措施发挥了重要作用。

可惜这个刘馥,在建安十三年(208)死去了。由谁来接替刘馥,就成了一个十分重要的问题。曹操经过慎重考虑,决定让通晓军事的丞相主簿温恢出任扬州刺史,而以足智多谋、文武兼长的蒋济为扬州别驾,做温恢的副手。曹操对温恢说:"我本来很想把你留在我的身边,只是因为扬州的事情太重要了。《尚书》上说:'股肱良哉!庶事康哉!'恐怕你还会得到蒋济做治中吧!"

"股肱",即大腿和胳膊,常用来比喻辅佐君王的大臣。大臣得力,什么事情就都可以处理得井井有条。曹操引用这两句话,表达了对于温恢的信任和殷切希望。任命蒋济为别驾,也特地下了一道手令:

季子为臣,吴宜有君。今君还州,吾无忧也。(《以蒋济为扬州别驾令》)

"季子",即春秋时吴国公子季札。《春秋公羊传》襄公二十九年有这样的话:"吴无君,无大夫,此何以有君有大夫,贤季子也……以季子为臣,则吴宜有君者也。"曹操在这里是借用赞美季札的话来赞美蒋济。蒋济曾任扬州治中,后调任丹杨太守,现又被任命为扬州别驾,回到了扬州,所以说"还州"。

不难看出,曹操为扬州配备了一个强有力的州级领导班子。在此同时,对所属郡县也进行了整顿,选用能吏担任各郡县长官,并将州治由寿春迁到合肥,大大加强了合肥的地位。

为了贮积军粮,曹操又任命仓慈为绥集都尉,在芍陂周围地区开垦荒地,召募农民,实行屯田。芍陂在今安徽寿县南,因淠水流经白芍亭东与附近诸水积而成湖,故名。最早为春秋时楚相孙叔敖所开辟,周围一百余里,可灌溉附近万顷良田。以后历代都有整修,刘馥任扬州刺史时,也曾对此进行修整。曹操利用这一水利工程进行屯田,对增加粮食生产、保证军粮供应有着重要的意义。

这期间,曾一度偃旗息鼓的庐江人雷绪又起兵反叛,陈兰也勾结梅成在灊县、六安一带聚众叛乱,并同孙权取得了联系。为了清除这一心腹之患,曹操派夏侯渊率兵讨伐雷绪,派于禁等人讨伐梅成,派张辽督率张郃、牛盖等讨伐陈兰,同时派臧霸率兵到皖,攻击孙权部将韩当,使之不能出兵援救陈兰。梅成假装向于禁投降,乘机把队伍拉上了灊县境内的天柱山,同陈兰会合。天柱山山势高峻,通往山顶的小路长达二十余里,只能勉强过人。诸将认为难以攻取,张辽说:"这就是人们常说的:在一个人对付一个人的狭窄地带作战,只有勇敢的人才能冲上前去!"于是亲率部队攻上天柱山,斩杀了陈兰和梅成。

事后曹操评论诸将功劳,特别表扬了张辽,说:"登天山,履峻险,以取兰、成,荡寇功也。""荡寇",即指张辽,张辽时为荡寇将军。曹操特地给张辽增加封邑,并授予假节的称号和权力。然后,留下张辽同乐进、李典一起率兵七千余人驻守合肥,嘱咐张辽、乐进说:"扬州刺史温恢通晓军事,有事情要同他一起商量。"

在把巩固淮南防线的有关事宜安排就绪之后,曹操在这年十二月率军回到了谯县。这时曹仁已从江陵撤到襄樊。从此以后,东边的合肥和西边的襄樊,成了曹操南面的两个重要屏障,成了他同孙、刘长期争夺的两个焦点。

二 激战濡须口

建安十六年(211),孙权将其都城从京口西迁到了秣陵。第二年,改秣陵为建业,并在建业西面依山势筑城,名石头城,用以储藏军粮和军械。接着,采纳吕蒙建议,在通往巢湖的濡须水口夹水立坞。坞是一种用作防御的建筑物,濡须坞因形如偃月,又叫偃月坞。在这里立坞,目的在于控制从巢湖到长江的通道,既可以防备曹操南进跨过长江,又有利于进兵争夺淮南。

建安十七年(212)十月,曹操在平定关中、解除西顾之忧后,决定出兵东击孙权。出兵前,他让阮瑀代笔写了一封信给孙权。信中在叙旧言好、进行拉拢的同时,说了一些威胁的话。如:

> 以君之明,观孤术数,量君所据,相计土地,岂势少力乏,不能远举,割江之表,晏安而已哉?甚未然也。若恃水战,临江塞要,欲令王师终不得渡,亦未必也。夫水战千里,情巧万端,越为三军,吴曾不御;汉潜夏阳,魏豹不意。江河虽广,其长难卫也。(阮瑀《为曹公作书与孙权》)

大意是说,凭借自己的谋略和实力,是完全有力量打到长江以南的。孙权想要依靠水战,沿江守险,阻止大军南下,未必能够办到,因为在长达千里的江面上作战,情况是变化无穷的。并引春秋时吴国在太湖防御越军、汉初魏王豹在黄河边的蒲坂津阻击韩信,结果都被奇兵打得大败的史实为例,说明自己有必胜的信心。曹操写这封信,目的是想拆散孙、刘联盟,而其最终目的,是想迫使孙权降伏。孙、刘联盟当时正处于比较稳固的阶段,孙权的实力在赤壁战后也有了增强,曹操这封信自然不可能达到预期的目的。

曹操率领大军南下,号称步骑四十万,浩浩荡荡,于建安十八年(213)正月进逼濡须口。张辽和臧霸担任前锋,到达濡须口时,天降大雨,湖水上涨,孙权守军利用水上优势,向前进逼,曹军十分惊恐。张辽打算暂时退兵,臧霸不同意,说:"曹公深明利弊,哪里会把我们丢下不管呢?"仍然坚守不动。果然,第二天曹操下达了大举进攻的命令,曹军一鼓作气,攻破孙权设在长江西面的大营,俘获其都督公孙阳。张辽向曹操汇报头天的情况,曹操对臧霸的表现非常满意,当即任命他为扬威将军,并授予假节的称号和权力。

孙权得知曹军大举南下的消息,亲率七万大军到濡须口迎战。他派猛将甘宁(字兴霸)率领三千人为前部督,密令他乘便夜袭曹营。这天夜里,甘宁挑选手下勇士百余人,饮酒誓师,二更时出发,径直摸到曹操所在的大营外面,去掉鹿角,翻进营寨,突然发起冲锋,在一阵喊杀声中,杀死曹军数十人。曹军遭此突然袭击,异常惊慌,到处叫喊,赶紧点燃火把,把营内照得一派通明,但这时甘宁等人已经撤走。甘宁回营后,营中奏起军乐,士兵们高呼万岁,孙权高兴异常,当即赏给甘宁一千匹绢,一百口刀,说:"曹孟德有张辽,我有兴霸,足可以同他匹敌了!"

此后,双方你来我往,多次展开激战。一次,曹操的部将孙观左脚被流箭射中,流血不止,但仍奋勇作战。曹操看了,既感动又心疼,说:"将军箭伤这么厉害,而勇气却有增无减,难道不应当为国家爱惜一下身体吗?"

当即任命孙观为振威将军。孙观因伤势过重,不久死去。

一次,曹军一部夜间乘船来到一个沙洲上,被孙权发觉,派重兵把沙洲包围起来。双方展开激战,结果曹军有三千人被俘,还有不少人落水淹死。曹操受此挫折,便坚守营垒,等待战机,孙权军几次挑战,都不理睬。

一天,孙权亲自乘坐战船,前来观察曹军大营,曹操下令弓弩齐发,一时箭如飞蝗,纷纷射到敌船上。战船上射满了箭,受射的一面渐渐倾斜,眼看船就要翻了,孙权下令把船掉过头来,让另一面受箭。两面承受的箭差不多了,船身平稳后,才从容列队而还。

过不多久,孙权又乘坐一只快船,从濡须口开到曹军营前。曹操手下众将都认为是前来挑战,主张发起攻击。曹操吸取前次教训,冷静地说:"这是孙权想亲自观看一下我军情况。"命令军中严加防备,不准乱放弓箭。孙权前行了五六里,才从容退回,途中还奏起了军乐。曹操见孙权甲杖鲜明,队伍整肃,进退自如,不由得想起了刘表两个儿子的无能,感叹地说:"生个儿子就要像孙仲谋这样,刘景升的儿子,不过像猪狗罢了!"

双方相持月余,曹操未能取得什么战果。眼看到了二三月间,雨水渐渐多了起来。这天,曹操收到孙权一封短信,信上说:"春水方生,公宜速去。"又在另一张纸上写道:"足下不死,孤不得安。"曹操把孙权来信的内容告诉了诸将,说:"孙权说的是实话,没有欺骗我。"考虑到雨季来临后,孙权水军的优势将会更加明显,自己将更加无隙可乘,胶着在这里没有用处,于是下令撤军。途中经过谯县时,同儿子曹丕、曹植拜祭了祖坟。四月间,回到邺城。

曹操北还后,孙权也随之撤军回到建业。

三 一次劳而无功的行动

建安十四年(209),曹操因担心孙权侵掠沿江郡县,下令把这一带的百姓迁往淮北,结果反使百姓受到惊扰,不少人因此逃往江南。长江以西的大片地区一时人烟稀少,城邑荒芜,以致合肥以南,只剩下一座皖城。曹操重新部署防务,任命朱光为庐江太守,驻守皖城,使大量开垦稻田,积贮军粮,并伺机骚扰孙权。

建安十九年(214)五月,吕蒙建议孙权说:"皖县土地肥沃,如果水稻丰收,他们手中有了粮食,兵力就会增强,曹操对我们的态度也会跟着发生变化,应当早日把皖城拿下来才是。"

孙权接受吕蒙建议,不久即领兵亲征。以甘宁为升城都督,在前面督战,吕蒙率领精锐作为后援。部队于破晓时分展开进攻,早饭时分即将城池攻破,太守朱光及城中男女数万人都当了俘虏。张辽得到消息,从合肥率军驰援,中途得知城池已失,只得原路返回。孙权任命吕蒙为庐江太守,将缴获的人马全部分给了他。

曹操得知孙权攻占了皖城,十分恼怒,打算再次东征孙权。当时连续大雨,道路泥泞,将士多不情愿出征。曹操知道这个情况,怕有人前来劝阻,于是下了一道命令:"今孤戒严,未知所之,有谏者死。""未知所之",即还没有确定进军何处,这只是一种缓冲矛盾的说法,其实心中是打定了主意的。丞相主簿贾逵见情况不妙,对另外三位主簿说:"丞相下了这样的命令,但现在又确实不适宜出兵,我们不能不出面加以劝阻!"

于是起草了一个意见,拿给三位同事看,三人不得已,只得都在意见书上签了名,然后一起去见曹操。曹操勃然大怒,立即下令逮捕了贾逵等人。曹操问是谁出的主意,贾逵回答:"是我出的主意!"说完,自己迈步向监狱走去。狱吏因为贾逵是主簿,没有立即给他戴上刑具,贾逵却说:"你得赶快给我戴上刑具。不然,上边会怀疑我在丞相身边任职,就让你不给我上刑具。一会儿就会有人来这里察看的!"

果然,狱吏刚给贾逵戴上刑具,曹操派来察看的人就到了。

过了两天,曹操渐渐气消,又下了一道命令:"逵无恶意,原,复其职。""原",即赦罪之意。曹操认为贾逵虽违反了命令,但用意是好的,于是不再追究,让他官复原职。一场风波算是过去了,但也因此再没有人敢来劝谏了。

经过一番准备,曹操于这年七月率军踏上征途,留下儿子曹植驻守邺城。这时刘备已经占领益州,天下三分已成定局,以武力讨平孙权的时机并不成熟,因此在出发之前,参军傅幹再次出面劝阻曹操,说:"吴有长江之险,蜀有崇山之阻,难以用武力征服,却比较容易用恩德去安抚。我认为应当暂时放下武器,息军养士,分土定封,论功行赏,这样境内外的人心就可以逐步安定下来。然后在此基础上,兴办学校,提高人们的道德修养,境外的人就都会前来表示归服了!"

接着进一步提醒曹操:"现在将十万大军开到长江边上,如果敌人凭借坚固的防线,不出来同我们接战,我们的军队就没有用武之地,我们的谋略也发挥不了作用。这样,徒然使自己受屈,却又达不到慑服敌人的目的。还是不如保全军威,修养道德,使敌人主动前来归服为好。"

对于这番着眼长远,但不免显得迂阔的议论,曹操自然更听不进。军队仍按原定计划,向南进发。

途中,曹操的重要谋士尚书令荀攸病逝,终年五十八岁。荀攸跟随曹操二十余年,运筹帷幄,贡献了不少高谋奇计,据说最为出色的有十二次,外人不了解内情,只有钟繇知道个中底细。曹操非常赏识荀攸,建安十二年(207)北征乌桓后,在归途中还特地到荀攸老家看望,在那里把荀攸前后所建功劳回顾、称颂了一番,最后对荀攸说:"现在天下大体上已经平定了,我愿同贤士大夫共同分享功劳。以前汉高祖让张子房自己挑选三万户封邑,现在我也想让你自己挑选封地。"

曹操经常称赞荀攸,说他外表愚拙而内里机智,外表胆怯而内里勇敢,外表软弱而内里刚强,不矜夸自己的长处和功劳。并将荀攸同荀彧对比,说:"荀令君之进善,不进不休;荀军师之去恶,不去不止。"赞扬了荀攸对错误的东西"不去不止"的精神。曹丕被立为太子后,曹操对他说:"荀公达,这是一个可以为人师表的人物,你一定要非常尊重他才行!"曹丕遵命而行。一次荀攸生病,曹丕前去探望,竟独自拜倒在床下。

曹操对荀攸的突然病故非常悲痛,一提起来就泪流不止。为了表达对荀攸的悼念之情,曹操特地下了一道手令:

孤与荀公达周游二十余年,无毫毛可非者。
荀公达真贤人也,所谓"温良恭俭让以得之",孔子称"晏平仲善与人交,久而敬之"。公达即其人也。(《悼荀攸下令》)

"温良恭俭让以得之"语出《论语·学而》,子贡认为孔子温和、善良、严肃、节俭、谦虚,所以无论到了哪个国家,人们都愿把那里的政事告诉他。"晏平仲"句语出《论语·公冶长》,是孔子赞美晏婴的话,说晏婴很会交朋友,时间越长,朋友越敬重他。曹操着重从品格上肯定荀攸,认为他是一个完美无缺的人,目的是要突出重点,启示和勉励人们更好地向荀攸学习。此前荀彧因反对曹操晋爵魏公,备九锡,已被曹操逼迫致死。这里着重从"温良恭俭让"的角度肯定荀攸,自然也包含了要人们更好地服从自己,对自己实行"温良恭俭让"的用意。

曹操率军进驻合肥不久,传来了夏侯渊平定凉州的消息。曹操见孙权严阵以待,无隙可乘,觉得不如暂且回师,谋取汉中,于是在十月间率军离开了合肥。这次南征,虽肯定会对孙权产生一定的威慑作用,但未能取得实际战果,所获得的与所付出的完全不成比例。曹操未能充分考虑贾逵等人的意见和照顾将士的情绪,对形势缺乏正确的估计,结果南征来去匆匆,在很大程度上成了一次劳而无功的行动。

四 "贼至乃发"

建安二十年(215)三月,曹操正式出兵西征张鲁。临行前,曹操估计孙权会利用他用兵汉中的机会,派兵攻打合肥,于是留下一道手令,装在一个封套中,封套边上写上"贼至乃发"四字,交由护军薛悌带到合肥。

不出曹操所料,这年八月,孙权亲率大军十万前来进攻合肥。张辽、李典和乐进率领的守军一共才七千多人,敌众我寡,如何抵御敌人,一下子成了一个十分紧迫的问题。三人当即和薛悌一起打开封套,阅读曹操的手令。只见手令说:

若孙权至者,张、李将军出战,乐将军守护军,勿得与战。(《合肥密教》)

对这个部署,大家都感到疑惑不解。张辽最先领会了曹操的用意,说:"曹公远征在外,如果等他得知消息再率军前来援救,我们肯定早已被敌人打败了,所以他让我们趁敌人尚未合围的机会,主动出击,挫其锐气,以安众心。之后再据城防守,这样就比较容易了。成败的关键,就在主动出击这一战,诸位还疑惑什么呢?"

张辽、李典和乐进都是曹操的重要将领,但平时不大和睦,张辽担心自己的意见不会被大家所接受,于是又表示,如果大家仍有疑虑,他愿单独领兵出战。李典被张辽顾全大局、勇挑重担的精神所感动,当即慨然表示:"这是国家大事,我怎能因私人成见而忘掉公义呢？我愿接受将军指挥,同将军一起出战!"

商议已定,立即行动,当夜挑选了勇士八百人,杀牛宰羊饱吃了一顿,准备第二天同敌人拼死决战。

次日天刚放亮,张辽、李典就率领将士猛冲出城。张辽披甲执戟,一马当先,高呼着自己的姓名,冲入敌阵,顷刻杀死敌兵数十名,斩了两名敌将,一直打到孙权所在的大营前面。孙权遭此突然袭击,大惊失色,诸将一时间也不知所措,便向一个高地撤退,四周举起长戟自卫。张辽叱令孙权下山交战,孙权不敢动。后望见张辽兵力并不太多,这才指挥人马将张辽团团包围起来。张辽左冲右突,率领身边数十人冲出。仍被包围的士兵大呼:"将军不管我们了吗?"张辽听见,又反身杀入重围,将这些士兵救出。这一仗从早晨一直打到中午,张辽所向披靡,孙权军闻风丧胆,元气大伤。张辽回到城中,指挥士兵整修工事,准备坚守。军心顿时稳定下来,诸将对张辽的胆略无不表示非常佩服。

孙权围攻合肥十多天,见城池没有被攻破的可能,而这时军中又发生了疾疫,只得引军撤退。张辽决定乘势追击。他登上高处,望见孙权军大部分已撤到合肥东北的逍遥津南岸,而孙权和一部分将士还留在北岸,于是率领步骑猛冲过去。当时孙权身边只有将士千余人,见状大惊,连忙派人去召回前面的部队,但已无法追上。在慌乱中,陈武被杀,宋谦、徐盛败走。吕蒙、蒋钦、凌统、甘宁、潘璋等人拼死抵抗。凌统率领亲兵三百人杀出重围,保护孙权来到桥边。桥南一块一丈多长的木板已被拆掉。孙权猛抽战马,战马纵身一跃到了南岸。贺齐率领三千人在桥南接应,孙权这才脱离了险境。凌统反身与张辽接战,掩护孙权,左右士兵全部战死,自己也受了伤,估计孙权已经脱险,这才泅水回到南岸。

事后张辽问孙权降兵:"刚才看见一个紫色胡须的将军,骑着快马,箭术很精,是谁?"

降兵回答:"是孙会稽。"孙会稽即孙权,因曾担任会稽太守,故以官职代称。张辽听了,后悔不已,说如果能够早些知道,是一定能够追上去把孙权捉住的。

曹操得知张辽大败孙权的消息,非常高兴,下令提升张辽为征东将军,同时奖赏了其他有功将士。

张辽能够大败孙权,自然得力于他的英勇善战,同时也与曹操的合理安排有关。在敌众我寡、又无外援的情况下,主动进攻固然力所难及,单纯防守也是很难达到目的的。曹操巧妙地将两者结合起来,而进攻又选择在敌人立足未稳之时,这样就可以出敌不意,攻其不备,从而收到以少胜多的奇效,挫败敌人锐气,鼓舞己方军心。之后再转入防守,就比较容易达到目的了。

这一决策为什么不事先让众人知道呢?看来曹操考虑到了张辽、李典和乐进之间平时不大和睦的问题。如果事先让他们知道这一决策,因意见不统一,关键时刻就很难取得行动的统一。临敌时再把手令拆开,在大敌当前的情况下,共同利益陡然间变得比什么时候都更为重要,就有可能消解矛盾,同仇敌忾,团结对敌。这也算是一种"出奇制胜"吧。从分工来说,张辽、李典都是善攻的猛将,故让他们出战;乐进比较持重,故让他守城;而薛悌是地方官,只要完成了监督作战的任务即可,故不让他参加战斗。曹操对张、李、乐三位将领的作战能力、用兵特点及性格修养了如指掌,并能各用其长,使各显其能,这对保证战斗的胜利也起了不可忽视的作用。

建安二十一年(216)二月,曹操在攻占汉中后回到邺城。十月开始训练军队,亲自鸣锣击鼓以指挥进退,准备再次南征孙权。不久率军出发,十一月到达谯县。接着南进,到达合肥时,特地巡视了张辽打败孙权的地方,赞赏叹息了好一阵子。然后,给张辽增加兵员,让他跟随自己一同南进。

次年正月,曹操进军至居巢。二月,又进驻居巢东面的郝溪,对濡须展开攻击。孙权在濡须口筑城拒守,以吕蒙为都督,在城上设置了强弩万张,乘曹军前锋扎营未稳之时展开反击,取得小胜。接着,曹操亲率大军逼攻,孙权见曹军来势汹汹,难以抵挡,只得暂时后撤。

不久,孙权派都督徐详前来求见曹操,表示希望罢战请和。曹操因军中发生疾疫,也无意再战,于是顺水推舟,同意休战,并表示要继续同孙氏通婚,巩固双方的和好关系。

三月,曹操率军北还。行前,留下伏波将军夏侯惇都督曹仁、张辽、臧霸等二十六军驻守居巢。从此,合肥南面有了一道坚固的屏障。同时,对有功将士进行了赏赐。因夏侯惇每次总把所得赏赐全部分给部属,这次专门赏给他一支歌舞乐队和一些歌女舞女,下令说:

  魏绛以和戎之功,犹受金石之乐,况将军乎!(《赐夏侯惇伎乐名倡令》)

魏绛是春秋时晋国大夫,因建议晋悼公同北方少数民族连和,不仅使晋国免除了后顾之忧,还得到了北方少数民族的支持,从而得以称霸诸侯。晋悼公为表彰魏绛的功劳,特地赐给他一支歌舞乐队。曹操认为,夏侯惇的功劳比魏绛还大,因而更有资格得到这一赏赐。

曹操回师后,孙权留下平虏将军周泰驻守濡须,双方在这一带又形成了相持的格局。

第十五章　平定关陇

一　师出有名

　　曹操在赤壁战败、遭受严重挫折之后，头脑清醒了过来。他认识到，自己暂时还不具备吞并孙权、刘备的条件，在后方尚欠巩固、经济军事实力不占据明显优势、还须进一步争取民心、提高士气的情况下，不仅采取大规模的军事进攻行动不现实，就是孤军突前防守也是靠不住的。因此，他主动放弃了江陵，退守襄樊，在西起襄樊东至合肥一线对刘备、孙权采取了全面防御的态势，有时虽在局部有所进攻，其目的还是为了更好地进行防御。在此同时，他致力于整饬内部，增强实力，巩固后方。作为巩固后方战略方针的重要一环，平定关陇，然后寻机夺取汉中、进图巴蜀就自然地提上了议事日程。

　　夺取关中是实施这个计划的第一步。当时关中还处在割据分裂的状态中，其中最大的割据势力是马超和韩遂。马超字孟起，扶风茂陵人，马腾之子。韩遂字文约，金城人。灵帝末年，马腾同边章、韩遂在凉州起兵反抗朝廷。初平三年（192），马腾、韩遂表示归附朝廷，带兵到长安勤王，献帝封马腾为征西将军，驻郿，封韩遂为镇西将军，回驻金城。后马腾想发兵偷袭长安，杀李傕等，事泄败走，退回凉州。曹操迎献帝都许后，对马腾、韩遂采取笼络、争取和利用的策略，并尽力在关中安插自己势力，扩大自己影响，控制关中局势。官渡之战前，曹操为了集中精力对付袁绍，派治书侍御史卫觊镇抚关中，又以司隶校尉钟繇督率关中诸军，结果不仅使关中诸军在官渡之战中保持了中立，还通过钟繇从关中得到了二千匹马的支援。袁绍死后，袁尚派高干、郭援与匈奴南单于联合向河东发展势力，曹操又通过议郎张既说动马腾，让他派马超率兵万余人支援钟繇，从而打败了郭援，迫降了南单于。后来马腾与韩遂不和，曹操又派钟繇和凉州刺史韦端前去和解，封马腾为前将军、槐里侯，让他屯驻槐里。建安十三年（208）曹操南征荆州前，为免除后顾之忧，又表举马腾为卫尉，到朝廷做官，并将其家属迁到邺城，而以马超为偏将军，封都亭侯，留在关中统领马腾的部众。曹操挟天子以令诸侯，名义上代表朝廷，因此马腾、韩遂在表面上表示服从，但内里不服，各怀异心，曹操对此十分清楚。马超骁勇，拥兵关中，更使曹操寝食难安。因此，曹操早就有了除去这个心腹之患的想法。

要夺取关中，最好能拆散马超同韩遂之间的同盟关系，为此曹操采取了争取韩遂、孤立马超的策略。建安十六年（211）冬，韩遂派其心腹部将阎行到邺城，曹操不仅予以热情接待，还表荐阎行为犍为太守。阎行西返时，曹操又让他给韩遂带去一道手令，说：

  谢文约：卿始起兵时，自有所逼，我所具明也。当早来，共匡辅国朝。（《与韩遂教》）

"谢"，即"告"的意思。"起兵"，指灵帝末年起兵反抗朝廷之事。曹操表示,他完全了解韩遂当初起兵反叛朝廷是受人逼迫的,希望打消顾虑,早日前来辅佐朝廷。实际是想不费一兵一卒,将韩遂弄到朝中控制起来。阎行受到曹操礼遇,回去后替曹操说话,劝韩遂说:"将军起兵三十多年来,军民都被弄得十分疲惫,占领的地盘又很狭窄,我认为还是早些归附朝廷为好。我在邺城时,已表示要将我的老父送到京城去,希望将军也能把一个儿子送去,以表示自己的诚意。"

韩遂犹豫不决,表示要再等几年再说。但后来还是把他的儿子同阎行的父母一起送到许都去了。曹操的分化瓦解工作收到了一定成效。

由于马超等人在名义上还是服从朝廷节制、并接受了朝廷封官的,因此如果贸然加以攻击,便会显得师出无名,在舆论上给自己带来不利,但曹操却从钟繇的一个建议中找到了办法。钟繇请曹操给他三千兵,以讨伐汉中张鲁为名进入关中,这样就可以达到从马超、韩遂那里胁迫到更多人质的目的。曹操让荀彧去征求卫觊的意见,卫觊说:"西边诸将,都没有进取天下的雄心壮志,只图苟安目前而已。现在国家给他们厚加爵号,他们的目的已经达到,没有大的变故,不用担心他们叛乱。如果把部队开进关中,说是讨张鲁,而张鲁远在汉中,深山阻隔,道路不通,关中诸将必然疑心是来图谋自己,一旦受到惊动,那里地形险要,人多势众,局面就不好收拾了。"

曹操认为卫觊说得有道理,但他并没有采纳卫觊的意见,而是从中找到了出兵关中的最好办法,加紧了出兵关中的准备工作。

值得注意的是,史籍对这次军事行动的记载大体上都说的是"讨张鲁"。如《三国志·魏书·武帝纪》说:"张鲁据汉中,三月,遣钟繇讨之。"同书《高柔传》说:"太祖欲遣钟繇等讨张鲁,柔谏,以为今猥遣大兵,西有韩遂、马超,谓为己举,将相扇动作逆,宜先招集三辅,三辅苟平,汉中可传檄而定也。"《资治通鉴》献帝建安十六年也说:"三月,操遣司隶校尉钟繇讨张鲁。"为什么都没有说是"征汉中"呢?这大概有两种可能:一是这次出征打的旗号本来就是讨张鲁,其真实意图是被掩盖起来了的,外人只知道是讨张鲁,内部除极少数人外,也以为真的是要讨张鲁,后世也就相沿此说。二是曹操心中或也有某种侥幸的考虑,就是大军经过关中时,如果马超、韩遂等人并无意外动作,那就真的去讨张鲁。不过,这种可能性不大,因为卫觊、高柔等人都认为这样做会激起关中诸将的反叛,曹操实际上也是同意这种看法的,他之所以仍坚持要这样做,目的只能是一个:借讨张鲁为名,激起关中诸将反叛,然后再名正言顺地加以讨伐,将关中完全掌控到自己手里。也就是说,卫觊、高柔所担心的正是曹操所希望的,如果关中诸将不反叛,他反而达不到目的了。

建安十六年(211)正月,太原人商曜等占据大陵发动叛乱,曹操派夏侯渊、徐晃前去镇压,攻下据点二十多个,杀死了商曜,平定了叛乱。三月,曹操正式派钟繇率师出征,同时派夏侯渊等人从河东郡出兵,前去同钟繇会合。

关中诸将得知钟繇统率大军从洛阳向关中推进的消息,果然怀疑是来袭击自己,纷纷举兵反叛。当时韩遂正出兵西讨张猛,大营只有阎行留守。马超积极出面组织、串连,考虑到韩遂年纪大,资格老,便推举韩遂为都督。韩遂回师后,马超对他说:"以前司隶校尉钟繇让我谋害将军,我没有照办,可见关东人是信不过的。我父亲在朝中被他们控制着,我现在只好抛弃父亲而以将军为父。希望将军也抛弃亲生儿子,而把我当做你的儿子!"要求韩遂不要以在朝中做人质的儿子为念,毅然举兵反叛。阎行则千方百计劝阻韩遂,要他不要同马超搅和在一起。韩遂却说:"现在诸将不谋而合,都起来反抗朝廷,这好像是天意。"因此不听阎行劝阻,同马超共同举起了反叛的大旗。他们联络了侯选、程银、李堪、张横、梁兴、成宜、马玩、杨秋等人,一共十部人马,兵力十万左右,开赴潼关,建营列阵,阻挡曹军开进关中。

曹操得到报告,即命曹仁为安西将军,派他前往潼关督率诸军。行前对曹仁说:"关西兵精锐强悍,你们要坚守壁垒,不要同敌人正面交锋。"

接着,命五官中郎将曹丕留守邺城,以奋武将军程昱参谋曹丕军事,命门下督徐宣为左护军,留统诸军,命国渊为丞相府长史,留统府事。一切安排就绪,自己于七月亲临前线,指挥战斗。

二 巧渡河渭

八月,曹操抵达潼关,调集大军,与韩遂等人隔着潼关对峙。不少人建议曹操说:"关西兵战斗力强,习惯于用长矛作战,非精选前锋不可,否则不好对付。"

曹操听了,胸有成竹地回答说:"作战的主动权掌握在我手里,不在关西兵手里。他们虽然善于使用长矛,但我会让他们发挥不出这个长处来。你们就等着瞧吧!"

曹操一面摆出要在潼关同关西联军决战的架势,一面考虑着如何渡过黄河,迂回到侧翼对敌展开攻击。在这之前,曹操曾派徐晃驻兵汾阴,抚定河东,以保证西征的顺利进行。这时他把徐晃召来,征询渡河的意见。徐晃明白了曹操的意图,回答说:"主公将兵力云集此地,敌人也全部到此防守,不分兵去防守蒲阪,可见他们是没有什么谋略的。请主公给我一部分精兵,让我渡过蒲阪津,到河对岸去建立一个据点,从侧面袭击敌人,准可以把敌人打败!"

蒲阪津是位于蒲阪县西的一个黄河渡口,在潼关北面。如果从蒲阪津渡过黄河,再南向渭水,便可对潼关之敌展开侧翼攻击。曹操听了徐晃的建议,觉得同自己考虑的方案不谋而合,不禁非常高兴。于是,曹操派徐晃、朱灵率精兵四千,在夜间从蒲阪渡过黄河,在黄河西岸扎下营寨。

曹操走的这一着棋,并没有瞒过关西联军的所有人。马超对此即有所预料,并曾建议韩遂说:"我们应在渭水以北分兵拒守曹军,使其不能渡河。这样,用不了二十天,河东的粮食就会供应不上,曹操就会主动撤军。"

韩遂大体同意马超的方案,但对马超的方案做了一点补充:"可以让他们渡河,等他们渡到一半时,我们再突然发起攻击,让他们进退不得,岂不更好?"

但徐晃、朱灵行动迅速,抢在关西联军布防之前渡过了黄河。到西岸后,正在建立营寨时,梁兴乘夜带着步骑五千赶来,徐晃早有防备,立即率军将梁兴击溃。

曹操得知马超的建议后,十分震惊,心想这个建议如果付诸实施,那结果不堪设想,于是不禁长叹了一声:"马儿不死,我就死无葬身之地了!"

闰八月,曹操亲自指挥在潼关的大军北渡黄河,前去与徐晃、朱灵会合。曹操让大队人马先过,自己留下卫士百余人在南岸断后。大队人马刚渡过河去,马超突然率领步骑万余人追上来。喊杀之声震动原野,箭如飞蝗般射来,曹操却还在椅子上端坐不动。许褚、张郃见情势危急,赶紧上前将曹操拉上了木船。马超在后面紧追不舍,曹兵争先恐后朝木船涌来,木船超重,眼看有倾覆的危险,许褚情急,一面拔出宝剑,斩杀那些拼命往船上攀爬的人,一面用左手举起马鞍,遮挡飞来的箭矢,保护曹操。恰在这时,船工被流箭射中,倒下死去,许褚赶紧用右手当桨,划起船来。船勉强离开岸边,驶向河心。

校尉丁斐还在南岸,见关西军对曹操仍紧追不舍,便故意将曹军仍留在南岸的牛马放跑,以转移敌人的目标。关西军果然中计,四散追赶牛马,大大减轻了对曹操的压力。但仍有部分骑兵沿着河岸追赶,拼命朝木船放箭。木船往下斜漂了四五里,总算靠上了对岸。

已经过河的诸将见对岸曹军被马超冲散,曹操不知下落,都十分恐慌。等到见了曹操,无不又悲又喜,有的激动得流出了眼泪。曹操倒很镇静,大笑着说:"今天差一点被小贼困住了。"

曹操到达河西后,迅速占据有利地形,沿河向南用大车和木头围成一条甬道,将粮食和辎重源源不断地运往渭水北岸,准备南渡渭水。这样一来,进一步掌握了战场的主动权,打乱了韩遂、马超既定的阻击计划,迫使他们放弃潼关天险,把防线退缩到渭水南岸的渭口。

曹操继续指挥部队朝渭水移动,在多处设置疑兵,迷惑敌人,然后暗中以舟船载兵进抵渭水,并在渭水上搭好了浮桥。到了夜间,出敌不意,分兵渡过渭水,在南岸建起了营寨,并在营寨周围布下伏兵。马超得到报告,连夜率兵前来偷袭,被曹操的伏兵打得大败。

战斗开始以来,马超一直被曹操牵着鼻子走,处处被动,自知不是曹操对手,于是派使者前来求见曹操,要求割让黄河以西的土地讲和。曹操心里明白,如果同意讲和,关西割据势力的实力就将得到保存,关西大片土地仍将被割据势力控制,这次西征的心血岂不白费了?关中一日不平,隐患就一日不除,进图汉中、巴蜀的计划也就将成为泡影。因此,曹操几乎是不加思索,就拒绝了马超的请求。

曹操继续指挥大军陆续南渡渭水。马超拼命抵抗,曹军每渡过去一部分,他就派来骑兵冲突,以致无法建立营寨。南岸地又多沙,难以挖掘壕堑。没有营垒,就站不住脚跟,北岸的曹军也难以继续南渡,曹操很为此事犯愁。谋士娄圭想出一个办法,对曹操说:"这两天天气寒冷,可在南岸垒沙为墙,用水浇灌,一夜之间就可以冻住,这就成了坚固的堡垒了。"

曹操听了,依计而行,命士兵用细绢制作了许多口袋,用来运水。又连夜派兵渡过河去,垒起沙墙,浇上水,天明时果然都冻上了。有了坚固的营垒,曹军在南岸站稳了脚跟。

九月间,曹军全部渡过渭水,与关西联军形成了新的对峙。

三 渭南大捷

曹军全部渡过渭水后,曹操采取了稳住阵脚、避免盲目出战的策略。马超多次前来挑战,曹操都置之不理。

马超沉不住气了,又派使者前来求见曹操,坚持要求割地求和,并愿把自己的儿子送给曹操做人质。贾诩建议曹操,这一次不妨假意答应。曹操问具体有什么办法。贾诩说:"离间他们就行了。"曹操顿时明白了贾诩的用意,于是依计而行。

双方约定在阵前会面,具体商谈有关事宜。韩遂代表联军出马同曹操交谈。曹操与韩遂的父亲同一年举孝廉,又与韩遂年岁相当,辈分相等,两人算是老相识了。曹操有意利用这层关系,同韩遂套近乎。两人在阵前并马交谈多时。曹操只谈过去在京都洛阳时那些老相识、老朋友的事情,闭口不提双方交战之事,韩遂有时想提,曹操也故意岔开。谈到高兴处,两人又是拍手,又是大笑,显得异常亲热。

韩遂回去后，马超等人问他："曹操都说了些什么？"韩遂觉得同曹操只是叙了旧，并没有谈及军事，于是回答："没有说什么。"这一下，立即引起了马超等人的疑心。

不久，曹操又约韩遂、马超在阵前会面。诸将对曹操说："主公同敌将在阵前交谈，不应大意，可放些木行马在前面，以防备万一。"木行马是用木头交叉成栏杆似的障碍物，用来阻挡对方前进。曹操听了，吩咐照办。同时，挑选了铁骑五千，分成十队，在阵后排列齐整。

双方见面后，曹操仍对韩遂表现得特别亲热。看到阎行站在韩遂身后，曹操又对他说了一句："你应当想一想如何做一个孝子啊！"提醒阎行其父母还在许都做人质，为了父母的安全，他不应当再在叛逆的路上走下去。

当曹操在阵前出现时，关西诸将都不由得在马上行起礼来。联军中的关中人和胡人都想一瞻大名鼎鼎的曹丞相的风采，纷纷拥上前来。曹操见状，笑着对他们说："你们想看一看曹公吗？他还不是同你们一样，并没有四只眼睛、两张嘴巴，只不过智慧多点罢了！"

这么一说，拥上前来观看的人更多了。众人看见曹操背后铁骑五千，队伍严整，威风凛凛，精光耀日，又都不觉感到不寒而栗。

这时马超心里却打着另一个算盘。他见曹操身边只带了一个卫士，自恃颇有勇力，想猛地冲上前去把曹操抓住。但他听说许褚是曹操的侍卫，而许褚的勇猛他也早有耳闻，怀疑曹操身边的这个人就是许褚，于是向曹操发问道："您身边有一个叫虎侯的人在哪儿？"

虎侯，即许褚，因许褚力如虎而痴，故军中的人都叫他虎痴。曹操听了，往旁边的许褚看了看，表示这就是虎侯。这时许褚正把眼睛瞪得溜圆，紧盯着马超的一举一动。马超知道无隙可乘，只得打消刚才的想法。

几天后,曹操派人给韩遂送去一封信,信写好后又故意在上面做了些涂改,好像是韩遂改动过似的。马超等人看过信,对韩遂更加怀疑了。

曹操见离间关西诸将的计谋已经收到成效,于是限定日期与之会战。马超、韩遂无奈,只得应战。会战那天,曹操先以轻兵发起进攻,双方激战一阵后,才命骑兵突然从两翼冲出,对关西联军形成夹击之势。关西联军因互相猜忌,不能同心协力,加之曹操在战术上做了出人意料的安排,很快被打得大败。成宜、李堪等人被杀,韩遂、马超等人逃奔凉州,杨秋逃奔安定,梁兴退保鄠城。曹操乘胜扩大战果,一举攻占了关中的大部分地区。

渭南战役是曹操在赤壁战后所取得的最大的一次胜利,战斗结束后诸将无不兴高采烈。回顾数月来的战斗,有的将领对曹操的一些部署还不理解,不由得发问道:"战斗开始时敌人把守潼关,渭水北岸防守空虚,我军不从河东渡河西击冯翊,却将兵力集中到潼关,过了些日子才北渡黄河,这是为什么呢?"

曹操兴致很高,于是滔滔不绝地说了起来:"敌人把守潼关,渭北防守虽然空虚,但如果我们出兵河东,敌人必然引兵把守黄河边上的各个渡口,我们要渡过河去那就困难了。所以,我故意把兵力集中在潼关,把敌人的兵力都吸引到这里来,黄河西岸的防守就空虚了。这样,徐晃、朱灵二将就轻易地攻占了黄河西岸。由于有了徐、朱二将的牵制,敌人无法在河西拦击,我军得以顺利北渡黄河。接着,我军又以兵车相连,立木为栅,做了一条甬道,把兵员向南推进。这样做既造成了敌方无法攻击的条件,又故意示弱于敌人。渡过渭水后,我们修筑了坚固的堡垒,敌人挑战,我们不出去应战,是为了使敌人产生骄傲轻敌的心理。可笑的是,敌人不去修筑营垒,却来要求割地讲和。我答应他们求和的要求,目的是为了使他们放松戒备,我们的士兵也可以乘机养精蓄锐。最后,时机来到,我军集中力量展开攻击,就产生了所谓'疾雷不及掩耳'的效果。用兵之道千变万化,是不能够墨守成规的!"

诸将听了,无不点头称是。此外,战事初起时,关中诸将每开到一部,曹操就显得喜形于色,诸将对这一点也不理解。曹操解释说:"关中地域辽阔,如果敌人各自凭险据守,我们要一个一个地去收拾他们,没有一两年的工夫是不行的。现在他们自动集中到一块儿来了,人数虽多,却是一盘散沙,没有一个统一的指挥,我们一举便可以把他们消灭,这比一个一个地去收拾他们容易多了,我怎么会不高兴呢?"

诸将听了,更加叹服。的确,曹操不仅是从战役的角度考虑问题,而且从战略的角度考虑到了消灭关中全部敌人以占有整个关中地区的问题,眼光是相当深远的。

曹操卓越的军事指挥才能,也在这一次战役中得到了充分的展示。他知己知彼,善于发挥己之所长,攻敌之短,使敌人的优势和长处发挥不出来。正面牵制、侧面迂回、分化瓦解等战术无不运用得相当成功,从而处处陷敌于被动,将战斗的主动权自始至终牢牢地掌握在自己手里。胸有成竹,镇定自若,充满必胜信心,这种精神状态和性格修养对保证战斗的胜利也起了一定作用。(当然,北渡黄河时只留下许褚等百余人同自己一起在南岸断后,陷入极端危险的境地,带有麻痹轻敌的成分,则是不可取的。诸葛亮后来在《后出师表》中说曹操"殆死潼关",《三国志·魏书·许褚传》说"是日,微褚几危",都指出了当时极可能出现的严重后果。)这些都表明,经过官渡、赤壁等大战考验的曹操,积累了丰富的战争经验,指挥艺术更加成熟了。

当然,曹操所面对的不是像孙权、刘备那样的强劲对手,这也是他能够得心应手地摆布敌人、比较容易地战胜敌人的一个重要原因。关西联军人数虽不算少,士兵的战斗力也并不弱,但缺乏统一领导、统一指挥,不能协调行动,团结对敌。加之曹操施行离间之计,导致互相猜疑,更影响了战斗力。马超其人,勇力有余,智谋不足,韩遂等人则更是等而下之。作为一个高级军事指挥员,其智谋比起勇力来是更为重要的东西,诚如克劳塞维茨在其《战争论》中所指出的:"指挥官的职位越高,智力、理解力和认识力在他的活动中就越起主导作用。"即使是在古代战争中,高级军事指挥员也必须善于运筹帷幄,光凭勇力是不可能在战争中取胜的。还必须指出的是,不仅马超等人自身缺乏谋略,他们身边也没有像样的谋士相助,这同孙权、刘备身边都有一个"智囊团"的情形也形成了鲜明对比。因此,他们在决战中自不免要常常被曹操算计,其失败也就是必然的了。

建安十年(205)经荀彧推荐被任命为河东太守的杜畿对保证这次战斗的胜利发挥了重要的作用。这次西征军粮就近由河东负责供应,河东不仅满足了战斗的需要,而且在战斗结束后还剩下粮食二十多万斛。曹操对此非常赞赏,特地下令给杜畿增加俸禄:

> 河东太守杜畿,孔子所谓:"禹,吾无间然矣。"增秩中二千石。(《下令增杜畿秩》)

"禹,吾无间然矣"出自《论语·泰伯》,意思是"对于禹,我没有什么可挑剔的了"。"增秩中二千石",即使俸禄从太守本来的俸禄标准二千石(实际是一百二十石)增加为中二千石(实际是一百八十石)。杜畿的俸禄一下子增加了二分之一,达到了九卿的待遇标准,表明了曹操对杜畿政绩和功劳的充分肯定。

四 陇上破马超

曹操打败关西联军后,率军进入长安。十月,北上征讨逃往安定的杨秋,将安定城团团围住。杨秋自知不是对手,开城投降。曹操鉴于大局已定,对杨秋采取了安抚利用的策略,恢复了他原来的爵位,让他仍然留守安定。

曹操本来打算继续西进,追击马超和韩遂,不料这时在河间爆发了以田银、苏伯为首的农民起义,波及幽、冀二州。曹操唯恐后方有失,于十二月间从安定回到长安。曹操留下夏侯渊镇守长安,任命张既为京兆尹,同时留下徐奕为丞相长史,镇抚长安,自己率领部队东归。

建安十七年(212)正月,曹操回到邺城。这时,田银、苏伯的起义已被留守邺城的曹丕派将军贾信镇压下去。一千余义军战士被迫投降,有人提出,根据军法,被包围后才来投降的人应通通杀掉。程昱不同意,认为现在形势已经发生了变化,天下已大体安定下来,不能再搬用以前的法律。曹操得知这一情况,很赞赏程昱的做法,对程昱说:"你不仅精通军事,而且还很善于在我们父子之间处事啊!"

以往上报战果,往往把消灭的敌人一个说成十个,而这次国渊却是如实上报。曹操问为什么要这样做,国渊说:"征讨外敌,多报战果是为了显示军威,扩大影响。河间在我们管辖地域内,田银等人叛乱,虽然我们打了胜仗,但我内心还是感到羞耻。"

言外之意,是说自己的工作没有做好,以致造成了叛乱,家丑不可外扬。曹操听了，也表示赞赏。

曹操刚刚安顿下来，就以献帝的名义处死了马腾及其在邺城的亲属，同时处死了韩遂的子孙。考虑到阎行曾经劝阻韩遂叛乱，同时也为了进一步争取阎行，对其父母只做了关进监狱的处理。

这年七月，派夏侯渊消灭了马超盘踞在蓝田一带的势力。梁兴败逃后，在冯翊一带聚众侵扰，太守郑浑发动群众，严密防守，同时进行招抚，敌人渐渐离散瓦解。梁兴害怕了，退保鄜城，曹操派夏侯渊带兵前往，协助郑浑讨伐，攻破鄜城，杀了梁兴。

马超逃回凉州后，重新同居住在这一带的少数民族羌、胡等部纠结一起。曹操从安定撤军时，凉州刺史韦康的参军杨阜曾建议说："马超像韩信、英布那样英勇，在羌、胡等部享有很高威望。大军撤回后如果不好好防守，陇上诸郡恐怕就将不属于国家了！"

曹操认为杨阜说得很有道理，但仓猝之间并未做出认真安排。

这年秋，马超果然依靠羌族的力量再次起兵叛乱，兴国氏王阿贵、白项氏王千万各率部众万余起兵响应。马超率众进击陇上郡县，这些郡县纷纷归附，唯凉州及汉阳郡的治所冀城仍坚守不动。马超率领陇右之众，汉中张鲁又派来大将杨昂相助，共有精兵万余人攻打冀城。城中守兵不多，杨阜将城中士人及宗族子弟中凡能打仗的都组织起来，共得一千余人，在城上构筑工事，顽强拒守。

从建安十八年（213）正月起，城中军民一直坚守待援，但直到八月，仍不见救兵的踪影。刺史韦康派别驾阎温出城向夏侯渊求救。城外敌兵包围了一层又一层，阎温只得乘着夜色掩护潜水出城。天亮后，马超发现了踪迹，立即追赶，把阎温捉住。马超想利用阎温，让他向城中喊话，说援军来不了，企图瓦解守军士气。阎温假装答应，到了城下，突然高喊："夏侯将军的大军要不了三天就开到了，大家鼓劲啊！"

城中守军都感动得流下泪来，高呼万岁。马超气极，但因城池久攻不下，还想利用阎温，希望阎温回心转意。一天马超问阎温："你城中的熟人，有没有想要帮我忙的？"

阎温拒绝回答。马超无法，只得将阎温杀死。

阎温被杀后，刺史韦康和太守见求救无望，产生了开城出降的想法。杨阜流着眼泪苦劝，不听。马超进城后，韦康和太守立即被杀，马超自称征西将军，兼并州牧，督凉州军事。

曹操于头年十月率军南征孙权，直到这年四月才回到邺城。得到马超攻打冀城的消息，便命夏侯渊前去救援。夏侯渊还没有到达，冀城已经失守。马超率军到离冀城二百多里的地方迎战，夏侯渊接战失利，加上此时传来汧县氐人造反的消息，只得率军返回了长安。

仍在冀城的杨阜一心要反马超，只是一时没有机会。不久，杨阜妻死，杨阜乘机以料理丧事为名向马超告假。杨阜表兄抚夷将军姜叙这时正驻守历城，杨阜于是前往历城，向姜叙及其母亲谈了冀城中的情况和自己准备再反马超的打算。在姜叙母亲的支持下，两人决定串连姜隐、赵昂、尹奉、姚琼、孔信、李俊、王灵等人，一同起兵讨伐马超，并派人秘密通知了冀城中的梁宽、赵衢、庞恭等人。一切准备就绪，九月间杨阜同姜叙率兵进驻西县，正式举起了讨伐马超的大旗。

马超在冀城听到消息，大怒，赵衢等人乘机劝马超亲自带兵出击。马超出城后，赵衢、梁宽即下令将城门关闭，将马超的妻室儿女全部杀死。马超攻打西县，杨阜、姜叙拼死抵抗，杨阜身上受伤五处，宗族兄弟有七人战死，仍奋战不止，终于将马超打败。

马超进退无路，转而攻打历城。历城守军风闻马超已败走汉中，以为是姜叙率军归来，毫无防备，竟让马超轻易地进了城。马超进城后，捉住姜叙母亲，姜母怒骂马超，马超恼羞成怒，杀死姜母及其儿子，放火烧了城池，逃往汉中。

建安十九年(214)春，马超从张鲁处借了一些兵力，反攻凉州，包围了祁山。姜叙等人急忙向夏侯渊求救。诸将商议，认为应等待曹操的命令。夏侯渊大概是吸取了上次冀城失守的教训，不同意这样做，说："曹公在邺城，往返有四千里路程，等得到曹公的指示，姜叙肯定早已被打败了，这不是救急的办法！"

于是立即率军出发，让张郃率领步骑五千人为前锋，从陈仓狭谷进军，夏侯渊亲自在后督运军粮。张郃来到渭水边，马超率数千氐人、羌人前来迎击。双方还未交战，马超料定难以取胜，就抽身逃走，辎重器械全被张郃缴获。夏侯渊赶到时，各县均已归降。

马超投奔张鲁后，觉得难与张鲁长期共事，又遭张鲁左右的谮毁，内心常常不快，不久便到成都投归了刘备，后来死在蜀国。

打败马超后，曹操大封功臣，有十一人被封侯，其中杨阜被赐爵关内侯。杨阜上书辞让，曹操给他写了一封信，劝阻说：

> 君与群贤共建大功，西土之人，以为美谈。子贡辞赏，仲尼谓之止善，君其剖心以顺国命。姜叙之母，劝叙早发，明智乃尔，虽杨敞之妻，盖不过此，贤哉贤哉！良史纪录，必不坠于地矣。(《杨阜让爵报》)

"止善"，谓阻止别人做好事。《说苑》载，鲁国法令规定，鲁国人从诸侯国赎回奴隶，可以到政府把赎钱领回。孔子的弟子子贡从诸侯国赎回奴隶，却不要报酬。孔子知道了这件事，就说："子贡是不对的，以后鲁国人就不会再赎回奴隶了。"杨敞之妻，为西汉司马迁的女儿，嫁给杨敞。大将军霍光谋废昌邑王，派大司农田延年通知杨敞，杨敞不知所措，其妻代他向田延年作了坚决奉行大将军号令的表示。曹操要杨阜诚心诚意地服从国家命令，接受封爵，不要学子贡；对姜叙母亲的胆识气节也做了高度评价，并表示这些事情都会被史官记录，传之久远。杨阜读了回信，也就不再推让。

这期间，平虏将军刘勋因犯法被处死，抄家时搜出一封河东太守杜畿的信。刘勋原被曹操宠信，贵震朝廷。他向杜畿索取河东特产大枣，杜畿回信托故拒绝。曹操得知这事后，对杜畿不媚权贵的做法大为赞赏，说："杜畿可称得上是'不媚于灶'的人了。"

"不媚于灶"语出《论语·八佾》："与其媚于奥，宁媚于灶。"意思是与其巴结屋里西南角的神，不如巴结灶神爷，比喻巴结权势。曹操特地为此发文到各州郡通报表扬：

昔仲尼之于颜子，每言不能不叹，既情爱发中，又宜率马以骥。今吾亦冀众人仰高山，慕景行也。(《下州郡》)

"仰高山，慕景行"语出《诗经·小雅·车辖》："高山仰止，景行行止。"意思是对有德的人要像对高山一样仰慕，对行为高尚的人应当效法。曹操说，以前孔子每谈到他的学生颜回就不能不赞美，这喜爱的感情是发自内心的，因为他就像在马群中找到了一匹领头的好马。言外之意是，杜畿也是在众人中挑出来的贤人，可以作为大家的表率，希望大家好好向他学习。

建安十八年(213)十一月，曹操任命杜畿为魏国尚书。但关中平定后，还有个如何巩固的问题，进取汉中的军事行动也即将提上日程，河东的地位和作用仍不可忽视。曹操于是决定仍由杜畿留镇河东，并专门为此下了一道手令：

>昔萧何定关中,寇恂平河内,卿有其功。间将授卿以纳言之职,顾念河东,吾股肱郡,充实之所,足以制天下,故且烦卿卧镇之。(《以杜畿为尚书仍镇河东令》)

"纳言",为古代负责传达天子命令的官名,后以称尚书。"卧镇",谓借重杜畿的威望来镇守。西汉武帝时汲黯任东海太守,经常病卧室内,但该郡却治理得很好。后召他为淮阳太守,他以病辞,武帝说:"我只想借重你的威望,让你躺着治理淮阳。"曹操认为杜畿建有萧何安定关中、寇恂平定河内那样的功劳,因此要把像大腿胳膊那样重要、富足殷实、凭借它足可制服天下的河东郡交给他继续治理。杜畿没有辜负曹操的厚望,后来曹操征汉中时,杜畿派遣五千人运送军粮,由于工作做得细致,运粮的人互相勉励说:"人生有一死,不可负我府君。"竟没有一人逃亡,圆满地完成了支援前线的任务。

五 捣平"国中之国"

渭南大捷后,韩遂率其部众阎行等逃往金城。曹操为了进一步争取阎行,只将其父亲关进监牢,没有处死,然后派人给阎行送去一封信,信中说:

>观文约所为,使人笑来。吾前后与之书,无所不说,如此何可复忍!卿父谏议,自平安也。虽然,牢狱之中,非养亲之处,且又官家亦不能久为人养老也。(《手书与阎行》)

从"吾前后与之书"一句看来,曹操为争取韩遂(字文约)还是颇费了一番心思的，但终究未能达到目的。"谏议"，指阎行的父亲阎纪，入狱前在朝任谏议大夫。曹操把阎行同韩遂区别开来，但同时也委婉地警告了阎行，要他尽快摆脱韩遂控制，归附朝廷。

韩遂听说阎行的父亲独没被处死，企图促使曹操将其处死，使阎行死心塌地追随自己，于是强迫阎行娶自己的小女为妻，阎行一时无法拒绝，只得照办。这一来果然引起了曹操的疑心。但过不久，韩遂派阎行驻守西平郡，阎行便率领部众，乘夜攻打韩遂，想杀死韩遂后投归曹操。阎行未能取胜，当即带着家人东奔，受到曹操厚待，被封为列侯。

此事发生后，韩遂十分伤感，叹息说："大丈夫倒了霉，连女婿都要刀兵相见了！"打算途经羌族聚居的地区南投巴蜀。部将成公英不同意这样做，说："曹公不能远来，只有夏侯渊一支部队，既无法追击我们，又无法在这里久留。我们可以驻兵羌族地区，等着他们回去。他们回去后，我们就可以召回旧部，安抚羌、胡，还是可以有所作为的。"韩遂被说动，于是留下来，同屯据兴国的氐王千万联合，率领万余羌、胡骑兵，逐渐向东发展势力。

建安十九年（214）春，夏侯渊打败从汉中率军前来的马超时，韩遂正驻军显亲。夏侯渊准备乘胜袭取，韩遂闻讯，立即逃走了。夏侯渊追到略阳，离韩遂还有二十多里时，诸将或主张立即对韩遂发起攻击，或主张先攻打兴国氐人。夏侯渊认为，韩遂的部队比较精锐，而兴国的城池又相当坚固，不容易攻克，不如先袭击长离川流域的羌人部落，这些部落的羌人有不少在韩遂军中，得知家乡被攻打的消息，必然要奔回救援，这样韩遂的兵力就单薄了。如果韩遂前往救援，就可在野战中将其消灭。战斗果然是按夏侯渊的预想进行的。曹军攻打长离后，韩遂率军前往救援，双方在旷野相遇，摆开阵势。诸将见韩遂人多，主张先构筑壕堑再与之决战，夏侯渊不同意，立即击鼓进攻,韩遂军无斗志,被打得大败,韩遂只带着少数人马逃到西平。

夏侯渊率军回到略阳,乘胜进围兴国,氐王阿贵被消灭,氐王千万逃去投奔了马超。接着,夏侯渊又率军攻打在高平的匈奴屠各部,将其击溃,缴获了大批粮谷牛马。由于连战皆捷,曹操授予夏侯渊假节的称号。为便于管理,曹操又下令撤销了安东、永阳两郡。

曹操感到同西北少数民族打交道必须持慎重态度,因此当安定太守毌丘兴赴任时,曹操特地把他找来,告诫说:"羌族如果打算同中原交往,应当让他们派人来,我们千万不要派人去。好人是难找的,如果我们派去的不是好人,他就肯定会教唆羌人提出非分的要求,以便自己从中得到好处。我们如果不答应,就会让羌人失望;但如果答应,对国家又没有好处。"

毌丘兴答应了。但他到任后并没有照办,而是擅自派遣校尉范陵到了羌人那里。范陵果然唆使羌人向朝廷提出要求,要让他来做属国都尉。曹操得知此事后,感慨地说:"我预先料定会出现这种情况,并非我是圣人,只是因为我经历过的事情比别人多罢了!"

马超、韩遂、千万在陇右的势力被平定后,陇右还有一个土皇帝,名叫宋建。三十多年前,宋建乘凉州战乱的机会,纠集一帮人在枹罕建立了一个独立王国,因居于黄河上游,自称"河首平汉王",并改元建号,设置百官。尽管宋建势力不大,影响有限,但曹操也不允许他继续存在下去,命夏侯渊乘势将其平定。夏侯渊率部从兴国出发,包围了枹罕,十月间将城攻破,杀了宋建和他所设置的百官,捣平了这个"国中之国"。同时,另派张郃平定了河关,渡过黄河进入小湟中地区,迫使河西一带的羌族纷纷投降。又派张既进攻临洮、狄道,将这些地区一一平定。

就这样,曹操前后用不到四年的时间,消灭了关西地区的割据势力,使统一北方的大业向前跨进了一大步。渭南大捷是这场战争能够取得最后胜利的关键,此后,镇守关西的夏侯渊则发挥了重要作用。为此,曹操在平定陇右后特地下了一道嘉奖令:

> 宋建造为乱逆三十余年,渊一举灭之,虎步关右,所向无前。仲尼有言:"吾与尔不如也。"(《夏侯渊平陇右令》)

"吾与尔不如也",语出《论语·公冶长》:"子曰:'弗如也;吾与女(汝)弗如也。'"原是孔子对子贡说的一句话,意思是他和子贡都不如颜回。曹操借用这句话则可能是对身边的将领说的,意思是他和身边的将领都不如夏侯渊,对夏侯渊所建立的功勋做出了高度评价。

陇右平定后,曹操任命张既为雍州刺史。当时不置凉州,从三辅直到西域,都属雍州统辖。张既是冯翊高陵人,曹操对他说:"你到本州去任职,算得是穿着锦绣衣服在大白天走路了!"意思是到本乡去做官,可以夸耀乡里了。张既在关中任职多年,情况熟悉,后来为稳定关西地区的局势发挥了重要作用。

第十六章　争夺汉中

一　一块必争之地

曹操平定关陇后,进取汉中成为他认真考虑的一个问题。汉中是益州北部的一个郡,汉水从西向东流过境内,在群山环抱中形成一个盆地,土地肥沃,物产丰富,四周地势险要,当时被张鲁以汉宁太守的名义占据着。

张鲁字公祺,沛国丰人。其祖父张陵,汉末流寓蜀中,在鹄鸣山中学道,创立了一种原始道教,因信教的人每人要出五斗米作为活动经费,故称为"五斗米道"。张陵死后,张鲁的父亲张衡继续传道。张衡死,张鲁又接下了其父的衣钵。张鲁母亲有姿色,常来往于益州牧刘焉家中,刘焉为扩展个人势力,便让张鲁担任督义司马,同别部司马张修一起率兵攻打汉中太守张固。张鲁乘机袭杀了张修,吞并了他的部众。刘焉死后,其子刘璋继任益州牧,因张鲁不肯归附,将其母亲和全家杀死,从此两家成为仇敌。刘璋多次对汉中用兵,都被张鲁打败。张鲁占据汉中,用五斗米道的教义教化百姓,自称"师君",初来学道的人叫"鬼卒",信道较深的人叫"祭酒",以祭酒统率部众,统率部众多的人叫"治头大祭酒",就这样在汉中割据称雄了将近三十年。东汉朝廷无力将其征服,只得任命张鲁为镇民中郎将,兼任汉宁郡太守,承认了他的存在。

益州地域广阔,土地肥沃,物产丰富,有"天府之国"之称。统治益州的刘璋,祖籍江夏竟陵,同当地土著地主集团有着深刻的矛盾。加之北面又有张鲁的威胁,政权并不稳固。把益州、汉中并入自己的版图,这是曹操、孙权和刘备共有的打算。赤壁战后,曹操败回北方,已不具备攻占荆州时溯江西上、袭取益州的条件,刘璋因而消除了对他的恐惧。加之赤壁战前张松到荆州求见曹操,未被礼遇,而见刘备时却受到热情接待,因此回益州后便极力怂恿刘璋同刘备结好,这样刘璋便断绝了同曹操的关系,曹操也暂时放弃了夺取益州的打算。孙权、刘备则相反,他们由于夺取了赤壁之战的胜利,实力和影响大为增强,又具备溯江西上的条件,因此迫不及待地要把进取益州的事情提上日程。建安十五年(210),周瑜从江陵专程到京口见孙权,说:"现在曹操刚刚打过败仗,正担心自己内部发生变乱,因此不可能再来同将军对垒争战。将军不妨乘此机会让我和奋威将军孙瑜一起去攻打益州,攻下益州后,再吞并张鲁,然后留下孙瑜驻守,我回来同将军攻打襄阳,进攻曹操,这样拿下北方就有希望了。"

孙权觉得这个主意不错,当即表示同意。但刘备这时做着荆州牧,占据着荆州的大片地方,要西进伐蜀不可能绕过刘备。孙权为此特地派了使者去见刘备,对他说:"张鲁占据巴汉,替曹操充当耳目,并想进取益州。刘璋缺乏威信,不能自守,如果曹操占领了蜀地,那荆州就危险了。我们打算前去攻打刘璋,打下刘璋后,再进讨张鲁,这样就可以把关、楚之地连成一片,到时即使有十个曹操,我们也不用害怕了。"

刘备打算自己独取益州，不同意孙权这么干，因此推托说："益州民众富强，地势险阻，刘璋虽然暗弱，但也足可自守。张鲁为人虚伪，未必就真对曹操那么忠心。现在远征蜀、汉，转运万里，想要取胜恐怕就是吴起、孙武也做不到。曹操虽有无君之心，但有奉主之名，现在有人以为曹操赤壁战败，就再也没有征讨远方的打算了，这是错的。曹操三分天下已有其二，正打算饮马于沧海，观兵于吴会，哪里会等着老死呢？我们盟友之间如果无缘无故地自相攻伐，就会让曹操有隙可乘，这不是一个长远的办法。"

这番话虽是托词，倒也并非全无道理。但孙权哪里听得进去，径自下达了准备伐蜀的命令。刘备见孙权一意孤行，不禁着起急来，激动地对周瑜说："你要想去攻蜀，我就要披发入山去当隐士，以表示我不失信于天下！"同时，又派关羽、张飞等人沿江驻守，不让孙权军队通过。孙权见刘备态度强硬，加之不久周瑜病死，此事只得作罢。

再说刘璋听从张松劝告，断绝同曹操的关系后，又派同张松颇有交情的法正去见刘备，企图借此加强同刘备的联系，法正同样得到了刘备的热情接待。法正回益州后，在张松面前盛赞刘备，两人于是秘密商议，要一起拥戴刘备。

建安十六年（211），曹操在进击马超、韩遂前扬言要进攻张鲁，刘璋十分恐惧。张松乘机劝刘璋请刘备入蜀击张鲁，说如果击破了张鲁，益州就会更加强大，那时即使曹操再来也无能为力了。刘璋认为有道理，于是派法正率兵四千去迎刘备。主簿黄权谏阻，刘璋不仅不听，还把他调出成都去做了广汉长。从事王累把自己倒悬在州府大门，以表示谏阻，刘璋照样不予理睬。

法正到荆州后，劝刘备立即进取益州，刘备犹疑不决。军师中郎将庞统赞成法正的意见，劝刘备说："荆州经过一场战争，土地荒残,有才能的人都走得差不多了。加之东边有孙权,北边有曹操,我们是很难在这里立足的。现在益州民户百万,地沃财富,如果能掌握在我们手里,大业就可以成功了!"

刘备想了想,回答说:"现在同我水火不相容的人是曹操。曹操为政以急,我就为政以宽;曹操为政以暴,我就为政以仁;曹操为政以诈,我就为政以忠。处处都同曹操反着来,事情才能办好。现在让我为一点小事而失信于天下,我是不干的!"

刘备骨子里是想夺取益州的,只不过担心师出无名、失去人心罢了。因此,当庞统继续说出一番道理之后,刘备也就释然,很快决定由诸葛亮、关羽留守荆州,自己领兵数万,以庞统为军师,向益州进发。

刘备沿着长江、嘉陵江西进,到达涪县,驻扎下来。刘璋从成都赶来同刘备会见,在一起饮宴了百余日,给刘备补充了不少军需,然后请刘备进击张鲁。法正、庞统劝刘备乘机杀掉刘璋,刘备认为刚刚进入益州,还没有获取人心,不能这样做。

刘璋回成都后,刘备率军北上,到达葭萌,又停下来。一年后,借口曹操要进攻孙权和荆州,自己必须回救,要求刘璋给他一万军队及粮草军资等。刘璋很不乐意,但又不能完全拒绝,于是拨给刘备士兵四千,粮草军资只给一半。刘备借机煽动部下对刘璋的不满。

在成都的张松以为刘备真要回师,急忙给在刘备军中的法正写信劝阻,不料被其兄张肃发现告发。至此刘璋完全看清了刘备的意图,一面捕杀了张松,一面下令驻守各处关隘的诸将不得再同刘备发生联系。刘备也就彻底撕下了伪装,回师攻下涪县、绵竹,包围了雒城。雒城为刘璋的儿子刘循防守,刘备攻打了将近一年才将其攻下,庞统在督众攻城时被流箭射死。刘备接着进攻成都。在这之前，刘备给在荆州的诸葛亮写信，让他火速率军西上。诸葛亮便留下关羽镇守荆州，自己带着张飞、赵云等人沿江西上，攻下沿江各县，与刘备会师成都。

刘备围攻成都数十天，到建安十九年（214）夏，刘璋出降。刘备占据益州，自任益州牧，以诸葛亮为军师将军，以法正为扬武将军、蜀郡太守，关羽、张飞、赵云、糜竺、简雍、马超、黄忠、魏延等跟随入蜀的文臣武将全都得到重用，土著人士和原刘璋手下的官员，只要诚心归附的，也都加以笼络任用，董和、黄权、李严等人还被委以重任。协调了各方面的关系，刘备在益州的统治逐步稳固下来。

刘备占据益州后，汉中的战略地位显得突出起来。汉中在地域区划上属于益州管制的范围，继续让张鲁占领，在情理上是说不过去的。更重要的是，刘备如能占有汉中，益州的安全就有了可靠的保障，而且还可以此为跳板，对关陇地区发起攻击，同曹操进一步争夺地盘。反之，如果曹操占有了汉中，关陇地区就有了可靠的保障，而益州北部则陷入无险可守的境地，为曹操进攻益州洞开了方便之门。刘备的蜀郡从事杨洪曾对诸葛亮说："汉中是益州的咽喉，存亡的关键，如果没有汉中，也就没有蜀地了。"很能代表当时一些人的看法。因此，曹、刘双方都把争夺汉中看成一件举足轻重的事情，这是势在必然的，只看谁的条件最先成熟，谁就可以最先动手了。

刘备于建安十九年（214）占领益州后，首先面临的问题是整顿内部，稳定内部，确保自己对益州核心地带的统治，暂时还无力顾及汉中。而曹操却在这年十月攻下枹罕，杀了宋建，完全实现了对关陇地区的统治，扫除了进取汉中的障碍。曹操决定抓住有利时机，亲率大军进击汉中张鲁，拿下这一块战略要地。

二 进取汉中

建安十九年(214)十二月,曹操率军至孟津。不久到达长安,积极准备进击汉中。黄门侍郎刘廙上书谏阻,说以前周文王三次讨伐崇国,都没有将其征服,后来归而修德,才降服了崇国,因此不如坚守四方险要之地,潜心治理国家,发展农业,奉行节俭,这样不要多长时间,就可以达到国富民安的目的了。曹操答复刘廙说:

非但君当知臣,臣亦当知君。今欲使吾坐行西伯之德,恐非其人也。(《报刘廙》)

批评刘廙的主张不合时宜,表达了自己不可动摇的征讨决心。曹操任命上党太守郑浑为京兆尹,驻守长安,安定百姓,转运军粮。接着,于建安二十年(215)三月亲自率军出发。

按照计划,曹操首先率军到了陈仓,准备从武都进入氐人居住的地区。忽然得到报告,氐人阻断前进的道路,曹操于是先派张郃、朱灵进击,扫清了障碍。夏侯渊率领凉州诸将及侯王等前来同曹操会师,一同南进。

四月,曹操从陈仓出发,来到大散关。大散关在今陕西宝鸡市西南的大散岭上,山势高峻,形势险要。曹操在这里写下了《秋胡行》诗二首,第一首的第一解写道:

晨上散关山,此道当何难!晨上散关山,此道当何难!牛顿不起,车堕谷间。坐盘石之上,弹五弦之琴。作为清角韵,意中迷烦。歌以言志,晨上散关山。

接下来写他在散关山上同仙人相遇,想要追随远去,却又无从摆脱现实,反映了时年已六十一岁的曹操既有完成统一大业的宏愿,但又深感时不我待、形势艰难、宏愿难遂的复杂矛盾心情。

越过大散关,曹操来到河池。五月间,氐王窦茂率众万余人,凭借险要地形拒不降服,曹操派遣张郃、张既等前去征讨,取得了胜利。鉴于大军行进时时受阻,曹操决定派张郃率步兵五千在前面开路。

曹操平定氐王窦茂后,其他地方受到震动,逃往西平的韩遂被部将麹演、蒋石等人杀死,其首级被送来献给了曹操。原来跟随韩遂的一些人转而投归了曹操。成公英跟随韩遂多年,忠心耿耿,曹操见他也来投奔,十分高兴,当下任命他为军师,封列侯。一次打猎,有三只鹿子跑过马前,曹操命成公英放箭,成公英三发三中,鹿子全都应弦而倒。曹操很高兴,突然拍着巴掌说:"你对韩遂那样尽忠,对我就不能那样吗?"

成公英听了,立即翻下马来跪着说:"不敢欺骗明公。假使我本主人还在,我是不会前来投奔的!"

说着流出泪来。曹操喜欢成公英的忠诚,从此对他更加喜爱和敬重了。

七月间,曹操来到阳平关。张鲁见曹军来势汹汹,自思汉中一隅之地,难以抵敌,打算投降。其弟张卫不肯,同大将杨昂率领数万人马赶到阳平关,拦山筑起十多里长的石墙,全力阻挡曹军前进。阳平关在今陕西勉县西北,是川、陕之间的交通要冲,地势险要,易守难攻。来阳平关之前,曹操曾听凉州从事和武都降人说张鲁容易攻打,阳平城南北山峰相去甚远,难以坚守,当时信以为真。等到这时亲眼一看，并不是那么回事，不由得感叹说："别人的议论推测，很少有如人意的！"

但既然来了，再困难也得展开进攻。由于山势险峻，难以攀登，曹军攻打了不少日子，竟毫无进展，而士兵伤亡的人数却与日俱增。粮食由于运输困难，积存的数量也越来越少。形势对劳师袭远的曹操来说极为不利，一向乐观自信的曹操，这时也不免有些灰心丧气，说："这是一个信奉妖术的国度，我们到这里来能有多大好处呢？军粮不多了，还是不如赶快撤军！"

于是下令撤军。张卫见曹军撤走，以为大功告成，防备顿时松懈下来。曹操见状，抓住时机，秘密派遣解㗻、高祚等人乘险进行夜袭。恰在这时，发生了两起偶然事件，使形势戏剧性地发生了极有利于曹操的变化。

一是曹操派夏侯惇、许褚上山去召回兵马，前军在撤回时，因天黑迷路，误入张卫军营，营中守军则误以为是曹军攻入，因而大惊奔散。侍中辛毗、主簿刘晔得知这一情况，立即报告了夏侯惇和许褚，夏侯惇不相信，亲自跑到前面察看，得到证实后，又赶紧报告了曹操，曹操立即大举发兵，猛攻张卫。

二是当夜有数千头野麋突然闯进张卫营中，守军大惊，恰好这时高祚率军赶到，乘机拼命击鼓鸣角，张卫军以为曹军大举攻至，顿时乱了阵脚。曹军乘势攻杀，敌军防线全面崩溃，张卫利用夜色掩护逃回了汉中。

曹操这次成功，带有某些偶然的成分，但他能够把握有利时机，变退为进，克敌制胜，还是可取的。他的撤军，很可能本身就带着麻痹敌人的目的，至少是取得了麻痹敌人的实际效果，乘敌人麻痹之际，再果断地出其不意，攻其不备，夺取胜利自然就比较容易了。《孙子兵法·军争篇》说："军争之难者，以迂为直，以患为利。故迂其途，而诱之以利,后人发,先人至,此知迂直之计者也。"意思是,把迂远变成直近,把不利变为有利,这是在两军相争时最难解决的问题。能够通过迂远的道路前进,用小利诱惑敌人使之在途中滞留,因而虽比敌人后出发,却可比敌人先到达,这样的人就可以称得上是懂得把迂远变为直近的计谋的人。曹操这次变退为进的做法,实际上就是一种把迂远变成直近、把不利变成有利的做法,与《孙子兵法》所说的取胜之道是相合的。

张鲁听说阳平关已被曹操拿下,知汉中已无险可守,又打算投降。功曹阎圃劝阻说:"现在我们迫于形势前去投降,显不出有什么功劳。不如投向杜濩和朴胡抵抗一阵子,然后再来归顺,功劳就显得大了。"

当时在巴中居住着一种少数民族名叫巴族,也叫板楯蛮或賨,有七姓,杜濩为賨邑侯,朴胡为七姓夷王。张鲁采纳阎圃意见,南奔巴中。临行前手下人打算把宝货仓库全部烧掉,张鲁不同意,说:"我本来就打算归顺朝廷,但愿望未能实现。我现在逃跑,是想躲避曹军的兵锋,并没有什么恶意。宝货仓库应当属于朝廷所有。"于是下令将仓库全部封存,然后撤离。

曹操率军进入汉中郡的治所南郑,顺利接收了张鲁留下的财物珍宝,对张鲁的做法深为满意。又得知张鲁本有归顺之意,于是派人前去巴中慰问说服,以期早日把张鲁争取过来。

这次军事行动,在山区行进了将近千里的路程,爬坡越岭,经历了不少艰难险阻,但最后终于夺取了胜利。曹操非常高兴,大摆宴席慰劳全军将士,大家无不兴高采烈,多日的辛劳,一下子抛到了脑后。

九月间,巴族首领朴胡、杜濩、任约各自率领其部属前来归附。曹操分巴郡为巴东、巴西和巴三郡,以朴胡为巴东太守,杜濩为巴西太守，任约为巴郡太守，三人都封为列侯。十一月，张鲁带着全家来到南郑，向曹操表示臣服。曹操亲自出城迎接，立即任命张鲁为镇南将军，封阆中侯，食邑一万户，以客礼相待。张鲁的五个儿子也都被封为列侯，曹操还为自己的儿子彭祖娶了张鲁的女儿。

曹操对于张鲁无疑是异乎寻常的优待。为《三国志》作注的裴松之认为张鲁虽有归附之心，但毕竟是战败以后才来投降的，而曹操却将他封为万户侯，五个儿子也全都封了侯，实在是过分了。孤立地看，裴松之是说得不错的。但实际上，曹操的着眼点不仅仅是为了优待张鲁一个人，而是为了以张鲁为榜样，影响、动摇和吸附与张鲁类似的方面割据者。在曹、刘、孙三方鼎立的局面下，只有在经济实力、军事实力和所施恩信等方面都超过对手，才有最后取胜的可能，曹操对此自然不会不明白。此外，汉中僻远艰险，得来不易，以后要坚守更不易，必须施以重赏，以安固人心、利于今后，这大概也是曹操的一种考虑。

曹操不仅厚待张鲁，对别的降附者也表现出十分宽容的态度。阎圃曾谏阻张鲁称王，后又谏阻张鲁投降曹操，曹操却封他为列侯。东晋史学家习凿齿对此举大为赞赏，评论说：

    太祖之此封，可谓知赏罚之本，虽汤武居之，无以加也。（《三国志》卷八《张鲁传》注）

还有一个刘雄鸣，情形与此类似。刘雄鸣是蓝田人，年轻时以采药打猎为业，常居覆车山下，每天早晚出入云雾之中，从不迷路，人们说他能兴云吐雾。李傕、郭汜为乱时，不少人前去归附他。马超反叛时，不肯随从，被马超打败，后去投曹操。曹操拉着他的手说："我刚进关中时，梦得一神人，这神人就是你吧？"

于是以厚礼相待,任他为将军,让他回去招揽部属。谁知刘雄鸣回去后,部属不肯投降曹操,逼着他一起反曹,于是又聚众数千人,扼守武关道口。曹操派夏侯渊前去讨伐,获胜,刘雄鸣南奔汉中。曹操平定汉中,刘雄鸣无处可逃,又来投降曹操。曹操一见,拉着他的胡须说:"老贼,真把你捉住了!"但并未予以追究,而是恢复了刘雄鸣的官职,把他调往渤海了事。

此外,程银、侯选在建安十六年(211)曾随马超一起起兵反抗曹操,兵败后南逃汉中,这时也来投降曹操,曹操同样既往不咎,也都恢复了他们原有的官爵。这些措施,对抚定人心无疑具有不可忽视的作用。

特别值得一提的是,曹操还收降了原马超的部将庞德。庞德字令明,一直跟随马腾、马超。马超在凉州战败后,前来投奔张鲁。后南投刘备,庞德因病,未再跟随,留在汉中,这次也来降附了曹操。曹操早就听说庞德骁勇善战,得到庞德后非常高兴,立即任他为立义将军,封关门亭侯,食邑三百户。后来庞德在保卫襄樊的战斗中有着极为出色的表现。

三 "既得陇,复望蜀邪?"

曹操占据汉中后,将汉宁郡重新改称为汉中郡,把汉中的安阳、西城两县划出来另立西城郡,设置郡太守,治所设在西城县;又分别在锡、上庸两县设置了都尉。

建安二十年(215),孙权见刘备已经夺取了益州,便要求刘备将原来借去的荆州南郡还给他。刘备不肯,说:"等我夺得凉州后,再把荆州还给你。"孙权十分气愤,就派吕蒙率军夺取了荆州的长沙、零陵、桂阳三郡。刘备在益州得到消息，深恐荆州有失，亲自率军五万顺江东下，进驻公安，让关羽进驻益阳，摆开阵势，要与孙权决一雌雄。丞相主簿司马懿乘机建议曹操："刘备以诈力降服了刘璋，蜀人还没有真心归附他，他现在又率军东下同孙权争夺荆州，这对我们是一个绝好的机会。我们拿下汉中后，益州震动，如果乘胜进兵，益州势必瓦解。圣人不能违背时机，但也不能失去时机啊！"

丞相主簿刘晔也发表了与司马懿类似的意见，并认为如果不趁目前蜀人尚未真心归附刘备、因汉中失守而又惊恐万状的时候拿下益州，稍有迟缓，蜀中以精于治国的诸葛亮为丞相，以勇冠三军的关羽、张飞为大将，蜀民安定下来后据险防守，那时想要再打益州就不可能了。而益州不拿下来，则必将成为后患。

曹操听了这些意见，并不动心，拒绝说："人苦于不知足。我们既然已经得到了陇，难道还希望得到蜀吗？"

"既平陇，复望蜀"是光武帝刘秀曾经说过的一句话。《后汉书·岑彭传》载，建武八年（32），岑彭跟随刘秀讨伐陇西的隗嚣。攻下天水后，隗嚣逃往西城，刘秀又进围西城。这时，占据蜀地的公孙述派大将李育前来救援隗嚣，驻兵上邽。不久，刘秀因事要先回洛阳，临行给岑彭写了一封信，说：

> 两城若下，便可将兵南击蜀虏。人苦不知足，既平陇，复望蜀。每一发兵，头须为白。（《后汉书》卷四十七《岑彭传》）

意思是要岑彭在攻克西城、上邽后乘胜前进，进攻盘踞蜀地的公孙述。后来，隗嚣和公孙述都相继被消灭了。曹操借用这句话，意图却完全相反，不是赞成在得到汉中后立即向益州进攻，而是主张采取慎重态度，暂且按兵不动。

曹操一举攻取汉中，益州受到强烈震动，这是必然的。曹操进驻南郑七天后，有从蜀地投降过来的士兵说："蜀中一天要发生几十次惊乱，刘备虽然动刀杀人，也不能使之安定下来。"

当时曹操似乎对未能及时出兵益州有些后悔，曾问刘晔是否还可以再出兵。刘晔认为，现在益州已经初步安定下来，不能再进击了。后来颇有人替曹操惋惜，如裴松之就说：

> 魏武后克平张鲁，蜀中一日数十惊，刘备虽斩之而不能止，由不用刘晔之计，以失席卷之会。(《三国志》卷十《贾诩传》注)

意思是曹操坐失了良机，不然益州转瞬之间就是他的了。得到了益州，荆州、江东也就势难坚持，曹操完成一统天下的大业也就有望了。其实，这种想法是并不符合实际的。曹操在这个问题上，既考虑了眼前的困难，也考虑了长远的困难，审时度势，知难而退，作出的是一项正确的战略决策。

从眼前困难来说，曹军经过千里转战，进入汉中时已经相当疲劳。蜀中险阻，并不亚于进取汉中所经历的险阻，以疲惫之师去攻取更为险阻的地方，很难收到"席卷"的效果。按刘晔所说，蜀中经过七天骚乱之后就已经初步安定下来，在当时交通不便、且必然遇到抵抗的情况下，想要在七天之内深入益州腹地、攻下成都也绝不可能。更何况，刘备于建安十九年(214)夏拿下成都，到曹操拿下汉中时，已有将近一年之久，其政权已大体稳定下来，虽有小的骚乱，不足以动其根本。而其军队因新得益州，士气正旺，也必有相当的战斗力。加有天险可恃，即使据险不战，以逸待劳，也会给曹军带来巨大的损失。因此，曹操在这种情况下不肯贸然进兵，是完全可以理解的。

曹操所面临的形势同当年的刘秀有相似之处,这就是他们都取得了第一个战役的胜利,下一个目标是要夺取蜀地。但又有一个截然不同的地方,这就是刘秀是在控制了中国的整个东部地区后,才转而向西用兵的,这就毫无后顾之忧,可以而且必须乘胜进军,消灭蜀中之敌,以求一劳永逸。而曹操却处在三国鼎立的态势已经形成的情况下,江东有虎视眈眈的孙权,荆州又有关羽领着重兵驻守,如果自己把战线拉得过长,特别是如果把重点投入蜀中而在短期内又不能自拔,腹背就必然会出现空虚,给孙权、关羽以可乘之机。东线一旦失守,中原不保,局面就不可收拾了。这可能出现的长远的困难,作为一军主帅的曹操是不能不充分地估计到的,是不能不瞻前顾后、谨慎从事的。

后来形势的发展,也证明曹操的谨慎决不是多余的。刘备东下荆州,与孙权剑拔弩张,双方眼看就要展开一场争夺荆州的大战,这形势对曹操本来是极为有利的。但就在这时,刘备得知曹操进攻汉中的消息,深恐益州有失,于是主动向孙权求和。孙权同意了刘备的请求,双方商定以湘水为界,平分荆州,湘水以东的长沙、江夏、桂阳三郡属孙权,湘水以西的南郡、零陵、武陵三郡属刘备。双方达成和解,重新恢复了联盟关系,在一定程度上形成了类似赤壁之战前的格局,形势顿时发生了不利于曹操的变化。

孙权从荆州脱身后,立即于建安二十年(215)八月亲自率军十万进攻合肥,这时距曹操进驻南郑的时间还不到一个月。驻守合肥的张辽、乐进和李典手下只有七千多人,与孙权所率兵力相比,相差悬殊,曹操动身西征汉中前虽给张辽等人留下了一封"贼至乃发"的密信,预为做了部署,心里毕竟是不放心的。所幸由于部署正确,张辽贯彻部署坚决,作战勇敢,合肥之役获得了全胜。不过,孙权的威胁照样存在,曹操因此也就不能让主力在西线旷日持久地待下去。

刘备从荆州脱身回益州后,对占据汉中的曹操不是加强防守,而是采取了主动进攻的态势。他刚一回来,偏将军黄权就劝他说:"如果失去汉中,三巴的地位就会动摇,这等于是割去了蜀中的大腿胳膊。"主张把汉中夺回来。这时张鲁还在巴中,刘备即任命黄权为护军,带领诸将前去迎接张鲁。但抵达巴中时,张鲁已经北投曹操,黄权于是将曹操所任命的巴东太守朴胡、巴西太守杜濩、巴郡太守任约击败,夺取了对嘉陵江、渠江上游地区的控制权,获取了进击汉中的桥头堡。

曹操得悉朴胡等被刘备击破,派张郃率军南下三巴,准备把那里的百姓迁往汉中。进军到宕渠、蒙头、荡石时,被刘备派来的巴西太守张飞阻击。两军相拒五十多天后,张飞率领精兵一万多人,将张郃军截成两段。由于山路狭窄,张郃军首尾不能相救,终于被张飞打败,只得退回了南郑。

事实证明,夺取汉中后乘胜"席卷"益州的想法是脱离实际的。曹操记取赤壁之战以来的经验教训,在同刘备、孙权的对抗中采取谨慎的态度,不被一时的胜利冲昏头脑,能从顺境中看到潜伏着的危机,从而采取保险系数较大的策略,这说明了他的成熟和精明,说明他是具有深远的战略眼光的。

考虑到在汉中同刘备的对峙将是长期的,曹操于建安二十年(215)十二月率领主力离开了南郑。回师时,以夏侯渊为都护将军,督张郃、徐晃等镇守汉中。并以郭淮为夏侯渊的司马,以杜袭为驸马都尉,留督汉中军事。又采纳张既建议,从汉中往曹操控制稳定的地区移民,经杜袭等人的努力,后来有数万户迁移到长安及三辅地区,有八万余口迁移到了洛阳、邺城一带。当马超、韩遂起兵反叛时,关西民众有数万户投奔了张鲁,这时有不少人又迁回了关西地区。

四　定军山失利

建安二十二年(217),曹军在汉中同刘备对峙一年多后,法正建议刘备说:"曹操一举打败了张鲁,平定了汉中,没有乘势攻取巴、蜀,却留下夏侯渊、张郃驻守汉中,自己匆匆忙忙率军北还,这不是他的智慧不够,力量不足,而是由于他有内顾之忧。论夏侯渊和张郃的才能谋略,还不如我们的将领,如果发兵前去征讨,是一定能够获胜的。攻占汉中后,我们可广种粮、多积谷,等待北进的机会。这样做,往最好处说,可以消灭曹操,辅佐汉室;退一步说,也可以蚕食雍、凉二州,扩大地盘;至少也可以坚守险要,同敌人长期相持。这是一个天赐良机,千万不能错过!"

刘备很赞赏法正的意见,于是率领诸将进军汉中,法正随同前往,留诸葛亮驻守成都,负责补充兵员和供应军需。刘备进抵阳平关,夏侯渊率军抵御,双方形成对峙局面。

刘备在进兵汉中的同时,派张飞、马超和吴兰等率兵入武都,屯下辩,牵制曹军,配合主力进攻汉中。曹操派曹洪前去抵敌。曹洪其人,贪财好色,曹操怕他因此误事,又派谋士辛毗和骑都尉曹休前去协助,并特地下了一道令:

> 昔高祖贪财好色,而良、平匡其过失,今佐治、文烈忧不轻矣。(《使辛毗曹休参治下辩令》)

"良、平"指张良、陈平。据《史记·高祖本纪》所载史事,当为张良、樊哙,张良为刘邦的重要谋士,樊哙为刘邦的重要将领。汉元年(前

206)十月,刘邦攻破秦都咸阳后,打算住进秦宫,享有财宝宫女,樊哙、张良谏阻,刘邦于是封存财宝府库,还军霸上。曹操说辛毗(字佐治)、曹休(字文烈)肩上的担子不轻,对他们寄予了厚望。曹休是曹操的族侄,颇有些才能,曹操曾当着众人夸奖说:"这是我家的千里马啊!"平时让他同曹丕来往,就像对待亲生子一般。这次对曹休的要求十分殷切,临行时对他说:"你名义上虽是参军,但实际上是一军主帅。"曹洪得知曹操意图,凡事也都喜欢让曹休作主。

建安二十三年(218)三月,曹洪准备出击吴兰,刘备派张飞屯兵固山,声言要截断曹军的退路。众人议论纷纷,不能决断。曹休说:"敌军如果真想截断我们的退路,就应当秘密行动。现在却先大肆张扬,说明他们并不是真想这样干。我们应当乘他们兵力还没有集中起来的机会,赶快进击吴兰。只要打败了吴兰,张飞自然会退军的。"

曹洪听从曹休意见,立即进军,果然大获全胜,杀了吴兰的部将任夔等人,吴兰本人逃走,结果在经过阴平时,被氐人强端杀死,将首级送给了曹洪。张飞、马超见势不对,赶紧朝汉中方向逃走。

曹洪打胜仗后,大摆宴席庆贺,让女艺人穿着轻薄的纱衣当众击鼓取乐,被武都太守杨阜严词制止。

刘备在阳平关,遇到夏侯渊、张郃和徐晃的顽强抵抗,进展也不顺利。一次,刘备派部将陈式率军去破坏马鸣阁栈道。栈道是一种在悬崖绝壁上凿孔支架木桩、再铺上木板以供行走的路,工程极为艰巨,形势极为险峻。马鸣阁栈道在今四川昭化县境内,如果遭到破坏,曹军内外的联系就将被截断。徐晃及时率军前去护卫,打败了陈式,不少敌军摔下山谷死亡。曹操得知徐晃守住了栈道,十分高兴,特地给徐晃以假节的待遇,并传令嘉奖:

此阁道,汉中之险要咽喉也。刘备欲断绝外内以取汉中,将军一举克夺贼计,善之善者也。(《假徐晃节令》)

张郃驻守巴、汉之间的广石,刘备亲率精兵万余,分为十部,乘夜对张郃发起猛攻。张郃率军奋勇还击,将其击退。刘备感到兵力不足,发急信让诸葛亮增兵。诸葛亮问从事杨洪是否发兵,杨洪回答说:"汉中是益州的咽喉,如果没有汉中,也就没有蜀地了。这是在家门口发生的灾祸,自然是要发兵的。"

诸葛亮很欣赏杨洪的见解,在立即发兵的同时,表荐杨洪为蜀郡太守。

曹操见汉中战事胜负未卜,很不放心,于这年七月亲率大军离开邺城,九月进抵长安,就近密切注视汉中战局的发展。

建安二十四年(219)正月,刘备因在阳平关与夏侯渊对峙连年,毫无进展,便改变策略,从阳平南渡沔水(即汉水),顺着山势慢慢推进,在定军山一带扎下营来。定军山在今陕西勉县东南,两峰相峙,山上有平坂,是汉中西南的门户,如果失守,汉中就难保住了。夏侯渊率领诸将全力防守,在前沿阵地埋上削尖的树枝,围起鹿角,阻止敌军前进。刘备军乘夜将木栅烧掉,夏侯渊便让张郃守护东南的工事,自己率领不多的兵力守护南面的工事,并将被烧掉的木栅补上。

刘备向张郃发起进攻,张郃不敌,夏侯渊将自己所率领的兵力分出一半去支援张郃,兵力显得更为单薄。法正见时机已到,便建议刘备立即出击。这时在刘备身边的大将是老将黄忠。黄忠字汉升,南阳人,早年在刘表手下任中郎将,曹操攻占荆州,任他为裨将军。后投靠刘备,随从入蜀攻打刘璋,常身先士卒,登城陷阵,勇猛异常。刘备占据益州后,任他为讨虏将军。黄忠接到命令后,立即督率部属,击鼓呐喊,居高临下对曹军发起猛攻。曹军猝不及防,加之人数处于劣势,经过一番短兵相接的恶战,被打得大败,夏侯渊及曹操所任命的益州刺史赵颙被杀死。

主将被杀,曹军顿时陷入一片慌乱。督军杜袭和司马郭淮出面维持残局,决定由张郃暂时代理夏侯渊的职务。郭淮号令诸军说:"张将军是国家名将,刘备非常怕他。现在情况紧急,非张将军站出来不可!"

张郃接受推荐,重新部属防务,诸将接受调遣,军心这才慢慢安定下来。

第二天,刘备打算渡过汉水进攻曹军。曹军诸将认为自己人少,寡不敌众,想紧靠河边列阵。郭淮不同意,说:"这是向敌人示弱,不是个好办法。不如在远离河岸的地方摆开阵势,将敌人引过来,等他们渡河渡到一半时展开攻击,这样一定可以打败敌人!"曹军按此意见摆开阵势,刘备果然犹豫起来,不敢贸然渡河。曹军就此坚守,示无还心,双方再次形成对峙局面。

郭淮等人将上述决定和部署报告曹操,曹操深表赞同,立即派来使者授予张郃以假节的权力。

曹操得知定军山失利的详情后,有意抬高法正,贬低刘备,说:"我就知道刘备不可能有这样的谋略,肯定是别人教给他的。"

就像将赤壁之败归结为"值有疫病,孤烧船自退"而"横使周瑜虚获此名"一样,发泄了自己的怨恨不满和不服输的情绪。另一方面,曹操对这次失利,特别是对夏侯渊的阵亡内心是非常痛苦的。

夏侯渊是曹操的亲信大将之一,一起起兵于谯,数十年来情同手足,恩宠特隆。两家还有姻亲关系,夏侯渊的妻子是曹操的姨妹,长子夏侯衡又娶了曹操弟弟海阳安侯的女儿。夏侯渊作战勇猛,行动迅速,常能出其不意战胜敌人,因此军中有"典军校尉夏侯渊,三日五百,六日一千"的说法。在平定关西的战斗中,夏侯渊屡建功勋,在关西一带建立了很高的威望,因此每当曹操接见羌、氐等族的首领时,只要夏侯渊在座,这些人竟都有恐惧之感。但夏侯渊也有毛病,常常恃勇轻敌,有勇无谋。曹操十分了解他的这个弱点,很不放心,经常告诫他说:"做将领的应当有胆怯的时候,不能光凭自己的勇气一味蛮干。将领应当以勇为本,同时善于运用智谋。如果只知逞强恃勇,那不过是一个匹夫的对手罢了!"但夏侯渊未能认真听取曹操的告诫,结果定军山一役,因恃勇轻敌而演出了一幕兵败身亡的惨剧,付出了沉重的代价。

夏侯渊死后不久,曹操下了一道《军策令》:

> 夏侯渊今月贼烧却鹿角。鹿角去本营十五里,渊将四百兵行鹿角,因使士补之。贼山上望见,从谷中卒出,渊使兵与斗,贼遂绕出其后,兵退而渊未至,甚可伤。渊本非能用兵也,军中呼为"白地将军"。为督帅尚不当亲战,况补鹿角乎!

"卒出"即突然冲出;"未至",指夏侯渊战死;"白地将军",指没有谋略的将军。通过对夏侯渊战败情况的略述,既表达了对夏侯渊的哀悼,也总结了夏侯渊所以战败的教训,对提高将领的指挥水平无疑具有启示意义。

夏侯渊死后,其长子夏侯衡承袭了他的爵位,夏侯衡的几个弟弟夏侯霸、夏侯威、夏侯惠、夏侯和后来也都被封为列侯。三子夏侯称,骁勇有父风,十六岁时,同夏侯渊一起外出打猎,见奔虎,驱马逐之,一箭即将奔虎射倒。曹操听说这件事后,高兴地拉着夏侯称的手说:"我可得到你了!"意思是又可派上用场、到疆场效力了。但可惜夏侯称才十六岁就死了。夏侯霸后来在魏齐王曹芳正始年间(241—249)为讨蜀护军右将军,进封博昌亭侯,为总揽朝政的大将曹爽所亲信。后曹爽被司马懿杀掉,夏侯霸担心自己被株连,逃亡到了蜀汉。据说,建安五年(200)时,夏侯霸在家乡谯郡有一个十三四岁的堂妹,一个人外出打柴,正碰上张飞,张飞知道她是良家女子,便娶她做了妻子。两人生下一个女儿,这个女儿后来又做了后主刘禅的皇后。因有这一层关系,夏侯霸逃到蜀汉后,颇受优待。刘禅召见他,有意掩饰夏侯渊之死,说:"你父亲自己在混战中遇害,不是先父下令杀死的。"

又指着自己的儿子对夏侯霸说:"这是夏侯氏的外甥啊!"

照上述说法,夏侯氏同张飞是亲戚了,同刘禅也有了不同一般的关系。张飞的长女确实是做了刘禅的皇后的,但其母亲是否真的是夏侯霸的堂妹,不敢遽断,姑录于此,备考而已。

五 "鸡肋"

建安二十四年(219)三月,即夏侯渊战败被杀后两个月,曹操为避免汉中守军遭受更大的损失,亲率大军从长安出发,经斜谷支援汉中。斜谷在今陕西眉县西南,古称褒斜道,北起斜谷,南至褒谷,全长近五百里,为跨越秦岭的险道。曹操担心被敌人袭击,先派兵据守沿途险要,逐渐推进至南郑,赶赴阳平前线。

这时蜀军士气正旺,刘备对战争的前景充满信心,对部属说:"曹公虽然亲自赶来,也无能为力了,我肯定可以占有汉中了!"

刘备下令集中兵力防守险要,不同曹操正面硬拼。曹操以曹真为征蜀护军,督徐晃等人打败了刘备的部将高详,取得一个小小的胜利,但整个战事没有进展。刘备坚守不出,曹操欲战不能,双方陷入僵持状态。

曹操劳师袭远，运输补给是一个大问题，刘备企图抓住这个薄弱环节，予以突破，置曹操于困境。一次，曹军运粮北山下，黄忠认为可以乘机袭取，率军前往。赵云率领少数骑兵随后接应，中途突然与大股曹军相遇。赵云毫无惧色，冲入敌阵，将曹军击溃，然后且战且退。曹军败而复合，追至赵云营寨。营中守将张翼准备闭门拒守，赵云不让，相反大开营门，偃旗息鼓。曹军怀疑有埋伏，不敢进攻，赶紧退走。这时赵云又擂鼓震天，虚张声势，并用弓箭从后面猛射曹军。曹军惊骇异常，自相践踏，在逃跑中不少人掉进汉水淹死。第二天，刘备来到赵云营寨，察看头天作战的地方，赞叹说："子龙一身都是胆啊！"

曹操同刘备相持了一个多月，未能攻下敌军防地，开小差的士兵却越来越多。进取既不可能，长期坚守也不是办法，撤军放弃汉中又有些舍不得。在这种矛盾心理的支配下，一次值班将领来问用什么口令，曹操竟随口答道："鸡肋。"

规定这么一个莫名其妙的口令，部属都不知道是什么意思。主簿杨修却自行整理起行装来。大家惊问杨修怎么知道要走，杨修回答说："鸡肋，吃它没有什么肉，丢掉它似乎又有些可惜，拿它来比汉中，我所以知道曹公决定撤军了。"

这年五月，曹操果然下令放弃汉中，撤出全军，退到长安。

刘备占据汉中后，派军进逼汉中西北的下辩，又派刘封、孟达、李平等攻取了汉中东部的房陵、上庸等地，进一步扩展了势力。下辩为武都郡治所，地处偏远，曹操担心今后难以坚守，便派曹真前去通知守将曹洪，将防地收缩至陈仓，并进行大量移民的工作。曹操担心百姓顾恋乡土，不肯迁徙，问雍州刺史张既有什么办法。张既说："可用到北方产粮区居住并躲避敌人侵袭的理由劝说百姓，凡是先迁徙的给予照顾和奖赏，这样先迁徙的得到了好处，落在后面的人就会跟着照办了。"

曹操采纳了张既的建议,派他到武都去具体办理此事。武都太守杨阜在当地享有很高威望,也让他参与这一工作。经过努力,武都郡先后迁出五万多户百姓(不少是氐人)到京兆、扶风、天水一带落户。

不久,武威颜俊、张掖和鸾、酒泉黄华、西平麹演等人反叛,自称将军,并相互攻打。颜俊把他的母亲和儿子送到曹操处做人质,请求曹操派兵援助。曹操这时正须集中力量对付刘备,于是听从张既建议,采取了任其互斗、以坐收渔翁之利的办法,对颜俊的要求未予置理。

这年七月,刘备在沔阳自称汉中王,立刘禅为王太子,以许靖为太傅,法正为尚书令,关羽为前将军,张飞为右将军,马超为左将军,黄忠为后将军。擢用牙门将军魏延为镇远将军、汉中太守,镇守汉中。刘备随即回到成都。刘备这时除占有荆州西部三郡外,还尽有巴、蜀、汉中之地,实力大大地增强了。诸葛亮当年在《隆中对》中所预计的,刘备如能跨有荆、益二州,对外结好孙权,对内修明政治,一有合适机会,便可两路向北进军,一路从荆州北向,一路出秦川东指,这个"出秦川东指"的条件,至此已大体具备。

这年十月,曹操从长安回到洛阳。离开长安前,须选派官员留守,主管部门推荐的人多不合适。曹操想起了曾留督汉中军事的杜袭,于是下令道:

释骐骥而不乘,焉皇皇而更索?(《三国志》卷二十三《杜袭传》)

舍弃千里马而不用,还匆匆忙忙地到哪儿去找呢?意思是杜袭就是非常合适的人选。于是任命杜袭为丞相府留守处的长官,驻守关中。

汉中得而复失,从战略上说对曹操不能不是一个很大的损失。但从当时情况来看,也是势在必然,难以避免的。这次失利,从根本上说来是曹操实力不如对手的结果。从综合实力看,曹操比孙、刘任何一方都强,但如果孙、刘联合起来,则曹操实力稍逊,只能处于守势。汉中之役,表面上只是曹操同刘备对阵,实际上是曹操同孙、刘两方对阵。曹操进攻汉中之初,刘备即同孙权达成谅解,双方平分荆州,刘备得以免除后顾之忧,掉头西上,倾蜀中的财力、物力和人力同曹操对抗。孙权虽没派出一兵一卒直接帮助刘备,但间接的支持其作用不可低估。如果孙、刘交恶,兵端一开,刘备别说战胜曹操,恐怕结果会刚好相反,他自己得主动放弃汉中,以确保蜀中和荆州万无一失。

曹操情况则不一样,他不能倾中原、关西的全力来同刘备抗衡,他占的地盘最大,因而防线也就最长,须处处兼顾。这段时间孙权虽未北犯,但曹操同孙权的关系远不能同刘备与孙权的关系相比,即使兵端未开,也须时时提防,不能大意。荆州方面,则尤其不能大意。建安二十三年(218)十月,驻守宛城的将领侯音反叛,并派人同关羽连和,曹操派大将曹仁前去镇压,直到次年正月才初步稳定下来。此前,代郡、上谷的乌桓单于无臣氐曾发动叛乱,在许都还曾发生太医令吉本、少府耿纪和司直韦晃等人的反叛。前线形势不容乐观,后方和内部又存在不稳定的因素,因此曹操不愿也不能让自己的主力长期在汉中拖下去,这样就做出了主动撤离的决策,以避免在全局陷入被动,从战略指导原则来看,这还是可以理解的。

此外,汉中地区地形险峻,而曹操的士兵多来自平原地区,不擅山地作战,不愿以己之所短同敌之所长长期较量,以造成难以估量的损失,这也是曹操所考虑的一个问题。曹军因不擅长水战,在赤壁之战中吃了大亏，几乎弄到全军覆没的地步，这给曹操留下的教训是很深刻的。因此，当初入汉中在阳平关受到张卫抵抗，曹军因山峻难登而进攻受挫时，曹操就曾说出这样的话："我带了三十年军队，如果一朝葬送敌手，那会是一种什么情景呢？"于是就产生了主动撤军的想法。这次从斜谷进军汉中，曹操也曾多次发出这样的感慨："南郑简直就是在天狱之中，斜谷道不过是一个长五百里的石洞罢了。"

因此，从长计议，曹操不愿在这样一个地形险恶的"天狱"中同敌人长期周旋下去。若干年后，诸葛亮出兵南郑，魏明帝曹睿和朝中不少大臣主张发大兵征讨，散骑常侍孙资不同意，在陈述理由时，谈到曹操这次撤军，说："武皇帝圣于用兵，察蜀贼栖于山岩，视吴虏窜于江湖，皆挠而避之，不责将士之力，不争一朝之忿，诚所谓见胜而战，知难而退也。"就是指出了这一点的。

建安二十年（215）十二月，当曹操将军队主力撤离汉中时，一面留下夏侯渊、郭淮和杜袭等人镇守，一面却又从汉中向内地大量移民，说明当时他对汉中的前途就已做了两手准备。这次从汉中撤军，又采取了从武都等地大量移民的措施。汉末以来，由于战乱和瘟疫等原因，人口锐减，拥有人口多少，成了战争中能否取胜的一个关键。拥有众多的人口，就可以开发土地，增加生产，增强经济实力；就可以扩充兵员，增强军事实力。曹操撤军、移民同时并举，可以说是失去了土地，却得到了人口，也算是一种补偿吧。而对于刘备来说，则是得到了土地，却没有得到人口，这对蜀汉的国力和后来诸葛亮苦心经营的北伐带来了长期不利的影响。

第十七章 激战襄樊

一 水淹七军

赤壁之战结束,曹仁被迫撤出江陵、退守樊城之后,荆州所辖七郡被曹操、孙权和刘备分治。曹操占有南阳郡和南郡的北部,将南郡北部立为襄阳郡,置荆州刺史统领。孙权占有江夏郡和南郡的南部,刘备占有武陵、长沙、桂阳和零陵四郡。刘备任荆州牧后,因原荆州治所襄阳在曹操手中,只得驻于公安县,其时北畏曹操之强,东惧孙权之逼,情况十分窘迫。从孙权手中借得南郡的南部(即所谓"借荆州")后,将治所移到江陵,有了西进益州的便利,情况有所好转。曹操进取汉中,刘备唯恐益州有失,主动向孙权请和,双方平分荆州,刘备得南郡、零陵和武陵三郡,因南郡北部在曹操手里,实际只得两个半郡,面积和人口都比原来减少了不少。也就是说,诸葛亮在《隆中对》中所提出的东面占据荆州以北出宛、洛的条件,始终未能具备。刘备对这种情况,心中自然有数,他不是不想将荆州完全控制到自己手中,只是还没有找到合适的时机。他同孙权有着同盟关系,维系这个同盟关系对他来说十分重要,不能轻易加以破坏;

加之他在名义上借了孙权的"荆州",总是欠着别人的情,因此他在相当长一个时期内只有赖着"荆州"不还,还不愿(当然也还不敢)同孙权妄开兵端。对于曹操,刘备是大可不必客气的,但他在相当长的时间内忙于取益州、争汉中,腾不出手来,对据守襄樊的曹仁只得采取守势。至于曹操,赤壁战后他忙于抗御孙权、平定关西、争夺汉中,对荆州之敌也无力采取主动进攻的态势。双方形成对峙局面,这是自建安十四年(209)以来襄樊一线相对说来较为平静的基本原因。

但曹操从汉中撤退后,刘备在西线没有了后顾之忧,形势顿时发生了变化。建安二十四年(219)七月,也就是曹操撤离汉中后不过两个月,刘备下令驻守荆州的关羽向曹操派驻襄樊的曹仁发动了大规模的军事进攻。

刘备选择这个时机进攻襄樊,一是由于他刚从曹操手中夺得了汉中,在声威气势上占有优势;二是由于荆州北部曹操占领区前不久刚发生过骚乱。建安二十三年(218)十月,南阳吏民因徭役负担过重,在曹操派驻宛城的将领侯音和卫开的率领下,聚众数千人起兵反叛。南阳太守东里衮一度被捉,功曹应余为掩护东里衮伤重致死。曹操派曹仁前往镇压。次年正月,曹仁在东里衮的配合下,攻破宛城,大肆屠杀,斩了侯音、卫开等人。骚乱虽已平定,但人心尚未完全稳定下来,这就给了刘备以可乘之机。

曹操在对关西、汉中用兵期间,曹仁只带着数千人马驻守樊城。原马超部将庞德在汉中归附曹操后,曹操派他到樊城驻守,同曹仁一起镇压了侯音、卫开的叛乱。曹操从汉中撤军后,又派徐晃率军支援曹仁,屯于宛城。关羽进攻襄樊的消息传到长安后,曹操又派于禁率兵前来支援。曹仁让于禁和庞德等七军在樊城以北结营屯驻,与樊城形成掎角之势。

八月间,樊城地区一连下了十多天大雨,汉水暴涨,溢出堤外,平地水深数丈,于禁等七军被水淹没。于禁带着部分将领登高避水,关羽乘着大船猛攻,于禁被逼无路,最后投降了关羽。

庞德率领部分将士继续顽强抵抗。这次战斗开始前,军中曾有议论,说庞德原是马超的部属,马超在蜀国受到重用,庞德的堂兄庞柔也在刘备处任职,因此庞德不会真心同关羽作战。庞德听到这些议论,很不服气,说:"我受国恩,义在效死疆场。今年不是我杀死关羽,就是关羽杀死我!"

战斗开始后,庞德奋勇异常,关羽在哪里,他就冲向哪里,曾射出一箭,正中关羽前额。出阵常骑一匹白马,关羽军都称之为白马将军,一提起白马将军就人人害怕。

这天庞德率领部分将士退避水堤之上,关羽军乘着大船将其四面包围,箭如飞蝗般射到堤上。庞德身穿铠甲,持弓还击,箭不虚发。将军董衡、部将董超等人想要投降,庞德一一用剑斩杀。从早晨一直战到中午,关羽攻势有增无减,庞德箭尽矢竭,就以短兵接战。身边将士或死或降,最后庞德与部属三人乘上小船,打算逃回樊城。因水势太大,小船翻覆,庞德抱着船板漂浮水中,被关羽擒获。庞德见了关羽,立而不脆,关羽劝他投降,他不但不降,还把关羽大骂了一通,关羽无奈,只得将他杀死。

曹操得知于禁投降、庞德不屈而死的消息,慨叹了许久,说:"我信用于禁三十年,没想到到了紧要关头,他的表现反不如庞德!"

于是下令抚慰庞德家属,封他的两个儿子为列侯。

关羽接着率军猛攻樊城。这时樊城四面被洪水包围,如果水再涨高几尺,就要漫进城内。城墙在洪水冲击下不断崩塌,形势万分危急,不少人为之惊恐失色。关羽军乘船将樊城团团围住,城内同城外失去了联系,粮食一天天减少,而救兵却还没有消息。这时有人建议曹仁说:"今天我们所遇到的危险,不是人力所能克服的,不如乘关羽的包围圈还没有完全合拢的机会,乘小船连夜逃走。这样虽然丢了城池,但还可以保全性命。"

汝南太守满宠不同意这样做,说:"山水来得快去得也快,这种状况想来不会持续多久。听说关羽已派部将打到郏县城下,许都以南,百姓纷乱不安。关羽之所以不敢继续向前进兵,无非是怕我们从背后对他进行夹击。现在我们如果逃走,黄河以南的大片土地就将不再归国家所有了。将军应当留在这里坚守!"

满宠眼光较为深远,他看到放弃樊城不仅是一座城池失守的问题,还将对中原广大地区产生极为不利的影响。曹仁听后,感到肩头责任重大,于是一面沉白马祭河,祈祷洪水早日消退,一面激励将士,与共起誓,决心不惜一切代价,顽强坚守下去。

二　遣使联吴

关羽在猛攻樊城的同时,还包围了与樊城一江之隔的襄阳,曹操所置荆州刺史胡修、南乡太守傅方开城投降。

曹操得知襄樊战事紧急的消息,于这年十月从长安移驻洛阳,以便就近指挥襄樊战事。这时许都以南不少地方起而响应关羽,梁、郏、陆浑一带的地方势力起兵反叛曹操,在名义上接受关羽的印信旗号,配合关羽作战,一时间造成了关羽威震中原的局面。曹操考虑到许都离前线太近,打算把都城迁到黄河以北,以躲避关羽的兵锋。丞相军司马司马懿、西曹属蒋济不同意,认为这样做一来是向敌人示弱,二来会引起民心不安。他们同时还提出了战胜关羽的建议,说:"刘备和孙权之间,表面亲近而实际上疏远,关羽得志,孙权肯定是不情愿的。我们可以派人去劝说孙权,让他偷袭关羽的后方,答应事成后把江南的土地封给他,这样樊城之围自然就可以解除了。"

曹操觉得这个建议很好,于是一面命徐晃进兵援救曹仁,一面派遣使者去见孙权。

徐晃率军从宛城进抵阳陵陂。由于徐晃所率领的大都是刚征来的新兵,战斗力不强,曹操又派徐商、吕建率军前去会合,并给徐晃下了一道手令:

须兵马集至,乃俱前。(《三国志》卷十七《徐晃传》)

徐晃遵命,在与徐商、吕建会齐后,才向关羽军屯驻的偃城进击。徐晃假意在偃城南面构筑工事,表示要截断关羽军的退路。驻守偃城的关羽军果然害了怕,赶紧烧掉营寨逃跑了。

徐晃得了偃城,采取两面连营的方法,逐渐向前推进,一直到离敌军大营不远的地方才停留下来。曹操派遣的救兵还没有全部赶到,关羽的营寨又十分坚固,单靠徐晃率领的兵力是不够的,因此徐晃采取了守而不战的办法。诸将不了解徐晃的用意,怕曹操怪罪下来,连声催促赶快进兵。曹操当时派了议郎赵俨参曹仁军事,同徐晃军一起南进。这时赵俨站出来说:"敌人的包围圈还十分牢固,洪水又还没有退下去,我们所带兵力又不多,而曹仁又被围在城内,消息不通,不能同他们取得联系,协调行动。现在最好的办法是让前军逼近城下,派人通知曹仁,让他知道援兵已到,以便激励将士。估计大批援兵不过十天就可以到了,城中还是能够坚守的。到时城内城外一起发动进攻,肯定可以把敌人打败。如果因为没有及时发动进攻,曹公问罪下来,我替大家担待着好了!"

诸将听这么一说，便都高兴起来，于是挖掘地道，将箭书射到城中，城内城外沟通了信息。

再说江东的孙权，对刘备占据荆州、居其上游早就心怀不满，即使在与刘备平分荆州后，仍一心想把荆州全部据为己有。早在鲁肃接替周瑜屯驻陆口、防备关羽时，吕蒙就曾指出："东方西方虽是一家，但关羽实为熊虎，不能不加以防范。"又曾秘密向孙权献计说："如果我们能够夺回荆州，让征虏将军孙皎守南郡，潘璋守白帝，蒋钦率水兵万人在江上巡游，由我率军前去占据襄阳，这样的话，我们还何必害怕曹操，何必要依赖关羽呢？刘备、关羽狡诈反复，不能把他们当成知心朋友看待。现在关羽不领兵东向，是因为我们这些人还在。如果不趁东吴强大时把荆州夺回来，今后一旦势力减弱，想再用武力夺取，那就不可能了！"

孙权很赞同吕蒙的意见。鲁肃死后，吕蒙驻守陆口，表面上继续向关羽表示友好，实际上无时不在寻找机会袭夺荆州。

襄樊战役打响后，关羽仍在江陵等地留有相当数量的军队，以防孙权从背后发动偷袭。吕蒙认为这是一个可以利用的机会，便积极部署起来。他先给孙权写了一封密信，建议说："关羽进攻襄樊而在后方留下不少军队，这肯定是怕我领兵从后方发动袭击。我经常生病，可以治病为名，把我调回建业。关羽知道后，肯定会把后方的军队调到襄樊前线去。这时，我军再沿江急上，袭其空虚，南郡就可以拿到手了。"

孙权很赞成吕蒙的计策，于是公开发令将假称病重的吕蒙召回，而让名气还不太大，但却很有才能的陆逊去接替吕蒙。陆逊到达陆口后，立即以非常谦恭的语气给关羽写去一封信，信中一面对关羽的功劳大加恭维，一面建议关羽对曹操不要掉以轻心，因为曹操是一个狡猾的人，不会甘心失败，恐怕还会暗中增调援兵，以求一逞。关羽接读来信后,心情非常舒畅,觉得陆逊年纪轻轻,本事不大,态度又如此谦恭友好,完全消除了对东吴的戒备心理。另一方面,关羽又觉得对曹操确实不能掉以轻心,于是便将留守后方的军队往前线调了不少。陆逊将上述情况一一报告孙权,并就如何偷袭关羽提出了自己的建议。

就在这时,曹操的使者来到,向孙权转达了曹操的意见。这意见同孙权的想法不谋而合,孙权立即表示同意,并给曹操写了一封密信,表示将派兵西上,袭击关羽,关羽如丢掉江陵、公安二城,一定会立即撤兵,樊城之围就可以不救自解。并请求曹操不要泄漏这个机密,以免让关羽有所准备。

曹操读完密信,大喜过望,立即召集部属商议。不少人认为孙权说得有理,应当替他保密,只有董昭持不同意见,说:"我们应当表面答应保密,而暗中将密信的内容泄漏出去。关羽听到这个消息,可能回兵自救,樊城之围就可以立时解除。然后,可使孙权、关羽两强相斗,我们坐收渔人之利。如果秘而不露,使孙权得志,并不是上策。此外,被包围在樊城的将士不知有获救的希望,担心粮食不足,产生恐惧,万一产生别的想法,后果不堪设想。再说关羽为人自负,自恃江陵、公安两城城防坚固,决不会轻易撤退,这样也决不会影响到孙权偷袭荆州的计划。"

董昭的意见,考虑得相当全面周到,立即被曹操采纳。曹操命人抄录孙权来信让徐晃用箭分别射到樊城和关羽营中。果然,守城将士得知消息后,顿时斗志大振,信心倍增。而关羽得信后,却举棋不定起来。他一面疑心这是曹操搞的离间之计,不肯轻易上当;一面也感到孙权确实不那么可靠,担心他真的对自己的后方发起袭击。考虑来考虑去,决定还是继续包围樊城,等待江陵方面的确切消息。

三 大败关羽

曹操布置完毕，即从洛阳动身，打算亲自南救曹仁。群臣催促曹操速行，担心去迟了樊城失守。只有侍中桓阶持不同意见。他问曹操："大王认为曹仁他们能不能相机处置好事情？"

曹操不假思索地回答："能。"

桓阶又问："大王是担心曹仁他们不肯努力作战吧？"

"不。"曹操斩钉截铁地回答。

"那为什么要亲自带兵前往呢？"

"我担心敌人众多，徐晃等人难以对付。"

桓阶侃侃而谈："现在曹仁他们虽身处重围而能够死守下来，是因为大王掌握重兵在远处支援他们。身处万死之地，必有死争之心；内怀死争之心，外有强兵相救，何必担心他们会失守而非得亲自前去不可呢？"

曹操觉得桓阶说得有理，于是在到达摩陂后停留下来。同时，先后派遣殷署、朱盖等十二营前去支援徐晃。

各路援军会齐后，徐晃决定趁关羽举棋不定的时机发起攻击。关羽军分别屯驻围头和四冢。关羽见四冢将被攻破，于是亲自带着步骑五千出战。据说关羽同徐晃过去曾有过一段交情，因此在阵前见了，便远远地站着叙起旧来，却都不提双方交战的事情。聊了一会儿，徐晃突然下马宣布："谁能砍下关云长的头，赏金千斤！"

关羽大惊，对徐晃说："大哥，你这说的是什么话？"

徐晃回答："这是国家的事情！"

曹军于是猛攻上去，关羽抵挡不住，往后败退。关羽营寨设有十重鹿角,十分牢固,徐晃率军追击,尾随关羽败军冲入敌营,大败敌军,并杀死了投降关羽的南乡太守傅方、荆州刺史胡修等人。关羽损失惨重,只得撤了樊城之围。

捷报传到摩陂,曹操大为高兴,立即下令嘉奖:

> 贼围堑鹿角十重,将军致战全胜,遂陷贼围,多斩首虏。吾用兵三十余年,及所闻古之善用兵者,未有长驱径入敌围者也。且樊、襄阳之在围,过于莒、即墨,将军之功,逾孙武、穰苴。(《劳徐晃令》)

莒和即墨都是春秋时齐国城邑,一在今山东莒县,一在今山东平度市东南。燕国乐毅攻齐,连下七十余城,齐将田单率众坚守莒和即墨,始终未被攻下,后据以反攻,收复了齐国的全部失地。孙武和穰苴则是春秋时两位著名的军事家。孙武被吴王用为将军,先后打败了楚、齐、晋等国,使吴称霸于诸侯。穰苴又叫司马穰苴,为齐将,先后打败过燕、晋军。曹操不仅把樊城、襄阳之围同莒和即墨之围等量齐观,把徐晃同孙武、穰苴相提并论,而且说与之相比有过之而无不及,用明显的夸饰口吻,高度评价了徐晃的战功,表达了自己大喜过望的心情。

孙权偷袭荆州的计划也在顺利地进行着。孙权亲自率军西上,派吕蒙为前部。吕蒙到寻阳后,把战船全部伪装成商船,舱中隐藏精兵,摇橹的人换上白衣服,扮作商人模样,昼夜兼行,直趋南郡。关羽沿江设立的岗哨,一个个都被收拾,直到兵临城下,荆州守军才发觉。这时留守公安的是将军士仁,留守江陵的是南郡太守糜芳,他们都对关羽心怀不满,暗中同孙权有了联系,这时便都听从劝告,未做抵抗便先后开城投降了。

关羽围攻樊城失利,紧接着得到了孙权偷袭荆州的确切消息,立即撤兵回救。樊城守将看到关羽撤退,不少人主张乘势追击。参军赵俨不同意,说:"孙权利用关羽进兵襄樊的时机,偷袭关羽后方。他怕我们乘关羽回救江陵时进攻他们,所以来信表示友好,愿为消灭关羽效力。现在关羽已经势孤,应当保留他,让他去对付孙权。如果对关羽穷追不舍,就会引起孙权的疑心,对我们是不利的。魏王肯定也十分担心这个问题。"

曹仁觉得赵俨说得有理,因此没有去追击关羽。曹操得知关羽撤兵的消息,果然担心诸将前去追击,立即派人送来了不准追击的命令,理由同赵俨所说的完全一样。

吕蒙占据江陵后,对关羽及其将士的家属实行优抚,下令部队不得侵扰百姓,对那些德高望重的老人予以特别照顾,有病的给医药,饥寒者送衣粮,城中秩序很快得到恢复。关羽在南撤途中,几次派人到江陵打探情况,吕蒙对来人都给予厚待,让他们自由走访,并允许他们将城中将士家属的信件带回军中。关羽手下的将士得知家属一切平安,生活比以前还要安定,便都丧失了斗志,不少人还离营逃回了江陵。关羽自知势孤,只得向西退守麦城。孙权围住麦城,一面派人进城劝关羽投降,一面让朱然、潘璋带兵截断关羽的逃路。这年十二月,关羽假装投降,暗中带着十余骑突围,在漳乡被潘璋的司马马忠擒获,旋即被杀。其子关平及都督赵累等同时遇害。

在吕蒙占据江陵的同时,陆逊攻取了宜都郡,占领了秭归、枝江、夷道等地。至此荆州南部地区全部落到孙权手里。孙权以吕蒙为南郡太守,封孱陵侯,赐钱一亿、黄金五百斤。以陆逊为抚边将军,宜都太守,封华亭侯,率军驻守夷陵,扼守西陵峡口以防御刘备。

曹操大败关羽后,在摩陂举行了隆重的庆功会。徐晃率军前往,曹操亲自迎出七里之外。席间曹操特地举杯向徐晃敬酒,并称赞说:"保全樊城、襄阳,都是将军的功劳啊!"

同时厚赐桓阶,并任他为尚书。

樊城被围期间,张辽也奉召从合肥赶来支援,还未赶到,徐晃已经打败关羽,解了樊城之围。快到摩陂时,曹操也亲自乘车出迎,表示慰劳。

当时诸军云集摩陂,曹操巡视各营时,不少士兵离营围观。可是一到徐晃营中,只见军营整齐,秩序井然,将士坚守岗位,无一人乱走乱动。西汉时,匈奴大举入边,名将周亚夫驻军细柳以防备匈奴。文帝前往劳军,见其治军谨严,倍加称赞,誉为"真将军"。曹操所看到的情景,同当年汉文帝所看到的情景颇为相似,不由得赞叹道:"徐将军可谓有周亚夫的遗风啊!"

经过侯音之乱和这一场襄樊攻守战,荆州人口减少了不少。曹操考虑到荆州逼近前线,打算将剩下的人口和颍川一带屯田的民众迁到中原去,遭到司马懿的反对。司马懿说:"荆楚地区的形势还不稳定,容易发生变化。关羽新败,曾经附和关羽的人们现在都在躲藏观望。如果把听话的民众迁走,既伤害了他们的感情,还会使那些逃亡的人不敢再回来了。"

曹操采纳司马懿的意见,不再移民,相反采取了一些安抚民众的措施。结果那些逃亡在外的人都慢慢回到了家园。

孙权杀掉关羽后,派专人把关羽的首级送给曹操,这一方面是为了对曹操表示归附之意,另一方面也是为了嫁祸曹操,以期引起刘备对曹操的不满。然后,以诸侯之礼将关羽的身躯安葬。曹操收到关羽首级后,将其隆重地安葬在洛阳。

在这场战役中,曹操、孙权和刘备三方的关系发生了戏剧性的变化。本来同刘备联盟的孙权,转而向曹操表示友好,结成了事实上的联盟关系。战后,曹操为了实践对孙权的许诺,更重要的是为了搞好同比原来更为强大了的孙权的关系,特地表荐孙权为骠骑将军,假节兼任荆州牧,封南昌侯,事实上承认了孙权对江南地区的统治。孙权同刘备成了冤家对头,在客观上也必须同曹操搞好关系,因此在受封后立即派遣校尉梁寓向汉室奉送贡物,派遣王惇购买马匹,还把前几年攻皖时俘虏过来的曹操的庐江太守朱光等人送回了北方。孙权甚至不惜上书曹操,歌功颂德,称说天命,劝曹操即位称帝,自己情愿称臣。曹操出于多方面的考虑,拒绝了孙权要他称帝的建议,但对孙权派来的使者,却都给予热情接待,梁寓到许都后还被任为掾属。

襄樊战役的意义是重大的。曹操在这次战役中,利用孙权的力量消灭了关羽,解除了襄樊的威胁。孙权从刘备手中夺回了荆州,将势力延伸到了三峡以东、长江以南的大片地区。三国鼎立的局面最后形成,三国的疆域至此也大体固定下来。诸葛亮在《隆中对》中所提出的从东西两面向曹魏钳击的设想至此完全破产,以后诸葛亮多次对魏用兵,都只能出秦川一路,不能从根本上动摇曹魏根基,这对曹操身后的三国形势和西晋最终在代魏后统一全国的格局产生了深远的影响。

襄樊战役的结局,显然跟曹操、孙权和刘备三方关系所发生的戏剧性变化有很大关系。孙、刘联盟的解体,从根本上说来是彼此之间不可调和的矛盾最终发展的结果。刘备借了孙权的荆州,为了实现诸葛亮有朝一日从荆州北出宛、洛以击曹魏的战略构想,也为了占据荆州上游以对孙吴构成威慑,同时也为了使蜀汉有一道坚固的门户,是决不肯将荆州拱手还给孙权的。反过来,孙权也决不肯将荆州旷日持久地"借"给刘备。因此,双方之间的这道死结无论如何是不可能用和平的手段彻底解开的。但为了对付曹操的威胁,将矛盾暂时淡化或搁置起来却是完全可能的,这就需要双方从大局出发，求同存异，尽可能多做一些加强友好、维护联盟的工作。可惜的是，刘备、诸葛亮入川后，留守荆州的关羽对这方面的工作做得并不够好。关羽其人，忠勇刚强，屡建战功，这在当时是被各方公认的。但关羽也有严重的弱点，这就是高傲自负。高傲自负就不能谦恭待人、礼貌待人，这既不利于团结部众，也不利于团结盟友。一次，孙权派使者来见关羽，表示要替自己的儿子娶关羽的女儿，这对加强双方的友好关系本来是件极好的事情，而且也并不辱没关羽，但是关羽不仅断然予以拒绝，还将来使辱骂了一通，惹得孙权为此大为生气。对于糜芳、士仁等部属，关羽更是不放在眼里，糜芳、士仁一直为此耿耿于怀。关羽北征襄樊后，糜芳、士仁负责军需供应，有时供应不上，关羽就威胁说回军后一定要惩治二人，二人害怕，最后终于在孙权的诱降之下倒了戈。关羽高傲自负，还为吕蒙施展骄敌之计提供了合适的土壤，陆逊一恭维，关羽就飘飘然起来，结果放松了必要的警惕。因此，孙、刘联盟的解体虽有其内在的必然性，但关羽却在其中起了"催化"的作用。关羽加速了孙、刘联盟解体的过程，同时自食其果，不仅使蜀汉丢了荆州，自己也在瞬间从一个威震四方的英雄变成了身首异处的亡虏，付出了极其惨重的代价。孙权、曹操是这场战争的受益者。孙权利用了关羽的弱点，也利用了曹操、关羽之间"龙虎斗"的机会；曹操也不失时机地利用（甚至是挑拨）了孙权与刘备之间的矛盾。他们都善于利用对方的矛盾，来达到自己的目的，从而导演了一出错综复杂、曲折离奇的历史剧。

第十八章 "周公吐哺，天下归心"

一 "吾任天下之智力"

曹操自起兵讨伐董卓以来，东征西讨，南北转战，最后终于完成了统一北方的大业。曹操能够统一北方，决不是偶然的，而是由于他具备了成功的一些条件，如建立了较为巩固的根据地、"挟天子以令诸侯"、大兴屯田、大量罗致人才以及在长期的斗争实践中积累了丰富的统治经验、锻炼了非凡的指挥才能等。单就罗致人才一点而言，曹操的成绩就很突出。曹操所罗致的人才，不仅济济可观，而且源源不断，不仅袁绍、袁术、刘表等人不能望其项背，即使比之孙权、刘备，曹操也占有明显优势，这成为他的事业获得成功的一个关键。

曹操能够大力罗致人才，首先在于他对人才的重要性有着清醒的认识。早在同袁绍一起会盟讨伐董卓时，曹操就表达了自己对于人才的卓越识见。一次，袁绍问他："如果讨伐董卓不能取得成功，您打算到什么地方去占据地盘呢？"

曹操引而不发，先反问一句："您认为应当怎么办才好呢？"

袁绍气势如虹地回答："我南面据守黄河，北面依恃燕、代，再将西北乌桓、鲜卑、南匈奴等少数民族的势力吞并,然后向南争夺天下,这样,大业总可以成功了吧?"

曹操听了,不置可否,却沉稳地谈了自己的打算:"我任用天下的谋臣和将士,用合情合理的手段驾驭他们,让他们充分发挥自己的作用,就可以无往而不胜。"稍停片刻,曹操又补充说:"商汤起兵于亳,周武王起兵于岐周,难道他们的地盘相同吗?如果将险固的地盘作为资本,就不能随着形势的变化而变化了!"

曹操在这里自然不是反对获得地盘,尤其不是要反对建立巩固的根据地,而是认为人才比地盘更为重要。有了人才,没有地盘可以获取地盘,反之则有了地盘也可能失掉地盘。有了人才,就有了实力,有了办法,不管客观形势如何变化,都可以从容对付,使自己立于不败之地。反之,则很难在复杂多变的形势面前站稳脚跟。曹操的识见,自然要比袁绍高明得多。

曹操能有这种识见,一方面由于他清醒地看到了现实的需要,一方面由于他认真总结了历史的经验教训。《善哉行》诗第五解云:

齐桓之霸,赖得仲父。后任竖刁,虫流出户。

春秋时齐桓公因得管仲(即仲父)为相,成为五霸之首。后因不听管仲遗言,任用他所宠信的宦官竖刁等坏人,弄得朝政日非。桓公死后,其五子争位相攻,以致其尸体无人收殓,放在床上六十七天,腐烂后蛆虫都爬到了门外。得人与失人,差别不啻天渊,曹操怎能不从中吸取教训以自警呢?

建安三年(198),袁术军中发生变乱,消息传来,曹操问部属何夔:"你觉得这消息可信吗?"何夔回答说:"袁术无信人顺天之实,却希望天人的帮助,这是不可能得志于天下的。失道之主,亲戚都要背叛他,何况左右部属呢!依我看来,这变乱的消息是确实的。"

曹操听了,深有所感地说:"治理国家失去了贤能的辅佐就要灭亡。像你这样的人都不为袁术所用,发生变乱不是很自然的吗?"

从这里也不难看出,曹操对求贤的重要性是有着清醒的认识的。因此曹操从他起兵的时候起,就十分注意罗致人才,在攻城略地的同时,注意不断为自己开辟新的人才来源,每攻占一个地方,每打败一个敌人,就总会得到一批新的人才,以致形成了帐下人才济济一堂、源源不断的局面。有时,得到一个人才,甚至比新得到一块地盘更为高兴,袭占荆州后,曹操在给荀彧的信中说:"不喜得荆州,喜得蒯异度耳。"就表达了这样一种心情。

综观曹操的人才,其来源大致可分为以下三个部分:一是跟随曹操一起起兵的亳县子弟。夏侯惇、夏侯渊、曹仁、曹洪、曹纯、曹休、曹真等人,或为宗族子弟,或为同乡故旧,是曹操所倚重的基本力量和心腹将领。其他亲朋故旧,曹操也常给予关照。一次,曹操问别驾蒋济:"胡通达是一位长者,他有子孙在世吗?"

蒋济回答说:"有一个儿子叫胡质,气概谋略不如他的父亲,但处事的精明却有过之而无不及。"

曹操听后,即召见胡质,任命他为顿丘令。发干长王凌因事被判处五年髡刑(一种剃去头发的刑罚),一次正拿着扫帚扫大街,曹操乘车路过,问是何人,左右以实情相告。曹操听后说:"这是子师哥哥的儿子啊!所犯的过失也是因公,放了他吧!"

子师,即司徒王允,为诛杀董卓的主谋,后被李傕、郭汜杀死。曹操赦免王凌,显然考虑了过去同王允的交情及王允诛杀董卓的功劳。有关部门遵照曹操意旨,立即起用王凌为骁骑主簿,曹操后又任王凌为丞相掾属。

二是从敌方营垒中投奔、投降或俘虏过来的人。由于曹操在统一北方的过程中消灭了一个又一个敌手,因此这部分人所占的比重相当大。如被陈寿评为"时之良将,五子为先"的张辽、乐进、于禁、张郃和徐晃,其中张辽原为吕布部将,张郃原为袁绍部将,徐晃原为杨奉部将。谋臣荀彧、郭嘉原在袁绍手下,贾诩原在张绣手下,等等。曹操对敌方营垒中的人才,态度甚为宽容,不论对方原来如何卖力地反对过自己,只要此人确实有才,曹操都尽力加以罗致,主动投归者更是来者不拒。对旧主越是忠心耿耿、矢志不渝的人,曹操既爱其才,又悯其忠,就越是想把这样的人弄到手里。审配效忠袁绍,被曹操俘虏后,仍不屈不挠,恨恨不已,曹操却仍想把他留下来,就是一个突出的例子。

三是四方前来投奔的人。这些人中既有在汉末大乱中流散四方的士人(其中一些人成了隐士,有一些人弄到了贫困不能自存的地步),也有不少地方豪强,还有其他一些形形色色的人。曹操十分注意罗致士人和地方豪强。士人是地主阶级中比较有知识、有智慧、有见识的一群,在汉末反对宦官的斗争中,士人形成了一股政治势力,产生了很大的社会影响。一些出身名门的士人,更拥有相当的号召力。如不能有效地争取到士人的支持,政治上是很难有所成就的。地方豪强是黄巾大起义后在各地形成的一些地方割据势力,他们聚集家兵部曲,屯坞自守,拥有相当的实力。如李典有宗族、部曲三千余家,一万三千多人,许褚聚集了少年及宗族数千家,任峻、李通、吕虔、臧霸等人也都拥有一定数量的家兵部曲。他们纷纷投到曹操麾下,对壮大曹操的军事实力起了重要的作用。

曹操罗致人才的方式,除主动前来投奔和在战斗中俘获的以外,一般为征召。曹操"挟天子以令诸侯",拥有以朝廷名义征召天下的便利。他不仅可以名正言顺地征召自己辖区内的人,还可以名正言顺地征召敌方辖区甚至敌方营垒中的人。如华歆、王朗、虞翻等人或为孙策、孙权部属,或在孙氏的掌握之中,曹操都以献帝名义加以征召。张纮为孙策出使许都,曹操却把他留下来,任命为侍御史,后来想让他辅助孙权内附,才让他离开许都到江东做了会稽东部都尉。曹操特别注意征召那些隐逸四方的士人,态度十分谦恭,有时还几次三番,不厌其烦。邴原、管宁等人避乱辽东,张范等人避乱扬州,曹操都把他们召入自己麾下。这些人大都以超脱世俗、清高孤洁自许,曹操把他们召入麾下,不仅增强了自己的实力,还可利用他们的影响,争取到更多的士人。曹操有时也以个人名义写信,招聘人才。最有趣的是他给太史慈的一封信。太史慈是东莱人,先随扬州刺史刘繇,后随孙策,作战骁勇,特别善射,箭不虚发。曹操闻其名,便给他去了一封信,用小箱子装好。太史慈收到小箱子,打开后,里面一个字也没有,只有一味中药当归。"当归",即应当回归北方的意思。曹操虽未能达到目的,但由此不难看出他良苦的用心,巧妙的心计。

　　让下属、特别是那些有名望的下属举荐,也是曹操罗致人才的一个重要手段。荀彧、荀攸、郭嘉、陈群、梁习、孔融等人都曾向曹操推荐人才,其中以荀彧的成绩最为突出。曹操手下的大批得力僚属,如戏志才、荀攸、郭嘉、钟繇、陈群、司马懿、郗虑、华歆、王朗、杜畿、杜袭、辛毗、赵俨、荀悦、仲长统等人,都是由荀彧识拔推荐给曹操的。荀彧出身世家名门,名重一时,在士大夫中享有很高威望;投奔曹操后,身处尚书令要职,有延揽人才的便利;加之他好士爱才,知人善鉴,对延揽人才的态度又非常积极,因此成为向曹操推荐人才最多的一位。荀攸也曾担任尚书令的要职,在举荐人才方面也做了不少工作。曹操感慨地说:"两位荀令评论人物,时间越长越显得正确,我一辈子也忘不了!"

　　郭嘉则不仅亲自向曹操推荐人才,还力劝曹操大力延揽人才。

河北平定后，曹操从青、冀、幽、并四州征召了不少知名人士，就是听从了郭嘉的劝告。

曹操的部属能够积极向曹操推荐人才，是同曹操虚心征求的态度密切相关的。荀攸、郭嘉、钟繇等人能够进用于曹操，就是曹操直接向荀彧征询的结果。袭占荆州后，曹操又让名士韩嵩逐一品评州人优劣，凡经举荐的都予以提拔任用。

曹操的积极性，极大地调动了部属的积极性，人才也就越来越多，形成了一种良性循环。

为了得到人才，曹操有时还采用了非常的手段。司马氏是河内温县著名的世家大族，世代历任高官。司马懿兄弟八人都是知名的士族子弟，长兄司马朗字伯达，司马懿字仲达，诸弟分别字叔达、季达、显达、惠达、雅达、幼达，时人称为"八达"。司马懿是"八达"中最有雄才谋略的人物，早在青少年时代，就得到当时名士的赞誉，如大名士崔琰说他"聪亮明允，刚断英特"，另一个大名士杨俊断言他是"非常之器"。曹操任司空时，下令征召司马懿，司马懿看到汉朝将亡，不想屈节曹氏，便诡称有风痹病（肌肉、关节酸痛麻木），不能起居行动，拒绝应召。曹操想知道真假，便秘密派人夜间潜入司马懿住处，假装行刺，司马懿估计是曹操派人前来试探，便坚卧不动，装出真有风痹病的模样，暂时蒙混了过去。曹操并不甘心，同时也并不相信司马懿真有风痹病，因此在做丞相后，又征召司马懿为文学掾，派人去通知司马懿，吩咐说："如果司马懿再拖延不肯就任，就把他抓起来！"

司马懿担心被杀，只得勉强出来就职。后来地位逐步上升，特别是在曹丕称帝、建立魏国以后，逐步控制了朝政，奠定了司马氏以晋代魏的基础。

从部属中发现人才，培养人才，也是曹操获得人才的一个重要途径。于禁原是鲍信手下的一个士兵,乐进原是曹操帐下的一个小吏,由于具有才能,曹操又敢于放手在实践中使用他们,锻炼他们,后来都成为曹操的重要将领。毛玠原为县吏,满宠原为郡督邮,蒋济原为郡计吏,后来都成了曹操的重要僚属。或出身微贱,或身为布衣,而被曹操发现、使用、提拔,最终登上牧守将校高位的,可以说是数不胜数。既大量从外部罗致人才,又大量在内部培养人才,终于形成了人才源源不绝的态势。

曹操主观上想大力罗致人才,这是问题的一个方面。另一方面,当时的不少人才主观上也想投归曹操。出现这种情况,主要由于下列原因:

一是曹操以朝廷名义延聘人才,心怀汉室正统思想人们便会欣然而至。有些人并不满意曹操,但看在献帝的面上,也只得接受了召命,最后在实际上为曹操所用。

二是曹操屡次战胜,势力一天天强大,有识之士看到曹操能成大气候,因此愿意依傍曹操。在汉末大乱中流散四方的士人,有的在政治上不得意,有的不仅在政治上不得意,在经济上也陷入了困境,有的甚至变易姓名隐避他乡,这些人大都希望改变目前的处境,在政治上重新寻求到发展的机会。但战乱之后,他们丧失了门第的凭借,得不到乡举里选的机会,投奔权势者成了他们改变处境的唯一出路。曹操力挫群雄,异军突起,使他们看到了希望,因此纷纷前来投附。在农民战争和稍后的豪强割据混战中受到打击,无法继续独立称雄的豪强地主,也纷纷率部投归曹操。有趣的是,投归与背离往往是同时进行的,从中不难看出曹操同其他割据势力之间的高下之别、人心向背。何夔避乱淮南,袁术到寿春后,千方百计想留他、用他,他却认为袁术不得人心,必生祸乱,因而想方设法摆脱袁术控制,到北方做了曹操掾属;避乱荆州的赵俨看出曹操有平定天下的才能，于是扶老携弱北投曹操，被曹操任命为朗陵长；裴潜则看出刘表不是"霸王之才"，最终必然失败，从荆州南奔长沙，在曹操平定荆州后北投曹操；田畴避乱徐无山中，袁绍多次征召，他一概予以拒绝，而曹操前往征召，他却立即出门上路，田畴投归曹操并不是为了求取功名，但他的选择同样是颇具代表性的。

最后也是最重要的原因，是由于曹操不仅能够热心延纳人才，而且能够放手使用人才，使人才有用武之地，从而吸引了大批人才。在这方面，曹操也与其他割据者形成了鲜明对比。郭嘉原想投附袁绍，后来看到袁绍只想效法周公的礼贤下士，却并不懂得用人，因而毅然离开袁绍投奔了曹操，便是一个突出的例子。曹操平定荆州后，罗致、任用了大批荆州士人，当他在汉水边大摆筵席庆贺胜利时，王粲举杯祝贺说："袁绍起兵河北，仗恃人多势众，一心想要吞并全国，但他喜爱贤才却不能使用贤才，所以贤才都纷纷离开了他。刘表在荆州坐观时局变化，自以为可以效法周文王。到荆州避乱的士人，都是国内的英才，刘表却不知道使用，所以陷于危困而无人辅助。明公平定冀州后，立即整顿武备，延揽豪杰并加以重用，所以能够驰骋天下。平定荆州后，又大力进用贤士，把他们放在显要的位置上。文武并用，英雄尽力，这真是夏、商、周三代开国君王才有的举措啊！"

王粲这段话，虽不无溢美之词，但将曹操同袁绍、刘表相比，说明曹操能够重视人才以成就大业，却是符合实际的。袁绍出身世家大族，人称"四世三公"，"门生故吏遍天下"，刘表是当时的大名士，为"八俊"之一，而曹操出身宦官家庭，论罗致人才的客观条件，他是不如袁绍、刘表的。但由于他在主观上能高度认识人才的重要性，有一套罗致和使用人才的有效办法，终于在罗致人才方面大大超过了袁绍、刘表，并依靠自己的人才条件，最终战胜了袁绍、刘表。可见，曹操的主观努力，成了他能大量罗致人才的一个关键。"吾任天下之智力"的战略方针，收到了预期的效果。

二 "唯才是举，吾得而用之"

曹操对于人才的渴求，越到后来越迫切。特别是赤壁战败后，面对孙权、刘备日益强大、天下三分逐渐形成的形势，曹操深切感受到了事业的艰难。他认识到，要完成统一天下的大业，必须罗致更多的人才，以最大限度地充实自己的力量。为此，他专门先后三次下令，要求部属不拘一格地举荐和录用人才。第一次是在建安十五年（210）春，令文说：

自古受命及中兴之君，曷尝不得贤人君子与之共治天下者乎！及其得贤也，曾不出闾巷，岂幸相遇哉？上之人不求之耳。今天下尚未定，此特求贤之急时也。"孟公绰为赵、魏老则优，不可以为滕、薛大夫。"若必廉士而后可用，则齐桓其何以霸世！今天下得无有被褐怀玉而钓于渭滨者乎？又得无有盗嫂受金而未遇无知者乎？二三子其佐我明扬仄陋，唯才是举，吾得而用之。（《求贤令》）

令文首先总结历史经验，认为自古以来的开国帝王和中兴之君没有一个不是得到贤才同他一起治理天下的。而所得贤才，又往往不出里巷，并不是侥幸碰到的，而是当政的人访求得来的。接着点明形势，说明当时正是迫切需要寻求贤才的时候，必须不拘一格加以选用。曹操从《论语·宪问》中引用了孔子所说的一句话，说如让鲁大夫孟公绰做晋国诸卿赵氏、魏氏的家臣,那是力有余裕的;但他却没有才能来做滕、薛这样小国的大夫。言外之意是,适宜做大国家臣的人,却不一定适宜做小国的大夫。孟公绰大概是一个廉静寡欲而缺乏实际才能的人,所以做赵、魏的家臣则有余,做滕、薛的大夫则不行。意在说明德才各有短长,用人不能求全责备,必须因材授任,廉士不一定就是万能之才。曹操进一步以管仲为例,说明不一定非得是廉士才可以使用。管仲年轻时贫困,同鲍叔牙合伙经商,等到分财利时,管仲欺鲍叔牙而多取,因此得了个不廉之名;后事齐公子纠,又曾谋害小白(齐桓公)。但齐桓公不嫌管仲有不廉之名,也不计较他曾经谋害过自己,仍任用他为相,终于称霸诸侯。曹操想成就齐桓公那样的大业,于是怀着急切的心情问道:现在天下难道没有像姜子牙那样的身穿粗布衣服、怀有真才实干而在渭水之滨垂钓的人吗?没有像陈平那样蒙受"盗嫂受金"的污名而还没有遇着像魏无知那样举荐的人了吗?曹操要求左右僚属帮助他发现那些因身处贫贱、地位低下而被埋没了的人才,只要有才能就可以推举,他都可以加以任用。曹操在这里明确提出了"唯才是举"的方针,这实际上是他一生在用人问题上所贯彻的总方针。

建安十九年(214)十二月,曹操又下了一道求贤令,令文说:

夫有行之士,未必能进取,进取之士,未必能有行也。陈平岂笃行,苏秦岂守信邪?而陈平定汉业,苏秦济弱燕。由此言之,士有偏短,庸可废乎!有司明思此义,则士无遗滞,官无废业矣。(《敕有司取士毋废偏短令》)

这道令着重提出德行和才能、作为往往不能兼具的问题,要求人事主管部门不要求全责备,即使有这样那样的缺点也不能废置不用,这样,有才能的人就都会得到发挥才能的机会,官府也不会有旷废的事了。曹操在这里再次提到了陈平。据《史记·陈丞相世家》,陈平由魏无知推荐给刘邦,刘邦任命他为都尉,典护诸将。后来周勃、灌婴等谗毁陈平,说他家居时曾私通嫂子,当都尉后又接受过诸将贿赂。刘邦就此责备魏无知,魏无知说:"现在楚汉相争,最需要的是人才,我向您推荐的就是人才。陈平的才能对国家是很有用处的。只要才能对国家有用,盗嫂受金又算得了什么呢?"

刘邦觉得有理,于是更加重用陈平,终于成就了大业。曹操同时提到了苏秦。苏秦是战国时的纵横家,曾说燕、赵、韩、魏、齐、楚六国联合抗秦。后秦从中破坏,六国约解,齐伐燕,攻取十城,苏秦又说齐王,使齐归还燕十城,齐人因此说他卖国,说他反复无信。曹操认为,陈平虽没有敦厚的品行,苏秦虽并不守信用,但他们一个辅佐刘邦奠定帝业,一个救助了弱小的燕国,其才能还是可堪大用的,从而有力地说明了"士有偏短"也决不能废置不用的道理。

第三道求贤令发布于建安二十二年(217)八月。令文说:

> 昔伊挚、傅说出于贱人,管仲,桓公贼也,皆用之以兴。萧何、曹参,县吏也,韩信、陈平负污辱之名,有见笑之耻,卒能成就王业,声著千载。吴起贪将,杀妻自信,散金求官,母死不归,然在魏,秦人不敢东向,在楚则三晋不敢南谋。今天下得无有至德之人放在民间,及果勇不顾,临敌力战;若文俗之吏,高才异质,或堪为将守;负污辱之名,见笑之行,或不仁不孝而有治国用兵之术:其各举所知,勿有所遗。(《举贤拘品行令》)

这道令又明确提出了只要有治国用兵之术,即使不仁不孝也"勿有所遗"的问题。令文列举了历史上一些出身微贱、名声不雅、品行不端而才能卓著、立了大功的人物,其中管仲是再次提及,陈平是第三次提及。其余的人,伊挚(即伊尹)、傅说都出身奴隶,但一个辅佐商汤灭了夏朝,一个被商王武丁举用为相。萧何、曹参原来都是县吏,后来辅佐刘邦,都位至丞相。韩信年轻时曾乞食漂母,受胯下之辱,但后来却做了刘邦的大将。吴起是战国初卫国人,在鲁国时,齐人攻鲁,鲁君想任他为将,但因其妻是齐人,有些猜疑,他便杀妻换取信任,做了鲁将,打败了齐国。他年轻时,为了出外求官,花光了家产,被人讥笑,他杀掉讥笑者三十余人,继续外出,临行与其母告别,发誓不位至卿相不还乡,不久母死,果然不归。但他先后辅佐鲁、魏、楚国,历任将相,建立了卓著的功勋。这些人在历史上都曾声名远播,家喻户晓,举以为例,显得言之凿凿,滔滔雄辩,从而为"举贤勿拘品行"提出了有力的论据。最后要求部属将那些流落民间而道德高尚的人,果敢勇猛能奋不顾身对敌作战的人,普通文墨小吏中才高质异堪做将军、郡守的人,背着不光彩的名声、有着被人讥笑的行为或不仁不孝而有治国用兵才能的人统统推举出来,不得有所遗漏,语气恳切,态度坚决,充分表露出了求贤若渴、迫不及待的心情。

　　综观三道求贤令,内容一次比一次具体、深刻,问题提得一次比一次尖锐,心情也一次比一次迫切。其原因,在于曹操的年纪越来越大,而吴、蜀的力量却越来越强,主观上想尽快完成统一的大业,客观上完成统一大业的难度却空前增加了,因此对人才的需求也就更加迫切了。但另一方面,经过魏、蜀、吴三方的多方搜求,由于战争的摧残,人才的发现和罗致反不如逐鹿中原时期那么容易了。这就迫使曹操不得不采用一再下令的办法,来敦促人事主管部门,乃至所有部属尽力发现人才、举荐人才,特别是发现、举荐那些以前因有这样那样的毛病而被弃置不用,或仍然隐身民间未被发现的人才。其目的在于最大限度地开辟人才资源,以满足对于人才不断扩大的需求。

三道求贤令的核心都是"唯才是举",即不管其德行如何,只要有才能就一律加以任用,这在当时是具有反传统的意义的。两汉统治者为巩固自己的统治,极力提倡封建礼教,形成了一套以忠孝仁义为主要内容的道德观,而且把这定为选用官吏的重要标准。汉代不少皇帝下诏举士,都非常重视仁孝。如宣帝强调"孝弟有行义",哀帝强调"孝弟淳厚",章帝强调"孝行为首",桓帝强调"至孝笃行",没有一个讲"唯才是举"的,更没有讲"不仁不孝而有治国用兵之术"的人也要"勿有所遗"的。选拔人才的地方推举,评论人物的清议,也都以"经明行修",即熟悉儒家经典,道德行为、生活作风没有毛病作为考察的重点,并设有察举孝廉和举贤良方正的科目,作为儒生仕进的阶梯。这种选拔制度在黄巾起义前一直严格地推行着,延熹八年(165),即曹操十一岁的这一年,桓帝诏公卿、校尉举贤良方正,次年又诏公卿、校尉、郡国举至孝,第三年又诏公卿、校尉举贤良方正,可见统治者对具有所谓德行的人才是十分重视的。

选拔人才只重视所谓德行,其弊病是显而易见的。按照这种选拔标准,地主官僚的子弟只要通经,只要有忠孝仁义的虚名,不管其有无实际才能,经过察举和征辟,都能做官,反之则无法得到仕进的机会。东汉以后,察举制度日趋腐败,所谓仁孝道德更是空有其名,以致在桓帝、灵帝时期出现了"举秀才,不知书。察孝廉,父别居。寒素清白浊如泥,高第良将怯如鸡"(葛洪《抱朴子·外篇·审举》引时人语)的局面。加之汉末大乱后,士人流散他乡,州郡察举的制度也不能再继续推行下去。在这种情况下,如果抱残守缺,走选拔人才的老路,势必陷入走投无路的境地。因此,要大量罗致人才,推进事业发展,就必须打破旧传统,抛弃旧标准,另辟一条新路。曹操早在建安八年(203)所下的令文中,就提出了"治平尚德行,有事赏功能"

的选官准则,驳斥了"军吏虽有功能,德行不足堪任郡国之选"的议论。在这三个令文中,更反复申述了"唯才是举"的方针,大胆否定了以仁孝为中心的用人制度,把反传统的精神发挥到了极致。

当然,曹操主张"唯才是举",并不是要同传统彻底决裂,并不是完全不要德行、不要政治。曹操接受的是传统儒家思想的教育,自己也是在二十岁时被举为孝廉而踏入仕途的,对忠孝还是持肯定态度的。初平三年(192)曹操任兖州牧后,曾任命东平人毕谌为别驾。后张邈叛变,扣押了毕谌的母亲、弟弟和妻子儿女。曹操知道后,对毕谌说:"你老母在张邈那边,你可以离开我这里到那边去!"

毕谌赶紧叩头,说自己没有异心,曹操为此大加称赞,还感动得流出了眼泪。谁知毕谌一离开曹操,就找机会逃走投奔了张邈。后来曹操打败吕布,毕谌被活捉,大家都为毕谌担心,以为他肯定活不成了,谁知曹操却说:"一个孝顺父母的人,难道会不忠于君主吗?这正是我所要访求的人啊!"

不仅不治毕谌罪,还让他去做了鲁国相。从这件事不难看出,曹操还是十分欣赏并提倡孝道的。像毕谌这样的人在曹操阵营中不会是个别的。邢颙(字子昂)德行卓著,时人有"德行堂堂邢子昂"的赞誉,曹操任命他做了广宗长。后因旧主死去,邢颙擅自弃官奔丧,有关部门向曹操举报,曹操却说:"邢颙忠于旧君,有一致之节。"不仅不加追究,后来还任命他做了司空掾。郑浑的高祖父、父亲都是名儒,本人德行突出,曹操听说后,就把他召为掾属。曹操宣布孔融的罪行,也是说他不孝。在第三道求贤令中,曹操还把推举"至德之人"放在了首位。这些都证明,曹操不是不要德行,不是不要忠孝仁义。在曹操看来,讲究忠孝仁义的人对自己也是有好处的,他们可以忠于自己,实心实意地为贯彻自己的政策和路线服务。只不过在现实生活中,德才往往不能兼备,在这种情况下,就不能求全责备,只要有才能就可以使用,即使是那些有严重缺点,甚至是"不仁不孝"的人也不例外。由于特别强调了才能,德行无形中退避到了次要地位,成了一种陪衬,因而显得不那么重要了。

曹操"唯才是举"的方针,在实践中是得到了贯彻执行的。一大批出身低微、"经"不明"行"不修,甚至曾经反对过曹操的人能被吸收到曹操周围,成为曹操的重要将领和僚属,就是贯彻了这一方针的结果。有的人来到曹营后,仍然不修德行,老犯错误,曹操有时也能加以原宥。曹操的同乡丁斐(字文侯),在曹营任典军校尉之职,得到曹操信任,丁斐有什么建议,曹操一般都能加以采纳。但丁斐有爱贪小便宜的毛病。建安末年随同曹操征吴,因自家的牛瘦弱,就利用职务之便调换了一头官牛,被人发现告发,受到了免官下狱的处罚。曹操后来见到丁斐,故意问他:"文侯,你的印绶到哪儿去了?"

丁斐知道曹操是在开自己的玩笑,于是回答:"拿去换大饼吃了。"

曹操听了,哈哈大笑,对身边的人说:"东曹掾毛玠多次跟我说,要我重重地处罚丁斐。我并不是不知道丁斐不清白,只是我有丁斐,就像人家有善捕鼠却爱偷东西的狗一样,偷东西虽会造成一些小损失,却可以使我的东西保存完好!"

于是又恢复了丁斐的官职,像原来一样信用他。这说明,曹操从大局出发,对这类德行有亏缺的人是采取了比较灵活的态度的。曹操还曾下过一道手令,说:

> 谚曰:"失晨之鸡,思补更鸣。"昔季阐在白马,有受金取婢之罪,弃而弗问,后以为济北相,以其能故。(《选举令》)

季阐在白马时,犯过接受贿赂、夺取人家婢女的罪行,曹操却因他有才能,不仅没有处理他,反而让他做了济北相,也很能说明问题。值得注意的是,曹操在这里引用了一条谚语,说明他认为品行不好仍是一个缺点,只是不要揪住不放,要给人家一个改过自新的机会,就像耽误了报晓的鸡,还想再叫一声补上一样。这种不纠缠历史旧账、重在现实表现的做法,使曹操能够最大限度地罗致人才,不仅加强了自己的力量,对于制止大族地主垄断政权,使更多的中下层地主得到参与政治的机会,也起到了一定的作用。

三 "何以省东曹?"

制定了用人的方针政策,还得有合适的人来贯彻执行。曹操的丞相府中设有专门主管人事工作的机构,分东曹和西曹。东曹主管二千石以下政府及军队中官员的升降事宜,西曹主管丞相府内官员的任免事宜。曹的负责官员正职叫掾,副职叫属。曹操十分重视掾属的人选,担任掾属的人员,大都清廉正直,不徇私情,办事认真,坚持原则。先后担任过掾属的有崔琰、蒋济、毛玠等人。

崔琰初随袁绍,后归曹操,任曹丕的师傅。其人体态壮伟,声音洪亮,面目清朗,须长四尺,十分威严庄重;加之行为端方,性情耿直,敢作敢为,人们对他都非常敬重,连曹操对他也有几分敬畏。曹操初任冀州牧,召崔琰为别驾从事,对崔琰说:"昨天,我考察了一下冀州的户籍,可得三十万人,真算得上是一个大州啊!"

崔琰听了,却回答说:"现在天下分崩离析,袁氏兄弟操戈内战,冀州百姓暴骨旷野。王师来到冀州,没听说传布仁德,慰问百姓,救民涂炭,却在这里算计如何扩充兵力,把这件事当做当务之急,这难道是冀州百姓所希望于明公的吗？"

一席话把在场的人个个听得惊恐失色，都赶紧低下了头。曹操听了，却对崔琰肃然起敬，连忙收敛起得意的神态，向崔琰表示道歉。

崔琰不仅正直敢言，还颇知人善鉴。早年他同司马朗友好，其时司马朗的弟弟司马懿还年轻，崔琰就认为他刚直果断、英明奇特，司马朗不一定能赶得上。司马朗对此不以为然，而崔琰却仍坚持自己的看法，后来事实证明他的看法是不错的。崔琰的堂弟崔林，年轻时没什么名气，连族中人都看不起他，而崔琰却常说："这就是所谓大器晚成啊！他终究会有很大成就的。"

涿郡人孙礼、卢毓刚到曹操的司空府任职时，崔琰又品评说："孙礼通达刚烈，办事决断，卢毓清警明理，百折不挠，都是做三公的人才。"

后来崔林、孙礼、卢毓果然都做到宰辅的高位。像这类知人善鉴的例子，还有不少。

忠诚，清廉，正直，敢言，善于鉴识人物，这正是一个主管人才选拔的官员必不可少的素质。曹操看中了崔琰的品行和才能，先后让他担任过东西曹的掾、属和征事。刚宣布授职东曹时，曹操还特地发布过一道手令：

君有伯夷之风，史鱼之直，贪夫慕名而清，壮士尚称而厉，斯可以率时者已。故授东曹，往践厥职。（《授崔琰东曹教》）

伯夷是商末孤竹国君的长子，孤竹君死后，与其弟叔齐互相让国，弃国逃走。《孟子·万章下》称赞他说："伯夷，目不视恶色，耳不听恶声。非其君不事，非其民不使。治则进，乱则退……当纣之时，居北海之滨,以待天下之清。故闻伯夷之风者,顽夫(贪夫)廉,懦夫有立志。"史鱼是春秋时卫大夫,临死时对其子说:"我数言蘧伯玉之贤而不能进,弥子瑕不肖而不能退。为人臣生不能进贤而退不肖,死不当治丧正堂,殡我于室足矣。"(《韩诗外传》卷七)死后,其子依言照办。卫君得知实情后,按照史鱼生前的意思擢用蘧伯玉,而斥退了弥子瑕。后来孔子称赞子鱼说:"直哉,史鱼!邦有道如矢,邦无道如矢。"(《论语·卫灵公》)曹操在这里以伯夷、史鱼比方崔琰,认为他的操守和耿直可作为当时的表率,贪心者将因敬慕他而变得清廉,壮士将因尊崇他而更加奋勉,这既是对崔琰的褒肯,也是对崔琰的勉励和希望。后来崔琰确也没有辜负曹操的期望,十余年间,品评人物,选拔贤能,做出了不小的成绩。

蒋济是从扬州别驾任上调任丞相主簿西曹属的。在巩固淮南防线的工作中,蒋济做过很大贡献,曹操对他十分赞赏。蒋济做扬州别驾后,有人告他带头谋反,曹操不相信,对左将军于禁等人说:"蒋济哪会干这种事!蒋济如干了这种事,我算是太不了解人了。这一定是有人企图捣乱,故意把蒋济拉扯进去。"

不仅立即下令将已关押的蒋济放了出来,而且还重用他为丞相主簿西曹属,并特地下了一道手令:

舜举皋陶,不仁者远。臧否得中,望于贤属矣。(《辟蒋济为丞相主簿西曹属令》)

皋陶是传说中远古时东夷族的首领,为人大公无私,舜把他选拔出来掌管刑法。《论语·颜渊》说:"舜有天下,选于众,举皋陶,不仁者远矣。"曹操在这里勉励蒋济向皋陶学习,褒扬好的和贬责坏的都做到公平合理,把人事工作搞好。

毛玠担任东曹掾的时间大体与崔琰同时。还在担任县吏时,毛玠就以清廉公正著称,颇有古风。曹操攻克柳城后,将缴获的战利品分赏群臣,特意把素屏风和素凭几赏给毛玠,说:"您有古人的风度,所以把古人所用的东西赏给您!"

毛玠担任东曹掾的职务后,秉公办事,不徇私情,谁找他请托求情都得碰钉子。曹操之子曹丕有一次亲自去找毛玠,请他任用自己的一个亲属,毛玠认为曹丕所推荐的人不合升迁的程序,立即予以拒绝。毛玠为此得罪了不少人,许多人既怕他,又恨他。建安十七年(212),有人利用合并机构的机会,以西曹地位高于东曹为由,要求裁并东曹,保留西曹,排挤毛玠。曹操了解到个中缘由,特地下了一道手令:

日出于东,月盛于东,凡人言方,亦复先东,何以省东曹?(《止省东曹令》)

于是裁并了西曹而保留了东曹,也就是保留了毛玠的职位,支持了毛玠的工作。后来,毛玠升任右军师。曹操被封魏王后,又担任尚书仆射一职,再次主管选举工作。

此外,徐奕担任过东曹属,何夔、邢颙担任过东曹掾,丁仪担任过西曹掾,桓阶担任过尚书,都曾主持过官吏选举的工作。徐奕、何夔等人性情耿直,坚持原则,同丁仪矛盾很深,丁仪屡次谗毁诸人,赖得桓阶从中斡旋,得以无事。有人曾劝徐奕:"拿史鱼的正直同蘧伯玉的智慧相比,哪一个更可取呢?丁仪正受重用,你应当想法做些谦让才是。"

但徐奕不为所动。尚书傅巽也曾劝过何夔,要他对丁仪做些让步,何夔也没有答应。但曹操对徐奕、何夔等人的工作是支持的,曹操后来南征孙权,特地让徐奕留下担任丞相府长史,说:"你的诚信,就是古人也难以相比。现在让你留下来主管丞相府的工作,我再也不会有后顾之忧了!"

曹操做魏王后,徐奕担任尚书一职,再次负责选举工作。

崔琰、毛玠等人贯彻曹操的用人方针,是十分尽职的。一方面,他们重视有真才实学的人,另一方面,他们也十分注重德行的考察,选用了不少清廉正直的人。平时虽然名声显著,但品行不端、不守本分的人,浮华不实的人,骄傲不谦逊的人,拉帮结伙的人,都得不到录用的机会。特别强调节俭,毛玠身居高位,带头穿粗布衣服,吃粗茶淡饭,以为人们做出表率。官吏政绩平平而私财丰足的,一律免官,永不录用。这样一来,士人纷纷以清廉的节操自励,即使是显贵的大臣,其车马服饰也不敢超出通常的标准。这对改变东汉以来崇尚浮华奢靡的风气,促使官吏廉洁奉公,节省军政开支以减轻百姓负担,无疑都起了积极作用。曹操对此十分欣赏,曾赞叹说:"用人能够做到这样,让天下的人都自己管理好自己,我还有什么事可做呢?"

但这件事也有做得过头的一面,影响所及,以致官吏回家省亲,往往身穿破衣,蓬首垢面,独乘柴车前往;有的官员上朝穿着朝服在街上步行;还有大臣自带饭食上朝的。舆论也被错误导向,以致官员只要一穿新衣、乘好车,就被说成不廉洁;反之,不修边幅、衣服破旧者就被说成廉洁。这就给喜欢弄虚作假的人打开了方便之门。为此,丞相掾和洽曾向曹操提出建议,说:"天下人的才能和德行各不相同,不能以是否节俭这一点来决定取舍。提倡节俭,自己用来修身是可以的,如果用来取士,就难免有片面性,可能会失去不少人才。立教观俗,贵在处理适当,不能偏激,这样才能坚持长久。现在我们却崇尚一些令人难堪的行为来作为大家共同遵守的规范,再这么下去,必定会带来弊端,被人钻空子。"

曹操认为说得有理，便做了一些纠正。他发布的三道求贤令越到后来越强调才能的重要，认为德才不能兼备时只要有才便可以使用，显然就带有纠正上述偏向的用意。

曹操不仅确定了选拔人才的原则和标准，为人事主管部门物色了合适的人选，同时还沿袭东汉乡举里选的传统，创立和实行了九品中正制（也称九品官人法）。这个制度规定，由政府选择有名望的官员，按其籍贯兼任本郡的中正官或本州的大中正官。中正官、大中正官依所管地区人物的德行和家世，定为上上、上中、上下、中上、中中、中下、下上、下中、下下九个品级，写上评语，推荐给人事主管部门，人事主管部门即参照他们所确定的品级选用官吏。据《三国志·魏书·陈群传》，九品中正制是延康元年（220）曹丕继位为丞相、魏王后，根据尚书陈群的建议制定的。但实际上，在这以前九品中正制已经大体成形，并已得到贯彻执行。《宋书·恩幸传序》说：

> 汉末丧乱，魏武始基，军中仓卒，权立九品，盖以论人才优劣，非为世族高卑。因此相沿，遂为成法。自魏至晋，莫之能改。

又《通典·选举二》说：

> 按，九品之制，初因后汉建安中天下兵兴，衣冠士族多离土，欲征源流，遽难委悉。魏氏革命，州郡县俱置大小中正，各取本处人任诸府公卿及台省郎吏，有德充才盛者为之，区别所管人物，定为九等。

此外，何夔任东曹掾时，曾向曹操建议，认为自起兵以来，制度草创，但用人不了解根底，以致各自推举自己所喜欢的人才，有时把德行撇在了一边。他主张先由乡里进行考察,使长幼顺序,不要互相超越,这样贤和不贤的区别就会变得十分清楚。曹操很赞赏何夔的建议,大约这时九品中正制的雏形就已产生。建安十三年(208)曹操攻下荆州后,立即拜访名士韩嵩,让他逐一品评荆州人士优劣,然后一一加以录用,说明他对用熟悉情况的本郡、本州人士来品评人物的做法是赞赏的,九品中正制在他看来是可行的。

实施九品中正制的目的是为了通过评定等级的办法,来录用那些尚未做官的人。汉末以来,由于战乱,乡、里等地方政权组织不少已遭受破坏,而各种人物大都离开乡土,流散四方,因此传统的"乡举里选"制度已无法继续贯彻执行。这样一来,在对各种人物的出身里爵、道德才能进行考察时便发生了困难,这对最大限度地发现和选用人才是很不利的。在北方日趋统一、社会秩序日趋安定的情况下,流散四方的人们又逐渐回到原籍,这时在一定程度上恢复乡举里选的传统还是适宜的,对发现、培养人才是有好处的。九品中正制在其创立之初,由于"不拘爵位",确也按照"唯才是举"的原则,选拔了一些有用之才。但同时,也存在过于看重德行出身的偏向。此后,特别是曹丕继位以后,其弊端更日见突出。由于中正官逐步被世家大族把持,品评等级越来越重视家世出身,从而为门阀政治大开了方便之门,到西晋时竟出现了"上品无寒门,下品无世族"的局面,九品中正制最后完全变成了替世家大族服务的工具,所起的作用也就完全是消极的了。

四 "我有嘉宾,鼓瑟吹笙"

曹操《短歌行》诗云:

对酒当歌,人生几何!譬如朝露,去日苦多。慨当以慷,忧思难忘。何以解忧?惟有杜康。青青子衿,悠悠我心,但为君故,沉吟至今。呦呦鹿鸣,食野之苹。我有嘉宾,鼓瑟吹笙。明明如月,何时可掇?忧从中来,不可断绝。越陌度阡,枉用相存,契阔谈䜩,心念旧恩。月明星稀,乌鹊南飞,绕树三匝,何枝可依?山不厌高,海不厌深,周公吐哺,天下归心。

诗从感叹时光易逝发端,接着抒写功业未成、求贤若渴的心情,最后以周公自比,表达了安定天下的雄心壮志。"杜康"相传是我国最早发明酿酒的人,或说为黄帝时人,或说为周朝时人,这里用作酒的代称。"青青"两句是《诗经·郑风·子衿》中的成句,"衿"是衣领,"子"是诗中女子对他所思念的情人的称呼,这里借用来表示对人才的思慕。"呦呦"四句是《诗经·小雅·鹿鸣》中的成句,原是宴饮宾客的乐歌,说我有嘉宾,要以鼓瑟吹笙来相待,这里借用来表示自己渴望礼遇贤才。"明明"四句,以明亮的月亮拾取不到为喻,表达了自己求贤未得的忧虑。"越陌"四句,则刻画了故人远道来访后宴饮谈心、重温旧谊的欢快情景。"月明"四句,用鸟雀选择枝头栖息,比喻乱世中的人才选择合适的地方投奔、依附。最后四句,表示自己要以吐哺折节的精神,将尽量多的人才延揽到手,帮助完成统一的大业。《管子·形势解》:"海不辞水,故能成其大;山不辞土石,故能成其高;明主不厌人,故能成其众;士不厌学,故能成其圣。""山不"二句,即从这里化出。"吐哺",吐出口中正在咀嚼的食物,谓中途停止吃饭。《韩诗外传》卷三载周公云:"吾,文王之子,武王之弟,成王之叔父也。又相天下,吾于天下亦不轻矣。然一沐三握发,一饭三吐哺,犹恐失天下之士。"这里表示要像周公"一饭三吐哺"那样虚心对待贤才,使天下人心归附。全诗吞吐往复，跌宕抑扬，将诗人一腔忧才、盼才、爱才、惜才的情怀表达得淋漓尽致，确乎是一曲感人肺腑的高唱。吴淇说："盖一厢口中饮酒，一厢耳中听歌，一厢心中凭空作想，想出这曲曲折折，絮絮叨叨，若连贯，若不连贯，纯是一片怜才意思。"（《六朝选诗定论》卷五）揣想作诗情景，可谓深有会心，颇得真意。

《短歌行》是真实反映了曹操对于人才的真诚态度的。在实践中，对于一些闻名已久的人才，曹操总是真诚地渴慕，希望有朝一日能罗致到手。人才一旦来奔，曹操总是真诚地欢迎，常有相见恨晚之感。官渡之战中许攸弃袁绍来奔，曹操来不及穿鞋，光着脚匆忙出迎，就是一个突出的例子。重要的人才来奔，曹操都要尽快亲自接见，询问方略，听取建议，表达对对方的礼敬之忱。对于那些反对过自己的人，只要转变态度，曹操往往也能宽大为怀，不念旧恶，并委以一官半职。比如陈琳，在官渡之战前夕为袁绍起草了一篇讨伐曹操的檄文，历数曹操的种种"罪恶"，其中有的说的是事实，有的说的则不一定是事实。如说曹操亲率将士盗墓，"破棺裸尸，掠取金宝"，军中还设有"发丘中郎将""摸金校尉"等官职，专事盗墓，看来说的就是事实。实际上，袁绍军当时也搞盗墓的勾当，崔琰还在袁绍手下时，就曾对此加以指责，只不过陈琳不会在这里揭短就是了。当时正值大乱之后，百姓穷困不堪，而割据争雄的各路军阀开支又极大，筹措无方，故都想出了这一盗墓下策。但陈琳指责曹操曾盗梁孝王墓，则不一定是事实。梁孝王刘武是西汉文帝之子、景帝之弟，分封梁国。由于其地位特殊，加之得到窦太后宠爱，不断给予赏赐，致使梁国成为景帝后期西汉最富有的王国。梁孝王死后，其墓中的殉葬品自然也应当是十分丰厚的。但据1991年6月29日《文汇报》报道，经国家文物局对坐落在今河南省永城市芒山的梁孝王墓的发掘，虽证明梁孝王墓的规模确实是宏大的，殉葬品也确实是十分丰厚的(已大量出土的文物,可分为金缕玉衣、鎏金车马器等几大类,其中仅"汉半刃"钱币就重达五吨半),但并不曾提到有过盗墓的事情。推测起来,如果曹操确曾将梁孝王墓弄到"破棺裸尸"的地步,还能将这么多的珍宝钱币弃置不取吗?可见很难相信陈琳所说的是事实。看来陈琳即使不致无中生有,也是误听了谣传的。此外,陈琳有些事说的是事实,但不一定就是"罪恶"。如陈琳说曹操的祖父曹腾是宦官,父亲曹嵩是领养的,而曹操则是"赘阉遗丑",揭曹操出身的老底,现在看来就有人身攻击之嫌。但在当时,这却是极能伤害曹操的手段。汉末宦官由于数度操纵朝政,残害士人,名声很坏;汉代又看重门第,如此攻击可以说明曹操出身微贱;汉代以孝治天下,骂到父祖,比骂本人在感情上更让人难以接受。因此,仅凭陈琳这篇称得上是"恶毒攻击"的檄文,曹操就足可把他杀掉。但是,曹操打败袁绍后得到陈琳时,只责备陈琳说:"你过去为袁本初写檄文,骂我也就行了,不是说憎恨邪恶只限于本身吗?怎么往上牵扯,骂到我父亲、祖父的头上去了呢?"

陈琳赶紧向曹操赔罪。曹操喜爱陈琳的才学,不但没有杀他,还任命他为司空军谋祭酒。可以说这是曹操不念旧恶的一个突出例子。

人才来奔后,曹操一般都能安排适当职务,放手使用,在工作中注意虚心听取他们的建议,有了成绩及时给予肯定,有了功劳及时给予奖赏。曹操本性多疑,但在人才使用中却常能信人不疑,不轻信逸言,不轻易处罚。蒋济被人诬告谋反,曹操不仅不信,相反还将蒋济提升为丞相主簿西曹属;程昱因性情刚戾,得罪了不少人,结果被人诬告谋反,曹操得知后,仍对他加以重用。建安十八年(213),东郡朱越谋反,诬陷黄门侍郎卫臻与他同谋,曹操同样不信,但为慎重起见,让荀彧进行调查。经过调查,弄清了真相,得出了正确的结

论,曹操特地为此下了一道手令,将调查结果通知卫臻:

> 孤与卿君同共举事,加钦令问。始闻越言,固自不信。及得荀令君书,具亮忠诚。(《辨卫臻不同朱越谋反论》)

卫臻是卫兹之子,曹操在陈留起兵时,得到过卫兹的资助,对卫兹父子十分了解,因此从一开始就不相信朱越的诬陷。经过荀彧的调查,更完全明白了卫臻的忠诚。这件事表明,曹操对人的处理是持慎重态度的。不久,曹操把卫臻留在身边做了参军事,并赐爵关内侯。

来归的人才犯了错误,有时甚至犯了可杀之罪,曹操因爱惜其才,有时也能不予计较,甚至予以重用。魏种便是一个突出的例子。曹操曾推荐魏种为孝廉,对他十分信任。张邈反叛时,许多人倒戈跟随了张邈,曹操却十分自信地说:"只有魏种是不会背弃我的!"等到得知魏种也跟着张邈跑了,曹操不由得勃然大怒,咬牙切齿地说:"魏种,只要你不是南逃到越地,北逃到胡地,我是决不会放过你的!"后来攻下射犬,活捉了魏种,曹操却又改变了主意,说:"魏种是个人才啊!"下令替魏种松绑,并任命他为河内太守,把黄河以北的事情交给他全权处理。

对那些享有声望的名士,曹操就更要宽容一些。邴原在青州与儒学大师郑玄齐名,超脱世俗,清高自许,公孙度曾称之为"云中白鹤",认为不是用捕捉鹈鹕的罗网所能罗致的。投归曹操后,曹操任命他为东阁祭酒,对他的态度十分谦恭。建安十二年(207)冬,曹操北征乌桓回到昌国,设宴招待士大夫。酒喝到半酣时,曹操说:"我这次凯旋,驻守邺城的诸君肯定都会前来迎接,今天或者明早,大概就都到了。不会前来的,只有邴祭酒吧?"

谁知话刚说完,邴原却先到了。曹操得到报告,大为惊喜,立即起身,远远出迎。见到邴原后,曹操说:"贤人实在是难以预料啊!我本来估计您是不会来的,谁知您却屈驾远远地赶来了。这实在是满足了我的渴盼之心啊!"

邴原离开曹操后,军中士大夫前去拜访的多达数百人。曹操知道邴原名高望重,从此以后对他更加敬重。

邴原虽有公职,但却常以有病为由,高卧家中,不仅不理事,连面也很少露。这样一来,不免要产生一些副作用。名士张范,也想学邴原的清高,曹操特地为此下了一道手令:

> 邴原名高德大,清规邈世,魁然而峙,不为孤用。闻张子颇欲学之,吾恐造之者富,随之者贫也。(《为张范下令》)

"造之者富,随之者贫",意谓开创者能够得到大名,跟着学的人就将一无所获了。对张范进行了婉转含蓄的批评。这说明曹操对邴原之所以特别宽容、敬重,是为了充分利用他的声望和影响,争取到更多的士人。但他并不希望人们去学习邴原的清高,他所希望得到的是热衷事业、有实际才能的干才。这反映了曹操对当时知识界的政策和策略。

曹操对人才的坦诚态度,还表现在他对部属生老病死乃至对其家属子女的关心上。郭嘉病重时,曹操派去探视的人一个接着一个。贾逵长了瘿(颈部的囊状瘤子),越长越大,打算找医生割掉,曹操很不放心,专门给贾逵下了一道手令:

> 谢主簿:吾闻"十人割瘿九人死"。(《三国志》卷十五《贾逵传》注)

要贾逵对开刀一事采取十分慎重的态度。蒯越临终前,把家属托付给曹操,曹操立即回了信:

> 死者反生,生者不愧。孤少所举,行之多矣。魂而有灵,亦将闻孤此言也。(《与蒯越书》)

《春秋公羊传·僖公十年》载,晋献公有病将死时,问荀息士人怎样才算是守信用。荀息回答说:"使死者反生,生者不愧乎其言,则可谓信矣。"曹操化用其意,表示自己将不负蒯越所托。曹操还表示,他年轻时所推举的人,很多是这样做的,意在说明他自己一直是赞同和提倡这样做的。

郎中令袁涣(字曜卿)死后,家无余财,曹操先后下了两道手令,抚恤他的家属。其一为:

> 以太仓谷千斛,赐郎中令之家。(《赐袁涣家谷教》)

其二为:

> 以垣下谷千斛,与曜卿家。(同上)

有人不懂为什么要下两道手令,曹操又下了第三道手令加以说明:

> 以太仓谷者,官法也;以垣下谷者,亲旧也。(同上)

太仓是京中储粮的谷仓,用太仓谷赏赐,是按国家的法令办;垣下指仓垣城(在今河南开封西北)的谷仓,大约是曹操自己的谷仓,用垣下谷赠与,是照老朋友的关系办。于公于私,曹操都做了表示,充分表达了对部属的那一份特殊的情意。

部属死后,曹操常常为之感到痛惜,特别是对重要僚属的死亡,曹操更是哀恸不已,往往亲临吊唁,追赠加封,惠及子孙。曹操对郭嘉、荀攸之死所表现的态度,便是其中突出的例子。

曹操对来归的人才推诚相待,目的是为了充分发挥这些人才的作用,同时吸引更多的人才。曹操同袁绍还保持着同盟关系时,袁绍因与故太尉杨彪、大长秋梁绍和少府孔融有仇怨,想让曹操找个借口把他们杀掉。曹操回答说:"现在国家四分五裂,正是上上下下互相怀疑的时候,即使是以坦诚待人,还担心不能取得信任;如果还要动手杀人,那谁能不自危呢?而且生活在普通人中间,容易被庸人诬陷,你要去怨恨,怨恨得过来吗?以前汉高祖同雍齿有仇,他赦免了雍齿,结果使众人的情绪得到了安定,您怎么忘了呢?"

雍齿与汉高祖刘邦同乡,跟随刘邦起兵,中间曾背叛过刘邦,因此刘邦很不喜欢他。刘邦登基后,大封功臣,但同他有过嫌隙的人一时还未得到封赏,这些人思想很不安定。刘邦采纳张良建议,封雍齿为侯,结果这些人无不大为高兴,说:"连雍齿都封了侯,我们不会有问题了!"曹操引用这个史实,说明了坦诚待人、收揽人心的重要。袁绍以为曹操是表面上说得好听,对曹操很有意见,这在当时其实是误解了曹操的。曹操后来对人才所抱的态度,在很大程度上还是体现了他坦诚待人的初衷的。

曹操以坦诚的态度渴慕人才,欢迎人才,接纳人才,使用人才,关心人才,收到了很好的效果。曹操一生能够罗致大批人才,这些人才能够忠诚于曹操的事业,努力贡献自己的聪明才智,为曹操战胜对手、统一北方做出自己的贡献,决不是偶然的。

第十九章　邺下文人集团

一　"彬彬之盛,大备于时"

曹操罗致的人才中,不仅有大量治国用兵之才,还有不少文学之士。他们从全国各地汇聚到曹操周围,汇聚到邺城,从而逐步形成了一个文学家集团——邺下文人集团。这个集团的主要成员有王粲、刘桢、徐幹、陈琳、阮瑀、应玚等人,还有女诗人蔡琰,人数将近百人。他们受曹操任用,或在政府、军队中担任各种职务,或做曹操之子曹丕兄弟的亲随文学侍从。他们在曹氏父子的鼓励下积极从事文学创作,写出了不少作品,使建安时期的文学出现了一个空前繁荣的局面。

王粲字仲宣,山阳高平人,出身于一个名门世族家庭,其曾祖父王龚、祖父王畅都曾位至三公,父王谦为大将军何进长史。十四岁时,遭遇董卓之乱,由洛阳徙居长安。著名学者蔡邕当时在朝中任职,虽时局极端混乱,但门前仍然经常车马拥塞,家中经常宾客满座。一次,王粲前去拜访蔡邕。蔡邕听说王粲求见,匆忙起身,倒趿着鞋出迎。王粲来到客厅,满座宾客见他年龄不大,身材矮小,却受到蔡邕如此礼遇，无不感到十分惊奇。蔡邕指着王粲说："这是王公的孙子，极有才能，我是不如他的。我家的书籍文章，全都应当送给他。"可见王粲聪慧早熟，当时已经脱颖而出。

不久，董卓余党李傕、郭汜作乱长安，王粲又前往荆州襄阳投奔刘表。王粲投奔刘表，一方面由于当时荆州较少战乱，另一方面由于刘表有好士之名，且与其同乡，还曾就学于其祖父王畅，两家算得是世交，希望能够到那里有所作为。但出人意料的是，王粲到荆州后，一住十五年，由于刘表外表儒雅而内心多忌，且对王粲丑陋的容貌、瘦弱的身体和不拘小节的言谈举止看不上眼，因此始终未能得到重用，这使得王粲的心情常常悒郁不快。建安十三年（208），曹操南征荆州，王粲劝刘琮归降曹操，因功被任命为丞相掾，并赐爵关内侯，从此命运发生了突变。不久，又被任命为军谋祭酒，曹操封魏王后又升任侍中。由于王粲很会写文章，往往提笔即成，加之知识丰富，识见广博，常能有问必答，因此甚得曹操信用，曹操游观出入，常将王粲带在身边。

刘桢字公幹，东平宁阳人。博学多才，八九岁时，即能诵读《论语》及诗赋数万言。投归曹操后，被任命为丞相掾属。

徐幹字伟长，北海剧县人。卓识多闻，下笔成章，性情恬淡，对为官作宦不怎么感兴趣。投归曹操后，被曹操任命为司空军谋祭酒，后转为五官将文学。曹操还想重用徐幹，任命徐幹为上艾长，却被徐幹以有病为由拒绝了。

陈琳字孔璋，广陵人，初为何进主簿，何进被杀后北依袁绍。后袁绍败，归曹操。

阮瑀字元瑜，陈留尉氏人，年轻时在蔡邕门下学习，得到过蔡邕"童子奇才，朗朗无双"的赞誉。后避乱隐居。大将军曹仁曾想让他为自己掌书记，他以有病为由拒绝了。后曹操征召，即投杖而起。

曹操让陈琳、阮瑀一起担任司空军谋祭酒,管理记室,军国有关文书、檄文,多为二人草拟,深得曹操喜爱。一次曹操犯头痛病,躺在床上,正好陈琳草成一道文书送来,曹操看了,翻身而起,说:"这个治好了我的毛病。"为此多次对陈琳厚加赏赐。又有一次,曹操让阮瑀写信给韩遂,刚好曹操外出,阮瑀随从,就在马上草拟书信。写好后交给曹操,曹操提笔想做些修改,竟不能够增删一字。后来陈琳调任门下督,阮瑀调任仓曹掾属。

应场字德琏,汝南南顿人。曹操召为丞相掾属,转任平原侯(曹植)庶子,后为五官中郎将(曹丕)文学。以上六人,加上孔融,被曹丕在《典论·论文》中合称为"建安七子",说:"斯七子者,于学无所遗,于辞无所假,咸以自骋骥骤于千里,仰齐足而并驰。"意谓七人学识广博,无所遗漏,文章也写得很好,不因袭别人的旧套,各逞其能,并驾齐驱,不相上下。但孔融在建安十三年(208)被曹操处死,未能参与后来的邺下之游,因此一般不把他算在邺下文人集团之内。

蔡琰字文姬,又字昭姬,陈留圉人,蔡邕的女儿。博学多才,精通音律。据说年幼时,蔡邕有一次夜间弹琴,突然断了一根弦。文姬在远处听了说:"断的是第二弦。"蔡邕认为是偶然说准的,于是又故意弄断了一根弦,问文姬是第几根,文姬冲口而出:"是第四根。"一点也没有弄错。长大后,初嫁河东卫仲道,夫亡无子,回到母家。兴平年间(194—195),在战乱中被胡兵掳掠,身陷南匈奴(在今山西临汾附近)十二年,与左贤王结合,生下二子。曹操与蔡邕是旧交,念其无后,特派使者用金璧将文姬赎回,重嫁同郡董祀。董祀担任屯田都尉,犯法当死,文姬去找曹操求情。当时公卿名士及远方使者坐了一屋,曹操得报后,对众宾客说:"蔡伯喈(蔡邕字伯喈)的女儿在门外,我让大家见见她。"文姬进屋后,头发蓬乱,光着双脚,上前向曹操叩头请罪,言词酸楚,众人无不受到感动。曹操说:"我也很同情你的遭遇,但判罪的文书已经派人送走,有什么办法呢?"

文姬回答说:"明公厩马万匹,虎士成林,何必可惜一匹快马而不去救一条将死的人命呢?"

曹操被文姬执着的精神所感动,立即派人追回文书,赦免了董祀。当时天气寒冷,曹操还特地赐给文姬头巾鞋袜。曹操又想起了蔡邕原来的藏书,问文姬道:"听说你家原来有不少藏书,你还能把书的内容回忆出来吗?"

文姬回答说:"先父以前曾送给我藏书约四千卷,经辗转流离,一卷也没能留下来。现在能够记诵的,只有四百多篇了。"

曹操为了挽救这一笔遗产,当即决定派十名文书到文姬家去,协助文姬把这四百多篇文章记录下来。文姬认为男女有别,要求曹操把纸笔给她,她写好了送来,曹操答应了。一段时间后,文姬将默写好的文章送来,竟毫无遗漏差错。

除以上七人外,杨修、吴质、邯郸淳、繁钦、路粹、丁仪、丁廙、应璩、荀纬、刘廙、苏林、王昶、郑冲、毌丘俭、郑袤、司马孚等也都曾是参与邺下之游的人物。杨修字德祖,弘农华阴人,故太尉杨彪之子。博学能文,才思敏捷。建安中,举为孝廉,任郎中,后被曹操任命为丞相府仓曹属主簿,不少军国大事都由杨修经手处理,杨修总是能够做得让人满意,自曹丕以下,不少人争相与之交好。吴质字季重,济阴人,博学多才,得到曹丕和曹植的器重,常侍从游宴。后出为朝歌长,转任元城令。邯郸淳,一名竺,字子叔,或字子礼、元淑,颍川人。博学有异才,对文字书法尤有研究。初平年间(190—193),从三辅客游荆州,依刘表。荆州内附后,曹操因久闻邯郸淳其名,召与相见,对他十分敬重。当时曹操喜欢曹植,即让邯郸淳去见曹植,任命他为临淄侯文学(一作临淄王傅)。繁钦字休伯,颍川人,年轻时即以文章机辩闻名,既长于书记,又善为诗赋。始为豫州从事，后被曹操任命为丞相府主簿。路粹字文蔚，陈留人，年轻时曾就学于蔡邕。董卓乱中随献帝至三辅，建安初年被任命为尚书郎。后为曹操军谋祭酒，与陈琳、阮瑀等共管记室。曹操杀孔融前，让他作奏章，他极尽罗织构陷之能事。孔融死后，时人观其奏章，无不嘉其才而畏其笔。后随曹操征汉中，因违禁以低价买驴被杀。丁仪字正礼，丁廙字敬礼，二人为兄弟，沛郡人。其父丁冲曾与曹操交好，并曾劝曹操迎献帝都许，曹操感激丁冲，因此征召丁仪为掾，任命丁廙为黄门侍郎。应璩字休琏，应场之弟，也博学多才，工诗能文。荀纬字公高，河内人，从小喜欢文学，被曹操征召为军谋掾，魏太子庶子。刘廙字恭嗣，南阳人，苏林字孝友，陈留人，都曾做过五官将文学，为曹丕所器重。王昶、郑冲做过太子文学，毌丘俭、郑袤、司马孚则曾分别做过平原侯文学、临淄侯文学和曹植文学掾。

潘勖、蒋济、王象、王观、卫觊、刘劭、缪袭等也都是一时文才，或多或少参与了邺下之游。由于众多文士来集，从而形成了群星闪烁、文才济济的局面。刘勰《文心雕龙·时序》说："自献帝播迁，文学蓬转；建安之末，区宇方辑。魏武以相王之尊，雅爱诗章；文帝以副君之重，妙善辞赋；陈思以公子之豪，下笔琳琅。并体貌英逸，故俊才云蒸。"钟嵘《诗品序》说："曹公父子，笃好斯文；平原兄弟，郁为文栋。刘桢、王粲，为其羽翼。次有攀龙托凤，自致于属车者，盖将百计。彬彬之盛，大备于时矣。"描述由于曹操父子的罗致而使文士四方来集、文学创作大盛的情景，反映了当时的实际情况。

二　邺下之游

邺下文人集团是在曹操一手扶植之下形成起来的，因此曹操是这个集团的当然领袖。但是由于曹操地位很高,年岁越来越大,政务军务繁忙,不可能真正成为这个集团的一分子,实际参与他们开展的诸多活动。而曹丕比较年轻,余暇较多,加之建安十六年(211)被任命为五官中郎将、副丞相,建安二十二年(217)又被立为太子,具有仅次于曹操的尊崇地位,因此成为这个集团的实际首领,具体组织了很多文学活动。曹植身为公子,也同曹丕一道充当了这个集团的核心。这样,邺下文人平时各自办理公事,包括随同曹操一起南北转战、东征西讨。公事之余,则在曹操的认可和支持下,一起聚会,宴饮游乐,诗赋唱和。他们聚会的主要地点是邺城,这样邺城不仅成了当时重要的政治中心,而且成了首屈一指的文化中心。

曹操建安九年(204)攻占袁氏势力的老巢——邺城后,即将这里建成了自己的"霸府",其丞相府及建安十八年(213)后的魏公府、建安二十一年(216)后的魏王府都设在这里,手下文武官员除一部分镇守四方和在许都执行监视献帝的任务外,其余也都聚集在这里,这里实际成了曹魏政权的都城。曹操在这里修筑了北宫,宫中有文昌殿,同时还搞了其他一些基本建设。建安十三年(208),曹操开凿了玄武池,用来训练水军。建安十五年(210)冬,曹操在城西北角构筑了铜雀台,台高十丈,有屋一百二十间,台下有园,称铜雀园或西园。不久,曹操又修长明沟,西引漳水,向东流经铜雀台下。建安十八年(213),曹操命西部都督从事梁习从上党运送大木供修筑邺城宫室,又在铜雀台南面构筑了金虎台(又称金凤台),台高八丈,有屋一百零九间。建安十九年(214),又在铜雀台北面构筑了冰井台,台高八丈,台下有冰室,冰室内有井,井深十五丈,储藏有冰块和煤块。铜雀台、金虎台和冰井台实际上是别墅园林一类的建筑,它们的构筑为邺城平添了一层文化氛围,也为文士们提供了一个游宴赋诗的理想场所。

铜雀园树木扶疏，池水清碧，空气清新，文士们尤其喜欢前往。每当天气晴和之日，月朗风清之夜，他们就前呼后拥而至，饮酒听乐，吟诗作赋，纵论学术，品评文学，气氛热烈，其乐融融。曹丕《芙蓉池作》、曹植《公宴》诗描述了当时游宴的情景。曹丕诗云：

乘辇夜行游，逍遥步西园。双渠相溉灌，嘉木绕通川。卑枝拂羽盖，修条摩苍天。惊风扶轮毂，飞鸟翔我前。丹霞夹明月，华星出云间。上天垂光彩，五色一何鲜。寿命非松乔，谁能得神仙。遨游快心意，保己终百年。

曹植诗云：

公子敬爱客，终宴不知疲。清夜游西园，飞盖相追随。明月澄清景，列宿正参差。秋兰被长坂，朱华冒绿池。潜鱼跃清波，好鸟鸣高枝。神飙接丹毂，轻辇随风移。飘飘放志意，千秋长若斯。

两诗皆以清新秀美的笔触，描绘了一幅月光下花园风物的生动画面，抒写了肆意畅游的欢快心情，读之令人悠然神往。曹植所作很可能是曹丕所作的和诗，"清夜"两句和"乘辇"两句，"明月"两句和"丹霞"两句，"好鸟"句、"神飙"句和"惊风"两句，"飘飘"两句和"遨游"两句。从"飞盖相追随"一句看，"遨游"的决不仅是曹丕兄弟二人，而是有众多的文士跟随着，诗篇是当时邺下文人浪漫生活的真实写照。

王粲、刘桢、阮瑀、应场等人都有《公宴》诗，都是在邺城的唱和之作。

此外，曹植《娱宾赋》云："盛夏日之炎景兮，游曲观之清凉。遂衎宾而高会兮，丹帷晔以四张。办中厨之丰膳兮，作齐郑之妍倡。文人骋其妙说兮，飞轻翰而成章。谈在昔之清风兮，总贤圣之纪纲。"刘桢《赠五官中郎将》诗其四云："明月照缇幕，华灯散炎辉。赋诗连篇章，极夜不知归。"应场《侍五官中郎将建章台集诗》云："公子敬爱客，乐饮不知疲。和颜既已畅，乃肯顾细微。赠诗见存慰，小子非所宜。"等等，也都反映了当时聚会的盛况，其情其景，至今仿佛犹可目睹耳闻。

除邺城外，当邺下文人随同曹操征伐时，在其他地方也有聚会唱和的时候。曹操西征，曹丕曾在黄河岸边的孟津给时任元城令的吴质去过一封信，信中说：

> 每念昔日南皮之游，诚不可忘。既妙思六经，逍遥百氏，弹棋闲设，终以博弈，高谈娱心，哀筝顺耳。驰骛北场，旅食南馆，浮甘瓜于清泉，沉朱李于寒水。皦日既没，继以朗月，同乘并载，以游后园，舆轮徐动，宾从无声，清风夜起，悲笳微吟，乐往哀来，凄然伤怀。……方今蕤宾纪辰，景风扇物，天气和暖，众果具繁。时驾而游，北遵河曲，从者鸣笳以启路，文学托乘于后车。（《三国志》卷二十一《吴质传》注）

前面回顾昔日的南皮之游，后面描述眼下的河曲之游，都与邺下之游同一性质，可以看作是邺下之游的延伸或继续。类似的情形还有一些，一些同以某一次出征行动为表现对象的作品，就是在这种情况下创作出来的。

曹丕、曹植在同众文士的交往中，能在相当程度上无视传统的贵贱尊卑观念，同文士们平等而亲密地相处，形同朋友，建立了较为深厚的友谊。这种交往,有时甚至到了不分内外、无拘无束的地步。有一次曹丕宴请诸文学,喝得高兴了,竟至让其夫人甄氏出来同大家见面,吓得众人赶紧把头低下了。只有刘桢不买账,像看平常人一样坦然地看了甄氏,曹丕也不在乎。倒是曹操听说此事后很不高兴,下令逮捕刘桢。有关部门判定刘桢大不敬的罪名,本当处死,后减一等,罚他到尚方(主治宫禁器物,多以罪人服劳役)去做磨石的苦役。不过曹操看来也是一时性起,不久还是由他亲自赦免了刘桢。一次曹操到尚方视察,见刘桢正端坐正色磨石,于是问道:"这石头怎么样?"刘桢抓住机会,以石头自喻,回答说石头"禀气坚贞",乃"受之自然",但观察其文理,"枉屈迂绕,犹不得申"。曹操听后,哈哈大笑,回去后即下令赦免了刘桢,仍让他担任吏职。

邺下文人中,阮瑀死得较早,曹丕既伤阮瑀早亡,又伤阮瑀妻儿孤寡,于是作《寡妇》诗、《寡妇赋》以寄其情,并命王粲同作。其诗序云:"友人阮元瑜早亡,伤其妻孤寡,为作此诗。"其赋序云:"陈留阮元瑜,与余有旧,薄命早亡。每感存其遗孤,未尝不怆然伤心。故作斯赋,以叙其妻子悲苦之情,命王粲并作之。"建安二十二年(217),王粲、徐幹、陈琳、应玚、刘桢等相继病逝,曹丕更加悲伤,后在给吴质的一封信中说:"昔年疾疫,亲故多离其灾,徐、陈、应、刘,一时俱逝,痛何可言邪!昔日游处,行则连舆,止则接席,何尝须臾相失!每至觞酌流行,丝竹并奏,酒酣耳热,仰而赋诗。当此之时,忽然不自知乐也。谓百年已分,可长共相保,何图数年之间,零落略尽,言之伤心。"又说:"追思昔游,犹在心目,而此诸子,化为粪壤,可复道哉!"王粲死后,因其生前喜欢听驴叫,曹丕临其丧,要求一起去的人各学一声驴叫送送王粲,于是灵前此起彼伏地响起了一片驴叫声。曹丕还为诸子编定了文集,不使他们的作品埋没散佚。即使对死得较早、未能参与邺下之游的孔融,也采取了宽厚的态度,下令搜集其文章,凡有文章上交者,都以金帛赏赐。

建安二十四年(219),杨修被杀。不久,曹操病逝,丁仪、丁廙被杀;紧跟着曹丕称帝,曹植就国,政治中心从邺城转移到洛阳,邺下之游从此销声匿迹。但邺下之游的欢快场景,却给后人留下了深刻印象。谢灵运在《拟魏太子邺中集序》中说:"建安末,余时在邺宫,朝游夕宴,究欢娱之极。天下良辰、美景、赏心、乐事,四者难并,今昆弟朋友,二三诸彦,共尽之矣。古来此娱,书籍未见。"此后,刘勰又在《文心雕龙·时序》中说:"仲宣委质于汉南,孔璋归命于河北,伟长从宦于青土,公幹徇质于海隅;德琏综其斐然之思,元瑜展其翩翩之乐;文蔚、休伯之俦,于叔、德祖之侣,傲雅觞豆之前,雍容衽席之上,洒笔以成酣歌,和墨以藉谈笑。"其对邺下之游的概括,代表了不少后人的看法。

三　文学史上的一个黄金时代

邺下文人不断聚会唱和,推波助澜,产生了一个积极的成果,这就是促进了文学的全面发展。首先是彻底结束了两汉"词赋竞爽,而吟咏靡闻"(钟嵘《诗品序》)的局面,出现了一个诗歌创作,特别是五言创作的高潮。刘勰在《文心雕龙·明诗》中说:"暨建安之初,五言腾涌:文帝、陈思,纵辔以骋节;王、徐、应、刘,望路而争驱。并怜风月,狎池苑,述恩荣,叙酣宴,慷慨以任气,磊落以使才。"就概述了当时五言创作的盛况。邺下文人的今存诗作,五言占有很大比重,如曹丕占到一半,曹植、王粲、陈琳、应玚占到大半,刘桢、徐幹、阮瑀全部都是,其中有不少作于邺下时期。两汉时期,四言是诗体正宗,五言是一种不被重视的新起形式,到晋代时挚虞还说"雅音之韵,四言为正",直到南朝的刘勰,还称四言为"正体",五言为"流调"。邺下文人敢于突破传统偏见,大量采用五言俗体,使之成为我国古代诗歌的重要样式之一,这是一个不可磨灭的历史功绩。

邺下文人的五言诗作,不少反映了当时的社会现实。如曹植《送应氏》(其一)以感伤的笔触,描写了洛阳被董卓焚毁后的残破凄凉景象,反映了军阀混战给社会造成的惨重破坏和给人民带来的深重灾难。蔡琰《悲愤诗》痛定思痛,通过对自己惨痛遭遇的回顾,反映了东汉末年动乱的社会面貌和广大人民在动乱中流离失所、家破人亡的悲惨命运。王粲的《从军诗》(五首),则对曹操统一北方的业绩做了描述和歌颂。这些堪称"诗史"的作品,一般都内容充实,语言质朴遒劲,感情真挚深沉,描写形象生动,读来真切感人,很能体现"建安风骨"的特色。

大量五言诗是邺下文人在聚会宴饮时命题共作的产物。《初学记》卷十引魏文帝《叙诗》说:"为太子时,北园及东阁讲堂并赋诗,命王粲、刘桢、阮瑀、应场等同作。"在今存诗中,曹植、王粲、刘桢、阮瑀、应场都有《公宴》诗,曹植、王粲、阮瑀都有《三良诗》,曹植、刘桢、应场都有《斗鸡》诗,曹植、王粲、阮瑀都有《七哀》诗,当都属于这一类作品。内容主要是《文心雕龙·明诗》所说的"怜风月,狎池苑,述恩荣,叙酣宴",萧统《文选》分别列入"公宴""游览"等类。由于多为应酬、颂德,内容不免平庸,但从中可了解文人们在邺城生活的情况。其中也有一些诗抒写了乘时建功立业的情怀,如陈琳《游览》诗其二云:"骋哉日月逝,年命将西倾。建功不及时,钟鼎何所铭?"表现了激昂上进的时代精神。这些诗作最值得注意的是艺术表现上的一些特点,它们大都语言清丽,写景真切,注意锻造词句。如曹丕《芙蓉池作》,清人吴淇评云:"此诗只写'夜行游'三字。于'步西园'上着'逍遥'二字,盖逐一细看,故逐一细写也。"(《六朝选诗定论》卷五)清人陈祚明评云:"'双渠'四句,写景何其生动。'飞鸟'句,健。'丹霞'二句,光泽鲜丽。"(《采菽堂古诗选》卷五)清人方东树评论说"双渠"两句"写景如画","惊风"句"极写人所道不出之景"(《昭昧詹言》卷二)。明人胡应麟评论《芙蓉池作》和曹植《公宴》诗,说"工语甚多,如'丹霞夹明月,华星出云间','秋兰被长坂,朱华冒绿池'之类,句法字法,稍稍透露。"(《诗薮》内编卷二)皆为切中肯綮之谈。崇尚文采从此以后渐成风气,开始了古典诗歌由质朴向工美的转变。

此外,还有不少赠答诗,如曹植有《赠徐幹》《赠丁仪》《赠王粲》《赠丁仪王粲》《赠丁廙》,刘桢有《赠五官中郎将》(四首)、《赠徐幹》、《赠从弟》(三首),徐幹有《答刘公幹》等,多被《文选》收入"赠答"类,也多作于邺城,表现了文人间互相关心、互相慰勉的情谊。这类诗在表现上或直抒胸臆,或以景传情,语言平易中见隽美,质朴中见清丽,颇见特色。

抒情小赋的写作也在这一时期呈现出空前繁荣的局面。我国的赋体文学鼎盛于两汉,当时流行于赋坛的是所谓的散体大赋,主要以京邑的繁华、宫苑的富丽、山川的广袤、物产的丰饶、田猎的壮观为表现对象,内容比较单调,形式上也有一些缺陷,如结构板滞、文字奇僻、铺张堆砌、形成定格、层层因袭等。作为大赋的反动,抒情小赋早在西汉时即已出现,但数量不多,且在相当长一个时期内未形成独立体制,不少赋家其代表作仍是那些鸿篇巨制,小赋对他们说来不过是偶尔为之,聊作消遣。到了建安时期,经过邺下文人的共同努力,抒情小赋数量大大增加,并且在许多方面呈现出崭新的面貌。如题材大大扩展,不再像大赋作者那样把视野局限在帝王生活的宫廷林苑之中;抒情性大大增强,不再像汉大赋那样繁采寡情,缺乏个性;体制长短随意,但大都十分短小,有的甚至只有寥寥数行，不再像汉大赋那样铺张扬厉，形成定格；语言明白、通俗、流畅，不再像汉大赋那样好用生僻之典、晦涩之字，等等。这些变革标志着抒情小赋的成熟和赋体文学发展的新阶段，具有转折、开拓的意义。

有趣的是，这些抒情小赋不少也是命题共作的产物。铜雀台建成后，曹操曾先后两次率曹丕、曹植等登台，使各作《登台赋》。据《古文苑》卷七章樵注引挚虞《文章流别论》，曹操有一次外出打猎，曹丕及众文士跟随，曹丕命陈琳、王粲、应玚、刘桢作赋以记之，结果陈琳作了《武猎》，王粲作了《羽猎》，应玚作了《西狩》，刘桢作了《大阅》，四赋各有所长，而以王粲所作为最好。除出猎赋外，在今存赋作中，《寡妇赋》《出征赋》《浮淮赋》《愁霖赋》《大暑赋》《喜霁赋》《蔡伯喈女赋》《出妇赋》《神女赋》《节游赋》《止欲赋》《迷迭赋》《玛瑙勒赋》《车渠碗赋》《弹棋赋》《槐赋》《柳赋》《鹦鹉赋》等，都是两人或两人以上共作，其中《大暑赋》还是五人共作。《寡妇赋》除曹丕、曹植、王粲共作外，还有一位不知姓氏的丁廙妻（一作丁仪妻）也加进来作了一篇。命题共作的地点，主要是邺城，有时也在行军途中，如陈琳《神女赋》云：“汉三七之建安，荆野蠢而作仇。赞皇师以南假，济汉川之清流。感诗人之攸叹，想神女之来游。”可见这篇陈琳、王粲、杨修、应玚均有同题赋作于建安二十一年（216）从征孙权途中。这些赋作或表现从军征战的生活和感受，或抒写对种种不幸的社会人生的同情，有的还表现了男女之间的爱慕之情。大量的咏物之作，虽不免缺乏充实的内容，但大都有所寄寓，或多或少表现了作者对时世、人生的某种看法，表现了某种心情，有一定的哲理意味和抒情意味，读后能从中得到某种有益的启迪和感受。

由于邺下文人关系密切，常有思想、感情、主张需要交流，因此这一时期还出现了一个书信体散文创作的高潮。今存的有曹丕的

《与吴质书》《又与吴质书》(二篇)、《答繁钦书》《答杨修书》《与王朗书》,曹植的《与杨德祖书》《与吴季重书》《与陈孔璋书》《报陈孔璋书》《与丁敬礼书》,陈琳的《答东阿王笺》,繁钦的《与魏太子书》,刘桢的《与曹植书》《谏曹植书》《答魏太子丕借廓落带书》,吴质的《答魏太子笺》《在元城与魏太子笺》《答东阿王书》,杨修的《答临淄侯笺》等。这些书信大都文辞优美,娓娓而谈,抒情写景,真挚生动,具有很强的艺术感染力,是不可多得的抒情散文佳作。另一方面,由于不少书信涉及文学问题,又成为重要的文艺理论批评著作。如曹丕在《与王朗书》中提出了"生有七尺之形,死唯一棺之土,唯立德扬名,可以不朽,其次莫如著篇籍"的看法,在《与吴质书》中评论了当时主要文人的创作;曹植在《与杨德祖书》中,谈了他对辞赋创作、文艺批评的看法,并提出了"夫街谈巷说,必有可采,击辕之歌,有应风雅,匹夫之思,未易轻弃"这一关于民间文学的重要见解。正是在这样一个朝夕唱和、彼此切磋、互相启发的氛围中,在集思广益的基础上,曹丕写出了他的划时代的文艺理论批评著作《典论·论文》。《典论·论文》除对"七子"做出了扼要而比较中肯的评论外,首次将"文章"(主要指诗赋散文)提到了"经国之大业,不朽之盛事"的地位,彻底扭转了两汉时期认为辞赋是雕虫小技、壮夫不为的看法。并提出了"夫文本同而末异""诗赋欲丽""文以气为主"等有创新意义的命题,不仅指导、推动了当时的创作,同时直接开启了魏晋南北朝文学理论批评盛极一时的局面。

  总之,邺下时期在文艺创作、文艺批评及文艺理论方面获得了全面的丰收,成为我国文学史上的一个黄金时代。能够取得这一成就,是应归首功于曹操的。没有曹操的罗致,就不会有众多文士的聚首。没有曹操统一北方,就不会有社会秩序的渐趋安定,不会有经济在一定程度上的恢复和发展,饱经忧患的文士们也就不可能安居邺城,享受比较优裕的物质生活,获得一个安静的创作环境。没有曹操对文学的喜好,对文学的提倡,文士们也不可能尽情地朝文学方面发展。更重要的是,如果没有曹操对文人的重视,对文学的重视,两汉文人被"俳优畜之"、文学被视作经学的附庸、文人创作比较沉寂而又单一的局面就不可能被彻底打破,文士们就不可能在政治上发挥作用的同时,在文学上得到充分展示自己个性和才华的机会,创作的繁荣及题材、体裁、形式和风格的多样化也就无从谈起。曹丕、曹植之所以能以贵公子的身份同文士们亲密相处,以知心朋友和行家的身份去关心、支持、鼓励文士们从事创作,以实际行动提高作家的地位,创造一种良好的文学创作和文学批评的风气,是同曹操的立场和态度密切相关的,没有曹操行之于上,是不可能有曹丕、曹植的效之于下的,在一定程度上,曹丕、曹植就是曹操的化身,是曹操的代理人。此外,也可以说曹操具体组织了某些文学活动。他率以曹丕为首的诸子登铜雀台,使各作《登台赋》,为曹丕命众文士同题共作做出了示范。曹操率众文士随同出征,开拓了众文士的视野,为他们提供了新的创作素材,每次出征回来,都能产生一批新的诗作或赋作。可见,曹操虽没有直接参与组织邺下文人的创作活动,但他在其中所起的作用却是关键的,是别的任何人所无法替代的,是决不可以轻视的。

邺下文人集团算得上是我国文学史上首次形成的一个关系比较牢固、时间比较长久的文学集团,对后世产生了深远的影响。后来的"竹林七贤"(《晋书·嵇康传》)、"二十四友"(《晋书·刘琨传》)、永明"八友"(《梁书·武帝纪上》)、"兰台聚"(《南史·到溉传》)等都是承此流风余韵而形成的文学集团。《南史·文学传论》云:"降及梁朝,其流弥盛。盖由时主儒雅,笃好文章,故才秀之士,焕乎俱集。于时武帝每所临幸,辄命群臣赋诗。"也是对邺下风气的沿袭。至于邺下文学对后世的影响更是多方面的，从题材、体裁、风格、手法到句法、字法都对后人有所沾溉。单是曹植《公宴》诗"秋兰被长坂，朱华冒绿池"中的"被"字"冒"字，就引得陆机、潘岳、潘尼、颜延之、谢灵运、江淹、李白等人仿效不已，由此就不难窥出一斑来了。

第二十章 立 嗣

一 "此我之不幸,而汝曹之幸也"

建安九年(204)曹操攻占邺城,将邺城建成自己的"霸府"所在地之后,如何确定自己的继承人,亦即由谁来做太子的问题,被逐渐提上了议事日程。

曹操共有二十五个儿子,长子是曹昂,接下来依次是曹丕、曹彰、曹植、曹熊、曹冲等。曹昂为刘夫人所生,但刘夫人早亡,由曹操的结发妻子丁夫人抚养。曹丕、曹彰、曹植、曹熊为卞夫人所生,曹冲为环夫人所生。封建宗法制度规定,妻生的儿子称嫡子,妾生的儿子称庶子,嫡子是正统而庶子是旁支。由此决定了封建继承权的排列顺序,依次是嫡长子、嫡次子、庶长子、庶次子。曹昂本为庶长子,但因丁夫人无子,把曹昂当做亲生儿子看待,建立了很深的感情,因此曹昂在实际上具有嫡长子的身份。加上曹操对封建礼法不怎么重视,"立嫡以长"的观念相对来说比较淡漠,因此如不发生什么意外,曹昂被确立为继承人大体是不会有什么问题的。问题是这种意外早早地就发生了:建安二年(197)曹操南征张绣,张绣降而复叛，曹昂为掩护曹操，被叛军杀死。曹昂死后，最有资格充当继承人的自然要算曹丕了。但曹操这时似乎更将"立嫡以长"的成例抛到了脑后，久久不肯确立太子，其目的，显然是要通过较长时期的观察和考验，从诸子中培养和选出自己所满意的继承人。

曹操首先看中的是曹冲。曹冲字仓舒，比曹丕小九岁，聪慧异常，五六岁时，智力就跟一般成年人没什么不同。有两件事很能说明曹冲的聪慧过人。

一件是曹冲曾解决称象这个难题。一次，孙权给曹操送来一头大象。曹操望着这个庞然大物，很想知道它到底有多重，但一般的秤是无法解决这个问题的，于是动员部属想办法，但部属谁也想不出合适的办法来。这时曹冲站了出来，说："我们可以把大象拉到大船上，在船的水位线上留下记号。然后再把大象拉下船来，把一块块石头搬上船去，使船载重后下沉到大象在船上时的吃水线处。之后，再分别称得一块块石头的重量，加起来不就可以知道大象的重量了吗？"

大家听了，无不茅塞顿开。曹操也大为高兴，立即吩咐照办，很快知道了大象的重量。

另一件是曹冲想出了一个让山鸡跳舞的办法。山鸡自以为很美，在水边只要看见水中映有自己的身影，就会情不自禁地跳起舞来。有一次，南方给曹操送来一只山鸡，曹操很想看它跳舞，它却怎么也不肯跳。曹冲让人搬来一面大镜子，放到山鸡的面前。山鸡看到镜中自己的身姿，于是立即跳起舞来，竟然不知道停下，一直跳到累死。曹操自然又满意地达到了目的。这件事后来成为文化史上的一桩佳话，不少骚人墨客为之吟咏不已。徐陵《鸳鸯赋》云："山鸡映水那自得，孤鸾照镜不成双。"庾信《镜赋》云："山鸡看而独舞，海鸟见而孤鸣。"王维《白鹦鹉赋》云："山鸡学舞，向宝镜而知归。"庾信

《咏画屏风诗二十四首》其十三云："吹箫迎白鹤，照镜舞山鸡。"崔护《山鸡舞石镜》诗云："庐峰开石镜，人说舞山鸡。"等等。山鸡自矜其美，对镜自舞，是由其本性所决定的。曹冲能够了解和利用山鸡这一本性，达到让其一展舞姿的目的，对于一个孩子来说，也就很不容易了。

这两件事，一件记载于《三国志·魏书》曹冲本传，一件记载于南朝宋刘敬叔《异苑》。曹操时，孙权献大象、南方献山鸡的事是完全有可能发生的。山鸡自不必说，大象在当时的江南也是不鲜见的。《宋书·沈攸之传》载，沈攸之在江陵做荆州刺史时，曾有三头象出现在城北数里处；《周书·杨忠传》载杨忠征江南时，梁人曾在象鼻上拴上尖刀让大象参加战斗。这说明在当时江南一带不仅有野象，还有被人驯服的大象。在曹操那个时代，江南一带有大象就更不足奇了。但这两件事是否都发生在曹冲身上，则在疑似之间。陈寅恪写有《三国志曹冲华佗传与印度故事》一文（载《清华学报》六卷一期），认为以舟称象乃天竺故事，后流传中国，遂附会为仓舒之事。佛经自东汉后大量传入中国，中外结合，衍成有关传说是完全可能的。但有一点似乎不应怀疑，即曹冲肯定是聪慧过人的。否则，即使有现成的传说，也是不会附会到他身上去的。

曹冲不仅非常聪明，而且为人宽厚，做过不少好事。曹操执法很严，部属动辄得咎，曹冲常利用其特殊身份，做些调查研究，发现有受冤枉的，便暗自进行活动，为其解除处罚。先后有几十人被判处死刑，都因得到曹冲的帮助，最后保住了性命。有些人平常办事勤恳，只因一时失误而触犯刑律，曹冲常直接去找曹操，请求从宽发落。有时，曹冲还运用他的智慧，为有过失的官吏进行掩饰，使之免于处罚。一次，曹操的马鞍在仓库被老鼠咬坏，守库的小吏惶恐万分，以为这下性命难保，准备把自己捆起来去当面向曹操请罪，但仍担心这样做不能解脱罪责。曹冲知道后，就对小吏说："过三天后，你再去请罪。"曹冲于是用刀把自己的衣服穿了个洞，像是被老鼠咬过似的，然后装出一副愁眉苦脸的样子。曹操见了，担心地问这是怎么回事。曹冲回答说："都说谁的衣服被老鼠咬了，谁就会不吉利。我的衣服刚好被老鼠咬了，这怎不让人发愁呢？"

曹操听了，赶紧安慰说："哪会有这样的事呢？你不要为这事发愁了！"

三天后守仓库的小吏来了，报告说曹操的马鞍被老鼠咬了。曹操听了，不以为然地笑着说："我儿子的衣服放在身边，还被老鼠咬了，何况马鞍悬在仓库的柱子上呢！"一点也没有追究小吏的责任。像这一类的好事，曹冲还做过不少。

聪明，就意味着将来有办事的才能；宽厚爱人，就意味着将来能够得到部属的拥护，甚至可能成为一位"仁君"；加之曹冲长得姿容俊美，因此特别得到曹操的宠爱，曹操曾多次对群臣称说，表示将来要传位给曹冲。

但是，天有不测风云，建安十三年（208），曹冲十三岁时，突然患了重病。曹操想尽办法，多方医治，终未能将曹冲的病治好。曹冲死后，曹操悲痛异常，曹丕前去劝慰，曹操却说："这是我的不幸，却是你们的大幸啊！"

说着又痛哭起来。曹操亲自为曹冲办后事，无不事事尽心。司空掾邴原的女儿早亡，曹操想让她同曹冲合葬，但邴原认为生前不是配偶而死后合葬一起，这样做不合礼仪，没有答应。曹操另聘甄氏亡女与曹冲合葬，并授给曹冲骑都尉的印绶。十年后，又让曹冲的弟弟宛侯曹据的儿子曹琮奉冲之后，并封曹琮为邓侯。

曹冲死后曹操对曹丕说的那句话，用意是极明白的。曹丕对这句话的用意也很清楚，因此他后来当了皇帝，还不禁常常说："家兄孝廉(即曹昂,曹昂二十岁时举孝廉),做皇帝自是他的本分。如果仓舒还在,我也不会有天下。"是的,如果曹昂或曹冲还在,立嗣的问题可能就不会像后来那样复杂了。

二 一场或明或暗的激烈争斗

曹冲死的这一年,曹操已经五十四岁。可是此后,他仍迟迟不立太子,即使是建安十八年(213)做了魏公,建安二十一年(216)做了魏王之后仍然如此。曹操这样做出于什么考虑呢?建安二十年(215)至建安二十二年(217)间,曹操曾下过一道《诸儿令》,从中不难看出他的用意:

> 今寿春、汉中、长安,先欲使一儿各往督领之,欲择慈孝不违吾令,亦未知用谁也。儿虽小时见爱,而长大能善,必用之。吾非有二言也,不但不私臣吏,儿子亦不欲有所私。

寿春面对孙权,汉中面对刘备,长安是关西重镇,所以曹操要派诸子前去镇守。但到底派谁去好,曹操并没有决定下来,他要的是慈善、孝顺、有才能、品德好,又能服从命令的人,也就是要德才兼备的人。曹操特别强调,他说话是算数的,不仅对部下不偏私,对诸子也不想有所偏爱。他将这些想法明示诸子,就是要让他们自己去努力争取,谁也别希望走捷径,从他这里得到特别照顾。可见,曹操在选拔人才时贯彻"唯才是举"的方针,在对诸子的安排和使用中也是贯彻执行了这一方针的。他迟迟不肯立太子,其目的显然也是为了更好地贯彻执行这一方针。

曹丕嫡长子的身份,这对他争得太子地位是极为有利的。曹丕也并不是一个庸才,相反在其父的教导下,在长期随军征战的实践中,锻炼了多方面的才干。他五岁时,曹操就教他学习射箭,不久又教他击剑、骑马,八岁时就能骑在奔驰的马上开弓放箭了。与此同时,他又学会了写诗作文。稍稍长成,又博通古今经传及诸子百家之书,成为一个文武兼长的人物。在政治上,随着年龄的增长,在逐渐增长着才干,并逐渐走向成熟。在诸子中,曹操对他还是比较看重的,给予的政治名分常常在诸子之上。建安十六年(211)初,曹操始封诸子,曹植被封为平原侯,曹据被封为范阳侯,曹豹被封为饶阳侯,食邑各五千户,而曹丕却未被封侯,被任命为五官中郎将、副丞相。当时曹操自任丞相,在名义上可以说曹丕得到了仅次于曹操的职位。曹操还有意培养曹丕,让他承担一些任务,如建安十六年三月西征马超,建安二十年(215)西征张鲁,都将留守邺城的重任交给了曹丕。可见,曹操迟迟不立曹丕,并不是对他有什么特别的不满,而是为了进一步考察他、培养他和锻炼他,在立嗣问题上采取了一种十分谨慎的态度。

曹操迟迟不立曹丕,当然也是为了给自己留下一个选择的余地。在相当长一个时期内,曹植对他有着强烈的吸引力,成为他选择继承人的一个举足轻重的人选。曹植是曹丕的同母弟,小曹丕五岁,其人文思敏捷,才华过人。曹操开始看到曹植的文章,觉得竟然写得如此之好,竟怀疑不是曹植亲笔写的。他当下问曹植:"你这文章是请人代写的吧?"

曹植赶紧跪下回答:"言出为论,下笔成章,我愿当面接受测试。我怎么会请人代笔呢?"

不久,铜雀台建成,曹操率领诸子登台游览,并叫他们当场各作一篇赋。曹植提起笔来,一会儿就写好了,第一个交了卷。其赋写道:

从明后之嬉游兮,聊登台以娱情。见天府之广开兮,观圣德之所营。建高殿之嵯峨兮,浮双阙乎太清。立冲天之华观兮,连飞阁乎西城。临漳川之长流兮,望众果之滋荣。仰春风之和穆兮,听百鸟之悲鸣。天功恒其既立兮,家愿得而获呈。扬仁化于宇内兮,尽肃恭于上京。虽桓文之为盛兮,岂足方乎圣明。休矣美矣!惠泽远扬。翼佐我皇家兮,宁彼四方。同天地之矩量兮,齐日月之辉光。永贵尊而无极兮,等年寿于东王。(曹植《登台赋》)

不仅写得快,而且写得好,曹操看了,十分惊异,这一下,他完全相信曹植的才华了。曹丕才力本来也并不弱,但与曹植相比,不免略逊一筹,因此每逢这种显露才华的场合,总要让曹植占了先。曹植年十岁时,即已诵读《诗》《论》及辞赋数十万言,知识面十分广阔。建安十三年(208),曹操攻下荆州,邯郸淳归附曹操,曹操让他去见曹植,曹植与之评说混元造化之端,品物区别之意,纵论羲皇以来贤圣、名臣、烈士的优劣之差,古今文章赋诔及官政事宜所先后,又论用武行兵倚伏之势,侃侃而谈,口若悬河,就充分显示了这一才能,以致邯郸淳告辞出来后,连声赞叹曹植是个"天人"。由于曹植具备这些条件,因而得到了十分重视才能、自身也很爱好文学的曹操的青睐,以至曹操几次想立曹植为太子。建安十九年(214)七月,曹操南征孙权,特地派曹植留守邺城,行前说了一番告诫勉励的话:

　　吾昔为顿丘令,年二十三。思此时所行,无悔于今。令汝年亦二十三矣,可不勉欤!(《戒子植》)

用自己年轻时候的所作所为来勉励曹植，其目的显然不仅是要给曹植压担子，给他一个锻炼的机会，而且是要他经受住锻炼和考验，以不辜负自己的厚望。

曹操在立嗣问题上的犹豫不决，客观上给曹丕、曹植造成了一个竞争的机会，同时也造成了两人之间持久的、不可调和的矛盾。在长达十年的时间内，曹丕、曹植为争当太子而展开了一场或明或暗、时松时紧的争斗。他们身边各有亲信，曹丕身边主要有吴质，曹植身边主要有杨修、丁仪和丁廙。在这些亲信的策划下，演出了一幕幕尔虞我诈、勾心斗角的活剧。

有一次，曹操带兵出征，按照惯例，百官及诸子到城外送行。曹植说了许多颂扬曹操功德的话，辞采华美，滔滔不绝，吸引了所有在场者的注意，曹操听后也很高兴。曹丕才思不及曹植敏捷，眼睁睁地看着曹植占了上风，不免有些怅然若失。这时吴质凑上来，对曹丕悄悄说："大王动身时，您什么也别说，只要流泪痛哭就可以了。"

这一着果然有效，当曹操上马就要启行时，曹丕跪倒路边，放声痛哭，一副悲不自胜的样子，感动得曹操和曹操周围的人都流出了眼泪。于是，大家都认为曹植辞藻华美，但诚心不及曹丕。在这场较量中，曹丕为自己赢得了一分。

又有一次，曹丕听说丁仪兄弟都在积极活动，要立曹植为嗣，内心十分恐慌，打算找吴质商量一下对策。但吴质这时虽在邺城，但已被任命为朝歌长的职务，属于外官，按规定曹丕是不能私通外官的。为了避人耳目，曹丕派人用车载上一车废竹箱，再把吴质藏在废竹箱中拉进宫内。这事不知怎么被杨修知道了，立即去报告了曹操，曹操很不高兴，但一时还没来得及前去验证。曹丕得知事泄，心里很紧张，又赶忙找吴质商量。吴质说："怕什么！明天您再来拉一车竹箱进宫，箱内装上绵帛，杨修肯定又会去报告。报告后肯定会有人前来查验,查验而没有证据,那杨修就得担上个诬陷好人的罪名了。"

曹丕依计而行,果然达到了目的,曹操从此对杨修产生了疑心。

杨修为了让曹植讨得曹操的欢心,每次去曹植那儿,就揣度曹操的心思,预先替曹植写出许多答辞,每当曹操有问题要询问时,就把合适的答案抄录送上。有几次,曹操的文告刚送出一会儿,曹植的答辞就送了进去。曹植文思再敏捷,也不能快到这个地步呀!曹操怀疑其中有诈,派人调查,很快查明了真相。从此曹操不仅对杨修,也对曹植产生了不好的看法。

有一次,曹操为了考察曹丕、曹植的实际才能,让他们各从邺城一个城门出去办事,暗中预先吩咐守门人不予放行,看看他们如何处置。曹丕来到城门口,被守门人拦住后返回。而曹植预先得到杨修的指点:"如果守门人不让出城,您因是奉行魏王命令,可以把他杀掉。"曹植于是照办,达到了出城的目的,但却给曹操留下了曹丕仁厚,而曹植好杀的印象。

曹丕、曹植双方就这样你来我往,明争暗斗,各有得失,但总的来看,由于吴质的老谋深算,曹丕在这场争斗中得分较多,逐渐处于有利的地位。

三 "密访群司"

建安十六年(211),当曹丕被任命为五官中郎将、副丞相时,就曾出现过天下向慕、宾客如云的局面。像曹丕、曹植这样有身份、有地位、有抱负、有才华的贵公子,在他们身边汇聚的名士朋友当然决不会只是寥寥的几位,而这些名士朋友或多或少也都会在曹丕、曹植的太子争夺战中发挥这样那样的作用。在这场争夺战中,曹丕还曾得到过其夫人郭氏的"内助"。郭氏有智谋,有心计,还在小时,其父郭永就十分惊叹她的才能,说:"这是我的女中之王啊!"为此给郭氏取了一个"女王"的字。曹丕原来宠爱甄氏,由于郭氏的潜毁,甄氏失宠,忧恚而死,埋葬时,郭氏竟令被发覆面,以糠塞口。可见,郭氏不仅有心计,而且性残忍,在这场太子争夺战中,她对于曹植一方,是决不会心慈手软的。

太子一职究竟落入谁手,关键还在曹操的决断,因此曹丕、曹植身边的名士朋友一有机会就要向曹操进言,促成事情朝有利于自己的方面发展。一次,丁廙在曹操面前不慌不忙地说:"临菑侯天性仁孝,发于自然,而又聪明博学,文章绝伦。当今天下的贤士君子,无论年轻的还是年老的,都愿同他交游,都愿为他而死,这实在是上天降给大魏的福气啊!"

曹操听了,回答说:"曹植,我是喜欢他的,但哪能就像你说的那样了呢!我想立他为嗣,你看怎么样!"

丁廙正求之不得,赶紧回答说:"明公今天发明达之命,吐永安之言,可谓上应天命,下合人心,得之于顷刻之间,却可垂之于万世。我不避斧钺之诛,哪里敢不尽言呢?"

曹操这时大概正有意立曹植,因此丁廙的话他听起来是很入耳的。但曹操并不想偏听偏信,尤其不想只听曹丕、曹植身边人的意见,而想听听更多人的意见,特别是那些有知人之鉴、又不在曹丕、曹植圈内的人的意见。为此,曹操采取了"密访群司"的步骤,向有关部门和人员广泛征求意见。杨俊、贾诩、崔琰、毛玠、邢颙、桓阶等人先后向曹操贡献过意见。

杨俊字季才,河内获嘉人,历任曹操丞相掾属、安陵令、南阳太守等职。从年轻时起,即以辨别人的流品自任,同郡审固、陈留卫恂本来都在兵伍之中，后经杨俊识拔而成了德才兼备之士。杨俊原与曹植交好，对曹植了解较多，因此曹操密访时，他虽同时谈了曹丕、曹植的长处，但对曹植的称美更多一些。后来事情泄漏出去，还引起了曹丕的忌恨。

贾诩是曹操的重要谋士，他是主张立曹丕的，当朝中出现立曹植的议论时，曹丕很恐慌，曾向贾诩请教加强自己地位的办法。贾诩建议他加强自身道德气度的修养，躬行寒士的学业，夙兴夜寐孜孜不倦，不违背人子之道。曹丕接受了贾诩的建议，注意从这些方面去磨砺自己。一次，当曹操让左右近侍退下，向贾诩征询立嗣的意见时，贾诩很讲究策略，就像没听见曹操的问询似的，沉默着久久不做回答。曹操沉不住气了，问道："我在问您话，您不回答，这是怎么回事呢？"

贾诩装作从沉思中猛醒的样子，回答说："我刚才正在想一件事情，所以没有来得及回答。"

曹操问："您在想什么？"

"我在想袁本初、刘景升父子的事情啊！"

意思是他在想袁绍不立长子袁谭而立次子袁尚、刘表不立长子刘琦而立次子刘琮，最后终于都酿成祸乱的事情。曹操听了，不由得哈哈大笑起来，立即明白了贾诩的意图。

崔琰性情耿直，敢作敢当，当曹操秘密发函征求意见时，只有他用不封口的信公开谈了自己的看法，说："听说《春秋》大义，立太子应立嫡长子。五官中郎将是嫡长子，加之人又仁孝聪明，应该让他继承正统才是，我是至死也不会放弃这个意见的。"

曹植是崔琰哥哥的女婿，但崔琰却不替曹植说话，可见是出于公心的了，这对曹操的触动自然是不小的。曹操很赞赏崔琰的公正光明，特地将他从尚书提升为中尉。

毛玠当时正担任尚书仆射之职,主持选举工作。他看到曹植颇受宠爱,于是私下向曹操进谏说:"袁绍因为嫡庶不分,结果招来了家破国亡的惨祸。废立是关系国家兴亡的大事,这是我不应该多嘴的!"

毛玠同贾诩一样,都用袁绍这个近在眼前的教训提醒曹操,要他不要重蹈覆辙。邢颙、桓阶也都发表了类似的意见。邢颙对曹操说:"以庶子取代宗子,这是先世所警戒的事情。希望殿下好好想一下这个问题。"桓阶更在公开和私下的场合多次劝谏曹操,说曹丕德优年长,应当立为太子,态度异常恳切,甚至说:"现在太子仁冠诸子,名闻海内,天下没有谁不知道的。而大王却来向我征询对曹植的意见,我实在有些迷惑不解!"

曹操所征询的对象,当时在朝中大都是握有实权、享有威望、深为曹操所倚重的人物。如崔琰、毛玠都曾主持过人才的选举工作,素以知人善鉴著称的,不少人又都有秉公办事的脾性,不阿附于人,不轻易说别人的好话或坏话,对这曹操了解得十分清楚。而他们几乎异口同声地要求确立曹丕,不少意见还是在曹植正得宠时提出的,对于曹操自然影响不小,曹操心中的天平,自然也就越来越向曹丕倾斜了。

曹丕其人,说他是嫡长子,这是毫无疑义的;说他有一定才能,这也不错。但要说他品德如何优秀,那就不尽然了。曹丕同曹植及当时许多名士一样,具有放荡任性、不拘礼法的习性,但他颇具心计,善于掩饰,装模作样,在大臣们和父亲面前树立起了自己的良好形象。他不露形迹地做了大量争取人心的工作,大臣中有众多的人替他说话,表明这一工作是收到了实效的。他甚至把工作做到后宫之中,博得了曹操的一个宠妃王昭仪的好感,让王昭仪在曹操面前替他说了不少好话。曹丕的心血没有白费,他终于一步一步地走向预期的顶点。

四 《立太子令》

对于曹植说来，不管曹丕玩了多少心计，不管有多少人替曹丕说项，只要他能很好地把握自己，力争有一个上好的表现，他就还是很有希望的。但曹植的文士气太重，他既不像曹丕那样有那么深的城府，也不善于约束、雕饰自己，而是由着性子来，想怎么干就怎么干，加之爱饮酒而又缺乏节制，所以就要常常闹出一些毛病来，有时甚至闹到违法犯纪的地步，造成严重的后果。大约在建安二十二年（217）上半年，曹植做了一件对他争嗣极为不利的事情。一次，曹操不在邺城，曹植酒后私自乘车在帝王专用的驰道中奔驰，并打开王宫的司马门，一直驶到金门。在讲究严刑峻法的曹操看来，这是不能容忍的，盛怒之下，主管宫门的公车司马令被处死，曹植也受到了严厉的批评。曹操专门针对此事下了一道手令：

始者谓子建，儿中最可定大事。
自临菑侯植私出开司马门至金门，令吾异目视此儿矣。
（《曹植私出开司马门下令》）

《水经注·谷水注》云："渠水自铜驼街东，径司马门南……自此南直宣阳门，经纬通达，皆列驰道，往来之禁，一同两汉。曹子建尝行御街，犯门禁，以此见薄。"据此，则曹植行驰道开司马门事当发生在洛阳。但其时献帝都许，曹操居邺，洛阳并非政治中心，且董卓之乱造成的残破局面并无根本改变，曹植当无在洛阳行驰道开司马门之理。因此清人潘眉认为"金门"指邺城的金明门，司马门应为魏王宫的司马门，较为合理。正因曹植犯禁之事发生在邺城，才引起了曹操的高度重视，激起了他的强烈反感。曹操直言不讳地说，原来他认为曹植在诸儿中最可定大事，也即最有资格充当他的继承人。但自发生私开司马门这件事后，他对曹植的看法完全改变了。字里行间，流露出了对曹植的极度失望。私开司马门这件事，成为曹植由得宠到失宠的转折点，成为导致他争嗣失败的一个关键因素，对其一生的命运，影响至为巨大。

曹操还专门给诸侯长史下了一道手令：

> 诸侯长史及帐下吏，知吾出，辄将诸侯行意否？从子建私开司马门来，吾都不复信诸侯也。恐吾适出，便复私出，故摄将行，不可恒使吾[以](尔)谁为心腹也！(《三国志》卷十九《曹植传》注)

"诸侯长史"是曹操已封侯诸子的府总管，"帐下吏"指军中官吏。曹操问他们：你们知道我一外出就带着诸侯同行的用意吗？然后自问自答：自曹植私开司马门以来，我都不再相信诸侯了，恐怕刚一外出，他们又要私自乱跑，所以才对他们加以管束，带着同行。最后还感叹一句：不能总让我把谁当做心腹啊！这末一句，显然也是针对曹植而言的。从这道手令不难进一步看出，曹植私开司马门所造成的重大影响，曹植从此失宠并最终在争嗣的斗争中败北，显然已成不可逆转的事了。

建安二十二年(217)十月，曹操结束了长期的犹豫不决，下了一道《立太子令》，正式立曹丕为太子：

> 告子文：汝等悉为侯，而子桓独不封，而为五官中郎将，此是太子可知矣。

子文是曹彰的字,将这么一道重要的手令下给曹彰,可以说是别出心裁的。曹丕经过长期苦心孤诣的争夺,终于达到了自己的目的,一时间竟高兴得情不自禁,一下搂住了丞相长史辛毗的脖子,喜滋滋地问:"辛君你知道我心里是如何高兴吗?"

辛毗回家将这件事告诉了他的女儿宪英,宪英对这件事倒有她独特的看法,说:"太子,这是要接替君主宗庙和社稷的人。接替君主,不可以没有忧戚之感;统治国家,不可以没有惶惧之情。应当忧戚和惶惧,却反而感到高兴,这怎么能够维持长久呢!魏国将会不昌盛吧!"

在立曹丕为太子的同时,曹操给曹植增加了食邑五千,并前万户,算是对这个失败者做了一点安抚。但对曹植的宠爱,却是无可挽回地失去了。曹植妻子违反规定,穿锦绣衣服,被曹操登台时望见,回家以后下令赐死,大约也发生在这个时候。

曹植毕竟是曹操曾经宠爱过的儿子,因此,他当然不希望曹植从此沉沦下去。建安二十四年(219),当关羽大举进攻襄樊、围困曹仁时,曹操特地任命曹植为南中郎将,兼征虏将军,让他率军去援救曹仁。曹操派人去通知曹植,打算当面布置任务,并告诫一番。谁知此时曹植又已喝得酩酊大醉,在那昏昏不醒,不能接受任命。曹操大为震怒,立即收回了成命。曹植就这样在曹操生前失去了最后一次改过自新、重塑形象的机会。据说此事曹丕是插了手的,他在得知有可能任命曹植的消息后硬拉曹植喝酒,一再苦劝,终使曹植喝得烂醉。曹丕此时身为太子,耳目众多,消息灵便,加之为了确保太子的地位不使动摇,不择手段地干出这种事来不是不可能的。

曹植失了宠,其党羽的命运也跟着蒙上了阴影。曹植争嗣的总策划人杨修最先感受到了危险,想淡化一下同曹植的关系,但曹植仍照常同他交往不误，他也不敢贸然同曹植断绝往来。鉴于杨修颇有智谋，点子很多，曹操担心留下祸根，于是在建安二十四年(219)秋以前后泄露言教、与诸侯交往的罪名，将其逮捕处死，这时离曹操去世不过百余天了。曹植的另两个心腹丁仪、丁廙，则在曹丕刚登上魏王位时，做了曹丕的刀下之鬼。

第二十一章 "若天命在吾,吾为周文王矣"

一 通向帝王之路

综观曹操的一生,不管他自己怎么说,他是由不自觉到自觉,在一条通向帝王的道路上一步步走着。如果说建安元年(196)前曹操在这方面的努力还仅仅是一种不着痕迹的铺垫,那么从建安元年起,他就开始在这方面迈出了坚实有力的步伐。这一年曹操将献帝迎到许县,建都于此,使献帝成了自己手中的一个傀儡和一张王牌,使自己在与群雄角逐的战争中获得了极大的政治优势。献帝任命曹操为大将军,封武平侯,后因袁绍不满,曹操才将大将军的职位让给袁绍,改任司空,兼车骑将军,开始主持朝政。

挟持献帝不是曹操的终极目的,其终极目的是要"奉天子以令不臣",讨平群雄,谋求国家的重新统一。不如此,不仅献帝会被别人从自己手中夺走,连自己的势力地盘、身家性命都将难以保住。因此,曹操迎献帝都许后,在巩固以许都为中心的河南根据地的同时,开始了有计划有步骤地为谋求统一而进行的兼并战争,取得了一个又一个重大胜利。其中最重大的胜利,是在官渡之战及其以后的一系列战斗中消灭了袁绍及其残余势力,将地域广大、人口众多、资源丰富的冀、青、幽、并四州完全控制在了自己手里。曹操从献帝那里得到了冀州牧的职位,并在邺城建立起了自己的霸府。接着北征乌桓,大抵完成了除关西以外的北部中国地区的统一。

在扫平割据势力的同时,曹操注意削弱刘氏王室势力的力量。建安十一年(206)八月,曹操从东海郡划出襄贲、郯、戚三县充实琅玡国,撤销了昌虑郡。立故琅玡王刘容之子刘熙为琅玡王,而将齐、北海、阜陵、下邳、常山、甘陵、济阴和平原八国削除。八国国王都是刘氏宗室之后,除掉八国,目的就是为了进一步削弱刘氏宗室势力。之所以独立刘熙为琅玡王,而且为他增广土地,这是有其特别原因的。初平元年(190),刘容曾派他的弟弟刘邈到长安向献帝奉章贡献,刘邈在献帝面前盛赞曹操对献帝的忠诚,为曹操后来西迎献帝做了一点铺垫工作,曹操心存感激,因此给予了特别的照顾。不过十一年后,刘熙因企图过江投附孙权,被曹操处死,国也随之被削除。

随着实力的增强,曹操对于朝政的控制也越来越严密,献帝的傀儡化程度也就越来越深了。

建安十三年(208)正月,曹操北征乌桓刚回到邺城,为了加强对朝廷的控制,就以献帝名义废除了三公官职,而设置丞相和御史大夫。六月,献帝任命曹操为丞相。西汉初担任丞相的多为开国功臣,辅佐皇帝总理全国政务,手中握有实权。御史大夫为丞相之副,丞相缺位时,往往以御史大夫递补。武帝后,丞相府和御史府的实权逐渐转移到尚书台,丞相府由门庭若市变得荒凉冷落起来。东汉时,不设丞相和御史大夫,而设太尉、司徒、司空,合称三公,但三公也仅挂名而已。曹操废除三公,恢复丞相之职,而且自任此职,目的是要将朝政完全控制在自己手里,而御史大夫一职仍不过是形同虚设。从此以后，魏晋南北朝时期每设丞相或相国时，大抵都是权臣自命或皇帝不得已而任命的，成了权臣篡位的一种过渡和信号。曹操任命冀州别驾从事崔琰为丞相西曹掾，司空东曹掾毛玠为丞相东曹掾，元城令司马朗为主簿，冀州主簿卢毓为法曹议令史，并经崔琰推荐，征召司马懿为文学掾，组成了丞相府的工作班子。

建安十五年（210），献帝封曹操邑兼四县，食户三万。曹操让还封邑三县，只食武平万户。次年正月，献帝从曹操让还的三县二万户中减户五千，用其余的一万五千户封曹植、曹据和曹豹，食邑各五千户。同时，任命曹丕为五官中郎将，置官属，为丞相副。显然，这一切都是根据曹操的旨意去办的，是曹操为巩固自己政权并实现政权长期化所采取的步骤。

建安十七年（212），曹操打败马超后回到邺城，献帝下诏给予曹操朝拜时司仪唱礼不直呼其姓名、上朝时不必像其他大臣一样小步快走，同时可以带剑穿鞋的特殊礼遇，就像当年萧何所得到的礼遇一样。不久，又决定从河内郡划出荡阴、朝歌、林虑三县，从东郡划出卫国、顿丘、东武阳、发干四县，从钜鹿郡划出廮陶、曲周、南和、广平、任县五县，从赵国划出襄国、邯郸、易阳三县，来扩充邺城所在的魏郡，从而大大增强了魏郡的实力。

这年九月，根据曹操的旨意，献帝立皇子刘熙为济阴王，刘懿为山阳王，刘邈为济北王，刘敦为东海王。表面看来这是维护王室利益的一个举措，实际上这是曹操自己想要当王的一种暗示或准备。在巴郡的许靖听说此事后，就发表评论说："将欲收之，必姑张之；将欲夺之，必姑与之。这大概说的就是曹孟德吧？"这个评论可以说是抓住了实质的。差不多就在这时，董昭秉承曹操旨意，提出了曹操应进爵为国公、赐给九锡以表彰其特殊功勋的动议。但在秘密征求荀彧的意见时，遭到了荀彧的反对，此事只得暂时搁置起来。

建安十八年（213）正月，献帝下诏把十四个州合并为九个州。十四州，指司、豫、冀、兖、徐、青、荆、扬、益、凉、雍、并、幽、交十四州。合并为九州，即省掉幽、并二州而将其郡国并入冀州，省掉司、凉二州而将其郡国并入雍州，省掉交州并入荆、益二州，而成为兖、豫、青、徐、荆、扬、冀、益、雍九州。这一省并，特别扩大了冀州，而曹操自任冀州牧，这就大大增强了自己的实力。

这年五月，献帝派御史大夫郗虑持节以冀州的河东、河内、魏郡、赵国、中山、常山、钜鹿、安平、甘陵、平原十郡册封曹操为魏公，仍以丞相兼任冀州牧不变，并加九锡，魏国设置丞相以下群卿百僚，全照汉初封王的制度办理。所谓九锡，是帝王为表示对大臣的特别尊宠而赐予的九种器物。西汉末年王莽在建立新朝前曾先加九锡，魏晋南北朝时期，加九锡往往成为禅让前的一个步骤。曹操所接受的九锡，据献帝诏书，是车马、礼服、乐舞、朱户（门可涂成红色）、纳陛（台阶修在檐下使不露天）、虎贲（武士）三百人、红色弓矢、铁钺（斧和大斧，表示有征伐杀戮之权）和秬鬯（祭祀用的美酒）。进封为公，接受九锡，这本是曹操求之不得的事情；这时荀彧已死，也不可能再有人出来加以阻挠；但曹操还是依例行事，连上了《让九锡表》《辞九锡令》等三道表文，表示谦让不受。其中《辞九锡令》写道：

　　夫受九锡，广开土宇，周公其人也。汉之异姓八王者，与高祖俱起布衣，创定王业，其功至大，吾何可比之？

"汉之异姓八王"，指刘邦所封的刘姓以外的八王，即韩王信、梁王彭越、齐王韩信、长沙王吴芮、淮南王英布、燕王臧荼、越王敖和燕王卢绾。他们中的不少人同刘邦一样出身低微，所以说"俱起布衣"。因献帝诏书中要求魏国制度按汉初封王的制度办理，所以曹操自谦说

"吾何可比之？"曹操谦让之后，荀攸、钟繇、凉茂、毛玠、刘勋、刘若、夏侯惇、王忠、刘展、鲜于辅、程昱、贾诩、董昭、薛洪、董蒙、王粲、傅巽、王选、袁涣、王朗、张承、任藩、杜袭、曹洪、韩浩、曹仁、王图、万潜、谢奂、袁霸等人又依例劝进，曹操表示让步，接受策命，但封地只接受魏郡一郡。荀攸等人依例再次劝进，曹操这才完全接受策命，上表称谢。

这年七月，曹操在邺城建立了魏国的社稷（帝王祭祀土神、谷神的场所）宗庙，让王粲改制《俞儿舞歌》四篇，于朝会宴飨时使用。按照曹操的旨意，献帝聘娶了曹操的三个女儿曹宪、曹节和曹华，名分是仅次于皇后的贵人。一年后，曹节晋升为皇后，曹操从而把献帝更为直接地控制了起来。

这年十月，曹操把魏郡分为东西两部，分别设置都尉治理。自从河内、东郡、钜鹿、赵国划出十五县扩充魏郡后，魏郡辖区扩大，采取这一措施，目的在于加强对魏郡的控制。

这年十一月，魏国开始设置尚书、侍中和六卿，以荀攸为尚书令，凉茂为仆射，毛玠、崔琰、常林、徐奕、何夔为尚书，王粲、杜袭、卫觊、和洽为侍中，钟繇为大理，王修为大司农，袁涣为郎中令，行御史大夫事，陈群为御史中丞。这样，魏国有了一套完整的行政机构，进一步确定了献帝的傀儡地位，汉帝国更加有名无实了。

建安十九年（214）正月，曹操首次举行了耕种籍田的仪式。所谓籍田，是古代天子和诸侯征用民力所耕种的田。每年春天，天子、诸侯依例到籍田上执耒耜三推或一拨，称为"籍礼"，表示带头耕田。董卓之乱以后，"籍礼"久已不行，曹操此时耕种籍田，不仅是为了表明自己对农事的重视，更重要的是为了表明魏国的建立标志着封建秩序的恢复，有其政治上的深刻用意。

三月，献帝把曹操的地位提高到诸侯王之上，改授给他只有诸王才有资格佩用的金质印玺、红色印绶和名叫远游冠的帽子。曹操名分上虽还不是王,实际上已经享受王的待遇了。

十二月,献帝又诏命曹操设置旄头,在宫殿中摆设钟虡(悬挂钟磬的木架)。所谓旄头,是从禁卫军中挑选出来的一种骑士,皇帝出行时,披散头发在前开路。东汉光武帝曾赐给东海王刘强虎贲、旄头和钟虡之乐,是一种对诸王表示荣宠的做法。曹操接受九锡时已有虎贲三百人,此时又接受了旄头和钟虡,光武帝给予东海王的荣宠,他也完全具备了。

建安二十年(215)九月,献帝授予曹操分封诸侯、任命太守和国相的权力。十月,曹操开始设置名号侯(共十八级)到五大夫(共十五级)的爵位,与旧封的列侯、关外侯(共十六级)共六等,作为对有军功者的赏赐。

建安二十一年(216)五月,献帝进封曹操为魏王,曹操依例上书辞让了三次,献帝依例三次下诏不许,最后又手诏规劝曹操"勿复固辞",曹操这才心安理得地接受下来。曹操仍以丞相兼任冀州牧不变,可见他既很重视名位,也很重视手中的实权。同时,献帝又命曹操的女儿为公主,并赐给他们汤沐邑(收取租赋的私邑)。

曹操进位魏王,朝野震动,住在塞内的少数民族首领纷纷前来朝贺。五月,住在代郡的乌桓代理单于普富卢与其侯王前来朝贺。七月,匈奴南单于呼厨泉又率其名王前来朝贺。代郡乌桓曾经发生分裂,恃力骄恣,难于控制,曹操曾以丞相仓曹属裴潜为太守,前往治理,卓有成效。裴潜离任后,代郡乌桓又曾发生叛乱,曹操曾以其子曹彰为骁骑将军带兵前往征讨。这次普富卢及诸侯王前来朝贺,表明了他们的臣服之意,曹操的声威产生了有益的影响。匈奴久居塞内,与编户相同而不纳贡赋,不少人担心随着匈奴人口的增加,以后会发生变乱,因此曹操趁呼厨泉前来朝贺的机会,将他留在邺城,而让右贤王去卑回去监理朝政。曹操待单于如列侯,子孙可以承袭封号,并将其部众分成五部,安置在并州各郡,各立其贵人为帅,同时选派汉人为司马加以监督,从而大大强化了对南匈奴的控制。

八月,曹操改称魏国丞相为相国,任命大理钟繇为相国,负责处理魏国的日常行政事务。

建安二十二年(217)四月,献帝命曹操设置只有天子才可使用的旌旗,出入时像皇帝那样,左右严密警戒,断绝行人通行。五月,修建了诸侯的学宫泮宫。六月,以军师华歆为御史大夫。十月,献帝命曹操像天子那样头戴悬垂有十二根玉串的礼帽,乘坐特制的金根车,套六马,并设置五时副车。同时,以五官中郎将曹丕为魏国王太子。

就这样,曹操完成了夺取帝位和世袭权力的一切准备,在通向帝王的道路上,差不多已经走到了终点。曹操不仅早已在实际上控制了朝廷的一切大权,使自己成了一个事实上的皇帝,即使在形式上,他也同皇帝没有什么两样了。曹操唯一还欠缺的,仅仅是一个皇帝的名号而已。

二　与刘氏王室势力的较量

曹操在通往帝王路上的跋涉,并不是一帆风顺的。从建安元年(196)迎献帝都许到建安二十五年(220)正月去世,在这"挟天子以令诸侯"的二十四年中,曹操遇到了来自方方面面的抵制和反抗。除了以孙权、刘备为代表的武装集团将他视为"汉贼",不断对他进行口诛笔伐和武装征讨外,刘氏王室势力和曹操阵营内部的拥汉派及其他反对势力也采用各种手段同他进行了较量。曹操则进行了针锋相对的斗争和毫不手软的镇压,扫除了前进道路上的一个个障碍。

献帝自到许都后,生活虽比在洛阳和长安时安定,但精神上却感到越来越孤寂和痛苦。他手中毫无实权,纯粹是一个挂名的皇帝。曹操派了七百精兵围守皇宫,这些人全是他的故旧亲朋,名义上说是护卫献帝,实际上是在那里执行监视的任务,献帝就像一个囚徒一般,一言一行都没有自由。陪侍的官员差不多也都是曹操的亲信,献帝想找个人说句知心话都不可能。有个议郎叫赵彦的,大概看着献帝可怜,不时陪献帝说点有关时局的话,甚至提出过一两点建议,这事被曹操知道后,惹得他大不高兴,很快找个借口把赵彦杀了。献帝身边类似赵彦这样的人,被杀的不止一个两个。这事对献帝刺激不小,有一次曹操入宫朝见,献帝不胜恐惧,竟对曹操说出了这样的话:"您如能辅佐我,就希望对我厚道一些;如果不能,就希望能垂恩把我放了!"

曹操听了,顿时大惊失色,连忙告辞出宫。按照制度,三公领兵者朝见皇帝时,要在持戟交叉的武士中前行,曹操出宫后,竟因此而紧张得汗流浃背。为防不测,从此以后曹操不再入宫朝见献帝。

太尉杨彪,同袁绍一样出身世代官僚地主家庭,曾祖杨震、祖父杨秉、父杨赐,都曾在朝任三公之职,极有影响和势力。献帝刚都许时,大会公卿,曹操上殿,见杨彪有不悦之色,顿时惊觉起来,深恐被暗算,还没等到设宴,便借口不舒服要上厕所,回到了自己营中。曹操从此忌恨上了杨彪,必欲除之而后快。建安二年(197),袁术称帝。曹操借口杨彪与袁术有姻亲关系,诬陷他企图废掉献帝,下令将他逮捕,准备处死。将作大匠孔融得到消息,来不及穿上朝服,就跑去见曹操,说:"杨公四世清德,海内所瞻。《周书》上说父子兄弟罪不相及,何况将袁氏的罪行归到杨公身上呢!"

曹操搪塞说："这是上面的意思。"

孔融紧追不舍："假使成王要杀召公，周公能说他不知道这事吗？今天如果横杀无辜，我孔融堂堂鲁国男子，明天就要拂衣而去，不再上朝了！"

孔融的强硬态度，使曹操不得不有所收敛。加之尚书令荀彧和许令满宠都有意回护杨彪，杨彪才得以安然释放。此后，杨彪见汉室日渐衰微，曹操独揽了朝政，于是假称有脚疾，十余年不出门，这才保住了性命。

随着时间的推移，献帝越来越受不了曹操的专横威逼，终于采取了一个大胆的反抗行动。建安四年（199），献帝下了一道密诏，夹藏在衣带当中，让人送给他的丈人车骑将军董承，要董承联络天下义士，共同除掉曹操。董承接到密诏后，先后联络了刘备和偏将军王服、长水校尉种辑、议郎吴硕等人。刘备作为皇室宗亲的一脉，早已对曹操的专擅朝政心怀不满，但他身栖虎穴，处处小心翼翼，只能耐心等待机会。恰在这时，袁术准备取道徐州北依袁绍，曹操派刘备带兵前往截击。刘备一到徐州，便杀死了曹操所置的徐州刺史车胄，公开背叛了曹操。不久，董承等人的计划泄露，在建安五年（200）被曹操处死，并被灭三族。董承的女儿是献帝贵人（妃子），当时正有身孕，曹操也要把她杀掉，献帝一再请求宽恕，被曹操断然拒绝。

建安十九年（214）十一月，又发生了一件震惊朝野的事情。建安五年（200）正月曹操处死董承等人时，不肯放过已经怀孕的董贵人，这件事使献帝和皇后伏寿受到很深的刺激。伏后担心自己将来落得同董贵人一样的下场，便给她的父亲屯骑校尉伏完写了一封信，以激烈的言辞叙述了曹操残暴侵逼的情景，要伏完暗中设法除掉曹操。伏完没有董承那样的胆量，不敢轻举妄动。建安十四年

(209)，伏完死去。几年后，到建安十九年（214）十一月，这事不知怎么败露了。曹操下令追查，果然搜出了伏后当年写的那封信，不禁勃然大怒，立即逼迫献帝废黜了伏后，命御史大夫郗虑持节去收缴皇后的印绶，并命尚书令华歆作为副手，带兵进宫，逮捕伏后。曹操以献帝名义下了一道收伏皇后的诏令：

> 皇后寿，得由卑贱，登显尊极，自处椒房，二纪于兹。既无任、姒徽音之美，又乏谨身养己之福；而阴怀妒害，包藏祸心，弗可以承天命、奉祖宗。今使御史大夫郗虑持节策诏，其上皇后玺绶，退避中宫，迁于它馆。呜呼伤哉，自寿取之！未至于理，为幸多焉。（《假为献帝策收伏后》）

"二纪"，即二十四年（十二年为一纪），伏寿初平元年（190）入宫为贵人，兴平二年（195）立为皇后，如从初平元年算起，到这时恰好是二十四年。曹操说伏后既没有周文王母亲太任、周文王妻子太姒那样完美的德性，又没有谨慎养身安享尊荣的福分，却暗怀忌恨，包藏祸心，不配承受天命，祭祀祖宗，应当交出印绶，离开正宫，迁居别处。最后还说，没有依法治罪，这已经是很幸运的了。全文虽然言辞严厉，但比起实际所采取的手段来还算是有节制的。

当伏后得知华歆带兵进宫的消息，急忙紧闭宫门，躲进夹墙之中。华歆毫不留情，下令士兵毁坏宫门和夹墙，将伏后拖了出来。献帝正陪着郗虑坐在外殿，伏后披散着头发、赤着脚走到献帝面前，流着眼泪问："皇上，您就不能救救我了吗？"

献帝心中凄楚，但也只能无可奈何地回答："连我自己都不知道能活到哪天啊！"

说完，回过头去对郗虑不无悲愤地说："郗公，天下难道竟有这样的事吗?"

郗虑只能默不作答,伏后旋即被押到暴室,幽闭而死,两个皇子同时被毒死。伏氏兄弟及宗族因此事牵连而被杀者有一百余人,其母盈等十九人则被强制迁往涿郡。

就这样,曹操以极端严厉的手段,扑灭了刘氏王室势力哪怕是十分微弱的反抗,确保了自己的权力和地位。

三　荀彧、崔琰之死

自曹操起兵讨伐董卓以来,随着力量的不断壮大,身边逐渐汇聚了一大批人才。在封建忠君思想的影响下,这些人中有不少人是心系汉室的,他们投归曹操的目的,是希望借助曹操的力量,剪灭群雄,复兴汉室。曹操迎献帝都许后,许多人更是冲着献帝这面大旗前来的。因此,所谓的拥汉派势力,决不仅仅是少数的几个人,而是有一批人。只不过,随着时间的推移,其中的一些人转变了立场,唯曹操之马首是瞻,不再把献帝看得至高无上了;还有一些人慑于曹操的淫威,只得随波逐流,不敢有非分之想、出轨之举。但也还有一些人,始终抱定拥汉的立场不变,由于曹操专权的程度越来越高,篡汉的立场越来越明显,他们对曹操的不满也就与日俱增,最终会通过各种形式表现出来,形成同曹操的对立和矛盾。曹操对这一来自内部的阻碍,也采取了毫不留情的手段。他对荀彧的处理,就是这方面的一个突出的例子。

荀彧是在初平二年(191)背弃袁绍投归曹操的,为曹操统一北方立下了很大的功劳,不仅屡建奇策,还为曹操罗致了大批人才。曹操对他极为倚重,每有大事,往往首先征求他的意见,并往往予以首肯采纳。在曹操的文臣中,要数荀彧的功劳最大,曹操也屡赞其功,屡加其爵。建安八年(203),曹操表封荀彧为万岁亭侯,食邑千户。建安十二年(207),又为荀彧增邑千户。曹操还打算授予荀彧三公之职,因荀彧坚决辞让,这才作罢。

但荀彧心存汉室,对于曹操权力的无限膨胀,他内心是并不满意的。早在建安九年(204)曹操刚任冀州牧时,有人建议恢复九州,以为这样冀州控制的面积广大,天下就易服从,荀彧就曾加以反对,表面上说这样做反而不易谋取天下,实际上未尝不包含有抑制曹操势力的用意。建安十七年(212),当曹操打算进爵国公、并加九锡时,荀彧敏锐地觉察到这是曹操谋求代汉的一个重要步骤,就再也不肯保持沉默,而公开站出来说话了。当董昭根据曹操的旨意,特地前来秘密征求荀彧意见时,荀彧明确表示反对,说:"曹公原来起兵的目的,是为了辅助朝廷,安定国家,对朝廷怀有忠贞不贰的诚心。君子爱人以德,我们不应当这么去做。"

曹操得到报告,对荀彧大不满意,产生了除去这一绊脚石的想法。不久,曹操南征孙权,上表请荀彧到谯县慰劳军队,将荀彧调出朝廷。荀彧到谯县后,曹操又给献帝上了一表,要求把荀彧留在军中。表文云:

> 臣闻古之遣将,上设监督之重,下建副二之任,所以尊严国命,谋而鲜过者也。臣今当济江,奉辞伐罪,宜有大使,肃将王命。文武并用,自古有之。使持节、侍中、守尚书令、万岁亭侯彧,国之望臣,德洽华夏,既停军所次,便宜与臣俱进,宣示国命,威怀丑虏。军礼尚速,不及先请,臣辄留彧,依以为重。(《留荀彧表》)

荀彧就这样被留下来,以侍中、光禄大夫、持节的身份,参丞相军事,实际变成了曹操的下级，被曹操就近控制了起来。曹操进军至濡须，荀彧因病留在寿春。一天，曹操派人给荀彧送来一个食盒，荀彧打开一看，里面是空的，顿时明白了曹操的用意，于是饮药自杀，时年五十岁。

关于荀彧之死，还有这样一种说法：当初伏后给伏完写信，请求伏完设法除掉曹操。伏完收到信后，曾把信拿给荀彧看，荀彧看了，心中厌恶，很长时间没有对人提起这件事。伏完又将此信拿给妻弟樊普看，樊普却把信封起来交给了曹操，曹操从此暗中加强了戒备。荀彧担心事情终究会泄露出去，决定报告曹操，于是前往邺城，劝曹操将女儿许配给献帝。曹操说："现在皇上有伏后，我女儿哪还有资格再许配给皇上！我因微功见用，位为丞相，难道还要去依靠女宠么？"

荀彧回答说："伏后无子，性情又非常凶残，以前曾给他父亲写过一封信，言辞恶毒，可趁此机会把她废掉。"

曹操盯着荀彧，追问道："这事你以前怎么不报告呢？"

荀彧装出大为惊异的样子，说："以前我曾报告过的呀！"

曹操冷冷地："这难道是一件小事，我会把它忘了？"

荀彧再次露出惊异的表情："这样说来，看来我是确实没有报告您了。以前您在官渡同袁绍对阵，也许我怕给您增添内顾之忧，所以没有向您报告。"

曹操紧追不舍："官渡之战结束后，你为什么不报告呢？"

荀彧无法再自圆其说，只得向曹操表示道歉。曹操从此忌恨荀彧，但表面上还同以前一样，所以别人无从了解这一段内情。到后来董昭提出给曹操进爵魏公，荀彧不同意，想找曹操当面谈谈自己的想法，但没有机会。来到谯县后，荀彧见到曹操，要求安排一个密谈的时间，曹操知道他要谈进爵的事，于是客气地拒绝了。不久荀彧就在寿春死去，据从寿春南逃投奔孙权的人说，曹操提出让荀彧去杀伏后，荀彧不同意，所以就自杀了。孙权将这一情况用不封口的文书告知蜀汉，刘备得知后，还气愤地说了一句："老贼不死，祸乱就没有个完的时候！"

这个说法见于《三国志·魏书·荀彧传》裴注引《献帝春秋》，其真实性是值得怀疑的。按曹操的脾气，既知伏后有那么一封信，他是不可能不立即加以处理，而从建安五年（200）一直拖到建安十九年（214），让伏后、伏完等人长期逍遥法外的。荀彧对于此事的处理，也不可能这么不聪明、不策略、不周密。但是，荀彧有拥汉之心，因此伏完才肯找上门来；知道此事后，又久久不肯泄密；更不肯去充当惩治伏后的杀手：这些都是符合荀彧的思想性格的。从这个角度看，这一传说倒也并非全为无根之谈。

荀彧死后，献帝十分悲痛，祭祖时为此停止了宴饮奏乐。由于荀彧当时名重天下，不少人将他奉为楷模，钟繇甚至认为自孔门中以德行著称的颜回去世以来，能够具备很高德行、不重复过失的人，只有一个荀彧，因此对于荀彧之死，不少人感到痛惜。但曹操却达到了自己的目的，他排除了前进道路上的一大障碍，在荀彧死后的第二年顺利地进封为魏公，并加九锡。

孔融的情况与荀彧有些相似，前面已经谈到。此外，崔琰的情况也与此类似。崔琰曾举荐钜鹿人杨训，后来曹操做了魏王，杨训呈奏表章称颂其功业，遭到一些人非议，说他迎合权势，为人虚伪。进而议及崔琰，说他举荐不当。崔琰从杨训处将表文底稿拿来看了，然后给杨训写了一封短信，说：

省表，事佳耳！时乎时乎，会当有变时。(《三国志》卷十二《崔琰传》)

"耳"，语气词，相当于现代汉语中的"罢了"，有还算可以但还不怎么令人满意的意思。"时乎时乎，会当有变时，"既可理解为人们对杨训的看法会有变化的时候，也可理解为曹操当权的日子会有变化的时候，崔琰在这里玩弄了一点语言技巧，表明了对杨训上表称功和曹操称王的态度。很快有人去向曹操告密，说崔琰有傲世怨谤的意思。曹操不由得大怒，说："俗话说'生个女子罢了'，'罢了'不是个好字眼。'该会有变化的时候'，这话意思不恭顺。"

立即下令对崔琰处以髡刑（一种剃去头发的刑罚），送去服苦役。崔琰不服气，那个告密者又去报告曹操，说崔琰在服刑中仍结交宾客，说话时抖动着连鬓的胡须，直瞪着眼睛，内心似有不平之意。曹操于是下了一道赐死崔琰的手令：

　　琰虽见刑，而通宾客，门若市人，对宾客虬须直视，若有所瞋。（《赐死崔琰令》）

曹操派人去办理此事，吩咐说："三天内我等着你的消息！"崔琰并未明白曹操的用意，没有想到曹操会为这点事就让他去死，因此没有立即自杀。两天后，官吏回去报告，说崔琰还没有自杀，曹操竟发怒道："崔琰一定要让我去动刀锯吗？"

官吏将曹操的话转告崔琰，崔琰这才明白过来，说："我太不应当，不知道曹公竟有这个意思！"于是立即自杀。

崔琰死后，毛玠内心不满，于是又有人到曹操那里告发，说毛玠外出看到罪犯的妻子被没为公家的奴婢，就说："使天下不下雨的大概是这个原因了！"曹操听了大怒，又立即将毛玠逮捕下狱。大理钟繇在审理毛玠时，毛玠不承认说过这句话，要求同告发者对质。侍中和洽等人因此要求核实情况，曹操拒绝了和洽等人的要求，下令说：

今言事者白玠不但谤吾也,乃复为崔琰觖望。此损君臣恩义,妄为死友怨叹,殆不可忍也。昔萧、曹与高祖并起微贱,致功立勋,高祖每在屈笮,二相恭顺,臣道益彰,所以祚及后世也。和侍中比求实之,所以不听,欲重参之耳。(《与和洽辩毛玠谤毁令》)

和洽仍要求调查核实,曹操仍不肯,但还是做了一点解释,说:"我之所以不核查,是想同时保全毛玠和告密者。"

和洽仍不肯让步,说:"毛玠如果确有谤上的言论,应当把他处死;如果毛玠没说过这样的话,告密者诬陷大臣以误主听,也应严肃加以处理!"

曹操回答说:"就要有军事行动,哪里能听了别人的话就都去核查一番呢?"

后来曹操没有处死毛玠,但还是将毛玠撤了职,所谓"两全",只是保全了告密者。

可见,只要有人敢于阻碍自己谋汉,或对自己谋汉表示一点不满,不管这人原来如何得到自己信用,立过多大的功劳,曹操都要给予极为严厉的处罚,是一点也不肯手软的。

四　力平武装叛乱

曹操做魏公、魏王后,内部还发生过几次规模不等的武装叛乱,曹操对这些武装叛乱更是毫不留情地给予了迅速有力的镇压。

建安二十三年(218)正月,在许都爆发了一场主要由拥汉派势力策动的叛乱,参加者主要有京兆人金祎、少府耿纪、司直韦晃、太医令吉本、吉本之子吉邈和吉邈之弟吉穆等人。金祎是汉武帝时的臣子金日磾之后,自以为世代都是汉朝忠臣,见魏将代汉,于是愤然自励,打算复兴汉朝。耿纪是光武帝大将耿弇的曾孙,见曹操即将篡汉自立,也决心起兵除掉曹操。当时留守许都的是丞相府长史王必。曹操任用王必时,曾专门下过一道手令:

> 领长史王必,是吾披荆棘时吏也。忠能勤事,心如铁石,国之良吏也。蹉跌久未辟之,舍骐骥而弗乘,焉惶惶而更求哉?故教辟之,已署所宜,便以领长史统事如故。(《敕正必领长史令》)

早在建安元年(196)以前,王必就已经在曹操军中任职,曹操因此称他为"披荆棘时吏"。后来有一段时间没有任职,所以曹操说舍弃了千里马没有骑。当时关羽强盛,威逼许都,曹操让王必留守许都,是给予了充分信任的。有趣的是王必同金祎虽志向不同,两人私交倒还不错。吉邈、吉穆虽同金祎、耿纪一样反对曹操,但他们却并不是想要匡扶汉室,而是想杀掉王必,挟持献帝以攻曹魏,南引关羽作为外援。各方想法不同,利害不一,计划不周,注定了必然失败的命运。

建安二十三年(218)正月,吉穆等率闲杂人员及家僮千余人夜烧王必军营,金祎又派人到王必营中充当内应。王必受到内外夹攻,仓猝应战,肩部受伤,逃奔南城。天亮后,叛军见王必还在,加之受到颍川典农中郎将严匡攻击,纷纷逃散,一场叛乱很快破产。

曹操逮捕了耿纪、韦晃等人,耿纪直呼曹操其名大呼:"恨我自己没有拿定主意,竟被这帮小儿所误!"韦晃则拼命叩头击脸,直至死去。耿纪、韦晃及吉本等均被屠灭三族。

十余天后,王必伤重不治而死。曹操得到报告,十分震怒,于是将在许都的朝廷百官召到邺城,让在王必军营被烧时参加了救火的人站在左边,没有参加救火的人站在右边。众人以为参加救火肯定不会有罪,纷纷站到左边。谁知曹操突然宣布:"没参加救火的人没有帮助造反,参加了救火的人都是造反的强盗!"

结果将站在左边的人通通处死。

建安二十四年(219)九月,当曹操西征刘备尚未回师,而关羽又在南边猛攻樊城的危急时刻,在邺城的魏讽又阴谋聚众发动武装叛乱。魏讽字子京,沛人,颇有煽惑人心的本事,在邺城名声很大,自卿相以下不少人争相与之交往,因此被相国钟繇任为西曹掾。魏讽趁曹操大军尚未返回的机会,暗中联络徒党,同时与长乐卫尉陈祎联络,企图一举袭占邺城。谁知还没等到约定的举事时间,陈祎害怕了,向留守邺城的曹丕告了密。曹丕立即采取措施,镇压了叛乱,魏讽被杀,牵连被杀的达数千人。事后,相国钟繇被免职,负责邺城治安工作的中尉杨俊被降职。曹操得到报告后叹息说:"魏讽之所以敢于谋反,是因为我的部下没有能够防止反叛的人。哪里能有像诸葛丰那样的人,让他去接替杨俊呢?"

桓阶推荐以刚直威严著称的徐奕,曹操即任徐奕为中尉,并下了一道手令:

  昔楚有子玉,文公为之侧席而坐;汲黯在朝,淮南为之折谋。《诗》称"邦之司直",君之谓与!(《以徐奕为中尉令》)

春秋时楚将得臣字子玉。《左传》僖公二十八年载,子玉率楚军与晋文公战于城濮,兵败自杀。晋文公得知子玉自杀的消息,高兴地说:"从此再没有人能同我作对了!""侧席",指不敢坐正,是恐惧不安的样子。汲黯是汉武帝时的大臣,刚直不畏权贵,淮南王刘安阴谋叛乱，但因惧怕汲黯而不敢妄动，最后畏罪自杀。"邦之司直"意为国内主持直道的人，语出《诗经·郑风·羔裘》。这里曹操以子玉、汲黯比方徐奕，既是对徐奕的信任，也是对徐奕的勉励，表明了曹操对加强邺城治安工作的高度重视。

黄门侍郎刘廙的弟弟刘伟被魏讽拉拢，参与反叛密谋。按当时法律"连坐"的规定，刘廙也应被处死。但刘廙鄙薄魏讽的为人，曾劝刘伟不要同魏讽来往。陈群去为刘廙说情，曹操回答说："刘廙是一个名臣，我也打算赦免他。"并特地下了一道手令：

叔向不坐弟虎，古之制也。特原不问。(《原刘廙令》)

《左传》襄公二十一年载，晋下卿栾盈之母是晋卿范宣子的女儿，因与其家臣私通被栾盈发觉，便反诬栾盈欲危害范氏，范宣子便将栾盈赶出晋国，并杀死了栾盈的同党叔虎等人，把叔虎的哥哥叔向也关了起来。后大夫祁奚说服范宣子赦免了叔向。曹操不杀刘廙当然不是为了遵循什么古制，而是因为刘廙确曾反对魏讽，在这里表现出了一点区别对待、实事求是的精神。

文钦因曾与魏讽有联系，被抓进监狱，鞭笞数百。本应处死，曹操因其父文稷立过战功，看在其父面上，也给予了赦免。

王粲的两个儿子在这次平叛中牵连被杀。王粲于建安二十二年(217)春病死，到这时不过两年多。曹操得知消息，感叹说："要是我在，一定不会让仲宣断了后！"这次叛乱虽然还没有来得及正式发动，但牵连被杀的人却达数千人之多，可见曹丕手段的残酷决不在曹操之下。曹操这一次多少表现出一些同情心，大约跟他不在平叛现场，态度较为冷静有关。曹丕后来根据曹操的旨意，把王粲堂兄王凯的儿子王业过继给王粲，算是给王粲延续了后嗣。

此外,在邺城还曾发生严才发动的叛乱。严才率其部属数十人攻打掖门,大司农郎中令王修得知消息,来不及准备车马,便同其部属步行赶到宫门参与平乱。曹操在铜雀台上望见,说:"那个往这里赶的人一定是王叔治。"这次叛乱规模不大,很快就被平息下去。

五 "吾为周文王矣"

在通向帝王之位的道路上,曹操一一清除了来自方方面面的障碍,使自己逐渐具备了取代汉室、登基称帝的条件。但是,直到临死,曹操也没有代汉称帝。

曹操所处的时代,用他南下荆州时王粲规劝刘琮投降时说的一句话来说,是"家家欲为帝王,人人欲为公侯"的时代。在这种情况下,曹操何尝没有帝王之心。兴平元年(194),曹操东征陶谦,留守兖州的张邈、陈宫勾结吕布反叛,赖荀彧、程昱保住了鄄城、范县和东阿三县。程昱年轻时,曾梦上泰山,两手捧日,程昱觉得奇怪,将此事告诉了荀彧。曹操西归后,荀彧又将此事转告了曹操。曹操大概从"捧日"之说中领悟到了某种特殊含义,内心高兴,于是将荀彧引为知己,说:"你终当成为我的心腹。"程昱本名程立,曹操于是在"立"字头上加上一个"日"字,更名程昱。"捧日"的含义,荀彧大概理解为尊奉汉帝,而曹操的理解很可能与此不同,从这里是不难看出一些问题来的。

建安元年(196)后,献帝完全落入曹操的掌握之中,曹操对自己代汉的意图,却一直是讳莫如深的。献帝都许前后,侍中、太史令王立曾多次对献帝说:"天命有去就,五行不常盛,代替火德的是土德,承继汉位的是魏,能安天下的是曹姓,只要委任曹氏就行了。"曹操听说此事后,让人带话给王立,说:"知道你忠于朝廷,然而天道深远,希望你不要多说!"曹操其时羽翼未丰,对于这一类称说天命的言论,自然不能不采取慎之又慎的态度。

随着献帝傀儡化程度的不断加深,曹操代汉的意图也暴露得越来越明显,这招来了他的政敌的不断攻击,如周瑜骂曹操是"托名汉相,实为汉贼",刘备说曹操"有无君之心",说他"欲盗神器"。如果任其自然而不加以辩解,曹操不仅可能丧失"挟天子以令诸侯"的政治优势,而且可能会成为四方诸侯"清君侧"的对象;内部的拥汉派势力也会起来反对自己。赤壁之战遭受挫折后,开始形成天下三分的局面,刘备、孙权虎视眈眈,以马超为首的关中诸将心怀疑贰,成为曹操的心腹大患。在这种情况下,内外政敌乘机加强了宣传攻势,说曹操有"不逊之志",企图动摇他的政治基础,有人甚至干脆要求曹操交出兵权,以削弱曹操的政治实力。为了反击政敌,安抚内部的拥汉派势力,继续保持自己"挟天子以令诸侯"的政治优势,曹操不得不将自己代汉的意图进一步深藏起来,而特别强调自己对于汉室的忠心。建安十五年(210)十二月,曹操特地为此下了一道《让县自明本志令》。令文篇幅较长,大体上可以划分为四个部分。开头部分写道:

孤始举孝廉,年少,自以本非岩穴知名之士,恐为海内人之所见凡愚,欲为一郡守,好作政教以建立名誉,使世士明知之;故在济南,始除残去秽,平心选举,违忤诸常侍。以为豪强所忿,恐致家祸,故以病还。

去官之后,年纪尚少,顾视同岁中,年有五十,未名为老,内自图之,从此却去二十年,待天下清,乃与同岁中始举者等耳。故以四时归乡里,于谯东五十里筑精舍,欲秋夏读书,冬春射猎，求底下之地，欲以泥水自蔽，绝宾客往来之望，然不能得如意。后征为都尉，迁典军校尉，意遂更欲为国家讨贼立功，欲望封侯作征西将军，然后题墓道言"汉故征西将军曹侯之墓"，此其志也。

从自己二十岁时被举为孝廉写起，说当时因自己不是隐居山林的知名人物，担心被世人看作平庸之辈，因此只打算做一个有作为的郡太守，以此扬名于世。后遭豪强忌恨，称病回乡，避世隐居。被征召为都尉，又升任典军校尉后，志望有所扩大，但也只是想封侯做征西将军，死后好在墓碑上刻上"汉故征西将军曹侯之墓"几个字。总之，旨在表明自己从年轻时起就志望有限，而且只想匡时济世，为国立功，并没有什么个人野心。

第二部分写道：

而遭值董卓之难，兴举义兵。是时合兵能多得耳，然常自损，不欲多之；所以然者，多兵意盛，与强敌争，倘更为祸始。故汴水之战数千，后还到扬州更募，亦复不过三千人，此其本志有限也。

后领兖州，破降黄巾三十万众。又袁术僭号于九江，下皆称臣，名门曰"建号门"，衣被皆为天子之制，两妇预争为皇后。志计已定，人有劝术使遂即帝位，露布天下，答言："曹公尚在，未可也。"后孤讨禽其四将，获其人众，遂使术穷亡解沮，发病而死。及至袁绍据河北，兵势强盛，孤自度势，实不敌之，但计投死为国，以义灭身，足垂于后。幸而破绍，枭其二子。又刘表自以为宗室，包藏奸心，乍前乍却，以观世事，据有当州，孤复定之，遂平天下。身为宰相，人臣之贵已极，意望已过矣。今孤言此,若为自大,欲人言尽,故无讳耳。设使国家无有孤,不知当几人称帝,几人称王。

这一部分回顾举义兵、讨董卓以来的经历,说明在起兵之初志望仍是很有限的,后来实力有所增强,又成为遏制袁术称帝的力量,同时为国家、为大义甘冒艰危消灭了袁绍、刘表,从而平定了天下。如今身为丞相,作为臣子,地位的尊贵已达到极点,已超过了原有的志望。言外之意是,自己不会再有什么野心了。最后结上一句:"假使国家没有我,真不知会有多少人称帝,多少人称王。"意谓自己为阻止别人称帝称王做了不少工作,既不准别人称帝称王,自己又怎么会去称帝称王呢?

第三部分写道:

或者人见孤强盛,又性不信天命之事,恐私心相评,言有不逊之志,妄相忖度,每用耿耿。齐桓、晋文所以垂称至今日者,以其兵势广大,犹能奉事周室也。《论语》云:"三分天下有其二,以服事殷,周之德可谓至德矣。"夫能以大事小也。昔乐毅走赵,赵王欲与之图燕。乐毅伏而垂泣,对曰:"臣事昭王,犹事大王;臣若获戾,放在他国,没世然后已,不忍谋赵之徒隶,况燕后嗣乎!"胡亥之杀蒙恬也,恬曰:"自吾先人及至子孙,积信于秦三世矣;今臣将兵三十余万,其势足以背叛,然自知必死而守义者,不敢辱先人之教以忘先王也。"孤每读此二人书,未尝不怆然流涕也。

孤祖父以至孤身,皆当亲重之任,可谓见信者矣,以及子桓兄弟,过于三世矣。孤非徒对诸君说此也,常以语妻妾,皆令深知此意。孤谓之言:"顾我万年之后,汝曹皆当出嫁,欲令传道我心,使他人皆知之。"孤此言皆肝鬲之要也。所以勤勤恳恳叙心腹者,见周公有《金滕》之书以自明,恐人不信之故。

这一部分正面表明自己忠于汉室,并无"不逊之志"。先以春秋时齐桓公、晋文公兵势强大但仍能尊奉周室自比,继以周文王得到了天下的三分之二,但仍然臣服弱小的殷朝自喻,接着表达了对于乐毅和蒙恬的深切感佩之情。乐毅是战国时燕昭王的大将,曾率燕、秦、赵、韩、魏五国军队攻下齐国七十余城。但昭王死后,遭到昭王之子惠王的猜忌,被迫逃往赵国。蒙恬是秦始皇时的名将,率大军北击匈奴,但秦始皇死后,却被丞相赵高和秦二世胡亥逼迫自杀。但即使是在这样的情况下,他们仍然忠于燕国、秦朝。曹操列举两例,意在说明自己一来世受汉恩,二来汉又无负于己,那么自己对于汉室的忠心,就更是毋庸置疑的了。接下来,曹操进一步说明自己得到汉室信用已经超过三世,自己对于汉室的忠心,不仅要对世人宣说,还要通过妻妾去向别人宣说,并称这些都是自己的肺腑之言。最后还引了周公金滕藏书的典故,来说明自己何以要如此不厌其烦地表明心迹。"金滕"是一种用金属封口的柜子。《尚书·金滕》载,周武王病重,周公向祖先祷告,愿代武王身死,祷毕将祷辞藏在金滕之中。武王死后,成王年幼,周公摄政,其弟管叔、蔡叔造谣说周公将取代成王,周公为避嫌而出居东都洛阳。后成王打开金滕发现了祷辞,知道周公忠诚,又迎回了周公,让他重新执政。曹操在这里以周公自比,说明自己写这篇文章的目的就像当年周公存金滕之书以备考查一样,是为了消除人们的疑虑和误解。

最后一部分是:

然欲孤便尔委捐所典兵众,以还执事,归就武平侯国,实不可也。何者？诚恐己离兵为人所祸也。既为子孙计，又己败则国家倾危，是以不得慕虚名而处实祸，此所不得为也。前朝恩封三子为侯，固辞不受，今更欲受之，非欲复以为荣，欲以为外援，为万安计。孤闻介推之避晋封，申胥之逃楚赏，未尝不舍书而叹，有以自省也。奉国威灵，仗钺征伐，推弱以克强，处小而禽大，意之所图，动无违事，心之所虑，何向不济，遂荡平天下，不辱主命，可谓天助汉室，非人力也。然封兼四县，食户三万，何德堪之！江湖未静，不可让位；至于邑土，可得而辞。今上还阳夏、柘、苦三县户二万，但食武平万户，且以分损谤议，少减孤之责也。

这一部分针对政敌的攻击，斩钉截铁地表示：他不能放弃兵权，回到他的封地武平侯国去，这既是出于对自身和子孙安全的考虑，也是出于对国家安全的考虑，他不能"慕虚名而处实祸"。不仅如此，他还打算接受朝廷对三个儿子的封爵，以此作为外援，作为"万安"之计。接着笔锋一转，抒写对于古代贤士介之推和申包胥功成身退、拒不受赏的高尚品质的崇仰之情，表示自己虽有"荡平天下"的功劳，然而封兼四县、食户三万，内心还是很不安的。最后宣称：国家还不安定，他不能够放弃政权；至于封地，他是可以退让的。并具体提出他愿将所封四县交出三县，食户三万减去二万，以减少别人对他的诽谤，同时稍稍减轻自己所负的责任。

曹操在这篇令文中，不少地方是说了实话的。比如说他早年志望不大，这大体上还是可信的。又比如说假如国家没有他，"不知当几人称帝，几人称王"，说的也是事实。最后说他不能交出兵权，"诚恐己离兵为人所祸也"，担心得也完全有理。但曹操反复强调自己忠于汉室，没有"不逊之志"，这就很难使人相信了。不过，曹操处在当时的特殊情况下，为了长远的统一大业，奉行韬晦之计，对自己的政治意图做了一些讳饰，也不是不可以理解的。他在为自己辩解的同时，表明了牢牢掌握兵权和政权，同政敌坚决斗争的决心，从统一大业这个大局来看，也是值得肯定的。

建安十八年（213）五月，曹操被册封魏公，加九锡。大概就在这时，关于曹操有"不逊之志"的议论又风行起来，曹操于是又写了诗作《短歌行》（其一）：

周西伯昌，怀此圣德。三分天下，而有其二。修奉贡献，臣节不坠。崇侯谗之，是以拘系。一解。

后见赦原，赐之斧钺，使得征伐。为仲尼所称，达及德行，犹奉事殷，论叙其美。二解。

齐桓之功，为霸之首。九合诸侯，一匡天下。一匡天下，不以兵车。正而不谲，其德传称。三解。

孔子所叹，并称夷吾，民受其恩。赐之庙胙，命无下拜。小白不敢尔，天威在颜咫尺。四解。

晋文亦霸，躬奉天王。受赐珪瓒，秬鬯彤弓，卢弓矢千，虎贲三百人。五解。

威服诸侯，师之者尊。八方闻之，名亚齐桓。河阳之会，诈称周王，是以其名纷葩。六解。

第一、二解咏叹周文王，说他具备崇高的品德，已控制殷朝三分之二的疆域，但仍然朝贡殷王，不失臣节。因遭受崇侯诽谤，才被拘禁起来，后被释放，恢复原职，殷纣还赐给他斧钺，授与他专征的大权。文王的美德也得到了孔子的称赞。

第三、四解咏叹齐桓公，说他建功立业，成了第一个霸主，多次盟会诸侯，一举匡正天下，不凭恃武力。光明正大而不谲诈，其道德为后世传言称美。孔子赞美了他，同时还赞美了管仲。天子把祭肉赐给桓公，并命他不用下阶拜跪，但他却说："小白不敢，因为天威就近在我的面前。"小白，是齐桓公的名。

第五、六解咏叹晋文公，说他也是一个霸主，同样躬身奉侍天子，因而天子赏赐给他珪瓒（祭祀用的玉柄舀酒器物）、美酒、红弓、黑色弓矢以及三百名勇士。他的威望使诸侯折服，学习他的人也受到尊重，其声威八方传闻，其名声仅次于齐桓公。但他在河阳会盟，召请周天子以打猎的名义前来与会，却引起了众议纷纭，有损他的名声。

曹操在这里赞美周文王、齐桓公和晋文公等历史人物，实际上是表示要以他们为榜样，自己虽然做了魏公，被赐给九锡，地位显赫，但仍要谨守臣节，遵奉汉室，决不做出危害汉室的事情来，用意完全同《让县自明本志令》相同。

此外，《善哉行》（其一）二解："太伯仲雍，王德之仁。行施百世，断发文身。"咏叹古公亶父的长子太伯、次子仲雍为了让位给季历，就一起避居荆蛮。三解："伯夷叔齐，古之遗贤。让国不用，饿殂首山。"咏叹商末孤竹君的两个儿子伯夷、叔齐互相让国，商亡后逃到首阳山不食周粟而死。四解："智哉山甫，相彼宣王。何用杜伯，累我圣贤。"咏叹仲山甫辅佐周宣王革新政治，使周室出现"中兴"；但却无故杀死了杜伯，损害了圣君贤相的好声名。这些也都不无以史为鉴之意，旨在表明自己并无"不逊之志"的心迹。

建安二十四年（219）冬，曹操在孙权的配合下，取得襄樊大捷之后，孙权给曹操上书，称说天命，劝曹操当皇帝，自己情愿称臣。曹操读罢来信，将信出示群臣，说："这小子竟想让我蹲在火炉上去挨烤啊！"

汉朝以火德王,故这里以火炉比汉朝。曹操的意思是,他如以魏代汉,必然招致来自各方面的反对,就像在火炉上挨烤一样。说这话的目的一是为了揭露孙权的真实用心,二是为了试探一下群臣的意向态度。群臣对曹操的用意心领神会,于是文官以陈群、桓阶为首,武将以夏侯惇为首,纷纷劝进。这些人劝进自然都不无阿附曹操之意,但对曹操代汉称帝条件的分析,大抵还是比较客观的,比如说献帝只剩下一个皇帝的名号,一尺土地、一个老百姓都不再属汉朝所有,说的就是事实。但曹操早已成竹在胸,听完大家的建议,冷静地说:"'施于有政,是亦为政。'如果天命在我这里,我就做一个周文王得了!"

"施于有政,是亦为政"语出《论语·为政》:"子曰:《书》云:'孝乎惟孝,友于兄弟,施于有政。'是亦为政,奚其为为政?"意谓只要将《尚书》上说的孝顺父母、友爱兄弟的风气影响到政治上去,也就是参与了政治,何必一定要做官才算参与了政治呢?曹操引用这句话,意在说明只要掌握了实权,不必计较有没有皇帝这个虚名。然后明确表示,即使当皇帝的时机已经成熟,他也不当皇帝,而要像当年周文王给周武王奠定基业那样,积极创造条件,让自己的儿子去做皇帝。

曹操这句话,实际上已经表明了长期隐藏在他心中的代汉意图,只不过这最后的一个步骤不想由他自己来完成,而要由他的儿子来完成。曹操自己为什么不称帝呢?看来主要有以下几方面的考虑:

其一,孙权劝他称帝,是从自己的利益考虑的。一来,孙权认为这样做可以博得曹操的欢心,从而实现吴、魏之间的和好,自己就可抽出身来专力对付蜀汉。襄樊之役中,孙权为了从刘备手中夺回荆州,从背后袭杀关羽,帮了曹操的大忙,但却得罪了刘备,结束了吴、蜀之间长达十年的联盟关系,这时他比什么时候都更需要缓和同曹魏的矛盾,不然就将可能陷入两面作战的不利境地。二来,孙权认为曹操如果真的称帝,就会再次招致拥汉派的强烈反对,从而陷入困境,减轻对吴国的威胁。因此,孙权貌似恭顺,实则是在使坏,曹操看穿了孙权的意图,不肯轻易上当。

其二,从当时情势看,如果贸然称帝,确实会给政敌和拥汉派势力增加攻击的口实,使自己在政治上陷入被动。综观曹操的一生,内部的反对和反叛大都发生在他当魏公、魏王之后,这是很能说明问题的。因此,继续维持献帝这块招牌,对于安抚拥汉派,巩固内部,仍有不可忽视的作用。

其三,至少从建安十五年(210)起,曹操一再"自明本志",说自己绝无代汉自立之心,言辞恳款,说了差不多十年,现在如果突然变卦,否定自己,对自己的声誉名节必然会造成不利影响,不如一如既往,将戏演到底为好。

其四,更重要的是,曹操是一个讲求实际的人,只要掌握了实权,并不怎么看重虚名,"施于有政,是亦为政"一语是充分反映了他的内心想法的。

此外,建安二十四年(219)曹操已六十五岁,年纪大了,估计自己将不久于人世了,这也可能是他不愿称帝的一个原因。

总之,曹操不当皇帝,是从策略上全面权衡得失后所做出的决定,是一种明智而周密的谋虑。曹操以"三分天下有其二"的周文王自许,似乎是对他自己一生的业绩和名位做了一个总结和评定。

第二十二章　大星陨落

一　"烈士暮年,壮心不已"

建安十二年(207)五月,曹操率军北征乌桓,时年五十三岁。在归途中写作了《步出夏门行·龟虽寿》,其中有句云:"老骥伏枥,志在千里;烈士暮年,壮心不已。"曹操清醒地认识到自己已经进入"暮年",是一匹"老骥"了。此前曹操已取得消灭袁氏集团主力的巨大胜利,此时又平定了乌桓并彻底肃清了袁氏残余势力,因此诗中洋溢着的是一股昂扬奋进的精神。这之后,曹操遭受了赤壁兵败的严重挫折,后来多次对孙权、刘备用兵也都没有取得大的成功,从而形成了一时难以逆转的三国鼎立的局面。一方面统一大业遇到了前所未有的困难,另一方面随着时光的流逝,老境渐渐降临,这就形成了一个深刻的矛盾。如何延长寿命来完成未竟的事业,这不能不成为曹操经常为之思考的问题,暮年将至、壮志难酬的苦闷,也不时在其情绪中表现出来。这种思想、心理和情绪,在曹操晚年所作的《气出唱》《陌上桑》《精列》和《秋胡行》等游仙诗中得到了浪漫的曲折的反映。

中国自古有神仙长生不死之说,这成为不少人为之向往乃至追求的目标。秦始皇、汉武帝就曾多方访求长生之术,如秦始皇曾派徐市发童男童女数千人入海求仙人,秦始皇三十二年(前215)到临近渤海边的碣石时,还曾派燕人卢生去访求传说中的仙人羡门、高誓,派韩终、侯公、石生访求仙人不死之药。对不死的神仙和极乐的仙境,晚年的曹操也抑制不住有一种企望的情绪。《气出唱》(其一)写道:

> 驾六龙,乘风而行。行四海外,路下之八邦。历登高山临溪谷,乘云而行。行四海外,东到泰山。仙人玉女,下来翱游。骖驾六龙饮玉浆。河水尽,不东流。解愁腹,饮玉浆。奉持行,东到蓬莱山,上至天之门。玉阙下,引见得入,赤松相对,四面顾望,视正焜煌。开玉心正兴,其气百道至。传告无穷闭其口,但当爱气寿万年。东到海,与天连。神仙之道,出窈入冥,常当专之。心恬澹,无所愒欲。闭门坐自守,天与期气。愿得神之人,乘驾云车,骖驾白鹿,上到天之门,来赐神之药。跪受之,敬神齐。当如此,道自来。

描写在想象中驾龙乘风,遨游四海,历经泰山、蓬莱,上到天门、玉阙,与仙人玉女同游,同赤松子相对,终于学得了养气之术,获得了不死之药。第二首描写上华阴山,同仙人玉女一起饮酒、听乐、游戏、起舞,又遨游八极,来到昆仑山上的西王母身边,同赤松、王乔及德、旋、门三位星君一起饮酒作乐,直到黄昏。第三首描写游洞庭君山,又来到西王母瑶台之上,参加西王母主持的盛宴,大家互祝长寿和欢乐。此外,《陌上桑》描写驾虹霓,乘赤云,登九疑,经玉门,渡银河,来到昆仑,拜见王母和东君,交游赤松和羡门,接受仙道,爱养精神,食灵芝,饮甘泉,拄桂杖,佩秋兰,也曲折抒写了齐天地、等神仙、延寿命的强烈愿望,主旨与《气出唱》完全相同。

但自古以来,谁也不可能逃脱有生有死的自然法则,曹操对此不可能没有清醒的认识。《精列》写道:

> 厥初生,造化之陶物,莫不有终期。莫不有终期。圣贤不能免,何为怀此忧?愿螭龙之驾,思想昆仑居。思想昆仑居。见期于迂怪,志意在蓬莱。志意在蓬莱。周孔圣徂落,会稽以坟丘。会稽以坟丘。陶陶谁能度?君子以弗忧。年之暮奈何,时过时来微。

从有生物那天起,大自然化育出来的万物就都有终结的时候,即使圣贤也不可能避免,何必为此忧伤呢?虽然也想驾起螭龙,到昆仑山去居留;也想见到神灵,到蓬莱山去遨游;但实际上,周公、孔丘也是要死亡的,会稽还有大禹的坟丘。既然岁月漫漫,谁也不可能长留,因此君子决不去为死亡而担忧。但最后两句,又慨叹起人之将老、年华逝去、来日无多,反映了曹操既希望尽快完成统一大业,又深感时不我待的矛盾心情。

在这种情况下,"烈士暮年,壮心不已"的积极进取精神又得到了高扬。建安二十年(215)三月,六十一岁的曹操亲率大军西征张鲁,在经过大散关的时候写作了《秋胡行》,其二云:

> 愿登泰华山,神人共远游。愿登泰华山,神人共远游。经历昆仑山,到蓬莱。飘飖八极,与神人俱。思得神药,万岁为期。歌以言志,愿登泰华山。一解。
> 天地何长久!人道居之短。天地何长久!人道居之短。世言伯阳,殊不知老;赤松王乔,亦云得道。得之未闻,庶以寿考。歌以言志,天地何长久。二解。

明明日月光，何所不光昭！明明日月光，何所不光昭！二仪合圣化，贵者独人不？万国率土，莫非王臣。仁义为名，礼乐为荣。歌以言志，明明日月光。三解。

四时更逝去，昼夜以成岁。四时更逝去，昼夜以成岁。大人先天而天弗违。不戚年往，忧世不治。存亡有命，虑之为蚩。歌以言志，四时更逝去。四解。

戚戚欲何念！欢笑意所之。戚戚欲何念！欢笑意所之。壮盛智慧，殊不再来。爱时进趣，将以惠谁？泛泛放逸，亦同何为！歌以言志，戚戚欲何念！五解。

全诗所表达的情绪是复杂的：一方面想求得不死神药，长寿万年，一方面又清醒地认识到人生是短暂的，即使是老子、赤松、王乔这些传说中的仙人，也不可能是真正得道成仙，或许只是寿长些而已；一方面希望游历仙境，同仙人一起远游，一方面又强烈地关注着眼前的现实。"贵者独人不"表现了不信神仙信人力的思想，"仁义为名，礼乐为荣"表达了要以仁义礼乐治理天下的志向。最值得注意的是"不戚年往，忧世不治。存亡有命，虑之为蚩。""爱时进趣，将以惠谁"数句，展示了诗人不计个人年寿，一心系念社会治乱和国家安危的胸襟，表达了诗人珍惜光阴、积极进取的志向，同"烈士暮年，壮心不已"完全同调。这表明曹操晚年虽被人寿有限、时不我待困扰，有时不免有苦闷和感伤，但他终究没有消沉下去，他还是颇能用积极达观的态度来看待人生、对待人生的。汉末以来，一些文人往往因人寿有限而主张及时行乐，如《古诗十九首》中说："浩浩阴阳移，年命如朝露。……不如饮美酒，被服纨与素。"又说："生年不满百，常怀千岁忧。昼短苦夜长，何不秉烛游？"以曹操的思想与之相比，是不难看出其间的天差地别的。

曹操在对待人生的问题上，没有搞绝对化。他否定了神仙长生之说，但也不认为人的生命只能完全听任自然规律的摆布。《步出夏门行·神龟虽寿》一方面说："神龟虽寿，犹有竟时。腾蛇乘雾，终为土灰。"另一方面又说："盈缩之期，不但在天；养怡之福，可得永年。"意思是一个人寿命的长短虽然不能违背自然规律，但如能善自保养身心，使之健康愉快，也是可以达到延年益寿的目的的。延长了寿命，也就赢得了干事业的时间，这正是曹操所追求的。为了达到这一目的，曹操一方面尽力排除对于生死的苦闷感伤情绪，代之以"戚戚欲何念！欢笑意所之"的达观态度，另一方面还切切实实地采取了一些养身怡性的手段。年轻时，曹操习练气功，并积极参加体育锻炼。史载"家以蹴鞠为学"，"蹴鞠"就是踢球，也称"踏鞠"。鞠是以皮革制成的圆囊，中间塞满毛发，坚韧而有弹性，类似于现代的足球。参加踢球这样剧烈的运动，对增强体质无疑是有积极作用的。进入晚年后，曹操除熟悉方药，必要时以药物祛病强身外，主要是习练气功，而且深好此道，有很深的体会。

气功在我国有相当悠久的历史，到两汉时气功理论已经相当完备，并涌现出了不少气功师（有的是气功师兼医师）。董卓之乱后，气功师流散各地，曹操统一北方后，特意将他们集中起来。集中起来的目的，除了曹植所说的"诚恐此人之徒，接奸诡以欺众，行妖恶以惑民"（《辨道论》），即防止一些气功师四处进行"惑民"活动外，主要是为了给自己治病，同时学习研究这些人的养生术和练气功的本领。被集中起来的人中，不少人确有真才实学，据曹丕《典论》、曹植《辨道论》、张华《博物志》和葛洪《抱朴子》记载，甘始"善于行气，老有少容"，左慈知"补导之方"，封君达知养性法和隐形法，王真能"行胎息胎食"之方，郄俭能辟谷不食，一次绝谷百日，曹植亲与之寝处，见他犹能"行步起居自若"。华佗更是一位出类拔萃的人物，他不仅有丰富的医学知识和临床经验，治愈了无数病人，而且还注意发挥气功保健的优势，鼓励人们锻炼身体，提高健康水平，预防疾病。他在前人"导引"之术的基础上，发明了"五禽之戏"，大体是模仿虎的前肢扑动、鹿的伸转头颈、熊的卧倒身子、猿的脚尖纵跳、鸟的展翅飞翔，并把这些动作联贯起来，编成了一套活动全身肌肉和关节的健身体操。他的弟子吴普按照这个办法，经常进行锻炼，活到九十多岁，仍耳聪目明，牙齿完坚。曹操平时向这些人学习，"间（有时）行其术，亦得其验"，收到一定的效果。

曹操的游仙诗，有些地方实际描绘了自己练气功的情景和体验。如《气出唱》（其一）："开玉心正兴，其气百道至。传告无穷闭其口，但当爱气寿万年。"开、玉、心，都是星名。开，开明星，即木星，因它十二年运行一周天，古人用它纪年，所以又称岁星；玉，即玉井星，参星下面的四小星；心，心宿，为二十八宿之一。前一个"气"，指众星的精气、光气；后一个"气"，指人的元气，道家主张闭口咽下口液，以保持元气。数句大意是说：木星、玉星、心星星光明亮，射来百道光气；仙人传授的道术真是奥妙无穷，闭口保持元气就能长寿万年。这里实际上描绘了在晴朗的夜空之下习练气功的情景。所谓"传道无穷"，实际是指气功理论的博大精深。现代生物学研究证明，唾液内含淀粉酶、溶菌酶和分泌性抗体等物质，既可以帮助消化食物，又有杀菌、抗病毒的作用。古人非常重视津液的作用，连造字时也取意"舌上的口水"为"活"字，是不无道理的。曹操认为咽下口液就能保持元气，就能长寿万年，可见他对于此道也是深信不疑的，练功时的诚心诚意、全神贯注也就可想而知了。

《气出唱》（其一）又写道："神仙之道，出窈入冥，常当专之。心恬澹，无所愒欲。闭门坐自守，天与期气。"大意是说，神仙之道非常精微玄妙，应当持久地专心致志地研求；要心思清静澹泊，没有任何贪欲；闭门静坐保守自己的精气,使之与自然之气相结合。这里描写的似乎是一种静功,要求沉思寂虑,摒除一切杂念,进入一种与大自然浑融无间的无我之境。清静澹泊,没有贪欲,专心致志,这也是对练气功的一般要求,同《黄帝内经·素问》卷一所说的:"恬惔虚无,真气从之。精神内守,病安从来？是以志闲而少欲,心安而不惧,形劳而不倦。"大体上是一致的。

曹操有时还向练气功卓有成效的人求教。比如他曾给皇甫隆写过一道令:

闻卿年出百岁,而体力不衰,耳目聪明,颜色和悦,此盛事也。所服食施行导引,可得闻乎？若有可传,想可密示封内。

皇甫隆于是给曹操去信介绍养生之术说:

常闻道人蒯京已年一百七十八,而甚丁壮。言人当朝朝服食玉泉,琢齿,使人丁壮,有颜色,去三虫而坚齿。玉泉者,口中唾也。朝旦未起,早漱津令满口乃吞之,琢齿三七遍。如此者乃名曰练精。(《上疏对曹公》)

"漱津",即鼓漱,闭口咬牙用两腮和舌做漱口动作,其目的主要是为了使口内多生津液。"漱津令满口而吞之"的好处前面已谈,叩齿的好处也不少。牙齿不仅是骨的末梢,同筋骨有直接联系,而且同胃、肠、脾、肾等内脏活动也有密切联系。经常叩齿,可促进牙周膜、牙髓腔及牙龈部位的血液循环,改善牙齿的营养供应,使之不易松动、脱落和患龋齿等牙疾,同时可以增强消化系统的功能,改善全身的营养供应,对全身健康产生积极作用。曹操诚心向皇甫隆请教,相信他也是这么认真地去做了的。

总之,曹操对衰老既采取了达观的态度,同时又采取了一些必要的措施以尽力延缓衰老。曹操这样做对其保健强身、延年益寿应当说是起到了一定作用的。他虽然只活了六十六岁,现在看来这个岁数并不算高,但在战祸、灾害和瘟疫不断,绝大多数人寿命都很短促的年代(他的儿子曹丕只活了四十岁,曹植只活了四十一岁),却要算是比较高的了。更重要的是,曹操有越到老年越不能忘怀统一大业的胸襟和为之奋斗不已的精神,直到临死前不久他还奔波在西征汉中、南讨关羽的途中,没有坚定不移的人生理想,没有顽强的意志,没有一个较好的身体,都是不可能做到这一点的。曹操虽然至死也未能完成其梦寐以求的统一大业,但他是充分发挥了自己的主观能动作用,是充分实现了自己人生的价值的。

二 《遗令》

建安二十三年(218)六月,曹操大概意识到自己将不久于人世了,特地颁布了一道《终令》:

> 古之葬者,必居瘠薄之地。其规西门豹祠西原上为寿陵,因高为基,不封不树。《周礼》,冢人掌公墓之地,凡诸侯居左右以前,卿大夫居后,汉制亦谓之陪陵。其公卿大臣列将有功者,宜陪寿陵,其广为兆域,使足相容。

主要谈了三个问题:一是不要厚葬,死后要将自己埋葬在瘠薄的土地上,依照原有的高度作为圹基,不堆土,不植树。二是确定了建造寿陵的地点，在邺城西门豹祠以西较高的平原上。西门豹，战国时魏人，任邺令时，破除传统的巫术迷信，革除替河神娶妇的陋习，并兴修水利，开渠引漳河水灌溉邺田，受到人们尊敬，死后为之立祠纪念，其祠在邺城西面。三是要求墓地范围宽广，以使能够充分容纳陪陵。

一年后，曹操为自己准备了送终的四季衣服，分别盛放在四个箱子中，上面写明春夏秋冬，并留下一个遗嘱：

> 有不讳，随时以敛。金珥珠玉铜铁之物，一不得送。(《题识送终衣奁》)

"不讳"，指死。"随时以敛"，即按当时季节所穿的衣服入殓。珥，塞在耳里的玉。古人入殓时，往往以珠玉塞进口、耳、鼻中，认为这样可以防止尸体腐朽，如葛洪《抱朴子·对俗》有"金玉在九窍，则死人为之不朽"的说法，《西京杂记》卷六有晋灵公冢发后"棺器无复形兆，尸犹不坏，孔窍中皆有金玉，其余器物皆朽坏不可别"的记载。曹操要求金玉珠宝铜铁之类的物品一概不要随葬，对薄葬提出了更为具体的要求。

建安二十五年(220)正月，曹操南征关羽后从摩陂回到洛阳，突然发病。据说是他让工人苏越移栽一棵梨树，挖掘时梨根受伤，流出红色的汁液，就像鲜血一般。苏越将情形报告曹操，曹操前去察看后，心中厌恶，认为不祥，回去后便病倒了。曹操这年六十六岁，毕竟是上了年纪的人了；而西征汉中，未能达到预期的目的，紧接着襄樊告急，紧急回救，连续作战，鞍马劳顿，心力交瘁，终于不堪重负，这是病倒的根本原因。曹操自知不起，断断续续下了《遗令》：

吾夜半觉小不佳,至明日饮粥汗出,服当归汤。

吾在军中持法是也,至于小忿怒,大过失,不当效也。天下尚未安定,未得遵古也。吾有头病,自先著帻。吾死之后,持大服如存时,勿遗。百官当临殿中者,十五举音,葬毕便除服;其将兵屯戍者,皆不得离屯部;有司各率乃职。敛以时服,葬于邺之西冈上,与西门豹祠相近,无藏金玉珍宝。

吾婢妾与伎人皆勤苦,使著铜雀台,善待之。于台堂上安六尺床,施繐帐,朝晡上脯糒之属,月旦十五日,自朝至午,辄向帐中作伎乐。汝等时时登铜雀台,望吾西陵墓田。

余香可分与诸夫人,不命祭。诸舍中无所为,可学作组履卖也。吾历官所得绶,皆著藏中。吾余衣裘,可别为一藏,不能者兄弟可共分之。

令文对如何安排自己的后事做了具体安排,主要包含了这样几方面的内容:

对自己一生的功过做了一个简略的回顾,认为自己以法治军是正确的,至于发的小脾气,犯的大过失,不值得效法。实际是要部属对自己所做过的一切有所分析,自己死后不要事事照办,全盘照搬,表现出一种实事求是的精神,反映出曹操胸怀磊落、不文过饰非的一面。

要求简便办理丧事,同时再次强调了薄葬的问题。具体规定是:入殓时穿当时季节所穿的衣服,因有头疼病,很早就戴上了头巾,大概要求死后仍戴着头巾;文武百官来殿中哭吊的,只要哭十五声,安葬完毕,便脱掉丧服;驻防各地的将士,都不要离开驻地;官吏要各守职责;不要用金玉珍宝陪葬。曹操要求简便办理丧事,一是为了避免铺张浪费,二是为了不影响文武百官的日常工作,防止局势出现动荡,不难看出曹操是从大局着眼的。至于一再要求薄葬,更是从大局着眼的,"天下尚未安定,未得遵古也"一句,即明确表明了这一点,所谓"遵古",即遵守服孝和用金玉珍宝陪葬之类的古礼。曹操考虑到天下尚未安定,应当尽量节俭,所以不同意"遵古"。东汉以来,厚葬成风,虽有不少《遗令》或《终制》提到要薄葬,但大都不过说说而已,并没有真正贯彻执行。曹操却一再明令薄葬,这对移风易俗,对减轻人民负担,无疑都具有积极意义。当然,曹操这样做,肯定包含着防止被盗墓的考虑。董卓之乱以来,蜂起争雄的各路军队经费严重不足,纷纷打盗墓的主意,董卓、袁绍、曹操都干过盗墓的勾当,前面已经提到。曹操一定亲自看到过许多坟墓被盗后尸骨纵横、什物狼藉的场面,不愿重蹈覆辙,所以一再要求薄葬。曹操没有明说这一点,但后来曹丕却是明说了。黄初三年(222)十月曹丕在《终制》中要求他的寿陵"因山为体,无为封树,无立寝殿、造园邑、通神道","无施苇炭(按墓中施苇炭为求干燥),无藏金银铜铁,一以瓦器","棺但漆际会三过,饭含无以珠玉,无施珠襦玉匣"。为什么要这么做呢?因为"自古及今,未有不亡之国,亦无不掘之墓也。丧乱以来,汉氏诸陵无不发掘,至乃烧取玉匣金缕,骸骨并尽,是焚如之刑,岂不重痛哉!祸由乎厚葬封树"。因此,曹操遗令薄葬,是兼有公私两重考虑的,这样做于国于民于己都有好处。

对婢妾和歌舞艺人做了安排,对一些遗物做了处理。要求将婢妾和歌舞艺人安置在铜雀台,好好对待。在铜雀台的正堂上安放一张六尺长的床,挂上灵幄,早晚供上干肉、干粮之类的祭品,每月初一、十五两天,从早至午向着灵帐歌舞。要经常登上铜雀台,看望西陵墓田。余下的熏香可分给诸位夫人,不要用来祭祀。各房的人没事做,可学着编织有丝带饰物的鞋卖。自己一生做官所得的绶带,都放到柜中,遗留的衣服、皮衣,可放在另一柜中,不行的话,曹丕兄弟可一起分掉。曹操显然不希望自己死后很快被忘掉，因此对如何祭祀等问题做了细致的安排。对遗物的处理不免显得琐屑，对妻妾儿女的顾念又不免显得儿女情长。这一点曾引起后人的非议，如陆机就在《吊魏武帝文》中说："系情累于外物，留曲念于闺房。""惜内顾之缠绵，恨末命之微详。纡广念于履组，尘清虑于余香。结遗情于婉娈，何命促而意长！"意思是感情像这样受外物的牵累，对家事的顾念如此悱恻缠绵，在《遗令》中嘱咐如此细致详明，对曹操这样叱咤风云、英雄一世的人物来说，不免显得太不相称了。其实，顾念妻室儿女和身边的一些琐事，对一个临死的人来说是难以避免的，可以说是人之常情。鲁迅有诗云："无情未必真豪杰，怜子如何不丈夫。知否兴风狂啸者，回眸时看小於菟。"（《答客诮》）用来说明这一情况，也是合适的。分香卖履之事引起一些后人的吟咏，多数也是从感情这个角度着眼的。如杜牧《杜秋娘传》："咸池升日庆，铜雀分香悲。"吴伟业《清凉山赞佛》诗："纵洒苍梧泪，莫卖西陵履。"蒲松龄《聊斋志异·祝翁》石印本画评："缱绻恩私悲永诀，由来伉俪最情深。从今白首同归去，痴绝分香卖履心。"等等。此外，曹操让各房妻妾没事就学着编织鞋子卖，在讲究礼法观念的时代，让妻妾去做这种只有平民百姓才做的事情，需要足够的勇气，体现了曹操反传统的精神，也是有必要指出的。

据陆机《吊魏武帝文》，曹操临死时成年的儿子在身边的有四个，但曹丕因留守邺城，不在其数。曹操最小的儿子是曹幹，为陈妾所生，三岁时，陈妾死，曹操让王夫人抚养。曹操病重时，曹幹五岁，曹操为此专门给曹丕留下一道遗令：

此儿三岁亡母，五岁失父，以累汝也。（《三国志》卷二十《赵王幹传》注）

陆机为此在《吊魏武帝文》中写道:"伤哉！曩以天下自任,今以爱子托人。"说曹操过去是以天下作为己任的,而现在却要把爱子托付别人,对此也寄寓了很深的感慨。

《遗令》的文字读起来有些不大连贯,大概因病痛折磨,并不是写于一时,但看得出仍是头脑清醒时的文字,反映了曹操临终时的思想和感情,是真切而又感人的。

三　病逝洛阳

建安二十五年(220)正月二十三日,曹操病逝于洛阳。谏议大夫贾逵、军司马司马懿等人出面主持丧事。其时曹丕在邺城,此前曹操召见驻守长安的曹彰,曹彰也尚未赶到。而老百姓因长期为劳役奔波,不免有不满情绪,加之此时又发生了瘟疫,因此军心不稳,出现了骚动。众官担心发生变乱,主张秘不发丧,贾逵不同意,于是立即发丧,将在洛阳的文武百官召来宫内,要求大家按曹操的《遗令》办事,各安其位,各尽其责,不得轻举妄动。臧霸手下的部分士兵以及青州兵以为天下将乱,擅自击鼓离去。众人认为应加制止,不服从的用武力加以镇压,贾逵认为正当大丧,太子又还没有即位,宜采用安抚的办法。于是给沿途发出指令,要求各郡县负责解决离散军队的食宿,避免了矛盾的激化。

又有人提议更换各地的守将,用谯县、沛县的人去接替。魏郡太守徐宣坚决反对,大声说:"现在远近一统,大家都想为国家出力,何必专用谯、沛人,伤大家的心呢?"于是再无人提起这个问题。

曹操生前召见曹彰,到底要跟他讲些什么,因曹彰到洛阳时,曹操已经死去,谁也无从得知。但曹彰却有自己的理解,他认为曹操临终专门召见他,是为了立曹植为继承人,而让他来主持此事。因此他刚一到洛阳,便冒冒失失地问贾逵曹操的印玺在哪儿,并私下对曹植说:"先王之所以召见我,是要打算立你。"贾逵对曹彰的询问,很严肃地做了回答:"太子在邺城,国家已经确立了继承人。先王的印玺,不是您所应当询问的!"曹植也深知此事的利害,采取了十分理智的态度,对曹彰说:"不能这样干啊!没有看见袁氏兄弟内讧的事吗?"由于贾逵坚持原则,以及曹植冷静克制,才未在嗣立问题上再生出波折来。后来有人据此认为,曹操可能对立曹丕还是立曹植的问题直到临死还有动摇,其实这是不可能的。曹操本来就是在经过长期犹疑后才下决心确立曹丕的,确立曹丕后,曹丕并没有出现什么大的过失,而曹植也并没有比以往更好的表现,相反倒在此前不久发生过让他率军南救曹仁他却因醉酒而不能受命的事情,曹操有什么理由到这时还来废立呢?而且明知自己将不久于人世,自己离世肯定会给局势带来不稳定的因素,他有什么理由到这时候了还来添乱呢?退一步说,即使他真有废立的理由,他也还来得及在病中做出必要的安排,至少还可以再下一道《遗令》,在人事上做出一些必要的安排,不可能单让一个曹彰来承担这一使命的。因此,曹操召曹彰,不过是想在临终前再见这个爱子一面,即使有什么事情要交代,也决不会是关于废立的事情。他之所以没有召曹丕,无非是曹丕留守邺城,责任重大,不能轻易让他离开罢了。

曹操逝世的消息传到邺城,曹丕为之大哭不已。太子中庶子司马孚劝他:"君王晏驾,天下的人现在都看着殿下,要依靠殿下。殿下上为宗庙,下为国家,应当节哀,哪里能像个普通人那样去尽孝呢?"曹丕这才止住了哭泣。群臣得知曹操去世的消息,三五成群,聚在一起啼哭不止,司马孚又大声喊道:"现在君王去世,天下震动,应当早立嗣君以镇抚国家,哪能只是一个劲地哭呢?"群臣于是止住啼哭。这时有人提出,太子即位,应当等天子的诏命。尚书陈矫不同意,说:"君王驾崩在外,天下惶惧。太子应当割哀即位,以维系远近之望。现在有爱子在故去的君王身边,万一发生什么变故,国家就危险了!"显然,陈矫是考虑到了曹植、曹彰在洛阳可能会给嗣立问题所造成的麻烦的。大家认为陈矫说得有理,于是立即筹办曹丕即位的有关事宜,只花了一天的时间,就将一切准备完毕。次日天明,以王后的名义下令,曹丕即魏王位。不久,献帝派御史大夫华歆前来下诏,授给曹丕丞相印、绶和魏王玺、绶,并仍命曹丕兼任冀州牧。曹丕于是尊王后为王太后,改建安二十五年为延康元年。至此,曹丕顺利地继承了曹操的一切权力。

在黄门侍郎夏侯尚及司马懿等人的陪奉下,曹操灵柩运回邺城,于二月二十三日安葬在邺城西面的高陵。曹丕作有哀策文,曹植作有诔文,诔文中写道:

如何不吊,祸钟圣躬。弃离臣子,背世长终。兆民号咷,仰愬上穹。既以约终,令节不衰。既即梓宫,躬御缀衣。玺不存身,唯绋是荷。明器无饰,陶素是嘉。既次西陵,幽闺启路。群臣奉迎,我王安厝。(曹植《武帝诔》)

具体描述了安葬时的情景。"缀衣",古代装殓死者的衣服,形如布袋,一边不缝,钉有带子,死者贮内后,系上带子,称为缀衣。"绋",系官印的丝带。曹操下葬时身穿缀衣,玺不存身,表示未藏金玉诸物,只接受绶带;随葬的明器没有加工修饰,都是质朴无华的陶器。一切务从节俭,可见是严格按照曹操的《遗令》办事的。

十月,献帝禅位。曹丕在做过《上书三让禅》之类的表面文章后,在许都南面的繁阳筑坛,升坛受玺绶,即皇帝位。曹操自做周文王,而以儿子为武王的心愿至此变成了现实。曹丕改延康元年为黄初元年,奉献帝为山阳公;追尊曹嵩为太皇帝,曹操为武皇帝,庙号太祖;尊王太后为皇太后。

次年四月,刘备即帝位于成都。曹丕称帝时,孙权曾遣使称臣,并将在襄樊之役中被关羽俘获的于禁等人送回。为了稳住孙权,曹丕在刘备称帝后以皇帝名义册封孙权为吴王,并加九锡。但孙权对魏称臣不过是一种策略,并非真心归附。黄龙元年(229),孙权也在武昌即皇帝位。至此,名副其实地形成了三国鼎立的局面,中国进入了一个新的历史发展时期。

第二十三章　曹操的世界观

一　政治思想

曹操作为一个政治家,其政治思想是丰富的、复杂的,有时甚至是互相矛盾的。曹操的政治思想总的说来是要"富国强兵,用贤任能","富国"是目的,"强兵"和"用贤任能"则是达到"富国"目的的手段。在东汉积贫积弱的基础上,提出要建立一个"富国",使国家富强起来,使人民富裕起来,无疑是有积极意义的。这种"富国"的理想,以及达到"富国"的手段,在曹操的诗文中屡屡有所反映。如《度关山》:

天地间,人为贵。立君牧民,为之轨则。车辙马迹,经纬四极。黜陟幽明,黎庶繁息。於铄贤圣,总统邦域。封建五爵,井田刑狱。有燔丹书,无普赦赎。皋陶甫侯,何有失职?嗟哉后世,改制易律。劳民为君,役赋其力。舜漆食器,畔者十国。不及唐尧,采椽不斫。世叹伯夷,欲以厉俗。侈恶之大,俭为共德。许由推让,岂有讼曲?兼爱尚同,疏者为戚。

诗中涉及了社会政治制度、社会经济思想、社会风俗等方面的问题。曹操认为，天地间人是最可宝贵的，但人需要管理，这就需要"立君"。所谓"立君"，就是在全国老百姓之上要有一个至高无上的皇帝。看起来这是一个浅显的道理，但在当时曹操却是有感而发的。汉末大乱，人民大量死亡，天地间最可宝贵的人成了草芥一般，而造成这种局面的最根本的原因在曹操看来是由于君主集权被破坏，皇帝名存实亡，各地州牧郡守拥兵自强，互相攻杀，社会秩序因而变得杂乱无章。曹操提出要"立君"，在迎献帝都许后自然有号召大家尊奉献帝的意思，献帝是一面旗帜，大家都来尊奉献帝，自然就有利于自己扫平割据、统一天下的大业。当然，在曹操自己，他只是需要在表面上尊奉献帝的，在骨子里，他只是要树立自己的绝对权威，以便有朝一日取献帝而代之，使自己或自己的子孙成为真正的"君"。但无论如何，"立君"在曹操看来是必要的，他要"立君"的态度是真诚的。

"立君"的目的是为了"牧民"，也就是要统治老百姓。为此，必须"为之轨则"，也就是要按统治阶级的意志和需要制定必要的制度和法律，让官吏严格遵守执行。还必须设立刑狱，奴隶的卖身契可以烧掉，但不能实行普遍的赦赎。舜时主管刑狱的皋陶，周穆王时主管司法的甫侯，执法都很严明，只要像他们那样去做，哪里会有什么失职呢？

曹操还要求君王经常出巡天下，在四方边远的地方都留下车辙马迹。要考核官吏的政绩，提拔贤能的官员，把那些昏庸无能的官吏撤职，使人民得到休养生息。此外，国君应当节俭，认为奢侈是最大的罪恶，节俭是公认的美德。并以历史的教训为例，说明君王节俭就能得到大家的拥护，君王奢侈就会招致人民的反叛。《说苑·反质篇》载,尧做天子时,用土碗吃饭,用土瓶饮水,天下臣服;后来舜即位,刻木为食器,还在上面涂上黑漆,开始讲究了,结果有十三国诸侯背叛他。"采椽不斫",就是用栎木做的椽子不经砍削,仍保留着木头的原貌,也就是不讲究雕饰的意思,语出《韩非子·五蠹》:"尧作天子,茅茨不剪,采椽不斫。"曹操要求君主节俭,目的是为避免"劳民为君,役赋其力"的现象出现,也就是不要让君王为了满足一人的贪欲而无休止地对人民进行横征暴敛。这种思想无论在当时还是以后都是具有积极意义的。

曹操在这里提出了"封建五爵"的问题。所谓"封建",指封诸侯,建国家,即指古代的分封制;"五爵",指公、侯、伯、子、男五等爵位。五等封爵制始于西周,所分封者多为周王的同姓子弟,其目的是为了扩大周王室的统治基础,建立起新的统治秩序。到春秋战国时期,爵位制度发生很大的变化,除沿袭按血统关系分封的旧制外,又有按军功、职位、才能授爵的新制度,其中秦国有专门奖励军功的二十等爵。秦王朝建立后,废除封建制而实行郡县制。不久,秦朝灭亡,西汉初年又恢复分封制,宗室封爵分为王、侯(县侯、乡侯、亭侯)二等,功臣的封爵沿用秦的二十等爵。但不久,又发生了吴、楚七国之乱。东汉以来,对分封制和郡县制的利弊多有议论,有的认为周因实行分封制而亡国,分封制不可取;有的则认为秦国实行郡县制而灭亡,郡县制不可取。曹操在这里提出"封建五爵"的问题,一因当时臣僚中有否定郡县制的议论,如丞相主簿司马朗就认为"天下土崩之势"是由于"秦灭五等之制"而造成的;二因曹操对西周初年的文、武、周公之政素来向往,不止一次以文王、周公自比,因此对西周初年的政治制度也就表露出了景慕之情。可以说曹操对分封制表现出了一种肯定的倾向,但不能说他就真想否定郡县制而去实行西周初年的封建制,在这里只是表现了曹操的一种良好愿望:

希望上下有序，各安其位，以恢复和建立一种稳定的有条不紊的封建秩序。

曹操还在这里提到了"井田"的问题。"井田"是周代曾经实行过的一种土地制度，《孟子·滕文公上》做过这样的说明："方里而井，井九百亩，其中为公田。八家皆私百亩，同养公田；公事毕，然后敢治私事，所以别野人也。"也就是说，方九百亩之地为一井，画为井字形，中间一方是公田，周围八方是私田，种私田的农奴或野人要无偿地耕种公田，养活土地所有者。从有关历史记载看，种私田的农奴或野人所受到的压迫和剥削是严重的，他们依附在领主的土地上，连人身自由都没有。但在孟子笔下，井田制却带有理想化的色彩，他曾做过这样的描述："五亩之宅，树之以桑，五十者可以衣帛矣；鸡豚狗彘之畜，无失其时，七十者可以食肉矣；百亩之田，勿夺其时，数口之家，可以无饥矣。"(《孟子·梁惠王上》)春秋以后，井田制逐渐瓦解，农民逐渐获得了相对的人身自由，生产积极性大为提高，生产力有了长足的发展。但是，由于土地可以自由买卖，又导致了土地兼并现象的出现，一些豪强地主大量占有土地，这不仅使一些农民重新沦为农奴，而且大量的封建地租为豪强地主所攫取，影响了国家的税收。这样，汉代以后就有一些人重新怀念起井田制来，甚至主张恢复井田制。在曹操的臣僚中也有这样的议论。丞相参军事仲长统在其《昌言·损益篇》中就说：

> 井田之变，豪人货殖，馆舍布于州郡，田亩连于方国。身无半通青纶之命，而窃三辰龙章之服；不为编户一伍之长，而有千室名邑之役。荣乐过于封君，势力侔于守令。财赂自营，犯法不坐。刺客死士，为之投命。至使弱力少智之子，被穿帷败，寄死不敛，冤枉穷困，不敢自理。虽亦由网禁疏阔，盖分田无限使

之然也。今欲张太平之纪纲,立至化之基趾,齐民财之丰寡,正风俗之奢俭,非井田实莫由也。此变有所败,而宜复者也。

曹操提出"井田",也同样是基于这样的考虑。其《收田租令》说:"'有国有家者,不患寡而患不均,不患贫而患不安。'袁氏之治也,使豪强擅恣,亲戚兼并;下民贫弱,代出租赋,衒鬻家财,不足应命。"与这里所提出的"井田"的设想在思想上是相通的,目的都是为了设法对付豪强的兼并,在一定程度上维护"下民"的利益(当然从根本上说是为了维护封建国家的利益)。曹操提出"封建五爵",也是为了对那些"田亩连于方国""荣乐过于封君"的豪强势力有所抑制。当然,曹操提出"井田",也同提出"封建五爵"一样,只是为了表达一种恢复良好封建秩序的愿望,并非真的打算去恢复这种古老的制度。时代毕竟不同了,曹操不可能糊涂得连这一点也不清楚。

诗的末尾,曹操提出了"厉俗"的问题。所谓"厉俗",就是改善风俗。殷商末年,孤竹国君的长子伯夷在孤竹君死后,与其弟叔齐互相让国,弃国逃走。曹操认为,世人之所以赞叹伯夷,就是想以伯夷为榜样来改善风俗。从哪几方面来改善风俗呢?曹操认为,一要提倡节俭,二要提倡礼让,三要提倡"兼爱""尚同"。礼让的例子除了伯夷外,曹操还提到了许由。许由是尧时的贤士,传说尧要把帝位让给他,他认为是受了污辱,于是逃到箕山下种地隐居。曹操认为,如果大家都像许由那样谦让,还会去打什么官司、辩什么曲直呢?类似的思想,曹操还在《礼让令》中表述过:

里谚曰:"让礼一寸,得礼一尺。"斯合经之要矣。
辞爵逃禄,不以利累名,不以位亏德之谓让。

认为实行礼让是符合儒家经典的精神的,并对礼让的内容做了具体解释。"兼爱""尚同"则是墨子的思想。《墨子·兼爱》提出"兼相爱",也就是主张人们要普遍地相爱,说:"若使天下兼相爱,爱人若爱其身,犹有不孝者乎?""若使天下兼相爱,国与国不相攻,家与家不相乱,盗贼无有,君臣父子皆能孝慈,若此,则天下治。"《墨子·尚同》又提出:"天下之百姓,皆上同于天子。"意思是要实现平等,实现统一。曹操提出"厉俗",当然是有现实的针对性的,其目的同他颁布《整齐风俗令》的目的大致相同。提倡礼让、"兼爱",不仅是为了制止民间的械斗争讼,在很大程度上也是针对着大大小小的割据者而言,曹操希望他们能够向让国的伯夷、许由学习,不要争权夺利,更不要有"王天下"的奢望和梦想,而应服从在他挟持下的献帝的领导,实现天下的和平与统一。这里面,既有建立良好社会秩序的善良愿望,也有个人政治上的深层谋求,是不可等闲视之的。至于曹操自己,他肯不肯礼让呢?那得看形势和需要而定,但总的说来,他不曾有过真正意义上的礼让。比如献帝都许之初,他将大将军的头衔让给袁绍,那是迫于袁绍的压力,而且袁绍得到的不过是一个名号,他实际上并无调动全国军队之权,这个权力主要还是掌握在曹操手里。又比如献帝给曹操加官晋爵时,曹操总要一次次地上让表,但那不过是好看的官样文章而已。在实质问题上,曹操是不让的,政权、军权、财权,无一不是如此。不过,曹操要统一天下,这样做倒也并不难理解。他处在居高临下的地位,为了整顿社会风俗,谋求国家的统一,号召别人都来礼让,同样也并不难理解。

《度关山》提到了不少古人古事古制,意在通过对于历史经验的总结,来表明自己的政治主张和政治思想。《对酒》则以讴歌太平时代的方式,表达了自己的政治主张和政治理想。其辞云:

对酒歌，太平时，吏不呼门。王者贤且明，宰相股肱皆忠良。咸礼让，民无所争讼。三年耕有九年储，仓谷满盈。班白不负戴。雨泽如此，百谷用成。却走马，以粪其土田。爵公侯伯子男，咸爱其民，以黜陟幽明。子养有若父与兄。犯礼法，轻重随其刑。路无拾遗之私。囹圄空虚，冬节不断。人耄耋，皆得以寿终。恩泽广及草木昆虫。

曹操在这里描绘了一幅多么美好的理想社会的图景。构成这个理想社会的要素主要有以下几个方面：

一是王者贤明，宰相和其他大臣都是忠良；公侯伯子男都爱护百姓，就像父兄对待子弟一样；官吏邪恶的就被斥退，贤良的得到提拔；官吏、差役不到老百姓家去催租逼税。总的说来，统治阶级的上上下下都有良好的道德修养，他们都有一个共同的特点，就是爱护百姓，一心为百姓造福，甚至连草木昆虫也蒙受到了他们的恩泽。

二是社会安定，生产发展，人民生活幸福。战争没有了，好马都已退出战场，用于耕地送粪。人们都讲究礼让，民间没有争讼之事发生。路上掉有东西，也没有谁贪小便宜去拣。连天公也作美，风调雨顺。大家安心农业生产，因而粮食连年丰收，耕种三年就可以储备下九年用的粮食，粮仓内都堆放得满满的。这样一来，人民就都过上了美满生活，头发花白的老人不用再参加体力劳动，人们都能活到八十岁、九十岁的高龄。

三是仍不能废除刑法，如果有人违反了礼法，就要按刑法规定给予处理，不过量刑轻重要适当。但由于社会风气良好，人们道德水准高，实际上也没有谁去违反礼法，监狱里面都是空空的。到了每年冬至判决犯人的时候，都没有可以判决的罪犯。

曹操在这里描述的显然是一幅空想的图景，不过，这幅空想的图景是建立在封建的等级制度之上的,同一般所谓的"空想社会主义"并不相同。东汉一朝,朝廷越来越腐败,少数豪强地主霸占了大量土地,广大农民被盘剥得一干二净,汉末大乱以来更是民不聊生,因此建立一个太平社会是各阶层民众所共有的梦想。在作为东汉末年组织农民起义工具的太平道经典《太平经》(即《太平青领书》)中,就有些篇章反对剥削,反对统治阶级聚敛财物,反对强者欺凌弱者,反对少者欺凌老者。一些地主阶级的思想家为了维护摇摇欲坠的封建统治,也纷纷献计献策,如王符在《潜夫论》中就提出过"为国者以富民为本""王者统世,观民设教,乃能变风易俗,以致太平""能者在位,质者在职"等主张。曹操所描绘的这幅图景,反映了当时人们对于太平社会的普遍向往,也反映了曹操自己对于现实社会的不满和对之加以变革的愿望,还可以从中看出曹操企图对社会加以变革的重点,或者说他急于解决的重大问题。事实上,曹操所采取的重大政治措施不少是同他的政治理想相关联的,或者说曹操的政治理想是他在制定重大政治措施时的指导思想。这样来看,曹操对理想社会的描绘就不仅仅是一种说教、一种宣传,而多少有一些实际的意义了。

比如,曹操对于施行仁政,确实是心向往之的。《秋胡行》其二说:"仁义为名,礼乐为荣。"意思是要以施行仁义为本分,以制礼作乐为光荣。《善哉行》其一说:"古公亶父,积德垂仁。思弘一道,哲王于豳。"对古公亶父(周文王的祖父)施行仁政和德泽,得到百姓拥戴,最后终于成为豳地(今陕西邠县一带)贤明君王的业绩进行了赞扬。曹操对于仁政的向往,是基于他对百姓的了解和同情的。《蒿里行》说:"铠甲生虮虱,万姓以死亡。白骨露于野,千里无鸡鸣。生民百遗一,念之断人肠。"《军谯令》说:"旧土人民,死伤略尽,国中终日行,不见所识,使吾凄怆伤怀。"还有一首《谣俗词》具体反映了人民的贫苦：

> 瓮中无斗储，发箧无尺缯。友来从我贷，不知所以应。

采用歌谣形式，首二句就直接从汉乐府民歌《东门行》"盎中无斗米储，还视架上无悬衣"二句化出，这也从一个侧面反映了曹操关注民间疾苦的感情。对广大士兵在长期辗转征战中所蒙受的艰苦，曹操也给予了关注和同情。《苦寒行》在描写了严冬行军的艰苦之后说："悲彼《东山》诗，悠悠令我哀。"《却东西门行》则着力描写了战士怀念故乡的心情：

> 鸿雁出塞北，乃在无人乡。举翅万余里，行止自成行。冬节食南稻，春日复北翔。田中有转蓬，随风远飘扬。长与故根绝，万岁不相当。奈何此征夫，安得去四方！戎马不解鞍，铠甲不离旁。冉冉老将至，何时反故乡？神龙藏深泉，猛兽步高岗。狐死归首丘，故乡安可忘！

出于对人民的同情，曹操深感施行仁政的必要，自己也就在政治、经济等方面施行了一些比较进步、开明的措施。他对当时最反动最残暴的豪强地主势力进行打击，限制他们对广大人民的掠夺和奴役，对租税做了统一规定，从而使随心所欲的强征暴敛得以刹车，减轻了百姓的负担，就是其"仁政"思想的一种反映。他收定河北后，下令免收一年租税，对重灾区人民的租税实行减免，对死亡将士的家属实行优抚，也是这种思想的反映。他在建安二十三年（218）下的《赡给灾民令》中说：

> 去冬天降疫疠，民有凋伤，军兴于外，垦田损少，吾甚忧之。其令吏民男女：女年七十已上无夫子，若年十二已下无父母兄弟，及目无所见，手不能作，足不能行，而无妻子父兄产业者，廪食终身。幼者至十二止。贫穷不能自赡者，随口给贷。老耄须待养者，年九十已上，复不事家一人。

末尾说：老年人必须靠人养活的，如果年龄在九十以上，一家可以免除一个人的徭役。虽然这种情况在战乱年代肯定少之又少，但还是体现了《对酒》"人耄耋，皆得以寿终"的思想。他如《明罚令》因考虑到"北方沍寒之地，老少羸弱，将有不堪之患"而严禁不举火吃寒食，又如《戒饮山水令》：

> 凡山水甚强寒，饮之皆令人痢。

所说虽只是一些小事，但从中也不难看出曹操造福于民、实施"仁政"的心愿。当然，"仁政"不过是儒家思想库中的现成货色，并非曹操的发明；赡给灾民、减免租税是历代统治者都采取过的举措；统治者施行仁政的目的最终是为了巩固本阶级的统治，曹操施行一些"仁政"措施的目的最终也是为了争取人民的支持，使自己在统一战争中立于不败之地。不过，在当时兵荒马乱、民不聊生的情况下采取一些安定社会秩序和让人民活得下去的措施，终归是有意义的；争取人民来支持和参与符合人民愿望及历史发展趋势的统一战争也是无可非议的。

又比如，在淳化社会风俗方面，曹操也是做了一些工作的。《为徐宣陈矫下令》禁止诽谤，《修学令》命各郡县兴办教育，《整齐风俗令》命令整顿以诽谤为主的不良社会风气，《礼让令》提倡礼让，《明罚令》禁止有损人民健康的"寒食",都是在这方面所采取的措施。禁止淫祀,提倡节俭,反对厚葬,也是在这方面所做的工作。整顿的范围涉及政治风气、生活作风、处世为人乃至民间习俗各个方面,整顿的手段除正面提倡外,还采用了行政命令硬性规定革除的办法。这些不良社会风气有些是早就存在着的,其中有不少还是统治阶级的专利,如淫靡奢侈、结党营私、造谣诽谤等等。随着战乱的纷起,道德沦丧,世风日沉,出现的问题也就越来越多,越来越严重。不良的社会风气扰乱社会秩序,不利于安定局面的恢复,不利于维系人心的稳定,甚至不利于减轻人民的负担和保持人民的健康,不利于正在进行的统一战争,曹操严令加以革除,虽然在某些方面怀有个人的动机(如提倡礼让等),但总的说来是十分必要的。

曹操在《修学令》中说:"丧乱以来,十有五年,后生者不见仁义礼让之风,吾甚伤之。""仁义礼让"是曹操为整顿社会风气所树起的一面大旗,也是他整顿社会风气所要达到的终极目的。因此,他在选拔人才时既重视实际的才能,也不看轻道德和品行。他对"名高德大"的邴原十分优礼,对"德行堂堂"的邢颙甚为尊重,在《祀故太尉桥玄文》中颂扬桥玄时,也首先说他"诞敷明德,泛爱博容",就是这种思想的表现。在德行中,曹操又最看重孝道,因此他一面在《举贤勿拘品行令》中说"不仁不孝"也不要紧,一面却又以"不孝"的罪名把孔融杀了。提倡孝的目的是为了提倡忠,是为了让大家更好地忠于自己,他不仅不杀因母亲在敌方而逃走的毕湛,反而予以重用,说:"一个孝顺父母的人,难道会不忠于君主吗?这正是我所要访求的人啊!"就表明了这一点。仁义礼让自然仍是儒家思想库中的现成货色,从理论和实际看都有其虚假、伪善的一面,但在当时对促进人心向善,对否定结党营私、诽谤生事、争权夺利等恶劣世风,确也能产生一定的作用。

再比如，曹操对于"刑狱"的问题也是十分看重的。我国第一部刑法是《吕刑》，是由周穆王时的司寇吕侯（即甫侯）制定的。据《汉书·刑法志》介绍，《吕刑》规定的"墨罚之属千，劓罚之属千，膑罚之属五百，宫罚之属三百，大辟之罚二百。五刑之属三千"，也就是说，有一千种罪名该判墨刑（在脸上刺字），有一千种罪名该判劓刑（割鼻），有五百种罪名该判膑刑（削去膝盖骨），有三百种罪名该判宫刑（阉割生殖器），有二百种罪名该判大辟（死刑），判处五刑的罪名加起来共有三千，不仅繁琐，而且严酷。这样一来，难免遭到后人的非议，但曹操却说："皋陶甫侯，何有失职？"（《度关山》）对吕侯的做法是十分赞赏的。刑法后来屡有变更，汉文帝时，下令废除墨、劓、刖（截脚大趾）三种肉刑，改用笞刑（打背）代替，该劓者笞三百，该刖者笞五百，但却往往把人打死或打成残废，故《汉书·刑法志》说"外有轻刑之名，内实杀人"。东汉末年，由于农民起义风起云涌，统治阶级被迫多次举行大赦，这虽然在一定程度上放松了对人民的镇压，但确也会放纵一些坏人，所以曹操在《度关山》中主张"有燔丹书，无普赦赎"，是针对现实而发的。鉴于汉文帝废除肉刑改用笞刑后所产生的弊病，当时一些人曾主张恢复肉刑，但遭到了孔融等人的反对。曹操也有恢复肉刑的打算，于是在建安十八年（213）专门下了一道《复肉刑令》：

安得通理君子达于古今者，使平斯事乎！昔陈鸿胪以为死刑有可加于仁恩者，正谓此也。御史中丞能申其父之论乎！

陈鸿胪即陈纪，是御史中丞陈群的父亲，曾任大鸿胪之职。陈纪曾经提出过恢复肉刑的主张，故曹操要陈群来主持群臣讨论这个问题。文中的"死刑"实际指肉刑，"仁恩"指笞刑，因汉文帝废除肉刑改用笞刑曾被称为"仁恩";"加于"是优于、胜过的意思。讨论的结果,陈群、钟繇、仲长统等人迎合曹操的意图,主张恢复肉刑,而王朗、王修等不少人则认为不能够恢复,理由是吴蜀尚未平定,战争还在进行,如果恢复肉刑,会使闻者生畏,把那些想来归附的人吓跑。曹操对陈群、钟繇的意见很欣赏,但也感到反对的意见不无道理,权衡利弊的结果,只得暂时将此事搁置了起来。总的来说,曹操对于法治倾注了极大的心力,他以法治政,以法治军,无论对百姓,对部下,甚至对家人,都实行严刑峻法。曹操要拯救乱世,要尽快实现社会的安定,要加强军队的组织性、纪律性和战斗力,这样做是完全必要的,这是那些腐朽的军阀所难于企及的。当然,这里面也包含了对劳动人民的反抗进行镇压的企图,对下属、特别是对下层士兵的惩罚也有其残酷之处,但比起那些无章可循,任意屠戮百姓、草菅人命的军阀来,又要算是有所节制的。有了法后就要严格执法,要"轻重随其刑",而不能轻重随意,更不能草菅人命,这一点曹操也是注意到了的。他在《选军中典狱令》中认为,刑法是关系众人的生命的,让不合适的人去掌管关系三军生死的大事,他很担心,而要选用精通法律的人来掌管刑法,就表明了这一点。

不难看出,曹操对自己的政治理想的确是在部分地实行着的,至少是在努力地追求着的。他自然永远也不可能把他所描绘的理想社会变成现实,但他根据自己的理想所采取的政治措施却不同程度地收到了理想的效果,有的甚至是很明显的效果。他能力克群雄,逐步统一北部中国,使社会秩序逐步走向安定,这本身就是一个有力的证明。

曹操的政治思想是复杂的,有时甚至是互相抵触的、矛盾的,但它们在曹操的世界观中又得到了和谐、有机的统一。概括地说来,就是在总的政治方向保持不变的前提下,在不同时期,针对不同情况、不同对象可以采用不同的方针政策,或对同一方针政策的某些方面有所倾斜,有所侧重。比如,曹操在《以高柔为理曹掾令》中说:"夫治定之化,以礼为首;拨乱之政,以刑为先。"提倡礼义和施行刑罚,看起来是矛盾的,但曹操在这里把它们统一了起来,就是在国家安定推行教化时把礼放在首位,而平定乱世的政治措施则把刑罚放在前面。不同时期各有所用,或者说各有侧重。既然有首就必有次,有先就必有后,在国家安定推行教化时把礼放在首位,意味着把刑罚放在其次的地位,平定乱世时把刑罚放在前面,意味着把礼义放在后面,这样两者也就统一起来了,作为政治措施也就互不矛盾了。实际上两者本来也是相辅相成的,任何历史时期的封建统治者,都是不可能绝对地只用其中的一手,而绝对地排斥另外一手的。曹操一方面要施行仁政,另一方面又要搞法治,其对立统一的关系也是如此。一方面要施行仁政、推广教化,另一方面又要不断地用兵,其对立统一的关系同样也是如此。荀彧曾称颂曹操"外定武功,内兴文学",大体上说明的也就是这样的一种关系。因此,当曹操打败吕布后袁涣向他建议大力宣传道德和仁义、同时注意安抚百姓时,他深表赞同;当他进驻长安准备西征,刘廙向他建议像周文王那样"归而修德",以实现"国富而安"时,他又表示"今欲使吾坐行西伯之德,恐非其人也"(《报刘廙》)。袁涣和刘廙提出的是同样的建议,曹操所表明的态度却截然不同,从表面看是难以理解的,但从实质上看也就不难理解了。

　　曹操所强调的用人标准,一会儿看重德行,一会儿又说"不仁不孝"也不要紧,这两者又是怎么统一起来的呢?曹操的回答是"治平尚德行,有事赏功能"(《论吏士行能令》),也就是国家在太平时崇尚德行,在战乱时奖赏有功劳有才能的人。这样,两者也就统一起来了。当然,如果既有德又有才最好,但如果不能兼备,也不能废弃不用,而应当用其所长,只不过在不同时期、不同情况下有所侧重罢了。这是曹操在用人问题上的通达之处,实践证明这样做是完全正确的。

总的说来,曹操的政治思想具有针对现实、从实际出发的特色。当然,也不能排除其中有某些实用主义色彩,甚至有翻云覆雨、出尔反尔之处,但这主要是由曹操谲诈多变的性格和个人利害关系的考虑造成的,作为大政方针,则曹操并不以儿戏视之,他还是从大局出发,抱了严肃认真的态度的。

二　军事思想

曹操的一生,绝大部分时间是在军旅中度过的。长期的战争实践使他积累了极为丰富的战争经验,同时他又十分注意向以孙武、吴起等为代表的先秦军事家学习,从而成为一个具有卓越军事才能的统帅,形成了丰富的军事思想,在我国中古军事思想史上处于执牛耳的地位。

曹操一生博览群书,尤其喜爱兵法,研读了大量兵家著作,在此基础上,结合个人体会,写出了十余万言的军事著作。《隋书·经籍志》对曹操的军事著作做了下列记述:

《孙子兵法》二卷,吴将孙武撰,魏武帝注。梁三卷。
《孙子兵法》一卷,魏武、王凌集解。
《续孙子兵法》二卷,魏武帝撰。
《太公阴谋》一卷,梁六卷。梁又有《太公阴谋》三卷,魏武帝解。

《兵书接要》十卷,魏武帝撰。

《兵书接要》三卷,魏武帝撰。

《兵书略要》九卷,魏武帝撰。梁有《兵要》二卷。

《魏武帝兵法》一卷。

此外,顾櫰三《补后汉书艺文志》卷八、侯康《补三国艺文志》卷四及姚振宗《三国艺文志》卷三均著录有《司马法注》,姚志还著录有魏武帝《兵书》十三卷。严可均《全三国文》又著有《兵法》,仅剩残文:"太白已出高,贼深入境,可击必胜。去勿追,虽见其利,必有后害。"疑原来也是一部独立的著作。另有《兵书要略》,当即《兵书略要》,也只剩下残句:"衔枚无谨哗,唯令之从。"总计其著作共达十余种之多。可惜的是,这些著作大都已经亡佚,除《兵法》《兵书要略》尚留有残文外,保留至今的最为完整的著作是《孙子注》。

《孙子》即《孙子兵法》,是我国现存最早的兵书,也是世界上最早的兵书,在中外军事学术史上占据着极为重要的地位,历来被誉为"兵学圣典",宋代人编《武经七书》,置于首位。著者孙武,春秋末齐人,与儒家创始人孔子大约生活于同一时代。孙武带着《兵法》十三篇去见吴王阖闾,吴王想试一试他的实际指挥才能,于是命他操练宫女。孙武将一百八十名宫女编为两队,以吴王的两个宠姬分任队长。操练时宫女们哄笑不止,孙武依法杀了两个队长,于是队伍整肃,收到了预期的训练效果。吴王知道他善于用兵,终于用他为将。后与伍子胥共谋伐楚,五战五胜,一度攻下楚国的国都郢(今湖北江陵北),北面对齐国、晋国造成强大威胁,南面使越人臣服,吴王于是显名诸侯。孙武除著有《兵法》十三篇外,还写有其他论述政治和军事的文章,经过战国、西汉的长期辗转传授,到东汉时班固在《汉书·艺文志》中作了"《孙子兵法》八十二篇、图九卷"的记录。曹操对《孙子兵法》极为推崇,认为它周密地制订作战计划和慎重地采取军事行动,其内容在他所读过的众多兵书中要算是最为深刻的。但他认为人们还没有对它做过深刻透彻的注释解说,况且文字繁多,流行于世的篇章失去了原作的精神实质,因此他决定对它进行删定和注解。曹操取其精粹,还原了《十三篇》的体例,成为我国古代对《孙子》进行系统整理和注解的第一人,对后来的众多注家和日益广泛深入的《孙子》研究产生了深远的影响。

曹操在为《孙子》作注时写了一篇序言,其文云:

> 操闻上古有弧矢之利,《论语》曰"足兵",《尚书》八政曰"师",《易》曰"师贞丈人吉",《诗》曰"王赫斯怒,爰征其旅",黄帝、汤、武咸用干戚以济世也。《司马法》曰:"人故杀人,杀之可也。"恃武者灭,恃文者亡,夫差、偃王是也。圣人之用兵,戢而时动,不得已而用之。吾观兵书战策多矣,孙武所著深矣。孙子者,齐人也,名武,为吴王阖闾作《兵法》一十三篇,试之妇人,卒以为将,西破强楚入郢,北威齐、晋。后百岁余有孙膑,是武之后也。审计重举,明画深图,不可相诬。而但世人未之深亮训说,况文烦富,行于世者,失其旨要,故撰为《略解》焉。(《孙子序》)

除对孙武的生平做了简略介绍、对《孙子》做了简要评价和对自己整理注释《孙子》的目的做了说明外,还大量引用古人言论,阐述了自己对武装力量和如何运用武装力量等问题的看法。首先,曹操认为必须要有一支足够的武装力量。单靠武力不行,但只讲仁义也不行,两者都会导致亡国,并认为吴王夫差打败越国后,只知依恃武力,向北与齐、晋争强,不注意修明政治,结果为越王所灭;而周代的徐偃王只知推行"仁义",却不知整顿武备,结果被楚文王所灭,就是两个典型的例子。其次,曹操认为有了足够的武装力量,但却不能滥用,出兵必须是正义的,出兵正义,主帅就吉利,就能取得战争的胜利,就像周文王得知密国兴兵侵略阮国,这才赫然震怒,于是整顿军队去对密国加以讨伐一样。用兵必须是为了拯救社会,轩辕黄帝、商汤王、周武王的用兵就是如此。因此,圣人用兵,平时只是作为准备,必要时才予以动用,也就是不得已而用兵。曹操的这些思想,已经不仅仅是谈军事问题,而且还涉及了军事与政治、经济及国家与人民利益的关系问题。战争是政治的继续,战争是为政治服务的一种手段,一定的军事思想总是从属于一定的政治思想,杰出的军事家往往同时又是政治家。曹操在这里所表明的,证明了他作为一个军事家和政治家所具有的素质。《孙子·计篇》一开头就说:"兵者,国之大事,死生之地,存亡之道,不可不察也。故经之以五事,校之以计而索其情:一曰道,二曰天,三曰地,四曰将,五曰法。"认为战争是国家的大事,关系到人民的生死,国家的存亡;认为决定战争胜败的基本因素有五个方面,而道义处于首位。《火攻篇》又说:"主不可以怒而兴师,将不可以愠而致战。"认为国君不能因一时愤怒而发动战争,将帅不能因一时气愤而要求出战。曹操无疑吸取了这些对战争持慎重态度的思想,并结合自己的体会做了某些补充和发展。

曹操为《孙子》所作的注,言简意赅,虽主要是对《孙子》原意进行阐释,但其中也体现和贯注了自己的思想。特别是,曹操还对孙武的某些军事原则做了发挥和补充。吉光片羽,联缀起来,在一定程度上体现了曹操军事思想的博大和精深,其中包含着不少深刻的有价值的见解。

曹操在注释中继续发挥了慎于出战和爱惜民力的思想。他在《火攻篇》注中说:"不得已而用兵。"又说:"不得以己之喜怒而用兵也。"决定战争胜负的关键,他认为最重要的是君主的"道德智能"(《计篇》注),"善用兵者,先自修治为不可胜之道,保法度不失敌之败乱也"(《形篇》注)。也就是说,善于领导战争的人,应当先修明政治以使自己立于不败之地,应确保法制以防止敌人的捣乱。如果确须用兵,应"顺天行诛,因阴阳四时之制。故《司马法》曰:'冬夏不兴师,所以兼爱民也'"(《计篇》注)。也就是要考虑昼夜冷暖等气温条件和春夏秋冬季节的不同,包含着爱民的用意。同时,"欲战必先算其费,务因粮于敌也"(《作战篇》注)。因出兵打仗要花费大量的人力、物力和财力,因此事先一定要做好预算,粮草一定要从敌国就地取给。曹操还举例说:"古者八家为邻,一家从军,七家奉之,言十万之师举,不事耕稼者七十万家。"(《用间篇》注)用兵对老百姓的负担和后方的农业生产影响是很大的,不能不慎重地对待这个问题。曹操认为:"初赋民便取胜,不复归国发兵也。始载粮,后遂因食于敌,还兵入国,不复以粮迎之也。""兵甲战具,取用国中,粮食因敌也。"(《作战篇》注)要求兵员只征集一次便能取得战争的胜利,不要因兵员不足再回国发兵;作战用的武器、车辆等从本国取用,粮草则只是开始准备一部分,以后就从敌国就地征发,直到战争结束得胜归来。这样做的好处,一是可以减轻国内的负担,二是可以避免远途运输所造成的百姓贫困。曹操说:"军行已出界,近师者贪财,皆贵卖,则百姓虚竭也。""百姓财殚尽而兵不解,则运粮尽力于原野也。十去其七者,所破费也。"(《作战篇》注)军队在行进中,靠近军队的东西会涨价,而东西一涨价,就会造成百姓财富的枯竭。百姓财富枯竭而战争仍未结束,则力气就都要花在从后方往前线运粮的事情上了,这样老百姓的财富就会耗费去十分之七。这样,"转输之法,费二十石得一石"(《作战篇》注)。从后方往前方运二十石粮食,只抵得上从敌国那儿获得一石粮食。因此,战争宜速战速决,"久则不利。兵犹火也,不戢将自焚也。"(《作战篇》注)"毁灭人国,不久露师也。"(《谋攻篇》注)速战速决不仅对减轻百姓负担有好处,也可避免军队长久地劳顿辛苦。此外,曹操在《谋攻篇》注中说:"将忿不待攻城器,而使士卒缘城而上,如蚁之缘墙,杀伤士卒也。"谈的虽是一个战术指挥的问题,但也包含了爱护士卒的思想。

对于将帅,曹操提出了自己的要求。《计篇》注说:"将宜五德备也。"所谓五德,指智、信、仁、勇、严五种品德。又说:"将贤则国安也。"(《作战篇》注)"将周密,谋不泄。"(《谋攻篇》注)指出了将领对于国家安全和强弱的重要作用。又说:"军士夜呼,将不勇也。"(《行军篇》注)"吏不能统,故弛坏。"(《地形篇》注)指出将领应当勇猛,对军士有统率和驾驭的能力,否则部队纪律便会松弛败坏。在《九地篇》注中,还指出将领应"清净幽深平正",即具有镇静、幽深莫测和公正的品格。

曹操强调法治的重要性,说:"军容不入国,国容不入军,礼不可以治兵也。"(《谋攻篇》注)指出军队应按军法从事,不能施行一般的治国之道。又说:"设而不犯,犯而必诛。"(《计篇》)指出有了军法,就必须严格执行。曹操特别提出必须明于赏罚,说:"军无财,士不来;军无赏,士不往。"(《作战篇》注)指出奖赏对激励士兵勇敢作战有十分重要的作用。并指出奖励必须及时,"赏不以时,但费留也,赏善不逾日也"(《火攻篇》注)。有了奖励,还必须有刑罚。"恩信已洽,若无刑罚,则骄惰难用也。"(《行军篇》注)"恩不可专用,罚不可独任。"(《地形篇》注)"明赏罚,虽用众,若使一人也。"(《九地篇》注)也就是说,只要赏罚兼用,赏罚严明,部队就能统一指挥,发挥出巨大的战斗力。

曹操强调谋略的作用,说:"欲攻敌,必先谋。"(《谋攻篇》注)在对敌人发动攻击之前,一定要首先制定谋略。"兴师深入长驱,距其城郭,绝其内外,敌举国来服为上;以兵击破,败而得之,其次也。""未战而敌自屈服。""不与敌战而必完全得之,立胜于天下,不顿兵血刃也。"(同上)也就是说,如果能够运用计谋,不战而使敌人屈服,特别是使敌人举国屈服,兵不血刃,军力不致受到挫伤,那是最好的。换句话说,谋略有时能达到硬攻都达不到的目的。在具体战斗中,要随时根据变化着的情况制定相应计谋,即所谓"兵无常形,以诡诈为道"(《计篇》注),采用各种手段去迷惑敌人。而在战争中,敌我双方都在使用计谋,"敌始有谋,伐之易也"(《谋攻篇》注)。对于敌人的计谋,应在其处于萌芽的阶段将其挫败,这时予以挫败是较为容易的。只要我们随时注意实施计谋,同时注意挫败敌人的计谋,取得战争胜利也就自不待言了。

在具体的战术思想方面,曹操更有着众多的见解,仅择其要者予以介绍。

在《计篇》注中,曹操说:"计者,选将量敌,度地料卒,远近险易,计于庙堂也。"认为出兵之前,就应在朝对将之贤愚、敌之强弱、地之远近、兵之众寡等问题有一个算计,做到心中有数,这是取得战争胜利的前提条件。又说:"兵无常势,水无常形,临敌变化,不可先传,故曰:料敌在心,察机在目也。"认为两军对阵,情况千变万化,必须做到"临敌变化",充分发挥"目"和"心"的作用,对敌情随时进行仔细、深入的观察和思考,做出相应的判断和决策,这样才能牢牢掌握战争的主动权,作战方案是不可能事先就说定的。

在《谋攻篇》注中,曹操说:"以十敌一则围之,是将智勇等而兵利钝均也。若主弱客强,不用十也,操所以倍兵围下邳生擒吕布也。"《孙子》说:"故用兵之法,十则围之。"意思是,用兵的法则,有十倍于敌的兵力就包围敌人。曹操认为,这是在敌我双方将领智勇相等和士兵利钝平均的情况下采用的方法,如果我方兵力弱小,敌人兵力强大,就不能采用这样的办法,而有时又只须集中两倍于敌的兵力包围敌人就可以了,并举了自己包围下邳生擒吕布的例子。也就是说,在总兵力弱于敌人的情况下,也可以在局部地区集中优势兵力消灭敌人。这是曹操对孙武思想的一种补充和发展。又说:"以五敌一,则三术为正,二术为奇。""以二敌一,则一术为正,一术为奇。"意思是说,用五倍于敌的兵力进攻敌人,就用三倍于敌的兵力采用常规办法对敌人展开正面、公开的进攻,另以二倍于敌的兵力出奇制胜。用二倍于敌的兵力进攻敌人,就用一半的兵力对敌人展开正面、公开的攻击,另一半兵力出奇制胜。如果兵力与敌相等呢?曹操说:"己与敌人众等,善者犹当设奇伏以胜之。"如果兵力比敌人少,就"高壁坚垒,勿与战也"。实力比敌人弱,就要"引兵避之也"。当然,曹操在这里阐述的是一般的军事原则,在具体运用时,是应针对实际情况有所变化的。

在《形篇》注中,曹操说:"自修理以待敌之虚懈也。"也就是自身要造成不被敌人战胜的条件,同时等待敌人暴露出自身的弱点,从而一举将其击破。又说:"吾所以守者,力不足也;所以攻者,力有余也。"阐述了根据自身力量或攻或守的原则。

在《势篇》注中,曹操说:"以至实击至虚。"这样,战胜敌人就有了绝对的把握。又说:"正者当敌,奇兵从旁击不备也。"再次强调了正、奇同时兼用的原则。又说:"以利诱敌,敌远离其垒,而以便势击其空虚孤特也。"认为可以用利诱敌上钩,然后乘机对其加以攻击。

在《虚实篇》注中,曹操说:"出其所必趋,攻其所必救。"也就是要向敌人必然救援的地方展开攻击,扰乱其作战部署。如果敌人休息得不错,就"以事烦之";如果敌人粮食充足,就"绝粮道以饥之"。"攻其所必爱,出其所必趋,则使敌不得不相救也。"同时,曹操主张"出空击虚,避其所守,出其不意","使敌不得相往而救之也"。而要这样，就要做到"情不泄也"，使敌人不知道我方的攻击意图。既要攻击敌人必须救援的要害，而又要出敌不意展开攻击，使敌人不能相救，这就为战败敌人创造了充分的条件。在进退问题上，曹操认为："卒往攻其虚懈，退又疾也。"进攻要进攻敌人空虚和懈怠无备的地方，后退要动作迅速，使敌人无法追赶。如果敌人深沟高垒，不与我战，就要去攻击敌人必须加以救援的地方，即"绝其粮道，守其归路，攻其君主也"。曹操认为，应"因敌形而立胜"，即凭借敌情的变化来取胜，要"不以一形之胜万形。或曰：不备知也。制胜者，人皆知吾所以胜，莫知吾因敌形制胜也。"认为敌情是在不断变化着的，战胜敌人的对策也应不断变化，这样战胜了敌人，人们都知道我们取得了胜利，却不知道我们是怎样根据敌情的变化来取胜的。曹操认为："势盛必衰，形露必败，故能因敌变化，取胜若神。"又说："兵无常势，盈缩随敌。"战场上情况千变万化，进攻和退却是根据敌情的变化来决定的，根据敌情的变化来制定和变更自己的作战部署和方法，这样就能取胜如有神了。

在《军争篇》注中，曹操说："从始受命，至于交和，军争难也。"认为从接受命令到与敌军对阵，最困难的是同敌人争夺制胜的条件。行军中要故意迂回绕道，"迂其途者，示之远也"，以收到"后人发，先人至"的效果。争夺制胜的条件既有利，但也有危险，曹操认为："善者则以利，不善者则以危。"全看指挥是否有方了。曹操认为："百里而争利，非也，三将军皆以为擒。"认为如果卷起铠甲日夜不停地赶一百里路去争夺有利条件，那是不对的，三军将领都有被擒的危险。一个辎重，一个粮食，一个物资积蓄，"无此三者，亡之道也"。所以，"不知敌情谋者，不能结交也"，"不先知军之所据及山川之形者，则不能行师也"。

在《九变篇》注中，曹操说："隘难之地，所不当从；不得已从之，故为变。"认为险狭之地不应当通过,如果不得已而非通过不可,就不能按常规办事,而应临事权变,以防不测。有的敌军不要攻击,因"军虽可击,以地险难久,留之失前例,若得之则利薄,困穷之兵,必死战也"。有的城池不攻打,因"城小而固,粮饶,不可攻也。操所以置华、费而深入徐州,得十四县也"。有的地方不要争夺,因"小利之地,方争得而失之,则不争也"。国君的命令有的不听,因"苟变于事,不拘于君命也"。曹操还认为,应当"在利思害,在害思利,当难行权也","既参于利,则亦计于害,虽有患可解也","安不忘危,常设备也"。对于敌国,应"害其所恶也",即用它所讨厌的事情去伤害它;应"使其烦劳,若彼入我出,彼出我入也";还应用小利去引诱它,"令自来也"。对于敌将,"勇而无虑,必欲死斗,不可曲挠,可以奇伏中之";"疾急之人,可忿怒而侮致之";"廉洁之人,可污辱致之";对爱护民众者,则"出其所必趋,爱民者,则必倍道兼行以救之,救之则烦劳也",即攻击其必须前去救援的地方,让其赶去救护而陷于烦劳。

在《行军篇》注中,曹操认为行军通过山地时要靠近山谷,是因"近水草利便也";横渡江河后应远离水流,是为了"引敌使渡";在水边驻扎时,"水上亦当处其高也;前向水,后当依高而处之",因"恐溉我也";在平原上应占据平坦开阔的地域,以便于发挥"车骑之利"。上游下雨,水冲下来了,要待水流稍定后再过河,"恐半涉而水遽涨也"。

在《地形篇》注中,曹操说:"欲战,审地形以立胜也。"认为在战斗打响前要仔细地观察地形,以打下胜利的基础。在我们可以去、敌人也可以来的地域,要抢先占领向阳高地,"宁致人,无致于人"。对于隘形的地域,则"我先居之,必前齐隘口,陈而守之,以出奇也。敌若先居此地,齐口陈,勿从也。即半隘陈者从之,而与敌共此利也",即如果我军先到达,必须前出占领隘口,陈兵防守;如果敌人先到达占领了隘口,不要去打;如果敌人只占领了隘口的一半,则我军应前出占领另一半,以与敌人分享地利。曹操强调,"地形险隘,尤不可致于人",仍应将主动权牢牢地掌握在自己手里。

在《九地篇》注中,曹操说:"养士并气运兵,为不可测度之计。"即进入敌国后,要保养士兵的体力,保持士气,部署兵力,巧设敌人无法预测的计谋。在兵家必争的地方,因"利地在前,当速进其后",即迅速赶到它的后面去。把士兵置于死地然后才能得生,是因为士兵"必殊死战,在亡地无败者。孙膑曰:'兵恐不投之死地也。'"用兵作战,要假装顺从敌人的意图,"彼欲进,设伏而退;欲去,开而击之"。"并兵向敌,虽千里能擒其将也。"这样,就能巧设奇计以办成大事。

在《火攻篇》注中,曹操说:"以火攻人,当择时日也。"在敌人内部放火,就应尽快在外"以兵应之"。火烧到最旺盛的时候,"见可而进,知难而退",即可以进攻就进攻,不可以进攻就后撤。又说:"火佐者,取胜明也。水佐者,但可以绝敌道,分敌军,不可以夺敌蓄积。"认为火攻比水攻强,用火辅助进攻,明显地容易取胜;用水辅助进攻,只能把敌军隔断,分割敌军,不能焚烧夺取敌人蓄积的物资。

在《用间篇》注中,曹操说:"战者必用间谍,以知敌之情实也。"又说:"同时任用五间也。"五间,指因间(利用敌国乡人为间谍)、内间(利用敌国官吏为间谍)、反间(利用敌方的间谍为我方间谍)、死间(先散布虚假情况,让我方间谍知道,再传给敌方)、生间(派往敌方侦探后能活着回来报告的间谍)五种间谍。五种间谍同时使用,就能大量获取敌人情报,为战胜敌人提供必要的条件。

总之,曹操通过对于《孙子》的注释,表述了自己丰富的军事思想。自然,曹操决不仅是一个纸上谈兵的人物,这些军事思想,在他的军事实践中都是得到贯彻执行的。比如,曹操用兵有着明确的政治目的,这就是削平战乱,扫平割据,在中国大地上建立起他心目中的"理想国"。为了赢得战争的胜利,他进行了一系列政治和经济改革,抑制豪强,改革用人制度,提倡"不仁不孝"而有治国用兵之术的人也可以任用,使大批出身下层的才智之士得到了发挥才能的机会,实行屯田,减轻百姓负担,增强经济实力以支援战争等等。以政治、经济作为军事的后盾,以军事作为实现其政治、经济目的的手段,使政治、经济和军事紧密配合,这是曹操能够在军事上不断取得胜利,最后终于统一北部中国的根本原因。

又比如,曹操对于将领的要求是严格的,他要求将领既要有勇,又要有谋,成为智勇双全的人物。他注意在战争中发现和培养将士的才能,同时注意在战争中充分发挥将士的才能。曹操手下战将云集,每一次作战,不管是守关还是夺寨,他一般都能择人任势,调度得当。他让作战能力、用兵特点和性格修养各有不同、彼此间还有隔阂的张辽、李典和乐进共守合肥,结果取得了合肥保卫战的巨大胜利,就是其中知人善任的一个典型例子。

再比如,曹操强调谋略的运用,每一次战役甚至战斗都有谋略发挥重要作用。曹操手下谋士如林,对于谋士的意见他总是极为重视,许多次战斗的胜利,都跟他采纳了谋士的正确建议有关。

对于军中制度的确立,曹操也极为重视,无论训练、行军、作战、宿营,都一一有章法可循。甚至连一些细小的问题曹操也考虑到了。其《奏事》云:

> 今边有急,则以鸡羽插木檄,谓之羽檄。

规定边界有紧急情况时,就用鸡毛插在木板写的檄文上传递。这种严于法制的做法加强了军队的纪律性，提高了军队的战斗力。在曹操的要求和影响下，其下属也都养成了按法制办事的习惯。曹仁年轻时行为放荡，后来当了将军，严格按照法令条例办事，常将有关条例带在身边，以便一一遵照执行，便是其中一个突出的例子。

与此相关联，曹操十分注意赏功罚过的问题。对有功的将士，该赏赐的赏赐，该封侯的封侯，一点也不含糊。由于物质缺乏，曹操还设置了名誉性的爵位，用来奖励军功。建安二十年（215）十月，曹操新设置了名号侯爵十八级，关中侯爵十七级，都是金印紫绶，又置关内外侯十六级，铜印龟纽墨绶，五大夫十五级，铜印环纽墨绶。这四种爵位都不食租，也就是没有封地。虽然没有封地，但对有功将士能在精神上产生很大的激励作用。有了功劳要奖赏，但没有功劳就不能奖赏，不能搞无原则的滥赏，不能见者有份，搞平均主义。曹操明确宣布："未闻无能之人，不斗之士，并受禄赏。""明君不官无功之臣，不赏不战之士。"（《论吏士行能令》）因此，有功劳该赏的，曹操可以不吝千金，无功而望施予的，曹操一分一毫也不给。如果有了罪过，则还须进行惩罚，"但赏功而不罚罪，非国典也"，因此"败军者抵罪，失利者免官爵"（《败军抵罪令》）。信赏必罚，赏罚分明，使将士到了战场都能勇往直前，争取更好地完成战斗任务，对提高军队的战斗力所产生的作用是不可估量的。

为了保证战斗的胜利，曹操对增强士兵战斗力的问题是十分注意的。《鼓吹令》说：

> 孤所以能常以少兵敌众者，常念增战士，忽余事。是以往者有鼓吹而使步行，为战士爱马也；不乐多署吏，为战士爱粮也。

"常念增战士",就是常常考虑增强士兵的战斗力,因此而不大注意其他方面的事情,因此而让军乐队步行,不愿多设官吏,以为战士爱惜马力和粮食。并认为,这是他常能以少数军队战胜多数敌人的原因。很显然,这也是曹操一个重要的军事思想。这里也包含了爱护士兵的因素,与《孙子·地形篇》所表述的"视卒如婴儿,故可与之赴深溪;视卒如爱子,故可与之俱死"的思想是一脉相通的。

对于具体战术思想的运用,曹操更是深有会心,得心应手,从而演出一幕幕生动活泼、色彩斑斓的活剧。官渡之战前,曹操因感到自己的实力还不足以同袁绍抗衡,因而采取了稳住袁绍的战略,对其他割据势力,则采用由近及远、先弱后强、拉拢分化、各个击破的方针,一一予以解决,既扫清了对袁绍发起进攻的障碍,又在这个过程中不断壮大了自己的力量。在官渡之战中,曹操先采取灵活机动、声东击西的战术,取得白马之战的胜利,杀了袁绍的大将颜良;接着采用以利诱敌的战术,用不满六百的骑兵大破袁绍的五六千骑,并杀了袁绍的另一员大将文丑;然后,又采用先让一步、后发制人的战术,退到官渡,诱敌深入,与敌相持;不久抓住有利战机,用《兵书要略》所说的"衔枚无谨哗",即在战士口中衔上小棒以禁止喧哗的办法,偷袭乌巢,将袁绍粮草焚烧,造成敌军混乱;最后发动全线进攻,终于打败了袁绍这个强敌。北征乌桓,则采用了出敌不意、千里奇袭的战术。对袁氏兄弟和公孙康,采用了隔岸观火、让其自相火并、然后乘机攻取的战术。南攻荆州,采用了兵贵神速、长驱直入的战术。对马超和韩遂,采用分化瓦解、各个击破的战术。进攻阳平关,采用了明里退兵、暗中偷袭的战术。总之,每一次成功几乎都有成功的战术运用伴随着,而在运用这些战术时又都能从实际情况出发,这又跟曹操贯彻"知彼知己,百战不殆"(《孙子·谋攻篇》)的军事原则、不打无准备之战的做法有关。曹操对袁绍、刘表等对手的情况往往是十分了解的,对敌情的分析往往是十分准确、深入的,因此往往能据此制订出正确的作战计划,采取适宜的军事行动,达到克敌制胜的目的。

很显然,曹操的军事思想根源于以孙子、吴起为代表的先秦军事家的军事思想,但在长期的战争实践中,对先秦军事家的军事思想又有所发挥和发展。曹操运用其军事思想指导战争,取得了统一北方的胜利,并为后人留下了一笔丰厚的军事思想遗产。

三 哲学思想

曹操的哲学思想呈现出多元的特色,包含着以下几个方面的内容:

首先是儒家思想。曹操从小接受的是传统儒家思想的教育,北方初定以后,他下令郡县兴办学校,所要求传授的也是传统儒家思想。今存《曹操集》有这么一句话:

好学明经。

意思是要热爱学习,通晓经典。经典,指《诗》《书》《礼》《易》《春秋》《论语》《孟子》等儒家经典。这既可看作是曹操对自己的勉励,也可看作是对别人的要求。曹操自己对儒家经典是非常熟悉的,他的诗文常常引用《论语》等儒家经典的成语,作为自我标榜的旗帜,或作为自己论述问题的根据。对儒家所尊崇、颂扬的所谓圣人和贤人,如尧、舜、禹、汤、文、武、伊尹、周公、孔子等人,曹操也十分尊崇,在诗文中一再予以标榜。对于当代的大儒,曹操也十分尊重。建安十

二年(207)曹操北征乌桓,还师途中经过涿郡时,特地派人祭奠儒学大师卢植,并下了一道《告涿郡太守令》:

> 故北中郎将卢植,名著海内,学为儒宗,士之楷模,乃国之桢干也。昔武王入殷,封商容之闾;郑丧子产,而仲尼陨涕。孤到此州,嘉其余风。《春秋》之义,贤者之后,有异于人。敬遣丞掾修坟墓,并致薄酹,以彰厥德。

卢植,字子幹,涿郡涿人。年轻时同郑玄一起师事马融,兼通古文经学和今文经学,好研精义而不守章句。灵帝建宁中征授博士,著有《尚书章句》《三礼解诂》。黄巾大起义,卢植任北中郎将,积极参与镇压黄巾军。后任尚书。董卓入京,议废少帝,卢植反对,逃归乡里。曹操在这里对卢植极力推崇,并将自己对卢植的缅怀同周武王对殷大夫商容的表彰和孔子对郑大夫子产的悼念相提并论,清楚地表明了自己对儒学的态度。

因此,曹操常将儒家思想作为自己观察问题、分析问题的出发点和归宿,在其诗文中常常提及仁义礼乐、忠孝节义等儒家传统观念。

如《善哉行》其一说:"古公亶父,积德垂仁。""太伯仲雍,王德之仁。""晏子平仲,积德兼仁。"《对酒》说:"王者贤且明,宰相股肱皆忠良。"《秋胡行》其二说:"仁义为名,礼乐为荣。"《修学令》说:"丧乱以来,十有五年,后生者不见仁义礼让之风,吾甚伤之。"《请爵荀彧表》说:"侍中守尚书令彧,积德累行,少长无悔,遭世纷扰,怀忠念治。"《表称乐进于禁张辽》说:"质忠性一,守执节义。"《表论田畴功》说:"文雅优备,忠武又著,和于抚下,慎于事上。量时度理,进退合义。"《悼荀彧下令》说:"荀公达真贤人也,所谓'温良恭俭让以得之'。"等等。不难看出,曹操是将是否符合儒家传统观念,作为自己衡量一个人的品行、衡量一个社会风气的标准的。一个人讲究仁义礼让,奉行忠孝节义,具有温良恭俭让的品德,就是有德行,反之就是无德行;一个社会有仁义礼让之风,就是风教淳厚,反之就是风教凋薄。因此,他在选拔人才时,既强调要有治国安邦、带兵打仗的实际才能,又强调要有仁义忠孝的德行;看到世无仁义礼让之风,就感到悲伤,而要兴办学校,复兴儒学,予以匡正。他还把儒家思想融进了自己的政治思想,表示要去为一个符合儒家愿望的理想社会而奋斗。

其次是法家思想。曹操在《陈损益表》中说:"昔韩非闵韩之削弱,不务富国强兵,用贤任能。"因此,他把"富国""强兵""足食"作为自己的奋斗目标,奉行法家的耕战政策,实行一系列的政治、经济改革。他认为"人情见利而进,见害而退"(《孙子·九地篇》注),又说:"文,仁也;武,法也。"(《孙子·行军篇》注,按此即《商君书·修权》所说的:"凡赏者,文也;刑者,武也。")因此治国治军就不能离开刑赏,不仅要实行刑赏,而且要实行厚赏重罚。即使是到了太平盛世,有谁"犯礼法",也要"轻重随其刑"。为了有效地推行法令,曹操将政权、军权集于一身,同时有一套控御部属的权术,顺我者昌,逆我者亡,这同韩非法、术、势必须并重的主张是一脉相承的。

再次是兵家思想。主要源于《孙子》,前节已经详述。对先秦其他军事家的军事思想也有所摄取,如《败军抵罪令》引《司马法》云:"将军死绥。"意思是将领畏缩退却要处以死刑。曹操据此制定了一条重要的法律,明令"败军者抵罪,失利者免官爵",以增强将士的责任感,提高部队的战斗力。

再次是墨家思想。曹操在《度关山》中说:"兼爱尚同,疏者为戚。""兼爱""尚同"都是墨子的主张。《墨子·尚贤》说:"官无常贵,民无终贱。"主张低贱的人只要有才能也应予以擢用,曹操用人看重实际才能,不看重出身门第,与墨子的思想是相通的。墨子主张节用、节葬,曹操认为"俭为共德"(《度关山》),反对奢侈浪费,要求墓葬"必居瘠薄之地","因高为基,不封不树"(《终令》),"敛以时服","无藏金玉珍宝"(《遗令》),这同墨子的主张也是相通的。

再次是道家黄老思想。东汉末年,道家黄老之学盛行,桓帝亲在宫内立黄老浮屠之祠奉祀,并曾派中常侍左悺到苦县祭祀老子。在这种氛围中,曹操也多少受了一些濡染。他在《短歌行》中曾发出过"对酒当歌,人生几何!譬如朝露,去日苦多"的慨叹,他的性格、文风有不遵礼法、放诞不羁、通脱自然的一面,这同道家的思想、作风是颇有些关联的。

对神仙之说、道教方术曹操有着更多涉足。其游仙诗说:"神仙之道,出窈入冥,常当专之。"(《气出唱》其一)"绝人事,游浑元。"(《陌上桑》)"思得神药,万岁为期。"(《秋胡行》其二)虽不能说曹操就信奉神仙,但他至少在思想资料和语言方面对神仙家言是有所取容的。换句话说,曹操不信神仙,但他对神仙世界也颇有研究,也颇为向往。

对于黄老之学,曹操可能有些"家学渊源"。桓帝信奉黄老,而桓帝是大将军梁冀和曹操的祖父中常侍曹腾等扶持起来的,上有所好,下必趋之,曹腾等当也对黄老之学有所濡染,而这自然会给曹操带来一定影响。道教始创于东汉后期,顺帝时张陵(张鲁祖父)创立了五斗米道,张角等创立了太平道,这是当时两个最大的道教结社。太平道后来酝酿了黄巾起义,青州黄巾军曾将曹操引为同道,认为他在济南时毁坏神坛,"其道乃与中黄太乙同",这似乎不可能是毫无根据的。曹操打败了青州黄巾军,将其收编,号青州兵,采取了比较宽容的态度。后来张鲁降曹,曹操以客礼待之,任为镇南将军,封阆中侯,邑万户,其五子及部属阎圃等都封为列侯,受到优厚的待遇，这似乎也在一定程度上说明着曹操和道教的关系。曹操将自己的王都定在邺城后，罗致了大批道术之士，著名的有王真、郝孟节、左慈、华佗、甘始、封君达、东郭延年、郗俭、朱建平、鲁女生、蓟子训、费长房、唐虞、冷寿光、卜式、张貂、解奴辜、周宣等人。这些道士各怀异术，有的会医卜星相，有的会幻术杂技，有的能辟谷，有的懂房中术，还有其他一些五花八门的技艺。曹操对这些道术有些是相信的。曹植《释疑论》云：

初谓道术，直呼愚民诈伪空言定矣。及见武皇帝试闭左慈等令断谷，近一月，而颜色不减，气力自若。常云可五十年不食。正尔，复何疑哉！

"断谷"，又称"辟谷""绝谷""休粮"，是道教的一种修炼方法，修炼时不食五谷，但并非一切东西都不吃，仍要吃药物，并兼做导引等工夫。断谷"近一月，而颜色不减，气力自若"是可信的，而说可以断谷五十年则显然属吹嘘。又曹植《辨道论》："余尝试郗俭，绝谷百日，躬与之寝处，行步起居自若也。"可见断谷百日也是可信的。曹植等人最初是不相信断谷的功效的，曹操于是亲自做了试验，试验的结果，曹植信了，看来曹操也肯定是信了。

对于幻术杂技，看来曹操也不拒之门外。一次，曹操宴请宾客，说："今日宴饮，山珍海味差不多都齐备了，就只差没有吴地松江产的鲈鱼了。"

左慈在座，听后，应声答道："这可以得到。"

于是要来一个铜盘，里面放满水，然后将一鱼竿放进去，不一会儿果真将一条鲈鱼钓了出来。曹操鼓掌大笑，在场的人都惊奇不已。曹操又说："这一桌人只有这一条鱼不行，还能再钓几条吗？"

左慈于是又将鱼竿放进盘中,不一会儿就将一条又一条鲈鱼钓了出来,每条都有三尺多长,条条生鲜可爱。曹操让人当众把鱼切成小块分给大家。接着,曹操又让左慈到蜀地去弄一点生姜来,并让他顺便通知一下前不久派到那里去买锦缎的使者,让他们多买两端。不一会儿,左慈就又弄来了蜀地的生姜。过些天去蜀地买锦缎的人回来了,果然多买了两端,左慈通知他们多买两端的时间,与曹操宴请宾客的时间一点不差。

又有一次,左慈在酒席上用簪子划了一下酒杯,杯中的酒就被分成两半,左慈自己喝了左边的一半,把右边的一半给了曹操。然后,左慈将酒杯掷向屋顶,酒杯顿时化成了飞鸟。曹操认为妖妄,打算派人抓他,他却忽地钻入壁中不见了。

前一个故事记载在《后汉书·左慈传》中,后一个故事记载在《尚友录》中。现在看来,这是左慈在曹操面前表演了几套幻术,一是空竿钓鱼,一是掷杯化鸟,一是自身隐遁。前两套幻术仍在今天的舞台上流行着,已经不算是什么高难动作了,但在一千七百多年前的建安时期能表演到如此出神入化的地步,还是使人吃惊的。至于到蜀中的一段记载,则肯定属于无稽之谈,在那个时代,会弄幻术的人会被附会上种种离奇古怪的传说,那是不足奇怪的。

曹操最感兴趣的,是道术中有关养生的内容。张华《博物志》说他:"好养性法,亦解方药,招引方术之士,庐江左慈、谯郡华佗、甘陵甘始、阳城郄俭无不毕至。又习啖野葛至一尺,亦得少多饮鸩酒。"这些养生术中显然既有科学的内容,也会有一些不科学的成分。曹操习练气功,曾专门给皇甫隆写信,请教"所服食施行导引"之术,皇甫隆回信,让他"朝朝服食玉泉琢齿",即将口内津液吞下,同时叩齿,这是有科学依据的。华佗乃一代名医,曹操的头痛病只要他一扎针,疼痛便止住了。曹操要华佗做他的侍医,虽出于一种个人目的,但也表现出了一种尊重事实、尊重科学的精神,可以说对于道术中的精华,曹操是信而不疑的。

除以上各家思想外,曹操对名家学说也有所濡染。他在《上书让费亭侯》中说:"所以然者,欲必正其名也。"在《与王修书》中说:"名实相符,过人甚远。"这与讲究循名责实的名家思想是一致的,所以后来刘勰在《文心雕龙·论说》中说:"魏之初霸,术兼名法。"同阴阳家说及东汉时期盛行一时的谶纬之学也有某种程度的联系。曹操迎献帝都许之初,侍中、太史令王立一再以五德终始之说说献帝,认为"代替火德的是土德,承继汉位的是魏",曹操知道后,让人带话给王立,让他不要多说。对"苍天乃死""黄家当兴""代汉者当涂高"这一类道家谶言,曹操阵营中信奉的人大有人在。建安二十四年(219),曹操打败关羽后,孙权上书称臣,劝曹操称帝,侍中陈群、尚书桓阶乘机劝进,其中提到"桓、灵之间,诸明图谶者,皆言'汉行气尽,黄家当兴'",后来曹丕称帝,群臣在表文中又多次提及图谶、符命。曹植在《魏德论》中也说汉魏禅代是"名儒按谶,良史披图"的结果。现存曹操诗文中没有谈及五德终始和谶纬符命之类的内容,可以认为他对这些东西是不相信的;但当别人、包括他所亲近的部属谈起这类问题时,只要对自己有利,他也并不反对,不仅宽容,甚至还可能抱了某种欢迎的态度。他不让王立老提魏代汉之类的话头,不过是一种韬晦之计,是当时政治的需要。从这个角度看,曹操同阴阳家说和谶纬之学是并没有完全割断联系的。

不难看出,曹操对于前代思想是有着广博的摄取的。但在各家思想中,以儒、法、兵家思想居于主导地位,曹操现存诗文也以表现这三家思想的为最多。其中,又以法家、兵家思想运用得最为广泛。曹操强调"夫治定之化,以礼为首;拨乱之政,以刑为先"(《以高柔为理曹掾令》),当时他身处乱世,经常带兵打仗,自然要将法治放在首位，充分发挥兵家思想的作用，而儒家思想在许多情况下是处于抑制状态的。墨家思想是他"以礼为首"的"治定之化"手段的一种补充。道家思想所受影响甚微，当时他要拨乱反正，激流勇进，冲静自然的道家思想自然不符合他的需要。神仙之说主要侧重于思想资料的摄取，道教方术主要吸取其中的养生之术，名家思想有所继承，阴阳家说及谶纬之学有时加以利用。这就是曹操哲学思想所表现出来的脉络。

自汉武帝"罢黜百家，独尊儒术"之后，儒学的繁衍出现了盛极一时的局面，官办和私办的经学遍及全国各地，博士弟子东汉顺帝时多达三万人。博士解经驳杂繁琐，有时一经的解说达百余万言，不少人终其一生不能穷尽一经。这时的儒学已与先秦时期的儒学有了很大的不同，首倡儒学独尊的董仲舒在先秦儒家的"仁义"学说之外，加进了"天人感应""君权神授"之类的内容。西汉末年，又出现了谶纬之学。所谓谶，是巫师或方士制作的宗教预言，常附有图，故称图谶；纬对经而言，是方士化的儒生编集的各种假托神意解经的书。谶纬的流行，使经学的内容在空疏繁琐之外又加上了神秘怪诞，严重束缚了人们的思想，因而招致一些有识之士如桓谭、张衡等人的批评。黄巾起义爆发，不仅在政治、经济上沉重打击了统治集团，同时也打破了儒学礼教一统天下的局面。谶纬迷信之风为之大为收敛，其他可资世用的各种思想则纷纷冒了出来，呈现出一种思想活跃和解放的局面。曹操不独宗一家之说，而是根据现实政治的需要广摄博取，融会贯通，是顺应乃至领导了当时的社会潮流的，显示了曹操反传统的精神。曹操所宗尚的儒学，也主要是先秦时代以孔孟为代表的儒学，与武帝以来掺杂了阴阳五行之说的儒学不同。由于摆脱了宗教化了的经学思想的束缚，抛弃了谶纬迷信，因而曹操发表了不少唯物主义的见解，冲击了经学的唯心主义体系。

比如,自董仲舒以来的唯心主义哲学家无不鼓吹天命,而曹操却在《让县自明本志令》中公开宣称自己"性不信天命之事"。他认为天就是"阴阳四时"(《孙子·计篇》注),并不是有意志的东西。他在《董卓歌词》中说:

> 德行不亏缺,变故自难常。郑康成行酒,伏地气绝;郭景图命尽于园桑。

郑玄是东汉末年的经学大师,在当时一般人看来他是德行卓著、没有"亏缺"的。郭景图生平不详,既与郑玄相提并论,看来也是一个"德行不亏缺"的人物。儒家一再宣扬"天佑有德""有德可获福"的观点,可是,"有德"的郑玄却在酒席上劝酒时倒地气绝,郭景图也在桑园中突然命尽,这说明了什么呢?一方面说明人的寿命同德行的好坏无关,另一方面也说明天是不可能给有德行的人提供保护的,从一个侧面表达了曹操"不信天命"的观点。

既然不信天命,必然看重人事。曹操在《度关山》中说:"天地间,人为贵。"在《秋胡行》其二中说:"二仪合圣化,贵者独人不?"早年同袁绍会盟讨伐董卓,在谈到今后的打算时又曾说:"吾任天下之智力。"这些都鲜明地表达了以人为主体、不信天命信人力的思想。因此,曹操始终把大力罗致各种各样的人才看作是自己事业成败的关键,并做出了巨大的成绩。

曹操不信天命,因而自己虽有夺取汉家天下的野心,却并不以"真命天子"自居,不有意无意地神化自己。相反,他有时还能对自己做出较为客观公允的评价。西征马超、韩遂时,曹操与韩遂在战场上约见,对敌方围观的士兵说:"汝欲观曹公邪?亦犹人也,非有四目两口,但多智耳!"建安十九年(214)派毌丘兴任安定太守,事前嘱咐他不要主动派人到羌人中去，而毌丘兴没有照办，果然出现了曹操所担心的情况。事后曹操在总结教训时说："吾预知当尔，非圣也，但更事多耳。"认为自己只是比常人智慧多一些，而这智慧又是从长期的社会实践中获得的，充分体现了曹操实事求是的精神，这在当时是十分难得的。

与不信天命相联系，曹操对神仙之说也取不相信的态度。《善哉行》诗说："痛哉世人，见欺神仙。"对世人被神仙欺骗感到痛心。《秋胡行》其二说："赤松、王乔，亦云得道。得之未闻，庶以寿考。"对赤松、王乔得道成仙的说法表示怀疑，认为他们并非真的得道成仙了，或许只是寿长些而已。曹操大量招聚方术之士，其目的也并不是要从他们那里获取长生久视之道，这从曹植《辨道论》可以得到证明：

世有方士，吾王（曹操）悉所招致……本所以集之于魏国者，诚恐此人之徒，接奸诡以欺众，行妖恶以惑民，故聚而禁之也。岂复欲观神仙于瀛洲，求安期于边海，释金辂而顾云舆，弃文骥而求飞龙哉！自家王与太子及余兄弟，咸以为调笑，不信之矣。

可见，曹操招聚方术之士的目的，最初是怕他们流窜各地"惑民"，煽动百姓起来造反，就像张角用太平道名义组织了一场轰轰烈烈的黄巾农民大起义那样，因此要将他们"聚而禁之"。对他们那一套方术，曹操及其诸子"咸以为调笑，不信之矣"，当然也就没有从他们那里讨取羽化登仙之术的用意。据曹植《释疑论》，曹操等人后来对方士的道术有一部分是相信了，但主要相信的是其中的养生术和其他一些有一定科学依据或事实依据的内容，仍然谈不上相信了羽化登仙之术。人寿总是有限的，曹操对此有着非常清醒的认识。《精列》说:"厥初生,造化之陶物,莫不有终期。"《秋胡行》其二说:"存亡有命,虑之为蚩。"《步出夏门行·龟虽寿》说:"神龟虽寿,犹有竟时;腾蛇乘雾,终为土灰。"都表达了同样的观点。但另一方面,曹操又认为人虽不能成为神仙,不能长生不老,但通过自身的保养,又是可以延长寿命的,所以《龟虽寿》说:"盈缩之期,不但在天;养怡之福,可得永年。"这些见解,都闪烁着唯物主义的思想光彩。

对于鬼神迷信,曹操更采取了坚决排斥的态度。早在任济南相时,他就采取大刀阔斧的手段禁止淫祀,除奸邪鬼神之事。在军中,曹操更是严禁装神弄鬼,以免惑乱军心,贻误战机。《掩获宋金生表》说:

> 臣前遣讨河内、获嘉诸屯,获生口,辞云:"河内有一神人宋金生,令诸屯皆云鹿角不须守,吾使狗为汝守。不从其言者,即夜闻有军兵声,明日视屯下,但见虎迹。"臣辄部武猛都尉吕纳,将兵掩捉得生,辄行军法。

曹操在征讨河内获嘉时,从俘虏口中得知,有一个叫宋金生的人自称神人,告诉守军鹿角无须把守,他派狗替大家防守,如果不听他的话,就会在夜里听到军队行动和兵器撞击的声音,天明后会看见地上有老虎的脚印。曹操立即派人将宋金生捉住杀死,表明了他对装神弄鬼行为的断然态度。《孙子·九地篇》注说:"禁妖祥之言,去疑惑之计。"《用间篇》注说:"不可以祷祀而求,亦不可以事类而求也。"也都表明了同样的态度。

曹操曾对袁绍说:"吾任天下之智力,以道御之,无所不可","以道御之,无所不可",用今天的话来说,就是要按照客观规律办事,只要按客观规律办事了，就可以左右逢源，得心应手。应当说，这是非常深刻的认识。曹操是一个办实事的人，长期的政治斗争和军事斗争的磨炼，使他明白了办事必须从实际出发的道理，否则事情就办不成，办不好。《孙子·虚实篇》注说："势盛必衰，形露必败，故能因敌变化，取胜若神。"又说："兵无常势，盈缩随敌。"《九地篇》注说："在利思害，在害思利，当难行权也。"又说："安不忘危，常设备也。"这些充满朴素唯物论和辩证法思想的见解，是那些只知穷究经学章句或沉迷谶纬迷信的人说不出来的。

当然，曹操的唯物论思想并不是彻底的。比如，他禁止淫祀，但并不反对一切迷信活动。其《褒赏令》云：

别部司马请立齐桓公神堂，使记室阮瑀议之。

齐桓公为春秋五霸之首，是曹操所敬重的人物，因此别部司马请求给齐桓公建立神堂，他并不表示反对。在《春祠令》中，曹操主张对祭告宗庙的仪式做一些改革，如人们认为祭庙上殿脱鞋，他接受皇命，可带剑穿鞋上殿，如果祭告宗庙上殿脱掉鞋子，那就是尊重先人而违背王命，尊敬父祖而轻视君王，所以他不敢脱掉鞋子；又临祭时到水盆旁要做做洗手的样子，他认为浇水洗手是为了表示对神的敬意，因此他要亲自浇水洗手，等等。可见，他并不根本反对祭神和敬神。又比如，曹操是有反传统的精神的，在《让县自明本志令》中，他曾表示他的妻妾在他死后可以改嫁，不必为他守节，可见在男女关系问题上，他的礼法观念确实是比较淡薄的。但曹丕在宴请众文士时让甄氏出来同大家见面，刘桢胆大"平视"了甄氏，曹丕对此事无所谓，曹操却认了真，认为刘桢有失体统，处罚了刘桢，可见在这件事情上，曹操又是十分讲究礼法的。

不过总的说来，曹操思想中有不少值得称道的进步的因素，他的朴素唯物论和辩证法思想，对唯心主义的"天命"说和谶纬之学是一个有力的冲击，从而对当时冲破传统束缚的思想解放运动产生了极大的推动作用，对后世也产生了深远的影响。

第二十四章 曹操的性格作风

一 坦诚与权诈

曹操的性格作风同他的思想一样，呈现出多元、复杂甚至相互矛盾的特色。这里介绍一下他性格作风中的一些重要侧面。先谈谈他的坦诚与权诈。

曹操性格中有坦诚的一面，这在他的诗文中和平常待人接物的实际行动中都有突出的表现。曹操对于前来归附的才智之士，对于他所信任的部属，特别是对部属中那些为他出了大力、立了大功的人，他往往能够推心置腹，坦诚相待。可以说，除了方针政策之外，这也是曹操能够大力罗致人才、团结部属、充分发挥部属作用的一个重要原因。对于部属提出的意见或建议，只要他认为合理，往往能够尽力采纳，决不含糊。曹操平定汉中回到关中后，关中有一个名叫许攸的将领拥兵自重，不肯归附曹操，还说了一些难听的话。曹操大怒，准备发兵征讨。群僚进谏："应当招抚许攸，以便共同讨伐强敌。"曹操横刀于膝，作色不听。杜袭打算劝劝曹操，还没开口，曹操就冲着他说："我的主意已定，你不要再多说了！"

杜袭并没有退回去,而是说:"如果您的主意对头,我要协助您使您获得成功;如果您的主意有问题,则应当从实际出发考虑更改。我还没有开口您就让我不要再说了,对待部下怎么能这样不开明呢?"

话说得并不顺耳,但曹操并没有拂袖而起。经杜袭的进一步说服,曹操还很快采纳了杜袭的意见,厚抚许攸,许攸受到感动,终于前来归服。像这一类例子,还可以举出不少。

对一些关系全局的问题,曹操更是注意倾听部属的意见,往往因此而改变了自己原有的打算。建安三年(198)到下邳攻打吕布,吕布败退固守,曹操连连攻打不能得手,士卒疲乏,曹操打算撤军,荀攸和郭嘉劝他坚持,曹操听取意见,结果攻破城池,活捉了吕布。官渡之战,在两军相持的最困难阶段,曹操因缺粮,打算撤军,荀彧不同意,建议他再作坚持,结果曹操坚持下来,终于抓住战机,大败袁绍。像这样的例子也并不少。可以说,曹操所取得的每一次重大的成功或胜利,都是他能虚心听取部属意见、集中集体智慧的结果。曹操虽然机谋出众,但在决定重大行动时,往往并不固执己见、刚愎自用。反过来说,曹操断然拒谏、一意孤行的情况虽并非没有,但比较而言,并不多见。

为了广开言路,让部属敢于说话,曹操在建安十一年(206)还专门下了两道《求言令》。其一云:

夫治世御众,建立辅弼,诚在面从,《诗》称"听用我谋,庶无大悔",斯实君臣恳恳之求也。吾充重任,每惧失中,频年以来,不闻嘉谋,岂吾开延不勤之咎邪?自今以后,诸掾属治中、别驾,常以月旦各言其失,吾将览焉。

其二云：

  自今诸掾属侍中、别驾，常以月朔各进得失，纸书函封，主者朝常给纸函各一。

首先阐明了广开言路的重要意义，说明治理天下，管理百姓，设置辅佐，应当力戒当面顺从而背后又有不满的情形出现。接着说，自己肩负重任，常常担心出现偏差，但连年以来，没有听到好的建议，这难道是自己不能经常征求意见的过错所造成的吗？最后规定：从此以后，各曹的掾属，各州刺史的治中、别驾，要在每月的初一就存在问题提出书面意见，加上封套呈递给他阅读，主管人员在朝会时将各发给纸一张和封套一个。曹操在这里不仅主张广开言路，诚心诚意地欢迎大家就存在的问题提出意见，而且还主动承担了连年以来言路未能畅开的责任，最后硬性规定部属必须在每月的初一各自写出意见，形成制度，坚持下去。这里看不出丝毫弄虚作假糊弄人的成分，有的只是坦诚和决心。作为一个古代的政治家，曹操能有这等胸襟气魄，确实是难能可贵的。

  有时对一些提过错误意见的部属，曹操也采取鼓励的政策。他北征乌桓回到邺城后，所做的第一件事情就是厚赏先前反对北伐的人，就是一个突出的例子。曹操认为这些人所提的意见是"万安之计"，希望以后"勿难言之"，从而保护了这些人勇于劝谏的积极性，对其他部属自然也会产生积极的影响。

  对于部属的功劳，曹操也能给予充分肯定，不随意抹煞，不独吞胜利果实，不贪天之功据为己有。建安十二年（207）在《封功臣令》中说："吾起义兵，诛暴乱，于今十九年，所征必克，岂吾功哉？乃贤士大夫之力也。"不仅不独据其功，而且还说个人没有什么功劳，都是将士们出了力,如此谦逊,如此坦诚,在古代政治家中是不多见的。这种谦逊和坦诚在为将士请功的表文中,有着更为突出的表现。如《请爵荀彧表》:

> 臣自始举义兵,周游征伐,与彧戮力同心,左右王略,发言授策,无施不效。彧之功业,臣由以济,用披浮云,显光日月。陛下幸许,彧左右机近,忠恪祗顺,如履薄冰,研精极锐,以抚庶事。天下之定,彧之功也。

又说:

> 守尚书令荀彧,自在臣营,参同计画,周旋征伐,每皆克捷,奇策密谋,悉皆共决。及彧在台,常私书往来,大小同策。《诗》美腹心,《传》贵庙胜,勋业之定,彧之功也。

认为自己举义兵以来,与荀彧同心合力,为朝廷谋划,所提出的建议施行起来没有不成功的。每次取得胜利,所运用的奇妙机密的计谋都是同荀彧共同决定下来的。由于荀彧的功业,自己才获得了成功,国家也才有了建树。如此倾心推挹,确实是难能可贵的。

上述表文写于建安八年(203),当时袁绍已死,袁谭、袁尚不和,又屡败于曹操,曹操收定河北已是指日可待的事情了。曹操感激荀彧所做出的贡献,表封荀彧为万岁亭侯。荀彧认为自己没有立过战功,把曹操的上表压了下来,曹操又给荀彧写信劝导,荀彧这才接受下来。建安十二年(207),曹操再次奖励荀彧,写了《请增封荀彧表》:

昔袁绍作逆，连兵官渡。时众寡粮单，图欲还许。尚书令荀彧，深建宜住之便，远恢进讨之略，起发臣心，革易愚虑，坚营固守，徼其军实；遂摧扑大寇，济危以安。绍既破败，臣粮亦尽，将舍河北之规，改就荆南之策。彧复备陈得失，用移臣议，故得反旆冀土，克平四州。向使臣退军官渡，绍必鼓行而前，敌人怀利以自百，臣众怯沮以丧气，有必败之形，无一捷之势。复若南征刘表，委弃兖、豫，饥军深入，逾越江、沔，利既难要，将失本据。而彧建二策，以亡为存，以祸为福，谋殊功异，臣所不及。

历述荀彧在官渡之战中和官渡之战后所提出的两次重要建议，一一如数家珍。曹操认为，如果荀彧不提出在官渡坚持下去的建议，而从官渡撤兵，袁绍必定鸣鼓进攻，因得到好处而勇气百倍，我军则必然士气沮丧，这样就会造成必然失败而无任何胜利可能的形势。如果荀彧不提出回师河北的建议，就不可能取得平定四州的胜利，而以饥饿之师南进，不仅得不到什么好处，相反连兖、豫二州也有丢掉的可能。荀彧的建议确实关系全局，非常重要，难得的是曹操能够予以充分认识和肯定，并在此基础上，进而得出了荀彧"谋殊功异，臣所不及"的结论。作为一个控御朝政、雄图大略的统帅，敢于承认自己的谋略和功劳比不上臣属，这确实是非同寻常的，在古代政治家中，即使不是绝无仅有，肯定也属凤毛麟角。

曹操上表增封后，荀彧坚决辞让，曹操又写一封信给他：

君之策谋，非但所表二事。前后谦冲，欲慕鲁连先生乎？此圣人达节者所不贵也。昔介子推有言："窃人之财，犹谓之盗。"况君密谋安众，光显于孤者以百数乎！以二事相还而复辞之，何取谦亮之多邪！（《报荀彧》）

说荀彧所贡献的计谋并不只《请增封荀彧表》中所说的两次,而是有很多次,因为这些计谋,使他获得了百多次的荣耀,因而要表奏两件事来予以报答。言辞恳款,发于肺腑。荀彧推不过,这才接受了增封。曹操还想表荐荀彧为三公,荀彧让荀攸出面坚决辞让,前后达十余次,曹操这才打消了念头。

不仅对荀彧如此,对其他有功之臣也往往如此。《请封荀攸表》云:

> 军师荀攸,自初佐臣,无征不从,前后克敌,皆攸之谋也。

认为荀攸自到他身边以来,没有哪一次战役不跟随着他,前后多次战胜敌人,都是荀攸的计谋,对荀攸的功劳做了高度肯定。又《请追增郭嘉封邑表》云:"军祭酒郭嘉,自从征伐,十有一年。每有大议,临敌制变。臣策未决,嘉辄成之。平定天下,谋功为高。"又说:"臣今日所以免戾,嘉与其功。"说每有重大的决策,自己主意还没拿定,而郭嘉已经拿出成熟的意见了;自己现在能够不出差错,免于获罪,郭嘉是有功劳的。在这里,也表达了自己不如郭嘉的意思,其谦逊和诚挚也是足可感人的。

对那些死去的朋友,曹操往往也不能忘怀,他对蔡邕、桥玄、郭嘉、蒯越等人的态度都足可说明这个问题。他不仅从感情上怀念,而且照顾他们的后人,帮助其后人解决一些实际问题。这说明,曹操坦诚待人并不仅仅是为了利用人,他还是讲究一些私人的情义的。

在错综复杂的政治斗争中,曹操对于自己的政治意图,有时也能坦率言之,不加掩饰。《让县自明本志令》说:"设使国家无有孤,不知当几人称帝,几人称王。"又说:"然欲孤便尔委捐所典兵众,以还执事,归就武平侯国,实不可也。何者?诚恐己离兵为人所祸也。既为子孙计,又己败则国家倾危,是以不得慕虚名而处实祸,此所不得为也。"下令"举贤勿拘品行","不仁不孝,而有治国用兵之术"的人也可以用,这些就都是说了真情实话的。有时甚至对自己所犯的错误,曹操也抱了坦率的态度。据孙盛《杂记》记载,曹操误杀了吕伯奢一家后,"既而凄怆曰:'宁我负人,毋人负我!'遂行"。从"负"字看,曹操知道自己是误杀了人而有负于吕伯奢一家的。但在这种情况下,曹操还说出了"宁我负人,毋人负我"这样的话,这既表明了他的自私和残忍,同时也表明他没有文过饰非,没有强词夺理,没有借故捏造吕伯奢一家的罪状,到底还是自己承担起了责任,没有做口是心非、道貌岸然的伪君子,应当说这也是曹操坦诚性格的一种表现。

  曹操的性格作风有坦诚的一面,这主要由于现实政治斗争的需要。他要罗致人才,团结部属,充分发挥大家的作用,不坦诚相待是不可能充分达到自己的目的的。他对荀彧等人竭力褒赏,就是要以此为榜样,激励更多的人,《请爵荀彧表》说:"宜进封赏,以劝后进者。"就透露了这一消息。他怀念死者,厚待死者遗孤,则是为了激励更多的生者。另一方面,对部属坦诚相待,也是对于部属贡献的一种回报,一种奖赏。从这个角度说,曹操坦诚的性格作风是有较多的"社会性"的,其中既有与生俱来的成分,更多的是由于现实政治斗争的需要而有意加以磨炼的结果。当然,也不能否认曹操同一些部属建立了真正的友情。他在《请追增郭嘉封邑表》中说:"自在军旅,十有余年,行同骑乘,坐共幄席。"就不难看出两人关系的亲密。郭嘉、荀攸等人死后,曹操痛哭流涕,其感情是真诚的。在这些场合,其坦诚的流露是较少"功利"的目的的。

但是，曹操绝不是一个只知一味坦诚的人物，在他的性格作风中还有阴险狡诈的一面，有时甚至表现得相当突出。这种性格，在他少年时代即已明显表现出来，他在叔父面前假装中风、与袁绍观人新婚劫人新妇的传说，都足可说明这一点。像这样的传说，后来也有不少。比如：

曹操曾对人说："谁要想谋杀我，我就会出现心跳。"他对身边的一个侍从说："你身上藏着刀来到我身边，我就说心跳得厉害，然后把你捉住。假如对你进行处罚，你不要说出是我让你这么干的，我一定会厚赏你！"这个侍从自然照办，预先并没有感到丝毫害怕，结果被杀。这个侍从至死也没有明白这是曹操所使的诡计。但别人却都以为这一切是真的，想要暗杀曹操的人从此感到灰心丧气，不敢轻易动手了。

曹操还曾对人说："我在睡觉时，不要随便走近我，谁走近我，我就会立即把他杀掉，而自己却不知道。你们可千万注意啊！"一次，曹操和衣躺下，假装睡觉，一个近侍怕他受凉，轻轻走上前来给他盖上被子，曹操突然一跃而起，拔刀将这个近侍杀死，然后倒下身子，继续呼呼睡去。从此以后，曹操睡觉时，再也没有人敢走近他了。

一次曹操出征，军粮眼看就要不够了，曹操很着急，私下征求主管人员的意见，问他能有什么办法。主管人员建议说："粮食可以用小斛发放。"曹操同意了。但士兵很快就发现了这个问题，纷纷在背后议论，说曹操欺骗了他们。曹操怕惹出大事，就把主管人员找来，对他说："我想借你的头来说服众人，不然事情不好解决。"说完立即将其推出斩首，并以其首级巡行示众，公布其"罪状"说："行小斛，盗官谷，斩之军门。"

曹操准备接见匈奴使者，但自以为个头长得不高，相貌不威严，不足以对外国显示威仪，于是便让相貌堂堂的崔琰来代替他，而自己扮成侍卫握刀站在崔琰旁边。接见结束后,曹操派间谍去问匈奴使者:"你看魏王这个人怎么样?"使者回答说:"魏王的仪表风度非常高雅,但握刀站在他身边的那个人才真是一个英雄啊!"曹操得到报告,立即派人追上去把使者杀了。

这些传说未必都是事实,特别是见匈奴使者一条,其真实性更值得怀疑,刘知几在《史通·暗惑》中就曾专门对此做过辨析,但至少是"查无实据,事出有因"的。曹操的权诈性格,在其政治、军事活动和日常生活中都有表现,堪称是一个不折不扣的权谋家。善用权谋,善于权变,在某些场合是完全必要的,比如在对敌的政治斗争中,特别是在军事斗争中,不用权谋,不善权变,不仅不能克敌制胜,连自身的生存都将成为问题。曹操对此有着清醒的认识,他在《孙子·计篇》注中说:"兵无常形,以诡诈为道。"也就是说在用兵打仗时必须诡诈,以适应战场上千变万化的形势。曹操在复杂的军事斗争中,无论用兵、遣将、施术,都充分展示了他随机应变的性格,可以说是将其诡诈权变之术发挥到了极致。由于其目的在于战胜敌人,因而应当说是一种机智的表现,是值得肯定的。由此生出的许多"不老实""小聪明",也是可以理解的。比如,官渡之战中许攸来奔,曹操一面竭诚欢迎,没来得及穿鞋光着脚就迎出去了,但另一方面在存粮问题上又一再隐瞒实情,不肯说出实话,在对许攸并不完全摸底的情况下,这样做是完全必要的。又比如,曹操因坐骑践踏小麦而割发代首自惩,虽有几分玩弄权术的味道,但其目的还在维护法纪的严肃性,用意还是可嘉的。还有一个著名的"望梅止渴"的故事,说曹操有一次带队行军,天气炎热,途中又找不到取水的地方,士兵眼看就渴得受不了了。曹操突然往下传令说:"大家再坚持一下,前面有一大片梅林,结满了梅子,甜酸甜酸的,可以用来解渴。"士兵们听了,个个口中都分泌出唾液来,不再感到口渴,这样一直坚持到了有水的地方。曹操在这里巧妙地利用了条件反射的原理,克服了一场干渴的危机。这自然也只是一个传说,但颇符合曹操谲诈的性格,而在当时情况下曹操这样做又是完全必要的。

曹操作为一个重要的政治、军事领袖,加强自身安全的防护也是必要的。曹操一生,确曾碰到过遇刺的危险。经常跟随在他身边的人,其中也有靠不住的。有一个叫徐他的联络了几个人,就曾想伺机刺杀曹操,只因许褚不离曹操左右,没有机会下手。一次,徐他等人乘许褚在帐外休息的机会,揣刀进入曹操帐内。恰在这时,许褚进帐,见徐他等人神色异常,顿时明白了他们的企图,于是将其一一击杀。在这种情况下,曹操为加强自身的安全,使一些心计,似乎也是无可厚非的。

不过,曹操在政治生活和人际关系中也是经常运用着权术的。比如他杀孔融,先由郗虑出面奏免孔融的官职,然后再由自己出面写信给孔融,以调解孔融和郗虑的矛盾为名,对孔融发出了"破浮华交会之徒,计有余矣"的警告。重新任命孔融为太中大夫后,孔融仍依然故我,于是再次由郗虑出面构陷其罪,最后命路粹上奏,罗织罪名,将孔融下狱处死。这一过程虽不无争取孔融的用意,但显然也有权术在其中起着作用。又如曹操除掉荀彧,先以请荀彧到前线劳军为名,把他调离朝廷,接着将其尚书令的职务解除,降为参丞相军事,成为自己的直接下属,最后以送空食盒的手段逼令荀彧自杀,采取了相当阴狠隐蔽的手段,权术也是在其中起了很大作用的。

曹操平时对百姓和下属的监视是很严密的。除了设置有公开的监察机构和司法官员,如朝廷有廷尉、司隶校尉、治书侍御史,丞相府有法曹、理曹、刺奸掾史,此外还设置有秘密监察下属的校事,这些校事又往往由政治品质很差的人充任。有两个名叫卢洪、赵达的校事,常以个人好恶擅作威福,法曹掾高柔建议曹操对这两个人加以检核惩治,但曹操不同意,说:"你对赵达等人的了解,恐怕不如我。要去办刺探举发这一类事情,让那些贤人君子去办肯定是办不好的。过去叔孙通任用群盗,就是这个道理。"

曹操在这里可以说是"用人唯才"了。但任用这些仅凭个人好恶办事的人,必然会生出许多不明不白的冤案来。后来,赵达等人坏事做得太多,曹操才不得不把他们杀了。但这类活动并没有中止,曹丕即帝位后不久,有一个叫刘慈的校事一人就举报了"吏民奸罪"上万件,可见这类活动不仅没有收敛,相反越来越变本加厉了。

曹操运用了权谋和特务手段来对待下属,这同他的坦诚是完全对立的。曹操能从一个社会地位不高的宦官后代步步高升,做到司空、丞相、魏公、魏王,把献帝变成自己手中的傀儡,把北部中国置于自己的统治之下,在不少情况下是靠运用了权诈的手段的。坦诚与权诈,在曹操这里形成了对立的统一,成了曹操获得成功的两种互为补充的手段。但坦诚受人欢迎,权诈却往往令人生厌。曹操用权诈手段对待自己的下属、近侍、朋友、家人,对待有功之臣,甚至将他们置于死地,虽有时有可理解的原因,但其手段毕竟不可取,后人对此颇多訾议,是并不足怪的。

二　宽厚与忌刻

与坦诚相联系,曹操的性格作风中还有宽厚的一面。同情人民苦难,希望为解除人民苦难做一些工作,这是曹操宽厚性格的一个重要组成部分。有时候,曹操还能"破例"给予百姓一点"优惠"。建安十年(205)正月,曹操攻打袁谭,从水路运送军粮。这时河道都已结冰,曹操于是下令,召集百姓服役破冰。百姓不肯服役,纷纷逃亡,曹操于是又下了一道命令,凡逃亡被抓获者,不准许投降以免除死罪。不久,有的逃亡者前来军门自首,曹操动了恻隐之心,说:"如果听凭你们逍遥法外,势必有违我的命令。如果杀了你们,又等于杀了自动前来认罪的人。这样吧,你们回去好好藏起来,不要让官吏抓到你们。"

这些百姓很受感动,流着眼泪走了。但他们后来还是被官吏捉住处死了。

对于前来投奔的人,曹操一般都采取了比较宽容的态度,陈琳、张绣便是这方面十分突出的例子。刘备曾先后两次投奔曹操,虽然都不过是"勉从虎穴暂栖身"的权宜之计,曹操也并非没有看出这一点,但他却能自始至终给予厚待,可以说是恩礼有加。其谋士不止一次劝曹操翦除刘备,以绝后患,都被曹操拒绝了。虎将关羽被曹操捉住后,曹操同样礼之甚厚。得知关羽肯定要离开自己的消息后,仍然厚加赏赐。关羽逃走,诸将要求前去追击,曹操也没有同意。

对一些眷恋旧主的士人,曹操往往给予破格优待。曹操攻杀袁谭后,悬首示众,并下了一道命令:

敢哭之者,戮及妻子。(《诛袁谭令》)

但冀州别驾王修却公然违抗命令,跑到袁谭尸身旁边号啕痛哭,其声悲凄,使不少人受到感动。王修进而要求曹操让他收葬谭尸,曹操故意默然不应。王修说:"我受袁氏厚恩,如能让我收葬谭尸后再去死,我死而无憾!"

曹操听了,感动地说:"这是个义士啊!"于是不仅不杀王修,还任命他为司空掾行司金中郎将。

袁尚被公孙康杀后，首级送来邺城，曹操同样下了一道命令：

三军敢有哭之者斩。(《三国志》卷十一《田畴传》)

田畴因曾被袁尚征召，于是前往吊祭，曹操并不过问。牵招也怀着悲戚前去设祭，曹操也不予追究，相反还推举他做了茂才。

孔融被杀后，许多原来与他交好的人都不敢前去吊唁，只有脂习去了，抚摸着孔融的尸身哭着说："文举，你舍我而死，我今后能同谁去说知心话呢？"曹操听说后，下令将脂习逮捕起来，但转念一想又下令把他放了。脂习后来见到曹操，向曹操表示认错，曹操喊着他的字说："元升，你倒是一个慷慨多情的人！"

不仅不再提起旧事加以责备，相反还问脂习住在哪里。得知脂习刚搬了一个新住处，于是派人给他送去了一百斛谷子。

对于部属的某些失误，曹操有时也能给予体谅。冀州平定后，曹操派朱灵率新兵五千、战骑千匹往驻许南，途中中郎将程昂反叛，朱灵斩杀程昂后，向曹操报告，表示自责和痛心。曹操给他写了一封回信：

兵中所以为危险者，外对敌国，内有奸谋不测之变。昔邓禹中分光武军西行，而有宗歆、冯愔之难，后将二十四骑还洛阳。禹岂以是减损哉！来书恳恻，多引咎过，未必如所云也。(《手书答朱灵》)

更始年间(24—25)，光武帝刘秀派大将邓禹率精兵二万去镇压赤眉农民起义军。其部将宗歆、冯愔为争夺军权，互相攻杀，冯愔杀了宗歆后又攻邓禹，结果邓禹被赤眉军战败，只带了二十四骑回到宜阳

（曹操误作"洛阳"），但刘秀对他仍予信任和重用。曹操以此为例，一面阐述了"兵中所以为危险者，外对敌国，内有奸谋不测之变"这一军事原则，同时也对朱灵进行了抚慰和激励。

对部属一些带有通敌叛变性质的行为，曹操有时也能予以宽宥。官渡之战后，缴获了不少许都和自己军中的人暗中同袁绍互相往来的信件，他不予追究，下令一把火烧掉，就是其中一个突出的例子。这件事见载于《三国志·魏书·武帝纪》及裴松之注引《魏氏春秋》，而同书《赵俨传》裴注引《魏略》却有不同说法，说曹操击破袁绍后"使人搜阅绍记室"，两种行为、两种说法是完全针锋相对的。但裴松之不相信《魏略》的说法，说："案《武帝纪》：破绍后，得许下军中人书，皆焚之。若故使人搜阅，知其有无，则非所以安人情也。疑此语为不然。"从当时的情势看，曹操虽然取得了官渡之战的胜利，但袁绍还占据着冀、幽、青、并四州，背后、侧后还有刘备、刘表、孙权等人虎视眈眈，曹操任重而道远，正是急需用人之际。同时，同袁绍秘密书信往来的不是一两个人，而是一批人，如果认真追究起来，必然造成人才的重大损失，给自己造成不利。因此，比较而言，《武帝纪》的记载是较为可信的，这件事还是体现了曹操的宽宏大量的。

曹操能够宽宏大量，当然主要由于他考虑了政治上的需要。一个政治家，如果鼠目寸光，鸡肠小肚，不能容人，那是绝对办不成大事的。相反，他只有尽量地不计较别人的一过一失，不计较个人的恩恩怨怨，才有可能最大限度地吸引人才，并充分发挥人才的作用，以实现自己的战略目标。曹操对这一点是非常清楚的，特别是在他开创事业的初期，更特别注意这一点。他总是力图树立起诚信宽厚的形象，以赢得天下舆论的同情、理解和赞许，以不断壮大自己的势力。在那个君择臣、臣亦择君的动乱年代，曹操这么做，是取得了明显的效果的。就是到后来，曹操虽然强调严格执法，但也不是一点不讲宽松。前面提到过的朱灵,当他带着新兵南下时,曹操曾嘱咐他说:"冀州新兵,以前松散惯了,突然加以约束,心中常常不痛快。听说你以前治军有威严的名声,应当适当放宽控制,不然会激出变故。"

曹操南征孙权,让徐奕任丞相府长史,留守邺城。行前对他说:"您的忠诚正直,即使是古人也没法超过的,但稍嫌严厉了一些。以前西门豹性急,故佩上柔韧的皮绳以对自己加以警戒。能够以柔弱制刚强,这点我寄希望于您了!"

可见,曹操是颇懂得宽严相济的道理的。他的宽厚待人,不排除有真诚的成分,但从根本上说,是出于其政治上的考虑的。

作为一个地主阶级的政治家,曹操的性格作风既有宽大为怀的一面,同时也有多疑猜忌、刻薄寡恩、阴狠残酷的一面。这种性格,在他早年就有表现;在他的事业已经有了相当的基础和规模,自己的统治地位已经稳固的晚年,表现得就更为突出。曹操不能容忍一些人,必欲除之而后快。这些人中,首当其冲的是那些政治上的反对派,那些企图阻止他篡汉、企图推翻他的统治地位或可能对他的继承者曹丕造成威胁的人。孔融心存汉室,见曹操代汉的野心暴露得越来越明显,于是存心同他过不去,处处同他捣乱,曹操看出了他的用意,终于将他杀掉。荀彧为曹操统一北方建立了丰功伟绩,曹操对他极为倚重,极为推崇,甚至可以说是极为感激,但后来荀彧反对曹操晋爵魏公,曹操就毫不犹豫地将他逼死。崔琰在给杨训的信中说了句"会当有变时",曹操就认为是想推翻他的统治,立即下令判处崔琰徒刑,接着又命他自杀。毛玠认为崔琰无罪,也被逮捕审讯,几乎被杀,后因桓阶、和洽等相救,才以免职处理。杨修在曹丕、曹植争夺太子的斗争中,站在曹植一边,为曹植出了不少主意,后曹丕被确立为太子,曹操担心自己死后杨修继续帮助曹植,挑起兄弟不和，留下后患，加之杨修又是袁术之甥，政治上有异己之嫌，因此在自己临死前不久将杨修杀了。有一个名叫周不疑的，也因为相似的原因惨遭杀戮。周不疑字元直，零陵人，从小就非常聪明，曹操曾想把自己的女儿嫁给他，周不疑没有敢答应。曹操的爱子仓舒，也非常聪明，曹操认为他是可以同不疑相匹敌的。仓舒死后，曹操心忌不疑，打算将他除掉。曹丕认为不能这样做，曹操说："这个人不是你将来能够驾驭得了的！"到底还是派刺客去把不疑杀了。

对敢于反叛的人，曹操采取格杀勿论的政策，并往往滥杀无辜，在平定太医令吉本、少府耿纪等人的叛乱和魏讽的叛乱时都是如此。想要阴谋除掉他的人，他必以牙还牙，同刘氏皇室势力的几次较量都是如此。曹操还有强烈的复仇之心，其父曹嵩避乱琅玡，被徐州刺史陶谦的部下所杀，曹操立即率军东征血洗徐州，就是一个典型的例子。曹操不放过仇人，甚至连仇人的后代也不放过。曹操年轻时，沛国名士刘阳见他有雄才，怕他将来危害朝廷，打算将他除掉，但一直未能找到机会。不久刘阳死去。曹操显贵后，下令搜捕刘阳的儿子，风声很紧。刘阳的儿子十分惶恐，无处逃奔，亲戚朋友虽多，却没有一个敢收留他。王朗年轻时同刘阳有交情，于是把刘阳的儿子藏在家中多时，这期间多次找曹操说情，过了很长时间，曹操才赦免了刘阳的儿子。

曹操对违抗自己意旨甚至仅仅是不合自己心意的言行，往往也抱了不能容忍的态度，甚至予以严惩。西曹令史王思向曹操报告情况，因不合曹操心意，曹操差点将他处死。曹操有一次睡午觉，睡前对他的一个宠妾说："一会儿就叫醒我！"这个妾后来见曹操睡得很香，没有及时叫醒他。曹操醒后大为恼怒，命人将这个宠妾棒杀。在这方面，曹操做出的最不得人心的一件事就是杀华佗了。

华佗字元化，为一代名医，是曹操的同乡。精通内科、外科、妇产科、小儿科和针灸科,治愈过无数疑难病症,有不少带有传奇色彩的故事流传至今。比如,甘陵相夫人有孕六月,常腹痛不得安宁,请华佗诊治。华佗诊完脉说:"胎儿已经死了。"让人抚摸孕妇腹部,如胎儿在左边就是男胎,在右边就是女胎。抚摸的人说在左边。于是让孕妇服药,打下来的胎儿果呈男形,病也从此好了。

又比如,有一个叫严昕的人同几个人在酒店喝酒,遇见华佗,华佗问他:"你身体怎么样?"严昕回答:"同平常一样。"华佗说:"从你脸色看,你患有急病,不要多喝酒。"严昕喝完酒回家,没走上几里路,果然头一晕栽下车来。人们把他扶上车送回家,不久便死去了。

再比如,有一个郡守得了病,华佗认为只要他大怒一次病就能好,于是收了他很多钱却不给他治病,不一会儿抬起脚来走了,还留下一封信把他痛骂了一通。郡守勃然大怒,立即派人去追杀华佗,而郡守的儿子是知道底细的,暗中嘱咐不让去追。郡守大怒之后,吐出黑血数升,病立即好了。

诸如此类,不难看出华佗医术的高明和在当时的影响。曹操患有一种头风眩的病,多方诊治无效,听说华佗医术高明,便把他请来,华佗给他扎针,疼痛便止住了。华佗说:"这病一下子难以断根,要坚持长期治疗,这样是可以延长寿命的。"曹操便把华佗留在身边,一发病便让他医治。华佗不愿受曹操役使,加之离家久了,思念家人,便对曹操谎称:"刚才接到家中来信,有事要回去些日子。"曹操同意了。华佗回家后,逾期不归,曹操一再去信催促,又命郡守县令催逼,华佗都以妻子有病为由,不肯回来。曹操大怒,派人到华佗家察看,说如果华佗妻子确实有病,送给他小豆四十斛,假期宽限;如果华佗说的是假话,便把他抓来。就这样,华佗被抓到许都,关在牢中,经过审讯,华佗承认了实情。荀彧知道曹操不会放过华佗,便劝曹操说:"华佗的医术确实是很高明的,很多人靠他救命,还是把他赦免了好。"

曹操不答应，气狠狠地说："不用担心，难道天下就没有这样的鼠辈了吗？"

华佗终于在狱中被拷打致死。华佗临死前，拿出一卷医书给狱吏，说："这个拿去可以救活人命。"狱吏害怕，不敢接受，华佗也不勉强，用火把书烧了。

华佗死后，曹操的头痛病依然如故，他自然也想起了华佗，说："华佗是能治好我这个病的，但他把病根留着，想以此抬高自己的身价。我不杀掉他，他也是不会把我的病根去掉的。"

他怀疑华佗留了一手。但后来曹冲病重时，曹操后悔了，叹息说："我不该把华佗杀了，不然，我的儿子是不会枉死的！"

因恃才傲物或居功自傲，而把曹操得罪了的人，曹操大都不能宽容。陈留人边让，博学有辩才，曾著《章华台赋》传诵一时。大将军何进特予征召，蔡邕、孔融、王朗对他都非常推重。初平年间，京都大乱，边让弃官归家。曹操做兖州牧时，边让自负才气，看不起曹操，说了很多轻侮曹操的话。曹操不能容忍，于是借边让同乡诬陷边让的机会，让太守士燮把边让全家捕杀。

沛相袁忠和沛人桓邵也看不起曹操，边让被杀后，两人逃往交州避难，曹操却把他们的家人全杀了。后来桓邵自首，在曹操面前下跪求饶，曹操却恶狠狠地说："下跪就可以免死吗？"仍把桓邵推出杀了。

曹操迎献帝都许后，祢衡狂傲不驯，屡屡羞辱曹操，曹操将他送往刘表处，是想借他人之手把祢衡杀掉。孔融不把曹操放在眼里，横竖跟曹操过不去，崔琰耿直敢言，因杨训事被罚苦役后不服气，"对宾客虬须直视，若有所瞋"（《赐死崔琰令》），他们的被杀，除别的原因外，也有曹操在性格上不能相容的原因。

在孙权那里也有一个跟孔融性格类似的人,此人名叫虞翻。一次,孙权设宴招待群僚,亲自一一劝酒,劝到虞翻面前,虞翻却假装酒醉躺在地上。但孙权刚一离开,他又一翻身坐了起来。孙权大怒,拔出剑来要杀虞翻。在座的人莫不大惊失色,只有大司农刘基站了出来,一把将孙权抱住,劝他不要酒后杀人。孙权气冲冲地回答:"曹孟德尚且把孔文举杀了,我杀一个虞翻又算什么呢?"

刘基进一步劝说:"曹孟德动不动就杀害士人,遭到天下人的非议。大王施行道德仁义,要与尧、舜比一比高低,哪能去跟曹孟德比呢?"

孙权听了,顿时醒悟过来,虞翻也就没事了。但后来虞翻又一再得罪孙权,孙权终于不能容忍,把他远远地打发到交州去了。

从这件事看,曹操杀孔融在当时是产生了广泛的影响的,一些人把这件事看成是曹操轻害士人的恶例,对曹操表示了非议和不满。当然,曹操杀孔融不仅仅是一个性格冲突的问题,他是还有着政治上的深层考虑的。

据说有一个歌伎也是因类似的原因而被曹操杀掉的。这个歌伎声音很好,演唱起来清脆悦耳,特别动人,但就是脾气很坏。曹操想杀掉她,却又舍不得她的歌喉;想留下她,又实在忍受不了她的脾气。曹操于是想出一个办法:他同时挑选了一百名少女,进行歌唱训练,希望能从中发现高水平的人才。不久,果然发现其中有一人达到了这个歌伎的演唱水平,曹操于是将这个歌伎杀掉了。

因居功自傲得罪曹操而被杀的则有许攸、娄圭等人。许攸在官渡之战的关键时刻投归曹操,为曹操夺取官渡之战的胜利做出了重要贡献。此后,许攸自恃有功,常与曹操逗乐取笑,不加克制,甚至直呼曹操小名,说:"阿瞒,你没有我,你就得不到冀州了!"

曹操表面上笑着说:"你说得不错。"但内心对许攸气恼得不得了。曹操攻下邺城后,一天许攸随曹操出邺城东门,用眼睛瞟了一下曹操对身边的人说："这个人要不是得到我的帮助，就不能在这道门进进出出了！"

后来有人把这件事密告了曹操，曹操再也不能容忍，立即派人把许攸杀了。

娄圭字子伯，从小就同曹操有交情。董卓乱后，娄圭也拉起了一支队伍，先依附刘表，后投归曹操，曹操任他为大将，但不让他带兵打仗，而将他留在身边参谋军国大计，娄圭也的确给曹操出过不少主意。曹操厚待娄圭，娄圭家累千金，曹操感叹说："娄子伯比我还富有、快乐，只是势力不如我罢了！"

曹操西征马超，娄圭又立下不少功劳，曹操常感叹说："子伯的计谋，我比不上啊！"

但后来，曹操有一次同几个儿子出游，娄圭随同前往，对身边的人说了句："这一家父子老小，今天可算是高兴了！"有人密告了曹操，曹操认为娄圭内心里有诽谤的用意，于是下令将娄圭逮捕处死。（另一说：娄圭有一次与南郡习授同乘一车，见曹操出游，习授说："一家父子能像这样，有多快活呀！"娄圭听了，说："一个人活在世间，富贵快活应当自己去争取，哪能只是看着别人眼热呢！"习授去报告了曹操，曹操大概认为娄圭有不轨之意，就下令将娄圭杀了。）

在被杀的人中，还有因才能出众、聪明过人而招致忌恨、埋下祸根的人。前面提到的周不疑属于这种情况，还有其他一些人的死也跟这一点有关，其中特别突出的是杨修。《世说新语·捷悟》记载有几则杨修在曹操面前显露聪明而引得曹操不快的故事。

一则说，曹操担任丞相后，让工匠建造相国府的大门，刚造好一个门架子，曹操前来察看，却不置可否，只让人在门架上写了一个"活"字，然后就走了。大家都不知道这是什么意思，杨修看后，即让工匠将门架拆了另建,并解释说:"'门'中一个'活'字,就是'阔'字,丞相是嫌这个门架太大了。"

一则说,有人送给曹操一杯乳酪,曹操吃了一些,便在盖子上写了一个"合"字,拿给众人看,众人都不知道是什么意思。杯子传到杨修面前,杨修打开杯盖就吃了一口,说:"曹公写这个'合'字,是要我们一人吃一口,这还有什么可犹疑的呢?"

一则说,曹操曾从曹娥碑下路过,当时杨修也在场。(按:曹娥为会稽上虞人,年十四岁时,父溺死于江,不得尸,曹娥沿江号哭,昼夜不停,十七天后,投江而死。县长度尚悲悯其义,为她改葬立碑。后蔡邕到吴地避难,读碑文后,题了"黄绢幼妇外孙齑臼"八个字。曹操、杨修一生未曾南渡长江,此乃附会之谈。)曹操看见碑背上题有"黄绢幼妇外孙齑臼"八个字,就问杨修:"你知道它的意思吗?"杨修回答:"知道。"曹操忙说:"你不要说出来,等我想一想。"往前走了三十里,曹操才说:"我已经知道了。"于是让杨修将他所知道的答案另纸写下。杨修写的是:"'黄绢',就是有色的丝,合起来就是'绝'字。'幼妇'就是少女,'少'和'女'合起来就是'妙'字。'外孙'就是女儿的儿子,合起来就是'好'字。'齑臼'是用来捣辛辣的东西的,'受'和'辛'合起来就是'辤'(辞)字。这八个字所说的就是'绝妙好辞'。"

曹操记下的答案与杨修相同,但是在走了三十里路后才想出来的,于是感叹地对杨修说:"我不如你聪明,竟然相差了三十里!"

一则说,官渡之战前,曹操准备行装后还剩下数十斛竹片,都只有几寸长。大家都说没什么用了,准备烧掉。曹操觉得可惜,想看看能派上什么用场。想了一阵后,觉得可以用来做成盾牌。派人去问杨修,杨修应声而答,答案同曹操所想的相同。大家都非常佩服杨修的敏捷聪明。

此外，还有杨修预作答教的传说。说杨修有事外出，怕这段时间曹操有事要问，就揣度曹操心思，预先作好答教，按次序放好，吩咐侍从说："如果丞相有令传出，就按这个顺序一一回答。"过后曹操果然是按杨修估计的先后次序询问的。这样多次后，曹操奇怪杨修怎么回答得这样快，派人前去调查，终于得知了底细，从此开始忌恨杨修。还有杨修为曹植预作答教的传说，与此如出一辙，或两事本为一事，但看来杨修做过这样的事情是可以无疑的了。曹操在汉中将回师时，杨修过早破译"鸡肋"这个口令的含义，自然也是要引起曹操不快的。一再露才扬己，有时甚至达到肆无忌惮的地步，而且往往要让曹操为此付出"己不如人"的代价，终于使曹操不能再容忍，这不能不是杨修被杀的一个重要原因，虽然这并非唯一重要的原因。史称曹操"持法峻刻，诸将有计画胜出己者，随以法诛之，及故人旧怨，亦皆无余"，虽只是极而言之，看来也并不是毫无根据的。

总之，曹操因为忌刻而杀了不少人，杀了许多本来不应当杀，或本来可以不杀的人。杀人的手段也各式各样，有时是公开杀，有时是暗地杀，有时是借他人之手杀。杀人时，有时还痛哭流涕，但人照样得杀掉。人死后，有时还对死者家属表示一下慰问。杨修被杀后，曹操遇见其父杨彪，用关切的语气问："您怎么瘦得这么厉害呢？"

杨彪回答："我惭愧没有金日䃅那样的先见之明，但一样怀有老牛舐犊般的情爱。"

金日䃅是汉武帝的臣子，武帝喜欢他的两个儿子，经常逗弄玩耍。后来儿子逐渐长大，在殿下与宫女相戏，刚好被金日䃅撞见。金日䃅认为这是淫乱，不能容忍，于是亲手将儿子杀死。杨彪在这里用以自责，同时也表明了自己的爱子之情。曹操不由得受到了触动。事后，曹操给杨彪写了一封信：

操白：与足下同海内大义，足下不遗，以贤子见辅。比中国虽靖，方外未夷，今军征事大，百姓骚扰。吾制钟鼓之音，主簿宜守。而足下贤子，恃豪父之势，每不与吾同怀，即欲直绳，顾颇恨恨。谓其能改，遂转宽舒，复即宥贷，将延足下尊门大累，便令刑之。念卿父息之情，同此悼楚，亦未必非幸也。今赠足下锦裘二领，八节银角桃杖一枚，青氊床褥三具，官绢五百匹，钱六十万，画轮四望通幰七香车一乘，青犊牛二头，八百里骅骝马一匹，赤戎金装鞍辔十副，铃钺一具，驱使二人，并遗足下贵室错彩罗縠裘一领，织成靴一量，有心青衣二人，长奉左右。所奉虽薄，以表吾意。足下便当慨然承纳，不致往返。（《与太尉杨彪书》）

杨彪收到来信和礼物后，给曹操回了一封信，其中写道：

恒虑小儿，心致倾败。足下恩恕，延罪迄今。近闻问之日，心肠酷裂，凡人情谁能不尔。深惟其失，用以自释。所惠马及杂物，自非亲旧，孰能至斯。省览众赐，益以悲惧。（《答曹公书》）

曹操在信中，一面对杨彪表示慰问，一面为自己开脱责任，说杨修之死是由于杨修依仗父亲的权势，不遵守军令（钟鼓之音），不同他一条心造成的。说如果不这么办，将牵连杨彪一家，下令处决杨修，虽使大家都感到悲伤，但未必不是一件幸运的事情。不仅把责任一股脑儿都推给了杨修，而且还显得是在为杨彪一家的利益考虑。可以认为曹操所表达的情感是真诚的，但这是站在他的立场所表露出来的情感，而他在这个问题上的立场不是没有问题的。不过曹操所赠送的礼物可算得上是丰厚的，如果不是杨家曾经四代为太尉，如果不是杨彪这时已经七十八岁,在当时毕竟算得上是德高望重,且暮年丧子,毕竟有可悯之处,恐怕曹操是不会这么大方的,或者根本就不可能会有写信赠物的举措的。杨彪信中说:"自非亲旧,孰能至斯",是指出了这点的。但是,杀了人又这么赠厚礼,致慰问,总不免给人以假惺惺之感,而对死者家属的心灵,也不免要造成一种特别的折磨,杨彪信中说"省览众赐,益以悲惧",也是表明了这一点的。

三 "佻易无威重"

曹操严刑峻法,说一不二,自然是极谨重威严的。但在日常生活中,他也有"佻易无威重",亦即举止轻佻、并不庄重的时候。还在小时,曹操就放纵任性,不大注意对儒家经典和道德礼仪的学习。此后,他仍是顺乎自然,洒脱不羁,行动上有时相当狂放浪漫。他常常穿着薄绢做的衣服,腰间挂着一个皮制的小腰包,用来装手巾之类的零碎物件。有时戴着用丝绸裁制的便帽会见宾客。与人交谈时,常常肆意调笑,无所隐避,有时喜极大笑,忘乎所以,弯下腰把头埋进了桌上的杯盘之中,弄得头巾上都沾满了菜肴汤水。这种肆意调笑的个性,从其《追称丁幼阳令》一文也不难看出:

昔吾同县有丁幼阳者,其人衣冠良士,又学问材器,吾爱之。后以忧恚得狂病,即差愈,往来故当共宿止。吾常遣归,谓之曰:"昔狂病,倘发作持兵刃,我畏汝。"俱共大笑,辄遣不与共宿。

丁幼阳即丁冲,曹操的同乡好友,曾劝曹操迎献帝都许,曹操后来任他为司隶校尉,经常在一起饮宴谈论,开玩笑肯定是很随便的。曹操的另一个同乡丁斐,因私换官牛被罢了官,曹操后来见到他,故意问道:"文侯,你的印绶到哪儿去了?"丁斐也知道曹操是在戏谑他,于是回答:"拿去换大饼吃了。"曹操听后,哈哈大笑,也属此类。

曹操喜欢听音乐,有时一听就是一整天,奏乐演伎的人就站在身旁,看得高兴了,忘情失态是不可避免的。从与杨修有关的几则传说来看,曹操还喜欢猜谜,在门架上写"活"字以表示"阔",在装乳酪的杯子上写"合"字表示"一人一口",都属于字谜之类的玩艺。曹操为了争取在孙策手下任职的东莱人太史慈,派人给他送去一个小箱子,里面只装了一味中药当归,意思是太史慈应当返回北方,采取这样一种比写信直说更为稳妥的方式,既反映了曹操的机智,同时也是在一定程度上反映了他机趣诙谐性格作风的。

曹操这种性格作风浸润于他的文风,从而在巉刻冷峻之外别开生面,形成了一种机巧可喜的谐趣。前引《追称丁幼阳令》中一句半真半假的开心话,给全文平添出不少生趣。又如《祀故太尉桥玄文》:

> 故太尉桥公,诞敷明德,泛爱博容。国念明训,士思令谟。灵幽体翳,邈哉晞矣!吾以幼年逮升堂室,特以顽鄙之姿,为大君子所纳。增荣益观,皆由奖助,犹仲尼称不如颜渊,李生之厚叹贾复。士死知己,怀此无忘。又承从容约誓之言:"殂逝之后,路有经由,不以斗酒只鸡过相沃酹,车过三步,腹痛勿怪。"虽临时戏笑之言,非至亲之笃好,胡肯为此辞乎?匪谓灵忿,能诒己疾,旧怀惟顾,念之凄怆。奉命东征,屯次乡里,北望贵土,乃心陵墓。裁致薄奠,公其尚飨!

祭文追颂桥玄功德,在庄重典雅的铺叙中忽然插入了桥玄生前从容不迫地与他约定的一段话:"我死之后,你路过我的墓旁,要是不用一斗酒、一只鸡来祭奠,车过三步,别怪我让你肚子疼。"不仅写出了桥玄生前平易风趣的个性,写出了老少两人亲密无间的友谊,同时也为典雅凝重的文风涂上了一抹谐趣色彩,给人以亦庄亦谐、隽妙机巧之感。"斗酒只鸡""从容约誓"后来还成为典故,被文人们一再运用。如萧纲《征君何子晳先生墓志铭》:"寂寥岩穴,荒凉渭滨;桥曰只鸡,徐称酹素。"苏轼《纵笔三首》其三:"明日东家当祭灶,只鸡斗酒定膰吾。"《董储郎中尝知眉州,与先人游,过安丘,访其故居,见其子希甫,留诗屋壁》:"只鸡敢忘桥公语,下马来寻董相坟。"《谢贾朝奉启》:"过而下马,空瞻董相之陵;酹以只鸡,谁副桥公之约。"蒲松龄《祭内弟刘子壮文》:"某情虽无尽,力则有穷,仅以只鸡斗酒,浇诸殡宫。"赵翼《桥公墓》:"生有只鸡留戏笑,死犹两女嫁英雄。"等等。

  曹操不仅在记录生活细事上运用了调侃诙谐的笔墨,一些内容严峻的公文也是这样,不过表现较为含蓄,含义更加丰富,意蕴更加深刻,读来也更耐人寻味。如《整齐风俗令》连举了四个"以白为黑"的例子:"直不疑无兄,世人谓之盗嫂;第五伯鱼三娶孤女,谓之挝妇翁;王凤擅权,谷永比之申伯;王商忠议,张匡谓之左道。"由于所举的都是远离事实、大悖情理的典型例子,因而给人留下了强烈的荒诞不经、滑稽可笑之感。其中饱含着曹操讥刺仇恨的情感意味,是能于严冷中见出风趣的文字。

  对严肃问题的处理,曹操有时也以轻松幽默的口吻出之。如《止省东曹令》:"日出于东,月盛于东,凡人言方,亦复先东,何以省东曹?"笔调轻灵,语态潇洒,婉蓄机趣,别出心裁,富于喜剧色彩和生活情趣。坚定的原则性贯注于字里行间,虽戏谑调笑而不流于放浪浮滑,实属亦庄亦谐、寓庄于谐的佳作。

《手书与阎行》敦促阎行脱离韩遂,前来归附,否则其做人质的父亲有性命之虞,说:"卿父谏议,自平安也。虽然,牢狱之中,非养亲之处,且又官家亦不能久为人养老也。"《为张范下令》规劝张范勿学名士邴原的清高脱俗,早日应聘出仕,说:"吾恐造之者富,随之者贫也。"都是用微婉隽妙的语言,道出威胁与规讽用意的例子,读后也足可令人解颐。

常说有其人必有其文,观其文即可知其人,曹操的情况正是这样。我们从曹操或寓庄于谐、或寓谐于庄、不期然地呈现出一种滑稽美的文字中,是可以隐约窥见曹操的音容笑貌、潇洒气度和狡狯性格的。这种特色的形成固然跟曹操高度的文化修养和能够敏锐而深刻地感受、认识事物的能力有关,同时跟曹操幽默、风趣、洒脱、诡谲、机敏、开朗、达观、自信等个性也有着直接的关联。

曹操这种"佻易无威重"的个性,对他的孩子也产生了很大影响。建安二十二年(217)春王粲去世,曹丕带着众文士去送葬。葬毕,曹丕对众文士说:"仲宣生前喜欢听驴叫,我们大家学一声驴叫送送他。"于是在场的人都学了一声驴叫。在这里,曹丕丝毫也没有一个五官中郎将、副丞相应有的矜重。建安十三年(208),曹操攻下荆州,邯郸淳归附曹操,曹操让他去见曹植,曹植十分高兴。当时天气较热,曹植请邯郸淳入座后,不先交谈,而是让人取水来,自己先洗了个澡,扑上粉,然后披散头发,袒胸露臂,给邯郸淳表演"胡舞五椎锻",接着"跳丸击剑,诵俳优小说数千言",最后才穿戴好衣帽,整理好仪容,同邯郸淳纵论古今,畅谈百家。从这里不难看出,曹植也是具有放荡不羁的个性的。

曹操自己"佻易无威重",因此对具有类似个性的部属有时也能抱了宽容的态度。郭嘉行为不大检点,陈群看不惯,多次当着大家的面指责郭嘉,郭嘉无所谓,仍依然故我。曹操因此反倒更加器重郭嘉。但因陈群能够持正,曹操也很喜欢他,对两种行为、个性采取了兼容并包的态度。

自武帝以来,由于统治者鼓吹封建的纲常礼教,因而在上下、父子、男女之间形成了一套繁文缛节,甚至连穿衣戴帽、肤发修饰都有一套规定。在这种礼法的束缚下,一般儒生规行矩步,不敢越出雷池半步。曹操"佻易无威重",脱尽了两汉士人矜重虚矫的习气,是对封建纲常礼教的蔑视,是对虚假迂腐的道德观念的背叛,带有思想解放的性质。这对曹操搞好同部属之间的情感沟通,彼此建立起一种比较和谐、真诚、轻松的关系,是有积极的推动作用的。同时,对魏晋南北朝时期无视礼教的放诞之风,也起了开先路的作用。

四　崇尚节俭

曹操在《度关山》诗中说:"侈恶之大,俭为共德。"认为奢侈是最大的罪恶,俭朴是公认的美德。这决不仅仅是说说而已,而是曹操一生一贯奉行的准则,在历代著名政治家中,在厉行节俭方面,曹操是做得特别出色的人之一。

曹操不讲究吃,魏明帝曹睿即位后,尚书卫觊在上表中说过"武皇帝之时,后宫食不过一肉"这样的话,由此不难推知当时的一般情况。曹操不讲究穿,明令不准家人和宫女穿有刺绣的衣服,侍女下人的鞋子丝料不得用两种颜色。其《内诫令》说:

> 吏民多制文绣之服,履丝不得过绛紫金黄丝织履。前于江陵得杂彩丝履,以与家,约当著尽此履,不得效作也。

绛（朱红）、紫、金黄在古代是表示尊贵的颜色，曹操规定丝织的鞋子不能用上述几种颜色。在江陵得到的各种花色的丝鞋，大概是南征荆州的战利品，带回北方分给了家人，但约定穿完后不准再仿制。曹操自己则不仅穿朴素的衣服，还常穿有补疤的衣服。他在《内诫令》中说：

> 吾衣被皆十岁也，岁岁解浣补纳之耳。

衣服和被子都已经使用了十年，年年拆洗缝补一下接着用。汉末王公，多不穿王服，而以头上裹一幅丝巾为高雅。曹操因为丝绸缺乏，便仿照古代一种帽子的样式，用丝绸裁制成一种便帽，以合于简易随时之义，唯以不同的颜色来区别贵贱。被子、床褥这些东西，曹操只讲究暖和，四周没有任何刺绣修饰。帷帐屏风，坏了缝补一下再用，不轻易置换新的。所用的器物也都不讲求华美，不涂彩色油漆。其《内诫令》说：

> 孤不好鲜饰严具，所用杂新皮韦笥，以黄韦缘中。遇乱无韦笥，乃作方竹严具，以帛衣之，粗布作里，此孤之平常所用也。

"严具"即箱子，主要用来盛放梳篦、毛刷等日常生活用具。曹操明确表示不喜欢装饰鲜艳的箱子，原来所用的是旧皮掺杂新皮制作的皮箱，用黄皮镶在中间。后来因为碰上乱世，连这样的皮箱也没有了，就改用方形竹箱，用黑皮罩在外面，用粗布衬在里面，同时加上漆，他觉得这样也很漂亮，这大概就是一种"朴素美"吧。《内诫令》又说：

> 孤有逆气病,常储水卧头。以铜器盛,臭恶,前以银作小方器。人不解,谓孤喜银物,令以木作。

逆气病是一种气往上冲而引起头疼的病,大概就是华佗给他针灸过的头风病。发病时为缓解病痛,曹操常要准备一盆水浸头。用铜器盛水,水放久了有铜臭气。后改用银制成的小方器,但怕人们不理解,说他喜欢银制品,因此干脆改用木器盛水。不难看出曹操在带头俭朴这个问题上是如何处处小心。曹操所用的器物,遗留后世,曾有见之者,确实是相当普通的。西晋陆云曾给其兄陆机写过一封信,信中说:

> 一日案行,并视曹公器物床荐席具、寒夏被七枚,介帻如吴帻,平天冠、远游冠具在。严器方七八寸,高四寸余,中无鬲(隔),如吴小人严具状。刷腻处尚可识。梳枇(篦)、剔齿、纤绽(线)皆在。拭目黄絮二在,垢黑,目泪所沾涔。手衣、卧笼、挽蒲、棋局、书箱亦在。奏案大小五枚,书车又作歧案(一作"欹枕"),以卧视书。扇如吴扇,要(腰)扇亦在。书箱,想兄识彦高书箱,甚似之。笔亦如吴笔,砚亦尔。书刀五枚,琉璃笔一枝,所希闻,景初三年七月,刘婕好析之。见此期复使人怅然有感处。器物皆素。(陆云《与兄平原书》其一)

"如吴小人",即所用同吴国普通人所用的差不多。又说"器物皆素",即都不华丽,可见曹操所说的、所用的,都并没有欺人耳目,他过的确实是颇为俭朴的日子。

曹操还不准家里薰香。其《内诫令》说:

>　昔天下初定，吾便禁家内不得香薰。后诸女配国家为其香，因此得烧香。吾不好烧香，恨不遂所禁，今复禁不得烧香，其以香藏衣着身亦不得。
>
>　房室不洁，听得烧枫胶及蕙草。

"天下初定"，当指平定河北之后。从那时起，曹操就不准家中薰香。后因三个女儿嫁给献帝，为她们薰香，因此破了例。曹操于是再次禁止烧香，即使是把香放在衣内或带在身上也不允许。如果房内不清洁，可以烧枫树脂和蕙草。可见曹操为了俭朴，考虑得是非常周到的。

曹操的三个女儿嫁给献帝，这是一件大事，但曹操对嫁娶时的奢侈之风深为不满，因此女儿出嫁时，用的帷帐都是黑色的，随从的婢女不过十人。

曹操认为，厚葬是毫无意义的，因此他为自己预先准备的送终的衣服，不过四箱而已，春夏秋冬一个季节一箱，盼咐临终时给穿上当时季节所穿的衣服。又预先为自己选定了瘠薄的地方作为墓址，要求埋葬后不堆土，不植树，不用金玉珠宝铜铁之类的物品陪葬。曹植在《武帝诔》中说曹操生前"敦俭尚古，不玩珠玉，以身先下，民以纯朴"，又说曹操安葬时"明器（古代用土、木或陶土专为随葬制作的器物）无饰，陶素是嘉"，这是反映了实际情况的。

在其他方面，曹操也是能节约就节约，绝不铺张浪费。曹丕即位后，散骑常侍高堂隆在上表中说曹操在世时"不饰无用之宫，绝浮华之费"，就表明了这一点。《世说新语·捷悟》所载曹操在官渡之战前为剩下的数斛只有几寸长的竹片考虑用处的故事，也说明他是不肯轻易地浪费掉一点来之不易的物资的。

曹操奉行节俭,因而也就不贪恋财物,不积聚私产。攻城略地所缴获的财物,全都用来赏赐给有功的将士;四方贡献,也都与部属分享。

        曹操提倡节俭,先从自己和家人做起,并为此做了不少硬性规定,这些规定是得到严格执行的。一次,曹植的妻子违令穿了锦绣衣服,恰巧被在铜雀台上的曹操看见了,立即下令让植妻回家自杀,这虽然做得太过分、太残忍,但也可看出曹操提倡节俭态度的坚决。推而广之,曹操还把是否节俭作为选拔官吏的条件,作为衡量一个官吏品质好坏的标准。毛玠等人认真执行了这一标准,一时间在朝野形成了俭朴节约的风气,并形成廉政的新风。在这方面甚至还有做得过头的地方,比如只要一穿新衣、坐好车就被说成不廉洁,反之就被说成廉洁,只从表面现象看问题,以致被一些弄虚作假的人钻空子,但不难看出曹操提倡节俭收到了切实的效果。对确实不廉洁的人,曹操总是认真做出处理,比如同乡好友丁斐因私自调换官牛一度被撤职,曾为曹操上表捏造孔融罪名的路粹违禁以低价买驴被处死,决不徇私枉法,这反过来又维护了廉政,维护了俭朴节约的良好社会风气。

        曹操崇尚节俭,提倡节俭,一方面由于当时社会生产遭受严重破坏,物资匮乏,为了保证军国最基本的物质需要,为了维持人民的最低生活水平,必须勤俭节约,不能铺张浪费;另一方面也是将这作为立国之本来考虑的。《度关山》诗说:"舜漆食器,畔者十国。"曹操是将奢侈提到了会导致亡国的高度来认识的。《韩非子·十过》载秦穆公问由余:"愿闻古之明主得国失国何常以?"由余回答:"臣尝得闻之矣,常以俭得之,以奢失之。"曹操是记住了这一教诲的。曹操明白,他要统一中国,夺取天下,必须勤俭不可;夺取天下后将来要保住天下,也必须勤俭不可。因此,他从我做起,从现在做起,可以说是用心良苦的。这说明,曹操称得上是一个眼光远大、励精图治的政治家，他奉行节俭，有时甚至到了有些过分的地步，这决不是为了沽名钓誉，也不是一时权宜之计，而是有着长远的战略考虑的。

东汉以来，上层社会盛行奢侈靡费之风。王符在其《潜夫论·浮侈篇》中说：

> 今京师贵戚，衣服、饮食、车舆、文饰、庐舍，皆过王制，僭上甚矣。从奴仆妾，皆服葛子升越，筩中女布，细致绮縠，冰纨锦绣。犀象珠玉，虎魄玳瑁，石山隐饰，金银错镂，獐麂履舄，文组彩缥，骄奢僭主，转相夸诧，箕子所晞，今在仆妾。富贵嫁娶，车軿各十，骑奴侍僮，夹毂节引。富者竞欲相过，贫者耻不逮及。是故一飨之所费，破终身之本业。

在谈到厚葬之风时，又说：

> 其后京师贵戚，必欲江南檽梓豫章梗柟；边远下土，亦竞相做效。夫檽梓豫章，所出殊远，又乃生于深山穷谷，经历山岑，立千步之高，百丈之溪，倾倚险阻，崎岖不便，求之连日然后见之，伐斫连月然后讫，会众然后能动担，牛列然后能致水，油渍入海，连淮逆河，行数千里，然后到雒。工匠雕治，积累日月，计一棺之成，功将千万。夫既其终用，重且万斤，非大众不能举，非大车不能挽。东至乐浪，西至敦煌，万里之中，相竞用之。此之费功伤农，可为痛心！……今京师贵戚，郡县豪家，生不极养，死乃崇丧。或至刻金镂玉，檽梓梗柟，良田造茔，黄壤致藏，多埋珍宝偶人车马，造起大冢，广种松柏，庐舍祠堂，崇侈上僭。宠臣贵戚，州郡世家，每有丧葬，都官属县，各当遣吏赍奉，车马帷帐，贷假待客之具，竞为华观。

不难看出，当时的侈靡之风已经到了骇人听闻的地步。到了建安时期，这种侈靡之风也并未完全消歇，四世三公的袁氏一家，衣食车马就是非常豪奢的。曹操在这种背景下提倡节俭，并且身体力行，从而带出一代新风，其意义是重大的。

当然，作为一个地主阶级的政治家，是不可能充分抑制其口腹之欲、声色之娱的。今存曹操《四时食制》一文，从中不难看出曹操对饮食有时还是相当讲究的。所使用的器物，有时也比较讲究，崔豹《古今注》卷下就有"魏武帝以马勒、车渠石为酒椀"的记载。曹操将自己的"霸府"定在邺城后，在当时的人力物力并不宽裕的情况下，仍在邺城兴建了一些建筑，有的就不一定是非常必要的，至少在规模上有的是可以做些控制的。比如铜雀台高十丈，有屋一百二十间，金虎台高八丈，有屋一百零九间，就多少带有靡费的性质。此外，有的禁奢的措施也未必都贯彻得那么彻底，比如曹操严禁薰香，但在他临终前所作的《遗令》中，又有"余香可分与诸夫人"一语，可见后来他还是用了香的。这一点还引起了后人的诟病，唐人陆龟蒙就曾在《邺宫词》中嘲讽说："魏武平生不好香，枫胶蕙炷洁宫房。可知遗令非前事，却有余薰在绣囊。"不过总的说来，曹操在节俭问题上能够做到这一步已经很不容易，是不可轻易加以抹煞的。

可惜的是，曹操提倡节俭，对其子孙的影响却是短暂的、有限的。魏文帝曹丕已开奢侈之风，至魏明帝曹叡更是变本加厉。曹叡大修洛阳宫室，在芳林园中修筑水池，广选宫女，恣意玩乐，同时赏赐无度，以致库藏空竭。大臣杨阜、高堂隆等一再谏阻，收效甚微。既无治国安民的雄才大略，也不知道谨身守成，终于很快导致大权旁落、国运衰亡，这大概是曹操所始料不及的。

五　喜好女色

　　曹操其人，是颇喜欢女色的。年轻时，他同袁绍一起持刀劫人新妇，已在这方面露出端倪；待到后来地位高了，更是乐此不疲。曹操有姓氏的妻妾即达十五人之多，实际人数肯定还不止这些。古代帝王奉行妻妾制，像曹操这样地位显赫的人，妻妾成群本是不足怪的。值得注意的是其中有的本是有夫之妇，曹操因为爱其美色而想方设法将其攫取到手。这种情况见于记载的有杜夫人和尹夫人。曹操纳杜夫人的记载，并见于《三国志·魏书·明帝纪》裴注引《献帝传》和《三国志·蜀书·关羽传》裴注引《蜀记》。《献帝传》说：

　　　　（秦）朗父名宜禄，为吕布使诣袁术，术妻以汉宗室女。其前妻杜氏留下邳。布之被围，关羽屡请于太祖，求以杜氏为妻。太祖疑其有色，及城陷，太祖见之，乃自纳之。

《蜀记》说：

　　　　曹公与刘备围吕布于下邳，关羽启公，布使秦宜禄行求救，乞娶其妻。公许之。临破，又屡启于公。公疑其有异色，先遣迎看，因自留之，羽心不自安。

　　"朗"指秦朗，魏明帝时曾任骁骑将军之职。其父名宜禄，为吕布部属。曹操会同刘备进围下邳时，秦宜禄不在城中，关羽于是向曹操请求，破城后允许他娶秦宜禄的妻子杜氏。城临破前，关羽又一再向曹操请求,曹操于是怀疑杜氏有美色,城破后,先派人前往察看,得到证实后,于是将关羽的请求撇在一边,将杜氏攫为己有。关于宜禄的去向,《献帝传》所载与《蜀记》略有不同,《献帝传》说宜禄为吕布出使袁术,但具体使命没有说明;《蜀记》说宜禄是去为吕布求救兵,但向谁去求没有说明。吕布同袁术曾经搞过联合,去向袁术求救是可能的,袁术为了拉拢人才,将宜禄留住,不顾他已有妻室的情况,另为他娶一位汉宗室女也是可能的。对于本文所要论述的问题来说,这是无关宏旨的,但为了辨明史料的可靠性,适当花些笔墨还是必要的。此事《华阳国志》卷六《刘先主志》也有记载,说:"时秦宜禄为布求救于张杨,羽启公,妻无子,下城,乞纳宜禄妻。"向谁求救说法与《献帝传》不同,关羽为什么求娶杜氏的动机却交代明白了。有论者认为,《蜀记》中的"求救"是"求降"的意思,即吕布在围城中派秦宜禄出城来向曹操求降;"乞娶其妻"是关羽向曹操转达的秦宜禄的请求,即宜禄请求把自己的妻小从城中接出来,"娶"即"取"的意思,二字通假;这样,"乞娶其妻"的就不是关羽了,就与《三国志》的记载和关羽一生的名节相符了,因为《三国志》中没有一处提及关羽"好色",而且"好色"也与关羽一生名节不符。其实,这样疏解岂不说完全置《献帝传》和《华阳国志》的记载于不顾,是很不恰当的,即使就《蜀记》的记载而言,也极难于自圆其说。首先,将"求救"释为"求降"不妥;其次,秦宜禄不可能将"取其妻"说成"娶"其妻,在城未破之前,也不可能"屡启于公";再次,秦宜禄要求接回自己的妻子,乃情理中事,曹操不可能因此而疑及其妻"有异色"。至于关羽"乞娶其妻"是否有伤名节的问题,看了《华阳国志》的记载也就不成其为问题了。关羽因其妻无子而求再娶,再娶时考虑了是否美貌的问题,而杜氏长相不错,符合他的要求,因此要求娶杜氏,这没有什么不正常,谈不上是什么"好色"。关羽也是人,也有七情六欲,后来关羽一再被理想化和神化,他的正常欲望因而也就变得不可理解了。我们还是应当按《蜀记》的本来面目来认识这件事情的意义,其意义就是:曹操因为好色,竟可置他十分爱重的一员大将的一再请求于不顾,夺他人之爱为己爱。(关羽因此而"心不自安",肯定感到了不愉快。但他没有因此而同曹操闹翻,也说明了在他心中并没有将一个女人放在特别重要的位置。)

据《献帝传》载,后来秦宜禄也投降了曹操,曹操任命他为铚长。后来刘备逃离曹操去小沛,张飞在经过铚县时对秦宜禄说:"别人把你的老婆都抢走了,你还给他当这个县长,你怎么老实到了这个分上呢?干脆同我们一起走吧!"秦宜禄听了张飞的话,跟着一起走了。才走出几里路,突然又后悔了,想回来,结果被张飞一刀砍死。秦朗则随其母来到曹操宫中,做了曹操的养子。

曹操纳尹夫人的记载,见于《三国·魏书·曹爽传》裴注引《魏略》。尹氏本为大将军何进的儿媳妇,生何晏,曹操做司空时,把她弄来做了自己夫人,并收养了何晏。这件事发生在攫夺杜氏之后。

曹操喜好女色,还曾为此闹出大乱子。他南征张绣,张绣降,后因纳张济妻,张绣复反,儿子曹昂和侄子安民被杀,猛将典韦战死,自己右臂也受了伤,便是其中一个突出的例子。

传说曹操还曾同曹丕争夺美女。曹丕妻子甄氏,原是袁绍中子袁熙之妻,袁熙出守幽州,将甄氏留在邺城侍奉婆婆。曹操攻破邺城,曹丕进入袁绍家中,见甄氏美,便攫为己有,先为夫人,后被立为皇后。曹丕攫夺甄氏的经过,《三国志·魏书·后妃传》裴注引《魏略》和《世语》分别有如下记载:

熙出在幽州,后留侍姑。及邺城破,绍妻及后共坐皇堂上。文帝入绍舍,见绍妻及后,后怖,以头伏姑膝上,绍妻两手自搏。文帝谓曰:"刘夫人云何如此?令新妇举头!"姑乃捧后令仰,文帝就视,见其颜色非凡,称叹之。太祖闻其意,遂为迎取。

太祖下邺,文帝先入袁尚府,有妇人被发垢面,垂涕立绍妻刘后,文帝问之,刘答"是熙妻",顾揽发髻,以巾拭面,姿貌绝伦。既过,刘谓后"不忧死矣"!遂见纳,有宠。

据此记载,曹丕纳甄氏,还是得到了曹操的首肯和支持的。但《世说新语·惑溺》却有与此相抵牾的记载:

魏甄后惠而有色,先为袁熙妻,甚获宠。曹公之屠邺也,令疾召甄,左右曰:"五官中郎已将去。"公曰:"今年破贼,正为奴。"

据此,则曹操本来是要纳甄氏的,破邺后,迫不及待地就派人去取甄氏,谁知却被曹丕抢了先。这个记载不一定可靠,但因曹操好色,有过不止一次掠取有夫之妇的行为,因此即使是出于附会,也是"查无实据,事出有因"的。

后来有了更加不着边际的附会,据《三国志·吴书·周瑜传》,孙策准备攻取荆州,便让周瑜担任中护军,兼任江夏太守。周瑜随从孙策攻破皖城,得到桥公的两个女儿,都具有天姿国色,于是孙策娶了大桥,周瑜娶了小桥。"桥",后人讹作"乔",称"二乔"。杜牧《赤壁》诗云:"东风不与周郎便,铜雀春深锁二乔。"意思是说,在赤壁之战中,如果周瑜不是借助东风火攻成功,一举打败了曹操,二乔就要被曹操抢去关在铜雀台内供他玩乐了。其实,赤壁之战发生在建安十三年(208),而铜雀台建于建安十五年(210),曹操即使抢到了二乔，暂时也是不可能把她们关进铜雀台中去的。后来《三国演义》写到诸葛亮游说东吴时，曾称曹植所作《铜雀台赋》中有"揽二乔于东南兮，乐朝夕之与共"两句，以此来激怒周瑜，自然也属小说家的虚构。但这些说法，都是从曹操好色的性格特征生发出来的，同样包含着"查无实据，事出有因"的因素。

曹操的妻子卞氏，出身歌舞艺人，因有美色而被曹操迎娶，后来还被立为王后。曹操身边有大批歌舞艺人，可以肯定其中有不少人是以美色入选的，有不少是得到了曹操的爱幸的。曹操身边有美色的宫人自也不少。《世说新语·贤媛》载：

> 魏武帝崩，文帝悉取武帝宫人自侍。及帝病困，卞后出看疾。太后入户，见直侍并是昔日所爱幸者。太后问："何时来邪？"云："正伏魄时过。"因不复前而叹曰："狗鼠不食汝余，死故应尔。"至山陵，亦竟不临。

曹操刚死，曹丕就将原来侍奉曹操的宫人取来自侍，这一方面说明曹丕的伦理观念实在过于淡薄，另一方面也说明这些宫人的美貌肯定是相当突出的，不然曹丕是不可能"冒险"干出这种悖伦的事来的。不过这件事干得过于出格，以致激起了卞后的强烈不满，不仅不肯再去看曹丕的病，连曹丕后来死去，也不肯再露面了。

曹操喜好女色，对其子孙是有影响的。不仅曹丕喜好女色，曹植在这方面似乎也不会十分老实，传说他也是曾参与了对于甄氏的争夺的。萧统《文选》卷十九曹植《洛神赋》李善注引《记》说："魏东阿王汉末求甄逸女，既不遂，太祖回与五官中郎将，植殊不平，昼思夜想，废寝与食。"接着说，后来甄后被郭后谗死，曹丕也有些后悔，他知道曹植怀念甄后，便将甄后用过的玉镂金带枕送给了曹植。曹植回藩国,在渡洛水时,甄后突然现身同他相见,曹植因此作了《感甄赋》,后明帝见之,改为《洛神赋》。此事后来成了一桩文坛公案,同时也成为一段文坛佳话,既莫衷一是,聚讼不已,又不断作为吟咏的题材出现在骚人墨客笔下。可见曹氏父子,一门风流,前人是有目共睹的。

曹操喜好女色,虽然这在封建社会的上层人物中绝非个别现象,但无论如何不能说是一种美德。他讲求歌舞美色的享受,这在一定程度上也是同他倡导节俭的精神相违背的。不过,从中也仍可发现一些值得注意的东西。比如,他不拒绝有夫之妇,可见在他内心贞操观念是非常淡薄的。对于妇女的贞操观念,两汉时期虽不如宋代理学大兴之后那么极端,但自武帝独尊儒术之后也是逐步趋于讲究的。曹操对此无所拘忌,也从一个侧面反映了他敢于破除旧思想、旧传统的精神。又比如,曹操追求世俗的享受,甚至无所避讳,这也反映了他洒脱不羁的性格,这同两汉那些虚伪矫饰的礼法之士相比是迥异其趣的,也是对汉代正统道德观念的一种蔑视和背弃。更重要的是,对从战争中和从社会下层掠取来的女性,曹操并不以她们的地位卑贱为嫌,只要他觉得满意,就可以让她们做夫人,甚至被立为王后。卞氏出身歌舞艺人,后来被立为王后,这对曹丕、曹睿都有影响。曹丕即位后,将甄氏立为皇后,甄氏死后,又立郭后,郭后的出身也并不高贵,她因父母早死,在丧乱中还曾沦为铜鞮侯家女奴,在立她为后前中郎栈潜曾上疏反对,疏中有"因爱登后,使贱人暴贵"之语,但曹丕还是按自己的意愿立了郭后。曹睿即位后,立毛后,毛后的父亲毛嘉本为典虞车工,后来才发起来的。曹睿最初娶虞氏,虞氏曾说过一句话:"曹氏自好立贱。"《三国志·魏书·后妃传》裴注引孙盛语也说:"魏自武王,暨于烈祖,三后之升,起自幽贱。"说的都是事实。帝王的婚姻往往都是带有政治色彩的,联姻的对象往往都是有势力的人家，但曹操却开了一个"立贱"的先例，这也算是对传统的一种反叛吧。当然，这里面很可能也包含着一种政治上的考虑。东汉以来，多次出现外戚专权的局面，每当皇帝幼弱、母后临朝听政时，外戚更是跋扈一时，弄得朝政日非，最后又都不免归于败亡。为了避免重蹈覆辙，防止大权旁落后家，因此曹氏采取了"立贱"的方略。这一用意，曹丕在黄初三年（222）九月所下的诏书中表露得十分明白：

> 夫妇人与政，乱之本也。自今以后，群臣不得奏事太后，后族之家不得当辅政之任，又不得横受茅土之爵；以此诏传后世，若有背违，天下共诛之。（《三国志》卷二《文帝纪》）

虽说"妇人与政，乱之本也"的说法绝对属偏见，但鉴于东汉的历史教训，采取一些必要的防范措施还是必要的。从这个角度说，曹操首开"立贱"之例，未始没有一定的意义。

第二十五章 一个多才多艺的人

一 一代诗史

在中国古代的政治家和军事家中,曹操是一个少有的多才多艺的人物,而其对于文学的造诣和建树尤深尤大。曹操不仅以一代雄主的身份奖掖文学,自身也有赫然可观的创作成绩,从而开辟出了一个文学新时代,在封建社会中堪称独步。如果说秦皇、汉武、唐宗、宋祖比起曹操来"略输文采""稍逊风骚",那是并不过分的。

曹操在建安作家中是仅次于孔融的年龄较长的前辈,他的创作活动也比其他作家开始得早。以文而论,《上书理窦武陈蕃》写于光和四年(181),这时王粲才四岁,曹丕兄弟尚未出世。以诗而论,流传至今的作品中,《蒿里行》最早可能写于建安二年(197),这时曹丕才十岁,曹植才五岁。由于创作开始早,曹操便能以自己具有新精神、新格调的作品熏染和影响后来者。

曹操创作的数量在建安时期可能居于首屈一指的地位。明代胡应麟在《诗薮》杂编卷二中说:"自汉而下,文章之富,无出魏武者。集至三十卷,又《逸集》十卷,《新集》十卷,古今文集繁富当首于此。"据清代姚振宗《三国艺文志》考证，后代流传的曹操著作达十九种之多，其中《魏武帝集》为三十卷，但原集至宋代时已散佚，明代张溥将零散作品辑为《魏武帝集》一卷，包括令、教、表、奏事、策、书、尺牍、序、祭文、乐府歌辞等各体共一百四十五篇，清代严可均、丁福保等人续有增补。曹操创作的数量雄视一代，因而充分发挥了震铄、影响一代的作用。

曹操创作的诗歌今仅存二十余首，形式有四言、五言和杂言三种。曹操对不同诗歌形式的运用是充满创新精神的，这在四言、五言诗中表现得最为突出。四言自《诗经》之后，作者寥寥，作品不多，且内容偏重教训，外形趋向平板，语言典雅凝重，索寞寡味。曹操四言，犹如异峰突起，"于三百篇外，自开奇响"（沈德潜《古诗源》）。《短歌行·对酒当歌》《步出夏门行》中的《观沧海》和《龟虽寿》都是脍炙人口的名作，在内容、情调、句法和词汇方面都别具一格，标志着四言诗的复兴，对后来嵇康、陶渊明等人的四言创作有直接影响。五言在当时尚属"流调俗体"（直到晋代挚虞还在其《文章流别论》中说："雅音之韵，四言为正；其余虽备曲折之体，而非音之正。"），地位不高，汉末文人虽有作者，但大都佚名，而且内容多为离别相思、叹老嗟卑，风格也都较为柔弱。曹操是第一个用五言来反映广阔现实生活的人，《薤露》《蒿里行》《苦寒行》《却东西门行》等诗内容深刻，意境雄浑，笔力纵恣，语言通俗，代表了当时创作的新趋向，为建安时期"五言腾涌"（刘勰《文心雕龙·明诗》）的局面开出了端绪，为五言成为中国古典诗歌的一种基本形式奠定了牢固的基础。曹操既写四言"正体"，也写五言"流调"，而都沉雄骏爽，别开新境，衣被后世，堪称双美。

明代钟惺在评论曹操《薤露》诗时说："汉末实录，真诗史也。"曹操是中国文学史上获得"诗史"称号生年最早的人，而且是一个无愧于"诗史"称号的人。曹操诗"闵时悼乱,歌以述志"(朱嘉征《乐府广序》卷八),"吟咏性情,纪述事业"(张说《张说之文集》卷二十五),真实地反映了个人的事业、经历、思想和感情,并借此实录了汉末数十年间社会生活的许多重要方面,内容大都有史实依据,极为真切可信。将对个人经历思想的记述,同对客观现实的描写紧密地结合起来,达到水乳交融的境界,形成了曹操诗歌现实主义的显著特色。

曹操写下了一些描写社会乱离、记叙军旅征戍生活的诗篇。《薤露》以董卓之乱为表现对象,通过对国家崩溃、社会乱离景象的叙写,揭示了董卓之乱的起因、经过及其所造成的恶果。作为《薤露》的姊妹篇,《蒿里行》则反映了以袁绍为首的讨卓联军各怀异心、观望不前、继而互相攻杀、从此开始长期军阀混战、造成人民大量死亡和社会经济极大破坏的历史事实。这场动乱结束了两汉四百年的统一局面,中国从此又进入一个四分五裂的时期,两诗对这一历史巨变反映得既完整又真切。曹操是这一巨变的亲历者,他是以个人经历为基础来记叙这一历史事件的,因而使两诗言之凿凿,几乎无一句无来历,成为"汉末实录"。曹操反对割据,决心削平战乱,开始了长期的征战,《苦寒行》《步出夏门行》就是他所亲历的征战生活的形象写照。《苦寒行》写山地风雪行军之苦,是建安十一年(206)北征高幹时所作。《步出夏门行》则是建安十二年(207)北征乌桓时所作,描写了河朔一带的风土景物,抒发了个人的豪情壮志。此外,《却东西门行》写从军征战的漂泊之苦和怀乡之情,反映了广大士兵内心的痛苦呼声。

曹操的另一类作品,抒发了他为实现统一大业而招揽人才的急切心情,形象而概括地体现了他在这方面的言行、主张和胸襟,可以《短歌行》(对酒当歌)为代表。还有一些诗是写他的政治理想的,如《对酒》描绘了一幅太平盛世的图景,《度关山》则提出了国家统一、君主节俭、守法、爱民的主张。这些在封建社会自然都不过是乌托邦式的梦想,但同时也应看到它们并非全无来由和根柢。这些想法一方面反衬了当时政治的腐败和社会的混乱,如陈祚明所说:"序述太平景象,极尽形容。须知反言之,并以哀世也。"(《采菽堂古诗选》卷五)另一方面它们确也曾是曹操所求索的目标,部分理想还可以从其政治军事实践中寻觅到一些踪影,如曹操曾下过《抑兼并令》压制豪强,下过《置屯田令》招抚流亡、解决吃饭问题,等等。这说明曹操在部分地实践着自己的理想,这使《对酒》《度关山》具有一些真实可信的色彩。

《短歌行》(周西伯昌)、《善哉行》(古公亶父)写政治态度,《善哉行》(自惜身薄祜)咏叹个人身世,也都有史可证,可与"抽序心腹,慨当以慷"(张溥《汉魏六朝百三家集·魏武帝集题辞》)的《让县自明本志令》参读。此外,大都写于赤壁遭挫后的《气出唱》《精列》《陌上桑》《秋胡行》等游仙诗,用浪漫主义手法反映了曹操暮年将至、壮志难酬的苦闷,在希冀长生的同时,表达了"造化之陶物,莫不有终期""寿如南山不忘愆""二仪合圣化,贵者独人不""不戚年往,忧世不治"等具有积极意义的政治哲学见解,也是不难从曹操的人生旅程及思想武库中找到足够的佐证的。

可见,曹操诗歌是紧扣着个人的身世、经历和体验来反映他的时代,大都写出了实境实情,具有很高的真实性。读曹操的诗,就宛如读了一部简明的汉末史,兴亡大事,历历在目。我们可以从中直接看到一些重大历史事件发生演变的情况,看到一些历史人物(特别是曹操自己)的所作所为及其活动的若干具体场景、画面,了解到一些历史人物(特别是曹操自己)的心情和内心活动,从而具体地感受到时代的脉搏和心声;它更为我们直接提供了作为政治家与军事家的曹操的若干思想观点、政治主张、社会理想以及人生态度等各方面的资料。我们研究汉末魏初这一段历史,研究曹操其人,曹操诗歌实不失为可靠的旁证。

曹操对于当时战乱的反映尤其值得注意。战乱给整个社会,尤其是下层人民和士兵造成了空前劫难,这是汉末最为严峻的现实。从初平元年(190)董卓之乱到建安十三年(208)魏、蜀、吴三分鼎立局面初步形成,战乱持续了十九年之久,给北部中国广大地区造成了极为严重的摧残。曹操正视这一现实,在《蒿里行》中以"铠甲生虮虱,万姓以死亡。白骨露于野,千里无鸡鸣。生民百遗一,念之断人肠"几句诗大幅度地做了生动的典型的概括,并流露了对于人民的深刻同情。《苦寒行》、《却东西门行》、《步出夏门行》(《河朔寒》)则从不同角度反映了当时军旅征戍生活的艰苦,格调颇为凄凉。这些描写说明人民是战乱社会的真正受害者,表现出充分的人道主义精神。

曹操诗歌不仅表现社会动乱,还较深入地揭示了致乱的根源。从根本上说,汉末动乱是由封建制度本身和日益激化的阶级矛盾所酿成的,曹操囿于他的阶级偏见,自然不可能认识到这一点,但对于酿成动乱的直接原因,曹操却有着相当准确的认识。东汉和帝以后,由于统治阶级日趋腐败,出现了外戚和宦官交替专政、互相倾轧的局面,造成了朝政的极度混乱。曹操《薤露》诗一入手就说:"惟汉廿二世,所任诚不良。"认为致乱的根源是由于皇帝用人不当,可谓抓住了关键。诸葛亮《出师表》说:"亲贤臣,远小人,此先汉所以兴隆也;亲小人,远贤臣,此后汉所以倾颓也。"所见与曹操是一致的。对那帮祸国殃民的乱臣贼子,曹操更不客气,直书何进、张让之流是"诚不良",痛斥董卓为"国贼",并具体揭露了他们或"犹豫不敢断",或"因狩执君王",或"荡覆帝基业,宗庙以燔丧。播越西迁移,号泣而且行"的暴行。在《蒿里行》中则尽情揭露了关东那帮所谓"义士"

的不义，确实是"看尽乱世群雄情形""道尽群雄病根"（钟惺《古诗归》卷七）。两诗批判的对象，上至皇帝，下至外戚宦官头目、大军阀、士族大官僚及州郡刺史牧守，无一不是一手造成当时祸乱的元凶巨擘，通过对他们的批判，几乎否定了东汉王朝的整个统治集团。指出这帮人是千百万人民苦难的根源，在一定程度上真实地反映了当时的现实关系，暴露了剥削阶级的反动本质。

曹操诗歌的可贵之处，还在于在同情苦难、鞭笞黑暗、"忧世不治"的同时，洋溢着"壮心不已"的积极进取精神。虽处于极端黑暗的年代而能不断求索光明，虽身处分裂割据之境而能力争统一的前景，虽面对着重重困难而能奋斗拼搏，不仅揭露了众多的社会矛盾，而且能积极地谋求解决这些矛盾。曹操身处乱世，面对危难，也常常悲吟哀叹，其中也有一己的人生朝露之叹，但从总体看却没有对于人生的厌倦和对于前途的空幻之感，即使在那些基调较为感伤低沉的作品中也往往包蕴着积极的社会人生理想。《步出夏门行》中的《观沧海》和《神龟虽寿》更是高昂激越的绝唱，《观沧海》用"日月之行，若出其中；星汉灿烂，若出其里"这无边大海的壮阔景象展示壮阔胸怀，《龟虽寿》用"老骥伏枥，志在千里；烈士暮年，壮心不已"表现自强不息、老当益壮的豪迈气概，都足振奋人心，千百年来赢得了人们的广泛喜爱。这种奋进精神无疑包含着个人建功立业的动机，但应当说在相当程度上也是对于积极的社会人生理想的追求，是为扫平割据、实现国家统一而奋其志。这在人心思治、人心渴望统一的年代，是在一定程度上体现着时代精神和社会发展趋向的，是激励人们关注现实、干预现实、积极地变革现实的一股不可缺少的精神力量。

曹操今存诗除《谣俗曲》（仅存残句）外，全为乐府诗。这充分说明，曹操重视从诗、骚特别是汉乐府民歌中吸取营养，也是其诗歌能够具有充实健旺的现实主义精神的一个重要原因。曹操诗歌在基本精神上是承袭着"感于哀乐,缘事而发"的汉乐府民歌的,一些诗的写作还直接受到民歌启发,甚至直接从中脱胎出来。用乐府旧题写作的作品,或多或少受到古辞的影响和制约,在思想内容上保持着一定程度的联系,或主题比较接近,或情调彼此相通,或者兼而有之。现以《薤露》和《蒿里行》为例。《薤露》古辞是:

薤上露,何易晞。露晞明朝更复落,人死一去何时归!

《蒿里》古辞是:

蒿里谁家地,聚敛魂魄无贤愚。鬼伯一何相催促,人命不得少踟蹰。

《乐府诗集》卷二十七《薤露》题解引崔豹《古今注》说:"《薤露》《蒿里》,并丧歌也。本出田横门人,横自杀,门人伤之,为作悲歌。言人命奄忽,如薤上之露,易晞灭也。亦谓人死魂魄归于蒿里。至汉武帝时,李延年分为二曲,《薤露》送王公贵人,《蒿里》送士大夫庶人。使挽柩者歌之,亦谓挽歌。"可见,《薤露》《蒿里》原是两曲丧歌,充满悲凄之情是不言而喻的。曹操的拟作已不是丧歌,但其主旨是哀悼国家丧乱,这同古辞的哀悼个人死亡仍有相通之处,其悲凄情调更是一脉相承。在描写重点上,《薤露》对皇室陵夷发出慨叹,《蒿里行》对人民死亡表示悲伤,同李延年以古辞《薤露》送王公贵人,《蒿里》送士大夫庶人也不无联系。故方东树在《昭昧詹言》中评论说:"此用乐府题,叙汉末时事。所以然者,以所咏丧亡之哀,足当挽歌也。而《薤露》哀君,《蒿里》哀臣,亦有次第。"

曹操诗歌在艺术形式上也接受了汉乐府民歌的深刻影响,其突出表现就是通俗。通俗首先表现在语言方面,钟嵘《诗品》说曹操诗歌"古直","古直"在一定程度上可理解成为通俗的同义语,这同"采摭闾阎,非由润色;然质而不俚,浅而能深,近而能远"(胡应麟《诗薮》内编卷一)的汉乐府民歌是一脉相承的。其次,曹操采用在民间新起不久的五言、杂言写作,也为其诗增添了通俗的色彩,这在五言诗中表现得尤为突出。在表现手法方面,曹操对汉乐府民歌也多所继承。

当然,曹操学习乐府民歌并不是机械地模仿和照搬的。他所表现的题材虽然不少是乐府民歌中常见的,但却仅仅是从同类题材中接受启发,并非怀古和述旧;虽然用乐府旧题写作的篇章在内容或情调上同旧题或多或少保持着某种联系,但总的说来却是用乐府题目自作诗,如曹操用原为丧歌的《薤露》和《蒿里行》描写汉末丧乱,内容已有了很大的不同,形式也由杂言变成了五言。借古乐写时事,这是曹操的独创,这不仅使曹操自己的诗歌获得了丰富生动的现实生活内容,从而为其他建安诗人在题材选择和主题表现方面树立了榜样,而且也为后来杜甫写"即事名篇"的乐府诗和白居易倡导新乐府运动开出了先河。此外,比起汉乐府民歌来,曹操诗具有较重的主观抒情性质,具有个性化、抒情化的特色。曹操坚持写自己亲身目睹、耳闻、心感的东西,感情饱满,气势健旺,形成了一种明朗刚健的艺术风格,这就是建安风骨。建安风骨的形成与"世积乱离,风衰俗怨"(刘勰《文心雕龙·时序》)的时代和乐府民歌的影响有关,曹操个人也做出了重要的贡献,并成为建安风骨的代表者。建安风骨后来成为文学史上的一面旗帜,刘勰、钟嵘、陈子昂、李白等人反对六朝绮靡文风,都大力标举建安风骨,对唐代诗歌的健康发展产生了积极影响。

最后需要指出的是,曹操诗歌不仅通过个人经历思想的描述真实地反映了现实,同时也具有较高的艺术性。概括说来是,其诗实现了真实性与典型性的统一。曹操注重对于生活的实录,其诗具有反映生活的直接性,但并不等于对生活照搬照抄。他善于对纷纭复杂的社会现象从不同侧面进行有个性特征的观察、比较,从而选择那些最足以显示社会潮流和事物本质特征的侧面予以表现;善于根据表达理想和感情的需要对素材做必要的剪裁、集中和概括,并用极精练的语言表现出来,不是事无巨细有闻必录,不是记流水账、写编年史。他所表现的大都是有关国家兴衰、社会安危、人民生死、事业成败的重大题材,通过对这些题材的表现,再现具有历史意义的社会生活,显示时代发展的脉络和枢纽,发掘当事人物的内心情感,表明自己对重大社会政治问题的看法。曹操还从生活中提炼出了一些具有典型意义的细节,如《蒿里行》以"铠甲生虮虱"写战争的频繁和惨烈,就既有强烈的生活气息,又有很强的表现力。为了再现生活的本质真实,曹操还适当做了一些夸张虚构,如《步出夏门行》(《观沧海》)极写大海吞吐日月、包孕群星的壮阔气势,以此来表现自己不凡的胸襟、气魄和豪情,就是一个虚实结合的典型。

曹操诗还实现了真实性与充沛的感情和气势的统一。历史著作要求严肃客观地记录生活,历史学家在评价生活时不能以感情的评价来代替理智的评价,否则就有可能丧失谨严、丧失严肃的科学性。而文学则不同,感情是文学,特别是诗歌的生命和灵魂。曹操诗虽号称"诗史",但也不可能例外。曹操生活在一个风起云涌、国家与人民命运多舛的时代,作为一个同生活保持着血肉联系并有着积极用世之志的人,生活的波涛必然要荡起他感情的波涛,并最终像熔岩冲破地壳一样从胸中喷泻出来。表现上喜作"念之断人肠""我心何怫郁"这一类的直抒胸臆,但也常与各种艺术表现手法相结合，达到情与境会、情与理偕、情景交融的境界。如《薤露》《蒿里行》通过叙事所表达的沉痛、悲愤之情，《观沧海》通过写景、《神龟虽寿》通过说理所表达的豪迈、俊爽之情，都颇深切感人。就是像《度关山》《对酒》这一类平铺直叙、较为枯燥的作品，其中也涵蕴着诗人对于理想世界的一片虔诚渴慕之意，具有一定的感情魅力。充沛的感情带出充沛的气势，形成了曹操诗歌的一大特色，前人早有"魏武帝如幽燕老将，气韵沉雄"（敖陶孙《诗评》）、"曹公莽莽，古直悲凉"（王世贞《艺苑卮言》卷三）等评语。这种感情和气势往往不是一泻无余，而是通过跌宕的句法、飘忽的词语表现出来，显得直中有曲，抑扬顿挫，吞吐往复，极富层次。如《短歌行》（对酒当歌）时而低首微吟，时而引颈浩叹，时而神思凄恻，时而豪情满怀，若断若续，时起时伏，迷离惝恍，不可端倪，将诗人的思贤若渴之情表达得兴会淋漓，十分感人。这种曲折宛转、龙腾虎跃的感情气势对形成曹操诗歌骨劲气猛的风格起了十分重要的作用，它是曹操胸襟、气魄、理想、抱负和精神的生动体现，也是当时时代潮流、时代精神的生动体现，具有历史和生活的必然性。

曹操诗还实现了真实性与形象性的统一。用形象反映真实的社会生活内容，让人们从形象中体味出客观事物的本质，这是一切文学作品的特质，即使是号称"诗史"的作品也不例外。如果只对历史事实做枯燥无味的平铺直叙，就只能成为押韵的文献，而不能成为艺术品。曹操诗歌虽有个别篇章存在说教过多的弊病，但多数作品具有较为生动丰满的形象性。由于坚持从个人的生活实感出发，曲折深沉地表达了个人的情志，融注了个人独特的精神气质、个性特征和艺术素养，因此曹操诗歌为我们展示了鲜明的抒情主人公的形象，其思想风貌、神情语态往往活现毫端。《苦寒行》中诗人在蜿蜒崎岖的山道上、在挣扎前进的兵马中立马面对巉岩飞雪悲叹的形象等,读者都可通过联想和想象清晰地捕捉到。一些具体的形象描写也随处可见,如《薤露》《蒿里行》以"沐猴而冠带"写愚不可及的权贵,以"踌躇而雁行"写关东"义士"的相互观望、迟疑不进,以"白骨露于野,千里无鸡鸣"写人民大量死亡、田园大片荒芜,都颇生动真切,而且涵蕴丰富。《苦寒》更是通过大量具体可感的细节描写来备言冰雪溪谷之苦的,读之直觉纸上有阵阵寒风扑面。《却东西门行》《短歌行》《观沧海》《神龟虽寿》等则大量甚至几乎通篇运用比兴。曹操诗歌喜用成语典实,由于这些成语典实大都包含着生动的故事传说,往往能够激起读者的想象和回味,有利于深化意境,显豁题意,因此一般说来也并不会损害诗的形象。

二　文章祖师

除诗歌外,曹操还写作了大量散文,现存的还有一百五十多篇。其文苍劲挺拔,独标一格,对当时和后世有很大影响,被鲁迅誉为"改造文章的祖师"(《而已集·魏晋风度及文章与药及酒之关系》)。

曹操散文的突出特色是"清峻"。所谓清峻,就是简略严明,指文章篇制精悍短小,议论严密尖锐,文意清楚明白。以建安十九年(214)下的《敕有司取士勿废偏短令》为例:"夫有行之士,未必能进取,进取之士,未必能有行也。陈平岂笃行,苏秦岂守信邪?而陈平定汉业,苏秦济弱燕。由此言之,士有偏短,庸可废乎?有司明思此义,则士无遗滞,官无废业矣。"全文仅七十字,涵蕴却很丰富。文章首先亮明观点,说明德行和才能未必能够兼具,然后援引当时尽人皆知的极有说服力的古例来支持自己的观点,最后得出有才能的人即使有些短处也不能废置不用的结论,敦促有关部门照此办理。观点既鲜明,论证也很严密,虽是给有司下的命令,然而抓住关键,分析透辟,言之凿凿,有理有据,令人折服。连用两个反问句,有一股凌厉泼辣的气势,滔滔雄辩的力量,正如陆时雍所说:"其言如摧锋之斧。"(《诗镜总论》)加上语言的准确、精练、明白,于是形成了该文的清峻风格。

曹操散文,篇幅大都在几十字到百余字之间,二三百字以上的只占少数。《让县自明本志令》是最长的一篇,也不过一千零八十余字。这些文章大都高屋建瓴,笔力囊括,十分讲究炼意炼字。在具体写法上,往往开门见山,一入手就果断立论,抓住要核和实质,大刀阔斧进行剖析,线索条贯,中心突出,毫不枝蔓。一些有较多叙事成分的作品,也下了严格的选择、剪裁工夫。如荀彧多次替曹操出谋划策,使曹操取得一次次胜利,而曹操在《请增封荀彧表》中,只叙述了荀彧在官渡之战和平定河北战斗中所发挥的关键作用,以说明其"谋殊功异"。《论张辽功》:"登天山,履峻险,以取兰、成,荡寇功也。"则只用短短十四字,概括了一个高级将领的卓著战功。语言简劲,气势健旺,逻辑严密,使曹操散文篇幅虽短而内容充实,体格超拔,一扫两汉赋颂文字铺张堆砌、内容贫乏、故作艰深、追求华丽的弊病,呈现出崭新的风貌。

刘勰在《文心雕龙·风骨》中,提出著名的"风骨"命题,认为这是一种最合于理想的文学风格。怎样才能使文章有风骨呢?刘勰说:"结言端直,则文骨成焉;意气骏爽,则文风生焉。"又说:"练于骨者,析词必精;深乎风者,述情必显。"可见,有充沛昂扬的气势,骏发爽朗的感情,并用精练明白的语言表现出来,这样的作品就有了风骨。曹操散文正是符合这一要求的。如《封功臣令》:"吾起义兵,诛暴乱,于今十九年,所征必克,岂吾功哉?乃贤士大夫之力也。天下虽未悉定,吾当要与贤士大夫共定之;而专飨其劳,吾何以安焉! 其促定功行封。"既很自信,又很谦逊,对"贤士大夫"充满感情,对平定天下满怀信心。用简朴端直的语言将胸襟怀抱坦率披露,文势跌宕,笔力雄健,情真意切,振奋人心。刘勰认为建安文学最擅风骨,而钟嵘则明确提出了"建安风力"的概念,实非偶然。曹操散文同风骨的反面"乏气""瘠义""肥辞""繁采"针锋相对,其清峻在很大程度上实可理解为风骨的同义语,对于建安风骨的形成做出了重要贡献。

清峻风格的形成同时代风气和曹操的政治思想有很密切的关系。曹操生逢乱世,为了打击豪强,抑制兼并,削平战乱,实现统一,大胆抛弃谶纬化了的儒学经术,而从先秦法家思想中吸取养料,崇尚法治,身体力行,于是在政治生活中形成了一种峻迫果决、雷厉风行的巉刻作风,影响到文学上,遂使严密劲健、犀利尖锐的作品大量出现。《为徐宣议陈矫下令》:"丧乱以来,风教凋薄,谤议之言,难用褒贬。建安五年以前,一切勿论,其以断前诽议者,以其罪罪之。"大气包举,斩钉截铁,就是这种作风和文风的突出表现。

其次,曹操是一个办事人,戎马倥偬,风云瞬变,养成了他明决果断的性格作风,从而影响到他的文风。他在鞍马间为文,别人在鞍马间读文,也都要求文笔洗练、明白、准确。曹操在生活上崇尚节俭,大约也对其简朴文风有影响。总之,各种主客观因素促使曹操深刻认识到革易浮冗文风的重要性,并进而公开要求写讲求实际、摒弃虚套浮华的文字。《文心雕龙·章表》说:"昔晋文受册,三辞从命,是以汉末让表,以三为断。曹公称为表不必三让,又勿得浮华。所以魏初表章,指事造实,求其靡丽,则未足美矣。"所引曹操语无考,曹操建安元年(196)《上书让增封》甚至还有这样一段话:"臣虽不敏,犹知让不过三。所以仍布腹心,至于四五。上欲陛下爵不失实,下为臣身免于苟取。"曹操散文虽未能完全脱尽俗套,但从总体来看却是言之有物、朴实无华的文字,因此《文心雕龙》所引曹操语想来不会是毫无根据的。

清人魏际瑞说:"文章首贵识,次贵议论。"(《伯子论文》)清峻风格的形成同曹操的识见高卓也很有关系。曹操常对客观事物有精审独到的见解,这不仅使他常能在战争中转危为安,稳操胜券,也使他在著文时能够高屋建瓴,穷究物情,剖析幽微,抓住关键,切中肯綮,巧制详略,要言不烦,从而表现出简约峻洁、严密深刻的特色。

曹操散文的清峻风格,为简明中肯、峻急洒脱的魏晋散文开出了端绪,奠定了发展的基础。近代革命家章太炎深爱魏晋文章,运用这种风格在辛亥革命时期写过不少宣传和论战文章,发挥了强大的战斗力,可以说是对曹操清峻文风在新形势下的继承和发展。

曹操散文的另一个特色是"通脱"。所谓通脱,就是行文无拘束,表意不作假,想写的便写出来。曹操作文,无所顾忌,敢于反传统,敢于披肝胆。如曹操先后颁布的几道求贤令,一反两汉重视所谓"德行"的用人标准,明确提出"唯才是举"的方针,言人之所不敢言,行文泼辣,就是充分体现了率直通脱的特色的。

披露内心的想法和感情,曹操也不隐瞒忸怩,《让县自明本志令》在这方面最具代表性,实可作为曹操的自叙传来读。张溥说:"《述志》一令,似乎欺人,未尝不抽序心腹,慨当以慷。"(《汉魏六朝百三家集·魏武帝集题辞》)说的是不错的。

对于部下的优点、长处、功劳,曹操往往也能坦率承认、充分肯定、高度评价。《请爵荀彧表》《请封荀攸表》《表称乐进于禁张辽》《表论田畴功》《请追增郭嘉封邑表》等文表述诸人功劳,娓娓而谈,如数家珍,磊落胸怀,十分感人。《请增封荀彧表》叙述荀彧功绩,甚至同自己在战争中的几次指挥失误对照着写,最后做出荀彧"谋殊功异,臣所不及"的结论,尤为惊人。

在《求言令》中,曹操将"频年以来,不闻嘉谋"说成是自己"开延不勤之咎",要求"自今以后,诸掾属、治中、别驾,常以月旦各言其失",气度恢宏,情辞恳款,也表现出通脱的特色。

不仅内容、风格的表现任其自然,极为随便,形式上也往往不拘格套。其文形式大都紧密配合内容,想怎样写就怎样写,文体随便,造语自然,简易浅显,直截了当,长短不拘,挥洒自如,对东汉散文存在的繁缛、拘谨、模拟和格式化等弊病是一个很大的改进。

通脱文风是当时思想解放运动的一个积极成果。汉末黄巾大起义不仅动摇了东汉王朝的国家机器,也打破了汉武帝以来儒学独尊的局面,人们的思想桎梏在很大程度上得到了解脱。曹操通过激烈复杂的斗争实践的不断磨炼,逐步成为一个头脑清醒的现实主义者,具有一定的朴素唯物思想,因此他写文章能够讲究言之有物,从实际出发,有什么就写什么,怎么想就怎么写,顺乎自然,合于情理,不虚饰,不浮夸,表现出潇洒任意、自由随便的气度和风貌,使他的散文具有真实可信的色彩。当然,作为一个地主阶级的代表人物,曹操也有阴险刻毒的一面,他不可能事事讲实际,处处说真话。如《宣示孔融罪状令》的罗织罪状,《与孙权书》对赤壁之败的掩饰解嘲,《留荀彧表》的笑里藏刀,就都表现出了曹操文风虚伪浮饰的一面。

曹操散文的通脱风格,也是他胆识气魄、胸襟抱负、倜傥性格的必然产物。曹操作为一世之雄,具有很高的地位,踌躇满志,颐指气使,说话著文自然不必多所顾忌。他性格既刚强,又"任侠放荡""佻易无威重",也不容易为传统所缚。谢榛《四溟诗话》说:"赋诗要有英雄气象。人不敢道,我则道之;人不肯为,我则为之;厉鬼不能夺其正,利剑不能折其刚。"实可作为曹操的形象写照。

建安时代是一个文学的自觉时代,文学观念渐趋明确,文学的特质开始受到重视。在这种风气的浸润下,曹操散文虽然大部分是一些应用公文,但不少是具有一定文学性的政论文字。它们寓情于理,因理涉事,论而有象,使情、理、事三者水乳交融,表现出一定的艺术感染力量。以下几方面给我们留下了较深印象:

(一)感情充溢。曹操生活在多事之秋,以天下为己任,因此国家的动乱,社会的残破,人民的流离,亲友的死亡,以及战争的胜利、失败和艰苦等等,无不深深触动他的心弦。形诸笔墨,就使他的散文无论是悼亡、述志,还是表功、斥敌,无不表现出浓烈的感情色彩。且看《与荀彧书追伤郭嘉》:"郭奉孝年不满四十,相与周旋十一年,险阻艰难,皆共罹之。又以其通达,见世事无所凝滞,欲以后事属之。何意卒尔失之,悲痛伤心!今表增其子满千户,然何益亡者!追念之感深。且奉孝乃知孤者也,天下人相知者少,又以此痛惜,奈何奈何!"开始追叙与郭嘉的深厚交情,对郭嘉的挚爱与信任已见诸笔端。"何意卒尔失之"二句,语意陡转,悲痛之情喷涌而出。"然何益亡者"又楔进一层,无可奈何之情溢于言表。最后痛惜知己,"奈何奈何"四字,简直是抢地呼天、悲痛欲绝了。全文虽不长,而感情饱满,层层递进,十分委曲动人。

曹操内心感情极为丰富,在其散文中常有不同程度的流露。"吾起义兵,为天下除暴乱。旧土人民,死丧略尽,国中终日行,不见所识,使吾凄怆伤怀。"(《军谯令》)"去冬天降疫疠,民有凋伤,军兴于外,垦田损少,吾甚忧之。"(《赡给灾民令》)表现了对于人民疾苦和死亡的忧虑悲痛之情。"若必廉士而后可用,则齐桓其何以霸世!今天下得无有被褐怀玉而钓于渭滨者乎?又得无有盗嫂受金而未遇无知者乎?二三子其佐我明扬仄陋,唯才是举,吾得而用之。"(《求贤令》)表现了对于"贤人君子"不可按捺的渴慕之情。"此阁道,汉中之险要咽喉也。刘备欲断绝外内以取汉中,将军一举克夺贼计,善之善者也。"(《假徐晃节令》)表现了对于胜利的大喜过望之情。"融违反天道,败伦乱理,虽肆市朝,犹恨其晚。"(《宣示孔融罪状令》)表现了对于孔融刻骨铭心的仇视之情。"吾昔为顿丘令,年二十三。思此时所行,无悔于今。今汝年亦二十三矣,可不勉欤!"(《戒子植》)表现了对于曹植的殷切期待之情。有时引述古事也一往情深,《让县自明本志令》以引为同道的同情心情大段引用乐毅和蒙恬的事迹,最后并说:"孤每读此二人书,未尝不怆然流涕也。"就是一个突出的例子。在表现上,除直接抒发外,一般都同说理叙事有机结合,通过跌宕的语调、多变的句式和富有感情色彩的语汇将感情自然带出,有的一气流注,有的沉深往复,情与气偕,慷慨纵横,很有特色。

(二)一定的形象性。首先,曹操散文既有充沛的感情,它就必然要在读者头脑中凸现出一个抒情主人公的形象,也就是作者的自我形象。这个形象虽不能在外形特征方面给读者以具体启示,但是他的内心世界、精神风貌、性格作风却能给读者留下强烈的印象,曹操作为一个政治家和军事家的风度胆识、胸襟气魄、坚毅机变,以及他的坦诚与权诈、宽厚与忌刻、失望与期待、挚爱与仇恨、欢欣与悲凉,无一不在他的散文中烙下深刻印记。曹操著文喜欢摆进自我和直抒胸臆,这就使得他的大部分散文具有鲜明的个性特征,其气度锋芒、神情语态都只能为宰辅之臣的曹操所独具。我们读他的明志、求贤、请封诸令尤其能够得到这种印象。

其次,曹操散文叙事简洁明了,生动亲切,往往从一个侧面刻画出较为鲜明的人物形象,富有生活情趣,颇耐玩索体味。如《追称丁幼阳令》字里行间洋溢着活泼轻松的气氛,把作者同丁幼阳之间的深厚情谊和无拘无束的交往刻画得淋漓尽致,也表现出作者性格中开朗诙谐的一面。又如《军策令》:"孤先在襄邑,有起兵意,与工师共作卑手刀。时北海孙宾硕来候孤,讥孤曰:'当慕其大者,乃与工师共作刀邪?'孤答曰:'能小复能大,何苦!'"记录对话,声情毕肖,两人不同的性格、志趣和抱负可从中窥见。这类散文,巧选生活镜头,虽是粗陈梗概,却也细致逼真,大类《世说新语》,对后来小说的发展当有一定影响。

有的散文,对人物外貌也有生动描写。如《赐死崔琰令》:"琰虽见刑,而通宾客,门若市人。对宾客虬须直视,若有所瞋。"崔琰对曹操将称魏王有一点不满的表示,曹操就罚他去服苦役。派人去监视他,监视的人说他仍不服气,曹操于是下了此令。在这类问题上,曹操不容人,心狠手辣,令人齿寒;但在死刑判决书中采用画龙点睛的手法大笔勾勒"罪犯"的举动神情,使崔琰不服气的愠怒神态跃然纸上,却是别具一格的。

其他文字、特别是表功诸令大都夹叙夹议,也有较多叙事成分。叙述时雍容不迫,如道家常,而人物之忠勇、干练、谋断等品质性格也就突现出来,不言其功而其功自明。有的引述人物语言,为文章生色不少。如《祀故太尉桥玄文》在追念、颂扬桥玄生前对自己的赞扬、帮助之后,所引述桥玄的一段"从容约誓之言",就为这篇总的说来典雅凝重的祭文平添了不少生趣,这与后来韩愈等人所写的优秀祭祀、墓志文字颇有相通之处。

(三)朴直凝练、生动形象的语言艺术。曹操对于语言的驾驭有很深的造诣,其突出的特色是朴质凝练。《红楼梦》第四十八回黛玉对香菱说诗道:"词句究竟末事,第一是立意要紧,若意趣真了,连词句不用修饰,自是好的。"我们读曹操散文,确有这种感受。这种朴素美的产生,固然由于曹操无心修饰,任其自然,但另一方面也由于曹操老辣的锤炼之功,不然是不可能达到这种返璞归真的境界的。这种锤炼不仅使语言获得了朴质之淳,且也获得了精练之美。曹操散文的语言虽不能说字字珠玑,但沉实稳健,很有力度,难于移易,意尽则止,理穷则已,详略适宜,不作空言之论。曹操喜引古事成言,既增强了逻辑力量和形象色彩,对语言的精练也大有裨益。如《整齐风俗令》以主要篇幅引述四件"以白为黑"、颠倒是非的两汉古事来指代当前的类似现象,表明自己整顿社会风气的决心,确有驭繁以简、以少总多之妙。至如《与荀彧书》"与君共事以来,立朝廷,君之相为匡弼,君之相为举人,君之相为建计,君之相为密谋,亦已多矣。夫功未必皆野战也,愿君勿让"。用排句来概括荀彧多方面的建树,也非常简明扼要。

生动形象也是不少篇章的特色。生动主要表现为句式和声调的灵活多变。曹操散文,喜用四字句、五字句和六字句(其中四字句尤多,《表称乐进于禁张辽》甚至全为四字句),有时兼用骈偶的词语;另一方面,曹操也十分注意语言的参差错落、长短搭配。这样,不仅有利于语言的整练,有利于表现明快的节奏、急促的气势和峻切的感情,也有利于表现出感情和气势的起伏变化,给予读者一种动荡跳跃、生气勃勃的强烈感受。声调的高低抑扬也很引人注目,作者有时甚至自觉不自觉地使语言平仄交互、低昂舛节,读起来有一种顿挫和谐的美感。作者还采用了一些加强形象性的修辞手法,比喻如"计行如转圜,事成如摧朽""忠恪祗顺,如履薄冰",引用里谚如"让礼一寸,得礼一尺""失晨之鸡,思补更鸣",成语典实如"以蠡测海,为蛇画足"等,都贴切形象,机趣生动。有的大段描写也十分精彩,如《破袁尚上事》:"臣前上言逆贼袁尚还,即厉精锐讨之。今尚人徒震荡,部曲丧守,引兵遁亡。臣陈军被坚执锐,朱旗震耀,虎士雷噪,望旗眩精,闻声丧气,投戈解甲,翕然沮坏。……"曹军的赫赫声威、所向披靡,袁军的望风瓦解、失魂落魄,无不表现得活灵活现,恍若一幅浓墨重彩、大气磅礴的大型战争图画。此外,曹操散文的严谨章法、精当剪裁,也是值得留意的。

除散文外,曹操还写过抒情咏物小赋,今存《登台赋》残句"引长明,灌街里"和《沧海赋》残句"览岛屿之所有",前一首当作于建安十五年(210)铜雀台建成后率领诸子登台之时(当时诸子受曹操之命也都作了《登台赋》),后一首当作于建安十二年(207)北征乌桓后回师途中登临碣石之时(与《步出夏门行·观沧海》作于同时)。两赋虽都只剩下残句,但不难看出均为写景言志抒怀之作,与汉大赋是迥异其趣的,对建安时代抒情咏物小赋的繁荣当也起了一定的推动作用。

三 兼该众艺

除了工诗能文之外,曹操还兼有其他多方面的技能,其中不少达到了相当高的水平。

首先,曹操具有相当杰出的音乐才能。《三国志·魏书·武帝纪》裴注引张华《博物志》说:"桓谭、蔡邕善音乐……太祖皆与埒能。"桓谭和蔡邕都精通音律,琴弹得很好,在东汉名声很大,曹操的音乐才能能够同他们相匹敌,这很不容易。曹操平时对音乐有着极浓厚的兴趣,听音乐,看演出,往往从早到晚,不知疲倦。他建造铜雀台,可能有安全方面的考虑,他曾在铜雀台上指挥平定严才发动的叛乱,但其主要的目的是为了用来享乐,其中一个重要的内容就是欣赏音乐。曹操在铜雀台上设置了鼓乐声伎,常来台上欣赏音乐歌舞,铜雀台俨然成了当时的一个音乐中心,对后来音乐的发展产生了一定影响。南朝王僧虔在论清商乐时就说:"今之清商,实由铜雀,魏氏三祖,风流可怀。"(《宋书·乐志》)曹操建安二十五年(220)病重,遗令薄葬,但却不弃声伎,要求死后仍将歌舞艺人安置在铜雀台上,好好相待,并在台上安放一张六尺长的床,挂上灵幔,每逢初一、十五两天,从早晨到中午向着灵帐歌舞。可见曹操对于音乐的喜爱,到了至死不衰的程度。

由于喜爱音乐,因而对音乐人才往往十分器重,并注意千方百计加以网罗。蔡琰、阮瑀以至祢衡曾得到曹操青睐,主要因为他们有才能(蔡琰则还因与其父蔡邕是旧交),其中也包括了音乐才能。蔡琰由于受蔡邕影响,从小就精通音律。阮瑀曾是蔡邕的学生,也精通音律,善弹琴。据《三国志·魏书·王粲传》裴注引《文士传》,阮瑀被曹操征至幕下,曾"抚弦而歌","为曲既捷,音声殊妙,当时冠坐,太祖大悦"。祢衡则善击鼓,唐人段安节在《乐府杂录》中介绍"鼓"这种乐器时说:"其声坎坎然,其众乐之节奏也。祢衡常衣彩衣击鼓,其妙入神。"杜夔丝竹八音无所不能,对钟磬等打击乐尤其有研究,在汉末曾任雅乐郎之职,后避乱去荆州。曹操平定荆州后,得到杜夔,即任命他为军谋祭酒,使定乐器声调,并创制雅乐。铸钟工柴玉善制乐器,不少人很欣赏他,杜夔让他铸铜钟,但铸出来的铜钟声音清浊多不符合要求,杜夔不得不多次毁掉改作。柴玉很不高兴,说杜夔清浊任意,不听杜夔指挥。两人相继到曹操那里告状,曹操让把所铸的铜钟拿来,自己反复试听,最后肯定杜夔所说的是有道理的,因而处罚了柴玉,让他同他的几个儿子都去养马。"时又有散骑侍郎邓静、尹商善训雅乐,歌师尹胡能歌宗庙郊祀之曲,舞师冯肃、服养晓知先代诸舞,夔悉总领之。远详经籍,近采故事,考会古乐,始设轩悬钟磬。"(《晋书·乐志》)汉自董卓之乱后,乐工散亡,乐章亡缺,器法湮灭。曹操能够在这方面做一些恢复工作,还是不无意义的。

曹操喜爱音乐,毫无疑问有满足声色之娱的目的。但另一方面，在客观上这也给他的诗歌创作带来了积极的影响。首先，音乐是曹操接触乐府古辞的重要媒介，为曹操熟悉并进而喜爱乐府古辞创造了一个重要的前提条件（当然不是唯一重要的前提条件），使乐府古辞对曹操的诗歌创作发生影响增加了可能性。曹操平常所聆听的音乐，不少是原来的乐府古辞。宋人郭茂倩所编《乐府诗集》中所载的《江南》《东光》《鸡鸣》《乌生》《平陵东》《陌上桑》《折杨柳行》《善哉行》等古辞都还标着"魏、晋乐所奏"的字样（有的演奏时经过了增饰）。实际上，被魏晋所奏的应当不止这些，不然其余的古辞很难经过战乱再保存下来。这样，曹操就通过欣赏音乐大量而频繁地接触了乐府古辞，进而从中汲取了思想艺术营养。其次是，为了配乐演唱的需要，曹操因而创作了大量拟作乐府，其收入《乐府诗集》者，有四首标明"魏乐所奏"，十首标明"魏、晋乐所奏"，有四首标明"晋乐所奏"。实际上，在曹操当时恐怕全都是可以配乐演唱的，《三国志·魏书·武帝纪》裴注引《魏书》说曹操"登高必赋，及造新诗，被之管弦，皆成乐章"，就说明了这一点。这样，音乐就成了刺激曹操创作欲望、推动曹操大量创制乐府诗的一个直接动因。最后，音乐在艺术表现方面也给予了曹操的乐府诗一些直接影响和制约，曹操为了使自己的乐府诗在演奏时适合音乐的要求，也自觉地接受了这种影响和制约，因而使其乐府诗具有一些独特的风采。下面拟就上述问题再展开做一些阐述。

汉魏时代的音乐，有雅乐、俗乐之分。雅乐是郊祀朝会的贵族乐章，其辞是《乐府诗集》中的郊庙歌辞和燕射歌辞。俗乐则是朝野士庶共享的赏心悦目之乐，以汉武帝以后所采集的各地风谣为主，其词主要保存在《乐府诗集》的相和歌辞、清商曲辞和杂曲歌辞等类中，其总名为清乐或清商乐。以乐府和《诗经》相比，俗乐相当于《诗经》中的国风、小雅，而雅乐则相当于《诗经》中的大雅和颂。曹操出于礼仪的需要,并不摒弃雅乐,相反得到杜夔后,还让他重新创制雅乐。杜夔演习了旧有的四曲雅乐,一名《鹿鸣》,二名《驺虞》,三名《伐檀》,四名《文王》,都是古声辞,但新乐实际上无所创定。又《晋书·乐志上》:"阆中有渝水,因其所居,故名曰《巴渝舞》……其辞既古,莫能晓其句度。魏初,乃使军谋祭酒王粲改创其词。粲问巴渝帅李管、种玉歌曲意,试使歌,听之,以考校歌曲,而为之改为《矛渝新福歌曲》《弩渝新福歌曲》《安台新福歌曲》《行辞新福歌曲》《行辞》,以述魏德。""魏初"指建安十八年(213)曹操初封魏公、建魏社稷宗庙之时,王粲所作,俱为称颂"魏德"之辞,无疑也属雅乐。又《文选》左思《魏都赋》李善注:"文昌殿前有钟虡,其铭曰:'惟魏四年,岁在丙申,龙次大火,五月丙寅作蕤宾钟,又作无射钟。'建安二十一年七月,始设钟虡于文昌殿前,所以朝会四方也。"钟是演奏雅乐的主要乐器,曹操在"魏四年"即建安二十一年(216)铸造蕤宾钟和无射钟,就是为了用作朝会宴飨。据《书钞》卷一百零八所载,蕤宾钟"重二千百八钧十有二斤",无射钟"重三千五十钧有八斤",一钧等于三十斤,如果《书钞》所载属实,则两钟均重达数万斤,曹操为铸造这两座钟,可以说是不惜血本了。

但曹操平常所喜爱的音乐,却并不是雅乐而是俗乐。《宋书·乐志三》在介绍俗乐《但歌》的演唱形式时说:"《但歌》四曲,出自汉世。无弦节,作伎,最先一人唱,三人和。魏武帝尤好之。"就在一定程度上说明了这个问题。出现这种情况的原因,主要是由于俗乐本身具有雅乐所不能及的种种长处。从内容看,雅乐庄重典雅,千篇一律,而相和杂曲却都是"汉世街陌谣讴"(《宋书·乐志一》),内容丰富,情感真切,新鲜感人。从演唱形式看,雅乐板滞缺少变化,而俗乐却形式多样,各具特色,活泼生动。如《但歌》是由一人领、三人和的乐曲,相和歌则由三人演唱,其中一人吹管,一人弹弦,一人打节拍，同时主唱。从演奏乐器看，雅乐主要用金石，音声典雅凝重；而俗乐主要用弦管，音声悦耳清新，摇曳多变。由于俗乐具有上述特点，因而它引起了朝野士庶的普遍爱好，并自西汉以来在统治阶级和贵族文士中形成了一个爱好俗乐的传统，这对曹操自然会深有影响。此外，从保存至今的汉代乐府诗的内容、风格和语言形式来推测，它们只有少数产生在西汉，多数产生在东汉，甚至有"汉末建安中"的作品（如《古诗为焦仲卿妻作》）。流传的地域，又主要是在以洛阳为中心的中原地区。这样，曹操从小就置身在差不多是同时代、同地域的俗乐的熏染之中，从而培养了对于俗乐的感情和欣赏习惯。曹操在汉末大乱中亲历乱离，具有较为进步的政治思想、文学思想和勇于革新的精神，因而对俗乐歌辞中所表现的现实生活内容能够有较为切实的理解，易于产生激动和共鸣，具备喜爱俗乐的思想基础，这也是一个不应忽视的原因。

曹操喜爱俗乐，这给他的创作带来的影响是明显的。由于配乐演唱的需要，曹操创制了大量俗乐歌辞，成为文学史上第一个大力写作俗乐歌辞的文人诗人。《乐府诗集》所收曹操乐府全部为相和歌辞，而汉代乐府古辞也主要保存在相和歌辞中，其中的传承关系是明显的。曹操不仅在体裁形式方面接受了俗乐的影响，同时也接受了俗乐歌辞"感于哀乐，缘事而发"的现实主义精神，从而使自己的创作具有丰富的人民性，在中国诗歌史和音乐史上开出了一个新生面。

曹操诗歌的风格具有激昂慷慨的一面，同时也有沉郁悲凉的一面，钟嵘《诗品》在评曹操诗时，就只说了一句话："曹公古直，甚有悲凉之句。"这种"悲凉"风格的形成，同"世积乱离，风衰俗怨"的时代和曹操个人的所经所历所感有关，而凄凉哀怨的俗乐在其间也起着不可忽视的推波助澜的作用。俗乐主要使用笙、笛、竽、筝、琴、瑟、琵琶等管弦乐器,它们在发音上具有清越哀怨的特色,《礼记·乐记》就说:"丝声哀。"孔颖达疏云:"'哀',谓哀怨也,谓声音之体婉妙,故哀怨矣。"奏乐以生悲为善音,听乐以能悲为知音,这是汉魏六朝的风尚。嵇康《琴赋》就说:"八音之器,歌舞之象,历世才士,并为之赋颂。……称其才干,则以危苦为上;赋其声音,则以悲哀为主;美其感化,则以垂涕为贵。"曹操在《步出夏门行·河朔寒》中说:"心常叹怨,戚戚多悲。"在这种心境之下来聆听清越哀怨的俗乐,必然会觉得很对脾味;反过来,在聆听过程中这种音乐必然又会进一步触动其内心的悲戚之思,从而产生抒写出来、付诸管弦的愿望。而在这种情况下创作出来的乐府歌辞,其风格会濡染上"悲凉"的情调色彩,也就成为不可避免的事了。

　　音乐对曹操乐府诗的结构也留下了比较明显的影响,这从"解"的划分上可以看出。乐府相和歌的曲式结构,一般由单个的"曲"组成,"曲"又往往划分为若干个唱段,一个唱段即称为一"解"。这种结构特点在曹操制作的相和歌辞中得到了反映。曹操乐府的"解"有多有少,每解的句数、字数也不相等(甚至很不相等),有的只是诗中的一个小的层次,有的是诗中的一个段落(或大的层次),有的则是可以独立存在的一首诗(如《步出夏门行》中的《观沧海》《冬十月》《河朔寒》和《神龟虽寿》)。这种情形的出现,固然跟不同内容的不同要求有关,但很可能更多的是为了适应不同乐曲的不同要求。解的划分,使得这些乐府诗大都显得结构清晰、层次分明,这无疑有助于提高作品的艺术水平,也给读者的阅读和理解带来了便利。还值得注意的是,像《步出夏门行》这样的一解即为一首独立诗章的作品,实可视作文人独立创作组诗的开始,在诗史上具有某种开风气的意义。这首诗作于建安十二年(207)北征乌桓胜利后班师途中,写诗人其时的所见所思所感,各解之间有比较连贯的构思,内容上也互有联系,但又各自具有较长篇幅,表达一个独立而完整的意思,虽隶属于一个总的题目之下,却完全可以独立成篇。这种情形在《楚辞》中已屡见(屈原《九歌》是对民间创作的加工,《九章》则是由后人辑录在一起的,姑不论;但受其影响,汉人创作了《七谏》《九怀》《九叹》《九思》等组诗式的作品),但在诗中尚属未闻。东汉有秦嘉《赠妇诗》三首、赵壹《疾邪诗》二首、仲长统《见志诗》二首及旧题李陵、苏武别诗数首,虽具有某些组诗的特点,但题目疑均为后人所加,大体上也为后人所辑录,恐都不能以组诗目之。

《乐府诗集》卷二十题解云:"诸调曲皆有辞、有声,而大曲又有艳、有趋、有乱。""艳在曲之前,趋与乱在曲之后,亦犹吴声、西曲前有和,后有送也。"大曲是一种大型的歌舞曲,是相和歌在发展过程中逐渐与舞蹈、器乐演奏相结合的产物。其结构大体上有三种类型:艳——曲;曲——趋(或乱);艳——曲——趋(或乱)。以后一种结构最为典型。艳是序曲或引子,多为器乐演奏,也有歌唱的。曲是整个乐曲的主体,一般均由两个以上的解组成。趋或乱是乐曲的结尾部分,可以是个唱段,也可以是个器乐段。《宋书·乐志三》共载有大曲十五曲,其中有曹操的《碣石》(《步出夏门行》)。其艳全文为:"云行雨步,超越九江之皋。临观异同,心意怀犹豫,不知当复何从。经过至我碣石,心惆怅我东海。"从乐曲上说这是一段序歌,从诗来说是一段序言,而且可以说是我国诗史上写诗而有序言的开始。此前张衡《怨诗》有"秋兰,咏嘉美人也。嘉而不获,用故作是诗也"数语,颇类序言,但《广文选》《诗纪》不载,从语气看也颇似后人所拟的解题之类。《古诗为焦仲卿妻作》是确有序的,但该诗始载于南朝陈徐陵所编《玉台新咏》,序中有"汉末建安中""时人伤之"这类追叙性的词语,因此序为后人所拟的可能性极大。《步出夏门行》的这篇"序"却是可以确信无疑的。余冠英认为:"艳辞不整齐,和正曲四章不同，又有不甚可解的地方，可能本是用散文写的序，后来合乐时用做艳，为了迁就乐调不免改变原来的句逗。"(《三曹诗选》)也认为"艳辞"乃诗人为该诗"写的序"，但认为该序"可能本是用散文写的"，则恐系揣测之辞。艳作为序曲，与正曲肯定会有所不同，因此与之配合的歌辞与正曲四章的歌辞肯定也会有所不同。此前并无写诗而又同时写序的先例或传统，因此曹操用散文预先写出一篇序的可能性也不大。只能认为，曹操是为了适应艳的要求才写出了这段文字的。

曹操诗的重叠和反复比较多。有的是前后紧连。如：

厥初生，造化之陶物，莫不有终期。莫不有终期。(《精列》)
晨上散关山，此道当何难！晨上散关山，此道当何难！(《秋胡行》)

有的是间隔出现。如：

驾六龙，乘风而行。行四海外，路下之八邦。历登高山临溪谷，乘云而行，行四海外。(《气出唱》)

诗有重叠与反复，这本不足怪，但像曹操诗这样频繁地使用重叠和反复的情况却不多，这也是须从音乐方面去找原因的。我们知道，没有歌词的乐曲是纯用音响和旋律来构成形象的，而有歌词的乐曲却以歌词作为构成形象的基础。这种诉诸听觉的艺术与着眼于读的作品不同。着眼于读的作品，读者可以慢慢地去思考、理解、品味，时间可以拖得较长，一篇作品可以分成若干次读完。而音乐不一样，它要通过听众当时直接的感受和体验来表现内容和感情，时间不能拖得太久,音乐形象也不能过于复杂。因此,适当地增加歌词的重叠和反复,使同一形象不断回旋、再现,使听众在有限的时间内熟悉、理解这个形象,受到激动和感染,无疑是有必要的。曹操对此显然有所认识,并将这种认识付诸实践了,从而使他的诗作具有自己的特色。

曹操诗比较讲究声律的和谐,这同音乐的影响也是不无关系的。钟嵘在《诗品序》中说:"古曰诗颂,皆被之金竹,故非调五音,无以谐会。"意思是,古代同音乐配合的诗、颂都要调好五音(指四声),不然就不能使歌词与曲调和谐统一。又说:"三祖之词,文或不工,而韵入歌唱。此重音韵之义也,与世之言宫商异矣。"意思是,曹操、曹丕以及曹睿的诗,文词或有不工,而声音可以入乐歌唱,这就是古代重视音韵的意义,和近世讲究宫商(指"永明体")的一味追求声律)不同。可见,钟嵘认为古人重视音韵同音乐的要求直接有关,而曹操在这方面又是表现得比较突出的。歌词语言同音乐虽是两回事,但在声音表现上都有高低、强弱、长短、快慢的差别和变化,从而形成一定的旋律,这就表明它们之间有可相通的地方,彼此间发生一定影响也就成为可能。比较而言,曹操对于押韵更为重视,他的诗如果用中古音韵,或者用同中古音韵不尽相同的平水韵去对照,差不多都是押韵的,不少诗用今天的普通话去读也还是这样。当然,也有的现在读起来不大押韵了,这是古今音变的结果,实际在当时还是押韵的。如《步出夏门行·观沧海》是隔句用韵,韵脚是海、峙、茂、起、里(第十句的"中"处在押韵位置上但不入韵,是极特殊的情况,可以不管)。峙、起、里今天读起来也还押韵,它们在平水韵中都属上声纸部,但海(属上声贿部)、茂(属去声宥部)就不然了。但是,纸、贿、宥三部在古代是相通的,海、峙、茂、起、里在当时读起来是和谐的。此外,由于诗歌的节奏和音乐的节奏有着密切的联系,依声而制的歌词节奏要尽量与乐曲的节奏相协调,因而曹操诗的节奏在一定程度上也受到了音乐的影响。歌词语言的节奏,主要是通过对句式中音节或音组的合理配合来实现的。曹操诗有四言、五言、杂言等多种,这是中国诗歌发展到那个时代的必然结果,同时与音乐的要求也不无关系,在一定程度上与适应不同旋律和节奏的乐曲需要有关。在音乐中拍子是衡量节奏的手段,不同形式的节拍要求字数不等的歌词与它配合,从而影响到了句式节奏与诗歌体裁的多样,这是不难理解的。

总之,曹操为恢复和振兴汉末大乱后的音乐艺术是起了不小的作用的。他对音乐的爱好和造诣,又给他的诗歌创作带来了积极的影响。事实表明,曹操在中国音乐史上是应当享有一定地位的。

其次,曹操对于书法艺术也有很深的造诣,尤其擅长草书。最早评论曹操书法的是西晋的张华。《三国志·魏书·武帝纪》裴注引张华《博物志》说:"汉世,安平崔瑗、瑗子寔、弘农张芝、芝弟昶并善草书,而太祖亚之。"崔瑗父子、张芝兄弟都是汉代大书法家,崔瑗、张芝成就尤著,唐人张怀瓘在《书断》中将此前书法家分成神品、妙品、能品三类,崔寔的章草和张芝的行书、章草、草书都被张怀瓘列入最高品神品,曹操的草书只比这几个人略逊一筹,得与之相提并论,这就很不容易。到了南朝,梁庾肩吾在《书品》中把书法家分成上之上、上之中、上之下、中之上、中之中、中之下、下之上、下之中、下之下九品,曹操被列入中之中,评语说:"魏主笔墨雄赡。"在张怀瓘《书断》中,曹操则被列入妙品中的"章草八人"之一,评语说他"尤工章草,雄逸绝伦"。"笔墨雄赡""雄逸绝伦",可以说是人如其书,书如其人。

从张怀瓘《书断》看,曹操的各体书迹在唐代都是有流传的,不然张怀瓘如不经过比较,是难以轻率地下"尤工章草"的断语的。其书迹在南宋犹有流传，据《晦庵题跋》，朱熹曾题曹操帖云："余少时曾学此表。"可见曹操书迹在当时还曾被人当做临摹仿习的样本。不仅如此，曹操还有书迹留存至今。建安二十年（215）曹操西征汉中，经过栈道咽喉褒城石门（今陕西勉县东北）时，看到褒河水流湍急，冲击河内礁石，好像连绵不断的雪团，便题写了"衮雪"二字，刻在河中礁石上，下面有后人附镌的"魏王"衔名。两字字径一尺，确是汉代八分（隶书）体，而又以圆笔出之，笔力横绝，遒劲挺拔。1976年这里修筑水库，文物部门将这一古迹移到汉中博物馆珍藏。此外，曹操的草书还有"来"、"出"、"写"、"曹"、"短"等字见之于《行草大字典》。

由于喜好书法，因此曹操很注意交结、网罗书法人才。著名书法家蔡邕（张怀瓘《书断》将其八分、飞白列入神品，大篆、小篆列入妙品）、钟繇（庾肩吾《书品》将其列入上之上，张怀瓘《书断》将其隶书、行书列入神品，八分、草书列入妙品。得与王羲之齐名，世合称"钟王"）、韦诞（庾肩吾《书品》将其列入上之下，张怀瓘《书断》将其八分、隶书、章草、飞白列入妙品，小篆列入能品）、邯郸淳（张怀瓘《书断》将其大篆、小篆、八分、隶书列入妙品）、张芝、张昶等人都与之关系很深，曾在一起切磋过书艺，在这方面还曾留下神奇的传说。宋陈思《书苑菁华》卷一《秦汉魏四朝用笔法》记载说："魏钟繇少时，随刘胜入抱犊山学书三年，还与太祖、邯郸淳、韦诞、孙子荆、关枇杷等议用笔法。繇忽见蔡伯喈笔法于韦诞坐上，自捶胸三日，其胸尽青，因呕血。太祖以五灵丹救之，乃活。"钟繇后来成为曹操的亲信僚佐，对曹操统一北方做出了重要贡献。曹操在《与钟繇书》中将他比作萧何，甚为推重。

由于珍惜书法人才，曹操对反对过自己的书法家也表现出了比较宽容的态度。西晋卫恒《四体书势序》记载说："梁鹄奔刘表，魏武帝破荆州,募求鹄。鹄之为选部也,魏武欲为洛阳令而以为北部尉,故惧而自缚诣门,署军假司马,在秘书以勤书自效,是以今者多有鹄手迹。魏武帝悬著帐中,及以钉壁玩之,以为胜宜官。"梁鹄也是当时的大书法家,师法师宜官,庾肩吾《书品》将其列入上之下,张怀瓘《书断》将其八分书列入妙品。灵帝时为选部尚书,当时曹操刚刚踏入仕途,想当洛阳令,梁鹄却只让他做了洛阳北部尉。董卓乱起,梁鹄奔荆州。曹操平荆州,梁鹄上门请罪,曹操因爱他的书法,并不治罪,相反让他做了军假司马(军法官),让其发挥书法才能。自己还将其字悬挂帐中、钉在壁上赏玩钻研,并夸奖胜过师宜官。上述举动,对促进当时书艺的发展无疑具有积极作用。

此外,曹操不仅具有卓越的军事指挥才能,个人的武艺也具有相当高的水平。《三国志·魏书·武帝纪》裴注引孙盛《异同杂语》说他"才武绝人,莫之能害",又引《魏书》说他"才力绝人,手射飞鸟,躬禽猛兽",曾在南皮射雉鸡,一天就射下六十三只。据裴注引张华《博物志》,曹操还精通围棋,与山子道、王九真、郭凯等围棋好手齐名。对养生之术也颇有研究,懂得方药,擅长气功,这些在前面都已提到。据裴注引《魏书》,曹操对建筑工艺、器械制作也颇在行,"及造作宫室,缮治器械,无不为之法则,皆尽其意"。在官渡之战中,曹操曾下令造发石车,估计像发石车这一类军用器械,曹操是有相当研究的。曹操还善出字谜,长于"蹴鞠",也就是很会踢球。当时有个叫孙叔材的人,以善蹴闻名,曹操就将他留在了自己身边。

还值得一提的,是曹操对于饮食文化也有相当研究。建安元年(196)曹操迎献帝都许后,曾写过《奏上九酝酒法》:

> 臣县故令南阳郭芝,有九酝春酒。法用面三十斤,流水五石,腊月二日清麴,正月冻解,用好稻米,漉去麴滓,便酿法饮。

曰罾诸虫,虽久多完。三日一酿,满九斛米止。臣得法酿之,常善;其上清滓亦可饮。若以九酝苦难饮,增为十酿,差甘易饮,不病。今谨上献。

"九酝酒"即九酝春酒,是一种须酿九次的酒。曹操所说的酿法是:用酒药三十斤,活水五百斤,腊月二日把酒药浸泡在水中,正月解冻后过滤去滓,用好稻米酿造,三天一次,每次用一斛米,满九斛为止。如果觉得味苦,还可再多酿一次,这样就比较甘甜好喝了。虽然是过去的谯县县令郭芝留下来的,但从"臣得法酿之,常善"一语看来,曹操是通过实践精通了此法的。曹操又曾写下《四时食制》一文:

郫县子鱼,黄鳞赤尾,出稻田,可以为酱。
鳣,一名黄鱼,大数百斤,骨软可食,出江阳、犍为。
蒸鲇。
东海有大鱼如山,长五六里,谓之鲸鲵,次有如屋者。时死岸上,膏流九顷。其须长一丈,广三尺,厚六寸。瞳子如三升碗。大骨可为矛矜。
海牛鱼皮生毛,可以饰物,出扬州。
望鱼侧如刀,可以刈草,出豫章明都泽。
萧拆鱼,海之干鱼也。
鳡鲕鱼黑色,大如百斤猪,黄肥不可食,数枚相随,一浮一沉。一名敷,常见首。出淮及五湖。
蕃逾鱼如鳖,大如箕,甲上边有髯,无头,口在腹下,尾长数尺有节,有毒螫人。
发鱼带发如妇人,白肥无鳞,出滇池。

蒱鱼,其鳞如粥,出郫县。

　　疏齿鱼,味如猪肉,出东海。

　　斑鱼,头中有石如珠,出北海。

　　鳣鱼,大如五斗奁,长丈,口颔下。常三月中从河上。常于孟津捕之。黄肥,唯以作酢。淮水亦有。

涉及的全属鱼类,不少鱼形状奇特,一些鱼如望鱼、蕃逾鱼、发鱼、疏齿鱼的情况今已难确考。这些鱼分别生长在稻田和江、河、湖、海之中,产地涵盖了现在的大半个中国。鱼的用途,既可做鱼酱、醋等食品,还可有别的用途,如鲸鲵的大骨头可以做长矛的柄,海牛鱼皮可以做装饰品。鱼的产地曹操大都没到过,这些鱼曹操也未必都亲自见过,亲口尝过,文章可能是根据他人见闻记录整理而成。名为《四时食制》,其实不可能真正照此安排食谱。但曹操却能记录整理得如此详尽,鱼的产地、形状、颜色、习性、用途乃至吃法等竟然无不涉及,可谓具体而微,表明曹操对这一问题是极端的投入和关注的,也表明他在这一领域是具有广博的知识的。

　　曹操能够具有多方面的技能,拥有广博的知识,取得多方面的成就,是同他丰富的社会实践和刻苦学习的精神分不开的。曹操少时游荡无度,喜欢飞鹰走狗,爱恶作剧,不太留心学业,因此看来他的发愤和成功主要是在成年以后。一方面他通过多方面的社会实践不断积累着各种有用的知识,另一方面他能够在处理繁重的政务军务之暇坚持孜孜不倦地看书学习。《三国志·魏书·武帝纪》裴注引孙盛《异同杂语》说他"博览群书",又引《魏书》说他"御军三十余年,手不舍书,昼则讲武策,夜则思经传",曹丕《典论·自叙》说他"雅好诗书文籍,虽在军旅,手不释卷,每每定省从容,常言人少好学则思专,长则善忘,长大而能勤学者,唯吾与袁伯业耳",曹植《武帝诔》说他"既总庶政,兼览儒林,躬著雅颂,被之琴瑟",就都说明了这个问题。活到老,学到老,这就是曹操成功的秘密。不走汉儒毕生穷究一经的道路,注意摄取各种各样有用的知识,兼收并容,为我所用,这种观念的转变,显然也在其中起了不容忽视的作用。

曹操好学,在当时是产生了广泛的影响的。孙权的大将吕蒙原来文化不高,孙权劝他好好读书,以增长知识,吕蒙以军中事务繁忙为辞。孙权就劝他说:"以前光武帝刘秀带兵马作战时,手不释卷,曹孟德也自称老而好学,你为什么不以他们为榜样而自我勉励呢?"吕蒙听了孙权的话,以刘秀和曹操为榜样,发奋学习,后来成为一个才略出众、学识渊博的人。曹丕、曹植兄弟在曹操耳提面命的教导和影响之下,更是锻炼出了多方面的才能,特别是在文学方面取得了突出的成就,在中国文学史享有引人注目的地位。

第二十六章　曹操的家庭

一　曹操的妻妾

曹操拥有众多的妻妾，在被封魏王后，王后以下共分五等，即夫人、昭仪、倢伃、容华和美人。其中有姓氏可考者十五人，即丁夫人、卞氏、刘夫人、环夫人、杜夫人、秦夫人、尹夫人、王昭仪、孙姬、李姬、周姬、刘姬、宋姬、赵姬和陈妾。其中生平事迹彰明的有卞后和丁夫人。

丁夫人是曹操的结发妻子，没有生育，于是把曹操的长子——早亡的刘夫人所生的儿子曹昂当做亲生儿子抚养。曹昂随曹操南征被张绣杀害后，丁夫人很伤心，经常数落、哭骂、埋怨曹操："把我儿子杀了，都不知道顾念！"

曹操开始还能容忍，后来忍不住了，便把丁夫人送回了娘家，打算等她平静一段之后再接回来。但丁夫人脾气很倔，不肯回心转意。曹操后来到丁夫人娘家去，丁夫人正在织布，有人传话说："曹公来了。"丁夫人仍坐在织布机上织她的布，没有搭理曹操。曹操来到丁夫人跟前，抚摸着她的背说："同我一起坐车回去吧！"

丁夫人既不回头看曹操,也不回答。曹操站了一会儿,离开了丁夫人,走到门外,又站住,再次问丁夫人:"跟我一起回去行不行呀?"

丁夫人还是不答应。曹操只得说:"真的是要同我分手了!"

以后就再也没有去找过丁夫人。曹操要丁夫人的父母将她改嫁,但其父母不敢。曹操对这件事的处理,还是较为入情入理的,说明他对丁夫人还是有感情的。对丁夫人有感情而又希望她改嫁,并不要求她为自己守节,这又不能不是一个破除传统观念的举措。春秋时,蔡人嫁了齐桓公所出之妇,齐桓公便愤而兴兵讨伐,两相比较,是不难看出曹操的豁达大度来的。曹操大约十分看重男女之间正常的生理需求,为了尊重女方这种需求,因而大胆地将"妇德"之类的礼法观念抛到了一边。曹操在《让县自明本志令》中,提到他常对众妾说:"顾我万年之后,汝曹皆当出嫁。"从这件事看,他是并没有说谎的。曹丕后来病重时,下令将后宫淑媛、昭仪以下送回家去,这显然是接受了曹操的影响。

卞氏是琅玡开阳人,原为歌舞艺人,灵帝光和二年(179)二十岁时在谯县被曹操纳为妾,后随曹操到洛阳。董卓乱中,曹操潜出洛阳东归,卞氏仍留洛阳。袁术传来消息,说曹操已经遇难,跟随曹操去洛阳的人发生动摇,都想散伙回家,卞氏阻止说:"曹君吉凶并没有得到准确的消息,你们今天回家了,明天曹君要是还在,那时还有什么脸面相见呢?即使大祸真的临头了,大家一起死又有什么可怕的呢!"

于是大家听卞氏的话,都留了下来。后来曹操知道了这件事,十分感激卞氏。建安初年,丁夫人被废后,曹操便以卞氏为继室,先后生下曹丕、曹彰、曹植和曹熊诸子,其余诸子凡生母早亡者,都由卞氏一并抚养。建安二十二年(217),曹丕被立为太子。两年后,卞氏被立为王后。曹操下令说:

> 夫人卞氏，抚养诸子，有母仪之德。今进位王后，太子诸侯陪位群卿上寿，减国内死罪一等。(《策立卞后》)

"诸侯"指曹丕诸弟已被封为侯王者，"陪位群卿"指陪同太子、诸侯的百官，"上寿"即祝贺的意思。就这样，由于曹操没有带出身贵贱的偏见，卞氏终于从一个普通的歌舞艺人登上了王后的宝座。曹操死、曹丕即位后，被尊为王太后；及登帝位，被尊为皇太后。曹丕死、曹睿即位后，被尊为太皇太后。太和四年(230)五月去世，七月在高陵同曹操合葬。

卞氏为人相当宽厚。丁夫人被废前，因是正妻，又抚养着长子曹昂，对待卞氏母子并不怎么厚道。卞氏被扶正后，不念旧恶，常常趁曹操不在，让人给丁夫人送去些东西，还私自迎来丁夫人，让她坐在上位，而自己坐在下位。迎来送往，礼节同以前完全一样。丁夫人过意不去，说："我是一个被废的人，夫人哪能老是这样待我呢？"

丁夫人去世后，卞氏请求曹操承担殡葬的责任，曹操答应了，便将丁夫人安葬在许都南面。后来曹操病重，自知不可能再好起来了，于是感叹说："我前后所做的事情，于心不曾有所负。假使死后有魂灵存在，子修(曹昂字)如果问我：'我母亲在哪？'我将怎么回答呢？"

可见，曹操对丁夫人被废是抱有歉疚之意的。

卞氏随同曹操出征，每当看到年高发白的老人，总要停下来，关切地询问一番，赠送一些绢帛之类的东西。还往往因此而联想到自己的父母，对着碰上的老人流泪说："只恨我父母没能活到这个时候！"

杨修被杀后，曹操给杨彪写了一封信，表示慰问之意。在此同

时,卞氏也给杨彪夫人袁氏写了一封信。信云:

> 卞顿首。贵门不遗,贤郎辅位,每感笃念,情在凝至。贤郎盛德熙妙,有盖世文才,阖门钦敬,宝用无已。方今骚扰,戎马屡动,主簿股肱近臣,征伐之计,事须敬咨。官立金鼓之节,而闻命违制,明公性急忽然,在外辄行军法,卞姓当时亦所不知。闻之心肝涂地,惊愕断绝,悼痛酷楚,情自不胜。夫人多容,即见垂恕。故送衣服一笼,文绢百匹,房子官锦百斤,私所乘香车一乘,牛一头。诚知微细,以达往意,望为承纳。(《与杨虎夫人袁氏书》)

信肯定是在曹操的授意之下写的,所谓夫唱妇随,所以还是将杨修之死说成为咎由自取。但其中说到曹操"性急",并说自己"当时亦所不知",这就将责任部分地推给了曹操,言下之意,如果曹操不"性急",或虽"性急"而自己能够及时得知情况加以劝阻,也不至于如此。字里行间,还是流露出了些许款诚,是能反映出卞氏的为人的。

在政治生活中,卞氏有时颇具识见,能明大义。曹丕被立为太子时,左右都向她表示祝贺,说:"将军被立为太子,天下莫不欢喜,王后应当把钱帛拿出来赏赐大家。"

在封建社会中,夫贵妻荣,母以子贵,曹丕被立为太子,作为母亲的卞氏日后的地位可想而知。但卞氏这时却很冷静,说:"曹丕在诸子中年纪最大,因此魏王立他为嗣,我只应当为对孩子的教育没有出过差错感到庆幸,哪里谈得上为此而大行赏赐呢?"

左右将卞氏这番话告诉了曹操,曹操听后很高兴,说:"生气不改变仪容,高兴不失去节制,能做到这个地步是很困难的!"

曹丕即位后,卞氏身处皇太后的高位,不轻易干预朝政。平时她对曹植很钟爱，但有一次曹植犯了法，被有关部门检举弹劾。曹丕让卞氏弟弟的孩子奉车都尉卞兰将这件事告诉卞氏，目的是要听听她的意见。卞氏很识大体，没有因私情而袒护曹植，对卞兰说："没想到这孩子会做出这样的事情。你回去回禀皇帝，不要因为我的缘故而破坏了国法。"

后来她自己见到曹丕，也避而不提这件事情。但曹植因与曹丕争夺过继承权，曹丕怀恨在心，登基后一再跟曹植过不去，甚至曾企图杀害曹植。《三国志·魏书·曹植传》载："黄初二年，监国谒者灌均希指，奏植醉酒悖慢，劫胁使者，有司请治罪，帝以太后故，贬爵安乡侯。"裴注引《魏书》载曹丕诏曰："植，朕之同母弟。朕于天下无所不容，而况植乎？骨肉之亲，舍而不诛，其改封植。"曹植《责躬诗》也说："将置于理，元凶是率。""不忍我刑，暴之朝肆。"可见，曹丕本来是要杀曹植头的，幸得卞氏从中回护，曹植才逃脱了这场灾难。这说明，卞氏并不是绝对不过问"朝政"，但对这类"朝政"进行干预，带有主持正义的性质，还是值得肯定的。

在奉行节俭方面，卞氏做得尤为出色。她同曹操一样，不喜欢华丽的东西，起居处没有锦绣珠玉等摆设，器具涂的都只是一般的黑漆。为了节省国家开支，卞氏主动提出降低伙食标准。一次，曹丕为卞氏的弟弟卞秉新造一座府第，落成以后，卞氏出面宴请前来祝贺的外亲，但吃的都是一些普通的菜肴。她身边的人，平常也都是菜食粟饭，没有鱼肉。

卞氏不但自己厉行节俭，同时严格要求自己的亲戚。她每次见到外亲，表情都非常严肃，常常告诫他们："居处当务节俭，不应当奢望赏赐。外人或许会怪我待你们太刻薄，其实这是因为我有自己的主张。我侍奉武帝四五十年，已经养成了节俭的习惯，不能又变得奢侈起来。"她还警告外亲：不要违法乱纪，如果谁犯了法，不但不能从她这里得到赏赐钱米的好处,还要给他罪加一等。

卞氏能够如此节俭,自然同她较低微的出身不无关系,但更重要的是由于曹操的严格要求和大力提倡。一次,曹操得到几具名珰,让卞氏挑选一具,卞氏挑选了一具中等的,曹操问这是为什么,卞氏回答说:"挑选上等的是贪心,挑选下等的是虚伪,所以就挑选了一具中等的。"

从这件事不难看出,卞氏并非不想要一具上等的,但她不想堕入贪心,因而做了自我克制;当然,她也并不想显得虚伪。曹操下的一道又一道《内诫令》,她肯定是带头遵守了的,这就影响了后宫的所有人,从而在后宫形成了一种节俭的风气,进而影响到了整个社会节俭风气的形成。卞氏能不轻易过问朝政,能对外亲提出严格要求,这当也与曹操在世时的要求和影响有关。从这里不难看出,曹操不仅严于治国治军,而且也是严于治家的。

二 曹操诸子

曹操共有二十五个儿子,其中曹丕、曹彰、曹植、曹熊为卞氏所生,曹昂、曹铄为刘夫人所生,曹冲、曹据、曹宇为环夫人所生,曹林、曹衮为杜夫人所生,曹玹、曹峻为秦夫人所生,曹矩为尹夫人所生,曹幹为陈妾所生,曹上、曹彪、曹勤为孙姬所生,曹乘、曹整、曹京为李姬所生,曹均为周姬所生,曹棘为刘姬所生,曹徽为宋姬所生,曹茂为赵姬所生。曹熊、曹昂、曹铄、曹冲、曹玹、曹矩、曹上、曹勤、曹乘、曹整、曹京、曹均和曹棘在曹操病逝前即已离世。诸子中有名者,有曹昂、曹丕、曹彰、曹植、曹冲、曹衮、曹彪诸人。曹昂、曹冲的情况前已详述,这里再将曹丕、曹彰、曹植、曹冲、曹彪的情况做一些介绍。

曹丕字子桓,中平四年(187)冬生于谯县。建安十六年(211)被任命为五官中郎将、副丞相,二十二年(217)被立为魏太子。曹操病逝,嗣位为丞相、魏王,接着代汉称帝。黄初七年(226)五月病逝于洛阳,终年四十岁。曹丕在位期间,曾多次对吴用兵,炫耀了武力,但都未取得实质性的战果,原因在于当时魏、蜀、吴三方都有较强的实力,暂时谁也不具备打败对方的条件,曹操晚年在这方面已无所作为,曹丕要想改变这一局面就更困难了。不过从这件事可以看出,曹丕并不想只做一个守成之君,他还是很想有所作为的。

在内政方面,曹丕也采取了一些措施。他规定"后族之家不得当辅政之任,又不得横受茅土之爵",并规定宦者为官不得超过诸署令,这是有鉴于东汉外戚宦官专擅朝政造成紊乱的教训而采取的对策,是有一定意义的。在用人问题上,他诏令"郡国所选,勿拘老幼;儒通经术,吏达文法,到皆试用";又下诏说:"丧乱以来,兵革未戢,天下之人,互相残杀。今海内初定,敢有私复仇者皆族之。"又下诏禁设"非祀之祭,巫祝之言",这些基本上也都是承袭了曹操时代的做法。他还放宽了刑律,"广议轻刑,以惠百姓",又多次派遣使者巡行各地,"问民所疾苦,贫者振贷之",又下令士卒死亡或未收敛者由"郡国给槥椟殡敛,送致其家,官为设祭",这些措施对于缓和社会矛盾,安定人心,恢复和发展农业生产,也都有一定的好处。但他接受陈群建议,确立九品中正制度,致使其逐步成为世家大族把持选举、操纵政治的工具,其影响是消极的。

总的来看,曹丕在政治上的表现是平平的。比较而言,他在文学上的建树更为引人注目。曹丕的文学功绩在于:作为邺下文人集团的实际首领,他具体组织了很多文学活动。他的地位虽远在一般文士之上,但却能以较平等的态度同文士们亲密相处,以实际行动创造了一种良好的文学创作和文学批评风气,对促进建安文学的繁荣做出了积极贡献。文士们相继去世后,他为他们编集文集,对建安文学的传播起了十分重要的作用。在创作方面也成绩斐然。其著作《隋书·经籍志》著录有集十卷(梁二十三卷)。又有《典论》五卷,《列异传》三卷,多已散佚。今存《典论·论文》为文艺理论著作,曹丕在文章中强调了文学作为一种事业的重要性,指出了各体文学的特点,评论了当时七位有代表性的作家(后世称为"建安七子")在创作上的特点,并论述了作品风格等问题,是我国文学理论批评史上的第一篇专篇论文。另存诗约四十首,辞赋散文约三十篇。其诗歌创作遵循曹操开辟的乐府民歌化路线,又从古诗中吸取营养,形成了一种明丽自然的艺术风格,具有较多的文人诗面目。四、五、六、七、杂言无所不有,其中《燕歌行》是中国诗史上最早出现的完整而优美的七言诗,杂言长篇《大墙上蒿行》参差变化,气魄宏伟,为后来鲍照、李白的杂言乐府开出了端绪。六言诗在当时也属新创。其辞赋均为抒情咏物小赋,散文除《典论》外,以书信为最有特色,对建安时期抒情小赋和书信体散文的蓬勃发展,起了积极的推动作用。

曹彰字子文,建安二十一年(216)封鄢陵侯,黄初二年(221)进爵为公,三年,立为任城王。次年朝京都,死于邸舍。在曹操诸子中,曹彰最具将才,从小就喜欢射箭骑马,体力过人,手格猛兽,不避险阻。曹操曾让诸子谈谈自己的志向,曹彰说:"我想当将军!"曹操问:"做将军应当怎么做呢?"曹彰回答说:"做将军要被坚执锐,临难不顾,为士卒先,赏必行,罚必信。"曹操听了,哈哈大笑。

建安二十三年(218),代郡乌桓反。曹操任命曹彰为北中郎将,兼骁骑将军,率军北讨。曹彰率军进入涿郡,突然有数千乌桓骑兵杀来,而曹彰兵马尚未完全集中,身边只有步兵千人,骑兵数百。曹彰用田豫计,固守要害,乌桓无隙可乘,只得往后退散。曹彰乘机发起进攻,自己身先士卒,射杀乌桓多人。战过半日,曹彰铠甲连中数箭,斗志却更为昂扬,一鼓作气将乌桓追至离代郡只有二百余里的地方。长史诸将都认为不可越过代郡再深入冒进,曹彰不听,命令继续追击,一天一夜后追上敌人,展开激战,大获全胜,共斩杀、俘虏乌桓一千余人。当时鲜卑首领轲比能带着数万骑兵坐观成败,见曹彰英勇善战,于是请求归服,北方得以安定下来。

这段时间曹操正在汉中前线与刘备对峙。刘备驻兵山头,一再派其养子刘封下山挑战。曹操骂道:"卖草鞋的小子,老让你养子来抗拒你曹公吗?等我把我的黄须儿叫来,让他来对付你!"曹彰须黄,曹操故以黄须儿称呼他。不久曹操从汉中撤军,回到长安。曹彰这时已取得北征的胜利,奉召到长安,经过邺城时,曹丕让他见到曹操时不要居功自傲。曹彰见到曹操后,果然不言己功,而将功劳归于诸将。曹操十分高兴,摸着曹彰的黄须说:"黄须儿竟成为一个大大的奇才了!"

曹操东归,即命曹彰为越骑将军,驻守长安。

建安二十五年(220)正月,曹操在洛阳患病,召见曹彰,曹彰还未赶到洛阳,曹操就病逝了。曹丕即位后,命曹彰同其他侯王一样回到自己的封国。曹彰因自己立有战功,得到过曹操信用,满以为曹丕会因此而委以重任,得知也要回到封地的消息,很不高兴,不等曹丕正式下诏就走了。黄初四年(223)朝洛阳时死于邸舍。其死因有两说。《三国志·魏书·曹彰传》裴注引《魏氏春秋》说:"初,彰问玺绶,将有异志,故来朝不即得见。彰忿怒暴薨。"说是因曹彰在曹操死后曾向贾逵打听过魏王印玺的事,曹丕认为他有不轨的想法,因此来朝见时故意怠慢他,把他晾在邸舍不及时召见,而曹彰受不了这种怠慢,于是忿怒暴死(所谓暴死,可能是指自杀)。但《世说新语·尤悔》却有不同说法:

> 魏文帝忌弟任城王骁壮,因在卞太后阁共围棋,并啖枣。文帝以毒置诸枣蒂中,自选可食者而进。王弗悟,遂杂进之。既中毒,太后索水救之,帝预敕左右毁瓶罐,太后徒跣趋井,无以汲,须臾遂卒。复欲害东阿,太后曰:"汝已杀我任城,不得复杀我东阿!"

这说法颇有些离奇,但曹丕对待诸王苛薄,在诸王中,曹彰又特别"骁壮"有武略,因而曹丕对他特别不放心,直接予以毒害的可能性是存在的。

曹植字子建,建安十六年(211)封平原侯,十九年(214),徙封临淄侯。曹丕即位,去到封国。黄初二年(221),因被监国使者诬以"醉酒悖慢,劫胁使者"的罪名,差点被杀,得卞太后救护,被贬爵安乡侯。同年,改封鄄城侯。三年,立为鄄城王。四年,徙封雍丘王。曹睿即位后,于太和元年(227)徙封浚仪。二年,复还雍丘。三年,徙封东阿。六年,徙封陈王。同年十一月,发病而死,终年四十一岁。谥"思",后世因称他为陈思王。

在曹操诸子中,曹植最富文才,南朝宋文学家谢灵运曾赞誉说:"天下才有一石,曹子建独占八斗,我得一斗,天下共分一斗。"(宋佚名《释常谈》卷中引)曹操因此曾十分欣赏曹植,曾有心让他做自己的接班人。曹植自己也有着强烈的功名事业欲望,曾在给杨修的一封信中说:

> 吾虽薄德,位为藩侯,犹庶几戮力上国,流惠下民,建永世之业,流金石之功,岂徒以翰墨为勋绩,辞赋为君子哉!(曹植《与杨德祖书》)

也就是说,他并不甘心只是做一个文学家,而是力图在政治上有一番作为。但是,他在建安年间并没有表现出多少实际政治才能,相反还在一系列问题上出了纰漏,最终失去了曹操的信任,在争夺继承权的斗争中败下阵来。曹丕即位后,曹植的日子就不好过了,不仅在政治上备受虐待排挤,生活上也一直处于一种不安定的状态,甚至还尝到过"衣食不继"的苦头。不仅如此,曹植还多次面临性命之虞。除前面已经提到过的黄初二年(221)的一次外,黄初六年(225)曹植还曾遭东郡太守王机、防辅吏仓辑等人的诬陷,曹丕借机将他迁到邺城禁锢起来,并让朝中百僚典议,企图给他加上"三千之首戾"的罪名。大约又是卞太后从中斡旋,曹植才逃脱了"大辟"的惩处,被诏还鄄城。此外,据前引《世说新语·尤悔》,曹丕在毒杀曹彰后是还想毒杀曹植的。又《世说新语·文学》载:

  文帝尝令东阿王七步中作诗,不成者行大法。应声便为诗曰:"煮豆持作羹,漉菽以为汁。萁在釜下燃,豆在釜中泣。本自同根生,相煎何太急!"帝深有惭色。

这就是有名的"七步成诗"的故事,不一定可信,但至少说明曹丕不止一次萌生过杀害曹植的企图。大概一方面由于卞太后的阻挠,另一方面曹植毕竟只是一介书生,已成曹丕的"圈牢之养物",对其政权已构不成实质性的威胁,这种企图最终才未变成现实。

  曹睿即位后,曹植所遭受的政治迫害有所减轻,物质生活待遇也有所改善,因而萌生了在政治上抬头的想法,一再上表求试,希望曹睿给他从政的机会,并对具体政事发表了一些意见。但曹睿对曹植也抱有很深的成见,对其上表仅"优文答报"而已,实际上是完全拒绝了曹植的请求和建议。曹植最后是完全绝望了，终于在"汲汲无欢"中发病死去。

曹植一生，虽曾力图在政治上有所作为，并确实对某些政事发表过卓见，但总的说来在这方面谈不上有什么建树。他真正的成功是在文学方面，是一个在创作上集建安文学之大成、将建安文学推向最高峰的人物，历来被视为"建安之杰"。其散文中的书、表颇为可读，表被刘勰誉为"独冠群才"（文心雕龙·章表），《与杨德祖书》《求自试表》《求通亲亲表》都是散文史上的名作。辞赋也很有成绩，留存到现在的作品还有四十余篇，其中不仅有《洛神赋》《慰子赋》《愍志赋》这一类感伤身世、直抒胸臆之作，还有《鹞雀赋》《蝙蝠赋》等全用比拟、类似寓言的作品，别开生面，对后世很有影响。其诗歌创作的成就尤为突出，不仅内容丰富，题材广泛，述志、抒怀、叙事、写景、咏物、咏史、游仙、赠别、从军、边塞无所不有，而且形式多样，各体皆优，按胡应麟的说法是："建安中，三、四、五、六、七言、乐府、文、赋俱工者，独陈思耳。"（《诗薮》外编卷一）内容前期多抒发其政治理想和抱负，后期多反映其不幸遭际和理想受到压抑的怨愤。形式则以五言为主，是建安时期运用五言形式最为熟练的作家。同时十分讲究艺术表现，讲究艺术语言的加工，大大增强了作品的形象性和艺术感染力，达到了文质彬彬的境界。钟嵘《诗品》将其诗列为上品，评论说："骨气奇高，词采华茂，情兼雅怨，体被文质，粲溢千古，卓尔不群。嗟乎！陈思之于文章也，譬人伦之有周孔，鳞羽之有龙凤，音乐之有琴笙，女工之有黼黻。"几乎推崇到了无以复加的地步。

曹衮于建安二十一年（216）封平乡侯，二十二年徙封东乡侯，同年又改封赞侯。黄初二年（221）进爵为公，三年为北海王。四年，改封赞王。七年，徙封濮阳。太和六年（232），改封中山。青龙三年（235）病逝。曹衮从小好学，十余岁时即能写作文章。每读书，专心致志，左右常担心其精力耗费过度，多次加以谏阻，但曹衮情性如此，改不了。一生著述二万余言，《三国志·魏书》本传称其"才不及陈思王而好与之侔"，可见他是将曹植当做自己榜样，力图与之平起平坐的。性谨慎，左右曾上表称颂其专心好学，他知道后，十分惶恐，责怪左右不应当这样做，认为这样做反而是在给他找麻烦。平常生活节俭，命妃妾纺丝织布，学做普通人做的事情。曹衮如此谨慎小心，但还是免不了触犯时网，青龙元年（233）因有关部门奏他"犯京都禁"，曾受到削减封地的处罚。

曹彪字朱虎，建安二十一年（216）封寿春侯。黄初二年（221）进爵，徙封汝阳公。三年，封弋阳王，同年徙封吴王。五年，改封寿春。七年，徙封白马。太和六年（232），改封楚。嘉平三年（251），太尉王凌因对幼主曹芳受制于司马氏的情形不满，与其外甥兖州刺史令狐愚合谋，准备在淮南起兵，推翻司马懿，废掉幼主曹芳，另立他们认为是年长而有才的曹彪为帝。谁知事机不密，被司马懿察觉。司马懿先发制人，带兵南征，王凌自杀。接着，曹彪也被逼令自杀，妃及诸子被削为平民。

明人胡应麟在《诗薮》外编卷一中说："通计魏武诸子二十五人，殇者十余，知名者六：丕、彰、植、彪、冲、衮。彰之力，植之才，冲之智，皆古今绝出，咸萃一门，自书契来未有也。"确实，曹操诸子中曹丕、曹彰、曹植、曹冲等人确实是与众不同的，能够荟萃一门，确实是少见的。这种情形的出现，在很大程度上跟曹操的影响和教导有关。曹操很注意抓诸子的学习，从曹丕《典论·自叙》中"每每定省从容，常言人少好学则思专，长则善忘"的话来看，曹操是经常要求孩子们要趁年轻抓紧学习的。时逢战乱，曹操要求诸子既习文，又习武，成为文武兼长的人物。偏长文的孩子，曹操要他们练练武。其《百辟刀令》云：

> 往岁作百辟刀五枚适成，先以一与五官将。其余四，吾诸子中有不好武而好文学，将以次与之。

"百辟刀"是曹操冶炼的一种宝刀，其含义在其《内诫令》中有如下说明：

> 百炼利器，以辟不祥，摄服奸宄也。

"奸宄"指坏人，曹操炼此刀的目的是为了祛除不祥，震慑坏人。据曹植《宝刀赋序》，此刀炼了三年才炼成功，分别以龙、虎、熊、马、雀作为标记。将百辟刀给诸子中"有不好武而好文学"者，其用意是显然的。据曹植《宝刀赋序》，五把刀给了曹丕一把，曹植和曹林各得了一把，其余两把，后来曹操留下自用了，大概是还没有找到合适的受刀者吧。

对重武轻文的孩子，曹操则要求习文。他曾对曹彰说："你不读书慕圣道，而喜欢乘汗马击剑，这不过是一夫之用，哪里值得看重呢？"要曹彰同时读读《诗》《书》。不过曹彰对读《诗》《书》到底不感兴趣，对身边的人说："大丈夫一旦做了卫青、霍去病似的人物，就将率精兵十万驰骋沙漠，驱逐戎狄，立功建号，哪里会去做博士呢？"人各有志，曹操对他倒也并不特别勉强。但总的说来，曹操的要求还是起了作用的。曹丕在《典论·自叙》中说："余时年五岁，上以四方扰乱，教余学射，六岁而知射；又教余骑马，八岁而能骑射矣。"曹植在初见邯郸淳时，曾与之谈论用武行兵倚伏之势。在《求自试表》中又自称"伏见所以行师用兵之势，可谓神妙矣"，虽不无自吹自擂的成分，但也绝非无稽之谈，他们按照曹操的教导，在文武兼备方面确实是下了一番功夫、取得了一定成绩的。

曹操注意让诸子到实践中去学习和锻炼。在他起兵的初期,由于实力不强,加之没有巩固的根据地,行军作战经常带着家眷,虽然主要是从安全角度考虑,但恐怕也有让诸子熟悉军旅生活、增加军事知识的用意。后来,实力强了,根据地也有了,曹操仍然经常带着诸子出征,其让诸子在实践中锻炼的用意也就更为显然。《后汉纪·建安十二年》载僚属建议曹操的话说:"曹公世子聪明尊隽,宜选天下贤哲以师保之,辅成至德。及征行军,宜以为副贰,使渐明御军用兵之道。"这其实也正是曹操自己的用意,所以曹操很爽快地接受了这一建议。曹植后来在《求自试表》中说:"臣昔从先武皇帝,南极赤岸,东临沧海,西望玉门,北出玄塞。"朱珔《文选集释》解释说:"《魏志》兴平元年太祖征陶谦,拔五城,遂略地至东海,此所谓'东临'也。建安十二年北征三郡乌丸,引军出卢龙塞,涉鲜卑庭,东指柳城,所谓'北出'也。十六年西征韩遂、马超,围杨秋于安定。二十年西征张鲁,出散关,至河池,攻氐王窦茂,所谓'西望'也。又屡征孙权,或至濡须口,或至居巢,即所谓'南极'也。"据此,曹植的足迹几乎遍及了当时的大半个中国,而曹植也正是在这样的四处征讨中,耳濡目染,学习到"行师用兵"的有关知识的。曹操不仅常让诸子随从征战,而且有意给他们肩上压担子,如让曹丕、曹植留守邺城,襄樊被围时让曹植充任增援部队的统帅,让曹彰单独率军出征,等等。压上担子后,则同其他僚属将佐一样严格要求,如曹彰北征代郡乌桓,临出发时曹操就告诫他说:"居家我们是父子,你接受任命后我们就成了君臣,就要按照王法办事,你要小心才是!"因此,诸子在执行公务时一般都能忠于职守,力求圆满地完成任务。

对"选天下贤哲以师保之"这件事情,曹操也是极为重视的。他总是挑选那些在他看来是或德行卓著、或才能出众、或端方耿介、或有文学素养的人来辅佐曹丕、曹植诸子，特别是辅佐曹丕。《三国志·魏书·赵王幹传》载魏明帝《诫诲赵王幹玺书》说：

> 自太祖受命创业，深睹治乱之源，鉴存亡之机，初封诸侯，训以恭慎之至言，辅以天下之端士，常称马援之遗诫，重诸侯宾客交通之禁，乃使与犯妖恶同。夫岂以此薄骨肉哉？徒欲使子弟无过失之愆，士民无伤害之悔耳。

可见，从始封诸子的时候起，曹操除自己对诸子严申训诫，严禁诸侯宾客之间互相交往勾结外，特别注意辅以端方正直之士，以培养、规范诸子的德行。他曾专门下过一道《高选诸子掾属令》：

> 侯家吏，宜得渊深法度如邢颙辈。

"高选"，即严格选拔的意思。邢颙任平原侯曹植家丞，曹操对他很欣赏，希望诸侯的属吏都能深明法度如邢颙这个样子，实际上是悬出了一个挑选诸侯属吏的标准。

先后做过曹丕辅佐的，有凉茂、邢原、张范、崔琰等人。凉茂少好学，议论常引经据典以判定是非。历任曹操司空掾、侍御史、泰山太守、乐浪太守等职。曹丕为五官中郎将，凉茂被选为长史。邢原和张范都是当时的名士，邢原尤其"名高德大，清规邈世"（曹操《为张范下令》）。曹操任邢原为五官将长史时，还专门下过一道手令：

> 子弱不才，惧其难正，贪欲相屈，以匡励之。虽云利贤，能不恧恧！

"恶恶"，惭愧之意。曹操说，让邴原去担任曹丕的长史，总管府中之事，虽说是对贤才的信任和重用，但还是委屈了邴原，心中感到惭愧。一派恭谨崇奉之意流溢于字里行间。此后，曹操外出征伐，常命邴原、张范辅佐曹丕留守邺城，曹操还特别叮嘱曹丕："你一举一动都一定要征求这两个人的意见。"曹丕于是对这两人执子孙之礼，极为尊重。

曹操征并州时，曾将崔琰留在邺城辅佐曹丕。曹丕任太子后，凉茂做过太子太傅，邢颙、何夔做过太子少傅，司马懿、鲍勋做过太子中庶子。曹操还让曹丕敬事他所信用的大臣，以充分汲取教益。

先后做过曹丕文学侍从的，有徐干、苏林、王昶、郑冲等人，王昶还曾任太子中庶子之职。汉代所谓的文学，是指学经书的人，曹操所置文学，虽多陪伴诸王从事诗文创作活动，但在陪伴或辅导诸王读经方面恐也是担当有职责的。又《三国志·魏书·武文世王公传·中山恭王衮传》："每兄弟游娱，衮独覃思经典。文学防辅相与言曰：'受诏察公举错，有过当奏，及有善，亦宜以闻，不可匿其美也。'"可见在魏文帝曹丕时，文学还负有监察诸王、向上反映诸王表现的职责，曹操时代是否如此，未见确载，但很可能在这方面也是开有先例的。

曹植官属，除邢颙做过平原侯家丞外，刘桢、应场做过平原侯庶子，毌丘俭做过平原侯文学，郑袤、徐干、邯郸淳做过临淄侯文学，司马孚做过曹植文学掾。比较而言，曹操对曹丕官属的配置更为重视，这显然跟曹丕长子、太子的身份是很有关系的。

总之，曹操对于诸子的教育是极为重视的，这对诸子的成才起了极为重要的作用。当然，诸子除了曹丕、曹植在文学方面同曹操相比各有千秋，曹植更有后来居上的建树外，在政治才能、胸襟抱负方面是远不能同曹操相比的。诸子后来自相控抑，逐渐造成大权旁落的局面，以致很快就上演了一场司马氏代魏的活剧，国运不长，这更是曹操所始料不及的。

曹操除亲生的诸子外,身边还有一些养子,其中著名者有杜氏所生秦朗和尹氏所生何晏。曹操将杜氏和尹氏攫为己妇后,秦朗和何晏就成了他的养子。曹操视养子如己出,非常钟爱,每于席上对众宾客夸耀说:"世上的人有像我这样爱养子的吗?"这说明曹操血统观念比较淡薄,没有陈腐的世俗之见。曹操能够做到这一点,同自己"莫能审其生出本末"的情形不无关联,也同当时儒学衰颓的大势有关,反过来又对当时的思想解放运动产生了推动作用。何晏后来能够成为一个摆脱两汉传统观念束缚、开创新学风的人物,是跟曹操这种影响分不开的。

这里再介绍一下曹操的长孙、曹丕的长子、后来即了帝位的曹睿。曹睿为甄氏所生,小时颇聪明,深得曹操宠爱,常把他留在身边,说:"我家基业传到你就三世了!"稍微大些,每逢朝宴,曹操就让他同侍中近臣一起参加,意在加强培养。但曹操死后,曹睿的地位曾经历了一个微妙的时期。甄氏在建安末年即已因色衰而宠弛,曹丕即位后,郭氏得宠,甄氏更加失意,有怨言,次年被曹丕赐死。甄氏死后,曹丕让郭后抚养曹睿,曹睿因生母不得善终,意甚不平,曹丕因此久久不立太子。曹睿后来改变态度,一面敬事郭后,博得郭后的欢心,一面注意博取曹丕的好感。据说有一次曹睿随同曹丕外出打猎,见母子二鹿,曹丕先射杀了母鹿,让曹睿再射杀其子鹿,曹睿不从,说:"陛下已杀其母,我不忍再射杀其子!"说着流下泪来。这似乎有象征甄氏母子命运的用意,同时又显示了曹睿的仁慈之心,因此曹丕为此大受感动,树立之意从此确定下来。不久曹丕病危,自知不起,于是正式立曹睿为太子。曹丕死后,曹睿即位,即魏明帝。曹睿在位期间,大修宫室,奢侈无度,大大损耗了国力。其文才武略、胸襟抱负不仅远逊于曹操,也不及曹丕,不过勉强守成而已。曹睿在位期间是曹魏政权由强而弱的转折阶段,此后便越发江河日下了。曹睿在文学创作方面取得了一定成绩,在中国文学史上得与曹操、曹丕并称"三祖"。刘勰《文心雕龙·乐府》说:"至于魏之三祖,气爽才丽,宰割辞调,音靡节平。"胡应麟《诗薮》外编卷一说:"诗未有三世传者,既传而且烜赫,仅曹氏操、丕、睿耳。"当然,曹睿的文学成就实际上也是远逊于操、丕的,钟嵘《诗品》将其诗列入下品,评论说:"睿不如丕,亦称三祖。"是反映了实际情况的。

三　曹操的女儿和女婿

由于封建史学家重男轻女观念的影响,除后妃、列女外一般不为女子作传,因此曹操女儿到底有多少史无明载。尚可考者仅曹宪、曹节、曹华及安阳公主、金乡公主、清河公主和高城公主数人。

曹宪、曹节、曹华为曹操诸女中之年稍长者。建安十八年(213)曹操被封魏公后,将三女献给献帝为夫人,献帝特派使节、行太常、大司农、安阳亭侯王邑带着璧、帛、玄纁、绢五万匹来到邺城下了聘礼。次年二月,献帝并封三女为贵人,特派王邑与宗正刘艾带着束帛驷马来到邺城迎接两位年长的贵人入宫,在魏公宗庙授给两位贵人印绶,年纪最小的贵人暂留邺城,等长大后再进宫。贵人是皇帝妃嫔的称号,光武帝时设置,地位仅次于皇后。曹操为此专门下了一道《内诫令》:

　　今贵人位为贵人,金印蓝绂,女人爵位之极。

意思是,他的女儿已经做了贵人,黄金印、蓝绶带,女人的爵位已经到了顶点。字里行间流露出一种自得的情绪,但文有脱佚,估计还有对女儿或家人的告诫之辞。不久,伏皇后被曹操幽禁致死,两个皇子也被毒杀,皇后的位置便空缺了出来。过了一年,即建安二十年(215)正月,曹操中女曹节被献帝立为皇后,这样一来,曹操不仅是汉丞相、魏公,而且成为献帝的岳父,献帝则成了曹操的女婿。次年,曹操被晋封为魏王,献帝命曹操的女儿均为公主,并赐给收取赋税的汤沐邑。

延康元年(220)十月,曹丕称帝,献帝退位,被奉为山阳公,食邑一万户,位在诸侯王上,奏事不称臣,受诏不拜,以天子车服郊祀天地。曹节由皇后降为山阳公夫人,四皇子封王者,都降为列侯。当曹丕派遣使者到献帝处索取天子玺绶时,曹节愤怒异常,死活不给。再派使者去,照样如此。去过几批使者后,曹节知道不给不行了,才将使者唤了进去,当面责骂了一通,然后将玉玺掷于栏杆之下,泪流满面地说:"老天不会保佑你的!"这个"你",不单是指使者,恐怕还指曹丕。旁边的人都低下了头,不敢看这一场景。这恐怕是曹丕在代汉称帝过程中所遇到的唯一的一次公然对抗,而这对抗来自他的亲妹妹,这实在是一种历史的嘲弄。

青龙二年(234)三月,山阳公去世。自退位至此,共十四年,终年五十四岁。八月,以汉天子礼仪葬于禅陵。曹节活到景元元年(260)去世,与献帝合葬禅陵,车服礼仪均依汉制。

曹操平定河北后,将一个女儿嫁给荀彧的长子荀恽,后来称作安阳公主。荀彧死后,荀恽继承封爵,官至虎贲中郎将。当初曹丕与曹植争夺继承权,为了争取荀彧的支持,对荀彧极为恭谨。荀彧死后,荀恽又与曹植交好,而与曹丕的朋友夏侯尚(夏侯渊侄子)不睦,为此曹丕非常痛恨荀恽。荀恽早死,留下两个儿子,因是曹丕的外甥,曹丕待他们倒还不错。

金乡公主则为何晏之妻。据《三国志·魏书·诸夏侯曹传》裴注引《魏末传》，金乡公主是何晏的同母妹，则也是尹夫人所生的了。但《魏末传》同时又说金乡公主的母亲是"沛王太妃"，沛王太妃即沛穆王曹林的母亲，也就是杜夫人。当以杜夫人为是，不然曹操的思想再解放，让何晏娶他的一母之妹，也未免太过分了。裴松之即已对何晏娶同母妹之说提出质疑，说："案《诸王公传》，沛王出自杜夫人所生。晏母姓尹，公主若与沛王同生，焉得言与晏同母？"其说有理。

何晏作为曹操的养子，是很得宠爱的。当时同为养子的秦朗比较谨慎，而何晏却无所顾忌，服饰同曹丕穿用的差不多，因此引起曹丕的忌恨，常常不喊他的名字，径直叫他做"养子"。但何晏本人似乎并不承认自己养子的身份，仿佛只是寄居在曹府似的。《世说新语·夙惠》载：

> 何晏七岁，明惠若神，魏武帝奇爱之，因晏在宫内，欲以为子。晏乃画地令方，自处其中。人问其故，答曰："何氏之庐也。"魏武知之，即遣还。

但看来曹操后来对何晏仍是"奇爱"不已，不然就不会将自己的女儿许配给他了。何晏因被曹丕忌恨，在黄初年间无所事任，在曹睿时也只担任闲职。正始初（240），曹爽辅政，他倾心依附，被曹爽任为散骑侍郎，官至侍中、吏部尚书，在吏部尚书任上，据称选举得人。

何晏是魏晋玄学的创始人之一，好谈老庄，著有《道德论》和《论语集解》。用道家老子、庄子的学说来解释儒家经典，提出了"以无为为本"的"贵无论"，成为当时玄学的代表人物。玄学适合处于乱世中的士人的需要，同时也对统治阶级有利，因而在短期内蔚然成为风气。何晏也善诗赋，其《拟古》诗被钟嵘评为"虽不具美，而文采高丽"(《诗品》卷中)，《景福殿赋》文辞典丽精工，被萧统收入《文选》。

正始十年(249)正月，司马懿乘曹爽跟随魏帝曹芳出洛阳祭扫高平陵(明帝陵墓)的机会，突然发兵占领各要地，曹爽束手就擒，接着被杀，其主要党羽全被夷灭。何晏最初参与审讯曹爽等人，十分卖力，企图因此得到宽宥，结果照样被司马懿逮捕杀害。曹爽集团和司马懿集团从本质上说来在当时都没有什么进步性可言，曹爽集团在当政期间，骄奢淫逸，结党营私，干了不少坏事。金乡公主倒是具有一定识见的，曾对其母沛王太妃说："何晏做坏事一天比一天厉害，将何以保身呢？"沛王太妃却是糊涂的，笑着回答："你该不是嫉妒何晏吧？"因何晏美姿仪，面白净，好美色，故沛王太妃有"嫉妒"之说。不久何晏果然被杀。留下一个五六岁的儿子，司马懿派人来抓，何晏母亲尹夫人将其藏在宫中，向使者求情。司马懿听说金乡公主曾对何晏表示不满，又看在沛穆王曹林的面上，这才没有再加追究。

清河公主是夏侯楙的妻子。夏侯楙是夏侯惇的中子，年轻时同曹丕交好，曹丕即位后，即任命他为安西将军，持节都督关中。但夏侯楙并无武略，却喜欢经营家业。身边又多伎妾，为此清河公主与之不和。夏侯楙的几个弟弟不遵礼度，楙多次加以责备，几个弟弟怕被治罪，于是反诬楙诽谤朝廷，让清河公主上奏。曹丕信以为真，要将楙逮捕处死。长水校尉段默劝阻说："这肯定是清河公主同夏侯楙不和睦，诬陷夏侯楙的。何况伏波将军(夏侯惇)有跟随先帝平定天下的功劳，应该三思而行才是。"曹丕派人调查，果然如此。太和二年(228)，曹睿西征，有人报告夏侯楙不能胜任都督之职，于是曹睿将他调回洛阳，改任侍中、尚书。

曹操还有一个女儿高城公主，见载《文选》陆机《吊魏武帝文》李善注。《吊魏武帝文》在写曹操临终时的情景说："持姬女而指季豹，以示四子曰：'以累汝。'因泣下。"李善注引《魏略》："太祖杜夫人生沛王豹及高城公主。"据此，高城公主为杜夫人所生，曹操死时年纪尚幼。不过据《三国志·武文世王公传》，杜夫人所生沛穆王名林而不名豹，曹林在曹操死时年纪已经不算太小，曹操不可能专门将他托付给年长的四子。据《武文世王公传》裴注引《魏略》，曹操当时特别加以托付的是赵王曹幹，时年五岁。

　　以上对曹操的女儿和女婿做了一个概略的介绍。此外，还有两个有可能成为曹操女婿的人也值得在这里提一提。一个是前面已经提到过的周不疑。周不疑因才能出众，曹操便想招他为婿，谁知遭到不疑拒绝。婚姻不成，不疑遭到忌恨，终于成为曹操的刀下之鬼。另一个是才子丁仪。丁仪字正礼，是曹操旧交丁冲的儿子，一只眼睛失明。曹操听说是才子，虽然还没见过面，就打算把自己的爱女嫁给他。曹操同曹丕商量这件事，曹丕说："女人找对象喜欢看对方的长相，正礼眼睛不好，恐怕妹妹不一定喜欢。我看不如把妹妹嫁给伏波将军的儿子夏侯楙。"曹操同意了。不久曹操任命丁仪为丞相掾，丁仪到任后，曹操与之接谈，大为赏识，说："丁掾，确实是一个才子。即使两只眼睛都瞎了，也应当把女儿嫁给他，何况他只是一只眼睛失明呢！这是丕儿误了我！"不难看出，曹操自己挑选妻妾虽然看重貌美，但他在挑选女婿时却是重才不重貌的，这里显然包含着要借重女婿辅助大业的用意。丁仪得知此事原委后，对曹丕有了成见，于是有意同曹植接近，多次在曹操面前称颂曹植的才能，想怂恿曹操立曹植为嗣。曹丕即位后，立即将丁仪转为右刺奸掾，示意丁仪自杀。丁仪不肯自杀，到中领军夏侯尚那儿叩头求救，夏侯尚陪着流了一阵眼泪，但却想不出任何办法来。不久，曹丕找借口将丁仪逮捕处死，其弟丁廙和家中男口全都未能幸免，又演出了一幕姑爷做不成反遭杀戮的惨剧。

第二十七章　身后褒贬

一　千秋功罪，任人评说

曹操在中国历史上几乎是一个家喻户晓的人物，同时又是一个最富于争议的人物。这种争议，早在他生前，甚至早在他尚未正式踏上政治舞台的年轻时代就已经存在了。《三国志·魏书》本传说曹操"少机智，有权数，而任侠放荡，不治行业，故世人未之奇也"，这"未之奇"三字是很值得玩味的，从曹操"任侠放荡，不治行业"，"好飞鹰走狗，游荡无度"（裴注引《曹瞒传》）的行止看来，其间肯定是包含有不少非议的。而当桥玄见到曹操，却又做出了异乎寻常的崇高评价："天下将乱，非命世之才不能济也，能安之者，其在君乎！"（《三国志·魏书》本传）又说："吾见天下名士多矣，未有若君者也！"（本传裴注引《魏书》）似乎曹操就是天下第一英才，没有他乱世就得不到拯救似的。曹操当时尚年不满二十，尚未经历政治、军事斗争的实践，桥玄这么说，颇有些唯心主义先验论的味道，但曹操有一篇《祀故太尉桥玄文》，证明当年桥玄确实是大大地褒肯了他一番的，后来的事实，也说明桥玄的评价是八九不离十的，这说明桥玄确实有着非凡的眼力。曹操又找到许劭,许劭则说了那句流传千古的话:"子治世之能臣,乱世之奸雄。"(《三国志·魏书》本传裴注引孙盛《异同杂语》)按"奸雄"一词出自《荀子·非相》:"听其言则辞辩而无统,用其身则多诈而无功,……夫是之为奸人之雄。"本指淆乱是非的辩士,后用指以权诈手段取得大权高位的野心家。这样看来,许劭虽总的说来也肯定了曹操的才能,但前半句是从褒的角度来肯定的,后半句则是从贬的角度来肯定的。由于曹操一生实际上是在乱世中度过的,因此他并没有得到过做"治世能臣"的机会,而只能是一个"乱世奸雄"了。奸雄并非就没有才能,只是为人可鄙,德不足称,许劭可以说是从品质为人的角度论定了曹操的一生,而为后世无数贬损曹操的人们提供了准绳。当然,对许劭的这个评语也有另外的一种理解,胡三省在《资治通鉴》注中就认为这个评语是称赞曹操"其才绝世"的,其含义是"天下治则尽其能为世用,天下乱则逞其智为时雄",也就是说,全都是从褒的角度来肯定曹操的才能的。不过从"奸雄"的本义和许劭是在"鄙其人而不肯对。操乃伺隙胁劭,劭不得已"(《后汉书·许劭传》)的情况下才做出这个评语的情形看来,胡三省的注有些曲为之解,同实际含义是有出入的。

曹操踏上政治舞台后,随着其方方面面淋漓尽致的表演,各种各样的毁誉褒贬也纷至沓来。曹操阵营内部对曹操大体上是一派颂扬之声,这自不待言。大体处于中间观望的势力,对曹操固不乏贬抑之言,但也时有褒扬之声。如曹操与袁绍在官渡决战前的对峙时期,凉州牧韦端曾派从事杨阜到许都探望虚实,回去后关中诸将问他袁、曹胜负的前景如何,杨阜回答:"袁公宽而不断,好谋而少决;不断则无威,少决则失后事,今虽强,终不能成大业。曹公有雄才远略,决机无疑,法一而兵精,能用度外之人,所任各尽其力,必能济大事者也。"(《三国志·魏书·杨阜传》)从对比中得出的结论,可以说是相当客观、公允的。至于曹操的敌手,自然是免不了要骂曹操的。骂曹操最早也最狠的是袁绍、陈琳,陈琳代袁绍所写的讨曹檄文在列举了曹操一系列的"罪行"之后说:"历观古今书籍所载,贪残虐烈无道之臣,于操为甚。"把执政还不到五年、势力还不怎么强大、各项举措相对说来都还比较小心谨慎的曹操视作古今第一无道之臣,显然言过其实,其目的主要在制造舆论,煽动仇恨,不能看作是对曹操的客观评价。此后,刘备说曹操"窃执天衡""残毁民物""欲盗神器""外吞天下,内残群僚"(《三国志·蜀书》本传),其余将佐骂曹操为"国贼""篡盗"的更不乏其人,则一面揭露了曹操的凶残和野心,这都是确有的实事,另一面又显示出批评者往往是站在维护献帝所代表的炎汉的立场,而这立场在今天看来也并非就是没有问题的。值得注意的是,曹操的头脑清醒的对手,不单单是揭他的短,对他的长处也是并不一笔抹煞的。诸葛亮在著名的《隆中对》中说:"曹操比于袁绍,则名微而众寡,然操遂能克绍,以弱为强者,非惟天时,抑亦人谋也。"说明他对曹操的才能,是早有着充分的认识的。后来,他又说:"曹操智计殊绝于人,其用兵也,仿佛孙、吴。"进一步明确肯定了曹操杰出的军事才能。还说:"先帝每称操为能。"(俱见《三国志·蜀书》本传)说明刘备在生前也是多次称赞过曹操的才能的。东吴的孙权也不例外,他曾对诸葛瑾说:"操之所行,其惟杀伐小为过差,及离间人骨肉,以为酷耳。至于御将,自古少有。"(《三国志·吴书·诸葛瑾传》)在指出曹操过失的同时,也肯定了曹操杰出的军事才能。这些来自曹操敌手,而且是有水平有眼力有威望的敌手的不带偏见、中肯平实的评论,对于我们正确地认识曹操其人,是有着重要的启示意义的。

曹操死后,似乎可以盖棺论定了(前引孙权和诸葛亮的评论,除《隆中对》外,均作于曹操死后,就他们个人而言,已属"盖棺论定"之评),但由于人言人殊,总的说来并没有能够盖棺论定。由于曹操具有多方面的建树,具有丰富复杂的人生经历,具有鲜明而又多重的性格作风,他引起了众多后人历久不衰的关注,不仅政治家、军事家、文学史家、历史学家忘不掉他,连普通百姓也忘不掉他,从政界到学界,从官场到民间,从文人到文盲,几乎无不谈论曹操,这种盛况,即使是秦皇汉武、唐宗宋祖也是无法与之比拟的。各人对曹操的了解不一,理解不一,所处的形势、地位、角度也往往互有差别,因而发为评论也就千差万别,甚至针锋相对。要对千余年来的纷纭聚讼做一个全面而详尽的述评是困难的,这里仅就一些有一定代表性的言论做一个简略的回顾。

最早对曹操做了比较全面评价的是《三国志》的作者陈寿。陈寿在《魏书·武帝纪》末的评语中说:

> 汉末,天下大乱,雄豪并起,而袁绍虎视四州,强盛莫敌。太祖运筹演谋,鞭挞宇内,揽申、商之法术,该韩、白之奇策,官方授材,各因其器,矫情任算,不念旧恶,终能总御皇机,克成洪业者,惟其明略最优也。抑可谓非常之人,超世之杰矣。

陈寿是把曹操放在特定的历史背景之中来加以观照的。曹操在统一北方的过程中遇到了一个又一个的对手,这些对手中袁绍最为强大,而统一北方击败袁绍又是关键,因此在这里举出袁绍为例。曹操能够击败袁绍,陈寿认为主要是因为曹操能够运用谋略,以武力征服天下,在斗争中采用了以申不害、商鞅为代表的法家思想,吸取了以韩信、白起为代表的前代军事家的战略战术思想,在用人方面能够量才录用,能够克制感情、不计私仇以争取、网罗众多的人才,因此最后终于将袁绍打败,完成了统一北方的大业。陈寿认为,实践证明曹操的智慧谋略是最为卓越的,为此最后给曹操下了一个"非常之人,超世之杰"的断语。应当说,陈寿对曹操一生功过的概括虽不全面,但仅就所涉及的一些方面来看,大体上还是实事求是的,"非常之人,超世之杰"的断语下得也并不过分。陈寿本为蜀人,还在蜀汉做过官,后来入晋做了阳平令、著作郎。司马氏承魏,尊魏也就是尊晋,因此陈寿在《三国志》中尊魏为正统,称魏帝为"帝",称蜀帝、吴帝为"主",为魏帝立本纪,蜀帝、吴帝则与其臣僚并为传。在这种情况下,陈寿对曹操自不免要曲笔回护,只扬其善而隐其恶,留给我们的评语,自然也就只能是"一面之辞"了。

陈寿之后,又一个对曹操做了较为全面评价的是西晋的陆机。元康八年(298),陆机被免职尚书郎出补为著作郎,在秘阁(国家藏书籍和档案的地方)读到了当年曹操临终前所作的《遗令》,顿时心生感慨,作了《吊魏武帝文》。在对英雄也终不免有一死和曹操临终对家人过于细碎周详的叮嘱发表一通议论之后,说:

> 接皇汉之末绪,值王途之多违。仗重渊以育鳞,抚庆云而遐飞。运神道以载德,乘灵风而扇威。摧群雄而电击,举勍敌其如遗。指八极以远略,必翦焉而后绥。厘三才之阙典,启天地之禁闱。举修纲之绝纪,纽大音之解徽。扫云物以贞观,要万途而来归。丕大德以宏覆,援日月而齐晖。济元功于九有,固举世之所推。

说曹操在国家政治多乱的时刻挺身而出,施行德政,广播声威,像闪电般摧灭了群雄,整治已经废缺了的制度,横扫群凶而使天下清平,结束割据而使四海归一,在九州之内成就了伟大的功业,所以得到了人们的推崇感佩。文章运用了一些形象描写和想象夸张的手法,但其主旨在歌颂曹操统一北方的丰功伟绩,这是没有疑义的。

接着陆机又说:

> 伊君王之赫奕,实终古之所难。威先天而盖世,力荡海而拔山。厄奚险而弗济,敌何强而不残。每因祸以禔福,亦践危而必安。

说曹操所建立的显赫的功业,自古以来谁也难以与之相比;其威势是先于天下而盖于当世,其力气能够摇动大海掀动大山;无论困厄多么险恶都能平安通过,无论敌人多么强大都能将其毁灭;常因祸患而得到安福,步入艰危必定转危为安。陆机在这里继续歌颂了曹操的功业,并对其杰出的政治、军事才能做了赞美。仍不免有想象夸大之辞,同史论家之力求质朴谨严不同。但大抵仍有相当的历史事实作为依据,不是毫无根由的无稽之谈。

《吊魏武帝文》除认为像曹操这样的英雄一世的人物在临终时不应当只是那样儿女情长之外,对曹操功业的歌颂可以说是不遗余力的。但只颂其功而不抑其过,显然也不是一种科学的方法。或许这是为吊文的体例所限,不便苛责陆机。好在陆机自己在另一篇文章中弥补了这一缺憾。他在《辩亡论下》中说:

> 曹氏虽功济诸华,虐亦深矣,其民怨矣。

说曹操所建立的功业虽有益于中原地区,但其暴虐也是很厉害的,老百姓对此是很怨恨的。从"其民怨矣"一句看,"虐"不仅仅是轻害士人的问题,更多的是指曹操对人民的屠戮、压榨和剥削。这样来揭露曹操的"过",可以说是很深刻的。将陆机的全部言论结合起来看，可以说他还是比较全面地评论了曹操的。

到了唐代，唐太宗在《祭魏太祖文》中，也对曹操做了比较全面的评论。文中说："帝以雄武之姿，当艰难之运，栋梁之任同乎曩时，匡正之功异乎往代。"认为曹操在艰难的时刻担当起了栋梁之任，建立了匡正之功，其所担当的栋梁之任同前代的伊尹和霍光没有区别，而所建立的匡正之功却与伊尹、霍光不同，意思是曹操所建立的功勋超过了伊尹和霍光。但接下来唐太宗对曹操也有很厉害的贬抑："观沉溺而不拯，视颠覆而不持。乖徇国之情，有无君之迹。"说曹操对东汉王朝的沉溺、颠覆不拯救不维持，没有为国献身的感情，却有无视君上的表现。应当说，曹操对献帝所抱的态度确实如此，但唐太宗显然是从维护自己统治地位的立场来看待这个问题的，以古鉴今，他当然不愿在唐朝有像曹操这样的"有无君之迹"的人出现，因此对曹操的这一表现不能不加以贬抑。总的来看，唐太宗对曹操的评价不算高，这可能影响了有唐一代对曹操的评价。在唐代，诸葛亮和刘备的声望远在曹操之上，曹操在很多情况下被人们遗忘了，要么就是评价不高，甚至被目为祸首和篡盗，刘知几在《史通·探赜篇》中说曹操"贼杀母后，幽迫主上，罪百田常，祸千王莽"，元稹在《董逃行》中说"刘虞不敢作天子，曹瞒篡乱从此始"，即其例。

到了北宋，司马光在《资治通鉴》中尊魏为正统，综引《三国志·魏书·武帝纪》裴注引《魏书》及《曹瞒传》的话说曹操"知人善察，难眩以伪。识拔奇才，不拘微贱；随能任使，皆获其用。与敌对阵，意思安闲，如不欲战然；及至决机乘胜，气势盈溢。勋劳宜赏，不吝千金；无功望施，分毫不与。用法峻急，有犯必戮，或对之流涕，然终无所赦。雅性节俭，不好华丽。故能芟刈群雄，几平海内。"又说："汉末大乱，群生涂炭，自非高世之才不能济也。然则苟或舍魏武将谁事哉！""齐桓之时，周室虽衰，未若建安之初也。建安之初，四海荡覆,尺土一民,皆非汉有。荀彧佐魏武而兴之,举贤用能,训卒厉兵,决机发策,征伐四克,遂能以弱为强,化乱为治,十分天下而有其八,其功岂在管仲之后乎!"其着眼点虽在赞美荀彧,但其实也是对曹操功绩和才能的褒肯。又据邵博《邵氏闻见后录》卷九载,司马光初作《万代论》,在论曹操时曾说:"是夺之于盗手,非取之于汉室也。"也就是说,曹操并非"篡盗",其天下是靠自己打出来的。从上引"尺土一民,皆非汉有"的话看来,司马光是完全有可能这么替曹操开解的。但是,司马光同唐太宗一样,并不赞成曹操的"无君之心",在《资治通鉴》中说:"以魏武之暴戾强伉,加有大功于天下。其蓄无君之心久矣,乃至没身不敢废汉而自立,岂其志之不欲哉?犹畏名义而自抑也。"一面认为曹操"有大功于天下",一面又认为曹操"暴戾强伉"、有"无君之心",可见司马光在评价曹操时也是"一分为二"的。但他对曹操终于没有废汉自立的原因所做的解释却显得根据不足。不能说曹操这样做完全没有"名义"方面的考虑,也就是说曹操也是不愿背一个千载"篡盗"的骂名的,但这决不是曹操终于没有称帝的唯一原因,他这样做是有着多方面的考虑的。

司马光之后,苏轼有《魏武帝论》一文,其中说:

当汉氏之衰,豪杰并起而图天下,二袁、董、吕,争为强暴,而孙权、刘备,又已区区于一隅,其用兵制胜,固不足以敌曹氏。然天下终于分裂,迄魏之世,而不能一。盖尝试论之:魏武长于料事,而不长于料人。是故有所重发而丧其功,有所轻为而至于败。刘备有盖世之才,而无应卒之机;方其破刘璋,蜀人未附,一日而四五惊,斩之不能禁。释此时不取,而其后遂至于不敢加兵者终其身。孙权勇而有谋,此不可以声势恐喝取也;魏武不用中原之长,而与之争于舟楫之间,一日一夜,行三百里以争利。犯此二败以攻孙权,是以丧师于赤壁,以成吴之强。

一面说孙权、刘备在"用兵制胜"方面不敌曹操,一面又说曹操"长于料事,而不长于料人",并以赤壁之败和占领汉中后没有乘势攻取益州两件事来加以说明。其实,"长于料事"和"长于料人"是不可能截然割裂开来的,平心而论,曹操是既"长于料事"也"长于料人"的,只是不能一贯正确罢了。至于赤壁之败和占领汉中后没有乘势攻取益州的原因,并非仅仅是因为"不长于料人"。明人孙应鳌写过一篇《魏武论》,针对苏轼的议论提出了不同的看法:"人之情骄常生于得志之后,而退缩保全之意每自艰难顿挫得之。赤壁之败乃降黄巾、杀吕布、破二袁、定刘表者以为驱使也。其后止于南郑而不敢窥视西蜀,又赤壁之战先有以夺其气。"指出曹操在赤壁之战中"狼狈奔北乃骄心之使然也",此后吸取了教训,"乃知吴蜀犹为劲敌,相与合谋以抗中原,客主逸劳,势不相若,未可以席卷长驱也"。并特别指出:"拔阳平,入南郑,特鲁之无援耳。今移兵于蜀,蜀人守险不下,吴兵从而蹙之,非若赤壁之役可以间道北归也。"比较而言,孙氏之论抓住了更为重要的东西,因而也就更为可信。总的说来,苏轼对曹操评价不高。他对曹操的才能还是肯定的,但在"忠奸"二字上对曹操颇有看法。在《诸葛亮论》中说:"言兵不若曹操之多,言地不若曹操之广,言战不若曹操之能,而有以一胜之者,区区之忠信也。"认为诸葛亮有"忠信",而曹操没有"忠信"。在《孔北海赞》中,苏轼更说:"曹操阴贼险狠,特鬼蜮之雄者耳。"可见,苏轼对曹操肯定有限,而贬抑却是很厉害的。

在北宋皇帝中,宋真宗对曹操倒是比较敬重的。一次他经过亳州,看见城东的曹操庙已很陈旧,便命重加修整。左丞相张知白负责其事,事成之后由当时著名的古文家穆修写了一篇《亳州魏武帝帐庙记》,记中颂扬曹操"建休功,定中土,垂光显盛大之业于来世",并说曹操是由于"为乡里人所爱,后思怀其德,共自尊祀之,遂传于今不息",可以说给予了曹操很高的评价。不仅颂扬了曹操所建立的"休功",还提到"其德",这在时人的评价中是少见的,或许其中包含有迎合君上好恶的用意吧。

到了南宋,对曹操的评价降至最低点。朱熹不仅在《通鉴纲目》中直斥曹操为"篡盗",而且似乎对曹操的一言一行都看不惯,比如他说:"曹操作诗必说周公,如云'山不厌高,水不厌深。周公吐哺,天下归心。'又《苦寒行》云:'悲彼东山诗。'他也是做得个贼起,不惟窃国之柄,和圣人之法也窃了。"又说:"诗见得人。如曹操虽作酒令,亦说从周公上去,可见是贼。"(俱见《朱子语类》卷一百四十《论文下》)似乎曹操处处都在表露着他"篡盗"的本质。刘克庄的看法与朱熹相同,说:"曹公《短歌行》末云:'山不厌高,水不厌深。周公吐哺,天下归心。'且孔融、杨修俱毙其手,操之高深安在?身为汉相,而时人目以汉贼,乃以周公自拟,谬矣。"(《后村先生大全集》卷一百七十三)陆游在《山南行》《游诸葛武侯书台》《书愤》《喜谭德称归》《过野人家有感》等诗中一再以敬慕之情称颂诸葛亮,但在《得建业倅郑觉民书》一诗中却说:"邦命中兴汉,天心大讨曹。"南宋偏安江左,其势与僻处益州的蜀国相同,因此南宋人一改北宋帝魏寇蜀的老例,改为以蜀汉为正统,朱熹甚至将《通鉴纲目》中原来以曹魏系年的体例改成了"以章武元年继汉",对曹操自然不会说什么好听的话了。加之占据北方的金朝女真贵族统治者承袭北宋,尊曹魏为正统,而将南宋朝廷斥为"构窜江表,僭称位号"(《续资治通鉴》宋宁宗开禧元年金章宗诏),这就更如火上浇油,激起了南宋爱国士大夫对于曹操的不满。在这里,曹操实际上在相当程度上成了侵略者和卖国贼的化身,对于他的义愤,也在相当程度上体现了义愤者的爱国感情，在当时情况下，表现出这种感情和义愤应当说是可以理解的，甚至是值得赞许的；但另一方面，这种义愤在很大程度上也不能看作对曹操客观、科学的评价。

在南宋一派"大讨曹"的怒声中，自然也并非绝对没有对于曹操的赞颂之辞。辛弃疾在《南乡子·登京口北固亭有怀》词中说："年少万兜鍪，坐断东南战未休。天下英雄谁敌手？曹刘。生子当如孙仲谋。"虽然主要是颂扬坐断东南的孙权，借此暗讽妥协苟安的南宋统治者，但同时也将曹操和刘备抬上了足可与孙权相颉颃的"天下英雄"的地位，这比起一片"篡盗"的骂声来，自然要算是客观公允得多的评论了。

到了明代，张溥在《汉魏六朝百三名家集·魏武帝集题辞》中，对曹操则是有褒有贬。褒的主要是曹操的文学才能和多才多艺，说："间读本集，《苦寒》《猛虎》《短歌》《对酒》，乐府称绝，又助以子桓、子建，帝王之家，文章瑰玮，前有曹魏，后有萧梁，然曹氏称最矣。孟德御军三十余年，手不舍书，兼草书亚崔、张，音乐比桓、蔡，围棋埒王、郭，复好养性，解方药，周公所谓多才多艺，孟德诚有之。……汉末名人，文有孔融，武有吕布，孟德实兼其长。"贬的是曹操的功业，说："孟德瑞应黄星，志窥汉鼎，世遂谓梁沛真人，天下莫敌，究其始，一名孝廉也。"接下来更说曹操"称王谋逆"，如孔融、吕布"两人不死，杀孟德有余"。可见，张溥承袭了"篡盗"的旧说，在政治上是否定曹操的。不过，张溥也说了这么一句话："乃甘心作贼者，谓时不我容耳。"谓曹操之所以"甘心作贼"，是因为担心不能为世所容，也就是曹操在《让县自明本志令》中所说的"诚恐己离兵为人所祸"的意思，在一定程度上为曹操做了开脱。其末尾说："《述志》一令，似乎欺人，未尝不抽序心腹，慨当以慷也。"认为曹操在《让县自明本志令》中所说的是实话，以此反观，为曹操开脱的用意就更显然了。

到了清代,有王夫之、朱乾、黄摩西等人给了曹操以比较客观的评价,但全盘否定者也不乏其人,乾隆帝就是一个突出的代表。前面提到的宋人穆修所写的《亳州魏武帝帐庙记》,后收入《穆参军集》内。至清代编纂《四库全书》时,乾隆帝看到这篇文章,不禁大为震怒,认为穆修是"奖篡助逆""大乖于名教",应将其文刊除,"岂可使之仍侧简牍,贻玷汗青"(见《四库总目提要》卷一百五十二)。可见,乾隆帝同唐太宗一样,从维护自己统治地位的意愿出发,对曹操这样"挟天子以令诸侯"的人也是不能容忍的。直到清末沈家本刻《枕碧楼丛书》,认为"司马温公《通鉴》且以正统予魏,北宋人议论如此,不必以此病修",才又将《帐庙记》收入了集内。

以上所述,大体上都是企图从总体上对曹操做出概括和评价的。此外,还有一些仅就曹操的某一方面所发的评论。比如,西晋王沈评曹操的屯田之功说:"州郡例置田官,所在积谷。征伐四方,无运粮之劳,遂兼灭群贼,克平天下。"(《三国志·魏书·武帝纪》裴注引《魏书》)王沈又评曹操的军事才能说:"其行军用师,大较依孙、吴之法,而因事设奇,谲敌制胜,变化如神。自作兵书十余万言,诸将征伐,皆以新书从事,临事又手为节度,从令者克捷,违教者负败。"裴松之在评官渡之战时也说曹操"百战百胜,败者十二三而已","机变无方,略不世出",也肯定了曹操的军事才能。

在用人方面,王沈说曹操"知人善察,难眩以伪,拔于禁、乐进于行陈之间,取张辽、徐晃于亡虏之内,皆佐命立功,列为名将;其余拔出细微,登为牧守者,不可胜数。"东晋孙盛在评合肥之战时说:"魏武推选方员,参以同异,为之密教,节宣其用;事至而应,若合符契,妙矣夫!"南宋史学家洪迈在《容斋随笔》中,对此更有详确的评论:

曹操为汉鬼蜮，君子所不道，然知人善任使，实后世所难及。荀彧、荀攸、郭嘉皆腹心谋臣，共济大事，无待赞说。其余智效一官，权分一郡，无小无大，卓然皆称其职。恐关中诸将为害，则属司隶校尉钟繇以西事，而马腾、韩遂遣子入侍。当天下乱离，诸军乏食，则以枣祇、任峻建立屯田，而军国饶裕，遂芟群雄。欲复盐官之利，则使卫觊镇抚关中，而诸将服。河东未定，以杜畿为太守，而卫固、范先束手禽戮。并州初平，以梁习为刺史，而边境肃清。扬州陷于孙权，独有九江一郡，付之刘馥而恩化大行。冯翊困于郑盗，付之刘浑而民安寇减。代郡三单于，恃力骄恣，裴潜单车之郡，而单于詟服。方得汉中，命杜袭督留事，而百姓自乐，出徙于洛、邺者，至八万口。方得马超之兵，闻当发徙，惊骇欲变，命赵俨为护军，而相率还降，致于东方者亦二万口。凡此十者，其为利岂不大哉！张辽走孙权于合肥，郭淮拒蜀军于阳平，徐晃却关羽于樊，皆以少制众，分方面忧。操无敌于建安之时，非幸也。

虽囿于时见，仍称曹操为"汉鬼蜮"，但对于曹操的知人善任却给予了很高的评价，实际上也就肯定了曹操的政治才能，从"实后世所难及"一语看，差不多也等于肯定曹操是"非常之人，超世之杰"了。

对曹操的明于赏罚，王沈有"勋劳宜赏，不吝千金，无功望施，分毫不与"的评论。东晋习凿齿在评论曹操攻占汉中后不仅封张鲁及其五子，而且封了阎圃等人时说："今阎圃谏鲁勿王，而太祖追封之，将来之人孰不思顺！塞其本源而末流自止，其此之谓与！若乃不明于此而重焦烂之功，丰爵厚赏止于死战之士，则民利于有乱，俗竞于杀伐，阻兵仗力，干戈不戢矣。太祖之此封，可谓知赏罚之本，虽汤武居之，无以加也。"（《三国志·魏书·张鲁传》裴注引）着重从政治影响的角度来看待曹操的封赏阎圃,应当说是很有眼力的。

对曹操的严于执法,前人也有肯定的评论,唐人杜牧说:"悬法设禁,贵贱如一。魏绛戮仆,曹公断发是也。"(《十一家注孙子》)即其一例。

对曹操的文学成就,特别是对其诗歌创作的成就,前人评论尤多。敖陶孙说:"魏武帝如幽燕老将,气韵沉雄。"(《诗评》)刘履说:"魏武御军三十余年,手不舍卷,横槊赋诗,皆成乐章。"(《选诗补注》卷二)王世贞说:"曹公莽莽,古直悲凉。"(《艺苑卮言》卷三)胡应麟说:"魏武沉深古朴,骨力难侔。"(《诗薮》内编卷二)又说:"魏武雄才崛起,无论用兵,即其诗豪迈纵横,笼罩一世,岂非衰运人物。"(同上外编卷一)谭元春说:"此老诗歌中有霸气,而不必其王;有菩萨气,而不必其佛。'山不厌高,水不厌深','水何澹澹,山岛竦峙',吾即取为此老诗品。"(《古诗归》卷七)陆时雍说:"曹孟德饶雄力,而钝气不无,其言如摧锋之斧。"(《诗镜总论》)徐世溥说:"孟德明允、苍茫、浑健,自有开创气象。"(《榆溪诗话》)吴淇说:"魏武雄盖一世,横槊赋诗,其所为《短歌》《苦寒》二篇,直欲夺汉家两风之座。"又说:"多才多艺之士,于三国时仅得两人,一曰蜀武侯,一曰魏武帝。"(《六朝选诗定论》卷五)吴乔说:"魏武终身攻战,何暇学诗,而精能老健,建安才子所不及。"(《围炉诗话》卷二)沈德潜说:"曹公四言,于《三百篇》外,自开奇响。"又说:"借古乐写时事,始于曹公。"(《古诗源》卷五)张玉穀说:"老瞒诗格极雄深,开魏犹然殿汉音。"(《古诗赏析》卷首)方东树:"大约武帝诗沉郁直朴,气真而逐层顿断,不一顺平放,时时提笔换气换势;寻其意绪,无不明白;玩其笔势文法,凝重屈蟠;诵之令人满意。"(《昭昧詹言》卷二)刘熙载说:"曹公诗气雄力坚,足以笼罩一切,建安诸子未有其匹也。"(《艺概·诗概》)都是其中一些有代表性的评论。对于曹操其人的评论颇多分歧,但对曹操其诗的评论相对说来比较一致,大都给予了比较肯定的甚至是很高的评价,不难看出曹操诗歌给予后世的影响。

对于曹操的短处,前人多对其忌刻好杀表示了强烈的不满,展开了严厉的批评。《三国志·魏书·武帝纪》裴注引《曹瞒传》说曹操"持法峻刻,诸将有计画胜出己者,随以法诛之,及故人旧怨,亦皆无余。其所刑杀,辄对之垂涕嗟痛之,终无所活。"陈寿虽注意回护曹操之短,但在《三国志·魏书·崔琰传》中也说:"太祖性忌,有所不堪者,鲁国孔融、南阳许攸、娄圭,皆以恃旧不虔见诛,而琰最为世所痛惜,至今冤之。"从"至今冤之"四字看,曹操杀掉崔琰是一直遭到人们非议的。曹操东征陶谦肆行杀戮,孙盛就此事评论说:"夫伐罪吊民,古之令轨,罪谦之由,而残其属部,过矣。"(《三国志·魏书·武帝纪》裴注引)曹操杀掉崔琰之后又废掉毛玠,孙盛也给予了批评,说:"魏武于是失政刑矣。《易》称'明折庶狱',《传》有'举直措枉',庶狱明则国无怨民,枉直当则民无不服,未有征青蝇之浮声,信浸润之谮诉,可以允厘四海,惟清缉熙者也。昔者汉高狱萧何,出复相之。玠之一责,永见摈放,二主度量,岂不殊哉!"唐初王勃在《三国论》中一面尊崇曹操,说他"振威烈而清中夏,挟天子以令诸侯",一面又指出曹操"弊于褊刻,失于猜诈,孔融、祢衡终罹其灾,孝先(毛玠)、季珪(崔琰)卒不能免"。明人谢榛更说:"魏武帝《对酒歌》曰:'耄耋皆得以寿终,恩泽广及草木昆虫。'坑流兵四十余万……予笔此数事,以为行不顾言之诫。"(《四溟诗话》卷二)胡应麟还对祢衡等文士的遭遇表示了同情,说:"魏武朝携壮士,夜接词人,崇奖风流,郁为正始。然一时名胜,类遭摧折。若祢衡辱为鼓吏,阮瑀屈列琴工,刘桢减死输作,皆见遇伶优,仅保首领。文举、德祖,情事稍尔相关,便婴大戮,曷尝有尺寸怜才之意!"(《诗薮》外编卷一)应当说,这些评论所依据的史实有的并不准确(如说曹操"坑流兵四十余万""阮瑀屈列琴工"），也不能说曹操所杀的人都不该杀，但就总体而言，对曹操的批评是击中了要害的。

对于曹操的奸诈，前人也深为不满。曹操一生，奸诈的事情做得多了，因此有些并不含奸诈的事，也往往会被认为是奸诈的表现。比如曹操的《遗令》，本是曹操临终前真情的流露，但司马光却认为是欺世之谈。孙能传《能溪漫笔》记载说："司马温公语刘元城：'昨看《三国志》识破一事：曹操身后事，孰有大于禅代？《遗令》谆谆百言，下至分香卖履，家人婢妾，无不处置详尽，而无一语及禅代事，是实以天子遗子孙而身享汉臣之名。'"（转引自卢弼《三国志集解》卷一）认为曹操在《遗令》中不谈禅代这件大事，是为了自己"享汉臣之名"而有意加以回避。更有曹操死犹欺世的传说，比如说曹操担心死后被人掘墓，因而搞了七十二座疑冢，让人分辨不出真假。蒲松龄《聊斋志异》还记载了这样一个传说：

> 许城外有河水汹涌，近崖深黯。盛夏时，有人入浴，忽然若被刀斧，尸断浮出；后一人亦如之。转相惊怪。邑宰闻之，遣多人闸断上流，竭其水。见崖下有深洞，中置转轮，轮上排利刃如霜。去轮攻入，有小碑，字皆汉篆。细视之，则曹孟德墓也。破棺散骨，所殉金宝尽取之。

蒲松龄通过"异史氏"之口对此评道："后贤诗云：'尽掘七十二疑冢，必有一冢葬君尸。'宁知竟在七十二冢之外乎？奸哉瞒也！然千余年而朽骨不保，变诈亦复何益？呜呼，瞒之智，正瞒之愚耳。"本为不经之谈，经异史氏这么一评，倒像真有这么一回事似的了。此外，尚有曹操墓在漳水底，中有石板墙墓道和墓碑的传说（见《坚瓠续集》），自然也属不经之谈。

当然，对于曹操并不忌刻奸诈的一面，前人也是肯定的。裴松之对关羽脱离曹营而曹操却不予追击的事就大为赞赏，说："曹公知羽不留而心嘉其志，去不遣追以成其义，自非有王霸之度，孰能至于此乎？斯实曹公之休美。"(《三国志·蜀书·关羽传》注)李白在《望鹦鹉洲怀祢衡》诗中说："魏帝营八极，蚁观一祢衡。黄祖斗筲人，杀之受恶名。"认为曹操的度量，是要比黄祖大得多的。钟惺说："曹公心肠，较司马懿光明些。"又说："惨刻处惨刻，厚道处厚道，各不相妨，各不相讳，而又皆不出于假，所以为英雄。"(《古诗归》卷七)认为曹操同时兼具"惨刻"和"厚道"两种品质，就总体而言，曹操的心肠是比同为英雄和奸雄的司马懿"光明些"的。此外，谭元春在评曹操《蒿里行》中"生民百遗一，念之断人肠"两句诗时说："一味惨毒人，不能道此；声响中亦有热肠，吟者察之。"(同上)吴淇在评曹操《短歌行》(对酒当歌)时说："从来真英雄，虽极刻薄，亦定有几分吉凶与民同患意；思其与天下贤才交游，一定有一段缱绻体恤情怀。观魏武此作，及后《苦寒行》，何等深，何等真。所以当时豪杰，乐为之用，乐为之死。今人但指魏武杀孔融、杨修辈，以为惨刻极矣，不知其有厚道在。"(《六朝选诗定论》卷五)也同钟惺一样，能够比较全面地看待曹操，揭示了曹操品格和性格的多重性与复杂性。

总的说来，前人从各种立场、角度出发对曹操做出了各种各样的评论。这些评论既有一致或相似之处，也有不同甚至根本对立之处。产生差异的原因是各种各样的，但其中最常见的也是最重要的原因有两个：其一是从维护汉王朝统治的立场出发，指斥曹操为"篡"、为"奸"。不少人，特别是像唐太宗、乾隆帝这样的本身就处于统治阶层中心地位的人，极怕像曹操这样的人物在当朝出现，因而以古为鉴，否定曹操，以维护当朝的统治。唐太宗在批评曹操"有无君之迹"的同时，却赞美诸葛亮是"至公"之人，要求臣下"不可不法"

这位"前世之贤相"(见《资治通鉴》卷一百九十二贞观二年)、也就是要大家永远忠于唐王朝,就是一个突出的例子。在正统儒家思想的濡染下,一般人都抱了愚忠的观念,对"挟持君上""犯上作乱"的行为深恶痛绝,在这种情况下,将献帝视作傀儡甚至是被软禁的囚徒的曹操,在被人评论时,自然要处于极为不利的地位。其二是以魏为正统,则比较注意褒肯曹操;以蜀为正统,则不可避免地要贬抑曹操。正统观念的形成有其长远、复杂的历史和思想的背景。在三国以谁为正统的问题上,陈寿《三国志》始以曹魏为正统,到东晋偏安江左,习凿齿作《汉晋春秋》始改为以蜀汉为正统。其后统治局面与曹魏、西晋相似者,大都尊曹魏为正统;与蜀汉、东晋相似者,大都尊蜀汉为正统。南宋以后,由于民族矛盾加剧,所谓"正统"的汉族政权大抵僻处江左,因而关于正统的纷争空前剧烈,南边的政权要自命正统,北边的政权也要自命正统,彼此攻讦,互不相让,在这种情况下,对曹操是与非的评价也就不能不带上某些偏见了。此外,曹魏建国时间不长,而历史上机运不长的朝代的君主往往易受后代的攻击,这也是影响曹操评论的一个因素。

今天我们对待前人的曹操评论,要进行实事求是的分析,该是者是之,该非者非之。尤其不要受所谓"忠奸篡逆"、正统与否之类立场的影响。对我们来说,曹操忠于汉朝与否并不重要,关键看他是否为人民做了好事。其实,即使在封建社会,如果曹操真的废掉了献帝,由自己登基称帝,把江山坐稳了,享国的时间再长一些,又能有几个人站出来说他不是呢?在历史上像这样做了皇帝的人还少吗?翦伯赞说得好:"当曹操出现在历史舞台上的时候,起义的农民军已经粉碎了东汉王朝的天下,在这残破的疆土上出现了大大小小的地主武装集团的营垒。当时的汉献帝除了保有一件褴褛的皇袍之外什么也没有了,像这样一个皇帝还能从他手中'篡'到什么?

曹操的天下,是自己打出来的,不是从姓刘的手里接收过来的。假如曹操痛痛快快披上皇袍,谁能说他不是太祖高皇帝,就因为他把皇袍当做衬衣穿在里面,反而被人抹上了一脸白粉。"(《应该替曹操恢复名誉》)至于所谓正统,不过是在特定历史时期(一般在国家处于分裂状态、几个政权并存的时期),统治阶级为维护自己的统治而制造的一种观念,同样一个朝代,你说是正统,他说不是正统,甚至同时同地的人对正统的看法也不相同,如北宋太宗时薛居正修《五代史》,梁、唐、晋、汉、周都称为帝,都被认为是正统,而李昉修《历代年号》,却只认为唐、晋、汉、周是正统,朱梁为非正统。因此,在我们今天看来,历史上关于正统与否的争执是没有多大意义的,由此而给曹操评论所蒙上的迷雾也是应予以廓清的。

不过,历史上有不少人也并不囿于忠奸之见和正统观念,对曹操的功过能够做出比较客观的评论。即使是有忠奸之见和正统观念的人,也并不都是或只说好,或只说坏,好就是绝对的好,坏就是绝对的坏。他们往往也能尊重客观事实,对曹操采取有毁有誉的态度。比如陈寿尊曹魏为正统,但他也指出了曹操"性忌",即曹操性格中有忌刻好杀、残暴奸诈的一面。习凿齿尊蜀汉为正统,但他并没有去专揭曹操的什么短。曹操攻占荆州后没有好好接待从益州来的张松,结果张松怒而劝刘璋与刘备结好,习凿齿就此评论说:"昔齐桓一矜其功而叛者九国;曹操暂自骄矜而天下三分。皆勤之于数十年之内而弃之于俯仰之顷,岂不惜乎!"(《资治通鉴》献帝建安十三年)似乎是揭曹操的短,但揭得却完全对,从"岂不惜乎"四字看,还大有站在曹操集团的立场说话的意味。吴人所作的《曹瞒传》,是揭了曹操不少短的,其传名径呼曹操小名,就可想见其对曹操的不敬。但其所揭的短未必就都是诬蔑不实之辞,现在来看多数都还是比较可信的,它使我们看到了陈寿加以回护的曹操思想性格、行为作风的另一面,有很高的史料价值。同时,它也并不一味揭短,也还有一些不带褒贬的客观记述,甚至是表现曹操正面形象的记述。后来的一些类似的论者,除个别人采取极端态度外,大都也能够如此。因此,对前人的曹操评论我们应采取善于分析、善于吸取的态度。通过对各种各样的,甚至是针锋相对的曹操评论的综合排比,不仅有助于了解曹操研究曲折的发展历程,还有助于我们认识和了解曹操的"全人",有助于我们对曹操其人做历史的总体的把握。

最后再谈谈小说、戏剧和说唱等文学艺术中的曹操形象问题。关于曹操的事迹,除陈寿在《三国志·魏书·武帝纪》中做了系统记载外,魏、晋人记述三国史事的著作大都涉及曹操,其中还有专门记述曹操事迹的著作。这类著作数量很多,南朝宋人裴松之在为《三国志》作注时,引用的魏、晋人著作多达两百多种,实际的数量恐怕还不止这些。其所记述的曹操事迹,大抵都有一定依据,不少可资为信史,但其中有的已带有一定的传奇色彩,显然在著录前的口耳相传的过程中,已在一定程度上经过了人们自觉不自觉的艺术加工。此后这类故事继续流传,到唐朝时已经发展成一种"市人小说",这从李商隐"或谑张飞胡,或笑邓艾吃"(《骄儿诗》)的诗句不难看出。到了北宋,民间已有专讲三国故事的艺人。苏轼《东坡志林》云:"王彭尝云:'涂巷中小儿薄劣,其家所厌苦,辄与钱,令聚坐听说古话。至说三国事,闻刘玄德败,颦蹙有出涕者;闻曹操败,即喜唱快。'"不难看出,这时期流传的三国故事已经带上鲜明的"尊刘抑曹"的倾向。南宋以后,由于受帝蜀寇魏的正统思想的影响,在作家、艺术家的笔下口中曹操更日益被丑化成一个集残暴和奸诈于一身的反面人物。《三国演义》问世后,由于其思想和艺术都取得了很高的成就,因而产生了巨大的社会影响,集残暴和奸诈于一身的曹操形象从此更加深入人心，曹操也就成了一个更加定型的反面人物。很显然，这时候的曹操已经演变成一个艺术形象，作家、艺术家在塑造这个艺术形象的时候，以自己的政治态度、伦理观念和美学理想自觉不自觉地对作为历史人物的曹操进行了改造。他们通过对这个艺术形象的塑造，揭露了当时社会的黑暗和腐朽，谴责了统治者的残暴、奸诈和罪恶；而读者则通过对这个艺术形象的欣赏、议论和褒贬，既从中获得了美的艺术享受，也从中认识了黑暗社会和统治者的罪恶，表达了自己的正义之感和好恶之情。不难看出，"曹操"这个艺术形象的产生是有其历史的必然性的，是有其巨大的艺术价值的，它是古代作家、艺术家留给我们的一份珍贵的文化遗产，一个完美不朽的艺术典型。但同时，我们又必须看到，这个主要在小说、戏剧和说唱艺术中出现的曹操，虽同作为历史人物的曹操保持着一定的联系，但又有了很大的不同。作家、艺术家在创作时以一定的史实作为依据，但又进行了想象、虚构和夸张，在许多场合形成了虚多于实的局面。作家、艺术家对曹操所做的评价主要是一种艺术的评价，而不是一种历史的、科学的评价。虽然这种艺术的评价往往受到帝蜀寇魏的正统思想的影响，但它同具有这种正统思想的人对曹操所做的历史评价仍有不同，尽管这种历史评价有时并不准确和科学，甚至有着很大的偏颇。因此，我们应当注意将历史上的艺术评价和历史评价区别开来，不要误将艺术评价当成了历史评价，在做历史评价时不受艺术评价的左右或影响。同时，我们还必须看到，历史上的评价确有受到艺术评价影响的情况，苏轼《东坡志林》在叙述了"闻刘玄德败，颦蹙有出涕者；闻曹操败，即喜唱快"的情事之后说："以是知君子、小人之泽，百世不斩"，将历史上的刘备视为君子，将历史上的曹操视作小人，便是其中的一例。可以说，在历史评价中"尊刘抑曹"的倾向影响了作家、艺术家对曹操形象的塑造，而作家、艺术家所塑造的集残暴和奸诈于一身的曹操形象反过来又影响了人们对曹操所做的历史评价。明、清以后一般社会舆论对曹操采取贬抑的态度，同这种情形有很大的关系。当然，这时期仍有一些有识之士能对曹操采取比较客观的态度，这也是必须看到的。

二 "至少是一个英雄"

进入现代以后，曹操评论仍是人们关注的一个热点。早在1917年，胡适和钱玄同就在《新青年》杂志上以书信形式讨论了对于曹操的评价问题。胡适认为："《三国演义》在世界'历史小说'上为有数的名著。其书谬处在于过推蜀汉君臣而过抑曹孟德。然其书能使今之妇人女子皆痛恨曹孟德，亦可见其魔力之大。"一方面认为《三国演义》对于曹操形象的塑造是极为成功的，因而产生了巨大的艺术魔力，一方面又认为《三国演义》的作者对曹操采取"过抑"的做法是不对的，实际上表达了《三国演义》对曹操所做的艺术评价不能看作是对曹操所做的历史评价的观点。

钱玄同不赞成"魔力之大"的说法，认为"此点正是不足取"，理由是："盖曹操固然是坏人，然刘备亦何尝是好人。论学、论才、论识，刘备远不及曹操。论居心之不良，刘备、曹操正是半斤八两。"认为"戏台上做《捉放曹》《华容道》《黄鹤楼》等戏，必是挤眉弄眼，装出许多丑态，仔细想想，真正可发大笑"。其实，胡适也认为"过抑曹孟德"是《三国演义》的"谬处"，因此从根本上说来，钱玄同与胡适的看法大体上是一致的，但钱玄同明确认为刘备的才、学、识都不如曹操，而从居心不良的角度说刘备则同曹操没有什么区别，则是通过比较表达了对于曹操的历史评价，观点显豁，是比胡适更进了一步的。不过对戏台上的曹操形象有所贬抑,似将作为艺术形象的曹操与作为历史人物的曹操混为一谈了,其实两者是可以并行不悖的,关键是要心明眼亮,不要使两者互相干扰(当然不可能一点都不发生联想)。此外,钱玄同还在文章中揭示"帝蜀寇魏"观念产生的根源,认为这是东晋习凿齿和南宋朱熹为了维护当朝统治而制造出来的理论,以致"害得一班愚夫愚妇无端替刘备落了许多眼泪,大骂曹贼千刀万剐",这一见地是不无眼力和价值的。

由于钱玄同对胡适的观点有所责难,因此胡适后来又撰文对自己的观点做了解释:"吾谓此书'能使今之妇人女子皆痛恨曹孟德,亦可见其魔力之大'。吾并非谓此书于曹孟德、刘备、诸人褒贬得当。吾但谓以小说的魔力论,此书实具大魔力耳。"同时,对自己的观点做了进一步的发挥:"平心而论,《三国演义》之褒刘而贬曹,不过是承习凿齿、朱熹的议论,替他推波助澜,并非独抒己见。况此书于曹孟德,亦非一味丑诋。如《白门楼》杀吕布一段,写曹操人品实高于刘备百倍。此书写曹操用人之明,御将之能,皆远过于刘备、诸葛亮。无奈中国人早中了朱熹一流的毒,所以一味痛骂曹操。戏台上所演《三国演义》的戏,不是《逼宫》,便是《战宛城》,凡是曹操的好处,一概不编成戏。此则由于编戏者之不会读书,而《三国演义》之罪不如是之甚也。"这段话更明确地表明了胡适的看法同钱玄同是没有原则性的分歧的。对《三国演义》中曹操形象的塑造,也做出了更为实事求是的评论。但认为《逼宫》等三国戏一概不表现"曹操的好处"是"罪",则不一定公允,因为作为艺术形象的曹操同作为历史人物的曹操是不能画等号的,编戏者尽可以根据自己对于曹操(包括作为艺术形象的曹操同作为历史人物的曹操)的理解,对其性格的某一方面加以突出,甚至予以改造、加工,从而创造出一个新的艺术形象,只要这个艺术形象是完美的,能成为一个艺术典型,能使人们从中获得某种教益和享受,就不能说是有"罪",相反,不仅没有罪,而且还有功。当然,三国戏一窝蜂式的表现曹操的"坏处",是在一定程度上反映了人们对于作为历史人物的曹操的偏见的。如果有哪一位编戏者存心是要通过表现曹操的"坏处"来丑化作为历史人物的曹操,则其动机也是值得质疑的。

胡适和钱玄同从《三国演义》和三国戏中的曹操谈到作为历史人物的曹操,并进而挖掘了作为艺术形象的曹操何以不表现"曹操的好处"的原因,开辟出了一个曹操研究的新领域,对后来的曹操评论和研究产生了一定影响。

章太炎是近代著名的民主革命家、思想家和学者,他也曾对曹操做过比较全面的评论。其《魏武帝颂》云:

> 宣哲惟武,民之司命。禁魆止戈,威谋靡竞。夫其经纬万端,神谟天挺,出车而狁犹襄,戎衣而关、洛定。登黎献乎衽席,折旄倪乎隍阱。而又加之以恭俭,申之以廉靖。廷有壶飧之清,家有绣衣之儆。布贞士于周行,遏苞苴于邪径。务稼穑故民孳殖,烦师旅而人不病。信智计之绝人,故虽谲而近正。所以承炎刘之迄录,尸中原之魁柄。夫唯其锋之锐,故不狐媚以弭戎警。其气之刚,故不宠赂以要大政。桓、文以一匡纪功,尧舜以耿介称圣。苟拟人之失伦,胡厚颜而无赧。

不仅高度肯定了曹操扫平群雄、统一北方、发展生产、安定民众的业绩,还肯定了曹操崇尚节俭、严明法令、进用贤能等举措。"信智计之绝人,故虽谲而近正",从正面解释了曹操谲诈的性格特征,认为这是同曹操高度的智谋和智慧联系在一起的,虽然谲诈,但也是一种"近正"的行为。历来人们对曹操谲诈的个性特征和行为非议最多,而章太炎在这里却做出了全新的解释,应当说在很大程度上是符合事实的。在激烈的政治斗争和军事斗争中,智谋和谲诈往往纠合在一起,是很难分出个是非来的。当然,对自己身边亲信的僚属甚至侍奉自己的奴婢之类的人物也搞权术谲诈,则是完全不足取的。总的来看,章太炎是比较全面地而且是在相当高度上肯定了曹操,在贬抑曹操已经成为风气的情况下,这样做是需要见识和勇气的。

1927年7月,鲁迅在广州夏期学术演讲会上做了一篇题为《魏晋风度及文章与药及酒之关系》的演讲。在这篇演讲中,鲁迅对曹操的功绩及其在思想文化方面的特点也做了比较全面中肯的评价。鲁迅首先点明了曹操出现的时代背景:

> 汉末魏初这个时代是很重要的时代,在文学方面起一个重大的变化,因当时正在黄巾和董卓大乱之后,而且又是党锢的纠纷之后,这时曹操出来了。

说明曹操是在农民起义、军阀混战和统治阶级内部一次有名的政治斗争——党锢纠纷之后登上历史舞台的,时代对于曹操的陶冶和推动(所谓时势造英雄),曹操对于历史的变革和推动,这些问题放在这一特定的历史环境之中来加以考察,就变得比较清楚了。鲁迅接着把笔锋一转:

> 不过我们讲到曹操,很容易就联想起《三国志演义》,更而想起戏台上那一位花面的奸臣,但这不是观察曹操的真正方法。现在我们再看历史,在历史上的记载和论断有时也是极靠不住的,不能相信的地方很多,因为通常我们晓得,某朝的年代长一点,其中必定好人多;某朝的年代短一点,其中差不多没有

好人。为什么呢?因为年代长了,做史的是本朝人,当然恭维本朝的人物,年代短了,做史的是别朝人,便很自由地贬斥其异朝的人物,所以在秦朝,差不多在史的记载上半个好人也没有。曹操在史上年代也是颇短的,自然也逃不了被后一朝人说坏话的公例。其实,曹操是一个很有本事的人,至少是一个英雄,我虽不是曹操一党,但无论如何,总是非常佩服他。

在这里,鲁迅把作为历史人物的曹操和小说戏曲中那一位作为艺术形象的曹操严格区别开来了,指出不能用对作为艺术形象的曹操的认识来代替对于作为历史人物的曹操的认识,如果这样做就不是观察曹操的真正方法,亦即不是观察曹操的正确方法。这比起胡适、钱玄同在有意无意间将作为艺术形象的曹操与作为历史人物的曹操混为一谈的做法来,无疑是要清醒透辟得多的。接着,鲁迅进一步追溯到历史,认为即使是见诸史籍的记载(从"做史"二字看,这史籍主要指的还是所谓"正史"),有的也是极靠不住的,言下之意,历史上对于曹操的贬抑也多有不实之辞。鲁迅还以独特的视角,分析了产生这一现象的原因,得出的结论有其独特的价值。最后,鲁迅谈到了自己对于曹操的总体评价,并毫不掩饰地表达了自己崇敬曹操的感情。"英雄"一说,并不始于鲁迅,南宋辛弃疾在《南乡子·登京口北固亭有怀》中已有"天下英雄谁敌手?曹刘"这样的句子,但辛弃疾主要是从军事才能的角度来肯定曹操的"英雄"身份的,且"天下英雄"还包括孙权和刘备,曹操与之相提并论,似乎并不是更为突出的。鲁迅所说的"英雄",则是从政治、军事和文学相结合的角度对曹操所做的总体评价,内涵比辛弃疾所说的"英雄"要丰厚得多。鲁迅肯定曹操"至少是一个英雄",这就将风靡了一千余年、可谓长盛不衰的"奸雄"一说撇到一边去了。

鲁迅接着说明了曹操政权的特色：

> 董卓之后，曹操专权。在他的统治之下，第一个特色便是尚刑名。他的立法是很严的，因为当大乱之后，大家都想做皇帝，大家都想叛乱，故曹操不能不如此。曹操曾自己说过："倘无我，不知有多少人称王称帝！"这句话他倒并没有说谎。因此之故，影响到文章方面，成了清峻的风格。——就是文章要简约严明的意思。
>
> 此外还有一个特点，就是尚通脱。他为什么要尚通脱呢？自然也与当时的风气有莫大的关系。因为在党锢之祸以前，凡党中人都自命清流，不过讲"清"讲得太过，便成固执，所以在汉末，清流的举动有时便非常可笑了……所以深知此弊的曹操要起来反对这种习气，力倡通脱。通脱即随便之意。此种提倡影响到文坛，便产生多量想说甚么便说甚么的文章。
>
> 更因思想通脱之后，废除固执，遂能充分容纳异端和外来的思想，故孔教以外的思想源源引入。
>
> 总括起来，我们可以说汉末魏初的文章是清峻，通脱。

这几段话从曹操政权的特色讲到了曹操思想和汉末魏初文章的主要特色，把当时时代、政治和文章变化的关系，把曹操在当时思想解放运动中和在促进当时文风转变的过程中所发挥的作用，做了十分清楚的阐释。当然，此前已经有人谈过类似的问题。刘师培在《中国中古文学史》中曾说："两汉之世，户习七经，虽及子家，必缘经术。魏武治国，颇杂刑名，文体因之，渐趋清峻。"又说："建武以还，士民秉礼。迨及建安，渐尚通脱。"如果再往前推，刘勰在《文心雕龙·论说》中曾说："魏之初霸，术兼名法。"也就是刘师培所说的"魏武治国,颇杂刑名"的意思。鲁迅的说法显然从前人那里接受了影响,但他进一步讲到了政治和文章风格的关系,指出并肯定了曹操在这一过程中所发挥的无可替代的作用,则是他的新贡献。

鲁迅不仅讲到了曹操在文风转变中所发挥的首倡的作用,还讲到了曹操的创作实践,说:

> 在曹操本身,也是一个改造文章的祖师,可惜他的文章传的很少。他胆子很大,文章从通脱得力不少,做文章时又没有顾忌,想写的便写出来。

"改造文章的祖师",是鲁迅对曹操所做的一个很高的评价。"改造"二字,突出了曹操的革新精神;"祖师"二字,赞美了曹操对一代新风的开启作用。曹操在政治上具有很高的地位和很大的影响,又有突出的创作实绩,对于当时文学的发展自然能够发挥显著的作用。鲁迅对于曹操文章的通脱感受尤深,特别举例说:

> 所以曹操征求人才时也是这样说,不忠不孝不要紧,只要有才便可以。这又是别人所不敢说的。曹操做诗,竟说是"郑康成行酒伏地气绝",他引出离当时不久的事实,这也是别人所不敢用的。还有一样,比方人死时,常常写点遗令,这是名人的一件极时髦的事。当时的遗令本有一定的格式,且多言身后当葬于何处何处,或葬于某某名人的墓旁;操独不然,他的遗令不但没有依着格式,内容竟讲到遗下的衣服和伎女怎样处置等问题。

确实是"想说甚么便说甚么",确实是"胆子很大",充分体现了"通脱"的特色。鲁迅自己在创作上是"想说甚么便说甚么"的,因此他对曹操的"通脱"也就特别感兴趣,特别予以强调,并进而从中接受了鼓舞和影响。

当然,鲁迅对于曹操也并不是一味肯定的。对于曹操杀孔融,鲁迅便有自己的看法,说:

> 倘若曹操在世,我们可以问他,当初求才时就说不忠不孝也不要紧,为何又以不孝之名杀人呢?然而事实上纵使曹操再生,也没人敢问他,我们倘若去问他,恐怕他把我们也杀了!

鲁迅进一步揭露了曹操以不孝之名杀孔融的实质:

> 魏晋时所谓崇奉礼教,是用以自利,那崇奉也不过偶然崇奉,如曹操杀孔融,司马懿杀嵇康,都是因为他们和不孝有关,但实在曹操、司马懿何尝是著名的孝子,不过将这个名义,加罪于反对自己的人罢了。

对于曹操的网罗方士文士,鲁迅也有自己的看法,认为曹操"把天下的方士、文士统统搜罗起来",是为了"省得他们跑在外面给他捣乱",也就是说,曹操网罗文士,不仅仅是由于个人对文学的喜好和繁荣文学创作的需要,也是别有政治目的的。对于曹操在文学上的提倡之功,鲁迅也并没有无限制地夸大,而是认为:"汉文慢慢壮大起来,是时代使然,非专靠曹操父子之功的。"这些意见,无疑都是既别具只眼,又实事求是的。

总之,鲁迅的曹操评论在千余年来的曹操评论史上是别具特色的。鲁迅所评重点在文学,但又决不局限于文学,而是涉及了政治、思想、社会风习等方面的问题,而且将各种问题水乳交融地结合在一起谈,就研究方法而言,也是令人耳目一新的。鲁迅的曹操评论彻底摆脱了"帝魏寇蜀"或"帝蜀寇魏"之类的传统观念的影响,摆脱了南宋以来尊刘抑曹的思想倾向,给予了曹操实事求是的评价,特别是给予了曹操应有的褒扬和肯定。鲁迅并非有意要作翻案文章,但他对于曹操的肯定,却在曹操评论史上揭开了新的一页,对后来特别是1949年以后的当代曹操评论产生了深刻的影响。

三 不朽的业绩

1949年以后,曹操评论不仅仍是人们关注的一个热点,而且曾经掀起前所未有的热潮。第一次热潮发生在1959年前后。1959年1月25日,郭沫若在《光明日报》上发表了《谈蔡文姬的〈胡笳十八拍〉》一文,给予了曹操很高的评价。此后,又接连发表了《替曹操翻案》《中国农民起义的历史发展过程——序〈蔡文姬〉》等文,并在历史剧《蔡文姬》中塑造了一个与《三国演义》中的曹操迥然不同的曹操形象,从而从文艺理论和创作实践两个方面提出了"为曹操翻案"的问题。同年2月19日,翦伯赞亦发表了《应该替曹操恢复名誉》一文,与郭沫若的倡议相呼应。郭沫若和翦伯赞的文章在史学界、文学界和戏剧界引起了强烈的反响,一时间掀起了一个争鸣的高潮,据不完全统计,从一月下旬到六月底,在不到半年的时间内,见诸报刊的文章、报道即达一百四十篇以上。争鸣涉及的问题有:曹操对统一的作用问题;曹操是否堪称民族英雄的问题;曹操施行屯田的问题;曹操抑制豪强的问题;曹操在文学史上的地位问题;曹操镇压黄巾农民起义的问题;曹操个人的品德问题;对小说戏剧中的曹操形象如何评价的问题；等等。问题涉及的范围之广，参加讨论的人数之多，争论之热烈，都是史无前例的，称得上是曹操评论史上一个划时代的事件。

关于曹操对统一的作用问题。不少人认为曹操对统一做出了积极的贡献，他所进行的统一战争是应该肯定的，对于人民是有利的。郑天挺认为："在汉末长期豪族对立，军阀混战的局面下，人民是渴望统一的。曹操不但在他执政的二十四年期间（196—220）把统一中国当做自己的任务，就是在执政以前，也是反对分裂和维持中央政权的。"吴晗认为，曹操努力统一全国的事业，得到了中原地区人民的支持，虽然最终未能完成统一全国的事业，"但是，他毕竟在他所统一的地区做了不少好事，不但安定了秩序，也促进了生产，繁荣了文化，推动了时代进步"。翦伯赞也认为，曹操一贯把统一中国当做自己的政治使命，虽然他没完成统一中国的任务，但他统一了北方的混战局面，打击了豪强，恢复了生产，替后来的西晋统一铺平了道路。田余庆对曹操统一中原给予了很高的评价，认为"曹操的首功，就在于他完成了中国北部的统一"。"统一使豪强之间破坏性的火并战争大大减少，使人民少受死亡流徙的痛苦，使生产多少得到一些保障；统一使保卫边疆成为可能"。唐长孺认为，三国时北方的农业比南方先进，南北早日统一，"北方的先进技术、先进文化在江南的传播，对于江南人民只有好处，没有坏处"。但也有人对曹操所进行的统一战争持否定态度。刘亦冰认为："我们不能简单地、教条地都肯定统一战争是好的。三国的分立是有其社会经济原因的，这是客观规律，人民不希望战争，不希望曹操来统一，因此曹操统一北方后向南的扩张战争，是违背历史规律和人民愿望的。"杨炳认为曹操所进行的是封建阶级内部的争霸战争，而这类封建阶级内部的争霸战争是非正义的，是穷兵黩武，是祸国殃民。

关于曹操是否堪称民族英雄的问题。郭沫若认为:"曹操的平定乌桓是反侵略性的战争,是得到人民支持的。""曹操对于民族的贡献是应该做高度评价的,他应该被称为民族英雄。"郑天挺及谭其骧等人也认为曹操平定乌桓的战争是正义的,是反侵略的,"这种捍卫边境安宁,抵御外来奴役者的贡献,是值得给以较高评价的"。吴晗、周一良等人认为曹操平定乌桓值得肯定,但不同意因此而给曹操戴上"民族英雄"的帽子。吴晗说:"曹操打败袁绍等人后,为了统一北方,当然一定要打乌桓,结果是把乌桓平定了,巩固了北方边疆的国防。但是当时乌桓的力量并不是很强大的,它和前代匈奴、隋唐时代的突厥和后来的契丹女真都不能相比,它不可能吞并全中国或中国的北方,它只是不断在北方骚扰抢劫,给人民带来一些麻烦。曹操平定乌桓对人民有利,是做了一件好事。但是我们却不能把这件事夸大,说成曹操不打乌桓,中国就有了民族危机,因此就称曹操为民族英雄。"柳春藩认为曹操既不能被称作"民族英雄",曹操平定乌桓的战争也不能被看作是反侵略的正义战争,因为三郡乌桓是在"中国版图之内,……曹操对乌桓的战争,不能说是对外族的战争,这个战争基本上具有内部的性质"。但他也认为"这个战争的胜利,实现了中国北部的统一,使乌桓族与汉族的政治、经济、文化间的联系,得到进一步的加强,这对中国社会历史的发展起着进步的作用"。但也有人认为曹操攻打乌桓的后果是不好的,对"乌桓人民的经济与文化的发展,是非常有害的,乌桓人民因此遭受了严重摧残"。

关于曹操施行屯田的问题。谭其骧、刘亦冰等人认为曹操施行屯田虽然使人民得到一点好处,但其实质是一种军事手段,将军民用强制手段束缚在土地上,进行官六私四或对半分的高度剥削,使军民都走上了农奴化的道路。孙次舟更认为曹操的屯田"在当时的历史条件下,没有丝毫进步意义",认为曹操屯田的目的是为了"征伐四方","和解决当时农民的生计问题是漠不相干的"。尚钺、缪钺、吴晗、郑天挺、郭沫若、唐长孺、杨荣国、柳春藩、何兹全、王文明等多数人则对屯田政策采取了肯定的态度。尚钺认为"屯田制的生产关系基本上是适合于经两汉发展起来的生产力性质的"。缪钺认为,对曹操的屯田制"不能孤立的去评论它,而应当结合当时的历史具体情况来考察",认为在人民死丧,土地荒芜,粮荒普遍存在的情况下,曹操"采纳枣祗的建议,施行屯田,不失为一种救急的方法"。认为"屯田制施行后,北方农业生产恢复","劳动人民虽然担负十分之五六的沉重剥削",但"总比死丧流离生命不保要好得多,而且就整个北部中国论,也只有用这种办法才能迅速恢复农业生产,挽转粮荒现象,所以我们对于曹操的屯田制还是肯定的"。吴晗认为:"屯田的好处是可以解决军粮问题,减少军运的困难,这是有具体记载可以根据的。同时,屯田也减轻人民的负担。"郑天挺认为:"屯田制度从后世看来当然是落后的、反动的,但在中国封建早期的二世纪末,不能否认,它却起了一定的'强兵足食'的作用。"唐长孺认为:"屯田制在一定程度上是和堡坞控制下的生产组织相对立的,但又是同一类型的组织。这种组织在混乱军事时期,几乎是维持与恢复生产的唯一可行的办法。"杨荣国还认为,由于只有在限制了豪强对土地的兼并和人民的掠夺之后才有可能招抚大量流民到国家土地进行耕种,因此曹操实行屯田是不能单纯看成是一项经济政策的,而是与"重豪强兼并之法"的实施有着密切的关联的。

关于曹操抑制豪强的问题。翦伯赞认为"曹魏王朝曾经镇压过豪族",吴晗也认为曹操在政治上"采取抑豪强的方针"。唐长孺一方面认为"曹操在经济上、政治上、军事上都进行了一些抑制豪强、大族、名士的措施",另一方面认为曹操"也有联络豪强士族的一面"。杨荣国、李锦全还对曹操抑制豪强做了很高的评价,认为曹操"在他的一生活动中,那么认真地来抑压和打击豪强大族,这说明他能抓住并且打中了当时的矛盾主要方面,因此所起的作用,能和历史的主流相一致"。但柳春藩认为曹操"并没有触犯强宗豪右的根本利益",他"虽然提拔大量中小地主参加政权,并没有取消豪强大地主在政治上的地位"。刘亦冰更认为"曹操联络豪族,勾结士族地主,残酷地剥削奴役人民",方明亦认为曹操"曾经尽力结纳强宗豪族",他能够统一北方"是与他们的支持和拥护分不开的"。缪钺对此有不同看法,他认为"曹操究竟是地主政权的统治者,他当然不能像农民起义那样以阶级的仇恨大杀豪强,我们也不能那样要求他"。缪钺认为曹操从东汉末年的农民大起义中接受了教训,"知道要维持统治,应当裁抑豪强,使政治不至于浊乱。所以他执政以后,施行裁抑豪强大族的政策,平袁氏,定河北后,即下令重豪强兼并之法,在朝廷中杀大族孔融、杨修。曹操政权下的地方官,因为得到曹操的支持,也敢于裁抑豪强,如许令满宠、朗陵长赵俨、菅长司马芝等"。"至于曹操政权下虽然也任用了不少的豪强大族,如颍川荀氏、陈氏、河南郑氏、河内司马氏等,但是他们不敢过于放纵,曹操也并不特别袒护他们","曹操任用豪强而不特别袒护豪强,这就使东汉桓、灵以来的腐朽政治大有改善,这不能不是曹操的功绩"。

关于曹操在文学史上的地位问题。对这个问题的认识比较一致,郭沫若认为曹操"在中国文学史上促成了建安文学的繁荣",翦伯赞也认为,由于曹操的大力倡导,使建安年间出现了一个文学的繁荣时代。吴晗还认为曹操的"才能是多方面的,他是当时最伟大的军事家,第一流的政治家,第一流的诗人;此外,他还是艺术家,写一笔好草字,懂音乐,有很高的文化水平。刘备、孙权都远不如他"。但对曹操的作品中有没有人道主义精神的问题,看法则有分歧。有人认为曹操残酷镇压黄巾起义,其诗篇《薤露》《蒿里行》中虽有同情人民的诗句,但不能说是人道主义精神,而是猫哭老鼠——假慈悲,目的在于骗取人民的信任。另一些人则认为《薤露》《蒿里行》真实地描绘了残酷的战争给人民带来的痛苦、灾难和死亡,表现了曹操思想中同情人民的一面,体现了人道主义的精神。

关于曹操个人的品德问题。不少人认为曹操残忍好杀。向平说:"曹操不但是屠杀黄巾起义军的刽子手……在他一生中,不知屠杀了多少无辜的人民。"王昆仑认为,曹操为了报父仇,"兴兵征讨徐州陶谦,屠了五个城,'凡杀男女数十万人,鸡犬无余,泗水为之不流'。官渡破袁绍之战,坑杀降卒七八万之多。他在战争中曾定出'围而后降者不赦'的法律,多少城市遭到破坏,多少老百姓遭到屠杀。"谭其骧也认为:"在道德品质方面,他(曹操)的忌刻残忍实在也是不可饶恕的。"但也有不少人持不同看法。郭沫若认为关于曹操杀人的记载在史料上是存在问题的,如曹操打徐州杀人多少,《魏书》《后汉书》《曹瞒传》的记载各不相同,杀数十万人,显然是被夸大了。曹操为什么杀吕伯奢一家,各书记载也不一致。郑天挺一面认为"曹操统兵执政前后有三十六七年,打了很多次仗,杀了很多的人,这是违反当时人民愿望的",另一方面又认为"前后情况是不同的,变化是多方面的",并具体提到曹操"围而后降者不赦"的规定,认为这是曹操"希望战争早点结束,用以威胁坚守的人"而采取的举措。吴晗认为:"杀人好不好?当然不好,但具体说就有着不同的情况。古时候打仗用刀枪弓箭,不杀掉对方的人打不了胜仗,因此在战争中总是要杀人的。但是在战争结束后的屠城行为则是另一回事。"吴晗还认为,曹操杀孔融、杨修"杀的是政敌",是为了"打击名门大族",如果"以这些例子来责备曹操,立场站在当时名门大族这一面去了"。在曹操杀吕伯奢一家的问题上,吴晗持有与郭沫若相似的看法,郑天挺也认为此事"不可信的成分比较多"。

对小说戏剧中的曹操形象如何评价的问题。王昆仑认为,舞台上的曹操以白脸奸雄的形象出现,这与正统主义的宣传是有关系的,但更主要的是后世人民的选择。李宗白认为曹操在历史上可称为英雄,但他也做了一些缺德的事情,戏曲艺术扩大曹操坏的一面,抹煞好的一面,是不公平的,认为对舞台上的曹操也应给予公平的估价,还他的本来面目。对《三国演义》中的曹操形象也有非议,郭沫若认为:"自《三国演义》风行以后,更差不多连三岁的小孩子都把曹操当成坏人,当成一个粉脸的奸臣,实在是历史上的一大歪曲。"翦伯赞也认为《三国演义》"肆意地歪曲历史,贬斥曹操"。不少人不同意将小说戏剧中的曹操形象同历史上的曹操混为一谈,因为历史科学和历史小说、历史戏剧是既有联系又性质各别的;小说戏剧对曹操形象的塑造也不存在"歪曲"的问题,比如《三国演义》就还兼顾到了曹操性格的各个侧面,在表现其恶德劣行的同时,也表现了他过人的胆略和非凡的才能;更不同意对旧有的三国戏进行改编,"用历史上的曹操来纠正舞台上的曹操"。郭沫若希望能有人用新观点根据历史真实性对曹操形象进行新的塑造,达到新戏旧戏共存,以听取人民选择的目的。吴晗认为:"历史人物的讨论不应该和艺术作品中的人物完全等同起来,旧戏中的曹操戏照样可以演。某些已经定型的曹操戏最好不改,而且,与其改也,毋宁新编,历史题材多得很,何必专从改旧戏打主意呢?"

此外,讨论还涉及了曹操的用人政策、应如何评价曹操和其他历史人物、曹操在历史上被否定和被塑造成一个"大白花脸"的原因等问题。总的说来,百花齐放,百家争鸣,各个方面的人从各个不同的方面评论了曹操,研究了曹操。在这之前,曹操还不曾这样被众多的人"全方位"地评论过和研究过,甚至还没有一个学术问题像曹操这样被众人所关注过，这也算是曹操所获得的"殊荣"吧。曹操之所以这样被众多的人们所关注，用吴晗的话来说，是由于"他的方面多，成就大，缺点也多"，因此人们可以"从各个不同角度去了解"，各人的看法也就往往不一致。也就是说，这是由曹操自身的特殊性和复杂性所造成的。这次讨论，吸引了更多的人来关注曹操和研究曹操，曹操的"知名度"因而更高了，影响也更大了。通过讨论，人们认真研究了史料，学习了理论，对曹操有了一个更全面、更正确、更深入的认识，有些"不明确的问题逐渐明确了，有些不了解的问题了解了，过去的一些错误看法纠正了，看问题的立场、观点、方法更端正了"（吴晗语）。特别是因偏爱《三国演义》和三国戏而对作为历史人物的曹操所产生的误解在很大程度上得到了廓清，曹操在历史上的作用和地位得到了更多人们的肯定，不少人承认曹操是汉末三国时期第一流的政治家、军事家和诗人，是中国封建社会有数的杰出人物。他当然"决不是十全十美的完人。十全十美的完人，在历史上是没有的"，"但就曹操整个事业来说，却是功大于过"（吴晗语）。有人还将曹操和历来备受尊崇的诸葛亮做了对比，认为"在三国时，曹操与诸葛亮都是杰出的政治家和军事家，如果就私人道德品质某些方面来看，诸葛亮比曹操好，但是就平生事业客观上对于人民利益与经济文化发展的贡献来看，诸葛亮是不如曹操的"，最后得出结论说："我们应当肯定曹操是我国历史中一位杰出的人物"（缪钺语）。

当然，讨论中也出现了一些偏激的意见，或把曹操说得一无是处，完全否定，或把曹操说成是完美无缺的英雄，全盘肯定，还有人把舞台上的曹操和历史上的曹操混为一谈，显然这些说法和做法都是不合适的。另外，在讨论中提出的"为曹操翻案"这个口号也并不十分科学，因为历史上对于曹操的评价是有褒有贬、有毁有誉的，并不是一概骂倒，即使是小说戏剧中的曹操也不是一团漆黑，没有一点亮色，因此"翻案"之说是难以成立的，至少是不够严谨的。当然，如按郑天挺的说法："新结论和过去不同的固然是翻案，新结论和过去相同的，由于本质上有了变化，又何尝不是翻案。"则"翻案"一说，也不是绝无存在的理由的。

曹操评论掀起的第二个热潮发生在"文化大革命"中。在"四人帮"所煽起的"评法批儒"的逆流中，曹操被推尊为"大法家""无神论者""唯物主义者"和"彻底反对儒家思想"的斗士。《三国演义》和三国戏中的曹操形象遭到前所未有的毁谤，一概被污蔑为"尊儒反法的反动作品"。毫无疑问，这是一场被扭曲了的运动，虽然不能说所有参加讨论的人都是被"四人帮"所煽动的和利用的，都是缺乏科学精神的，但就总体而言，这不是一场科学的讨论，更不是一场纯学术的讨论，其大方向是错误的，是为"四人帮"所推行的反动政治路线服务的。讨论违背了基本的历史事实，混淆了视听，作为历史人物的曹操是在真正的意义上被歪曲了，虽然他的地位是空前地"提高"了。许多严谨的学者在这一场讨论中保持了沉默，或尽量采取了科学的实事求是的态度。因此曹操的声名虽然煊赫一时，但人们心目中的曹操还是那个既有长处也有短处、既有优点也有缺点、既有可爱之处也有可憎之处的曹操。在这方面，应当说1959年所开展的那一场讨论起到了意想不到的作用，那场讨论使人们比较正确、也比较深入地认识了曹操，这种认识不是一场非科学的、反科学的讨论在仓猝之间就能轻易地加以改变的。当然，不少对历史缺乏研究的人，难免不被搞得晕头转向，难免不因此而对曹操及《三国演义》等文艺作品产生这样那样的误解，从这个角度说，这场讨论所产生的影响也是消极的、有害的。

随着"四人帮"的被粉碎，随着思想路线的逐步端正，曹操评论逐渐回到正确的轨道。从20世纪80年代初以来，曹操评论虽未再在全国范围内掀起热潮，但曹操仍是人们所关注的一个热点，有关评论不绝如缕，并曾一再在局部范围内掀起热潮。1983年5月，在曹操的故乡安徽亳县举办了全国第一次建安文学讨论会。1988年11月，在汉魏故都河南许昌举办了全国第二次建安文学讨论会。1991年4月，在河北邯郸举办了全国第三次建安文学讨论会。1993年5月，又在安徽亳州举办了全国"三曹"学术研讨会。这些讨论会虽并不专门讨论曹操，但因曹操在建安文坛处于领袖群英的地位，所以曹操仍是人们所讨论的一个重心。这些讨论往往能够反映出一个时期以来曹操研究所达到的新水平，同时又将曹操研究推向一个崭新的阶段。这些讨论虽然往往偏重于探讨曹操在文学方面的建树和特色，但同时也涉及了曹操的政治活动和军事活动，涉及了曹操的思想、性格和作风，涉及了曹操在历史上的地位和作用等问题。参加者除古典文学研究者外，还有历史、哲学、军事科学等其他学术领域的研究者。除了几次学术讨论会之外，对曹操的研究工作在全国范围内从未间断过，不同专业的研究者从各个不同的方面和角度研究曹操的文章时时见诸各地报刊。与此同时，海外的汉学家也时时把曹操作为自己的研究对象，发表了不少有见地的研究论著。

俗有"盖棺论定"一说，对于曹操来说（实际上决不仅仅是曹操，不过曹操在这方面更为突出些就是了），"盖棺"是远远没有"论定"的，一千多年来曹操评论所经历的风雨和曲折有力地说明了这一点。曹操是一个复杂的人，他看上去不是那样"一目了然"，就像苏轼在《题西林壁》诗中所说的那样："横看成岭侧成峰，远近高低各不同。"横看像一座岭，侧看又像一座峰，从不同的角度就得出了完全不同的印象，看不到庐山的本来模样和整体形象，这在客观上给评论和研究工作带来了困难和复杂性。不同时代和不同年龄、经历、修养、职业、思想、性格、志趣以及怀着不同目的的人们在观察和评论曹操时所采取的角度、方法和得出的认识、结论也往往不同，即使是根据同一史料研究同一问题也往往会得出不同的认识和结论，这研究主体的不同，又从另一个方面增加了曹操研究的复杂性。这些，或者就是千余年来对曹操议论纷纭、莫衷一是的最基本的原因吧。

对我们来说，最要紧的是在评论中既从固有的历史事实出发，同时又站在今天时代的高度做出审视和判断。既要全面地看待曹操（不是只看某一方面，更不是只看其某一点），又要注意把握其主流和大节，看其所作所为是否曾经在历史上起过积极的、进步的作用。从这一立场出发，曹操至少有以下几个方面的作为是值得加以肯定的。

首先值得肯定的是曹操统一了北方。董卓之乱后，中原一带陷入军阀混战的局面，人民流离死亡，社会经济遭受严重破坏。如不加以阻遏，任其发展下去，势必将出现"不知当几人称帝，几人称王"的局面，也就是说，国家将陷于四分五裂，后果是难以想象的。曹操凭借其卓越的政治才能和军事才能，逐一扫平群雄，终于在不太长的时间内使北方重新归于统一，这个历史功绩是巨大的。为了实现、维护和巩固北方的统一，曹操亲率大军讨平乌桓，这个举措也是值得肯定的。当时乌桓虽还构不成对中原地区的严重威胁，但它结纳袁氏残余势力，一再骚扰边境，如不下决心加以讨平，北方边境地区就将从此无有宁日，曹操的后方就将难以巩固，进一步南征、西征就会有后顾之忧。从长远来说，一个敌对的乌桓未必就不会成为中原地区的隐患，为了不致养痈遗患，及时加以处置是完全必要的。

曹操统一北方后，进一步想统一江南和西蜀，这个想法也是积极的，北方的统一并不等于全中国的统一，为了实现全中国的统一，在统一北方之后积极谋取江南和西蜀，这正是统一大业的题中应有之义。如果曹操统一北方后就安于现状，不再谋求发展，那他就决不会是一个雄主，至多是比北方的其他割据者稍微强一些罢了。当然，由于主观上和客观上的诸多原因，曹操统一江南和西蜀的愿望最终未能实现，这只能是他个人的一个悲剧，也是当时时代的一个悲剧，这给曹操的一生事业和雄图大略增添了一抹悲壮可悯的色彩，但就其主观动机而言，却是包含着积极的内涵的。

江南的孙权和西蜀的刘备、诸葛亮等也都是具有雄才大略的人物，他们在统治江南和西蜀期间，对扫平境内的地方割据势力，对廓清政治、发展生产和安定人民生活，也都做了一些有益的工作。他们也都想进一步统一全国，特别是诸葛亮，在有生之年一再北伐，鞠躬尽瘁，死而后已，这也是值得肯定的。不能说统一全国是曹操的专利，他打算统一全国是积极的，别人打算统一全国就不是积极的。他们可以平等地竞争，谁有能力最后统一全国，谁在历史上就是最有作为的英雄。可惜的是，无论是曹操还是孙权、刘备和诸葛亮，他们都没有能力最后统一全国。但就已经取得的业绩而论，曹操是比孙权、刘备和诸葛亮更为杰出的。汉末大乱主要发生在中原，在大乱初期最有实力的割据势力也都分布在中原，曹操是在打了一场又一场的硬仗、恶仗之后最后才实现了北方的统一的。相比之下，孙权的平定江南，刘备、诸葛亮的平定西蜀就要容易得多，他们后来能与曹操抗衡，在很大程度上也得力于山川的险阻，不是说他们个人的能力或辖区的实力就真正达到了堪与曹操匹敌的地步。自先秦以迄汉魏，中国政治、经济和科学文化的重心一直在中原地区，中原地区的盛衰对于中华民族的兴亡关系甚巨，削平中原地区的战乱，实现中原地区经济社会的发展也就显得更为重要。从这个角度说，曹操在统一大业方面所做的工作比孙权、刘备和诸葛亮更加值得肯定。

曹操在统一北方的过程中所采取的一些政治、经济措施也是值得肯定的。比如曹操抑制豪强在当时就是一件很有意义的事情。东汉以来,豪强地主操纵政治,兼并土地,鱼肉人民,不仅普通百姓不敢得罪他们,就是一般官僚乃至皇帝也是奈何他们不得,甚至要加以迁就和回护的。曹操敢于抑制豪强,这对于廓清政治、清除统一北方的障碍、减轻人民负担都是起了积极作用的。又比如曹操实施屯田,在当时情况下对于恢复农业生产、对于解决人民流离死亡的问题、对解决"强兵足食"的问题也都具有积极的意义。屯田制对农民的剥削确实是重的,但北宋时的官田也是对半分或四六分,两相比较,曹操的剥削并不显得更重,何况曹操正处在一个兵荒马乱的非常时期。既要解决紧迫的军粮问题和土地大片荒芜、人民流离死亡的问题,又要让屯田农民过得比较宽裕一些,这样要求是脱离曹操当时所处的历史实际的。再比如曹操强调不拘一格选拔人才,从而打破了世家大族对于政治的垄断,使具备才能但出身下层的人们有了参与政治、发挥才智的机会,并促进了统一战争的进程;强调以法治军,赏罚严明,从而加强了军队的纪律性,提高了军队的战斗力,对于改良政治也起了一定的作用;强调节俭,从而在一定程度上扭转了东汉以来盛行的奢侈歪风,减轻了人民负担,改善了政治。这些措施也都是值得加以肯定的。

曹操"尚通脱",即在思想上比较解放,这在当时思想界也发挥了积极的作用。鲁迅在《魏晋风度及文章与药及酒之关系》中评论说:"更因思想通脱之后,废除固执,遂能充分容纳异端和外来的思想,故孔教以外的思想源源引入。"所说的"异端"思想,主要指与"孔教"即儒学相对立的名、法、兵、道、墨等家的思想,其中包括了一些朴素唯物主义的思想。"外来的思想",主要指从东汉开始输入的佛教思想。汉代自武帝结束百家论争后，儒学定于一尊，而这时的儒学已非孔子学说的本来面目。它一方面揉进了阴阳五行的学说和谶纬符命的怪论，成为一种神学迷信；另一方面，两汉统治者又大大扩展了孔子学说中忠孝仁义的道德观念，竭力推行封建礼教。神学迷信与封建礼教，成为桎梏人们思想的两座监牢。黄巾起义冲垮了东汉王朝的统治秩序，为这个秩序服务的神学迷信与封建礼教随之出现衰颓之势。曹操顺应这一形势，不仅自己的思想在一定程度上从神学迷信和封建礼教中解脱了出来，而且以其特殊的身份和地位充当了当时思想解放运动的带头人，使建安时代出现了一个思想较为解放和活跃的局面。曹操在这方面所发挥的作用，自然也是不应抹煞的。

在文学方面，曹操是建安文坛的开山人物和领袖。两汉文学为经学思想所束缚，内容上强调宗经，形式上辞赋独盛，表现上重视摹拟，文学家自身的地位也受到轻视。曹操大力网罗文学人才，提高文学家的地位，尊重他们的创作才能和创作个性，注意保护他们的创作积极性。在创作上，注意革除两汉文人文学形式主义的锢弊，使文学重新回到现实主义的轨道。这样，就在很大程度上改变了两汉文人被"俳优畜之"、文学被视作经学的附庸、文人创作比较冷落而又千篇一律的局面。曹操又是一个"改造文章的祖师"，他的创作在内容上能够摆脱经学思想的束缚，以动乱现实、民生疾苦、所经所历、所感所叹作为表现对象；在形式上给四言诗注进新生命，把五言诗推向最高峰，从而为古诗的发展揭开了新的一页；特别是曹操一反两汉文人对乐府民歌冷漠轻贱的态度，认真从中吸取营养，但又不拘泥于古人古事而以乐府题目自作诗，从而掀起了一个写作乐府诗的热潮。曹操大量别开生面的散文，也为文坛注入了一股新的气息。总之，建安文学能够在短期内趋于繁荣，并呈现出一个崭新的风貌,从而在文学史上结束一个旧时代,开创出一个新时代,成为中国文学史上的一个黄金时代和一个重要的转折点,曹操在其中起了十分关键的作用,其功绩是值得予以充分肯定的。

总之,曹操不愧是中国历史上一个杰出的政治家、军事家和文学家,他所创建的业绩是不朽的、光辉的。当然,曹操也决不是一个完人,他一生犯过不少错误,甚至有不可饶恕的罪过。其最不可饶恕的罪过,就是参与镇压黄巾起义。参与镇压黄巾起义,充分暴露了曹操的地主阶级立场,证明他所代表、所追求的根本利益是同劳动人民完全对立的。他所建立的功绩,归根结底是一个地主阶级的政治家、军事家和文学家所建立的功绩。曹操的另一个罪过,就是杀人太多。曹操在镇压黄巾农民起义的过程中,在平定敌对割据势力的过程中,在镇压刘氏王室势力、内部反叛势力和不同政见者的过程中,乃至在日常生活中,都曾一再杀人,在不少情况下甚至是大量地杀人。有些人是非杀不可的,有些人是在当时情况下不得不杀的,但其中确也有一些人是不该杀、不用杀的。曹操杀人总爱搞扩大化,唯恐不能把对手斩草除根。严于执法固然不错,但往往因执法过严而冤杀了不少人。还有仅凭一时的好恶而滥杀人的情况。这些,反映了曹操性格中残忍忌刻的一面,是不能加以回护和宽恕的。当然,对于具体的事件还须结合当时的情况做具体的分析,不能一概而论,笼统否定。此外,还须看到,曹操的罪过与他的功绩相比是处于次要地位的,指出和批判曹操的罪过,是不应当影响对其历史功绩和历史作用的评价的。

"萧瑟秋风今又是,换了人间。"(毛泽东《浪淘沙·北戴河》)曹操所代表的时代和曹操所建树的功绩都已成为遥远的过去,今天的时代已经发生了翻天覆地的变化。但是,我们不能割断历史,凡是在过去时代做过符合人民愿望的事情、对推动历史发展做出过一定贡献的人们，我们都不应当忘记。曹操作为一个经历丰富、性格鲜明而多样、富于传奇色彩的历史人物，将在后世人们心目中永远留下不可磨灭的印象。曹操所建树的功绩，也将在历史上永远留下辉煌的一页，赢得人们无尽的缅怀和称颂。

附录一　生平大事年表

汉桓帝刘志永寿元年（155）　一岁

　　二月,司隶、冀州大饥,人相食。

　　秋,南匈奴犯西河美稷。

永寿二年（156）　二岁

　　七月,鲜卑犯云中。泰山、琅玡公孙举等率众约三万人起义。

永寿三年（157）　三岁

　　春,交州九真郡朱达等起义。

　　十一月,长沙农民起义。

延熹元年（158）　四岁

　　十二月,南匈奴与鲜卑、乌桓犯境。

延熹二年（159）　五岁

　　二月,鲜卑攻雁门。六月,攻辽东。

　　八月,外戚大将军梁冀谋为乱,中常侍单超、徐璜、具瑗、左悺、唐衡谋诛之,冀自杀。桓帝封五宦官为列侯,从此宦官专政。

延熹三年（160）　六岁

　　闰正月,西羌犯张掖。

十一月,泰山叔孙无忌起义。

延熹四年(161)　七岁

正月,大疫。

七月,朝廷财政困难,百官减俸,借王侯半租,卖关内侯以下官爵。

冬,诸羌犯并、凉二州。

延熹五年(162)　八岁

四月起,长沙、艾县、零陵、武陵人先后起义。

延熹六年(163)　九岁

五月,鲜卑犯辽东属国。

七月,桂阳李研等起义。

延熹七年(164)　十岁

七月,零陵、桂阳农民起义,被荆州刺史度尚镇压。

延熹八年(165)　十一岁

五月,桂阳胡兰与朱盖等起义。

延熹九年(166)　十二岁

三月,司隶、豫州大饥。

六月,南匈奴、鲜卑、乌桓犯境。

司隶校尉李膺等二百余人被宦官诬为党人,皆下狱。史称"党锢之祸"。

永康元年(167)　十三岁

正月起,先零羌多次攻三辅。

六月,李膺等被遣送回乡,永不录用。

十二月,桓帝卒。窦皇后为皇太后,临朝听政,与其父城门校尉窦武、中常侍曹节迎解渎亭侯刘宏为帝。

汉灵帝刘宏建宁元年(168)　十四岁

正月,大将军窦武、太傅陈蕃执政,启用李膺等党人。

九月,陈蕃、窦武谋诛宦官,事泄,宦官曹节等矫诏诛蕃、武,幽太后,李膺等复被废。

建宁二年(169)　十五岁

十月,宦官曹节等奏李膺等为钩党,下狱,死者百余人。并诏州郡大捕党人,死、徙、废、禁者六七百人。

建宁三年(170)　十六岁

冬,济南农民起义。

建宁四年(171)　十七岁

正月,大赦,唯党人不赦。

熹平元年(172)　十八岁

七月,宦官使司隶校尉段颎捕太学诸生千余人。

熹平二年(173)　十九岁

十二月,鲜卑犯幽、并二州。

熹平三年(174)　二十岁

曹操举孝廉,为郎,出任洛阳北部尉。

熹平四年(175)　二十一岁

三月,诏诸儒校正五经文字,刻石立于太学门外。

四月,七郡国大水。

六月,弘农、三辅螟灾。

熹平五年(176)　二十二岁

闰五月,诏令各州郡清查党人门生、故吏、父子、兄弟,一律免官禁锢。

熹平六年(177)　二十三岁

曹操任顿丘令,又被征召为议郎。

四月,大旱,七州蝗灾。

光和元年(178)　二十四岁

十月,曹操因堂妹夫㴐强侯宋奇被诛,从坐免官。

朝廷初开西邸卖官,又私令左右卖公卿。

光和二年(179)　二十五岁

曹操在谯纳卞氏为妾。

十月,司徒刘郃等谋诛宦官,事泄被杀。

光和三年(180)　二十六岁

六月,诏公卿荐举能通《尚书》《毛诗》《左传》《穀梁春秋》者各一人,任议郎。曹操因能明古学,又被征召为议郎。

十二月,立贵人何氏为皇后,后兄何进擢为侍中。

光和四年(181)　二十七岁

十月,鲜卑犯幽、并二州。

光和五年(182)　二十八岁

诏公卿以民谣检举害民之州刺史与二千石官。曹操上书言所举不当。灵帝以灾异询问群臣得失,曹操复上书切谏。

光和六年(183)　二十九岁

夏,大旱。太平道首领钜鹿张角谋划起义。

中平元年(184)　三十岁

二月,黄巾大起义爆发。

三月,朝廷大赦党人。曹操被任为骑都尉,率兵与皇甫嵩、朱俊一起镇压颍川黄巾军。七月,击败颍川黄巾军。

十一月,黄巾起义军主力被击败,转而分散活动。

曹操升任济南相。不久,辞济南相,乞留宿卫,被任为议郎。

中平二年(185)　三十一岁

二月,亩增田税十钱,用修宫室。张牛角等十余部起义,号"黑山军",攻河北诸郡县。

灵帝造万金堂于西园,聚钱私藏。

征曹操为东郡太守,不就,托疾告归乡里。

中平三年(186)　三十二岁

十二月,鲜卑犯幽、并二州。

中平四年(187)　三十三岁

征曹操为都尉。

十一月,操父大司农曹嵩买官为太尉。

冬,曹操子丕生于谯。

中平五年(188)　三十四岁

二月,黄巾余部郭太等复起于西河白波谷。

三月,改刺史为州牧。刘焉为益州牧。

四月,操父曹嵩免太尉职。

六月,冀州刺史王芬等谋废灵帝,约结曹操,操拒之。

八月,朝廷初置西园八校尉,曹操被任为典军校尉。

中平六年(189)　三十五岁

四月,灵帝卒。皇子辩即皇帝位。何太后临朝听政。其弟大将军何进谋诛宦官,信用袁绍、袁术。并召董卓带兵入京,以胁太后。曹操反对召董卓入京。

八月,宦官张让、段珪等杀何进。袁绍、袁术尽诛宦官。

董卓入京,袁绍东奔冀州。

九月,董卓废刘辩为弘农王,立陈留王刘协为帝。董卓专擅朝政,表荐曹操为骁骑校尉,操不就,逃离洛阳东归。

十二月,曹操在陈留己吾起兵讨董卓。

汉献帝刘协初平元年(190)　三十六岁

正月,关东州郡起兵讨董卓,推袁绍为盟主。曹操行奋武将军。

二月,董卓胁献帝迁都长安,焚洛阳。袁绍等畏卓兵强,不敢先进,曹操独引兵向西,与卓将徐荣战于荥阳汴水,大败。到扬州募兵,还,进驻河内。

袁绍与韩馥谋立幽州牧刘虞为帝,约结曹操,操拒之。

初平二年(191)　三十七岁

七月,袁绍胁迫韩馥让冀州,自领冀州牧。黑山军攻魏郡、东郡,曹操入东郡击破之,被袁绍表荐为东郡太守。

荀彧离开袁绍投奔曹操。

初平三年(192)　三十八岁

春,曹操击败黑山军于毒、眭固和南侵的匈奴贵族于夫罗。

四月,司徒王允与吕布杀董卓。青州黄巾军入兖州,杀刺史刘岱,鲍信等至东郡迎曹操为兖州牧。曹操击黄巾军于寿张,追黄巾军至济北,降义军三十余万,编其精锐为青州兵。

六月,董卓部将李傕、郭汜杀王允,吕布东奔。

初平四年(193)　三十九岁

春,曹操驻军鄄城。袁术屯封丘,曹操连续击败之。袁术南下杀扬州刺史,据淮南。

夏,曹操还军定陶。操父曹嵩避乱琅琊,被陶谦部将杀死。

秋,曹操东击陶谦,连下十余城。

兴平元年(194)　四十岁

春,曹操自徐州还。

夏,曹操复攻陶谦,至东海。还,击刘备于郯东。

张邈、陈宫叛操迎吕布。曹操自徐州还,与吕布战于濮阳,失利。

三辅大旱,人相食。

九月,曹操还鄄城。袁绍欲连操,操拒之。

陶谦卒,刘备代领徐州牧。刘焉卒,刘璋为益州牧。

兴平二年(195)　四十一岁

正月,曹操败吕布于定陶。

夏,曹操大破吕布,布奔刘备。

李傕与郭汜相攻数月。献帝离长安东归。

十月,献帝任命曹操为兖州牧。

十二月,曹操攻克雍丘,夷张邈三族,兖州平。

建安元年(196)　四十二岁

正月,曹操遣曹洪西迎献帝,被拒阻。

二月,曹操镇压汝南、颍川黄巾军。献帝任命曹操为建德将军。六月,升任镇东将军,袭父爵为费亭侯。

刘备为吕布所袭,投奔曹操。

七月,献帝至洛阳。

八月,曹操至洛阳,献帝假操节钺,任操为司隶校尉,录尚书事。

九月,曹操奉献帝迁都许。献帝任操为大将军,封武平侯。

曹操以大将军让袁绍。十一月,献帝任操为司空,行车骑将军。

曹操采枣祗、韩浩议,始兴屯田。

建安二年(197)　四十三岁

正月,曹操击张绣,败。复击之,绣奔入穰,与刘表合。

春,袁术称帝于寿春。

九月,曹操东征袁术,术败。

十一月,曹操再次南征张绣。

建安三年(198)　四十四岁

三月,曹操三征张绣,围穰。五月,刘表遣兵救绣。曹操于安众大捷,破张、刘联军。

九月,曹操东征吕布,克彭城,围下邳,于十二月擒杀吕布、陈宫。

周瑜、鲁肃渡江依附孙策。孙策逐步据有江东。

建安四年(199)　四十五岁

三月,袁绍灭公孙瓒,据有冀、青、幽、并四州。

董承与刘备谋诛曹操。操遣备东击袁术,备叛操,与袁绍连兵。

六月,袁术卒于寿春。

袁绍将攻许。八月,曹操进军黎阳。九月,还许,分兵守官渡。

十一月,张绣降曹操。

建安五年(200)　四十六岁

正月,董承谋泄,为曹操所杀。

曹操东击刘备,备败,奔袁绍。

二月,袁绍进军黎阳,遣其将颜良攻白马。

四月,曹军斩颜良,解白马之围。退至河南,至延津,斩文丑。还军官渡,与袁军对峙。

孙策卒,弟孙权袭其业。

十月,曹操夜袭乌巢,在官渡大败袁绍军。

建安六年(201)　四十七岁

四月,曹操击破袁绍仓亭军。

九月,曹操至汝南击刘备,备奔刘表。

建安七年(202)　四十八岁

正月,曹操驻军谯县。至浚仪,疏通睢阳渠。复进军官渡。

正月,袁绍卒。少子袁尚继位,袁谭自号车骑将军。

九月,曹操渡河击袁谭、袁尚,数败之。

建安八年(203)　四十九岁

三月,曹操攻黎阳,大破袁谭、袁尚军,追至邺城。

八月,曹操南征刘表,驻军西平。袁谭、袁尚内讧,谭败,求救于操,操许之,引军北还,于十月至黎阳。

建安九年（204） 五十岁

正月，曹操渡河，引淇水入白沟以通粮道。

二月，曹操围邺。五月，决漳河水灌邺。

七月，袁尚还救邺，曹操大败之，尚奔中山。八月，曹操攻克邺城。

十月，高幹以并州降操。

十二月，曹操击袁谭，谭退守南皮。

建安十年（205） 五十一岁

正月，曹操攻破南皮，杀袁谭。冀州平定。

四月，黑山军张燕率众十余万降曹操。

十月，曹操还邺。

高幹以并州叛，曹操遣乐进等击之。

建安十一年（206） 五十二岁

正月，曹操率军征高幹。三月，攻占壶关，高幹逃往荆州，为上洛都尉擒杀。并州平定。

八月，曹操东征管承。

建安十二年（207） 五十三岁

二月，曹操下《封功臣令》，封功臣二十余人为列侯。

五月，曹操北征三郡乌桓。八月，大败乌桓。袁尚、袁熙逃往辽东，为太守公孙康所杀。

刘备始用诸葛亮。

建安十三年（208） 五十四岁

正月，曹操还邺。凿玄武池训练水军。

六月，罢三公官，置丞相、御史大夫。曹操为丞相。

七月，曹操南征刘表。八月，刘表卒，子刘琮继位。九月，操至新野，刘琮降。

孙权与刘备结盟。十一月,曹操东下,与周瑜、刘备战于赤壁,大败。曹操留曹仁、徐晃守江陵,乐进守襄阳,引军北还。

十二月,孙权率军围合肥。

建安十四年(209)　五十五岁

三月,曹操至谯,作轻舟,治水军。孙权自合肥退还。

七月,曹操自涡入淮,出肥水,驻军合肥。设置扬州郡县官吏,在淮南大规模屯田。

十二月,曹操还谯。庐江人陈兰、梅成起义反操,操遣张辽击斩之。使张辽、乐进、李典等驻守合肥。

建安十五年(210)　五十六岁

春,曹操下《求贤令》。

冬,曹操建铜雀台于邺。作《让县自明本志令》。

周瑜病卒。孙权以南郡借刘备。

建安十六年(211)　五十七岁

正月,曹操子丕为五官中郎将、丞相副。

三月,曹操遣钟繇攻汉中张鲁。关中马超、韩遂等十部拥兵十万叛操,据潼关。操遣曹仁抵拒。

七月,曹操率军西征马超等。八月,至潼关。九月,大破马超等,关中平定。十二月,操引军还,留夏侯渊驻守长安。

刘备留关羽守荆州,自入益州,北上至葭萌。

建安十七年(212)　五十八岁

正月,曹操还邺。献帝命操赞拜不名,入朝不趋,剑履上殿。

十月,曹操南征孙权。荀彧卒。

十二月,刘备进据涪城,欲袭成都。

建安十八年(213)　五十九岁

正月,曹操进军濡须口,攻破孙权江西营,还。

诏并十四州为九州。五月,献帝以冀州十郡封曹操为魏公,加九锡。十一月,魏国设置尚书、侍中、六卿。

马超攻占冀城,杨阜、姜叙等共击之,超败奔张鲁。

刘璋拒刘备,连败。

建安十九年(214) 六十岁

三月,诏曹操位在诸侯王上,改授金玺、赤绂、远游冠。

夏侯渊击败马超,又击败韩遂与羌氏,占领兴国。

闰四月,孙权攻占庐江。

刘备占据益州,自任益州牧。马超投附刘备。

七月,曹操南征孙权。十月,自合肥还。夏侯渊攻下枹罕,杀宋建,陇右平。

十一月,曹操废黜伏后,幽禁至死。

十二月,曹操至孟津。献帝命曹操置旄头,宫殿设钟虡。曹操下《敕有司取士毋废偏短令》。

建安二十年(215) 六十一岁

正月,献帝立曹操中女节为皇后。

三月,曹操西征张鲁,进驻长安。四月,自陈仓出散关。五月,攻屠氏王窦茂。韩遂被杀。七月,击败张鲁军,入南郑。

八月,孙权围合肥,被张辽等击败。

十一月,张鲁降曹操。刘备进据巴中。十二月,曹操自南郑还,留夏侯渊驻守汉中。

建安二十一年(216) 六十二岁

二月,曹操还邺。五月,进爵为魏王。

七月,匈奴南单于来朝,曹操留南单于于邺,使右贤王代管其国。

十月,曹操亲自训练军队,东征孙权。十一月,至谯。

建安二十二年(217)　六十三岁

正月,曹操进军居巢。二月,攻濡须口,孙权败走。三月,还军。

四月,诏曹操设天子旌旗,出入警戒清道。

八月,曹操下《举贤勿拘品行令》。

十月,献帝命曹操冕用十二旒,备天子乘舆。曹操立曹丕为太子。

刘备进军汉中,遣张飞、马超、吴兰屯下辩,曹操遣曹洪拒之。

建安二十三年(218)　六十四岁

正月,少府耿纪、大医令吉本等起兵反操,失败被杀。

曹洪击破吴兰,张飞、马超逃往汉中。

四月,代郡、上谷乌桓反,曹操遣曹彰讨破之。

七月,曹操西征刘备。九月,至长安。

十月,宛城守将侯音反,曹操使曹仁围宛。

建安二十四年(219)　六十五岁

正月,曹仁攻破宛城,斩侯音。夏侯渊在阳平关战死。

三月,曹操率军由长安出斜谷,进军汉中。五月,无功而返。刘备占有汉中,七月自称汉中王。

曹操立夫人卞氏为王后。

八月,关羽围曹仁于樊城,曹操遣于禁助仁,禁降羽。曹操又派徐晃救仁。

九月,魏讽谋袭邺,事泄,曹丕诛讽等。

十月,曹操自长安还洛阳,亲自南征关羽。未至,徐晃击败关羽。操驻军摩陂。

十二月,孙权攻杀关羽,据有荆州。

建安二十五年(220)　六十六岁

正月,曹操还至洛阳。二十三日,病卒。

曹丕嗣位为丞相、魏王。改建安二十五年为延康元年。

二月,曹操葬于高陵。

十月,献帝让位于曹丕,东汉亡。曹丕改延康元年为黄初元年。十一月,追尊曹操为武皇帝。

附录二　主要职官简释

三画

　　大将军：为将军最高称号，位在三公上，东汉时多由贵戚充任。

　　大司马：汉武帝废太尉设大司马，光武帝又废大司马设太尉，故大司马即太尉，为掌管军政和军赋的最高官职。灵帝末年，并置大司马与太尉。

　　大鸿胪：秦时称典客，汉武帝时更名大鸿胪，主管接待宾客等事。

　　大理：主管司法刑狱的官。

　　大长秋：皇后的侍从官，主要活动区域在宫禁中，负责传达皇后旨意，管理宫中事务。多由宦官充任。

四画

　　中常侍：皇帝的侍从官，负责传达诏令和掌理文书。东汉时专以宦官充任。

　　中郎将：东汉统兵将领之一，位次将军。

　　中领军：曹操为丞相，相府自置领军，不久改为中领军，负责统领禁卫军。

中尉：即汉代的执金吾。曹操为魏公，建立魏国，设置中尉，负责维持都城治安。

中护军：曹操为丞相，置护军。后改为中护军，负责统领禁卫军，地位略低于中领军。

太尉：全国最高军事长官。东汉时，与司徒、司空并称三公。

太医令：汉代，太常、少府皆有太医令，属太常的为百官治病，属少府的为宫廷治病。

太傅：辅弼国君之官，东汉时参预朝政，常用作地位尊崇者的加官。

太守：郡的最高行政长官。

太子文学：曹操设有太子文学数人。文学，掌校典籍、侍奉文章的官员。曹丕为五官中郎将时，又称五官将文学。

五官中郎将：统领皇帝侍卫、负责保卫京都和皇帝安全的官员。

长史：汉代三公及将军府属皆有长史，总管府事，类似今之秘书长。

少府：汉九卿之一。东汉时负责掌管宫中御衣、宝货、珍膳等。

车骑将军：位次大将军的高级武官，常用作辅政大臣的加官。

从事：汉代州牧刺史的佐吏。

仓曹掾属：尚书台主管仓谷之事的官员，正者称掾，副者称属。

五画

议郎：备皇帝顾问应对的官员，为郎官的一种。

司徒：主管教化的官员，为三公之一。

司空：主管营建和水利等事的官员，为三公之一。

司马：军中掌管司法的官员。

司金中郎将：主管冶铁、钱币和农具铸造的官员。曹操于建安十年（205）置。

司隶校尉：管理三辅、三河、弘农七郡的地方官，东汉时期相当于州刺史。并有对京都官吏的监督权。

主簿：负责州郡等地方政府署衙内文书簿籍、掌管印鉴等事务的官员。

功曹：州郡的佐吏。

东西曹掾属：曹操为丞相后，下设东、西曹主管人事工作，东曹主管二千石官员的任免，西曹主管丞相府官员的任免。其负责官员正者称掾，副者称属。

记室：诸王、三公及大将军府及州郡官署内管理文书的官员。

六画

丞相：西汉初，丞相辅佐皇帝，综理全国政务。东汉不设丞相，建安十三年（208）复置，曹操自任丞相，权力更加集中。

丞相理曹掾：丞相府中主管刑法的官员。

军师祭酒：参谋军事的官职。后晋人避司马师讳，改"师"为"谋"。

光禄大夫：负责顾问应对的官员，属光禄勋，后来演变为荣誉性的散官。

七画

别驾：州刺史的上佐。刺史巡视辖区时，别乘驿车随行，故名"别驾"。协助刺史管理州内事务，相当于刺史的副手。

护军将军：隶属领军的武官，主管武官选举。资重者称护军将军，资轻者称中护军。

廷尉：见三画"大理"。

八画

典军校尉：灵帝中平五年（188）建立西园新军，设立八校尉，典军校尉为八校尉之一。

典农中郎将：曹操实行屯田制后所置之官，主管屯田区内的农业生产、民政和田租等事，相当郡太守。

刺史：原为监察官，东汉时逐渐变为掌握一州军政大权的官员。灵帝时，改称州牧。

刺奸令史：公府属吏，主管罪法之事。

建德将军：为临时设置的杂号将军，后不复置。

录尚书事：尚书台是东汉、魏、晋时期的行政中枢，加录意即总揽朝政，重臣每带此号。

尚书令：尚书台总管朝廷政务长官。

尚书仆射：尚书令的副手。

尚书郎：尚书台内负责起草文书的官员。东汉选孝廉之有才能者入尚书台，满一年得称尚书郎，三年得称侍郎。

侍中：负责侍从天子、应对顾问的官员，魏晋时期为门下省长官。

侍御史：负责察举非法的官员。

征西将军：高级武官名。不常设，遣将出征时临时任命。

虎贲中郎将：主管虎贲宿卫的武官。

河南尹：东汉将都城洛阳附近的二十一县合为一行政区，称河南尹，相当于一个郡。该地区的行政长官亦称河南尹。

参丞相军事：参与丞相府军事谋议的高级幕僚。

治中：州刺史的佐吏，专管文书。

九画

相国：即丞相。建安十八年（213）魏国建立时置丞相等官，改称丞相为相国。

国相：王国的相。相当郡太守或县令、长，为王国行政长官，级别同郡或县长官，由中央政府直接委派。

将作大匠：主管宫室、宗庙、陵寝及其他土木营建的官员。

十画

校事：曹操临时设置的小吏，负责伺察群臣的微过小罪。

十一画

骑都尉：统率皇帝羽林骑兵的武官。

谏议大夫：朝廷的谏官。

御史大夫：朝廷主管弹劾、纠察的官员，实际职事为协助丞相处理政务，其位仅次于丞相。

御史中丞：御史大夫的副手，监察权的实际负责人。

都尉：郡的最高武官。

黄门侍郎：又称给事黄门侍郎，出入禁中，侍从皇帝左右，位次侍中，负责关通中外。

十五画

镇东将军：高级将军名号之一。东汉末有镇东、镇西、镇南、镇北将军各一人。

附录三 主要地名简释

二画

九江：郡名。治阴陵，故城在今安徽定远县西北；东汉末移治寿春，故城在今安徽寿县。

三画

上党：郡名。本治长子县，故城在今山西长子县西；董卓乱后移治壶关，故城在今山西长治市北。

上邽：县名。故城在今甘肃天水市西南。

下邳：县名。见十画"徐州"。

下辩：县名。故城在今甘肃成县西。

山阳：郡名。治昌邑县，故城在今山东金乡县西北；又县名，故城在今河南修武县西北。

己吾：县名。故城在今河南宁陵县西南。

广陵：郡、县名。郡即治广陵县，故城在今江苏扬州。

三辅：汉武帝太初元年（前104）分右内史置京兆尹、右扶风，改左内史为左冯翊，合称三辅。辖今陕西渭水流域一带地区。

小沛：见七画"沛"。

土垠：见五画"右北平"。

四画

长社：县名。故城在今河南长葛市东。

长安：古都城。故城在今陕西西安市西北。

长沙：郡名。治临湘县，故城在今湖南长沙市。

长坂：地名。在今湖北当阳市东北。

长离：水名。在今甘肃秦安县北。

中牟：县名。故城在今河南中牟市东。

中山：王国名。治卢奴县，故城在今河北定州市。

太原：郡名。治晋阳，故城在今山西太原市西南。

太谷：关名。故址在今河南洛阳市东南。

太寿：地名。故址在今河南睢县东。

丹水：县名。故城在今河南淅川县西。

丹阳：郡名。治宛陵县，故城在今安徽宣城市。

内黄：县名。故城在今河南内黄县西北。

开阳：见十一画"琅玡"。

乌巢：地名。故址在今河南延津县东南。

乌桓山：山名。在今内蒙古昭苏达盟阿鲁科尔沁旗附近。

无终：县名。故城在今天津蓟州区。

公安：县名。故城在今湖北公安县东北。

六安：县名。故城在今安徽六安市北。

丰：县名。故城在今江苏丰县。

巴中：地名。在今四川渠县东北。

巴郡：郡名。治江州县，故城在今重庆市。

巴东：郡名。治鱼腹县，故城在今重庆奉节县东。

巴西：郡名。治阆中县，故城在今四川阆中市。

五画

弘农：郡、县名。郡即治弘农县，故城在今河南灵宝市南。

东平：王国名。治无盐县，故城在今山东东平县东。

东郡：郡名。治濮阳县，故城在今河南濮阳市西南。

东武阳：县名。故城在今山东莘县南。

东阿：县名。故城在今山东阳谷县东北。

东海：郡名。治郯县，故城在今山东郯城县北。

东武城：县名。故城在今山东武城县西北。

东牟：县名。故城在今山东烟台市牟平区。

平舆：县名。故城在今河南平舆县北。

平原：王国名，又县名。王国即治平原县，故城在今山东平原县西南。

平冈：县名。故城在今辽宁喀喇沁左翼蒙古族自治县境内。

司州：州名。也作司隶州。辖境约相当今河南西部及陕西东部等地区。治洛阳。

汉阳：郡名。治冀县，故城在今甘肃甘谷县东南。

汉中：郡名。治南郑县，故城在今陕西汉中市东。

龙亢：县名。故城在今安徽怀远县西。

龙凑：地名。故址在今山东平原县南。

代：郡、县名。郡治高柳县，故城在今山西阳高县西北。县故城在今河北蔚县东北。

辽东：郡名。治襄平县，故城在今辽宁辽阳市北。

辽西：郡名。治阳乐县，故城在今辽宁义县西。

右北平：郡名。治土垠县，故城在今河北唐山市丰润区东。

卢龙塞：地名。在今河北迁安市西北喜峰口至冷口一带。因这一带土色黑，山形似龙，故称。

北海：王国名。治营陵县，故城在今山东昌乐县东南。后移治剧县，故城在今山东寿光市东南。

叶：县名。故城在今河南叶县南。

白马：县名。故城在今河南滑县东。

白檀：西汉时县名，东汉省。故城在今河北承德市西南。

白狼堆：即白狼山，在今辽宁凌源市东南。

冯翊：郡名。治临晋，故城在今陕西大荔县。

六画

扬州：州名。辖境约相当今安徽、江苏两省南部、江西、福建、浙江三省及河南、广东等省的部分地区。东汉末治寿春，故城在今安徽寿县。

并州：州名。辖境约相当今山西、内蒙古自治区大部及河北的一部分。治晋阳，故城在今山西太原市西南。

交州：州名。辖境约相当今两广一带。建安年间治广信，故城在今广西苍梧县。后移治番禺，故城在今广东广州市。

关东：函谷关以东，包括今河北、河南、山东等地区。

关中：指函谷关以西之地，包括今陕西和甘肃、宁夏、内蒙古的部分地区。

关西：函谷关以西地区。

汝南：郡名。治平舆县，故城在今河南平舆县北。

汝阳：县名。故城在今河南商水县西北。

阳城：县名。故城在今河南登封市东南。

阳武：县名。故城在今河南原阳县东南。

成皋：县名。故城在今河南荥阳市西北。

江东：指今长江下游以南的苏、浙、皖一带。因长江自安徽省境至江苏镇江一段由西南向东北偏斜，故称这段江流东岸之地为江东。

江夏：郡名。原治西陵，故城在今湖北新洲区西。刘表以黄祖为江夏太守，治沙羡，故城在今湖北武昌西南。黄祖死后，刘琦为江夏太守，屯夏口，即今湖北汉口。

江陵：见九画"南郡"。

任城：王国名。治任城县，故城在今山东济宁市。

任：县名。故城在今河北任县东南。

匡亭：地名。在平丘县（平丘故城在今河南长垣市东南）。

华：县名。故城在今山东费县东北。

华阳：县名。故城在今陕西华阴市。

华容：县名。故城在今湖北监利西北。

阴平：县名。故城在今江苏沭阳县西北。

阴安：县名。故城在今河南清丰县北。

安邑：县名。故城在今山西夏县西北。

安众：县名。故城在今河南镇平县东南。

安喜：县名。故城在今河北定州市东。

安平：王国名。治信都县，故城在今河北衡水市冀州区。

安次：县名。故城在今河北廊坊市西北。

安定：郡名。治临泾县，故城在今甘肃镇原县东南。

许：县名。故城在今河南许昌市东。后魏文帝曹丕更名许昌。

芍陂：陂塘名。故址在今安徽寿县南。

齐：王国名。治临淄，故城在今山东临淄区北。

延津：黄河渡口名。故址在今河南新乡市东南。

会稽：郡名。治山阴县，故城在今浙江绍兴市。

西平：郡名。建安年间分金城郡地置。又分临羌县置西都县，为西平郡治，故城在今青海西宁市。又县名，故城在今河南西平县西。

圹平：县名。故城在今北京密云区东北。

牟平：县名。故城在今山东烟台市蓬莱区东南。

当阳：县名。故城在今湖北当阳市东。

合肥：县名。故城在今安徽合肥市。

七画

陈留：郡、县名。郡即治陈留县，故城在今河南开封市东南。

陈仓：县名。故城在今陕西宝鸡市东。

邺：县名，为魏郡和冀州治所。故城在今河北临漳县西南。

沛：王国名。治相县，故城在今安徽濉溪县西北。又县名，故城在今江苏沛县东。时人又称沛县为小沛。

吴：郡、县名。郡即治吴县，故城在今江苏苏州市。

扶风：即右扶风，郡名。治槐里县，故城在今陕西兴平市东南。

陇西：郡名。治狄道县，故城在今甘肃临洮县西南。

陇右：指陇山以西至黄河以东之地，约相当今甘肃南部一带。

孟津：关名。故址在今河南孟州市南。

寿春：见六画"扬州"。

寿张：县名。故城在今山东东平县西南。

庐江：郡名。本治舒县，建安四年（199）刘勋移治皖县，故城在今安徽潜山县。

赤壁：山名。在今湖北赤壁市西北。

张掖：郡名。治觖得县，故城在今甘肃张掖市西北。

麦城：地名。故址在今湖北当阳市东南。

八画

兖州：州名。辖境约相当今河南东北部、山东中南部的大部分地区。治昌邑县，故城在今山东金乡县西北。

青州：州名。辖境约相当今山东东北部。治临淄，故城在今山东临淄区北。

河间：王国名。治乐成县，故城在今河北献县东南。

河东：郡名。治安邑县，故城在今山西夏县西北。

河内：郡名。治怀县，故城在今河南武陟县西南。

金城：郡名。治允吾，故城在今甘肃兰州市西北。

虎牢关：关名。故址在今河南荥阳市境内。

析：县名。故城在今河南西峡县。

武威：郡名。治姑臧县，故城在今甘肃武威市。

武陵：郡名。治临沅县，故城在今湖南常德市西。

武都：郡名。治下辩县，故城在今甘肃成县西。

姑臧：见"武威"。

定陶：见九画"济阴"。

京兆：即京兆尹，为三辅之一，治长安，故城在今陕西西安市西北。

宛：见九画"南阳"。

官渡：地名。故址在今河南中牟县东北。

昌虑：本县名，建安三年（198）曹操设为郡，故城在今山东滕州市东南。

易京：即易县，故城在今河北雄县西北。

呼沲：水名。即今河北滹沱河。

泒水：水名。上游即今河北沙河，下游循大清河至天津入海。

洵河：水名。源出今天津市蓟州区北，至宝坻区北注入蓟运河。

居巢：县名。故城在今安徽巢湖市东北。

九画

幽州：州名。辖境约相当今北京市、河北北部及辽宁南部的部分地区。治蓟县，故城在今北京市西南。

荆州：州名。辖境约相当今湖北、湖南两省及河南、贵州、广东、广西的部分地区。治襄阳，即今湖北襄阳市。

南阳：郡名。治宛县，故城在今河南南阳市。

南皮：见"勃海"。

南郡：郡名。治江陵，故城在今湖北江陵县。

南郑：见五画"汉中"。

钜鹿：郡名。治廮陶县，故城在今河北宁晋县西南。

钜野：县名。故城在今山东巨野县南。

洛阳：东汉都城，故城在今河南洛阳市白马寺东。

济南：王国名。治东平陵，故城在今山东济南市历城区东。

济阴：郡名。治定陶县，故城在今山东菏泽市定陶区西北。

济北：王国名。治卢县，故城在今山东济南市长清区南。

临洮：县名。故城在今甘肃岷县。

临淄：见八画"青州"。

荥阳：县名。故城在今河南荥阳市东北。

赵：王国名。治邯郸县，故城在今河北邯郸市。

封丘：县名。故城在今河南封丘县。

费：侯国名。故城在今山东费县西北。

闻喜：县名。故城在今山西闻喜县。

勃海：郡名。治南皮县，故城在今河北南皮县东北。

柳城：西汉时县名，属辽西郡，东汉省。故城在今辽宁锦州市境内。

柘：县名。故城在今河南柘城县北。

相：见七画"沛"。

枹罕：县名。故城在今甘肃临夏回族自治州东北。

显亲：县名。故城在今甘肃秦安县西北。

十画

益州：州名。辖境约相当今四川大部及陕西、甘肃、湖北、贵州、云南的部分地区。治成都，故城在今四川成都市。

徐州：州名。辖境约相当今江苏北部、山东南部及安徽东部的部分地区。原治郯县，故城在今山东郯城县北；东汉末移治下邳，故城在今江苏睢宁县西北。

凉州：州名。辖境约相当今甘肃、宁夏及青海、内蒙古自治区的部分地区。治陇县，故城在今甘肃张家川回族自治县。

郯县：见"徐州"。

顿丘：县名。故城在今河南清丰县西南。

桂阳：郡名。治郴县，故城在今湖南郴州市苏仙区。

泰山：郡名。治奉高县，故城在今山东泰安市东。

敖仓：地名。故址在今河南荥阳市东北。

高平：侯国名。故城在今山东邹城市西南。

夏丘：县名。故城在今安徽泗县。

夏口：见六画"江夏"。

乘氏：侯国名。故城在今山东巨野县西南。

射犬：聚邑名。属野王县，故址在今河南沁阳市东北。

获嘉：县名。故城在今河南获嘉县东北。

浚仪：县名。故城在今河南开封市。

晋阳：见六画"并州"。

淳于：县名。故城在今山东安丘市东北。

徐无：县名。故城在今河北遵化市东。

柴桑：县名。故城在今江西九江市西南。

秣陵：地名。故址在今江苏南京市。

益阳：县名。故城在今湖南益阳市东。

十一画

野王：县名。故城在今河南沁阳市。

琅玡：王国名。治开阳县，故城在今山东临沂市北。

梁：王国名。治睢阳县，故城在今河南商丘市南。又县名，故城在今河南汝州市西。

淯水：水名。即河南白河。为汉江支流，源出卢氏县支离山，东南流经南阳。

常山：郡名。治元氏县，故城在今河北元氏县西北。

鄄城：县名。故城在今山东鄄城县北。

郿：县名。故城在今陕西眉县东北。

涿：郡、县名。郡即治涿县，故城在今河北涿州市。

渔阳：郡，县名。郡即治渔阳县，故城在今北京密云区西南。

竟陵：县名。故城在今湖北潜江市西北。

涪：县名。故城在今四川绵阳市东。

绵竹：县名。故城在今四川德阳市北。

尉氏：县名。故城在今河南尉氏县。

圉：县名。故城在今河南杞县南。

十二画

颍川：郡名。治阳翟县，故城在今河南禹州市。

黑山：山名。在今河南浚县西北太行山脉中，因山石苍黑得名。

鲁阳：县名。故城在今河南鲁山县。

鲁：王国名，又县名。王国即治鲁县，故城在今山东曲阜市。

彭城：王国名，又县名。王国即治彭城县，故城在今江苏徐州市。

皖：见七画"庐江"。

雁门：郡名。治阴馆，故城在今山西代县西北。

朝歌：县名。故城在今河南淇县。

鄚：县名。故城在今河北任丘市北。

渝水：水名。即今辽宁境内的大凌河。

葭萌：县名。故城在今四川广元市西南。

十三画

雍州：州名。建安末年不置凉州，雍州辖有今陕西以西地区。治长安，故城在今陕西西安市西北。

雍丘：县名。故城在今河南杞县。

蜀郡：郡名。治成都，故城在今四川成都市。

睢阳：见十一画"梁"。

零陵：郡名。治泉陵县，故城在今湖南永州市零陵区。

新丰：县名。故城在今陕西西安临潼区东北。

新郑：县名。故城在今河南新郑市。

新野：县名。故城在今河南新野县。

蓟：见九画"幽州"。

潞河：水名。即今天津市区一带的海河。

蒲阪：县名。故城在今山西永济市西蒲州镇。

鄜城：县名。故城在今陕西洛川县东南。

十四画

谯：县名。故城在今安徽亳州市。

酸枣：县名。故城在今河南延津县东南。

舞阴：县名。故城在今河南泌阳市西北。

鄱阳：县名。故城在今江西鄱阳县东。

槐里：见七画"扶风"。

廮陶：县名。故城在今河北宁晋县西南。

十五画

黎阳：县名。故城在今河南浚县东。

樊城：地名。与襄阳隔汉水相对，故城在今湖北襄阳市。

樊口：地名。故址在今湖北鄂州市西北。

潼关：关名。故址在今陕西潼关县东南。

摩陂：地名。故址在今河南郏县东南。

十六画

冀州：州名。辖境约相当今河北中南部及河南、山东北部的部分地区。治邺县，故城在今河北临漳县西南。

冀城：即冀县，县名。故城在今甘肃甘谷县东南。

豫州：州名。辖境约相当今河南中部、东部及山东、江苏、安徽的部分地区。治谯县,故城在今安徽亳州市。

豫章:郡名。治南昌县,故城在今江西南昌市。

十七画

襄邑:县名。故城在今河南睢县西。

襄国:县名。故城在今河北邢台市西南。

襄阳:见九画"荆州"。

襄贲:县名。故城在今山东兰陵县南。

襄城:县名。故城在今河南襄城县。

辕辕:关名。故址在今河南洛阳市偃师区东南。

濮阳:见五画"东郡"。

濡水:水名。即今河北境内的滦河。

濡须口:地名。故址在今安徽无为县境内,为濡须水东入长江处。

十八画以上

魏郡:郡名。治邺县,故城在今河北临漳县西南。

穰城:县名。也称穰县,故城在今河南邓州市。

灊:县名。故城在今安徽霍山县东北。

附录四　主要参考文献

《三国志》〔晋〕陈寿撰　（南朝宋）裴松之注　中华书局1982年2版

《三国志集解》　卢弼著　中华书局1982年影印本

《三国志旁证》〔清〕梁章钜著　中华书局1985年影印本

《三国志考证》〔清〕潘眉著　中华书局1985年影印本

《三国志补注》〔清〕杭世骏撰　中华书局1985年影印本

《三国志补注续》〔清〕侯康撰　中华书局1985年影印本

《三国纪年》〔宋〕陈亮撰　中华书局1985年影印本

《三国志校诂》　吴金华著　江苏古籍出版社1990年版

《三国志选注》　缪钺主编　中华书局1984年版

《三国志及裴注综合引得》　燕京大学引得编纂处编纂　上海古籍出版社1986年影印本

《三国志人名录》（补正本）　王祖彝著　上海商务印书馆1957年版

《三国志人名索引》　高秀芳　杨济安编　中华书局1980年版

《三国志地名索引》　王天良编　中华书局1980年版

《三国会要》 〔清〕钱仪吉著　上海古籍出版社1991年版

《三国史话》　柳春藩著　北京出版社1981年版

《三国职官表》 〔清〕洪饴孙撰　中华书局1985年影印本

《后汉书》 〔南朝宋〕范晔撰　〔唐〕李贤等注　中华书局1965年版

《后汉纪校注》 〔晋〕袁宏撰　周天游校注　天津古籍出版社1987年版

《晋书》 〔唐〕房玄龄等撰　中华书局1974年版

《资治通鉴》 〔宋〕司马光撰　中华书局1956年版

《曹操集》　中华书局1974年版

《曹操集译注》　安徽亳县《曹操集》译注小组译注　中华书局1979年版

《曹操集注》　夏传才注　中州古籍出版社1986年版

《曹操论集》　三联书店编辑部编　北京三联书店1960年版

《十一家注孙子》　上海古籍出版社1978年版

《魏武帝魏文帝诗注》　黄节注　人民文学出版社1958年版

《三曹诗选》　余冠英选注　人民文学出版社1985年版

《三曹年谱》　张可礼编著　齐鲁书社1983年版

《三曹资料汇编》　河北师范学院中文系古典文学教研室编　中华书局1980年版

《建安文学论文资料集》（一）　《艺谭》杂志社编辑出版

《中古文学系年》　陆侃如著　人民文学出版社1985年版

《建安七子集》　俞绍初辑校　中华书局1989年版

《文选》 〔南朝梁〕萧统编　〔唐〕李善注　中华书局1977年影印本

《先秦汉魏晋南北朝诗》　逯钦立辑校　中华书局1983年版

《全上古三代秦汉三国六朝文》〔清〕严可均校辑　中华书局1999年影印本

《世说新语校笺》　徐震堮著　中华书局1984年版

《乐府诗集》〔宋〕郭茂倩编著　中华书局1979年版

《亳州志》〔清〕郑交泰等纂修　乾隆三十九年（1774）刊本

《亳州志》〔清〕任寿世　刘开纂修　黄山书社2019年版

《亳州志》〔清〕钟泰等纂修　光绪二十一年（1895）活字本

《亳州市志》　亳州市地方志编纂委员会编纂　黄山书社1996年版

《亳州市志（1987—2000）》　亳州市谯城区地方志编纂委员会编黄山书社2013年版

后　记

《三国演义》中的曹操和戏剧舞台上那个作为花面奸臣的曹操，在中国几乎是一个家喻户晓的人物。但对作为历史人物的曹操，不少人却还不甚了然，或往往将作为历史人物的曹操与作为艺术形象的曹操混为一谈。有鉴于此，我早想为作为历史人物的曹操写一部传记，但考虑到工程的艰巨和出版的艰难，迟迟未敢动笔。我得感谢中州古籍出版社的张弦生先生，因了他的提议和鼓励，我终于将这一选题纳入了笔耕的日程，经过几番拼搏，终于如愿以偿，将这一本小书呈现到了读者面前。

我的打算是要写一部全面而详尽地描述曹操一生的著作。不仅要描述曹操一生丰富多彩的政治活动、军事活动和文学活动，还要描述曹操复杂而鲜明的思想、性格和作风，描述曹操的家庭和日常生活。同时，全书还要以曹操的生平事迹为主线，融入众多的历史人物和历史事件，全景式地再现汉末三国时期那令人目不暇接、惊心动魄的一幕幕。此外，还要对千余年来的曹操评论做一鸟瞰式的回顾，大体交代一下作为艺术形象的曹操形成和发展的脉络。显然，我为自己所悬垂的标准是比较高的。我不想简单地重复前人和他人已经在这方面做过的工作，而是力图有所超越，显示出新的特色，达到一个新的水平。

我到底在多大程度上实现了自己的初衷，这是有待读者诸君去加以比较和评判的。我想说的是，我对自己所达到的水平并不满意，除了主观上的原因外，客观上由于曹操其人的经历、思想和性格太复杂，汉末三国时期的历史风云更是头绪纷繁，不易把握。单要理清线索，并根据自己的判断和要求对众多的材料做好排列组合、详略取舍，就不是一件轻而易举的事情，何况还要在此基础上，对笔下所描述的一切做出尽可能符合历史实际、又具有历史深度和时代高度的评价。在写法上大体以时间先后为序，同时各事件各专题独立成章，使纵横交错，条块结合，庶几或可达到线索条贯、眉目清楚的目的。有的历史事件采用了"互见"法，同一事件说明不同问题的，在分述不同问题时有时会同时加以提及，但力求详略处置各有不同。

更具难度的是材料的真实性问题。作为一部历史传记，所使用的材料一定要力求准确，这是自不待言的。我十分注意这个问题，但我并非曹操的同时代人，更不曾在曹操身边工作过，我所依据的只是有关的史籍记载，而这些史籍的作者绝大多数也并非曹操的同时代人，因此他们所记载的史实，有的也并不可靠，有的因系依据口耳相传的材料记录而成，还带有比较明显的传说色彩，有的则显属传说；还有的存在着片面性的毛病，显然其作者在存录史料时已根据个人的标准和好恶下过一番取舍的功夫；或由于作者获取材料的途径不同，或由于作者做过自己的判断，不同史籍在著录同一史料时，时间、地点、人物、事件还有其说不一的情况，甚至还有彼此抵牾者。对有出入或疑点的记载，后人曾叠加考证，有的获得了共识，但有的仍然说法不一。因此，我只能尽量采用公认的或个人认为可信的史实,换句话说,本书所依据的史实绝大部分是没有问题的。某些传说或带有传说色彩的史料,颇能反映曹操其人的思想、性格和作风,也代表着前人对于曹操的看法,我也往往加以采用,但采用时注明属"传说"或使用"据说"字样,以表明不欺之意。

  语言典奥的著作就连专家学者也未必爱读的,至少读起来是比较吃力的,而本书须面向各个行业、各个层次的众多读者,因此我力求在学术著作通俗化方面做一些工作,能用白话的决不用文言,尽量不用比较冷僻深奥的专业学术用语,甚至尽量不用学术著作中比较常用的、较为凝练但却较为费解的句式。其中最大的一项革新,是将史籍中用文言表述的人物语言或对话译成了白话(为了行文的畅达,有的只是意译,但决不悖离原意),这虽然比起直引原文来增添了不少麻烦,但我深信这对于广大读者来说是十分相宜的,而且可以使叙述语言和人物语言在风格上得到统一,避免文白夹杂、突兀诘屈的毛病。曹操诗文为使读者一睹原貌,引用时则直录原文,但对其艰深之处适当做些串解,相信这对一般读者来说也是有好处的。

  本书的出版得到了中国文学出版社的大力支持,人民文学出版社编审刘文忠先生又拨冗为本书作序,谨致谢忱!长期以来与我相濡以沫、甘苦与共的王笏为我搜集资料、誊清稿件,做了大量工作,也是有必要在此附笔志之的。

张亚新
1993年7月于北京

二版后记

本书(原名《曹操大传》)1994年由北京中国文学出版社出版后,即受到读者的热烈欢迎,同时受到媒体的高度关注,新华通讯社、人《人民日报》(海外版)、《光明日报》、《深圳特区报》等先后为之发了消息、书评,给予了高度评价。该书两年间连出四版,1996年还由台北贺禧文化事业股份有限公司在台湾以繁体字出版,但仍不能充分满足读者的需要。本书之所以如此受到欢迎,除曹操其人本身具有异乎寻常的光芒、魅力、影响和神秘色彩外,主要由于本书是一部力求真实、全面、详尽、深刻地反映曹操其人一生的著作。本人以研究古典文学为业,具有严谨求实的科学精神和职业素养,在写作本书前已发表二十余篇有关建安文学的研究论文,对有关曹操的方方面面的材料已经相当熟悉,并已有比较深入的思考和研究,在此基础上写出的本书,自然能在相当程度上做到真实、全面、详尽、深刻,与某些凭借想象、虚构乃至"戏说"写出来的所谓历史人物传记迥然不同。读者对《三国演义》中的曹操和戏曲舞台上那个作为花面奸臣的曹操一般都较为熟悉,他们在熟悉了作为艺术形象的曹操后,不禁有了进一步了解作为历史人物的曹操的欲望:历史上的曹操到底是一个什么样的人？他一生都做了哪些事情？怎样评价？他的思想、性格、作风和修养到底如何？他的日常生活、家庭是一个什么样子？有了这许多想要了解的问题，真实、全面、详尽、深刻地回答了这些问题的本书，自然就不能不受到读者的欢迎。值得欣慰的是，这种欢迎的程度至今不曾稍减，最近我还收到一些读者（有的是外地偏僻山村的读者）的来信，或询问有关曹操的一些问题，或请代购本书，当然他们并不知道我在这件事情上已经无能为力、爱莫能助。在这种情况下，本书再版，可以说是适逢其时。陕西师范大学出版社北京社科图书工作部编辑孙国勇先生对再版本书倾注了极大的热情，友人赵伯陶编审在资料方面提供了无私的帮助，家人王笏、张川、刘云青帮我做了不少具体工作，谨此一并致谢！同时，也愿借此机会，向众多本书的热心读者表示深深的谢意！

张亚新

2006年7月于北京西城黄寺寓所

三版后记

本书原名《曹操大传》，1994年由北京中国文学出版社出版，此后多次再版和重印，1996年还由台北贺禧文化事业股份有限公司在台湾以繁体字出版。2006年，陕西师范大学出版社将《曹操大传》易名为《品曹操》再版。2011年，《品曹操》由韩国凤凰之梦出版公司译成韩文在韩国出版；同年，中州古籍出版社又从《品曹操》中节选了二十二章，以《曹操：一世之雄》之名出版。今次，又有幸获北京人民文学出版社青睐，以《曹操传》之名再版。

曹操在中国几乎是一个家喻户晓的人物，但作为历史人物的曹操，由于其自身情况及评论者情况的复杂性，从古至今对他的认知和评价却存在着很大的差异。曹操阵营与其敌对阵营的人对曹操的看法往往针锋相对，姑不论，值得注意的还有以下情况：

一是一些抱持忠奸观念的人，站在维护汉王朝统治的立场上，往往会斥责曹操为"奸"、为"篡"、为"汉贼"。这种情况主要发生在曹操还在世的时候，但此后的统治者，有不少人从维护自身统治地位的考虑出发，也会对曹操抱持否定、贬抑的态度。

二是三国分治后，以魏为正统的人，大抵不可避免地要褒肯曹操,而以蜀汉为正统的人,则大抵不可避免地要否定、贬抑曹操。此后,政权建立在北方,统治格局与曹魏、西晋相似者,大抵都会尊曹魏为正统而褒肯曹操;而政权建立在南方,统治格局与蜀汉、东晋相似者,大抵都会尊蜀汉为正统而否定、贬抑曹操。

三是一些人对曹操所处的时代并不完全了解,或对相关材料掌握得并不全面、充分,他们对曹操的认知和评价往往也会失诸片面。处于不同的时代和环境、所接受的教育不同、人生经历或阅历不同,甚至职业、性格、志趣、爱好、追求不同的人,在观察和评价曹操时往往也会得出不同的看法或结论。

还有一种情况:由于在《三国演义》等小说、戏曲、说唱中所表现的曹操大抵是一个集残暴与奸诈于一身的反面人物的典型,而《三国演义》等小说、戏曲、说唱在民众中的影响又很大,因此不少对真实的作为历史人物的曹操缺乏了解或了解不多的人,往往会自觉不自觉地受到作为艺术形象的曹操的影响,将作为艺术形象的曹操当成了作为历史人物的曹操。

不难看出,古往今来对曹操的认知和评价,虽有不少属真知灼见,但确也有不少是并不客观、并不全面、并不实事求是的。要准确、全面地认知和评价作为历史人物的曹操,办法只有一个,这就是充分地掌握、深入地辨析与曹操有关的第一手资料,全方位、多角度地观察、审视曹操,从而了解曹操的"全人",然后在此基础上,对曹操做出实事求是、恰如其分的评价。这是本书在撰写时所努力遵循的原则。相信本书对于曹操其人的描述及评价,对于读者准确地认识作为历史人物的曹操,乃至准确地了解汉末三国时期的历史,吸取历史的经验、智慧和教训,弘扬民族文化和民族精神,都会产生积极作用。

这次再版,对全书文字做了全面审订。《亳州寻踪》《身后褒贬》

等章节，根据新发现的材料，做了适当调整和增补。恢复了在初版中原有、后被《品曹操》删削的刘文忠先生为本书所作《序》及《附录》中的《主要地名简释》。

人民文学出版社古典文学编辑室主任葛云波先生、编辑李俊先生为本书的再版给予大力支持，并做了大量具体工作，谨在此表示衷心感谢！

张亚新
2021年2月于北京玉渊潭畔守拙斋